한권끝장 영역별
배재민 15개년 기출분석집

2024 전면 개정판

기출은 푸는 게 아니라 **암기**하는 것이다.
정답 + 정답이유 + 오답분석 + 정답개념 명시적 제시
출제위원 + 합격생 + 수험생 추천 1순위

배재민 편저

초등임용
시험 대비

노량진 윌비스 임용고시학원
동영상 강의 www.Bejemin.com
ssam.willbes.net

1장 국어

1절 15개년 기출의 진화	6	**5절** 문법	32
2절 듣기와 말하기	8	**6절** 문학	38
3절 읽기	16	**7절** 논술형	52
4절 쓰기	24		

2장 도덕

1절 15개년 기출의 진화	62	**3절** 논술형	77
2절 서답형	64		

3장 사회

1절 15개년 기출의 진화	84	**4절** 역사	116
2절 지리	86	**5절** 논술형	118
3절 일반사회	102		

4장 수학

1절 15개년 기출의 진화	128	**5절** 규칙성	162
2절 수와 연산	130	**6절** 자료와 가능성	175
3절 도형	144	**7절** 논술형	180
4절 측정	153		

5장 과학

1절 15개년 기출의 진화	190	**4절** 생명	214
2절 물질	192	**5절** 지구와 우주	221
3절 운동과 에너지	200	**6절** 논술형	225

목차

6장 실과

1절 15개년 기출의 진화   232   **2절** 서답형   234

7장 체육

1절 15개년 기출의 진화   250   **5절** 표현   274
2절 건강   252   **6절** 안전   276
3절 도전   255   **7절** 논술형   278
4절 경쟁   263

8장 음악

1절 15개년 기출의 진화   286   **3절** 논술형   309
2절 서답형   288

9장 미술

1절 15개년 기출의 진화   316   **3절** 논술형   332
2절 서답형   318

10장 영어

1절 15개년 기출의 진화   340   **4절** 쓰기   366
2절 듣기와 말하기   342   **5절** 논술형   371
3절 읽기   358

1장 | 국어

1절	15개년 기출의 진화
2절	듣기와 말하기
3절	읽기
4절	쓰기
5절	문법
6절	문학
7절	논술형

1절 15개년 기출의 진화

<서답형 기출>

	듣기·말하기	읽기	쓰기	문법	문학
23		1. 사실적 질문	1. 담화공동체 2. 다면평가	1. 맥락 이용 어휘지도 2. 문장 성분 3. 맞춤법	1. 어조 2. 시어 3. 운율
22	〈토론〉 1. 입증 책임의 원리 2. 상호 교섭 3. 반대 신문식 토론 4. 정책 논제	1. 나열 구조 2. 글의 구조에 따른 요약		1. 유의어 2. 반의어 3. 어휘망 그리기	1. 물활론적 사고 2. 플롯 3. 입체적 인물
21		1. KWL	1. 다발짓기 2. 내리쓰기	1. 의미 자질 분석법	1. 은유
20		1. 예측하기 2. 추론하기 3. 사실적 질문 4. 상위어 대체	1. 인지주의 작문이론 2. 고쳐쓰기	1. 문장 성분과 호응 2. 자음체계	
19		1. 책임 이양의 원리 2. 설명하는 글의 주요 내용 확인방법	1. 쓰기 목적 2. 사실 논거 3. 분석적 평가	1. 어간만 바뀌는 불규칙 활용과 기본형	1. 서술자 2. 인물의 심리
18	〈면담〉 1. 말차례 2. 면담순서와 질문	1. 필자의 관점 파악하는 방법	1. 쓰기 윤리 2. 독자와 교류하기	1. 품사와 띄어쓰기 원리	1. 인물의 마음 알기 2. 다른 작품과 관련짓기
17	〈학급회의〉 1. 사회자 역할 2. 의견 제시할 때 주의점	1. 내용 확인	1. 미숙한 필자의 특성	1. 접미사에 의한 파생어 2. 상대높임법	1. 작품 주제 2. 이야기하는 이
16	〈연설문〉 1. 화자 의도 2. 비판적 듣기 3. 녹화기록법	1. 중심 찾기 과정		1. 관용 표현 2. 한글맞춤법	1. 작품속 말하는 이 (서술자)

15		1. 읽기 개념 2. 도해 조직자	1. 구두 작문 2. 과정 중심 쓰기 3. 회귀성	1. 맞춤법 오류와 수정 원리	1. '전개' 단계 2. 옛이야기 특징
14	1. 맞장구치기 2. 비언어적표현과 언어적 표현	1. 과정 중심 읽기 2. 프로토콜 분석		1. 구개음화 2. 연음법칙	
13	〈인사말〉			1. 사전에서 낱말 뜻 찾기 단점 2. 인지적 관점 어휘 지도 방법	1. 순행적 사건 진행 2. 인물 제시 방법 3. 전기문 4. 반응 중심 학습

〈논술형 기출〉

12	〈문법〉 1. 한글 제자 원리 　(1) 모음자 　(2) 자음자 2. 모음 조화 3. 자음 체계 특성 4. 문장 성분과 호응
11	〈쓰기〉 1. 상황맥락 2. 제안하는 글 3. 쓰기 전 단계 활동
10	〈읽기〉 읽는 목적에 따라 요약하기
09	〈읽기〉 글의 짜임(구조) 〈쓰기〉 인지주의(구성주의) 작문이론

2절 듣기와 말하기

01
2022-A-1

(가)는 5학년 토론 수업을 준비하기 위한 두 교사의 대화이고, (나)는 김 교사가 (다)의 토론을 위해 칠판에 적은 토론 절차이며, (다)는 김 교사의 수업 중에 학생들이 수행한 토론의 일부이다. 물음에 답하시오. [4점]

(가)

김 교사 : '토론 방법과 규칙을 알고 주제를 정해 토론할 수 있다.'를 학습 목표로 토론 수업을 진행하려는데 가장 유의해야 할 점은 무엇일까요?
수석 교사 : 학생이 토론의 절차와 규칙을 알고 이를 지키며 토론하게 하는 데 가장 유의해야 한다고 생각해요. 저도 처음에는 토론 절차를 기억하기 어려웠는데, (㉠)이/가 있는 쪽이 먼저 발언한다는 것을 이해하고 나니 기억하기 쉬웠어요. 가령, 정책 논제 토론에서는 현 상태의 변화를 주장하는 찬성 측이 먼저 주장을 제시해야 반대 측이 반박할 수 있잖아요. 그래서 고전적 토론, 반대 신문식 토론 등 많은 토론 형식에서 찬성 측이 먼저 입론하게 하는 것이더라고요.
김 교사 : 작년에 토론을 지도하는데 자기가 할 말만 생각하느라 상대편에서 말한 것을 놓치고 엉뚱한 이야기를 하는 학생이 많았어요.
수석 교사 : 맞아요. 그래서 토론에서도 한 사람의 참여자가 의사소통 상황의 매순간 화자 역할과 청자 역할을 동시에 수행하며, 참여자 간에 의미를 공유하고 협상함으로써 역동적으로 의미를 구성해 나가는 (㉡) 기능을 잘 발휘해야 해요. 그래야만 토론이 일방적인 말하기와 듣기가 아닌 양방향의 의사소통이 될 수 있을 테니까요.
김 교사 : 학생들이 토론하다가 자신의 입장이 어느 쪽이었는지를 혼동하거나 토론 중간에 입장을 바꿔 토론의 흐름이 끊기는 경우도 많았어요. 이를 예방할 수 있는 방법이 있을까요?
수석 교사 : 저는 논제를 요건에 맞게 잘 표현해 주니 도움이 되었어요. [A] 정책 논제의 경우, 현 상태를 변화시키고자 하는 의도를 포함해야 해요. 또한 평서문 형태로 하나의 주장만 담아야 하죠. 그리고 찬성과 반대 중 어느 한 편에 유리하게 작용할 수 있는 감정적 표현은 담지 않아야 해요. 이렇게 하면 논제를 중심으로 찬반 입장이 분명히 갈리고 논제가 어느 한 편에 유리하게 작용하는 정도도 줄일 수 있어요. 그래서 학생들이 자기 입장을 헷갈리지 않게 되고 중간에 입장을 바꾸는 일도 덜 하게 되더라고요.

(나)

찬성 측1 입론→반대 측2 질문→반대 측1 입론→찬성 측1 질문→
찬성 측2 입론→반대 측1 질문→반대 측2 입론→찬성 측2 질문→
(ⓐ) 반박→(ⓑ) 반박→(ⓒ) 반박→(ⓓ) 반박

(다)

사회자 : (㉢)을/를 논제로 2 : 2 반대 신문식 토론을 시작하겠습니다. (칠판을 가리키며) 토론 절차는 칠판에서 확인할 수 있습니다. 그럼 찬성 측 1 토론자부터 입론해 주세요.
찬성 측 1 : 저희는 사형 제도가 반드시 폐지되어야 한다고 주장합니다. 그 까닭은 두 가지입니다. 첫째, 헌법 제10조에 따르면 국가는 개인의 기본적 인권을 보장할 의무가 있습니다. 둘째, 무고한 사람을 오판하여 사형 집행할 가능성이 있습니다.
사회자 : 반대 측 2 토론자 질문해 주세요.
반대 측 2 : 가해자만큼 피해자의 인권도 중요하다고 생각하지 않나요?
… (하략) …

1) (가)의 ㉠에 들어갈 말을 쓰시오. [1점]
- _____

2) 2015 개정 국어과 교육과정의 듣기·말하기 영역 '내용 체계'에 제시된 '기능' 중 (가)의 ㉡에 들어갈 말을 쓰시오. [1점]
- _____

3) ① (나)의 ⓐ~ⓓ에 들어갈 말을 순서대로 쓰고, ② (다)의 ㉢에 들어갈 말을 [A]를 반영하여 한 문장으로 쓰시오. [2점]
- ① : _____
- ② : _____

정답

1) 입증 책임

2) 상호 교섭하기

3) ① ⓐ 반대 측1, ⓑ 찬성 측1, ⓒ 반대 측2, ⓓ 찬성 측2
② 사형 제도는 폐지되어야 한다. 사형 제도를 폐지해야 한다.

정답이유

1)
1. 토론의 논제는 주로 현실을 개선하는 방향으로 정해지기 때문에 찬성 측이 먼저 문제를 제기하고 주장의 정당성을 입증해야 하는 책임이 있다.

2. '입증 책임'의 원리
① 정책 토론에서는 논제에서 진술한 바를 찬성 측이 주장하게 된다. 찬성 측은 현재 상태의 변화를 주장하는 논제에 대해 입증에 대한 책임을 져야 한다. 이를 토론 이론에서는 '입증책임(the burden of proof)'이라고 한다.
② '입증 책임'이란 본래 법률 용어로서, 주장하는 측이 입증에 대한 책임을 지는 것을 의미한다. 즉, 무죄 추정의 원칙이 적용되는 법정에서는 검사측이 피의자가 범죄 행위를 하였다는 것을 증거를 들어 입증해야 하는데 이 원리가 토론에도 그대로 적용된다.
③ 그러므로 찬성 측이 입증 책임을 다하지 못하여 현재 상태의 변화에 대해 설득력 있게 주장하지 못하면 토론에서 패하게 된다. 이때 입증 책임을 지기 위해 첫 번째 입론에서 반드시 다루어야 할 쟁점이 존재하는데 이를 '필수 쟁점(stock issue)'이라고 한다. 이러한 토론의 원리에 따라 논제가 결정되며 필수 쟁점이 설정된다.

2) 듣기·말하기 성격 – '상호 교섭'
① 화법은 참여자들이 각각 의미를 전달하는 언어 행위가 아니라 어떤 주제를 중심으로 상호 교섭을 통해 의미를 구성해 가는 과정임을 가리킨다. 다른 측면에서는 화법은 화자와 청자는 물론 화법이 이루어지고 있는 장면이 서로 영향을 미치면서 의미를 구성해 가는 역동적인 과정이다.
② 상호 교섭은 ㉠ 네가 무언가를 하고 있고, ㉡ 상대방이 무언가를 하고 있고, ㉢ 네가 상대방의 행동을 지각하고, ㉣ 결과적으로 상대방이 너의 행동을 지각하고, ㉤ 상대방이 너를 지각하고 있다는 것을 네가 지각하고, ㉥ 네가 상대방을 지각하고 있다는 것을 상대방이 지각할 때 발생한다.
③ 상호 교섭이란 사람들이 상대에게 내가 무엇을 하느냐를 알리는 것에 초점이 맞추어지는 것이 아니라 서로 더불어 무엇을 하느냐에 초점이 있다.

3)
1. 반대 신문식 토론(CEDA 토론) 절차

찬성 측		반대 측	
토론자1	토론자2	토론자1	토론자2
① 입론			② 반대 신문
④ 반대 신문		③ 입론	
	⑤ 입론	⑥ 교차 신문	
	⑧ 반대 신문		⑦ 입론
⑩ 반박		⑨ 반박	
	⑫ 반박		⑪ 반박

2. 지문 속 수석 교사의 발언에는 정책 논제의 요건이 3가지로 명시되어 있으므로 이에 부합해야 한다.
① 현 상태를 변화시키고자 하는 의도가 포함되어야 한다.
② 평서문 형태로 하나의 주장만 담아야 한다.
③ 찬성과 반대 중 어느 한 편에 유리하게 작용할 수 있는 감정적 표현을 담지 않아야 한다.

3. 논제의 유형

종류	특징	예
사실 논제	• 증거를 통한 논리적인 사실 입증이 필요 – 어떤 명제가 사실임을 주장 – 믿을만한 정보를 바탕으로 사실 관계를 입증하면서 자신의 주장을 펼침.	강력한 처벌은 범죄 예방에 효과가 있다.
가치 논제	• 관점이나 시각을 중요시하는 철학적 논제 – 어떤 가치가 바람직함을 주장 – 가치 판단의 기준을 상대와 공유하면서 어떤 가치가 다른 가치보다 더 수용할 만하다는 점을 입증.	환경 보존이 개입보다 중요하다.
정책 논제	• 구체적인 사안에 대해 문제점과 실제적인 해결 방안을 찾아야 하는 논제 – 어떤 정책의 실행이 바람직함을 주장 – 제시된 방안이 현재의 문제를 해결해 줄 수 있는 것인지, 그 방안을 실행할 수 있는 가능성이 있는지, 그 방안을 실행하는데 따르는 긍정적 영향과 부정적 영향은 어떤 것이 있는지 등에 대한 논의를 바탕으로 하고 그 방안을 실행해야 할지 말아야 할지에 대한 최종 판단이 이루어짐.	간접세 제도는 폐지되어야 한다.

02   2018-A-1

다음은 말하기 수업에서 활용할 면담 자료이다. 물음에 답하시오.
[4점]

| 학습 목표 | 면담의 특성과 주의할 점을 알고 면담의 절차에 따라 면담할 수 있다. |

민 정 : 안녕하세요? 면담을 허락해 주셔서 감사합니다.
요리사 : 네, 찾아와 주셔서 저도 반갑습니다.
민 정 : 저는 요리사가 되기 위하여 필요한 여러 관련 정보들을 알고 싶어서 요리사님을 찾아 뵈었습니다. 그럼, 지금부터 여쭤 봐도 될까요?
요리사 : 네, 궁금한 점이 있으면 무엇이든 물어 보세요.
민 정 : 요리사가 되려면 어떤 과정을 거쳐야 할까요?
요리사 : 요리 관련 대학에 진학하여 교육을 받는 것이 보편적입니다.
민 정 : 요리 관련 대학이요? 요리 관련 대학에 대해 좀 더 자세히 말씀해 주실 수 있으세요?
요리사 : 네, 현재 우리나라에서 요리 관련 학과는……
… (중략) …
민 정 : 그런데요. 대학 교육보다는 손재주나 미각이 중요하지 않나요?
요리사 : 타고난 재능이 있으……
민 정 : 타고난 재능이요?
요리사 : 훌륭한 요리사란……   [A]
민 정 : 타고난 사람이 많죠?
요리사 : 제 말을 끝까지 들어 주면 좋겠어요.
민 정 : 아, 죄송합니다.
요리사 : 타고난 재능이 있다면 유리하겠지만 가장 중요한 건 노력이라고 생각해요.
민 정 : 역시 ㉠<u>노력만큼</u> 중요한 건 없군요. 끝으로, 요리사로서 보람을 느낀 일이 있다면 구체적으로 말씀해 주세요.
요리사 : 6년 전 제가 섬마을 학교에 가서 음식을 만들어 준 적이 있어요. 그때 학생들이 어찌나 좋아하던지 ㉡<u>주는 만큼</u> 받는 것 같아 행복했습니다.
민 정 : 아, 그러셨군요. 요리사라는 직업에 대해 많은 것을 알게 되었습니다. 지금까지 친절하게 답변해 주셔서 감사합니다.

1) 다음은 위 수업을 위해 계획한 지도 내용이다. [A]에 주목하여 (   ) 안에 공통으로 들어갈 말을 쓰시오. [1점]

면담 시 지켜야 할 대화 예절을 안내하여 면담의 전개 과정이 성공적으로 이루어질 수 있도록 지도해야겠다. 가령 [A]처럼 대화에서 (   )의 기본 규칙을 어기는 상황이 발생할 수 있는데, 상대의 말을 끝까지 경청하기, 말하는 중간에 끼어들지 않기 등 (   )을/를 지키면서 예의를 갖추고 바른 태도로 대화하는 태도와 습관을 기르도록 해야겠다.

• _____

2) 다음은 면담에 앞서 민정이가 계획한 내용이다. ① 면담 자료를 참고하여 (   ) 안에 들어갈 말을 쓰고, ② 민정이가 사용하지 <u>않</u>은 질문을 ⓐ~ⓓ에서 고르시오. [1점]

진행 단계	면담 내용
면담 열기	면담 대상자와 가벼운 인사말 ( )
질문하기	ⓐ 구체적 사실 질문 ⓑ 생각이나 느낌을 알기 위한 상승 질문 ⓒ 엄밀한 조사 질문 ⓓ 앞으로의 계획이나 당부 질문
면담 마무리	감사 인사

• ① : _____

• ② : _____

3) 밑줄 친 ㉠과 ㉡의 '만큼'에 적용된 띄어쓰기 원리에 대해 품사를 활용하여 각각 설명하시오. [2점]

• ① : _____

• ② : _____

정답

1) 말차례, (순서교대, turn)

2) ① 면담의 목적
　　② ⓓ 앞으로의 계획이나 당부 질문

3) ① ㉠, 조사는 앞말에 붙여 쓴다.
　　② ㉡, 의존 명사는 띄어 쓴다.

정답이유

1)

1. 민정이는 [A]의 대화 전개 과정에서 상대방인 요리사의 말을 끝까지 경청하지 않고 말하는 중간에 끼어들어 말차례를 지키지 않았다.

〈말차례〉
① 상대방의 말을 끝까지 경청하기, 말하는 중간에 끼어들지 않기
② 대화 참여자들은 한 번에 한 사람씩 말을 해야 효과적인 표현과 이해가 이루어지고, 한 사람이 말을 끝내면, 다음 사람이 말을 하는 것이 이상적이다. 대화 과정에서 어떤 사람이 대화에 참여하여 실제 말할 기회가 주어졌을 때, 그가 말을 할 수 있는 권리와 그 기회에 이루어진 언어적 표현 결과물을 '말차례(순서교대 turn)'라고 한다.
③ 해당 기능 항목 : '점검·조정하기'

2. 성취기준 – 예의를 지키며 듣고 말하는 태도를 지닌다.
① 대화에서 말차례는 대화 전개 과정의 성패를 결정하는 중요한 요인이다. 그럼에도 불구하고 실제 대화에서는 말차례의 기본 규칙을 어기는 상황이 자주 발생한다.
② 말차례 지키기를 비롯하여 대화를 할 때 지켜야 할 예절에 대해 알면, 대화로 사회적 상호 작용 능력을 향상시킬 수 있다.
③ 대화를 할 때에는 상대의 말을 끝까지 주의 깊게 듣고 말차례를 지켜 참여하며, 대화의 상대, 목적, 장소에 따른 기본 예의를 지키도록 지도한다.
④ 상대방의 말을 끝까지 경청하기, 말하는 중간에 끼어들지 않기 등 말차례를 지키면서 공손하고 바른 태도로 대화하는 태도와 습관을 기르도록 한다.

2)

1. 면담 진행 단계 중 '면담 열기'에서는 가벼운 인사말, 면담의 목적 등을 말한다. 민정이의 첫 대화는 '인사말'이고, 두 번째 대화는 '면담 목적'이다.

- 면담 순서

면담 준비하기		
면담 진행하기	면담 열기	가벼운 인사말, 면담의 목적
	질문하기	구체적인 사실에 대한 질문, 생각이나 느낌에 대한 질문, 앞으로의 계획이나 당부에 대한 질문
	면담 마무리	감사 인사
면담 정리하기		

2. 민정이가 사용한 질문

ⓐ 구체적 사실 질문	• 민정이의 세 번째 대화 : "요리사가 되려면 어떤 과정을 거쳐야 할까요?"
ⓑ 엄밀한 조사 질문	• 민정이의 네 번째 대화 : "요리 관련 대학이요? 요리 관련 대학에 대해 좀 더 자세히 말씀해 주실 수 있으세요?"
ⓒ 생각이나 느낌을 알기 위한 상술 질문	• 민정이의 아홉 번째 대화 : "끝으로, 요리사로서 보람을 느낀 일이 있다면 구체적으로 말씀해 주세요."

※ 앞으로의 계획이나 당부 질문은 없다.

3)

1. ㉠ '노력만큼'에서 '만큼'은 '노력'이라는 체언(명사) 뒤에 쓰였으므로 '조사'에 해당하며, 조사는 그 앞말에 붙여 쓴다.(한글 맞춤법 제41항)
㉡ '주는 만큼'에서 '만큼'은 용언의 관형사형 '주는' 뒤에 쓰였으므로 '의존 명사'에 해당하고, 의존 명사는 띄어 쓴다.(한글 맞춤법 제42항)

2. '의존 명사 vs 조사' 띄어쓰기 원리

의존 명사는 띄어 쓴다.	것: 하는 것 먹는 것 차는 것 쉬는 것	수: 할 수 있다 먹을 수 있다 찰 수 있다 이길 수 있다	만큼: 먹을 만큼 가질 만큼 담을 만큼 옮길 만큼
	지: 떠난 지 일어난 지 시작한 지 온 지	줄: 할 줄 안다 먹을 줄 안다 지을 줄 안다 그럴 줄 안다	이: 아는 이가 많다 가는 이가 없다 먹는 이가 적다 오는 이가 많다
조사는 앞말에 붙여 쓴다.	마저: 꽃마저 너마저 나마저 만큼: 너만큼 안다 나만큼 해 봐라 대궐만큼 큰 집	이다(입니다): 꽃이다 마을입니다 우물입니다 뿐: 너뿐만 아니라 음식뿐만 아니라 학교뿐만 아니라	대로: 계획대로 하자 너대로 가거라 법대로 하자

03   2017-A-1

(가)는 학급 회의의 일부이고, (나)는 (가)의 결과를 바탕으로 두 학생이 작성한 편지의 일부이다. 물음에 답하시오. [4점]

(가)

사회자: 지금부터 제3회 학급 회의를 시작하겠습니다. 먼저 국기에 대하여 경례를 하겠습니다. (경례 후) 애국가는 생략하겠습니다. 지난주 국어 시간에 남수단에 사는 10살 도나티의 동영상을 보았습니다. 도나티는 가족을 위해 숯을 굽고 팔아야 해서 학교에도 제대로 다니지 못하고 몽당연필 하나로 어렵게 공부하고 있었습니다. 이 영상을 보고 나눔을 실천하자는 여러 학생들의 제안이 있었습니다. 그래서 이번에는 도나티가 다니는 학교 학생들을 도울 수 있는 방법에 대해 회의하겠습니다. 의견이 있으면 발표해 주시기 바랍니다.
대 현: 제게 좋은 생각이 있습니다. 우리가 가지고 있는 학용품을 나눠 주면 좋겠습니다.
수 경: 저도 같은 생각입니다. 사실 우리 반에는 버려지는 연필이나 색종이가 많습니다.
호 열: 우리 집에도 쓰지 않은 연필깎이와 공책들이 있으니 가져올 수 있습니다.
지 은: 학용품도 좋지만 이왕이면 공부에 도움이 되도록 컴퓨터를 사 주는 것은 어떨까요?
대 현: 컴퓨터를 사려면 돈이 많이 필요한데 우리는 그럴 돈이 없습니다.   [A]
지 은: 그렇긴 하죠. 저는 그냥 도나티를 도울 수 있는 방법이 떠올라 발표한 것입니다.
… (중략) …
사회자: '도나티를 돕기 위해 학용품을 기부하자.'라는 의견에 대한 표결을 하겠습니다. (표결 후) 우리 반 삼십 명 중에서 과반수가 넘는 스물네 명이 찬성하여 '학용품을 기부하기'로 결정하겠습니다.

(나)

학생 1
만난 적은 없지만 따뜻한 마음을 지닌 친구, 도나티에게
안녕, 나는 대한민국에 사는 너의 또래 친구 수경이야. 나는 사실 아무 걱정 없이 학교를 다닐 수 있는데도 가끔 공부하기 싫어서 부모님께 투정 부리기도 해어. 그런데 힘든 가운데서도 가족을 위하는 너를 보니 내가 참 부끄럽고 네가 정말 대단하다고 느꼈어.

학생 2
도나티에게
안녕, 난 대한민국에 사는 대현이라고 해. 어린 나이에 돈을 벌기 위해 뜨거운 숯을 굽는 걸 보고 참 불쌍했어. 난 가난이 정말 싫어. 내가 남는 학용품을 보내 줄 테니 잘 썼으면 좋겠다.

1) 다음은 사회자 역할을 맡은 학생이 (가)의 학급 회의를 진행하기 위해 조사한 자료이다. ① ⓐ에 들어갈 용어를 쓰고, ② ⓑ의 이유를 쓰시오. [1점]

학급 회의는 일정한 절차와 방법에 따라 이루어진다. 사회자는 회의의 시작, 표결, 끝을 알리는 등 정해진 회의 절차에 따라야 한다. 또한 의견을 제시하고자 하는 학생들을 확인하여 순서대로 이야기할 수 있도록 (ⓐ)을/를 주는 역할을 한다. 예를 들어 한 번도 발표하지 않은 학생과 자주 발표한 학생이 동시에 의견을 제시하려고 하는 경우에는 ⓑ 이전에 발표하지 않은 학생을 지명하는 것이 좋다.

• ① _____ • ② _____

2) 다음은 학급 회의를 마치고 [A]에 대해 교사와 지은이가 나눈 대화이다. 의견을 제시할 때 주의할 점을 고려하여 ⓐ에 들어갈 지도 내용을 쓰시오. [1점]

지은: 선생님, 대현이 말이 맞아요. 그런데 적절한 제안을 하려면 어떤 점에 주의해야 하나요?
교사: 회의에서 의견을 말할 때는 (ⓐ).

• _____

3) 다음은 '마음을 표현하는 글 쓰기'를 지도하기 위한 교사들의 협의 내용이다. (나)를 참고하여 ⓐ, ⓑ에 들어갈 내용을 쓰시오. [2점]

김 교사: 학생 1과 학생 2의 글은 어려운 상황에 처한 친구를 응원하는 마음을 편지로 표현한 것이에요.
이 교사: 학생들이 쓰기 상황을 파악하는 데 어려움을 겪는 경우가 많은데 두 학생 모두 누구에게 마음을 전해야 하는지는 파악하고 있네요.
김 교사: 맞아요. 학생들은 도나티와 서로 모른다고 생각해서 편지에 공통적으로 (ⓐ)을/를 밝히고 있어요.
이 교사: 네, 이것은 편지의 형식과도 관련이 있고요. 그런데 학생 1의 글에 비해 학생 2의 글에서 미숙한 필자의 특성이 나타나네요.
김 교사: 네, 미숙한 필자는 (ⓑ) 경향이 있어요. 자기가 하고 싶은 말만 하지요. 그렇기 때문에 학생들에게 쓰기가 필자와 독자의 상호작용이라는 점을 지도할 필요가 있어요.

• ⓐ _____   • ⓑ: _____

정답

1) ① 발언권 ② 다양한 의견을 들을 수 있기 때문이다.
2) 실천 가능성이 높은 의견을 말한다.
3) ⓐ 쓴 사람, 필자   ⓑ 자기 중심적

정답이유

3) 성취기준

(4) 읽는이를 고려하여 자신의 마음을 표현하는 글을 쓴다.

• 다른 사람과 글로 소통하려면 자기중심적인 쓰기에서 벗어나 독자의 흥미나 관심, 입장, 반응 등을 고려하여 글을 써야 한다.

04
2016-A-1

(가)는 최 교사가 6학년 '연설하기' 수업에서 활용한 연설문이고, (나)는 교수·학습 과정안의 일부이다. 물음에 답하시오. [3점]

(가) 연설문

> 여러분은 종이컵 1톤을 만드는 데 20년생 나무 20그루가 필요하다는 것을 알고 있습니까? 우리가 편리하게 사용하였던 일회용품이 지구를 병들게 하고 있습니다. 환경을 위하여 일회용품 사용을 줄입시다.
> … (중략) …
> 대부분의 일회용품은 오랫동안 썩지 않아 환경을 오염시킵니다. ㉠ 혹시 종이컵이 땅속에서 썩는 데 얼마나 오랜 시간이 걸리는지 아십니까? 종이컵은 땅속에서 썩는 데 20년이 걸리고, 스타이로폼 도시락은 500년이 걸린다고 합니다.
> … (하략) …

(나) 교수·학습 과정안

학습 목표	자신이 쓴 연설문을 바탕으로 하여 연설할 수 있다.
학습 내용	교수·학습 활동
연설문 쓰기	• 연설하고 싶은 주장을 정하여 쓸 내용을 떠올려 봅시다. • 주장의 타당성을 생각하며 연설문을 써 봅시다.
연설을 위한 계획 세우기	• 연설할 때 주의할 점을 알아봅시다. ―표정, 몸짓, 목소리의 크기 등을 생각하며 말한다. • 연설할 때 비언어적, 반언어적 표현을 어떻게 활용할지 계획을 세워 봅시다.

연설하기 및 평가하기	• 연설 계획대로 친구들 앞에서 연설하여 봅시다.
	• 친구들의 연설을 듣고 잘한 점과 부족한 점을 찾아 말하여 봅시다.
	  ―연설을 듣고 주장의 타당성을 판단한다.
	  ―연설하는 모습이 적절한지 판단한다.

1) 말하는이의 의도를 고려하여 (가)의 ㉠과 다음 대화 ⓐ의 차이점을 쓰시오. [1점]

> A : 스타이로폼 도시락은 땅속에서 썩는 데 굉장히 오랜 시간이 걸린다고 하던데요.
> B : 예, 그래요. 약 500년 정도 걸려요.
> A : 그럼, ⓐ 혹시 종이컵이 땅속에서 썩는 데 얼마나 오랜 시간이 걸리는지 아십니까?
> B : 네. 종이컵은 땅속에서 썩는 데 약 20년 정도 걸립니다.
> A : 아, 그렇군요.

• _____

2) 다음은 최 교사가 수업 후 수석교사와 나눈 대화의 일부이다. (나)를 참고하여 ⓑ와 ⓒ에 들어갈 용어를 쓰시오. [2점]

> 최 교사 : '연설하기' 수업은 참 어려웠어요. 학생들이 연설을 듣고 주장의 타당성을 파악하지 못하고, 주장하는 내용을 확인하고 이해하는 수준에 머무르는 것 같아요.
> 수석교사 : 아, 그러니까 학생들이 연설을 듣고 자신의 신념이나 가치관에 따라 내용을 분석하고 판단하는 (ⓑ) 듣기를 하지 못하고, 사실적 듣기나 추론적 듣기에 그쳤다는 거네요. 연설을 듣기 전에 주장의 타당성을 판단하는 기준을 미리 안내해 주었으면 좋았을 텐데요.
> 최 교사 : 그걸 미처 생각하지 못했네요. 그런데 선생님, 연설하는 모습을 보면서 순간적으로 비언어적, 반언어적 표현을 포착하여 진단하고 조언하는 것도 쉬운 일이 아니었어요. 좋은 방법이 없을까요?
> 수석교사 : 선생님, (ⓒ)을/를 써 보면 어떨까요? 이 방법은 다소 번거롭고 시간이 걸리지만, 연설하는 모습을 언제든지 반복하여 보면서 학생들의 강점과 약점에 대한 다양한 정보를 제공해 줄 수 있어요.

• ⓑ : _____
• ⓒ : _____

정답

1) • ㉠은 청중의 관심 이끌어 내기, ⓐ는 정보 획득
   • ㉠은 설득, ⓐ는 정보 획득

2) ⓑ 비판적
   ⓒ 녹화 기록법

정답이유

1) 연설문에서 청중의 관심을 이끌어 내는 방법

• 청중을 향하여 묻고 답하는 내용을 넣을 수 있다. 도산 안창호의 경우에 연설을 듣는 사람들에게 질문을 던져 연설가와 대화를 주고받고 있다는 생각을 하게 하였다.

> 다시 묻습니다. 여러분! 대한의 일은 누구에게 맡기려 합니까? 영국 사람에게 맡길까? 중국 사람에게 맡길까? 미국이나 러시아나 어느 다른 나라 사람에게 맡길 것인가? 아니요. 영국의 일은 영국 사람이 하는 것처럼, 대한의 일은 대한 사람이 할 것입니다.

• '우리'라는 말을 써서 청중을 연설에 동참시킬 수 있다.

2)
1. 비판적 듣기
• 상대가 전달한 메시지를 평가하면서 듣는 것

2. 녹화 기록법
• 녹화 기록법은 관찰 기록법의 단점을 보완하기 위한 방법이다. 교사와 학생의 관찰도 미흡한 면이 있을 수 있다. 이에 대비하여 학습자들의 수행 과정을 비디오 카메라로 녹화하여 두었다가 교사가 필요한 부분을 다시 재생하여 보면서 평가하는 방법이다.

05

(가)는 김 교사가 지도한 2학년 국어 수업의 개요이고, (나)는 수업 중에 학생들이 나눈 대화의 일부이다. 물음에 답하시오. [3점]

(가) 수업 개요

단계	교수·학습 활동
도입	• 학습 목표 확인 - 학습 목표 : 상대방에게 적절하게 반응하며 대화를 나눈다.
전개	• 활동 1 : 상대방에게 반응하며 듣는 것의 중요성 알기 • 활동 2 : 대화를 나눌 때 반응하는 방법 알기 • 활동 3 : 적절하게 반응하며 대화 나누어 보기
정리	• 정리 및 평가

(나) '활동 3'에서 학생들이 나눈 대화

진 희 : 오늘 급식이 참 맛이 있었어.
민 영 : ㉠(고개를 끄덕인다.)
진 희 : 나는 계란말이가 제일 맛이 있었어.
준 수 : ㉡나도 그래.
동 규 : 너희는 계란말이구나. 나는 김치볶음이 제일 ㉢맛이[마디] 있었는데.
성 현 : 나도 김치볶음.
선 호 : 나는 다 좋았어. 그래도 ㉣굳이[구디] 고르라면 계란말이.

1) ㉠과 ㉡은 대화를 나눌 때 상대방에게 적절하게 반응한 것이다. 이 두 반응의 공통점과 차이점을 쓰시오. [2점]

• 공통점 : _____
• 차이점 : _____

2) 다음은 김 교사가 ㉢과 ㉣을 듣고, 정확한 발음을 지도하기 위해 관련된 음운 현상을 조사한 자료이다. ( )에 들어갈 내용을 차례대로 쓰시오. [1점]

'맛이'와 '굳이'는 받침으로 끝나는 음절 뒤에 모음으로 시작되는 음절이 이어지고 있다는 점에서는 다르지 않다. 그러나 이 둘을 발음할 때 나타나는 음운 현상은 동일하지 않다. '맛이'는 ([A])로 발음되는데 이 음운 현상은 (B)이고, '굳이'는 ([C])로 발음되는데 이 음운 현상은 (D)이다.

• A : _____
• B : _____
• C : _____
• D : _____

정답

1) • 공통점 : 맞장구치기
 • 차이점 : ㉠은 비언어적 표현, ㉡은 언어적 표현이다.
2) A : 마시 B : 연음 현상
 C : 구지 D : 구개음화 현상

정답이유

1)
1. ㉠, ㉡은 모두 상대에게 긍정적인 청자 반응을 한다는 점에서는 동일하나, ㉠은 몸짓이라는 비언어적 표현을, ㉡은 맞장구치기라는 언어적 표현을 활용한 점이 다르다.
2. 반언어적 표현 vs 비언어적 표현

반언어적 표현 (semiverbal)	언어 표현에 직접적으로 매개되어 의미 작용을 하는 발음, 조음, 고저, 어조, 속도, 크기 등을 가리킨다.
비언어적 표현 (nonverbal)	언어 표현과는 독립적으로 의미 작용을 할 수 있는 자세, 손동작, 몸동작, 얼굴 표정, 눈 맞춤 등을 가리킨다.

2)
1. '맛이'와 '굳이'는 받침으로 끝나는 음절 뒤에 모음으로 시작되는 음절이 이어지는 점에서 동일하나, '맛이'는 '마시'로 앞의 받침이 뒤 음절의 첫소리로 그대로 발음되는 연음 현상이 나타나는 경우이고, '굳이'는 '구지'로 'ㄷ'이 'ㅈ'으로 변화하여 발음되는 구개음화가 나타나는 경우로 서로 다르다.

2. 한글 맞춤법 제3장 소리에 관한 것-〈제2절 구개음화〉
[제6항] 'ㄷ, ㅌ' 받침 뒤에 종속적 관계를 가진 '-이(-)'나 '-히-'가 올 적에는, 그 'ㄷ, ㅌ'이 'ㅈ, ㅊ'으로 소리나더라도 'ㄷ, ㅌ'으로 적는다.
 ⓔ 맏이(○) 마지(X) / 같이(○) 가치(X) / 걷히다(○) 거치다(X) 등

3. 연음 법칙
① '연음 법칙'은 앞 음절의 받침 뒤에 모음으로 시작하는 조사나 어미 같은 형식 형태소가 이어질 때, 앞의 받침이 뒤 음절의 첫소리로 발음되는 음운 규칙을 말한다.
② 체언이나 용언 어간의 끝소리가 홑받침이나 쌍받침일 경우 그 다음에 모음으로 시작된 조사, 어미, 접미사가 오면, 그 받침은 제 음가대로 뒤 음절 첫소리로 옮겨 발음한다.〈표준 발음법 제13항〉
 ⓔ 깎아[까까], 옷이[오시] 등
③ 체언이나 용언 어간의 끝소리가 겹받침이고, 다음에 모음으로 시작된 조사, 어미, 접미사가 오면 겹받침의 뒤의 것을 음절 첫소리로 옮겨 발음한다.('ㅅ'은 된소리로 발음)〈표준 발음법 제14항〉
 ⓔ 앉아[안자], 없어[업ː써] 등
④ 그러나 받침 뒤에 모음 'ㅏ, ㅓ, ㅗ, ㅜ, ㅟ'로 시작되는 실질 형태소가 연결되는 경우에는, 대표음으로 바꾸어서 뒤 음절 첫소리로 옮겨 발음한다.〈표준 발음법 제15항〉
 ⓔ 겉옷[거돋], 꽃 위[꼬뒤], 맛있다[마딛따], 값어치[가버치] 등
 ※ 다만, '맛있다, 멋있다'는 [마싣따], [머싣따]도 허용하여 주고 있다. 그리고 한글 자모는 사람들이 모두 디귿이[디그시], 지읒이[지으시], 티읕이[티으시] 등으로 쓰므로 이를 표준 발음으로 삼아 쓰고 있다.

06

2013-A-1

최 교사는 다음의 학습 목표에 따라 말하기 수업을 하려고 한다. 물음에 답하시오. [3점]

| 학습 목표 | 인사말의 특성을 알고 알맞은 인사말을 할 수 있다. |

수업자료

안녕하십니까, 여러분! ……………… ㉠ 시작하는 말 하기
여러분의 일꾼 김다슬입니다. ………… ㉡ 자기소개하기
먼저 저를 회장으로 뽑아 주신 여러분께 감사드립니다.
……………………………… ㉢ 듣는 이와 관계 맺기

저는 앞으로 다음과 같은 멋진 반을 만들고 싶습니다.

첫째, 신나는 반, 웃음이 넘치는 반을 만들겠습니다. 제가 웃음 도우미가 되도록 노력하겠습니다.

둘째, 서로 도와주는 반을 만들겠습니다. 제가 먼저 하루에 한 번씩 친구 고민 들어 주기를 실천하겠습니다. ㉣ 주요 내용 소개하기

그런데 이런 멋진 반을 만들려면 여러분들의 도움도 필요합니다. 저는 잘 할 수 있지만 여러분들이 정말 걱정입니다. 그래서 벌점 스티커를 만들겠으니, 여러분은 벌점 스티커를 받지 않도록 노력해 주시기 바랍니다. ㉤ 부탁이나 당부의 말 하기

오늘 약속한 내용을 꼭 지키겠습니다. 감사합니다.
……………………………… ㉥ 마무리하는 말 하기

1) 다음은 위 수업을 위해 최 교사가 계획한 지도 내용이다. A에 들어갈 말을 한 단어로 쓰시오. [1점]

인사말 하기를 지도하기 위해서는 인사말의 두 가지 상황을 파악하도록 하는 것이 중요하다. 그러므로 수업 자료가 (A) 상황에서의 인사말임을 알도록 하고, 인사말 하기를 계획하는 과정에서 이러한 상황을 고려해야 함을 강조해야겠다.

- A : _____

2) 다슬이의 인사말에서, '인사말의 특성'에 비추어 적절하지 않은 부분을 ㉠~㉥ 중에서 찾아 기호를 쓰고, 그 이유를 쓰시오. [2점]

- 기호 : _____
- 이유 : _____

정답

1) 공식적

2) • 기호 : ㉤
   • 이유 : 다슬이의 거만한 태도는 상대방을 불쾌하게 만들뿐만 아니라 인간관계를 어렵게 하는 등 고마움의 표현이라고 볼 수 없기 때문

정답이유

1) 인사말의 2가지 상황

공식적 상황	• 환영사나 송별사, 감사의 말이나 축사 등과 같이 공적인 관계의 청중을 상대로 하는 인사말이다. • 높임말을 사용하고 격식체와 자기의 느낌을 다듬고 정리하여 발표한다.
비공식적 상황	• 사적인 관계의 상대방과 주고받는 인사말이다. • 자연스럽고 예사말로 자기의 마음을 솔직히 이야기할 수 있다.

2) 다슬이의 "저는 잘 할 수 있지만 여러분들이 정말 걱정입니다."라는 표현은 인사말의 뜻인 만나거나 헤어질 때, 축하하거나 격려할 때, 고마움을 나타낼 때 예의를 갖추어서 하는 말이라는 개념적 정의에 어긋나는 인사말이다.

TIP

공식적인 상황에서 인사말하기

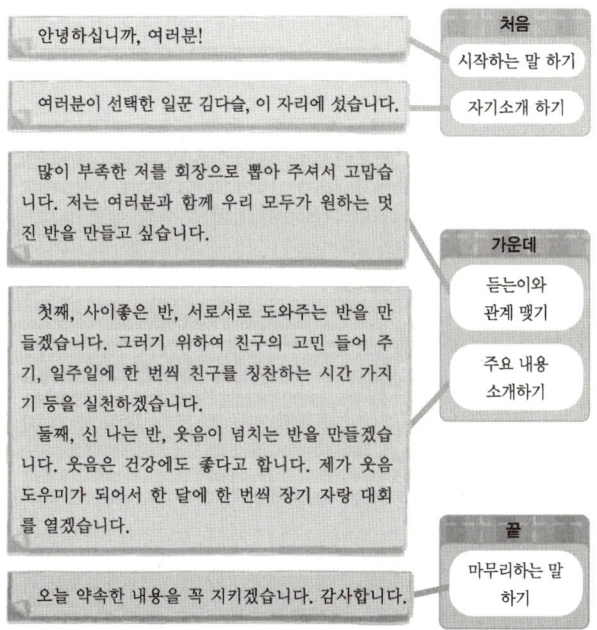

3절   읽기

01 2023-A-1

(가)는 5학년 국어 수업에서 활용한 읽기 자료이고, (나)는 교사와 학생이 나눈 대화의 일부이다. 물음에 답하시오. [4점]

(가)

> 　최근 멸종 위기에 있는 동물들이 늘어나고 있습니다. 왜냐하면 환경오염과 지구 온난화 등으로 동물들이 먹을 것이 없어지고 살 곳이 줄어들고 있기 때문입니다. 그리고 토종 동물이 다른 나라에서 들어온 동물과 벌이는 생존 경쟁에서 밀려나 사라지는 경우도 있기 때문입니다. 앞으로 전 세계의 많은 동물들이 완전히 사라질 수도 있다고 합니다.
> 　많은 사람들의 사랑을 받는 동물들이 없어지는 것을 막기 위해 우리나라뿐만 아니라 세계 여러 나라에서 많은 노력을 하고 있습니다. 각 나라는 그 수가 점점 줄어드는 동물을 '멸종 위기종'으로 지정해 보호하기도 합니다. [A]

(나)

학생 1: 선생님, '멸종'이 무슨 뜻이에요?
교　사: '멸종'이 무슨 뜻인지 짐작해 봅시다. 멸종이라는 낱말 바로 뒤에 나온 문장을 보면, '동물들이 먹을 것이 없어지고 살 곳이 줄어들고 있다'고 했네요. 그다음 문장에서는 어떤 부분을 보아야 할까요?
학생 1: '사라지는'이요.
학생 2: '생존 경쟁에서 밀려나 사라지는 경우'요. 그리고 그다음 문장에는 '완전히 사라질 수도 있다'라는 부분도 있어요. [B]
교　사: 그럼 '멸종'은 무슨 뜻일까요?
학생 1: 동물이 없어진다는 뜻인 것 같아요.
교　사: 멸종은 생물의 한 종류가 없어지는 것을 뜻하는 말이에요. 읽기 자료에 있는 다른 낱말의 뜻을 알아볼까요?
학생 2: 선생님, 중간에 '사랑을 받는'이라는 말이 나오는데 '받다'가 제가 알고 있는 뜻과 다른 것 같아요.
교　사: '받다'는 여러 가지 뜻을 가지고 있는 낱말이라서 사전에서 뜻을 찾아보는 것도 좋은 방법이에요. 사전에서 '받다'의 여러 가지 뜻을 찾아볼까요?
학생 2: 네. 사전을 찾아보니 제가 알고 있는 뜻은 '[1] 「1」 다른 사람이 주거나 보내오는 물건 따위를 가지다.'인데, '[1] 「3」 다른 사람이나 대상이 가하는 행동, 심리적인 작용 따위를 당하거나 입다.'라는 뜻도 있네요. '사랑을 받는'은 세 번째 뜻인 것 같아요.
교　사: 낱말의 뜻을 잘 찾았네요. 오늘 다룬 낱말을 활용해 문장을 만들어 봅시다.
학생 2: 저는 '받다'의 [1] 「1」의 뜻으로 문장을 만들었습니다.

> ㉠ 내 동생은 여러 가지 색연필을 많이 받았다.

학생 1: 저는 '멸종'으로 문장을 만들었습니다.

> ㉡ 전문가라도 동물의 멸종 시기를 일일히 알아맞추는 것은 쉽지 않다.

1) ① '글에서 답을 찾을 수 있는 질문'을 (가)의 [A]를 활용하여 만들어 쓰고, ② (나)의 [B]에서 교사가 낱말의 의미를 지도하기 위해 사용한 추론하기 방법을 쓰시오. [2점]

　① _____

　② _____

2) (나)의 ㉠, ㉡으로 고쳐쓰기를 지도하려고 한다. ① ㉠의 서술어가 요구하는 필수 문장 성분을 모두 쓰고, ② ㉡을 맞춤법에 맞게 고쳐 쓰시오. [2점]

　① _____

　② _____

정답

1) ① 세계 여러 나라는 그 수가 점점 줄어드는 동물을 보호하기 위해 어떤 노력을 하고 있나요?
　② 문맥의 실마리를 이용해 추측해 보는 맥락 활용 지도 방법
2) ① 주어, 목적어, 부사어
　② 전문가라도 동물의 멸종 시기를 일일이 알아맞히는 것은 쉽지 않다.

정답이유

1) ② 맥락을 이용한 어휘 지도 방법 2가지

〈방법1〉 모르는 낱말의 의미를 문맥의 실마리를 이용해 추측하기
- 글을 읽다가 모르는 낱말이 나와도 바로 사전을 찾는 것이 아니라 앞뒤 문장의 내용을 살펴보며 어떤 의미일지 추측해 보게 하는 것이다. 이로써 학생들은 글을 읽다가 모르는 낱말이 있다 하더라도 전체적인 의미를 파악하는 데 문제가 없도록 하는 기능을 연습하게 되는 셈이다.

〈방법2〉 같은 낱말이 다양한 맥락에서 어떻게 다르게 쓰였는지 분석하고 적절한 어휘를 선택하기
- 같은 낱말이 쓰인 문장이라도 각 문장에서 낱말의 의미는 조금씩 다르며, 뜻이 비슷하지만 맥락에 따라 흔히 사용되는 낱말이 정해져 있는 경우가 있다.

2) ① '주다', '받다'와 같은 동사는 주어, 목적어, 부사어를 모두 요구하는 세 자리 서술어이다. ㉠은 '~에게'라는 부사어가 누락되어 있는 비문법적 문장이다. 세 자리 서술어 문장은 서술어가 요구하는 주성분이 세 개인 문장으로, 주어와 목적어뿐 아니라 필수 부사어를 하나 꼭 요구한다.

(예시) 철수가 <u>영수한테</u> 지우개를 줬다.

〈서술어의 자릿수〉

(1) 한 자리 서술어	첫눈이 **온다**.	주어+서술어(동사)
	꽃이 **빨갛다**.	주어+서술어(형용사)
(2) 두 자리 서술어	수증기가 구름이 **되었다**.	주어+보어+서술어
	윤호는 음식을 **만들었다**.	주어+목적어+서술어
	채경은 신과 **결혼했다**.	주어+부사어+서술어
(3) 세 자리 서술어	삼촌께서 윤호에게 용돈을 **주셨다**.	주어+부사어+목적어+서술어
	민호는 유미를 친구로 **삼았다**.	주어+목적어+부사어+서술어
	범이가 우체통에 편지를 **넣었다**.	주어+부사어+목적어+서술어

2) ② 한글맞춤법

〈제6장 제 51항〉 : 부사 맞춤법
- 일일이(○), 일일이(×)
- 부사의 끝음절이 분명히 '이'로만 소리나고, 겹쳐 쓰인 명사 뒤이기 때문에 '이'로 적는다.

〈알아맞히다 vs 알아맞추다〉
- '요구되거나 기대되는 답을 알아서 맞게 하다.'라는 뜻을 나타내는 표준어
- (예시) : 답을(수수께끼를, 내일 날씨를) <u>알아맞히다.</u>
- 알아맞추다 : 둘 이상의 일정한 대상들을 나란히 놓고 비교해보다.
- (예시) : 친구와 함께 시험 문제의 답을 맞추다.

정답개념

1. 혼동하기 쉬운 말

다르다	비교가 되는 두 대상이 서로 같지 않다.
틀리다	셈이나 사실 등이 잘못되거나 어긋나다.
가리키다	손가락이나 시곗바늘, 화살표 등이 어떤 방향이나 물건 등의 대상을 알리는 것.
가르치다	지식이나 기능을 깨닫게 하거나 교육을 받게 하는 것, 모르는 것을 알려 주는 것.
잊다	알았던 것을 기억하지 못하거나 생각해 내지 못하다.
잃다	가졌던 물건이나 사람, 기회 등이 없어지거나 사라지다.
맞히다	맞게 하다. 문제에 대한 답을 골라내다.
맞추다	둘 이상의 대상을 놓고 서로 비교하다.

2. 부사 맞춤법

(1) '이'로 적는 것

① 겹쳐 쓰인 명사 뒤

겹겹이	골골샅샅이	곳곳이	길길이
나날이	낱낱이	다달이	땀땀이
몫몫이	번번이	샅샅이	알알이
앞앞이	줄줄이	짬짬이	철철이

② 'ㅅ' 받침 뒤

| 기웃이 | 나긋나긋이 | 남짓이 | 뜨뜻이 |
| 버젓이 | 번듯이 | 빠듯이 | 지긋이 |

③ 'ㅂ' 불규칙 용언의 어간 뒤

가벼이	괴로이	기꺼이	너그러이
부드러이	새로이	쉬이	외로이
즐거이			

④ '-하다'가 붙지 않는 용언 어간 뒤

| 같이 | 굳이 | 길이 | 깊이 |
| 높이 | 많이 | 실없이 | 헛되이 |

⑤ 부사 뒤(한글 맞춤법 제25항 2 참조)

| 곰곰이 | 더욱이 | 생긋이 | 오뚝이 |
| 일찍이 | 히죽이 | | |

(2) '히'로 적는 것

① '-하다'가 붙는 어근 뒤(단, 'ㅅ' 받침 제외)

간편히	고요히	공평히	과감히
극히	급히	급급히	꼼꼼히
나른히	능히	답답히	딱히
속히	엄격히	정확히	족히

② '-하다'가 붙는 어근에 '-히'가 결합하여 된 부사에서 온 말

| 익히(←익숙히) | | 특히(←특별히) | |

02 2021-A-1

(가)는 강 교사가 5학년 읽기 수업에서 활용할 자료이고, (나)는 (가)를 바탕으로 구상한 교수·학습 과정안의 일부이다. 물음에 답하시오. [4점]

(가)

갯벌의 이로움

바닷물이 드나드는 넓은 땅을 갯벌이라 부른다. 갯벌은 사람과 자연에 여러 가지 이로움을 준다.

[A]
　먼저, 갯벌은 어민들에게 경제적 이익을 준다. 갯벌에는 바닷물이 드나들면서 조개나 물고기, 낙지 등과 같은 동물들이 살기에 좋은 환경이 만들어진다. 어민들은 갯벌에서 이러한 것을 잡아 돈을 번다.
　다음으로, 갯벌은 오염 물질을 정화하여 깨끗한 환경을 만든다. 갯벌은 겉으로는 진흙탕처럼 보이지만 그곳에는 작은 생물들이 많이 살고 있다. 이 생물들은 육지에서 나오는 오염 물질을 분해한다.
　마지막으로, 갯벌은 물을 흡수해 저장했다가 내보낸다. 그러므로 갯벌은 큰 비가 오면 빗물을 흡수해 홍수를 막아준다.

(나)

단계	수업 활동
도입	• 학습 목표 확인하기 　- 글 구조를 활용하여 글을 요약할 수 있다. • 어휘 학습하기 |	진흙으로 이루어짐	물이 드나듦	… | |---|---|---|---| | 갯벌 | + | + | | | 모래사장 | - | + | | | 늪지대 | + | - | | | … | | | |
전개	• 교사와 학생이 글 구조를 활용하여 '갯벌의 이로움'을 요약하는 방법 연습하기 [B] 표시 부분 포함 도식

1) 강 교사가 (나)의 '어휘 학습하기'에서 활용한 어휘 학습 방법을 쓰시오. [1점]

•

2) (나)의 ① ㉠에 해당하는 말 3가지를 (가)의 [A]에서 찾아 쓰고, ② ㉡에 해당하는 '갯벌의 이로움'의 글 구조를 쓰시오. [2점]

• ① :

• ② :

3) 다음은 학생이 (나)의 [B]에서 작성한 활동 결과이다. 활동 결과에 나타난 문제를 해결하기 위해 강 교사가 학생에게 지도해야 할 학습 내용을 쓰시오. [1점]

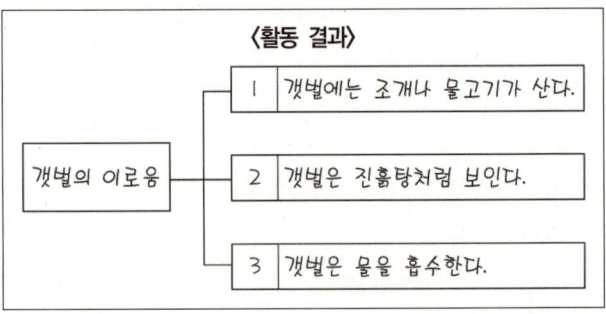

〈활동 결과〉
갯벌의 이로움
1 갯벌에는 조개나 물고기가 산다.
2 갯벌은 진흙탕처럼 보인다.
3 갯벌은 물을 흡수한다.

•

정답

1) 의미 자질(바탕) 분석법
2) ① 먼저, 다음으로, 마지막으로
　② 나열
3) • 문단의 중심 내용(문장)을 파악한다.
　• 중심 내용(문장)을 정확하게 파악한다.

정답이유

1) 의미 자질(바탕) 분석법은 낱말의 의미를 변별하는 데 바탕이 되는 자질을 중심으로, 해당 어휘가 그 자질을 가지고 있는지 없는지를 '+, -'로 표시하는 방법이다.

2) 먼저, 다음으로, 마지막으로는 시간 순서를 나타내는 말이 아니라, 갯벌의 여러 가지 이로움을 나열하는 말로 사용되었다. [A]에는 갯벌이 주는 이로움이 경제, 환경, 자연 재해 예방으로 나열되어 있으며, '갯벌의 이로움'의 글 구조가 나열 구조임은 [B]에 제시된 도식을 통해서도 알 수 있다.

3)
1. 문단의 중심 내용을 요약할 때는 중요하지 않은 부분은 삭제하고 중요한 부분을 중심으로 요약한다. 그런데 학생은 각 문단에서 중요하지 않은 부분을 중심으로 요약하고 있으므로 문단의 중심 내용을 파악하도록 지도해야 한다.

2. 글의 구조에 따라 요약하는 방법
　① 글의 구조를 파악하며 읽는다.
　② 문단의 중심 내용을 간추린다.
　③ 글의 구조에 알맞은 틀을 그려 내용을 정리한다.
　④ 정리한 내용은 중요한 내용이 잘 드러나도록 간결한 문장으로 쓴다.

03
2020-A-2

(가)는 '미래의 직업'을 읽은 영수의 사고 구술이고, (나)는 같은 글에 대한 정호의 읽기를 교사가 관찰한 결과이다. 물음에 답하시오. [4점]

(가)

미래의 직업

(제목을 보니 미래에는 지금과는 다른 새로운 직업이 생긴다는 것일까?)

[A] 미래 사회에는 어떤 직업이 주목받을까? 미래에는 '빈집 코디네이터', '반려 동물 변호사'와 같은 생소한 직업들이(위에서 짐작했던 것이 맞네.) 각광받을 것이다.
(다음 문단은 '빈집 코디네이터'에 대한 것이겠지.)

1인 가구의 증가와 저출산 그리고 고령화(고령화. 어려운 말이네.) 추세에 따라 앞으로는 빈집이 더 늘어날 것으로 전망된다. 이러한 사회적 변화로 '빈집 코디네이터'라는 새로운 직업이 생겨나고, 이 직업에 종사하는 이들은 빈집의 활용 방안을 연구하고 그것을 고객에게 제공할 것이다.

[B] 개, 고양이, 새, 금붕어를 키우는 사람들이 빠르게 늘고 있어서(빈집에서 이런 동물을 키우는 사람이 늘어난다고? 역시 나는 앞뒤 문단의 내용을 잘 연결하고 있어.) 이와 관련한 직업은 여러 직업 가운데에서도 가장 유망한 직업이 될 것이다. 동물끼리의 다툼 때문에 일어나는 소송이나 동물이 사람에게 가한 상해 때문에 발생하는 소송(동물이 사람에게 가한 상해 때문에 발생하는 소송? 이게 무슨 말이지? 그냥 무시.)처럼 동물과 관련한 다양한 법률적 문제를 조언하고 해결해 주는 '반려 동물 변호사'(반려. 앞에서도 본 것 같은데, 모르겠네. 넘어가자.) 역시 등장할 것으로 보인다.

(이제 요약 규칙을 적용해 글을 요약해야지.)

(나)

- "'미래의 직업'은 앞으로 생겨나는 직업에 대한 내용이 겠지."와 같이 제목을 활용하여 내용을 적극적으로 이해 하려고 함.
- '빈집 코디네이터가 하는 일은 무엇일까?', '반려 동물 변호사의 역할은 무엇일까?'와 같은 질문을 잘함. [C]
- 요약 규칙을 적절하게 활용하여 글을 간추림.

1) (가)의 ① [A]에서 영수가 활용하고 있는 읽기 전략을 쓰고, ② [B]의 사고 구술에 공통적으로 나타난 문제를 해결하기 위해 영수에게 지도해야 할 읽기 기능을 쓰시오. [2점]

- ① _____
- ② _____

2) (나)의 [C]에서 정호가 사용하고 있는 질문 유형을 쓰시오. [1점]

- _____

3) 다음의 '영수의 요약'과 '정호의 요약'을 비교하여, '영수의 요약'에 적용되지 않은 요약 규칙을 쓰시오. [1점]

[영수의 요약]

미래에는 빈집의 활용 방안을 연구하고 그 정보를 고객에게 제공하는 빈집 코디네이터와 개, 고양이, 새, 금붕어와 관련된 법률적 문제를 다루는 반려 동물 변호사가 주목받는 직업이 될 것이다.

[정호의 요약]

미래에는 빈집의 활용 방안을 연구하고 그 정보를 고객에게 제공하는 빈집 코디네이터와 반려 동물과 관련된 법률적 문제를 다루는 반려 동물 변호사가 주목받는 직업이 될 것이다.

- _____

정답
1) ① 예측하기 ② 추론하기
2) 사실적 질문
3) 상위어 대체

정답이유

1)

① 문항에서 요구하는 읽기 전략은 과정 중심의 읽기 지도와 관련된다. [A]에서 영수는 책을 읽기 전 '미래의 직업'이라는 책의 제목을 통해 '(위에서 짐작했던 것이 맞네.)'처럼 책에 있는 내용을 추측하고 있으므로 읽기 전 전략(연상하기, 예측하기, 미리 보기)중 하나인 '예측하기'를 활용한 것이다.

② 글을 쓰는 사람은 독자가 어느 정도의 지식이 있으리라고 생각해서 내용을 생략하는 경우가 많다. 읽기는 필자가 쓴 텍스트 정보를 독자가 자신의 배경 지식과 통합하여 글의 의미를 재구성하는 과정이다. 이 과정에서 글 표면에 제시된 명시적인 정보를 활용하여, 글의 내적 표상에 의해 파악될 수 있는 정보를 찾는 것이 추론이다. 추론에는 여러 가지가 있는데 대표적인 것이 글 속에 드러나지 않은 정보를 미루어 짐작하는 것, 책을 읽기 전에 제목이나 내용을 보고 책 내용을 상상하는 것, 모르는 낱말의 뜻을 유추하는 것이 모두 포함된다. 또한 '그냥 무시, 모르겠다, 넘어가자'는 것은 영수가 자신의 정보를 해석하지 않고 보류하는 모습인데 이러한 경우 교사는 적극적으로 글 속에서 또는 독자의 배경지식이나 경험에서 필요한 지식을 찾아 단어, 문장, 문단의 내용을 이해시켜야 한다.

2)

1. [C]는 (가) 글에 진술된 내용을 통해 확인이 가능하기 때문에 '사실적 질문'이다.

2. 질문 유형

① 사실적 질문	텍스트에 진술된 정보의 회상에 관련한 질문으로 답이 텍스트의 한 면, 한 문장에 명시되어 있는 질문 (예) 봄의 색깔은 어떻게 표현되었나요?)
② 추론적 질문	주제, 중심 생각, 비유적 언어 등을 추론하는 질문으로 텍스트의 특정한 부분을 바탕으로 하여 텍스트에 제시되지 않은 내용을 추론해 답하는 유형의 질문 (예) 이러한 시를 읽는 목적은 무엇인가요?)
③ 감상적 질문	텍스트의 구조나 주제에 대한 정서적 반응, 인물과 사건의 동일시, 심상 등에 대한 질문 (예) 시를 읽는 여러분의 느낌은 어떤가요?)

3)

1. 영수의 요약과 정호의 요약에서 다른 점은 영수의 요약에 제시된 '개, 고양이, 새, 금붕어' 부분과 정호의 요약에 제시된 '반려 동물' 부분이다. '반려 동물'은 '개, 고양이, 새, 금붕어'를 포함하는 상위어이다.

04 2019-A-1

(가)는 최 교사가 2학년 국어 수업을 준비하는 과정에서 구상한 내용의 일부이고, (나)는 수업에서 활용할 읽기 자료와 교수·학습 과정안의 일부이다. 물음에 답하시오. [3점]

(가)

다음 주 수업에서 다룰 '글의 주요 내용 확인하기'는 2학년 학생이 쉽게 도달할 수 있는 학습 목표가 아니니까, 이를 설명만 하고 바로 적용하도록 하면 어려워지겠지? 그러니까 구체적으로 안내를 하는 게 필요하겠군. ㉠ 수업 전반부에는 내가 질문을 활용하여 글의 주요 내용을 확인하는 방법을 시범 보여야지. 그러고 나서 학생이 그 방법을 독립적으로 사용할 수 있을 때까지 학생 수행의 비중을 점차 높여 가며 나와 함께 이를 연습해야지. 그리고 학생이 공부한 방법을 다른 글에 혼자 적용하게 한 후에 수업을 마무리해야지.

(나)

읽기 자료

바다 속 재주꾼

[A] 깊은 바다 속 바위에 무언가가 꼼짝하지 않고 붙어 있습니다. 가까이 다가가 볼까요? 머리가 둥글고, 발이 여덟 개이고, 빨판이 많은 것을 보니 문어입니다. 문어에 관해 같이 알아봅시다.

[B] 문어는 몸의 모양을 마음대로 바꿀 수 있습니다. 문어는 코코넛 열매처럼 몸의 모양을 바꿀 수 있습니다. 아울러, 문어는 바다뱀, 넙치, 불가사리 모양으로도 제 몸의 모양을 바꿀 수 있습니다. 또한, 문어는 몸 색깔을 마음대로 바꿀 수 있습니다. 문어는 바위 가까이 가면 바위색으로 몸의 색을 바꿀 수 있습니다. 놀랐을 때는 분홍색, 초록색, 회색 등 여러 색으로 바꿀 수도 있습니다.

교수·학습 과정안

단계	교수·학습 활동
도입	• 수업 목표 확인하기 　―글을 읽고 주요 내용을 확인할 수 있다. • 학습 동기 유발하기 　―제목을 보고 무엇을 짐작할 수 있는지 말해 봅시다.
전개	• 글의 주요 내용을 확인하는 방법 시범 보이기

읽기 자료	읽기 활동	교사의 질문	유의 사항
[A]	(㉡)	어떤 대상에 대하여 설명하고 있나요?	※ 시범 보이기에 제시된 질문은 학생들이 새로운 글을 읽을 때에도 적용할 수 있는 것이어야 하므로 특정 글에만 해당하는 내용을 그대로 사용하여 질문을 만들지 않도록 주의한다.
[B]	주요 내용 확인하기	(㉢)	

전개	• 교사와 학생이 함께 글의 주요 내용 확인하는 방법 연습하기 • 학생이 글의 주요 내용 확인하는 방법 적용하기

1) (가)의 ㉠에 나타난 교수·학습 원리를 쓰시오. [1점]

• _____

2) (나)의 ㉡에 들어갈 읽기 활동을 쓰고, '유의 사항'을 참조하여 ㉢에 들어갈 교사의 질문을 1가지 쓰시오. [2점]

• ㉡ _____

• ㉢ _____

정답

1) (점진적) 책임 이양의 원리
2) ㉡ 설명 대상 찾기
   ㉢ 설명하는 대상은 어떤 특징이 있나요?

정답이유

1)
1. ㉠을 보면 초기에는 교사가 주도적인 역할을 하다가, 점차 교사의 역할을 줄여 나가면서 수업의 후반부에는 학습자가 읽기의 수행에 주도적인 역할을 하도록 구상하였으므로, 책임 이양의 원리가 적용되었다고 볼 수 있다.
2. 수업의 초기에는 수업에서 교사가 주도적인 역할을 하다가, 점차 교사의 역할을 줄여 나가면서 수업의 후반부에는 학습자가 읽기의 수행에 주도적인 역할을 하도록 구성하는 것이다.

2)
㉡ 읽기 자료 [A]에서 글의 대상(소재)인 문어의 생김새에 대해 간단히 언급하고 있으므로, 알맞은 읽기 활동은 글의 대상(소재) 파악하기이다.

〈성취 기준〉: 글을 읽고 내용을 확인한다.
• 예를 들어 설명하는 글의 경우 설명의 대상, 곧 화제가 무엇인지를 알고, 화제에 대해 어떠한 설명을 하였는지를 파악하며, 이야기 글의 경우에는 주인공이 누구인지, 언제, 무엇을, 왜 하였는지 등에 관한 핵심적인 대상이나 어휘를 찾도록 하는 것이다.

㉢ 읽기 자료 [B]의 경우 문어의 특징에 대해 설명하고 있으나 '유의 사항'을 참조할 때 특정 글에만 해당하는 내용에 대한 질문이 아닌 보편적인 내용에 대한 질문이어야 하므로 ㉢에는 '대상의 특징에는 무엇이 있나요?'와 같은 질문이 적절하다.

정답개념

1. 언어 기능 교수 모형과 점진적 책임 이양의 교수·학습 원리

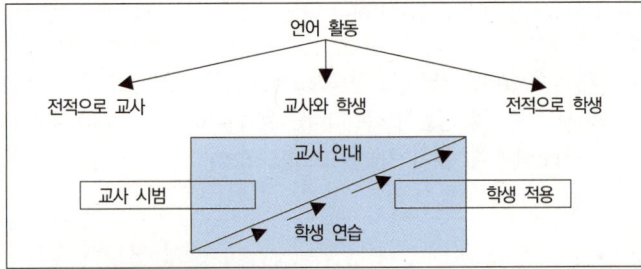

2. 쓰기 교수·학습 원리

⟨1⟩ 다양한 접점에서의 글쓰기 경험 원리	의사소통적 글쓰기부터 개인적 글쓰기에 이르기까지 다양한 글쓰기를 경험하면서 성숙한 필자로 성장해 나간다.
⟨2⟩ 과정과 결과의 균형성 원리	쓰기 교육의 궁극적인 목적이 좋은 글을 쓸 수 있는 힘을 가지게 하는 것이라면 결과물로서의 글도 과정만큼이나 중요하다.
⟨3⟩ 단계적 책임 이양 원리	바람직한 쓰기 교육은 수업에서 주도권이 교사에게서 학습자에게 점차 이양되는 단계적 책임 이양이 일어나도록 해야 한다.
⟨4⟩ 다면적 피드백 원리	다면적 피드백 원리란 일련의 쓰기 교수·학습 과정에서 학습자가 교사나 동료 학습자로부터 적극적인 비계 지원을 경험할 수 있게 하는 것을 의미한다.

05   2016-A-2

(가)는 4학년 국어 수업 자료이고, (나)는 민수의 중심 생각 찾기 과정을 사고 구술한 자료이다. (다)는 교사가 일반적인 중심 생각 찾기 과정에 비추어 민수의 사고 구술을 분석한 자료이다. 물음에 답하시오. [4점]

(가) 수업 자료

> **본시 학습 목표**
> 글을 읽고 중심 생각이 잘 드러나게 내용을 정리할 수 있다.
>
> **읽기 자료**
>
> 이가 없는 동물
>
> 우리가 아는 동물은 대부분 이가 있다. 동물은 이로 먹이를 잡거나 씹어서 삼킨다. 그러나 이가 없는 동물도 많이 있다. 이가 없는 동물도 저마다 다른 방법으로 먹이를 먹는다.
> 부리를 이용하여 먹이를 먹는 동물이 있다. 독수리는 튼튼하고 끝이 갈고리처럼 구부러진 부리로 먹이를 찢어 먹는다. 딱따구리는 가볍고 단단한 부리로 구멍을 파 나무에 숨어 있는 곤충을 잡아먹는다.
> 혀로 먹이를 잡거나 먹는 동물도 있다. 카멜레온은 곤봉처럼 생긴 아주 긴 혀를 총처럼 쏘아서 벌레를 잡아 삼킨다. 달팽이는 치설이라고 하는, 강판처럼 거친 혀로 잎이나 꽃을 갉아 먹는다.
> 입으로 먹이를 빨아들이거나 물과 함께 마시는 동물도 있다. 바다에 사는 해마는 기다란 주둥이 끝에 달린 진공청소기처럼 생긴 긴 입으로 아주 작은 먹이를 빨아들인다. 흰긴수염고래와 같이 고래수염이 있는 고래들은 크릴새우를 바닷물과 함께 마신다.

(나) 민수의 중심 생각 찾기 사고 구술 자료

> 이 글에는 '이', '없는', '동물', '먹이', '먹는다'가 자주 나오므로 이가 없는 동물의 먹이 먹는 것에 대하여 이야기하고 있다. 1문단은 '우리가 아는 동물은 대부분 이가 있다.'가 첫 문장이니까 중심 문장이고, 나머지 문장은 중심 문장을 보충하는 문장이다. 중심 내용은 우리가 아는 동물은 대부분 이가 있다는 것이다. 2문단은 '부리를 이용하여 먹이를 먹는 동물이 있다.'가 첫 문장이니까 중심 문장이고, 뒤에 오는 두 문장은 부리를 이용하여 먹이를 먹는 동물의 예를 든 것이다. 따라서 중심 내용은 부리를 이용하여 먹이를 먹는 동물이 있다는 것이다. 같은 방법으로 살펴보면 3문단의 중심 내용은 혀로 먹이를 잡거나 먹는 동물도 있다는 것이고, 4문단의 중심 내용은 입으로 먹이를 빨아들이거나 물과 함께 마시는 동물도 있다는 것이다. 이를 바탕으로 하여 중심 생각을 정리해 보면, '우리가 아는 동물은 대부분 이가 있고 부리로 먹는 동물도 있다. 그리고 혀로 잡거나 먹는 동물도 있고, 입으로 빨아들이거나 물과 함께 마시는 동물도 있다.'이다.

(다) 교사가 민수의 사고 구술을 분석한 자료

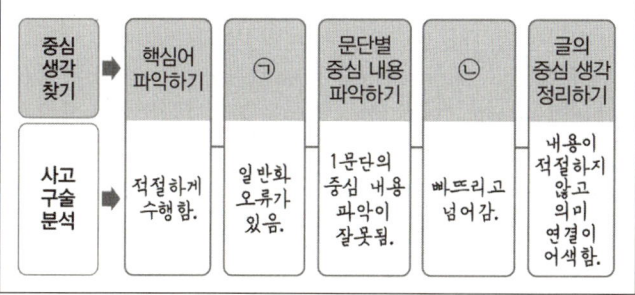

1) (나)를 참고하여 ㉠에 들어갈 활동을 쓰시오. [1점]

   • _____

2) (나)에 나타난 일반화 오류에 대한 지도 내용을 구체적으로 쓰시오. [1점]

   • _____

3) (나)를 참고하여 ① ㉡에 들어갈 활동을 쓰고, ㉡을 고려하여 ② (가)의 '읽기 자료'를 분석하시오. [2점]

   • ① : _____

   • ② : _____

정답

1) 중심 문장과 뒷받침 문장 찾기
2) 중심 문장은 다양한 위치에 놓일 수 있다.
3) ① • 글의 구조 파악하기
     • 문단과 문단의 연결 관계 파악하기
   ② 2, 3, 4문단은 모두 1문단의 중심 내용을 뒷받침하는 문단이다.

정답이유

1) 중심 문장과 뒷받침 문장의 내용 살펴보기

중심 문장	부리로 먹이를 먹는 동물이 있습니다.	혀로 먹이를 잡거나 먹는 동물도 있습니다.	입으로 먹이를 빨아들이거나 물과 함께 마시는 동물도 있습니다.
뒷받침 문장의 내용	독수리, 딱따구리, 왜가리가 부리로 먹이를 먹는 방법을 자세히 설명함.	카멜레온, 두꺼비, 달팽이, 개미핥기가 혀로 먹이를 잡아 먹는 방법을 자세히 설명함.	해마, 흰긴수염고래가 입으로 먹이를 먹는 방법을 자세히 설명함.

2) 일반화 오류(중심 문장과 뒷받침 문장 찾기)

- '~첫 문장이니까 중심 문장이고, 나머지 문장은 ~이다.'
- 두괄식·미괄식·양괄식·중괄식 문단 등 문단의 구조는 다양하다.

3)

1. 중심 생각 찾는 방법
• 문단의 중심 내용을 찾는다. → 문단의 중심 내용을 바탕으로 하여 글의 내용을 간추린다. → 글의 중심 내용 중에서 글의 목적과 관련 있는 내용을 짧게 요약한 것이 중심 생각이다.

2. 내용 요약하기 지도 순서
• 글에 반복하여 나타나는 핵심어 찾기 → 문단의 중심 내용과 뒷받침 문장 파악하기 → 각 문단의 중심 내용 파악하기 → <u>문단과 문단의 연결 관계 파악하기</u> → 문단의 중심 내용을 연결하기

06   2015-A-1

다음은 2학년 국어 수업 계획의 일부이다. 물음에 답하시오. [4점]

- 단원 학습 목표
  - 낱말의 관계를 활용하여 중요한 내용을 정리할 수 있다.
- 내용 성취기준
  - [1~2학년군][읽기] - (6) 글을 읽고 중요한 내용을 확인한다.
  - [1~2학년군][문법] - (3) 낱말과 낱말의 의미 관계를 알고 활용한다.
- 주요 학습 내용 및 활동
  - 1~2차시 : 글을 읽고 낱말의 관계 알기
  - 3~4차시 : 글을 읽고 뜻이 비슷한 낱말과 반대인 낱말 알기
  - 5~6차시(본시) : 낱말의 관계를 활용하여 중요한 내용 정리하기
  ┈┈┈┈┈┈┈┈┈┈┈┈┈┈┈┈┈┈┈┈┈┈┈┈┈┈┈┈┈
- 본시 학습 목표
  - 낱말의 관계를 활용하여 중요한 내용을 정리할 수 있다.
- 읽기 제재 : '고래가 물을 뿜어요'
- 본시 수업 연구 자료
  - 이 수업의 읽기 성취기준은 읽기의 기초적인 능력을 기르기 위한 것이다. 글의 내용을 이해하는 것은 기본적인 수준에서부터 고차적인 수준에 이르기까지 다양할 수 있으나, 여기서는 학년 수준을 고려하여 ㉠글에 표현된 그대로의 의미를 대강 아는 수준'에서 다루도록 2009 개정 국어과 교육과정에서 명시하고 있다.
  - 2학년 수준에서 설명하는 글 읽기 활동은 어려울 수 있으므로, 이 수업에서 글 행간의 의미를 미루어 이해하거나 글 전체의 자세한 내용까지 모두 이해하게 지도할 필요는 없다. 예를 들어, 설명의 대상(화제)을 알고 그것에 대해 어떠한 설명을 하였는지를 파악하는 정도에서 글의 내용을 이해하게 한다.
  - 이 수업은 단원 학습 목표가 곧 차시 학습 목표인 수업으로서, 학생들은 전시 학습에서 배운 낱말의 의미 관계를 활용하여, 글의 중요한 내용을 정리하는 활동을 한다.
    이 수업에서는 과정 중심 읽기 지도의 관점에 따라 '읽기 전 활동'으로 교과서 사진과 그림 자료를 활용하고 고래 관련 동영상도 보여 준다. 이 활동은 읽기 흥미와 학습 동기를 유발하고, ㉡더 나아가 이 활동은 설명하는 글을 쉽게 이해하는 데 도움을 준다. ┐[A]
    '읽기 중 활동'으로는 글을 읽으면서 [B]와 같이 낱말의 의미 관계를 활용하여 중요한 내용을 시각적으로 구조화하는 활동을 한다. 이 활동은 설명하는 글의 중요한 내용을 정리하는 데 효과적이다.
    '읽기 후 활동'에서는 학생들이 '글의 중요한 내용을 정리'하는 활동으로 (㉢)을/를 하는데, 이를 통하여 학생들의 학습 활동 성과를 평가할 수 있다.

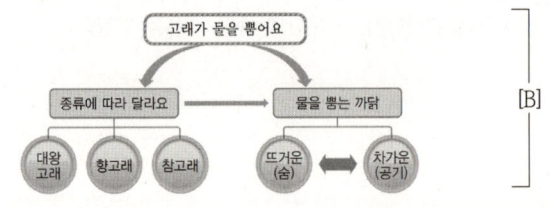
[B]

1) 다음은 2009 개정 국어과 교육과정 읽기 영역 내용 체계의 '기능' 범주이다. ㉠을 고려할 때, 이 수업에서 중점적으로 지도해야 할 ⓐ, ⓑ를 쓰시오. [1점]

| • (ⓐ) | • (ⓑ) |
| • 추론·평가와 감상 | • 읽기 과정의 점검과 조정 |

• ⓐ : _____, • ⓑ : _____

2) [A]를 고려할 때, ㉡의 이유를 ( )에 들어갈 말을 사용하여 쓰시오. [1점]

  읽기는 글 속에 담겨 있는 내용에 독자의 ( )(이)나 경험을 활용하여 의미를 구성하는 고도의 지적 행위이다.

  • _____

3) [B]는 설명하는 글 읽기 수업에서 사용하는 읽기 전략의 사례이다. [B]와 같이 글의 주요어나 내용을 선, 화살표, 공간 배열, 순서도 등을 사용하여 위계적인 다이어그램으로 재현하는 이 읽기 전략의 명칭을 쓰시오. [1점]

  • _____

4) 다음은 ㉢의 장점을 설명한 것이다. ㉢에 들어갈 말을 쓰시오. [1점]

  (㉢)은/는 초고 쓰기 단계에 사용하는 방법 중 하나로서, 짧은 시간 내에 할 수 있고 말로 표현하므로 형식에 얽매이기보다는 표현해야 할 내용에 주안점을 둘 수 있다는 장점이 있다. 특히, 미숙한 필자들이 자신의 생각을 글로 전환시킬 때 인지적 어려움을 겪는데, 이 어려움을 극복하는 데 도움을 준다.

  • _____

정답

1) ⓐ 낱말 및 문장의 이해   ⓑ 내용 확인
2) 글을 읽으며 배경 지식을 글의 내용 이해에 적용함으로써, 글을 더 잘 이해할 수 있기 때문이다.
3) 도해 조직자
4) 구두 작문

정답이유

2) 성취 기준

• (3) 읽기 과정에서 지식과 경험을 적극적으로 활용하며 글을 읽는다.

① 읽기는 글 속에 담겨 있는 내용에 독자의 배경 지식이나 경험을 활용하여 의미를 재구성하는 고도의 지적 행위이다.
② 독자는 자신의 배경 지식이나 경험을 적극적으로 활용하여 글 속의 내용을 확인, 해석, 추론, 비판, 반응하는데 이는 읽기 전체 과정 즉, 읽기 전, 읽는 중, 읽은 후 과정에서 필수적이다.
③ 독자의 배경 지식과 경험을 적극적으로 활용하기 위해서 예측하기, 미리보기, 질문 만들기 등의 활동을 할 수 있다.
④ 독자는 글을 읽으며 자신의 지식과 경험, 생각이나 판단 등을 글의 내용 이해에 적용함으로써, 글을 더 잘 이해할 수 있게 되고 읽은 결과를 자신의 삶에 더욱 의미 있게 만들 수 있다.

3) 읽기 전략 중 도해 조직자는 사고 과정과 지식 구조를 시각적으로 재현한 것이다.

07 2014-A-2

다음은 김 교사가 '글을 읽고 대강의 내용을 간추리기'를 지도하기 위해 준비한 제재 글과 이것을 활용하는 수업 구상의 일부이다. 물음에 답하시오. [4점]

제재 글	**한 복** 한복은 쭉 뻗은 직선과 부드러운 곡선이 조화를 이룬 우리나라의 전통 옷이다. 여자는 짧은 저고리와 넉넉한 치마로 멋을 풍겼으며, 남자는 바지저고리를 기본으로 조끼와 마고자로 멋을 냈다. 우리 조상들이 한복을 입게 된 것은 농사를 짓게 되면서부터이다. 그전에는 풀이나 나무껍질, 동물의 가죽이나 털로 옷을 해 입었다. 그러다가 약 2300년 전에 저고리, 바지, 치마 등이 나타났다. 우리 민족은 활동적이라서 옷 역시 활동하기에 편해야 했다. 고구려의 고분 벽화에도 한복의 이런 특징이 잘 나타나 있다. ㉠ 한복은 요즈음 우리가 입는 옷과는 달리 남녀, 나이 등에 따라 색이 정해져 있었다. ㉡ 예를 들면 여자들 중에서 새색시들은 초록색 저고리와 빨간색 치마를 입었고, 처녀들은 노란색 저고리와 빨간색 치마를 입었다. ㉢ 남자들은 조끼는 남색이나 녹색 등으로 해 입었고, 저고리는 옥색, 분홍색, 보라색 등의 엷은 색으로 해 입었다. ㉣ 그리고 옥색, 분홍색, 보라색 등의 엷은 색의 옷감은 남자들의 바지 옷감으로도 사용되었다. 한복은 그 색과 모양새가 뛰어나게 아름다운 우리의 전통 옷이지만 최근에는 명절이나 잔치 때 입는 특별한 옷이 되어 버렸다. 심지어는 한복을 어떻게 입는지도 잘 모르는 사람이 많다. 이제부터라도 한복의 가치를 알고 한복을 바르게, 그리고 즐겨 입도록 노력해야 하겠다.
수업 구상	(가) 제목을 보고 자신의 '경험 떠올려 보기'를 하게 하자. (나) 글의 내용을 파악할 때 이어주는 말의 쓰임새를 적극적으로 활용하도록 지도하자. (다) 반복되는 말은 핵심어일 가능성이 많으니 어떤 말이 반복되고 있는지 생각하며 읽게 해야지. (라) 간추린 내용을 발표하기 전에 '읽는 목적 생각하기'를 해 보자. 아니야, '읽는 목적 생각하기'는 읽기 전 활동이니까 읽기 후 활동으로 적절하지 않아. (마) 글 전체의 내용을 파악하기 위해서는 먼저 글을 이루고 있는 문단 하나하나의 중심 내용을 확인해야 해. 그러려면 문단을 구성하고 있는 문장들의 의미 관계를 따져야겠지. (바) 평가는 어떻게 하지? 학생들의 사고 과정을 알아보려면 이 방법이 좋겠어. 이 방법을 쓰면 학생들이 글을 읽으면서 어떤 전략을 사용했는지, 또 자기 점검이나 조정 같은 초인지적 사고를 했는지를 알 수 있어. 글을 읽으면서 머릿속으로 생각한 내용을 말해 보도록 해야겠어.

1) (가)~(라) 중에서 적절하지 않은 것을 찾아 기호를 쓰고, 그 이유를 설명하시오. [2점]
   - 기호 : _____
   - 이유 : _____

2) 다음은 (마)를 시범 보이기 위해 김 교사가 제재 글의 셋째 문단을 분석한 내용이다. ( )에 제재 글의 ㉠~㉣ 중 적절한 기호를 골라 차례대로 쓰시오. [1점]

   > 네 문장 중 우선 ( )과 ( )은 동일한 대상에 대한 진술이므로 하나로 묶을 수 있어. 다음으로 이 묶은 내용과 ( )이 대등한 의미이므로 다시 하나로 묶어야 해. 그러면 결국 세 문장이 하나의 내용으로 묶이는 거야. 그리고 이렇게 묶은 세 문장이 나머지 한 문장인 ( )을 뒷받침하는 예가 돼. 그러니 이 나머지 한 문장이 문단을 대표하는 중심 내용이야.

   • _____, _____, _____, _____

3) (바)에서 김 교사가 사용하려고 하는 읽기 평가 방법의 명칭을 쓰시오. [1점]

   • _____

정답

1) (라), • '읽는 목적 생각하기'는 읽기 전, 읽기 중, 읽기 후 어느 단계에서나 할 수 있다.
   • 전략은 그 단계에서만 적용되는 것이 아니라, 주로 그 단계에서 집중 지도해야 한다.
2) ㉢, ㉣, ㉡, ㉠
3) 프로토콜 분석법

정답이유

1) 과정 중심 언어 지도 시 유의점
① 각 전략은 그 과정에서만 적용되는 것이 아니다.
② 읽기 전, 읽기 중, 읽기 후 전략이 그 단계에서만 적용되는 것이 아니며, 쓰기에서 생성, 조직, 표현(초고 쓰기), 수정 전략이 그 단계에서만 적용되는 것이 아니라 주로 그 단계에서 집중 지도해야 한다는 것을 뜻한다.

2) 동일한 대상에 대한 진술은 남자 한복의 색에 대한 내용인 ㉢, ㉣이고, ㉢, ㉣의 묶음과 대등한 내용은 ㉡이며, ㉠은 ㉢, ㉣, ㉡을 포괄하는 중심 문장이다. 따라서 ( )에 기호를 순서대로 넣으면 ㉢, ㉣, ㉡, ㉠이다.

3) 프로토콜 분석법
① 프로토콜 분석법은 읽기, 쓰기 등에서 주로 사용되는 평가 방법이다. 언어 활동은 인지적 활동이며, 인지적 활동을 수행 중인 학생에게 자신의 머릿속에서 진행되는 사고의 작용을 말로 표현하게 한다. 이런 방법을 '사고 구술(think aloud)'이라고 한다. 이때, 학생이 산출한 언어 자료를 프로토콜(protocol)이라고 한다.
② 프로토콜 분석은 뇌에서 진행되는 언어 사용 과정이나 전략을 살펴볼 수 있다는 점에서 타당도가 높으나, 학생이 사고 구술 기법을 이해할 수 있어야 하며, 교사가 읽기, 쓰기 과정을 분석할 수 있는 전문적인 식견이 있어야 한다.

4절 쓰기

01 2023-A-2

다음은 6학년 쓰기 수업을 마친 후 교사가 작성한 성찰 일지이다. 물음에 답하시오. [3점]

> 오늘 수업은 주장하는 글을 쓰는 수업이었다. 학생들이 글을 곧잘 쓰기는 하였으나, 내가 의도한 수업이 잘 진행되었는지에 대해서는 되돌아보게 되었다. 우리 반 학생들은 지역 행정 기관 누리집에 올리기 위해 '더 좋은 우리 동네 만들기'라는 내용으로 글을 썼는데, 자신의 주장을 드러내는 데에만 집중하여 다른 사람들이 글을 읽었을 때에 수용하기 어려운 주장이나 표현을 제시하는 양상이 나타났기 때문이다.
>
> 나는 누리집에 올릴 글을 쓰는 수업인 만큼, 글의 의미가 글 자체로 또는 필자의 인지 전략으로만 구성될 수 있는 것이 아니라 사회적 상호작용 속에서 구성된다는 것을 가르치고자 하였다. 그래서 글을 읽을 독자로 예상되는 사람들이 두루 공유하고 있는 지식, 신념이나 가치 등을 반영하여 더 좋은 우리 동네를 만들자는 내용으로 글을 써야 한다고 지도하였다. 그리고 가시적인 실제 독자를 넘어서 비가시적으로 존재하는 예상 독자도 충분히 수용할 수 있는 표현을 사용해야 한다고 지도하였다. 그러나 학생들의 글을 살펴보니 주장하는 글의 장르적 특성과 그러한 글이 소통되는 상황에 대해 충분히 인식하고 있다고 보기 어려웠다. 이후 쓰기 수업에서는 ㉠<u>글의 의미를 구성하는 주체가 공유하고 있는 장르 관습과 쓰기 규범에 대해 학습하고 이를 내면화하는 데에 중점을 두어 지도해야겠다.</u> [A]
>
> 학생들이 쓴 글을 누리집에 올리기 위해서는 고쳐쓰기를 지도해야 해서, 다음 차시에는 <표>의 질문을 모두 활용하여 평가를 진행해야겠다고 생각하였다.
>
> 〈표〉(㉡)에 따른 질문의 예
>
> | 자기 자신 | - 자신의 생각을 잘 담고 있나요? |
> |---|---|
> | 친구 | - 친구의 글에서 좋은 점은 무엇인가요?
- 친구의 글에서 아쉬운 점은 무엇인가요? |
> | 선생님 | - 글의 목적에 맞게 썼나요?
- 글의 내용과 짜임이 적절한가요?
- 글을 읽을 독자를 생각하였나요? |
>
> 이와 같은 평가를 통해 나는 학생이 쓴 글에 대해서 풍부한 정보를 얻을 수 있을 것이다. 그리고 학생들은 ㉢<u>자신의 글이 소통될 상황을 충분히 고려하지 않고 자신의 입장에서만 주장을 펼치며 글을 쓰는 문제</u>를 해소하는 데에 필요한 정보를 얻을 수 있을 것이다.

1) [A]에서 교사가 수업의 전제로 삼고 있는 쓰기 이론에 근거하여 ㉠에 해당하는 용어를 쓰시오. [1점]

2) ㉡에 들어갈 말에 주목하여 ① 교사가 다음 차시에 사용하고자 하는 평가 방법을 쓰고, ② ①의 평가 방법이 갖는 장점을 ㉢에 나타난 필자의 특성과 관련지어 쓰시오. [2점]

① _____

② _____

정답

1) 담화 공동체
2) ① 다면 평가
   ② • 다양한 피드백을 받고 자기 중심성을 극복할 수 있다.
   • 자기중심적 쓰기에서 벗어나 독자를 고려한 글쓰기가 가능하다.

정답이유

1) <u>쓰기(작문) 이론에는 형식주의, 인지주의(구성주의), 사회 구성주의, 표현주의, 대화주의 등이 있는데 A에 나타난 것은 사회구성주의이다.</u>
   • 사회 구성주의 작문 이론에서는 <u>쓰기를 담화 공동체의 구성원들과의 상호 작용을 통한 의미 구성 과정으로 본다.</u>
   • 필자는 사회·문화적 상황 맥락 안에서 담화 공동체 구성원들과 상호 작용을 하면서 글을 쓰는 존재이며 이러한 필자가 생성해 낸 글은 필자 개인이 생성한 결과라기보다는 담화공동체 안에서 교사나 동료와의 의미 협상을 통한 상호 작용의 결과라고 본다.
   • 이러한 관점에서 글쓰기의 주체는 개인이 아니라 공동체라는 사실과, 사회·문화적 맥락 안에서 공유되는 공동체의 관습과 규범, 즉 담화 관습에 초점을 둔다. 여기서 '담화 관습'이란 담화공동체에서 오랜 시간에 걸쳐 형성된 일종의 약속이나 규칙을 말하는데, <u>높임 표현이나 띄어쓰기, 글을 구성하고 표현하는 방식 등이 이에 해당한다.</u>

2) ㉡에 알맞은 내용은 다면평가이다. 이는 1인이 평가하는 것이 아니라, 여러 사람이 평가에 참여하는 방식으로 <u>최대의 장점은 다양한 피드백 정보에 있다.</u> 다양한 피드백 정보는 개인의 취약한 부분을 지적하고 객관적이다. ㉢에는 쓰기의 자기 중심성(독자를 고려하지 않는 것)이 나타나기 때문에 다면 평가로 이를 인지하고 극복할 수 있다.

〈평가 방법 및 유의사항〉
• 교사의 평가뿐 아니라 글을 쓰고 나서 다른 사람과 돌려 읽으며 자기 평가와 상호 평가를 하도록 하고, 이를 통해 학습자의 쓰기 활동에 대한 <u>다면 평가를 강조하도록</u> 한다.

02   2021-A-2

(가)는 5학년 쓰기 수업에서 김 교사가 학생들에게 제공한 자료이고, (나)는 (가)를 고려하여 영수가 쓴 글이며, (다)는 김 교사의 수업에서 학생들이 쓴 글에 대하여 교사들이 나눈 대화이다. 물음에 답하시오. [4점]

(가)

전통 과자에 대한 5학년 학생들의 설문 조사 결과 정리 자료	
경험한 것	- 엿을 먹어본 경험이 있음.
알고 있는 것	- 전통 과자는 옛날 과자임. - 전통 과자는 어른들이 좋아함.
알고 싶은 것	- 엿을 포함한 전통 과자의 재료와 만드는 방법을 알고 싶음.

(나)

옛날에는 상점도 많이 없었고 아이스크림이나 초콜릿도 없었다. 그래서 우리 조상은 주로 집에서 과자를 만들어 먹었다. 우리 조상이 먹던 전통 과자에 대하여 백과사전과 ○○음식연구원에서 나온 책의 내용을 중심으로 설명해 보겠다.

　약과는 쌀가루와 꿀, 기름 등을 섞어 반죽해 기름에 지진 과자이다. 약과를 만들 때에는 나무틀에 반죽을 넣어 찍어 냈던 것 같다. 그런 다음 기름에 지지고 꿀물이나 조청에 넣어 두어 속까지 맛이 배면 꺼내어 먹었다.
　강정은 쌀가루를 반죽해 기름에 튀긴 뒤에 고물을 묻혀 만든 과자이다. 먼저 쌀가루에 꿀과 술을 넣어 반죽한 후 갸름하게 썰어 말렸다. 그런 다음 말린 것을 기름에 튀겼다. 튀긴 후에 꿀을 바르고 여기에 깨나 콩가루 따위를 묻혔다. [A]

엿은 곡식으로 지은 밥이나 고구마 녹말에 엿기름을 넣어 삭힌 뒤에 진득진득해질 때까지 졸인 과자이다. 엿을 만드는 데 쓰이는 곡식으로는 쌀, 찹쌀, 옥수수, 조 따위가 있다.
지금까지 우리나라의 전통 과자인 약과, 강정, 엿에 대하여 알아보았다. 전통 과자의 재료는 여러 가지가 있었고 만드는 방법도 과자에 따라 달랐다.

(다)

김 교사 : 지난 국어 시간에 우리나라의 전통 과자를 5학년 친구들에게 설명하는 글 쓰기 수업을 했어요. 쓰기 전에 5학년 학생들을 대상으로 설문 조사한 결과를 정리하여 알려주고 글을 쓸 때 참고하도록 했어요. 그리고 학생들의 배경 지식이 부족하다는 점을 고려하여 글을 쓰면서 필요한 자료를 찾아 활용하도록 안내하였지요.
문 교사 : 학생들이 글을 잘 썼던가요?
김 교사 : 아직은 미흡한 점이 많아요. 예상 독자에 대한 분석 결과를 반영하여 써야 하는데, 전통 과자를 좋아하는 사람이나 전통 과자를 파는 곳 등에 초점을 두고 쓴 글도 있었어요. 이런 점에 비추어 보면 영수의 글은 전통 과자에 대해 예상독자가 (㉠)을/를 중심으로 썼으니 그나마 괜찮게 쓴 셈이네요.
문 교사 : 영수의 쓰기 과정은 어땠어요?
김 교사 : 영수의 쓰기 과정을 관찰했는데, 수집한 자료를 바탕으로 생성한 아이디어를 관련 있는 정보끼리 묶어 시각적으로 범주화하는 모습을 볼 수 있었어요. 이것은 내용 조직 단계에서 사용되는 생각 묶기 전략의 하나인 (㉡)이지요.

문 교사 : 학생들은 보통 표현하기 단계에서 초고를 완벽하게 쓰려고 시간을 많이 보내는데 선생님은 이 부분을 어떻게 지도하셨나요?
김 교사 : 저는 학생들이 글씨나 어법에 얽매이지 않고 처음부터 끝까지 쓰고자 하는 것을 단번에 쭉 써보도록 지도했어요. 이 전략은 학생들에게 형식보다는 의미에 초점을 두면서 부담 없이 글을 쓰게 한다는 점에서 의의가 있지요. [B]
문 교사 : 네. 그런데 학생들이 쓴 글에서 다른 문제점은 없나요?
김 교사 : 설명문에서 사실 정보를 나타낼 때는 명확하게 표현해야 하는데 학생들의 글에는 모호한 표현들이 더러 있었어요. 영수의 글에도 그런 문장이 있어요. 영수의 쓰기 과정을 지켜보았는데, ㉢ 백과사전에서 사실 정보임을 확인하고 그 문장을 쓰는 데도 정작 표현은 모호하게 하더군요.

1) (다)의 ㉠에 해당하는 말을 (가)에서 찾아 쓰시오. [1점]

• _____

2) (다)의 ㉡에 해당하는 쓰기 전략을 쓰시오. [1점]

• _____

3) (다)의 ① [B]에서 김 교사가 지도한 쓰기 전략을 쓰고, ② 밑줄 친 ㉢에 해당하는 문장을 (나)의 [A]에서 찾아 그 문장의 첫 어절과 마지막 어절을 쓰시오. [2점]

• ① : _____
• ② : _____

정답

1) 알고 싶은 것
2) 다발짓기
3) ① 내리쓰기
　② 약과를, 같다.

정답이유

1) 영수가 쓴 글 (나)는 (가)를 고려하여 쓴 글이고, (가)에는 경험한 것(엿을 먹어본 경험), 알고 있는 것(전통 과자는 옛날 과자임, 전통 과자는 어른들이 좋아함), 알고 싶은 것(엿을 포함한 전통 과자의 재료와 만드는 방법)이 제시되어 있다. (나)에는 약과, 강정, 엿을 만드는 방법이 자세하게 나타나 있는 점을 비추어 보면, 영수의 글은 전통 과자에 대해 예상 독자가 '알고 싶은 것'을 중심으로 썼음을 알 수 있다.

2) '다발 짓기'는 생성한 아이디어를 관련 있는 것끼리 묶는 전략이다.

3) ① 내리쓰기(free writing)는 글씨나 맞춤법 등에 얽매이지 않고 쓰고자 하는 것을 처음부터 끝까지 쭉 내리쓰는 것을 말한다. 사람에 따라서는 자유 쓰기, 얼른 쓰기 등으로 부르기도 한다. 내리쓰기를 하면 부담도 줄이고 전체적인 흐름도 알 수 있다. 그리고 내리쓰기는 기계적인 요소(형식)보다는 내용(의미)에 초점을 두게 한다는 점에서도 의의가 있다.
② [A]에서 모호한 표현이 사용된 것은 '약과를 만들 때에는 나무틀에 반죽을 넣어 찍어 냈던 것 같다.'이다. 이 문장의 첫 어절은 '약과를', 마지막 어절은 '같다'이다.

03

(가)는 6학년 국어 수업을 위한 협의회의 일부이고, (나)는 최 교사가 수업에서 활용한 〈표〉와 이에 따라 〈학생이 고쳐쓴 글〉이다. 물음에 답하시오. [4점]

(가)

최 교사: 이번 단원은 '쓰기가 절차에 따라 의미를 구성하고 표현하는 과정임을 이해하고 글을 쓴다.'라는 성취 기준과 관련이 있습니다. 학생들이 글 한 편을 쓸 수 있도록 지도해야 하는 성취 기준이라 여러 어려움이 있는데, 선생님께서는 어떻게 준비하고 계신가요?

김 교사: 저는 쓰기가 계획하기, 내용 생성하기, 내용 조직하기, 초고 쓰기, 고쳐쓰기의 과정으로 이루어져 있다는 것을 지도하고, 각 과정에서 학습해야 할 전략을 익히도록 하는 것에 중점을 두어 수업을 진행하고자 합니다.

최 교사: 그러시군요. 저는 특히 고쳐쓰기를 집중적으로 지도하려고 합니다. 우리 반 학생들은 ㉠고쳐쓰기를 할 때에 지엽적인 부분만 살펴보는 경우가 많아서 학생들에게 자신이 쓴 글을 체계적으로 살펴보게 할 예정입니다.

김 교사: 그렇게 지도하신다면 선생님 반 학생들이 글을 고쳐쓸 때에 겪고 있는 문제가 해소되겠군요. 그 다음은 어떻게 지도하실 예정이신가요?

최 교사: 쓰기는 회귀적인 특성을 갖고 있기 때문에 고쳐쓰기 역시 일회적인 과정으로 종료되는 것이 아닙니다. 그래서 〈학생이 고쳐 쓴 글〉에 남아 있는 미흡한 부분을 수정할 수 있는 질문을 추가로 제시하려 합니다. 이때, '문장이 자연스러운가?'와 같은 포괄적인 질문보다 ㉡학생의 글에 남아 있는 문제점을 수정할 수 있도록 초점화된 추가 질문을 만들고자 합니다.

(나)

〈표〉 글을 고쳐 쓸 때 검토할 내용

범주	질문
[A]	- 글의 주제가 잘 드러나는가? - 제목이 글의 내용과 어울리는가? - 글의 정보는 사실과 일치하는가?
[B]	- 각 문단에는 하나의 중심 문장이 나타나 있는가? - 중심 문장과 뒷받침 문장이 어울리는가?
[C]	- 문장은 간결하게 표현되었는가? - 어법에 맞는 낱말을 사용하였는가? - 맞춤법에 맞게 표기하였는가?

〈학생이 고쳐 쓴 글〉

소나무의 쓰임새
~~소나무~~

소나무는 예부터 건축재로 사용하였다. 소나무는 견고하고 비틀림이 적다. 그리고 소나무의 송진은 나무가 썩는 것을 막아 준다. ~~송진은 미끄러짐을 방지하기 위해 운동선수들이 사용하기도 한다.~~ 그래서 소나무는 고급 목재로 애용해 왔다. 우리나라의 오래된 목조 건축물인 부석사 무량수전과 봉정사 극락전도 소나무로 지은 건물이다.

소나무의 꽃가루, 잎, 씨 등은 식재료로 사용한다. 소나무의 꽃가루는 날것으로 먹거나 꿀과 찹쌀가루에 섞어 과자로 만들어 먹는다. 솔잎은 솔잎차로 만들어 마신다. 씨는 껍질을 벗긴 뒤 볶아서 밥이나 차로 마시기도 한다.

1) (가)에서 두 교사가 공통적으로 전제하고 있는 쓰기 이론을 쓰시오. [1점]

    • _____

2) (가)의 ㉠에서 학생들이 적용해야 하는 고쳐쓰기의 순서를 (나)의 〈표〉에 제시된 범주를 활용하여 쓰시오. [1점]

    • _____

3) (나)에서 ① 〈학생이 고쳐 쓴 글〉에 적용된 질문 2가지를 〈표〉에서 찾아 쓰고, ② 〈표〉의 범주 [C]에 포함되도록 (가)의 ㉡에 해당하는 질문 1가지를 만드시오. [1점]

    • ① _____

    • ② _____

정답

1) 인지주의 또는 구성주의
2) A 글 전체 수준 → B 문단 수준 → C 문장과 낱말 수준
3) ① 제목이 글의 내용과 어울리는가?, 중심 문장과 뒷받침 문장이 어울리는가?
   ② 문장 성분(주어와 서술어)간 호응이 올바른가?

정답이유

1) 구성주의(인지주의) 작문이론
   ① 1960년대 후반에 들어오면서, 많은 연구자들이 작문의 '과정'을 강조하기 시작한다. Emig은 표현 결과인 텍스트보다는 텍스트를 생산하는 과정에 지도의 초점을 두어야 한다고 주장했고, 1980년대 들어오면서 Flower, Frederickson 등의 작문이론가 사이에서 작문은 역동적 의미 구성 과정이라는 인식이 확산되었다.
   ② 이렇게 인지 심리학의 연구 결과에 영향을 받고, 필자의 인지 과정을 밝히는 것을 중요하게 여긴 작문 이론의 경향을 인지주의라고 한다.
   ③ 인지 심리학은 사실상 현대적인 작문 이론이 정리되기까지 지대한 공헌을 하였다. 작문 이론가들은 필자 개인의 의미 구성 과정에 관심을 가지고, 사고구술법, 프로토콜 분석 등을 활용하여 쓰기 과정을 연구하기 시작하였다. 이 때부터 작문 행위란 글을 쓰는 물리적 행위뿐 아니라, 필자의 정신적인 작용까지 포함하는 용어가 되었다.
   ④ 작문이나 독서를 일반적인 '의미 구성 행위'라고 부르게 되었고, 작문을 의미 구성 행위로 설명하는 관점을 '구성주의 작문이론'으로 부르게 되었다.

2) 상위 수준에서 하위 수준으로 수정을 하게 하는 것이 일반적이다.

3) ① 〈학생이 고쳐 쓴 글〉에는 제목을 수정한 것과 하나의 문장을 삭제한 것이 나타난다. 제목을 '소나무'에서 '소나무의 쓰임새'로 수정한 것과 관련된 질문은 [A] 범주의 '제목이 글의 내용과 어울리는가?'이고, '송진은 미끄러짐을 방지하기 위해 운동선수들이 사용하기도 한다.'는 문장은 '소나무는 예로부터 건축재로 사용하였다'라는 중심 문장과 어울리지 않으므로 이와 관련된 질문은 [B] 범주의 '중심 문장과 뒷받침 문장이 어울리는가?'이다.
   ② 첫 번째 문단의 '소나무는 예로부터 건축재로 사용하였다.'에서 주어인 '소나무는'과 서술어인 '사용하였다'가 호응 관계가 적절하지 않다. 서술어인 '사용하였다'를 '사용되었다'로 수정해야 한다.

정답개념

1. 작문 이론의 종류

	형식주의	인지주의	사회구성주의	대화주의
분석의 단위	객체로서의 텍스트	읽기, 쓰기를 하는 개인의 행동	공동체	담론으로서의 텍스트
텍스트의 개념	자율적인 의미의 단위	필자의 사고를 언어로 바꾸어 놓은 것	언어 공동체의 담화 관습과 규칙의 집합	기호론적 중재
필자의 개념	의미의 전달자	문제 해결자로서의 개인	담화 공동체의 사회화된 구성원	대화 참여자
독자의 개념	의미의 수용자	능동적, 목적적인 해석자	해석 공동체의 사회화된 구성원	대화 참여자
작문의 핵심 원리	모방	합리성, 개인의 의도	합의	상호작용, 협상
핵심어	자율적, 명확한	목표지향적, 전략적, 능력	사회 구성, 반영, 공동체	쌍방의, 대화적, 상호텍스트성
의미의 위치	텍스트	개인(필자, 독자)	해석 공동체	필자와 독자의 상호작용
분석의 방향	형식적 언어 단위에서 글 전체로	생각에서 언어로	집단에서 개인으로	변증적

2. 고쳐쓰기(수정하기)

(1) 중요성
   ① 고쳐쓰기 또는 수정하기는 주로 초고를 쓴 다음에 내용과 형식을 고치는 활동을 말한다.
   ② 종래에는 수정(또는 교정)의 중요성을 크게 인식하지 못하였으나, 글을 쓰는 것은 어떤 의미에서 계속적인 수정 활동이라고 말할 수 있다. 그만큼 글을 잘 쓰기 위하여 초고를 적절히 수정할 수 있는 능력이 필요하다.

(2) 수준
   • 수정의 수준 문제를 생각하여 보면, 일반적으로 단어 수준의 수정, 구나 절 수준, 문장, 문단, 글 전체 수준의 수정으로 나누어 볼 수 있다. 전체적으로 볼 때, 상위 수준에서 하위 수준으로 수정을 하게 하는 것이 좋다.

(3) 초고 수정 능력 향상 전략

훑어 읽기 (survey)	훑어 읽기를 하면 글을 전체적으로 파악하게 되는데, 훑어 읽기를 하면서 첨가할 내용이나 삭제할 내용 등을 생각하여 보는 것이 좋다.
평가하기	① 자기가 쓴 초고를 되돌아보게 하는 활동 ② 크게 자기 평가와 동료 평가로 나누어 볼 수 있고 평가를 할 때에는 글의 주제와 목적, 독자 등을 충분히 고려하여야 한다.
돌려 읽기 (reading around)	① 말 그대로 서로 쓴 글을 돌려 읽고 도움을 얻는 활동 ② 이 과정에서 학생들은 자기가 미처 생각하지 못하였던 점을 깨닫게 되고 좀 더 나은 글을 쓰는 데 도움이 되는 아이디어를 얻을 수 있다.

04
2019-A-2

다음은 5학년 국어 수업을 준비하는 과정에서 두 교사가 나눈 대화이다. 물음에 답하시오. [3점]

김 교사 : 이번 수업의 학습 목표는 '적절한 근거를 들어 설득하는 글을 쓸 수 있다.'인데, 제가 수업에서 사용할 쓰기 과제와 평가 기준을 검토해 주실 수 있으신가요?

박 교사 : 예, 그럼요.

[쓰기 과제]
'우리 학교에 텃밭을 만들어 주세요.'라는 내용으로 교장 선생님께 제안하는 글을 써 봅시다.

[평가 기준]

평가 범주	평가 항목	상(5점)	중(3점)	하(1점)
내용	주제의 명료성			
	내용의 풍부성			
	내용의 타당성			
조직	글 구조의 적절성			
	문단 구조의 적절성			
	글 구성의 통일성			
표현	어휘 사용의 적절성			
	표현의 효과성			
	어법의 정확성			
합계				

김 교사 : 우리 반 아이들이 요즘 들어 식물 가꾸기에 관심이 많아졌어요. 쓰기 과제를 아이들의 생활과 관련되는 내용으로 제시하면 아이들이 흥미를 갖고 글을 쓸 것 같아 학교에 텃밭을 만들어 달라고 제안하는 글을 쓰게 하려고요.

박 교사 : 학습 목표와 쓰기 과제를 견주어 보니, 설득이라는 쓰기의 (㉠)이/가 제안하는 글이라는 유형으로 구체화되었군요. 다루고 있는 내용도 그렇고 독자도 실제 독자여서 학생들이 실제적인 맥락을 고려하면서 글을 쓸 수 있을 것으로 보이네요.

김 교사 : 그런데 아이들이 근거를 잘 들어서 글을 쓸 수 있을지 걱정이에요. 근거에 대해 수업을 하기는 했는데 학생들이 아직 명확하게 모르는 것 같아서, 글을 쓰기 전에 이 쓰기 과제에서 활용할 근거에 대해 간단하게 환기해 주려고요.

박 교사 : 설득하는 글을 쓸 때 내용의 타당성을 확보하기 위해서는 적절한 근거를 드는 것이 꼭 필요하지요. 특히 이 쓰기 과제에서는 주장을 객관적으로 뒷받침할 수 있는 근거를 들되, (㉡) 논거를 사용하는 게 필요하다고 안내해 주면 좋겠군요. 우리 지역 학교 텃밭의 현황을 소개하는 통계 자료 등이 이에 해당되겠네요.

김 교사 : 평가 기준은 어떠한가요?

박 교사 : 이렇게 평가하면 시간이 많이 걸릴 텐데 힘들지 않으시겠어요? 총체적 평가를 사용해도 평가자 훈련을 거치면 이 방법만큼 타당도와 신뢰도를 확보할 수 있다고 알고 있는데요.

김 교사 : 그렇긴 하지만 쓰기 지도의 측면을 생각해 볼 때 제가 선택한 방법을 사용하는 것이 총체적 평가를 활용하는 것보다 다음 수업을 진행하는 데에 유용하다고 판단했어요. 다음 수업에서 평가 결과를 토대로 고쳐 쓰기를 지도하려고 계획하고 있거든요. [A]

1) ㉠에 들어갈 쓰기 과제 구성 요소와 ㉡에 들어갈 논거 유형을 각각 1단어로 쓰시오. [1점]

• ㉠ _____
• ㉡ _____

2) ① 김 교사가 선택한 평가 방법의 명칭을 쓰고, ② [A]에 나타난 김 교사의 평가 결과 활용 의도를 고려하여 총체적 평가와 비교했을 때 이 평가 방법이 갖는 장점 1가지를 서술하시오. [2점]

• ① _____
• ② _____

정답

1) ㉠ 목적
   ㉡ 사실

2) ① 분석적 평가
   ② • 학습자의 쓰기 능력의 발달 정도를 판단하고 교육 활동을 개선하는데 평가 결과를 활용할 수 있다.
   • 평가 결과를 교수학습 방법 개선을 위한 자료로 활용할 수 있다.
   • 학습자에 대한 구체적 자료를 얻어 교수학습 자료로 사용할 수 있다.
   • 학습자의 개인차를 고려하여 평가 결과를 해석하고 활용할 수 있다.

정답이유

1) ㉠ 쓰기의 목적은 내용 체계에 제시되어 있는 것처럼 '정보 전달, 설득, 친교 및 정서표현' 3가지이다. 지문을 살펴보면 학습 목표('적절한 근거를 들어 설득하는 글을 쓸 수 있다')와 쓰기 과제('우리 학교에 텃밭을 만들어 주세요' 라는 내용의 교장 선생님께 제안')를 고려하면 '설득'이 쓰기의 목적임을 알 수 있다. 문제 안에 정답이 제시되어 있다.

㉡ 설득을 목적으로 하는 제안하는 글의 주장을 뒷받침하기 위해 적절한 논거(증거자료)가 제시되어야 한다. 논거에는 설문 조사 자료, 통계, 사례, 실례 등의 '사실적 증거'와 전문가의 의견이나 면담 자료, 관찰자의 증언 같은 '의견적 증거' 가 있다. 지문에서 '통계 자료'를 논거로 사용하고 있으므로 이는 사실적 논거에 해당한다.

2) ① 김 교사가 선택한 평가 방법은 총체적 평가와 비교되는 분석적 평가이다. 분석적 평가는 글의 내용, 조직, 표현, 표기 및 어법 등 쓰기 능력을 구성하는 뚜렷한 특성 또는 범주별로 점수를 부여하여 총점을 산출하는 방식이다.

② [평가 기준]과 김 교사의 '쓰기 지도의 측면에서 생각해 볼 때 ~', '다음 수업에서 평가 결과를 토대로 고쳐 쓰기를 지도하려고 계획하고 있거든요.'라는 언급 내용을 고려할 때 평가 결과를 누적하여 학습자의 성장과 발달을 파악할 수도 있고, 교수학습 방법 개선 자료로 사용할 수 있으며 학습자에게 피드백 할 수 있는 근거로 활용할 수 있는 장점이 있다. 출제자의 의도는 15개정 평가 방향이다.

05 2018-A-2

(가)는 읽기와 쓰기가 통합된 연속 차시의 수업에 활용할 제재글이고, (나)는 (가)의 글을 바탕으로 구상한 수업 계획안이다. 물음에 답하시오. [4점]

(가)

콜럼버스 항해의 진실은?

우리는 흔히 '콜럼버스의 신대륙 발견'이라는 표현을 쓰면서 위대한 탐험가 콜럼버스가 아메리카 대륙을 발견하였다고들 한다. 그러나 과연 콜럼버스가 아메리카 대륙을 발견하였다고 할 수 있을까? '발견'은 아무도 살지 않는 비어 있는 땅을 처음 알아내고 상륙하여 개척하였을 때 사용할 수 있는 낱말이다. 그렇다면 콜럼버스가 항해했던 그 시대, 아메리카 대륙은 아무도 살고 있지 않은 비어 있는 땅이었을까?

콜럼버스가 항해 끝에 도착한 아메리카 대륙에는 적어도 수백만 명에서 수천만 명으로 추정되는 많은 사람이 다양하고 수준 높은 문화를 누리면서 넓은 땅 곳곳에 살고 있었다. 그들이 바로 인디언들, 아니 아메리카 원주민들이었다. '인디언'이라는 말은 콜럼버스가 발견한 대륙을 인도라고 믿었기 때문에 붙여진 이름이다. 요즈음에는 '아메리카 원주민'이라고 고쳐 부른다.

그들만의 문화를 형성하며 아메리카 대륙에서 대대손손 살아온 원주민들의 관점에서 보면, 콜럼버스는 초대하지 않은 손님이었다. 초대하지 않은 손님이 갑자기 나타나면서 약탈과 정복이 시작되었다. 콜럼버스와 그 뒤에 밀려든 유럽 사람들은 원주민들의 것을 약탈하였고, 정복을 위해 원주민들의 목숨을 앗아가는 일도 서슴지 않았다. 결국 콜럼버스의 항해는 전통과 문화를 가꾸어 살아오던 원주민들의 삶을 송두리째 앗아 갔다. 이처럼 콜럼버스의 항해는 '신대륙 발견'이 아니라 원주민이 살고 있던 곳을 침범한 '구대륙 침략'이었다.

(나)

학습 목표	글쓴이의 관점을 파악하며 글을 읽고, 근거를 들어 주장하는 글을 쓸 수 있다.		
읽기 활동	글의 화제나 대상 파악하기	내용 확인하기	점검·조정하기
	질문을 통해 글쓴이의 관점 파악하기	추론하기	
	글쓴이의 관점 평가하기	비판하기	
쓰기 활동	글쓴이의 관점과 나의 관점 비교하기	아이디어 생산하기 자료·매체 활용하기	
	자신의 관점 새롭게 정하고 주장 세우기		
	자신의 주장에 대한 근거 찾기		
	㉠ 근거를 들어 주장하는 글 쓰기	표현하기 고쳐쓰기	
	쓴 글을 친구들과 서로 공유하기/발표하기/출판하기	㉡	

1) 다음은 (가)를 활용하여 글쓴이의 관점을 파악하는 방법을 가르치고자 개발한 수업 자료이다. ⓐ에 들어갈 말을 쓰고, ⓑ에 들어갈 말을 (가)에서 찾아 쓰시오. [2점]

관점 파악하기 위한 질문	질문에 대한 답	
글쓴이는 글의 (ⓐ)을/를 왜 이렇게 붙였을까요?	콜럼버스에 관한 글쓴이의 새로운 관점을 질문 형식으로 제시하여 독자의 관심을 유도하기 위해서	
글쓴이가 글에서 알려 주고 있는 내용은 무엇인가요?	콜럼버스의 신대륙 발견의 진실은 인류 문명 발전의 위대한 성취가 아니라 구대륙의 침략이었다.	
글쓴이의 관점을 잘 나타내는 표현은 무엇인가요?	신대륙 발견	구대륙 침략
	인디언	아메리카 원주민
	아무도 살고 있지 않은 땅	다양하고 수준 높은 문화의 땅
	위대한 탐험가 콜럼버스	ⓑ

- ⓐ : _____
- ⓑ : _____

2) 다음은 (나)의 ㉠ 활동을 마치고 교사와 학생이 나눈 대화이다. 쓰기 윤리에 대한 지도 내용을 고려하여 ( ) 안에 들어갈 교사의 답변을 쓰시오. [1점]

학생 : 선생님, 콜럼버스에 대한 자료를 찾아서 글을 써 봤어요. 그런데 인터넷이나 책에서 필요한 내용을 그대로 베껴서 쓴 부분이 있어서 마음에 걸려요. 이럴 때는 어떻게 하면 되나요?

교사 : 좋은 질문이에요. 인터넷, 책, 신문 등의 자료에서 내용을 그대로 베껴 쓰면 쓰기 윤리를 어기게 돼요. 글쓴이의 저작권을 보호하면서 자료를 활용하여 글을 쓰는 방법은 ( ).

- _____

3) 2015 개정 국어과 교육과정의 쓰기 영역 내용 체계에 제시된 기능 항목에 근거하여 (나)의 ㉡에 들어갈 말을 쓰시오. [1점]

- _____

정답

1) ⓐ 제목
ⓑ 초대하지 않은 손님

2) 꼭 필요한 부분만 부분적으로 참고하되 반드시 만든 사람과 출처를 분명히 밝힌다.

3) 독자와 교류하기

06　2018 특수-A-7

(가)는 김 교사가 설계한 수업 계획이고, (나)는 '활동 1'을 수행한 학생 글이며, (다)는 '활동 2'를 위해 학생에게 제시한 점검 기준표와 교사의 조언이다. 물음에 답하시오. [4점]

(가)

학습 목표	설명하는 글을 쓰고 점검하여 고쳐 쓸 수 있다.
주요 활동	활동 1. 대상에 대하여 설명하는 글 쓰기
	활동 2. 자신의 글 점검하기
	활동 3. 자신이 쓴 글 고쳐 쓰기

(나)

비슷하지만 서로 다른 운동화

　사람들은 운동화가 다 비슷하다고 생각한다. 그리고 운동화도 종류에 따라 그 기능이 다양하다. 운동화의 기능에 따른 특징을 살펴보겠다.

[A] 　농구화는 발목 부분을 감싸서 발목 부상을 막아 준다. 농구 선수가 경기 중 점프를 많이 하기 때문이다. 그래서 착지할 때 충격을 줄여 주는 농구화를 신는다.

[B] 　축구화는 밑창에 돌출된 부분이 있어 잘 미끄러지지 않게 한다. 축구 선수가 경기 중 뛰다가 갑자기 방향을 바꾸는 경우가 많기 때문이다. 그래서 미끄러지지 않고 방향 전환할 수 있는 축구화를 신는다.

[C] 　등산화는 색깔이 다양하고 가격이 비싸서 인기가 많다. 사람들이 주말에 주로 산에 가기 때문이다. 그래서 사람들은 빨간색과 노란색처럼 화려한 색을 좋아한다.

[D] 　런닝화는 다른 운동화에 비하여 가벼워서 피로를 줄여 준다. 오랜 시간 뛸 때 발이 편해야 하기 때문이다. 그래서 먼 거리를 달릴 때 런닝화를 신으면 좋다.

　지금까지 우리는 기능별로 알아보았다. 운동화의 기능을 잘 활용하면 운동 효과를 높일 수 있다. 그러니까 기능에 맞는 운동화를 잘 활용하면 좋겠다.

(다)

점검 수준	점검 기준	교사의 조언
(㉠)	주제에 알맞은 내용을 썼는가?	(㉡) 문단은 삭제해야겠어.
	처음, 가운데, 끝의 짜임을 갖추고 있는가?	짜임에 맞게 잘 썼어.
문단	중심 문장을 뒷받침하는 문장은 적절한가?	뒷받침하는 문장을 잘 썼어.
	문장과 문장의 연결이 자연스러운가?	첫 줄에 '그리고'를 쓰면 문장 연결이 어색해.
문장과 낱말	꼭 필요한 문장 성분을 갖추었는가?	이 문장에는 (㉢)이/가 빠져 있어.
	잘못 쓴 글자나 낱말은 없는가?	'살펴보겠다'는 맞춤법에 안 맞아.

1) 김 교사가 수업에서 가르쳐야 할 고쳐쓰기 지도 내용에 맞게 ㉠에 들어갈 말을 한 단어로 쓰고, [A]~[D] 중 ㉡에 들어갈 기호를 쓰시오. [2점]

- ㉠ : _____
- ㉡ : _____

2) (나)의 밑줄 친 문장을 고쳐 쓰도록 지도하려고 한다. ㉢에 들어갈 문장 성분의 종류를 쓰시오. [1점]

- _____

3) 다음은 '활동 3'을 마친 후 예비 교사와 김 교사의 대화 내용과 이를 바탕으로 두 교사의 수업 활동을 비교한 표이다. ( )에 들어갈 단어를 쓰시오. [1점]

김　교사	: '자신이 쓴 글 고쳐 쓰기' 활동은 어떻게 하셨어요?
예비 교사	: 고쳐 쓴 글을 저에게 제출하라고 했어요. 그런데 다시 쓰라고 하니 학생들이 귀찮아하네요.
김　교사	: 자기 글을 교사만 읽어 본다고 생각해서 그래요.
예비 교사	: 선생님께서는 어떻게 하셨나요?
김　교사	: 고쳐 쓰기 전에 학생들이 고쳐 쓴 글을 교실에 게시하겠다고 미리 알렸어요. 글을 게시한 뒤에는 모든 글을 읽어 보고 서로 칭찬하는 시간을 가졌어요.
예비 교사	: 아, 저도 그렇게 해 봐야겠어요. 그러면 학생들이 더 적극적으로 고쳐 쓰고 싶어 하겠어요.

	학생 활동	글의 독자
예비 교사	고쳐 쓴 글을 교사에게 제출함.	교사
김 교사	고쳐 쓴 글을 교실 게시판에 게시함.	교사, ( )

- _____

정답

1) ㉠ 글, ㉡ [C]
2) 목적어
3) 동료학생들

정답이유

1) '고쳐쓰기' 점검 수준과 내용

점검 수준	점검 내용
〈1〉 글	① 무엇에 대하여 쓴 글인지 알 수 있는가? ② 글의 내용에 어울리는 제목을 붙였는가? ③ 서론, 본론, 결론의 짜임에 알맞은 내용을 썼는가?
〈2〉 문단	① 한 문단에 하나의 중심 생각만 있는가? ② 문단의 중심 생각이 중심 문장으로 잘 표현되었는가? ③ 중심 문장을 뒷받침하는 문장은 적절한가? ④ 문장과 문장이 자연스럽게 연결되었는가?
〈3〉 문장과 낱말	① 문장의 호응이 잘 이루어졌는가? ★ 문장의 호응이 잘 이루어졌는지는 높임의 대상을 나타내는 말과 서술어, 시간을 나타내는 말과 서술어, 꾸며 주는 말과 꾸밈을 받는 말이 잘 어울리는지 살펴보면 알 수 있어요. ② 지나치게 생략된 문장 성분은 없는가? ③ 분명하지 않거나 적절하지 않은 낱말은 없는가?

07   2015-A-2

(가)는 쓰기 수업을 위한 교수·학습 계획이고, (나)는 (가)에 대한 두 교사의 대화 중 일부이다. 물음에 답하시오. [3점]

(가) 교수·학습 계획

학습 목표	쓰기의 과정에 따라 기행문을 쓸 수 있다.
교수 · 학습 활동	• 동기 유발하기 　- 가장 기억에 남는 여행 장소를 이야기한다. 　- 기행문을 쓰면 좋은 점을 생각해 본다. • 계획하기 　- 예상 독자, 글의 목적, 유형, 분량에 대해 생각해 본다. 　- 글의 제목과 주제에 대해 생각해 본다. • (㉠) 　- 수학여행 때 찍은 사진을 보며 경험을 떠올린다. 　- 친구들과 수학여행 경험에 대해 이야기를 나눈다. • (㉡) 　- 다발 짓기와 개요 짜기를 한다. • 표현하기 　- 여정, 견문, 감상이 잘 드러나게 초고를 쓴다. • 고쳐쓰기 　- 여정, 견문, 감상이 잘 드러났는지 점검하여 고쳐 쓴다. 　- 문법적 오류를 점검하여 고쳐 쓴다.

(나) 두 교사의 대화

박 교사 : 최 선생님, 과정 중심의 쓰기 지도 방법에 따라 기행문 쓰기 활동을 계획했군요.

최 예비교사 : 네. 먼저 글부터 써 보라고만 하면 학생들이 부담을 많이 느끼는 것 같았어요. 그래서 이번 수업에서는 학생들에게 쓰기의 과정을 안내하고, 각 과정에서 활용할 수 있는 전략도 연습해 보게 하려고요.

박 교사 : 좋은 의견입니다. 다만, 쓰기 과정에는 (㉢)(이)라는 특성이 있어서 표현하기 활동을 하다가도 얼마든지 다시 계획하기 활동을 할 수도 있답니다. 그래서 쓰기 과정 전반에 대한 점검하기와 조정하기가 가능하지요. 그 점도 학생들에게 함께 안내해 주어야 해요.

최 예비교사 : 잘 알겠습니다. 그밖에 이 수업에서 또 유의해야할 사항은 무엇일까요?

박 교사 : ㉣맞춤법 오류의 경우는 수정한 결과만 알려 주지 말고 <u>수정하는 원리도 함께 설명해 주면 좋을 것 같아요.</u>

1) ⓐ ㉠단계의 활동 목적과 ⓑ ㉡단계의 활동 목적을 각각 쓰시오. [1점]

• ⓐ : _____
• ⓑ : _____

2) ㉢에 들어갈 말을 한 단어로 쓰시오. [1점]

• _____

3) 다음은 이 수업을 받은 학생이 쓴 초고의 일부이다. ㉣에 따라 아래의 ㉤에 나타난 ⓐ맞춤법 오류와 ⓑ그 오류를 수정하는 원리를 각각 쓰시오. [1점]

작	년	에		가	족		여	행	으	로		제	주	도	에		갔	는
데		수	학	여	행	으	로		또		가	서		내		신	세	가
참		㉤안		됐	다	고		누	나	가		놀	렸	지	만	,	나	는
친	구	들	과		같	이		지	낼		수		있	어	서		기	분	이
좋	았	다	.															

• ⓐ : _____
• ⓑ : _____

정답

1) ⓐ 글을 쓰기 위해 아이디어를 떠올리고 수집한다.
　ⓑ • 생성한 내용을 일정한 기준에 따라 순서화하고 조직한다.
　　• 생성한 아이디어를 적절히 조직하여 응집성과 통일성을 높인다.

2) 회귀성(회귀적)

3) ⓐ '안 됐다'를 '안됐다'로 붙여 써야 한다.
　ⓑ • 접미사는 앞말에 붙여 쓴다.
　　• '안되다'의 '되다'는 접미사로 품사의 지위를 가지지 못하기 때문에 앞말에 붙여 써야 한다.
　　• '안되다'는 부사 '안'과 형용사를 만드는 접미사 '—되다'가 결합한 파생어이고, 파생어는 하나의 낱말로 취급되므로 띄어 쓰지 않는다.

정답이유

1) ㉠단계는 '내용 생성하기', ㉡단계는 '조직하기' 단계이다.

2) 인지주의 작문이론과 회귀성
• <u>회귀성은 쓰기 과정에서 이후의 과정으로 나아가기도 하지만, 언제든 이전의 과정으로 되돌아가기도 하는 특성이다.</u> 쓰기는 지문 (가)의 5단계를 순차적으로 거쳐 한 번에 완성되는 선조적인 행위가 아니라, 회귀적, 반복적인 과정을 거친다.
• 회귀성은 필자가 구체적인 쓰기 상황 속에서 끊임없이 자신의 쓰기 과정을 점검, 평가, 조정하는 상위인지를 가동시키면서 목표지향적으로 쓰기 문제들을 해결해 가기 때문에 가능하다. 필자는 이러한 문제 해결 과정으로서의 쓰기를 통해 사고를 확장하고 정련하면서 당초에 전달하고자 했던 의미에 접근해 간다.

3) 1. ⓑ는 오류를 수정하는 원리를 쓰도록 한 것이다. '안 됐다'를 '안 됐다'로 수정할 때, '안'이라는 부사와 형용사를 만드는 접미사 '—되다'가 결합하여 '안되다'가 되는데, 여기에는 '되다'가 접미사이므로 '접미사는 품사의 지위를 가지지 못하기 때문에 앞말에 붙여 써야 한다'는 원리 또는 단일어, 파생어, 합성어는 모두 하나의 낱말로 취급되므로 띄어 쓰지 않는다는 원리가 적용된다.

2. '안되다'는 '안쓰럽다'의 의미로 쓰이면 붙여 쓰고, '되지 않다'는 의미로 쓰이면 띄어 쓴다.

5절 문법

01 2022-A-3

(가)는 3학년 '낱말의 의미 관계' 수업을 준비하는 과정에서 교사가 작성한 메모이고, (나)는 수업을 하기 위해 구상한 교수·학습 과정안의 일부이다. 물음에 답하시오. [3점]

(가)

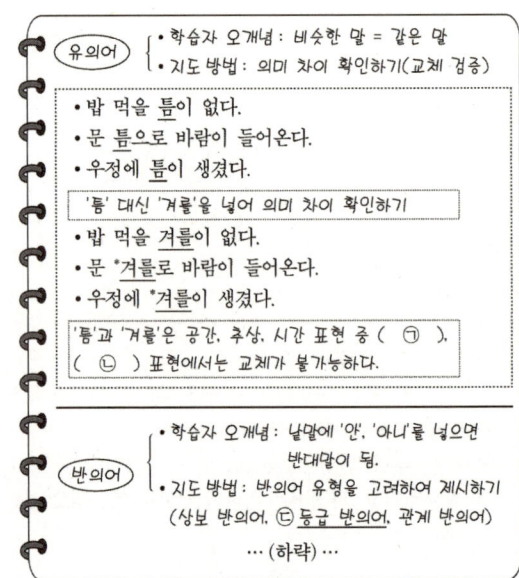

(나)

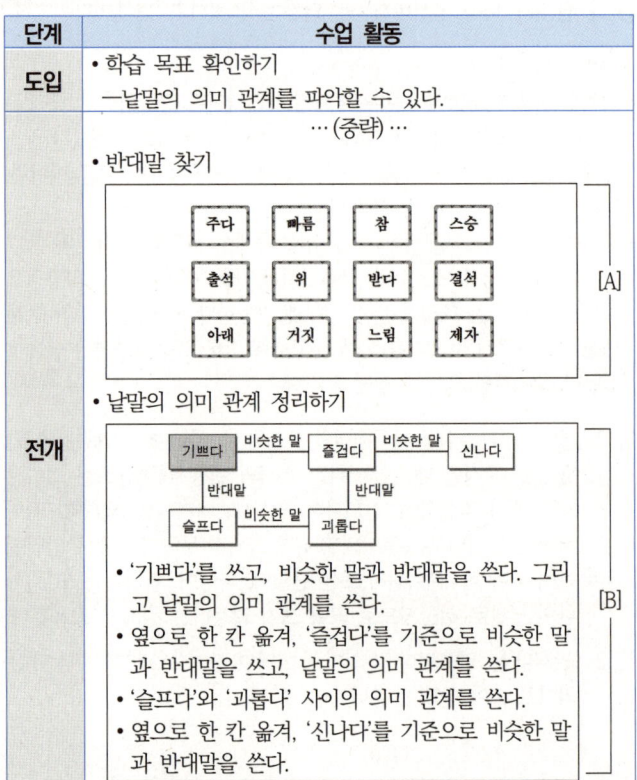

1) (가)의 ㉠, ㉡에 들어갈 말을 쓰시오. [1점]

- _____

2) ① (가)의 ㉢에 해당하는 낱말의 쌍을 (나)의 [A]에서 찾아 쓰고, ② (나)의 [B]에서 활용한 '낱말의 의미 관계 정리 방법'을 쓰시오. [2점]

- ① : _____
- ② : _____

정답

1) ㉠ 공간
㉡ 추상

2) ① 빠름, 느림
② 어휘망 그리기

정답이유

1)
1. 틈이 시간적인 의미를 나타내는 의존 명사로 쓰일 때는 겨를로 교체가 가능하지만, 공간, 추상 표현을 나타내는 명사로 쓰일 때는 겨를로 교체될 수 없다.
2. 유의 관계
① '유의 관계'는 같거나 유사한 의미를 지닌 둘 이상의 단어가 맺는 의미 관계를 말하며, 이런 관계에 있는 단어들을 '동의어' 또는 '유의어'라고 부른다. 곧 둘 이상의 단어가 동일한 의미를 지닌 경우를 '동의어'라 하며, 유사한 의미를 지닌 경우를 '유의어'라 한다.
② 한편 '유의어' 또는 '비슷한 말'은 다음 두 가지 측면을 포괄하고 있다.

㉠ 단어 간에 개념적 의미가 동일하고 문맥상 치환이 가능한 경우이다.	예를 들면 '아버지'와 '아빠', '어머니'와 '엄마'가 그 보기이다.
㉡ 특정한 문맥에 한정해 단어 간에 개념적 의미분만 아니라 감정 가치가 동일하고 치환이 가능한 경우이다.	예를 들어 '틈'과 '겨를'의 경우 "놀 (틈/겨를)이 없다."와 "문(틈/겨를)으로 바람이 들어온다."에서처럼 문맥에 한정해 교체가 가능하다.

2)
1. 등급 반의어는 정도나 등급에 있어서 대립되는 단어 쌍으로 [A]에 주어진 단어 중 빠름/느림이 이에 해당한다.
2. 문법 영역 - 성취 기준
   - 낱말의 의미 관계 파악을 지도할 때에는 <u>어휘망 그리기</u> 등 여러 가지 활동을 통해 한 낱말과 연관된 다양한 어휘를 익히게 한다.
3. 어휘망 그리기
(1) '어휘망'이란 가운데에 주제가 되는 단어를 적고 그 바깥쪽으로 그 단어와 연결된 다른 단어들을 적어가며 서로 관련된 단어들을 제시하여 학습시키는 방법으로서 매우 효과적인 어휘 지도 방법이다.
(2) 한 어휘 A와 관련된 어휘 B, C, D, E 등만을 고려하는 것이 아니라 B와 관련된 A, C, D, E 등, C과 관련된 A, B, D, E 등을 고려하기 때문에 결국 한 언어에 사용된 모든 어휘가 거미줄처럼 서로 얽혀 있는 모습을 나타낸다.

02
2020-A-1

다음은 4학년 국어과 성취기준인 '한글을 소중히 여기는 태도를 지닌다.'에 대한 수업에서 교사와 학생이 나눈 대화의 일부이다. 물음에 답하시오. [3점]

교사 : 오늘은 한글의 소중함을 알기 위해 한글의 특성을 살펴 보겠습니다. 한글에 대해 궁금한 점이 있나요?
학생 : 선생님, 'ㄱ, ㅋ'이나 'ㅅ, ㅈ'처럼 모양이 비슷한 자음자 들이 있어요. 왜 그런가요?
교사 : 네, 좋은 질문이에요. 그건 자음자를 만든 원리와 관련이 있어요.
학생 : 궁금해요. 알고 싶어요.
교사 : 한글을 만들 당시에 어떤 원리로 자음자를 만들었는지 〈자료〉를 한번 살펴볼까요?

— 자료 —

기본자	본뜬 발음 기관의 모양
ㄱ	혀뿌리가 목구멍을 막는 모양
ㄴ	혀가 윗잇몸에 닿는 모양
ㅁ	(㉠)
ㅅ	이 모양
ㅇ	목구멍 모양

교사 : 자음자를 만들 때 발음 기관의 모양을 본떠 각각 5개의 기본자를 만들었어요. 이 점은 한글의 독창성을 보여 주는 예라 할 수 있죠.
학생 : 그렇군요. 그럼 나머지 자음자는 어떻게 만들어진 것인가요?
교사 : ⓐ 각각의 기본자에 획을 더해서 만들었지요.
학생 : 음, 'ㄴ'에 획을 더해서 'ㄷ'이 만들어진 거군요. 그래서 'ㄴ, ㄷ, ㅌ'은 모양이 비슷한 것인가요?
교사 : 맞아요. 'ㄷ, ㅌ'은 기본자가 같아서 모양이 비슷하지요. 이외에도 또 다른 공통점이 있는데 찾아볼까요? [ㄷ]과 [ㅌ] 소리를 한번 내어 보세요. 두 소리는 발음 기관의 모양이 같으니까 (㉡)도 같지요?
학생 : 아! 'ㅈ, ㅊ'도 그러네요. 모양이 비슷하니까 (㉡)이/가 같다는 것을 알겠네요.
교사 : 한글을 만들 당시에는 이런 점들을 반영하여 자음자를 만들었어요. 그래서 오늘날 한글이 체계적이고 과학적이란 평가를 받는 거지요.

1) ㉠, ㉡에 들어갈 내용을 쓰시오. [2점]

• ㉠ _____

• ㉡ _____

2) ⓐ의 원리를 적용한 학습 활동으로 '자음자 게임'을 하려고 한다. 〈자음자 게임의 예〉를 참고하여 ⓑ에 들어갈 게임 규칙을 쓰시오. [1점]

['자음자 게임'의 예]

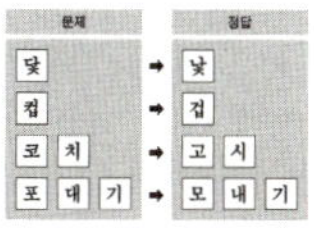

문제 → 정답
닻 → 낟
컵 → 겁
로치 → 고시
토내기 → 모내기

['자음자 게임'의 규칙]
① (ⓑ)
② 글자의 모음자는 바뀌지 않는다.

• ⓑ _____

03

2019 특수-A-7

최 교사는 1학년 국어 수업에서 입문기 문자와 발음 지도를 하려고 한다. 물음에 답하시오. [4점]

[교수·학습 과정안]

단계	교수·학습 활동
도입	• 동기 유발하기 • 학습 목표 확인하기 - 낱말을 바르게 소리 내어 읽을 수 있다.

전개	〈활동 1〉
	- 사진을 보며 동물의 이름을 말해 봅시다.
	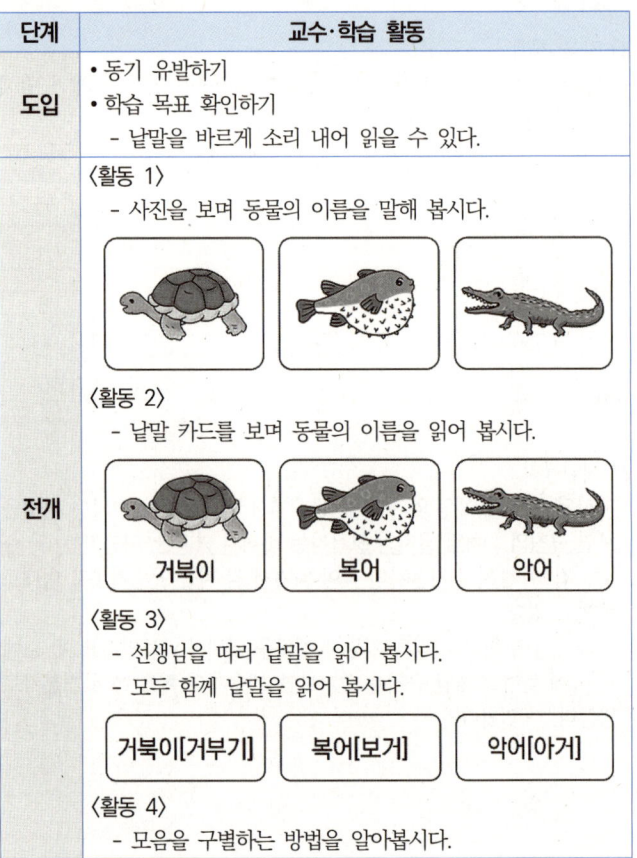
	〈활동 2〉
	- 낱말 카드를 보며 동물의 이름을 읽어 봅시다.
	  거북이 복어 악어
	〈활동 3〉
	- 선생님을 따라 낱말을 읽어 봅시다.
	- 모두 함께 낱말을 읽어 봅시다.
	  거북이[거부기] 복어[보거] 악어[아거]
	〈활동 4〉
	- 모음을 구별하는 방법을 알아봅시다.

1) 최 교사가 활용하려는 ① 입문기 문자 지도 방법을 쓰고, ② 학습 목표와 〈활동 3〉을 근거로 이 지도 방법의 장점 1가지를 쓰시오. [2점]

• ① _____
• ② _____

2) 다음은 〈활동 4〉를 지도하기 위해 두 교사가 나눈 대화이다. ① ⓐ에 공통으로 들어갈 내용을 쓰고, ② 이를 바탕으로 모음 'ㅏ, ㅓ, ㅡ'의 상대적 차이를 설명하시오. [2점]

> 최 교사 : 김 선생님, 1학년 학생들에게 모음 'ㅓ, ㅜ, ㅡ'를 지도하려고 하는데, 어떻게 지도하는 게 좋을까요?
> 김 교사 : 입술의 둥근 정도와 (ⓐ)로 구별해서 지도하는 게 좋겠지요.
> 최 교사 : 좋은 생각이군요. 'ㅜ'와 'ㅡ'는 입술의 둥근 정도에 따라 구별하고, 'ㅓ'와 'ㅡ'는 (ⓐ)에 따라 구별하면 되겠네요.
> 김 교사 : 네, 그렇죠. 모음 'ㅏ, ㅓ, ㅡ'도 (ⓐ)에 따라 지도하면 되지요.

• ① _____
• ② _____

[정답]

1) ① 낱말식
  ② 낱말이나 문장을 하나의 단위로 읽어 나가기 때문에 발음보다는 의미 파악에 초점을 둘 수 있다.

2) ① 혀의 높이
  ② 'ㅏ'는 저모음, 'ㅓ'는 중모음, 'ㅡ'는 고모음이다.

[정답이유]

1)

1. 의미 중심 접근 방법

〈1〉 개념		① 낱말이나 문장을 읽고 쓰면서 글자와 낱자를 분석적으로 접근해 한글을 익히는 방법이다. ② 입문기 학생들이 자주 쓰는 익숙한 문장이나 낱말을 읽고 소리와 글자의 관계를 인식해 음절 글자를 확인하고, 자음자와 모음자를 익히는 방법이다.
〈2〉 종류	문장식	① 생활에서 사용되는 말의 기본 단위인 문장을 우선해 접근하는 방법이다. ② 학생들이 일상적으로 사용하는 문장을 중심으로 발음과 글자를 확인하고, 문장에 사용된 낱말과 음절 글자를 분석해 한글의 낱자까지 익히게 한다. ③ 이 방법을 이용하면 문장 읽기, 낱말 확인하기, 글자 확인하기, 낱자 분석하기 등의 활동을 할 수 있다.
	낱말식	① 학생들에게 친숙한 낱말을 제시해 읽게 하고, 음절 단위로 글자를 구분하고, 글자를 분석해 낱자를 익히게 하는 방법이다. ② 학생들은 친숙한 낱말을 읽고 따라 쓰는 활동으로 글자와 낱자를 익히게 된다. ③ 이 방법을 이용하면 낱말 읽기, 낱말 따라 쓰기, 글자 만들기, 낱자 확인하기 등의 활동을 할 수 있다. 낱말을 활용해 글자의 짜임과 낱자의 소리와 모양을 익히게 된다.
〈3〉 장단점	장점	① 낱말이나 문장을 하나의 단위로 읽어 나가기 때문에 발음보다는 의미 파악에 초점을 둘 수 있다. ② 제한된 낱말, 문장만 지도하므로 학습이 쉽다. ③ 실생활에서 익숙한 낱말이나 문장을 중심으로 지도하므로 학습의 흥미 유발, 지속적인 관심을 유지할 수 있다. ④ 문자 읽기에 그치지 않고, 읽은 내용을 생활과 관련시켜 말해 보는 활동을 곁들여 읽기와 말하기 지도를 병행할 수 있다.
	단점	① 의미 파악에 과도하게 초점을 두어 정확한 발음을 지도하기 어렵다. ② 제한된 낱말, 문자만 지도하므로 학습량이 적다. ③ 일단 배운 글자는 그 형태 또는 기억에 의해 쉽게 읽을 수 있으나 배우지 않은 단어나 문장은 거의 읽을 수 없다. 즉, 학습 전이가 매우 낮다. ④ 기억이 나지 않는 낱말은 추측해 읽게 된다.

2)

1. 단모음 체계

혀의 높이	혀의 전후 위치	전설 모음		후설 모음	
	입술의 모양	평순	원순	평순	원순
고모음(폐모음)		ㅣ	ㅟ	ㅡ	ㅜ
중모음		ㅔ	ㅚ	ㅓ	ㅗ
저모음(개모음)		ㅐ		ㅏ	

2. 각 음소들을 발음할 때에는 그 음소의 위치에서 <u>입의 개구도, 혀의 전후, 고저</u>를 고려하면서 발음한다.

04 2016-A-3

(가)는 6학년 국어 수업의 학습 목표와 제재 글이고, (나)는 수업 후 학생이 쓴 독서 감상문이다. 물음에 답하시오. [4점]

(가) 학습 목표와 제재 글

학습 목표	• 작품 속 말하는이가 누구인지 생각하며 이야기를 읽을 수 있다. • 혼동되는 표기나 발음에 주의하며 독서 감상문을 쓸 수 있다.
제재 글	… (상략) … 엄마는 화를 못 참겠는지 그만 내 등짝을 따갑도록 착 때렸습니다. ㉠ <u>나</u>는 할 말은 없었지만 "내만 그런 기 아인데, 씨이. 그라고 감자하고 살구하고 같나, 씨이." 이렇게 한번 투덜거려 보았습니다. 그랬더니 "호철이 이눔, 그래도 할 말은 있는 갑네! 어데 자꾸 구시렁대노!" 엄마는 이러며 내 등짝을 한 차례 더 착 때렸습니다. "우짜든지 장독이나 물어내게! 아이고, 살구나무를 뼛 뿌리든지 무슨 수를 내야지 장차 장독이 안 남아돌겠네!" 이러며 칠산 할매는 휭 가 버렸습니다. [A] 이튿날, 뒤 뜸 칠산 할매가 우리 집을 또 찾아왔습니다. "울미띠기 있는강?" "아이고, 뒤 뜸 할매 오셨습니꺼? 안 그래도 장독을 하나 사 드린든지 돈으로 드리든지 해야 되는데 요새 돈이 ㉡ <u>씨가 말랐습니더</u>. 쬐끔만 더 기다려 주이소, 할매예." "이거나 받게. 살구를 다 땄뿌렸네." "아이고, 할매예, 장독 깬 것도 못 물어 줬는데 살구를 이래 많이 주니께!" "야, 이 사람아. 그때는 내가 성이 나가 할 소리 못 할 소리 막 했네. 아들이 살구가 오죽 먹고 싶으마 그랬겠나." "아이고, 할매예! 죄송스러버서 우째꼬요?" 엄마는 미안해 어쩔 줄 몰라 했습니다. 나는 가슴을 쓸어내렸습니다. 뒤 뜸 할매가 사립문을 나서는 걸 보고 '할매예, 고맙습니더. 할매예, 고맙습니더……' 열 번도 더 되뇌었습니다. 그리고 마음으로 절도 열 번은 더 했지요.

(나) 학생의 독서 감상문

'살구가 익을 무렵'을 읽고
… (중략) …
다음날 칠산 할머니는 살구를 들고 다시 찾아와 어제는 화가 많이 나서 그랬다며 장독을 안 물어 줘도 된다고 하셨다. 호철이는 '할매, 고마워요.' 하며 마음으로 절을 열 번은 더 했다.
㉢ <u>호철이 엄마의 '돈이 씨가 말랐다.'라고 한 말이 재미있었는데, 우리 할머니도 종종 그런 말씀을 하신다.</u> 호철이가 자신의 잘못을 용서받은 후 마음속으로 열 번 절하는 부분이 인상 깊었다. 칠산 할머니를 생각하면 시골에 계신 우리 할머니가 생각난다. 우리 할머니는 표현을 잘 하시지는 않지만, 정이 많은 분이시다. '할머니, 여름 방학에 <u>뵈요</u>.' 여름 방학이 되면 아버지께 할머니 댁에 다녀오자고 해야겠다.

---

1) 다음은 교사가 '작품 속 말하는이'를 지도하기 위해 (가)의 [A] 부분을 바꾸어 쓴 글이다. (가)의 ㉠과 다음의 ⓐ가 각각 누구인지 쓰시오. [1점]

> 울미댁은 화를 못 참겠는지 호철이의 등짝을 착 때렸습니다. 호철이는 "내만 그런 기 아인데, 씨이. 그라고 감자하고 살구하고 같나, 씨이."하고 투덜거렸습니다. 그러자
> "호철이 이눔, 그래도 할 말은 있는 갑네! 어데 자꾸 구시렁대노!"
> 울미댁은 그러며 호철이의 등짝을 한 차례 더 착 때렸습니다.
> "우짜든지 장독이나 물어내게! 아이고, 살구나무를 뼛 뿌리든지 무슨 수를 내야지 장차 장독이 안 남아돌겠네!"
> 그렇게 말하고, ⓐ <u>나</u>는 휭 나와 버렸습니다.

• ㉠ : _____
• ⓐ : _____

2) 다음은 (가)의 ㉡과 같은 표현의 특성과 효과를 나타낸 것이다. ( )에 들어갈 말을 쓰시오. [1점]

> ( ) 표현은 두 개 이상의 단어가 모여서 새로운 의미를 드러내는 것으로, 작가는 이런 표현을 사용하여 작품을 더 재미있고 인상적으로 만든다. 이 작품에서는 (가)의 ㉡과 같은 표현을 통해 작품 속 인물의 표현 의도를 효과적으로 전달하고 독자의 흥미를 높여 준다고 볼 수 있다. 학생들은 (나)의 ㉢과 같이 실제 의사소통 상황에서 이러한 표현을 떠올려 봄으로써, 국어 문화의 특성을 이해하고 자신의 표현 의도를 다채롭게 드러낼 수 있다.

• _____

3) (나)에서 ① 틀린 표기 사례를 찾아 쓰고, 이 학생에게 올바른 표기를 지도하기 위하여 교사가 알아야 할 ② 표기 원리를 쓰시오. (단, 띄어쓰기와 문장 부호 제외) [2점]

• ① : _____
• ② : _____

정답

1) ㉠ 호철
ⓐ 칠산 할매

2) 관용

3) ① 뵈요
② 준말의 원리로 '뵈어요'의 준말은 '봬요'이다.
• 'ㅚ' 뒤에 '-어, -었-'이 어울려 'ㅙ, ㅙㅆ'으로 될 적에 준 대로 적는다.

정답이유

3) 한글 맞춤법 제35항 : '준말'의 원리

본말	준말	본말	준말
괴어	괘	괴었다	괬다
되어	돼	되었다	됐다
뵈어	봬	뵈었다	뵀다
쇠어	쇄	쇠었다	쇘다
쐬어	쐐	쐬었다	쐤다

• 'ㅚ' 뒤에 '-어, -었-'이 어울려 'ㅙ, ㅙㅆ'으로 될 적에도 준 대로 적는다.

05
2017-A-2

(가)는 4학년 국어 읽기와 문법이 통합된 연속 차시 수업에 활용할 자료이고, (나)는 (가)의 읽기 자료 로 '활동 1'을 지도하기 위해 읽기 기능에 따른 학습 활동을 구상한 내용이다. 물음에 답하시오.
[4점]

(가)

학습 목표 및 활동

학습 목표	지식과 경험을 활용하여 글을 읽고, 글에 나타난 낱말을 만들어진 방법에 따라 분류할 수 있다.	활동 1	지식과 경험을 활용하여 글 읽기
		활동 2	낱말 확장 분류 방법에 따라 낱말 분류하기
		활동 3	상황에 맞게 높임말 사용하기

읽기 자료

목화와 의생활

의복이 우리 삶에 미치는 영향은 여러 가지로 나타납니다. 의복은 외부 환경으로부터 몸을 보호하는 수단이 되기도 하고, 아름다움을 드러내는 수단이 되기도 합니다.

고려 시대 이전, 우리나라의 일반 백성들은 주로 삼베나 모시로 옷을 만들어 입었다고 합니다. 삼베나 모시는 바람이 잘 통하여 여름에는 시원하였으나, 겨울에는 추위를 막아낼 수 없었습니다. [A] 가죽으로 추위를 막을 수 있는 옷을 만들 수 있었지만, 값이 비싸 일반 백성들이 입기는 어려웠습니다.

우리나라에 목화가 들어온 것은 고려 시대 사람인 문익점 덕분입니다. 문익점은 원나라에 다녀오는 길에 목화씨를 몰래 가지고 들어왔습니다.

문익점은 목화 재배법을 개발하여 전국에 널리 알렸습니다. 목화가 널리 전해지면서 일반 백성들의 옷은 목화로 짠 무명으로 바뀌게 되었습니다. 그리고 목화로 이불을 만들어 겨울을 따뜻하게 보낼 수 있게 되었습니다. 나라에서는 무명이 삼베보다 부드럽고 삼베를 만들 때보다 힘이 덜 들어서, 목화 재배를 적극적으로 지원하였습니다. 목화가 널리 퍼지면서 백성들의 의생활은 변화를 맞게 된 것입니다.

… (하략) …

(나)

읽기 기능	학습 활동
내용 확인	• (㉠)
추론	• ㉡ 의복이 몸을 보호하는 수단이라는 말의 다양한 의미 떠올려 보기 • ㉢ 문익점이 목화 재배법을 사람들에게 널리 알리게 된 이유 생각해 보기
평가 및 감상	• ㉣ 목화 재배로 이전에 비해 달라진 백성들의 의생활 파악하기 • ㉤ 문익점이 목화씨를 몰래 가지고 온 행동의 옳고 그름 판단해 보기

1) (가)의 [A]를 활용하여 (나)의 ㉠에 들어갈 '학습 활동' 1가지를 만들어 쓰시오. [1점]

• _____

2) (나)의 ㉡~㉤ 중, 해당 '읽기 기능'에 대한 '학습 활동'으로 적절하지 않은 것을 찾아 기호와 그 이유를 쓰시오. [1점]

• _____

3) 다음의 ⓐ에 해당하는 사례를 (가)의 읽기 자료 에서 찾아 그중 가장 먼저 나타난 단어를 쓰시오. [1점]

> 국어의 단어 확장 방법에는 '돌다리', '검푸르다' 등과 같이 어근과 어근이 결합하여 새로운 단어를 만드는 방법과 '풋과일', '뽑히다' 등과 같이 ⓐ 어근에 접사가 결합하여 새로운 단어를 만드는 방법이 있다.

• _____

4) 다음은 (가)의 '활동 3'에서 활용할 자료이다. ① ⓐ에 적용된 상대 높임법의 종류를 쓰고, ② 이 상대 높임법의 사용 상황을 화자와 청자의 관계 측면에서 설명하시오. [1점]

> 문익점은 목화씨를 김 서방에게 건네며 말하였습니다.
> ⓐ "이보게, 김 서방. 이것이 무엇인지 아는가? 목화씨라네. 겨울을 따뜻하게 보낼 수 있을 터이니 강 건너 밭에 심도록 하게."
> "알겠사옵니다. 나리."
> 김 서방은 목화씨를 받으며 고개를 갸웃거렸습니다.

• ① : _____
• ② : _____

정답

1) 고려 시대 이전 우리나라 일반 백성들의 의생활 파악하기
2) ㉣, 내용 확인에 해당하는 활동이다.
3) 삶
4) ① 격식체, 하게체
   ② 화자가 청자보다 윗사람일 때 사용한다.

정답이유

1) [A]에는 고려 시대 이전에 옷을 만들어 입었던 내용이 제시되어 있으므로, 내용 확인 단계 ㉠에는 '고려 시대 이전 우리나라의 일반 백성들의 의생활 파악하기' 학습 활동이 적합하다.

2) ㉣의 목화 재배로 이전에 비해 달라진 백성들의 의생활 파악하기는 '읽기 자료'에 표현된 그대로의 의미를 파악하는 활동이므로 '평가 및 감상'이 아닌 '내용 확인'에 해당하는 활동이다.

3)
1. (가)의 읽기 자료 중 '삶'은 '살+-다'에 명사화 접미사 '-(으)ㅁ'이 붙어 새로 만들어진 낱말이므로 접미사에 의한 파생어에 해당한다.

2. 접미사에 의해 파생된 명사의 예

—꾼	구경꾼, 나무꾼, 낚시꾼, 살림꾼, 일꾼, 지게꾼, 짐꾼, 춤꾼	'—꾼'은 명사에 붙어 '그 일을 잘하는 사람, 어떤 일을 하려고 몰려드는 사람' 등의 의미를 더하여 새로운 명사를 만든다.
—(으)ㅁ	가르침, 걸음, 느낌, 도움, 모임, 믿음, 싸움, 울음, 죽음, 게으름, 괴로움, 귀여움, 기쁨, 슬픔, 아픔, 외로움, 즐거움	'—(으)ㅁ'은 용언 어근에 붙어 그것이 뜻하는 동작이나 상태를 가리키는 명사를 만들기 때문에 어근의 품사를 바꾸어 주는 접미사로 쓰였음을 알 수 있다.

4) ⓐ는 상대 높임법 중 격식체인 '하게체'에 해당하며, 이는 화자가 청자보다 윗사람일 때 사용한다.

정답개념

1. 파생어
(1) 개념
- 어근에 접사가 붙어 새로 만들어진 낱말로 접사의 위치에 따라 접두사에 의한 파생어와 접미사에 의한 파생어로 나뉜다.

(2) 접두사에 의한 파생어(접두사+어근)

	① 햇밤	② 개살구	③ 풋사과	④ 치솟다
형태소	햇—+밤	개—+살구	풋—+사과	치—+솟—+—다
어근	밤	살구	사과	솟—
접사	햇—	개—	풋—	치—

예

접두사	접두사의 의미	예	접두사	접두사의 의미	예
개—	야생 상태의, 쓸데없는	개살구, 개꿈	맨—	다른 것이 없는	맨손
군—	쓸데없는	군소리	알—	겉을 덮어 싼 것을 제거한	알몸, 알밤
날—	말리거나 익히거나 가공하지 않은	날고기, 날김치	참—	진짜, 품질이 우수한	참기름
덧—	거듭, 겹쳐 신거나 입는	덧니, 덧신	풋—	처음 나온, 덜 익은, 미숙한	풋과일, 풋고추
돌—	품질이 나쁜 것이나 산이나 들에서 저절로 생겨난 것	돌배	홀—	짝이 없고 하나뿐인	홀아비

(3) 접미사에 의한 파생어(어근+접미사)

	① 멋쟁이	② 넓이	③ 웃음	④ 다정하다	⑤ 높다랗다
형태소	멋+—쟁이	넓—+—이	웃—+—음	다정+—하—+—다	높—+—다랗다
어근	멋	넓—	웃—	다정	높—
접사	—쟁이	—이	—음	—하다	—다랗다

예

접미사	예	접미사	예
—음	기쁨, 울음, 춤	—이—	높이다(사동사), 보이다(피동사)
—기	던지기, 더하기, 크기	—히	조용히, 영원히, 다정히
—개	지우개, 덮개, 가리개	—하다	다정하다, 조용하다
—질	부채질, 주먹질, 도둑질	—스럽다	바보스럽다, 자랑스럽다
—장이 (기술자)	대장장이, 유기장이	—다랗다	기다랗다, 높다랗다
—쟁이	겁쟁이, 멋쟁이	—답다	정답다, 어른답다
—이	먹이, 길이, 높이(명사)	—거리다	덜렁거리다, 출렁거리다
—이	많이, 깨끗이, 높이(부사)	—히다 (피동)	뽑히다, 막히다, 잡히다

2. 높임법의 종류

상대 높임법	주체 높임법	객체 높임법
• 말하는 이가 듣는 이에 대하여 높이거나 낮추어 말하는 방법 • 국어 높임법 중 가장 발달 • 종결 표현으로 실현 - 격식체 : 하십시오체, 하오체, 하게체, 해라체 → 심리적 거리감 - 비격식체 : 해요체, 해체 → 친밀감	• 말하는 이보다 서술어의 주체가 나이나 사회적 지위 등에서 상위일 때, 서술어의 주체를 높이는 방법 • 선어말 어미 '—(으)시—', 주격 조사 '께서', 접사 '—님', 몇 개의 특수한 어휘(계시다, 잡수시다)로 표현 • '—(으)시—'는 높여야 할 주체가 주어와 밀접한 관련을 맺는 경우에도 쓰임.	• 목적어나 부사어가 지시하는 대상, 즉 서술어의 객체를 높이는 방법 • 특수한 어휘(특히 특수한 동사), 부사격 조사 '께'로 실현

3. 상대 높임법의 등급

		종결 표현	특성
격식체	하십시오체 (아주 높임)	—십시오, —습니다, —습시다, —습니까? 예 괜찮습니다. 선생님. 산책 나온 셈 치십시오.	듣는 이를 가장 높여 대접하는 방식임.
	하오체 (예사 높임)	—오, —소, —구려, —ㅂ시다, —는구려, —오? 예 이 얘기를 어째서 계속하여야 하는지 모르겠구려.	아랫사람이나 친구를 높여 대접하는 방식으로, 요즘은 잘 쓰지 않음.
	하게체 (예사 낮춤)	—게, —네, —ㅁ세, —세, —구먼, —는가? 예 내가 너무 흥분하였던 것 같네.	아랫사람이나 친구를 어느 정도 대접해 주는 방식으로, 요즘 잘 쓰지 않음.
	해라체 (아주 낮춤)	—아라, —다, —는다, —자, —렴, —느냐?, —니? 예 가는 대로 편지 보내마.	듣는 이를 높이지 않는 방식으로, 해체와 비슷한 등급임.
비격식체	해요체 (두루 높임)	—아요, —군요, —ㄹ게요, —아요? 예 어제는 비가 많이 왔지요?	듣는 이를 윗사람으로 대접하여 높이는 방식으로, 일상적으로 가장 많이 쓰이는 방식임.
	해체(반말) (두루 낮춤)	—아, —지, —야, —ㄹ게, —야?, —지? 예 그러면 그렇지.	해라체와 거의 같은 등급인데, 해라체보다 덜 권위적이고, 더 친밀한 느낌을 줌.

★ 격식체는 의례적 용법으로 심리적인 거리감을 나타내는 데 반하여, 비격식체는 정감적이고 격식을 덜 차림으로써 친근감을 줄 수 있다.

6절 문학

01   2023-A-3

(가)는 2학년 문학 수업을 위한 수업 협의회의 일부이고, (나)는 수업 협의회에서 논의한 작품이다. 물음에 답하시오. [4점]

(가)

이 교사: 다음 주 시 낭송 수업은 어떻게 진행하실 건가요?
김 교사: 학생들이 교과서에 있는 윤동주의 동시를 좋아해서 윤동주의 다른 시를 읽어 보려고 해요. 낭송 지도를 할 때 유의할 점이 있을까요?
박 교사: 낭송 지도를 할 때는 시 작품의 내용적 측면과 형식적 측면을 고려할 수 있어요. ㉠내용적 측면을 고려할 때에는 시의 느낌을 생각하면서 전체 내용을 파악하는 것이 중요합니다.
이 교사: 낭송을 하려면 ㉡시 작품에서 제재나 청자, 때로는 자기 자신에 대한 화자의 태도를 파악하는 것도 필요해요. 「귀뚜라미와 나와」에서는 자신의 비밀을 말하는 내밀한 목소리를 확인할 수 있어요.
김 교사: 이 시에서는 '귀뚜라미'를 해석하는 게 중요하다고 생각해요. 선생님들은 '귀뚜라미'를 어떻게 해석하셨나요?
이 교사: 1연에서 '귀뚜라미'는 처음 만난 낯선 존재라고 ┐ 생각했어요. '귀뚜라미'를 통해 '나'는 '나'의 [A] 외로움을 인식할 수 있지요. ┘
박 교사: 그런데 5연에서 '귀뚜라미'는 '나'의 외로움을 ┐ 달래 주는 상대로 해석이 되어요. 3연에서 '우리 [B] 둘만 알자고 약속'을 했거든요. ┘
김 교사: 두 분처럼 ㉢'귀뚜라미'를 다양하게 해석할 수 있는 것을 보니, 시어의 의미는 지시적인 의미와 구별되는 특징이 있군요. 그렇다면 형식적인 측면에 대한 지도는 어떻게 해야 할까요?
박 교사: 시 낭송하기에서는 시의 율격을 지도할 필요가 있어요. 학생들이 「귀뚜라미와 나와」만으로 율격을 이해하기는 어려울 것 같으니, 다른 동시를 함께 활용하는 것이 어떨까요?
이 교사: 윤석중의 「무엇일까요」가 좋을 것 같습니다. '귀뚤 귀뚤/귀뚤귀뚤'과 '우리 우리 집에서,/제일 제일 큰 것은 무엇일까요.'에 ㉣공통적으로 나타나는 표현상의 특징에 주목하여 율격을 지도할 수 있어요.

(나)

귀뚜라미와 나와

                      윤동주

귀뚜라미와 나와
잔디밭에서 이야기했다.

귀뚤귀뚤
귀뚤귀뚤

아무게도 알려주지 말고
우리 둘만 알자고 약속했다.

귀뚤귀뚤
귀뚤귀뚤

귀뚜라미와 나와
달 밝은 밤에 이야기했다.

1) (가)에서 ① 박 교사가 시 낭송 지도를 위해 ㉠을 의도한 이유를 쓰고, ② ㉡에 해당하는 용어를 쓰시오. [2점]

① _____
② _____

2) ① (가)에서 ㉢이 [A], [B]처럼 해석되는 이유를 일상 언어와 구별되는 시어의 특징을 들어 쓰고, ② (가)의 ㉣에 해당하는 것을 쓰시오. [2점]

① _____
② _____

정답

1) ① • 시의 분위기에 알맞은 목소리로 읽어야 하기 때문
      • 적절한 음성으로 내용을 표현해야 하기 때문
  ② 어조
2) ① 함축적 의미를 가진다.
  ② 동일한 시어가 반복되어 운율이 형성된다.

정답이유

1) ① 시를 읽을 때 주의할 점
- 시의 분위기에 알맞은 목소리로 읽는다.
- 박자(운율)를 생각하며 읽는다.
- 비슷한 경험이나 재미있는 장면을 떠올리며 느낌을 살려 읽는다.

〈성취기준〉
- 느낌과 분위기를 살려 그림책, 시나 노래, 짧은 이야기를 들려주거나 듣는다.
  - 이 성취기준은 작품의 내용이나 표현에서 오는 느낌과 분위기를 살려서 노래하거나 낭독 혹은 낭송함으로써 작품의 수용 능력을 향상시키기 위해 설정하였다. 따라서 다양한 갈래의 작품을 두루 활용하여 목소리의 높낮이, 성량, 속도 등에 대한 감각을 기르도록 한다. 운율과 정서 및 운율과 분위기가 조화로운 작품, 다양한 분위기를 엿볼 수 있는 작품을 통해 내용과 표현이 서로 연관된다는 점을 이해하도록 하는 데 중점을 둔다.

② 어조(tone)
- 개념: 시적 화자가 작품에서 취하는 말하기의 특성, 즉 작품에서 드러나는 화자의 개성적인 목소리
- 역할: 시의 분위기를 형성하고, 시적 자아의 정서와 감정, 태도를 드러낼 뿐만 아니라, 시의 주제를 형상화한다.
- 종류: 남성적, 여성적, 기원적, 내밀한

2) ① 시어 특징

일상어	• 지시적 의미를 주로 사용 • 산문적, 객관적, 구체적
시어	• 함축적 의미를 주로 사용 • 언어가 지니는 지시성을 넘어 문맥에서 새롭게 창조되고 해석되는 의미 • 음악성(운율), 개인적, 주관적, 간접적

② 운율
- 시를 읽을 때 느껴지는 리듬감으로 시의 음악성을 드러내는 형식적 특질이다.
- 운(韻)은 같거나 비슷한 소리의 규칙적인 반복으로 형성되며, 율(律: 율격)은 음의 고저와 장단, 강약의 주기적인 반복에 의해 형성된다.

일정한 글자 수의 반복	예 비 오자 장독간에 봉선화 반만 벌어 → 3글자, 4글자가 짝을 이루며 반복됨(3·4조)
끊어 읽는 단위의 반복	예 동기로∨세 몸 되어∨한 몸같이∨지내다가 → 한 행을 4마디로 끊어서 읽는 것이 반복됨(4음보)
같은 위치에서 같은 말의 반복	예 바람이 부는 날의 풀잎들은 / 왜 저리 몸을 흔들까요 소나기가 오는 날의 풀잎들은 / 왜 저리 또 몸을 통통거릴까요 → '풀잎들은'과 '-ㄹ까요'가 행의 끝에서 반복됨
같거나 유사한 소리 또는 단어나 구절 등의 반복	예 산에 산에 산에는 산에 사는 메아리 → '산'이라는 시어가 반복됨
같은 문장 구조의 반복	예 새악시 볼에 떠 오는 부끄럼같이 시의 가슴에 살포시 젖는 물결같이 → '~에 ~는 ~같이'라는 문장 구조가 반복됨

정답개념

1. 낭독의 개념과 지도
① 낭독은 글을 읽고 이해한 후에 글에 담겨 있는 감정과 정서를 담아 소리 내어 읽는 음독(音讀)이다. 효과적으로 낭독하려면 우선 글의 내용을 정확하게 파악하고, 내용을 전달하는 데 적절한 음성으로 표현하여야 한다. 즉, 자음과 모음을 정확하게 발음하고 음운 규칙을 지키며, 글의 성격이나 장면, 분위기 등에 어울리는 어조(tone)로 읽고 적절한 속도로 읽으며, 띄어 읽어야 할 곳과 쉬어 읽어야 할 곳을 알고 지켜야 한다.
② 낭독은 문자를 처음 소리 내어 읽는 음독과는 다르다. 음독은 문자를 해독하기 위해 음성으로 바꾸고, 그것을 의미와 연결시키는 것으로 읽기 초기 단계에서 주로 사용된다. 교사는 음독을 통해 학습자가 글을 해독할 수 있는지, 글의 의미를 제대로 이해했는지 평가할 수 있다. 그러나 낭독은 이러한 음독과는 달리 문자를 음성으로 바꾸면서 정서와 감정을 포함시키는 높은 수준의 소리 내어 읽기 방법이므로 글의 의미 이해 이외에 정서적 감상까지 평가해야 한다.

2. 운율의 종류

(1) 외형률: 규칙적으로 반복되는 요소가 겉으로 드러난 운율이다.
 ① 음수율(音數律): 음절의 수가 규칙적으로 반복되어 형성된 운율이다.
  예 • 살어리 / 살어리 / 랏다 // 청산에 / 살어리 / 랏다 - 3·3·2조의 반복
   • 산 너머 / 남촌에는 / 누가 살길래 // 해마다 / 봄바람이 / 남으로 오네. - 7·5조의 반복
 ② 음보율(音步律): 음보의 수가 규칙적으로 반복되어 형성된 운율이다. 음보란 시가를 읽을 때 한 호흡 단위로 느껴지는 운율 단위를 말한다. 우리나라의 시에서 가장 잘 드러나는 외형률로, 주로 3음보와 4음보가 많다.
  예 나 보기가 / 역겨워 / 가실 때에는 // 말없이 / 고이 보내 / 드리오리다. - 3음보의 반복
 ③ 음위율(音位律): 음의 위치가 규칙적으로 반복되어 형성된 운율이다.
  ㉠ 두운(頭韻): 시행의 처음에 일정한 음이 반복됨.
  ㉡ 요운(腰韻): 시행의 중간에 일정한 음이 반복됨.
  ㉢ 각운(脚韻): 시행의 끝에 일정한 음이 반복됨.
 ④ 음성률(音聲律): 음의 고저(高低), 장단(長短)과 강약(强弱) 등이 규칙적으로 반복되어 형성된 운율. 우리나라의 현대시에는 나타나지 않는다.

(2) 내재율: 겉으로 드러나는 일정한 규칙과 반복은 없으나 작품의 내적인 의미와 융화되어 형성된 개성적인 운율이다.
 예 저녁거리가 없어서 조나 감자를 꾸러 이웃집에 갔더니 주인은 "거지는 인격이 없다. 인격이 없는 사람은 생명이 없다. 너를 도와주는 것은 죄악이다."고 말하였습니다. 그 말을 듣고 돌아 나올 때에 쏟아지는 눈물 속에서 당신을 보았습니다.
 – 한용운, 〈당신을 보았습니다〉

3. 운율의 구성요소
1. 동일 음운의 반복
 예 • 알리알리 알라셩 알라리 알라 → 'ㄹ, ㅇ'의 반복으로 낙천적인 분위기를 조성함.
  • 매운 계절의 채찍에 갈겨 / 마침내 북방으로 휩쓸려 오다
   → 'ㅊ, ㅉ, ㅆ' 등 된소리와 거센소리를 사용하여 절박하고 급박한 상황을 전달함.
2. 일정한 음절 수와 음보의 반복(음수율·음보율)
 예 진두강(津頭江) / 가람가에 / 살던 누나는 // 진두강(津頭江) / 앞마을에 / 와서 웁니다. - 김소월, 〈접동새〉
3. 통사 구조의 반복
 예 살어리 살어리랏다 청산에 살어리랏다 → aaba형의 통사 구조의 반복
4. 음성 상징어의 사용
 예 이 마을 전설이 주저리주저리 열리고, 먼 데 하늘이 꿈꾸며 알알이 들어와 박혀 - 이육사, 〈청포도〉

02 2022-A-2

(가)는 4학년 문학 수업을 한 후에 두 교사가 나눈 대화이고, (나)는 문학 수업에서 활용한 작품이다. 물음에 답하시오. [4점]

(가)

김 교사 : 지난 국어 시간에 이야기의 흐름 파악하기 수업을 했어요. 먼저 이야기를 읽고 주요 인물을 찾는 활동을 했어요. 학생들이 동화에 등장하는 인물을 친숙하게 생각하더라고요.

이 교사 : 네, 학생들은 (㉠)이/가 반영된 인물들을 친숙 하게 받아들이는 것 같아요. 이 시기의 학생들은 사물이 말하는 것을 자연스럽게 여기는 발달 특성이 있어요. 그래서 인물이 비현실적으로 형상화되어 있어도 쉽게 찾을 수 있어요. 이야기 흐름 파악하기 학습 활동은 어땠나요?

김 교사 : 학생들이 이야기의 흐름을 '처음—가운데—끝', '발단—전개—절정—결말'과 같은 (㉡)에 따라 정리하는 것을 어려워했어요. 선생님은 어떻게 지도하시나요?

이 교사 : 학생들이 (㉡)을/를 고려하여 사건을 파악하도록 하려면, ㉢ 이야기 전체에 영향을 주는 갈등을 활용하면 좋아요. 갈등은 주로 주인공과 적대자 간의 대립 상황으로 나타나지요. 학생들에게 갈등을 본격적으로 지도하기는 어려우니까, 교사가 이야기의 갈등을 찾아서 사건 간의 인과 관계를 이해하도록 안내해 줄 수 있어요.

김 교사 : 그렇군요. 갈등을 활용해서 이야기의 흐름을 정리할 수 있겠네요.

이 교사 : 네, 맞아요. 그리고 갈등이 해소되는 과정에서 ㉣ 등장인물의 성격이나 가치관이 변하는 경우, 그 변화를 확인하는 것도 중요해요. 예를 들면 「소가 된 게으름뱅이」의 결말에서 게으름뱅이가 자신의 잘못을 뉘우치고 부지런한 사람으로 바뀌는 것을 확인할 수 있어요.

(나)

소가 된 게으름뱅이

옛날 어느 마을에 게으른 사람이 살았어요. 모두 눈코 뜰 새 없이 바쁜 농사철에도 게으름뱅이는 온종일 방에서 뒹굴뒹굴 놀기만 했지요. 일하라는 아내의 잔소리가 듣기 싫어서 게으름뱅이는 집을 나가기로 마음먹었어요.

며칠 뒤, 집을 나온 게으름뱅이는 어느 초가집 앞을 지나게 되었어요. 그런데 노인이 마루에 앉아 쇠머리처럼 생긴 탈을 만들고 있었어요.

"영감님, 그걸 어디에다 쓰려고 만드십니까?"

"허허허, 이 탈은 일하기 싫어하는 사람이 쓰면 아주 좋은 일이 생기는 탈이라네."

신기하게 여긴 게으름뱅이는 쇠머리 탈을 얼굴에 써 보았어요. 그러자 노인이 기다렸다는 듯 게으름뱅이의 등에 쇠가죽을 척 씌웠지요. 그런데 어찌 된 일인지 쇠머리 탈은 얼굴에 착 달라 붙어 떨어지지 않았어요. 눈 깜짝할 새에 소가 된 게으름뱅이는 소리를 지르며 버둥거렸어요. 이윽고 노인은 소가 된 게으름뱅이를 끌고 장터로 가서 농부에게 팔았어요.

"이 소는 무를 먹으면 곧 죽어 버리니 무밭에는 절대로 못 가게 하시오."

소가 된 게으름뱅이는 농부네 집으로 오자마자 하루 종일 힘들게 일했지요. 저녁때가 되자 너무너무 힘들고 배가 고팠어요. 하지만 농부가 가져다준 뻣뻣한 쇠죽은 먹을 수가 없었지요.

[뒷부분 줄거리] 소가 된 게으름뱅이는 놀기만 했던 지난날을 후회한다. 그는 소로 사느니 죽는 게 낫겠다는 생각을 한다. 이튿날 소가 된 게으름뱅이는 무밭으로 뛰어 들어가 무를 먹는다. 그러자 쇠머리 탈이 벗겨지며 사람으로 변한다. 집으로 돌아온 게으름뱅이는 부지런히 일하며 행복하게 살아간다.

1) (가)의 ㉠과 〈보기〉의 ⓐ에 공통으로 들어갈 말을 쓰시오. [1점]

— 보기 —

동화는 대체로 어린이들이 주변의 사물을 살아있는 생명체로 여기는 (ⓐ)에 바탕을 둔다. 이러한 사고가 반영된 동화는 환상성과 허구성이 강하고 사물이 의인화되는 경우가 많다. 예를 들어 동화에서는 장승이 움직이고, 바느질 가위가 스스로 행동하며, 해와 바람이 말을 하기도 한다.

• _____

2) ① (가)의 ㉡에 공통으로 들어갈 말을 쓰고, ② (나)에서 (가)의 ㉢에 해당하는 것을 쓰시오. [2점]

• ① : _____
• ② : _____

3) (가)의 ㉣에 해당하는 인물의 성격 유형을 쓰시오. [1점]

• _____

정답

1) 물활론
2) ① 플롯(plot) 또는 구조
   ② 게으름뱅이가 노인이 준 쇠머리 탈을 쓰고 얼굴에 착 달라붙어 떨어지지 않아 소가 된 상황
3) 입체적 인물

정답이유

1) 물활론(animism)
- 생명이 없는 대상에게 생명과 감정을 부여하는 사고
- 전조작기 단계 특징 참고(p.151)

2) 플롯, 구조
① 플롯
〈개념〉
- 인물의 행동과 사건의 짜임새를 의미하며, 플롯의 파악을 통해 독자는 작품의 재미를 느끼고, 작품에 대한 이해와 감상이 적절한지 알 수 있다.
〈유형〉
- 단순 플롯 : 스토리의 진행이 하나의 사건을 계기로 다른 사건들이 차례차례 그것을 계승·발전해 나가는 방식
- 복합 플롯 : 서로 관계가 없는 사건들이 번갈아 시작되고, 그것들의 결합으로 사건이 발전되어 나가는 방식

② (나)에서 이야기 전체에 영향을 주는 갈등 상황은 게으름뱅이가 노인이 준 쇠머리 탈을 쓰고 소가 된 상황이다.

3) 성격의 변화 유형에 따라 평면적 인물, 입체적 인물로 나눌 수 있으며, 최초에 주어진 성격이 이야기의 전개 과정에서 변하는 인물이 입체적 인물이고, 변하지 않는 인물이 평면적 인물이다. ㉣처럼 등장인물의 성격이나 가치관이 변하는 경우는 '입체적 인물'이다.

03
2021-A-3

(가)는 6학년 시 감상 수업에 활용할 작품이고, (나)는 수업협의회의 일부이다. 물음에 답하시오. [3점]

(가)

모서리
이혜영

"아얏!
아휴 아파."
책상 모서릴 흘겨보았다.
"내 잘못 아냐."
모서리도 눈을 흘긴다.

쏘아보는 그 눈빛이
나를 돌아보게 한다.

어쩜 내게도
저런 모서리가 있을지 몰라.
누군가 부딪혀 아팠했겠지
원망스런 눈초리에
"네가 조심해야지"
시치미 뗐을 거야.

모서리처럼
나도 그렇게 지나쳤겠지

부딪힌 무릎보다
마음 한쪽이
더 아파 온다.

(나)

김 교사 : 1연에서 책상 모서리를 사람에 빗대어 표현한 점이 재미있네요.
박 교사 : 네, 저도 그렇게 생각합니다. 이 시는 표현하려는 대상을 다른 대상에 빗대어 표현한 점이 인상적입니다. 시인은 이질적인 두 대상에서 유사점을 발견하고 이를 토대로 두 대상을 결합하여 표현하였습니다. 이때 '표현하려는 대상'을 (㉠)(이)라고 하고, '빗댄 대상'을 (㉡)(이)라고 합니다. 이 표현 방법으로 인해 시가 새롭고 참신하게 느껴집니다.
김 교사 : '나'를 '모서리'에 빗대어 표현한 것도 그런 측면으로 볼 수 있을까요?
박 교사 : 네, 그렇습니다. 이 시에서는 다른 사람에 대한 나의 행동을 모서리에 빗대어 표현하고 있습니다. 이 둘 간에는 '뾰족하고 날카롭다'는 유사점이 있습니다.
김 교사 : 이 시의 주제는 어떻게 이해해야 할까요?
박 교사 : 이 시의 주제를 이해하기 위해서는 '아파'라는 시어에 주목할 필요가 있습니다. 처음에 화자는 모서리에 부딪힌 물리적 충격으로 아파하고 있습니다. 이후에 화자는 (㉢) 같은 옳지 않은 행동을 했을지 모른다는 생각에 마음 한쪽이 더 아프다고 하였습니다. 이러한 점을 생각하면 시의 주제를 파악할 수 있습니다.

1) ① (나)의 ㉠, ㉡에 해당하는 용어를 순서대로 쓰고, ② (가)를 근거로 (나)의 ㉢에 해당하는 내용을 구체적으로 쓰시오. [2점]

• ① : _____

• ② : _____

2) 다음은 수업에서 교사와 학생이 나눈 대화의 일부이다. 시를 잘못 이해하고 있는 학생의 대답을 찾아 그 문장의 첫 어절과 마지막 어절을 쓰시오. [1점]

| 교 사 : 1연은 어떤 상황인가요?
| 학생 1 : 말하는 이가 책상 모서리에 무릎을 부딪힌 후에 '책상 모서릴 흘겨보았'어요.
| 학생 2 : '모서리도' 자기 잘못이 아니라며 '눈을 흘'기었어요.
| 교 사 : 3연에서 말하는 이는 무슨 생각을 하였나요?
| 학생 3 : 자신에게도 '모서리가 있을지' 모른다고 생각했어요.
| 학생 4 : 모서리가 '원망스런 눈초리'를 보냈다고 생각했어요.
| … (하략) …

• _____

정답

1) ① 원관념, 보조관념
② 모서리처럼 누군가에게 상처를 주고(누군가를 아프게 하고) 시치미를 떼며 지나친 것
2) 모서리가, 생각했어요

정답이유

1)
① 비유
• 뜻 : 표현하려는 대상(원관념)을 그와 유사한 특성을 지니면서도 그 속성이 좀 더 구체적으로 드러나는 익숙한 대상(보조 관념)에 빗대어 표현하는 방법
• 종류

직유법	보조 관념에 '같이', '처럼', '듯이' 등의 연결어를 붙여 직접 비유하는 방법
은유법	원관념을 연결어 없이 보조 관념에 빗대어 '~은/는 ~이다.'로 표현하는 방법
의인법	사람이 아닌 것을 마치 사람인 것처럼 표현하는 방법

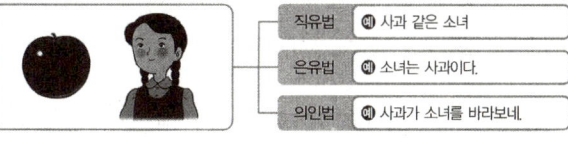

② 지문 분석
- '아파'라는 시어에 주목하여 시에서 '옳지 않은 행동'을 찾아보면, 모서리처럼 누군가에게 상처를 주고 "네가 조심해야지"라며 시치미를 뗀 것을 찾을 수 있다.

2) '원망스러운 눈초리'를 보내는 것은 모서리가 아니라, 모서리(나의 상처주는 행동)로 인해 상처를 받은 상대방이다.

04 2019-A-3

(가)는 수업에 활용한 옛이야기이고, (나)는 수업이 끝난 후 학생과 교사가 나눈 대화의 일부이다. 물음에 답하시오. [5점]

(가)

옛날 어느 마을에 부자 주 씨와 가난뱅이 서 씨, 두 양반이 살고 있었어. 어려서부터 함께 공부한 둘은 과거 길도 같이 떠나게 되었지. 주 씨가 나귀 잔등에 턱 걸터앉아 편히 가는 동안, 서 씨는 무거운 봇짐에 보퉁이까지 들고 햇빛이 쨍쨍 내리치는 힘겨운 고갯길을 가쁜 숨을 내쉬며 걸었어. 한참을 가다가 힘이 부친 서 씨가 말했어.

"이보게, 주 생원. 내 너무 힘들어 그러니 이 보퉁이 하나만 나귀 등에 얹어 주게."

"안 되네, 안 돼. 내 앉을 자리도 없네."

주 씨는 단칼에 거절했고, 지친 서 씨는 점점 뒤처지게 되었어. 그런데 점점 멀어지는 주 씨를, 서 씨가 소리쳐 부르지 않겠니.

"이보게. 자네도 알다시피 내가 팔자를 좀 보네. 그런데 자네 오늘 운수가 영 안 좋네. 나귀가 방귀를 세 번 뀌면 크게 다칠테니 부디 조심하게."

[A] 주 씨는 기분이 나빠 대꾸도 않고 나귀를 재촉해 길을 갔어. 살랑살랑 부는 바람과 한가한 매미 소리에 겨우 나쁜 기분이 가시려는데 나귀가 방귀를 뿡 뀌었어. 이 소리 오늘따라 천둥소리 같네. 나귀가 힘들면 방귀를 또 뀔까 겁난 주 씨는 몸을 움츠리고 가만히 있었어. 그렇게 조심을 했지만, 또 뿡 소리가 났어.

두 번째 방귀야. 주 씨는 아예 나귀에서 내려 걷기로 했어. 하지만 걱정은 봄풀 자라듯 했어. 뒤뚱뒤뚱 걸어가는 나귀 엉덩이를 보자니 오만 생각이 나네.

[B] 어떡하지, 어떡해. 궁리하다 보니, 한 가지 생각이 번쩍 떠올랐네. 주 씨는 동그랗고 단단한 돌멩이 하나를 주워 방귀가 나오는 구멍을 꽉 틀어막았어. 방귀를 못 뀌게 하려고 말이지.

하지만 걸을수록 걱정이 쌓이네. 돌이 제대로 막혀 있는지. 그래서 한 번 더 확인해 보려고 나귀 엉덩이에 얼굴을 들이민 거야. 그 순간, 막혀 있던 방귀가 대포를 놓은 듯 터져 나오면서 돌멩이가 주 씨의 이마를 냅다 갈기네. 주 씨는 나 죽는다고 길바닥을 데굴데굴 굴렀어. 그래서 저만 아는 이는 제 걱정으로 망하고 제 꾀에 제가 넘어간다고 하는 거지.

(나)

학생: 선생님, 인물의 마음을 알아보는 과제를 했는데요. 뒷부분에서는 인물의 마음을 알겠는데, 앞부분에서는 잘 모르겠어요.

교사: 그렇지. 앞부분에서는 인물들 사이의 관계나 사건 등을 통해 인물의 마음을 미루어 생각해야 해서 좀 어렵지. 하지만 뒷부분은 작품 속 인물의 관점에서 서술하고 있어서 그의 마음이 잘 드러나지. 때로는 ㉠ 이야기하는 이가 인물이 되어 그 인물의 목소리로 서술하고 있어. 이렇게 인물의 마음이 드러나 있는 경우라도 인물의 성격이나 기분 등이 사건과 어떻게 관련되어 있는지 생각해야 해. 그래야 ㉡ 다른 이가 던져 놓은 말의 그물에 그 인물이 스스로 걸려드는 이야기의 전개 과정을 더 잘 파악할 수 있어. 그런데 이야기를 읽으면서 혹시 모르는 낱말은 없었니?

학생: 그렇지 않아도 모르는 낱말이 있어 사전을 찾아보았는데요. 사전에도 안 나오는 낱말이 있었어요. '힘겨운 고갯길'에서 '힘겨운'은 사전에서 어떻게 찾아야 하나요?

교사: 먼저 '힘겨운'에서 낱말의 형태가 바뀌지 않는 부분인 '힘겨우-'를 찾아야 해. 그리고 '힘겨우-'의 기본형을 알아야 해.

학생: '힘겨우-'의 기본형은 무엇인가요?

교사: '힘겹다'야. '힘겹-'이 '힘겨우-'로 바뀐 것이지. 이런 유형의 낱말은 기본형을 따로 알아야만 사전에서 찾을 수 있단다.

학생: 그럼, '힘겨우-'의 기본형인 '힘겹다'를 사전에서 찾으면 되겠군요.

1) ① (가)의 [A]에서 (나)의 ㉠에 해당하는 부분을 찾아 쓰고, ② 그 속에 담긴 인물의 심리를 ㉡의 구체적 내용을 포함하여 서술하시오. [2점]

- ① _____
- ② _____

2) 다음은 교사가 수업을 위해 조사한 민담의 특징 중 일부이다. (가)와 부합하지 <u>않는</u> 설명을 찾아 그 문장의 첫 어절과 마지막 어절을 쓰시오. [1점]

민담은 흥미를 추구하면서도 교훈적인 작품이 많다. 이야기의 실재성을 보여 주는 증거물은 제시되지 않는다. 사실에 근거를 둔 진실성은 인정되지 않지만 허구적 진실을 통해 주제를 드러낸다. 주인공은 쉽게 난관을 극복하고 뜻하는 바를 이루는 행운을 얻는다. 부정적 인물은 자신의 이기심이나 어설픈 꾀 때문에 낭패를 당한다. 사건은 일정한 패턴이 반복되는 경우가 많다. 시공간적 배경은 구체적이지 않고 추상적이다.

- _____

3) (나)의 사전 활용과 관련된 대화를 참고하여 [B]에서 어간만 바뀌는 불규칙활용의 사례를 2가지 찾아 쓰고, 각각의 기본형을 쓰시오. [2점]

- _____
- _____

정답

1) ① 이 소리 오늘따라 천둥소리 같네.
　　② 나귀가 방귀를 세 번 뀌어 크게 다칠까 걱정하는 마음
2) 주인공은, 얻는다
3) ① 떠올랐네 → 떠오르다
　　② 주워 → 줍다

정답이유

1) ① [A]에서 인물의 마음을 그 인물의 목소리로 서술하는 부분은 '이 소리 오늘따라 천둥소리 같네'이다.
② (가) 작품에서 '다른 이가 던져 놓은 말의 그물'에 해당하는 부분은 "이보게. 자네도 알다시피 ~ 크게 다칠테니 부디 조심하게." 부분이고, 이를 고려하면 나귀의 방귀 소리가 크게 들려 천둥소리 같다는 인물의 마음은 나귀가 방귀를 세 번 뀌어 크게 다칠까 염려하는 마음이다.

2) (가)의 옛이야기에는 주인공인 주 씨의 난관 극복 내용이 없으므로, '주인공은 쉽게 난관을 극복하고 뜻하는 바를 이루는 행운을 얻는다.'가 부합하지 않는 설명이다.

3) (나)에 제시된 내용 '힘겹-'이 '힘겨우-'로 바뀐 것은 ㅂ불규칙 활용(형용사) 중 '어간'이 바뀐 경우이다. ㅂ 불규칙 활용은 어간의 끝소리 'ㅂ'이 모음 앞에서 '오/우'로 변하는 것이다. 힘겹 + 워(우니) → 힘겨워(우니)로 설명된다. 해당 동사의 예는 '줍다, 눕다, 깁다'이고, 해당 형용사의 예는 '괴롭다, 사납다, 무겁다'등이다. <u>어간이 바뀌어 불규칙활용의 경우는 'ㅅ, ㅂ, ㄷ, 르, 우' 불규칙의 5가지 경우이다.</u> (가)에서 어간만 바뀌는 불규칙활용의 사례는 '떠올랐네'와 '주워'의 2가지이다. '떠올랐네'(기본형 : 떠오르다)는 어간의 끝소리 '르'가 탈락하면서 'ㄹㄹ' 이 덧생기는 '르' 불규칙 용언이고 '주워'(기본형 : 줍다)는 '힘겨우-'와 마찬가지로 'ㅂ' 불규칙 용언이다.

정답개념

1. 용언의 활용

(1) 개념
① 용언의 어간(변하지 않는 줄기 부분)에 선어말어미와 어말어미(변하는 꼬리부분)가 다양하게 결합할 수 있는 현상을 활용(活用)이라고 한다.
② 어간에 종결 어미 '―다'를 붙인 형태를 기본형이라고 한다.
[참고]
• 어간은 어미의 상대어이며 활용에서 쓰이는 용어이다.
• 어근은 접사의 상대어이며 단어 형성법에서 쓰이는 용어이다.
• 피동형, 사동형 등을 만드는 파생접미사는 어간의 일부이다.

(2) 규칙 활용
① 어간과 어미가 결합하는 과정에서 어간, 어미 모두 형태 변화가 없는 활용은 규칙활용이다.
　예 먹다 : 먹어, 먹고, 먹으니, 먹게...
② 어간과 어미가 결합하는 과정에서 어간 또는 어미의 변화가 있어도 보편적인 음운 규칙으로 설명되는 활용은 규칙활용이다.
　예 어간 '르' 탈락 : 울+는 → 우는, 울+오 → 우오
　예 어간 'ㅡ' 탈락 : 쓰+어 → 써, 치르+어 → 치러

[참고]
어간이 'ㄹ'이나 'ㅡ'로 끝날 경우, 이들은 특정한 어미가 오면 탈락하는데 예외가 없으며 또 그 원인을 설명할 수 있으므로 규칙적인 것으로 본다.
예 'ㄹ'+'느냐/-니/-(으)ㄴ/-ㅂ-/-오/-시-' : 울+니 → 우니, 울+은 → 운, 울+오 → 우오
예 'ㅡ'+'아/어' : 끄+어 → 꺼

(3) 불규칙 활용
① 어간이 바뀌어 불규칙 활용인 경우

종류	형태	해당 용언 동사	해당 용언 형용사	규칙 용언
'ㅅ' 불규칙 용언	어간의 끝소리 'ㅅ'이 모음 앞에서 탈락 예 짓+어 → 지어	짓다, 젓다, 붓다	낫다	벗다, 빗다, 솟다, 빼앗다 [비교] 벗+어 → 벗어
'ㅂ' 불규칙 용언	어간의 끝소리 'ㅂ'이 모음 앞에서 '오/우'로 바뀜 예 돕+아 → 도와	줍다, 눕다, 깁다	괴롭다, 사납다, 무겁다	뽑다, 잡다, 씹다, 입다, 접다 [비교] 입+어 → 입어
'ㄷ' 불규칙 용언	어간의 끝소리 'ㄷ'이 모음 앞에서 'ㄹ'로 바뀜 예 싣+어 → 실어	싣다, 붇다, 일컫다, 긷다	없음	묻다(埋), 돋다, 닫다, 쏟다, 얻다 [비교] 닫+아 → 닫아
'르' 불규칙 용언	어간의 끝소리 '르'가 탈락하면서 'ㄹㄹ'이 덧생김 예 흐르+어 → 흘러	부르다, 타오르다, 오르다	이르다, 그르다, 무르다	치르다, 들르다 [비교] 치르+어 → 치러
'우' 불규칙 용언	어간의 끝소리 '우'가 모음 앞에서 탈락 예 푸+어 → 퍼	푸다	없음	주다 [비교] 주+어 → 줘

② 어미가 바뀌어 불규칙 활용인 용언

종류	형태	해당 용언 동사	해당 용언 형용사	규칙 용언
'여' 불규칙 용언	어미의 첫소리 '어'가 '―여'로 바뀜 예 하+어 → 하여	'하다'로 끝나는 동사	'하다'로 끝나는 형용사	사다, 나다, 차다, 파다 [비교] 사+아 → 사
'러' 불규칙 용언	어미의 첫소리 '어'가 '―러'로 바뀜 예 이르+어 → 이르러	이르다(至)	푸르다, 누르다	
'너라' 불규칙 용언	명령형 어미 '―아라'가 '―너라'로 바뀜 예 오+아라 → 오너라	오다, 나오다, 들어오다	없음	보다, 쏘다, 고다 [비교] 보+아라 → 보아라

③ 어간과 어미가 모두 바뀌어 불규칙 활용인 용언

종류	형태	해당 용언 동사	해당 용언 형용사	규칙 용언
'ㅎ' 불규칙 용언	어간의 'ㅎ'이 탈락하면서 어미도 모습을 바꿈 예 파랗+아 → 파래	없음	누렇다, 빨갛다, 까맣다 …	좋다, 놓다 … [비교] 좋+아 → 좋아

05

(가)는 「형이 형인 까닭은」이라는 문학 작품의 일부이고, (나)는 (가)를 활용한 수업 협의 내용이다. 물음에 답하시오. [3점]

(가)

"히잉, 남이는 데려가면서."
"남이가 뭐니? 형이라고 부르라니까. 그리고 형은 곧 입학하잖아. 새 가방이랑 새 옷을 사야 된단다."
이야, 부러워라. 동이는 침을 꼴깍 삼키며 형을 쳐다보았어요. 엊그제까지만 해도 나란히 유치원을 다녔는데, 형은 이제 학생이 된대요. 아무것도 사 달라고 떼쓰지 않기로 약속하고, 동이도 시장에 갔어요. 동이는 심통이 나서 졸랐어요.
"엄마, 나도 학교 갈 테야."
"그건 안 돼."
"왜 안 돼? 형이랑 나랑 키도 비슷한데."
"키 순서로 입학하는 게 아니야. 나이 순서로 가는 거지."
동이는 엄마를 쳐다보며 원망스럽게 말했어요.
"엄만 나부터 낳지 왜 형부터 낳았어!"
"뭐, 라, 고?"
그날 밤 동이는 자다가 오줌이 마려웠어요.
화장실에 가서 시원하게 쉬를 했지요.
어어, 그런데 이상하게 바지가 뜨듯해요.
눈을 떠 보니 잠옷과 이불이 흠뻑 젖었어요.
화장실에 간 꿈을 꾸었던 거예요.
동이는 어쩔 줄 몰라서 형을 쳐다보았어요.
"혀엉……, 나 어떡하지?"
"괜찮아, 괜찮아."
남이는 동이의 젖은 옷을 벗기고, 속옷을 찾아 와 갈아입혀 주었어요. 젖은 이불은 둘둘 말아서 세탁실에 갖다 놓고 새 이불을 펴 주었어요. 따스한 이불 속에서 동이는 생각했어요.
'만약 형이 오줌을 쌌다면 난 어떻게 했을까?'
엄마, 형 좀 보래요! 큰 소리로 엄마를 불렀겠지요.
알나리깔나리 오줌 쌌대요! 몇 날 며칠을 놀려 댔겠지요.
형이 형인 까닭은 바로 형답기 때문이었어요.

(나)

김 교사 : 박 선생님, 며칠 전에 「형이 형인 까닭은」이라는 작품으로 수업을 하셨지요?
박 교사 : 네, '이야기를 읽고 인물의 마음을 말할 수 있다'라는 목표로 수업을 했어요. '인물의 마음 알기' 활동을 할 때 문장 카드를 사용했어요. 이건 동이의 마음을 알기 위해 사용한 문장 카드 자료입니다.

[A]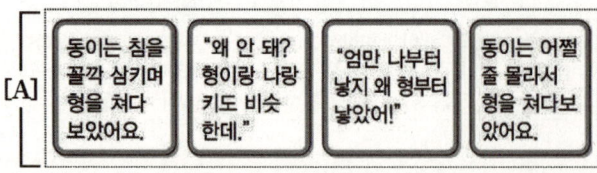

김 교사 : 이 자료로 학생들이 동이의 마음을 잘 파악할 수 있었겠군요.
박 교사 : 네, 인물의 마음을 파악하는 데 도움이 되었어요. 그리고 반응 심화하기 단계에서는 '다른 작품과 관련짓기' 활동을 적극적으로 하면 좋겠어요. 예를 들어, 「원숭이 오누이」처럼 남매간의 우애를 권장하는 작품과 관련짓거나 「흥부와 놀부」처럼 형제가 이야기의 중심이 되는 작품을 활용할 수 있겠지요. 이런 작품을 활용하면 이번 차시에 배운 작품과 (㉠), (㉡)을/를 바탕으로 관련짓는 것이지요.
김 교사 : 꼭 해 봐야겠어요. 그리고 학생들에게 사건을 바탕으로 이번 차시에 배운 작품을 다른 작품과 관련지어 보라고 하면 어떨까요?
박 교사 : 그것도 좋은 생각이군요. 지난 학기에 배운 「욕심쟁이 딸기 아저씨」처럼 처음에는 다투다가 나중에 화해하는 사건이 나오는 작품을 관련지어 활동하면 좋겠어요.
김 교사 : 이렇게 수업에서 '다른 작품과 관련짓기' 활동을 할 때, (㉠), (㉡), 사건뿐만 아니라 제재와 소재, 배경도 관련지으면 학생들의 문학 작품에 대한 이해도를 높일 수 있겠어요.
박 교사 : 물론입니다. 학생들의 반응을 심화하고 확장할 수 있는 좋은 기회가 되겠지요.

1) (나)의 [A]를 활용하여 '인물의 마음 알기' 활동을 할 때 ① 학생들에게 지도할 주된 내용을 쓰고, ② (가)에서 남이의 마음이 드러난 문장 1개를 찾아 쓰시오. [2점]

- ① : _____
- ② : _____

2) (나)의 ㉠, ㉡에 들어갈 말을 각각 쓰시오. [1점]

- ㉠ : _____
- ㉡ : _____

정답

1) ① 인물의 말과 행동을 통해 인물의 마음을 알 수 있다.
   ② • "괜찮아, 괜찮아."
      • 남이는 동이의 젖은 옷을 벗기고, 속옷을 찾아 와 갈아입혀 주었어요.

2) ㉠ 주제
   ㉡ 인물

정답이유

1) ① '동이는 침을 꼴깍 삼키며 형을 쳐다보았어요.', '동이는 어쩔 줄 몰라서 형을 쳐다보았어요.'는 동이의 행동을 통해 형에게 의지하는 마음을, "왜 안 돼? 형이랑 나랑 키도 비슷한데.", "엄만 나부터 낳지 왜 형부터 낳았어!"는 동이의 말을 통해 엄마를 원망하는 마음을 알 수 있다. [A]를 활용하여 인물의 말과 행동을 통해 인물의 마음을 알 수 있음을 지도할 수 있다.
   ② "괜찮아, 괜찮아."에는 동생을 위로하는 마음 또는 걱정하는 마음이 나타나고, '남이는 동이의 젖은 옷을 벗기고, 속옷을 찾아와 갈아입혀 주었어요.'에는 동생을 사랑하는 마음이 나타나 있다.

2) 「원숭이 오누이」처럼 남매간의 우애를 권장하는 작품은 주제, 「흥부와 놀부」처럼 형제가 이야기의 중심이 되는 작품은 인물을 바탕으로 다른 작품과 관련짓는 것이다.

06   2017-A-3

(가)는 김 교사가 수업에 활용할 옛이야기 자료이고, (나)는 (가)를 분석한 내용의 일부이다. 물음에 답하시오. [3점]

(가)

옛날 옛적, 어느 산골에 나무꾼이 홀어머니랑 단둘이 살았어. 그날도 나무꾼이 여느 때처럼 나무를 하는데 숲이 너무 깊어 무서웠지만 두 식구 입에 풀칠이라도 하려면 어쩔 수 없었어. 그때, 어디선가 부스럭거리는 소리가 나더니 집채만 한 호랑이가 불쑥 나타나, 입을 쩍 벌리고 다가오네. 나무꾼은 깜짝 놀랐지만 정신을 바짝 차렸어. 순간 번개처럼 한 가지 생각이 떠올랐어.

"아이고, 형님! 이제야 뵙는구려."

이번엔 호랑이가 깜짝 놀랐어.

"이놈, 넌 사람이고 난 호랑인데, 형제라니? 무슨 헛소리냐?"

"우리 어머니가 본디 아들을 둘 낳았는데, 형님이 호랑이 탈을 쓰고 나와 집에서 못 기르고 산으로 보냈지요. 어머니는 날마다 형님 생각에 눈물로 밤을 샌다오."

호랑이는 자기가 누구의 아들인지 모르고 있었는데, 나무꾼의 말을 들어 보니 자기가 정말 사람의 아들인 것도 같았어. 이 기미를 알아차린 나무꾼이 앞발을 덥석 잡고,

"그러니 이 길로 어머니를 뵈러 갑시다."

"그럴 수는 없다. 이 꼴을 하고 어머니를 어찌 뵙겠어?"

… (중략) …

나무꾼은 호랑이가 어찌 되었나 궁금해 처음 호랑이를 만났던 곳으로 가 보았어. 그랬더니 그곳에 새끼 호랑이들이 몇 마리 놀고 있는데, 모두 꼬리에 누런 베 헝겊을 달고 있지 뭐야. 나무꾼은 하도 신기해서 물었어.

"얘들아, 꼬리에 단 건 무어냐?"

"아버지가 돌아가셔서 상(喪)을 치르는 거예요."

"부모가 돌아가시면 그걸 다는 건 어찌 알았누?"

"아버지요. 우리 아버지는 원래 사람의 아들이었대요. 그래서 할머니 살아 계실 때는 보름마다 산돼지를 잡아다 드리곤 했는걸요. 근데 얼마 전 할머니가 돌아가신 걸 알고는 꼬리에 헝겊을 달고 석 달 열흘 내내 슬피 우셨죠. 그동안 아무것도 드시지 못하더니 며칠 전 그만 돌아가시고 말았어요."

나무꾼은 안타까움과 부끄러움에 그만 말문이 막혔어. 나무꾼은 호랑이 형님을 어머니 산소 곁에 고이 묻어 주고, 진짜 형님에게 하듯 제사도 지내고 벌초도 했대.

자, 어때? 이래도 짐승이 사람만 못해? '짐승 같은 놈'이란 말 이젠 함부로 못 하겠지?

(나)

이번 수업의 주안점은 '작품 속 세계와 현실 세계의 공통점과 차이점 알기', '작품 속 인물의 생각과 행동을 나와 견주어 이해하고 평가하기'를 통합하여 작품의 주제를 탐색하는 데 있다. 이 이야기의 작품 속 세계와 현실 세계와의 공통점은 나무꾼을 통해 나타난다. 그는 어머니를 모시고 살며 일을 해야 먹고 살 수 있는, 현실에서 쉽게 찾을 수 있는 사람이다. 반면 이 이야기의 작품 속 세계와 현실 세계와의 차이점은 호랑이를 통해 나타난다. 이야기에서 호랑이는 사람처럼 말을 하고 정을 느끼기도 하는 가공의 존재이다. 호랑이는 나무꾼을 만난 뒤 ㉠ 인간적 가치를 실천하는 존재로 변화한다. 호랑이의 이러한 변화를 보고 나무꾼은 자신을 되돌아본다. 이 이야기의 독자들도 '내가 누구냐'보다는 '내가 무엇을 추구했느냐가 중요함'을 깨닫고 자신을 돌아보게 된다. 이러한 과정을 통하여 독자는 ㉡ 이 작품의 주제에 다가가게 된다.

1) (가)에서 알 수 있는 ① (나)의 ㉠이 무엇인지 쓰고, ② 그것을 구체적으로 실천한 호랑이의 행동 2가지를 쓰시오. [2점]

- ① : _____
- ② : _____

2) (나)의 ㉡이 '이야기하는 이'의 목소리로 드러난 부분을 (가)에서 찾아 쓰시오. [1점]

- _____

정답

1) ① 효도
  ② • 할머니 살아 계실 때 보름마다 산돼지를 잡아 드림
     • 할머니가 돌아가신 후 꼬리에 헝겊을 달고 슬퍼함

2) 자, 어때? 이래도 짐승이 사람만 못해? '짐승 같은 놈'이란 말 이젠 함부로 못 하겠지?

07   2015-A-3

다음은 6학년 국어 수업의 학습 목표와 제재 글이다. 물음에 답하시오. [4점]

학습 목표	• 옛이야기의 특성을 파악할 수 있다. • 옛이야기에 나타난 인물, 사건, 배경을 이해할 수 있다.
제재 글	옛날에 할아버지하고 할머니 단둘이 사는 집이 있었대. 두 사람이 농사를 짓고 사는데, 한 해는 겨울에 눈이 너무 많이 와서 그 동네 사람들이 나무를 못 하다 때었어. 그래서 집집마다 땔감이 없어서 고생들을 하는데, 그 동네에 큰 고목나무가 하나 있었거든. 동네 젊은이들이 그 고목나무라도 베다 때야겠다고 도끼랑 톱이랑 들고 나서는 거야. [A] 할아버지가 그것을 보고는 "여보게들, 그 나무는 몇십 년 동안 우리 동네 사람들이 위하던 나무라서 베면 못쓰네." 하고 말리거든. 젊은이들이 "그럼 땔감은 없고 눈은 이렇게 쌓였고, 어떻게 해요?" 하니까 할아버지가 "정 그렇다면 우리 집 행랑채를 헐어서 뜯어다가 나누어때게. 그 나무는 베지 말고." 하거든. 행랑채는 머슴이 들어 사는 집인데, 그것을 헐어 기둥이고 서까래고 땔감으로 쓰라는 거지. 그 말을 듣고 할머니가 나와서 말렸어. "내년 봄이면 머슴을 들여야 할 텐데 행랑채를 헐어버리면 어떻게 해요? 그깟 고목나무 베어다 때든지 말든지 그냥 두지 뭘 그래요?" 그래도 할아버지에게는 어림없어. "죽은 나무라면 모를까, 산 나무를 함부로 베면 못쓰는 거야. 저 나무가 없으면 여름에 동네 사람들이 어디 가서 땀을 식혀? 그러니 아무 소리 말고 우리 집 행랑채를 헐어다 때게나." 그러니까 동네 젊은이들이 그냥 돌아갔어. 그리고 이튿날, 할아버지가 행랑채를 비워 주니까 모두들 그것을 헐어서 나누어다가 땔감으로 썼대. 그래서 겨울을 잘 났지. (중략) 이제 추수도 끝나고 농사일이 없으니까 총각이 하직인사를 해. "그동안 일 잘 배우고 갑니다." 그래서 할아버지가 "우리가 자네 신세를 많이 졌는데 새경이나 받아 가지고 가게." 하고 새경을 쳐주려고 하니까 "저는 새경 받으려고 일한 것이 아니라 은혜를 갚으려고 일한 것뿐이니 염려 마십시오. 앞으로도 이 집 농사가 잘될 것이고, 할머니 팔다리도 이제 안 아플 것입니다." 하고는 훌훌 떠나 버리네. 이 총각이 바로 고목나무 총각이야. 오래된 나무에는 신령한 힘이 있어서 이렇게 사람 모습이 되기도 한다네. 그 뒤로 마을 사람들은 고목나무를 더 잘 위하고, 모두 농사를 잘 짓고 잘 살았더란다. [B]

1) [A]가 제재 글의 사건 전개에 미치는 영향을 쓰시오. [1점]

   • _____

2) 다음은 제재 글을 지도하기 위한 내용의 일부이다. ㉠~㉣ 중에서 적절하지 <u>않은</u> 것 1개를 찾아 ⓐ<u>그 기호를 쓰고</u>, ⓑ<u>틀린 부분을 모두 수정하시오</u>. [1점]

   > ㉠ 제재 글과 같은 이야기는 전승 과정의 구술성 때문에, 이야기의 내용이 누락되거나 추가되는 경우가 있음을 지도한다.
   > ㉡ 사건의 시간적·공간적 배경이 구체적이고, 중심인물의 성격이 변화하고 있음을 지도한다.
   > ㉢ 행랑채를 뜯어서 땔감으로 쓰라는 할아버지의 말에 할머니가 반대하는 것은, 사건의 긴장감을 더 부각시키기 위한 것임을 지도한다.
   > ㉣ "옛날에", "그 뒤로 ~ 잘 살았더란다."는 옛이야기를 시작하고 끝맺는 관용적 표현임을 지도한다.

   • ⓐ : _____
   • ⓑ : _____

3) [B]를 통해 알 수 있는 옛이야기의 전형적인 내용상의 특징을 2가지만 쓰시오. [2점]

   • _____
   • _____

> 정답

1) 인물 간의 갈등을 유발하여 이야기를 전개시킨다.
2) ⓐ ㉡
   ⓑ 사건의 시간적·공간적 배경이 구체적이지 않고, 중심인물이 평면적 성격을 띠고 있음을 지도한다.
3) ① 주제가 권선징악적, 교훈적 내용이 나타난다.
   ② 내용이 비현실적이고, 우연적 사건이 많다.

> 정답이유

1) 소설의 구성 단계

소설은 일반적으로 인물 간의 갈등을 통해 이야기가 전개되는데, 갈등의 진행 정도에 따라 '발단, 전개, 위기, 절정, 결말'의 5단계로 나뉜다.

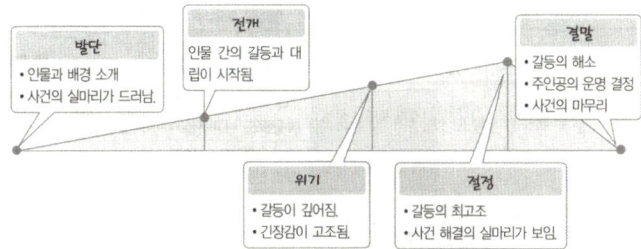

2)

> 오답분석

㉠ 인물, 사건, 배경으로 구성된다는 점에서는 설화(옛이야기)와 소설이 큰 차이점이 없지만, 인물, 사건, 배경을 구현하는 방식에서 설화나 고소설 및 소설은 서로 차이를 보이는데, 설화, 고소설에 등장하는 인물이 평면적 성격을 띠는 데 비하여 소설 속의 인물은 입체적 성격을 지닌다. 사건의 전개 방식도 설화나 고소설이 평면적 구성을 보인다면, 소설은 입체적 구성을 보인다는 점에서 차이가 있다.

> 정답분석

㉠ 옛이야기는 언제 누가 지었는지 알 수 없으며, 누군가가 지어낸 이야기가 입에서 입으로 전해지기 때문에, 이야기를 전하는 사람이 군데군데 잊어버리거나 자기 마음대로 이야기를 보태고 해서 처음과 이야기가 달라지기도 한다.
㉢ 행랑채를 뜯어서 땔감으로 쓰라는 할아버지의 말에 할머니가 반대함으로써 고목나무가 동네 젊은이들에 의해 베어질 가능성이 더 높아지게 되므로, 사건의 긴장감을 더 부각시키는 역할을 한다.
㉣ 옛이야기는 무엇을 말하는가 하는 것도 중요하지만 전수자가 어떻게 말하는가 하는 전수자의 말씨도 감상의 중요한 요소이고, 전수자의 그러한 말씨가 재미를 일으켰던 것이다. "옛날에", "그 뒤로 ~ 잘 살았더란다."는 옛이야기의 시작과 끝에서 전수자가 활용하는 관용적 표현에 해당한다.

3)

1. 고목나무 총각이 할아버지에게 은혜를 갚으려고 일하였다고 말한 것, 할머니 팔다리도 아프지 않을 것이라고 말한 것 등을 통해 착한 행동을 하면 복이 온다는 권선징악적, 교훈적 내용이 나타난다.
2. 오래된 나무에는 신령한 힘이 있어서 사람 모습이 되기도 한다는 것을 통해 비현실적인 내용이 많고, 왜 그런 일이 일어났는지 설명할 수 없는 우연히 일어나는 일이 많음을 알 수 있다.

> 정답개념

1. 옛이야기의 특징

〈1〉 형식	구전성	① 옛이야기는 입에서 입으로 전해져 온 이야기이다. 그래서 언제 누가 지었는지 알 수 없다. ② 누군가가 지어 낸 이야기가 전해지는 것이기 때문에 이야기를 전하는 사람이 군데군데 잊어버리거나 마음대로 이야기를 보태기도 하여 처음과 이야기가 달라지기도 한다.
	관용적 표현	① 옛이야기에는 주로 쓰이는 관용적 표현이 있다. ② 서두의 관용적 표현으로 '옛날에, 그전에, 옛날 옛날 호랑이 담배 먹던 시절에' 등이 있다. ③ 이야기를 전개할 때에는 '그러던 어느 날'이라는 관용적 표현이 자주 사용된다. ④ 결말 부분에서는 '끝났음을 나타내는 말, 행복한 결말을 나타내는 말, 이야기의 출처를 밝히는 말, 이야기의 신빙성에 대한 부정적 태도, 해학적으로 이끄는 말로 끝맺음을 많이 한다. ⑤ 전설의 경우에는 증거를 나타내는 '지금도, 아직도' 등의 관용적 표현이 사용된다.
〈2〉 내용	비현실성	① 민중의 소망이 담긴 이야기로 비현실적인 내용이 많이 등장한다. 옛이야기에는 현실에서는 일어나기 어려운 이야기가 많다. ② 이야기에 등장하는 인물을 더욱 비범하게 보이게 하거나, 일어난 일을 특별한 일로 만들기 위하여 현실에서는 일어날 수 없는 일을 꾸미는 경우가 많다. ③ 갑자기 호랑이가 나타나 떡을 달라고 하거나 하늘에서 도깨비방망이가 떨어지거나 하는 식이다. ④ 이야기의 앞뒤를 정교하게 맞추기 어렵고, 왜 그런 일이 일어났는지 설명할 수 없는 경우가 많다.
	교훈성	① 우리 조상의 슬기와 재치, 삶의 지혜와 교훈이 담겨 있다. ② 오랫동안 사람들에게 사랑을 받으며 옛이야기가 전해 내려온 이유 가운데 하나는 재미 말고도 이야기를 통하여 사람들이 느끼고 배우는 것이 있기 때문이다. ③ 옛이야기에는 바로 우리 조상의 삶의 지혜와 교훈이 녹아 있다. 즉, 권선징악이라든지 효도, 보은, 우정, 충성 등 우리가 살아가면서 반드시 지켜야 할 예절에 대한 이야기, 삶의 교훈이 담겨 있어 학생들의 심성을 키우는 데에도 도움이 된다.

2. 소설과 설화의 차이점

소설	설화
특정 작가가 있음	특정 작가가 없음(여러 사람에 의해 지어짐)
글자로 기록됨(기록문학)	입에서 입으로 전해짐(구전문학)
현실적, 필연적 사건	비현실적, 우연적 사건
다양한 내용	권선징악적, 교훈적 내용

3. 옛이야기의 재미

① 옛이야기의 재미는 어디에서 오는가? 그것은 옛이야기가 본래부터 가지고 있는 특성에서 온다. 곧 이야기 속에 나오는 사람들에 대한 동질감 - 바로 민중성이 그 첫째요, 교훈의 명증성이 둘째요, 그 민중성과 교훈성을 재미있는 이야기로 짜서 살아 있는 말씨로 전달하는 구성과 말씨의 소박 간결한 묘함이 셋째다.
② 옛이야기는 줄거리와 말이 단순하고 투명하다. 이것은 동화 문학의 본질을 잘 보여 주는 것이다. 복잡하거나 문장이 불투명하고 에돌아가면서 요란한 꾸밈말로 되어 있다면 그것은 동화일 수가 없다.
③ 이야기 줄거리의 단순함, 문장의 투명함이 동화의 본질이고, 이 본질이 옛이야기에서 얻어진 것이라면, 옛이야기에 나타난 이런 본질은 또 어디서 온 것일까? 그것은 어린이들이 복잡하고 불분명한 것을 싫어하기 때문이다.

08

(가)는 옛이야기 '비만 오면 청개구리가 우는 까닭'이고, (나)는 이에 관한 아들과 엄마의 대화이다. 물음에 답하시오. [4점]

(가)

옛날에 한 청개구리가 있었어. 엄마 말을 참 안 들었던 모양이야. 이리 가라 하면 저리 가고 저리 가라 하면 이리 가고, 밥 먹으라면 죽 찾고 죽 끓여주면 밥 찾았거든. 타일러도 보고 야단도 쳐 보고 했지만 아무 소용이 없었어.
청개구리 엄마는 속이 많이 상했던 모양이야. 마침내 자리에 눕고 말았어. 하루가 다르게 쇠약해졌어. 어느 날 죽음이 멀지 않은 것을 안 엄마는 아들을 머리맡에 불러 이렇게 말했어.
㉠ "얘야, 내가 죽거든 꼭 강가에 묻어다오." 강가에 묻어 달라 하면 산에 묻어 주겠지, 이렇게 생각했던 거야.
엄마가 숨을 거두자, 청개구리는 엉엉 울면서 다짐했지. 엄마의 유언만은 꼭 지키기로. 비가 오면 무덤이 물에 잠길 수도 있다는 걸 알고 있었지만 엄마의 마지막 말이라 꼭 들어주고 싶었던 거야. 이제 알겠지? 비만 오면 청개구리가 왜 그렇게 울어대는지.

(나)

명 호: 엄마, 내가 이리 가라 하면 저리 가고, 저리 가라 하면 이리 갔어?
엄 마: 응.
명 호: 밥 먹으라면 죽 찾고 죽 끓여주면 밥 찾았어?
엄 마: 그건 니 특기잖니.
명 호: 엄마!
엄 마: 그래, 그래. 근데, 그건 왜 묻니?
명 호: 엄마가 걸핏하면 날더러 청개구리 하니 그렇지.
엄 마: 청개구리 소리 안 듣는 아이가 어딨니?
명 호: 뭐야. 어제만 해도 "너 같은 청개구리가 또 있을까."했잖아.
엄 마: 누굴 닮아서 그렇게 말귀가 어둡니? 잘 들어! 너만한 아이가 엄마 속 썩이는 건 흔히 있는 일이라는 건 엄마도 알아. 그래도 니가 엄마 속 썩이면 걱정도 되고 화도 난다, 이 말씀이야.
명 호: 그럼, 내가 엄마 속 웬만큼 썩여도 엄마가 몸져눕지는 않겠네. 아이들은 다 엄마 속 썩이게 마련이라는 걸 아니까.
엄 마: 얘 좀 봐. 이젠 아예 선전 포고를 하네. 그래, 엄마 속을 얼마나 썩일 건데?
명 호: 그게 아니고 불쌍한 쪽은 청개구리 아닌가? 엄마가 안 믿어줬잖아. 유언도 거꾸로 하고.
엄 마: 니 말이 틀렸다는 게 아니라, 청개구리도 불쌍하고 청개구리 엄마도 불쌍하다는 거지.
명 호: 그게 말이 돼?
엄 마: 니가 한 말이 말이 되면 내가 한 말도 말이 돼. 내가 이렇게 말할 거거든. '청개구리는 불쌍하다, 왜냐하면 엄마가 믿어주지 않았으니까. 청개구리 엄마도 불쌍하다, 왜냐하면 (㉡).'
명 호: 엄마 말은, 청개구리가 불쌍하면 청개구리 엄마도 불쌍하고, 청개구리 엄마가 불쌍하면 청개구리도 불쌍하다는 것이네. 근데, 엄마는 날더러 걸핏하면 청개구리라 하면서도 날 믿는다는 거야? 어떻게 그럴 수 있지?
엄 마: 간단해. 믿음을 보여주면 그 믿음에 보답하기 마련이라는 것을 아니까. 니가 착한 아이로 바뀔 거라고 엄마가 믿고 있어. 이걸 니가 알았다 하자. 그런데도 니가 착한 아이로 안 바뀐다고? 있을 수 없는 일이지.
명 호: 뭔 말인지. 하여튼 좋은 말이지?
엄 마: 그나저나 수상해. 명호, 너, 이렇게 진지하게 이야기 하는 거 좋아하지 않잖아. 뭔 일 있지?
명 호: 독후감 숙제 때문이지. 근데, 엄마. 나, 이 숙제 하면서 배운 거 있다.
엄 마: 뭘 배웠는데?
명 호: 이 옛이야기는 나 같은 아이들이 읽어야 할 이야기가 아니라 엄마 같은 어른이 읽어야 할 이야기라는 거. 물론 우리 엄마는 제외하고. 우리 엄마는 나를 믿고 기다려 주는 엄마니까.
엄 마: 어휴, 못 말려.

1) (가)의 ㉠에 담겨 있는 '청개구리'의 성향에 대한 '청개구리 엄마'의 생각을 서술하시오. 또 ㉠은 '청개구리'의 처신을 매우 난처하게 만드는 유언이라 할 수 있다. 그 까닭을 서술하시오. [2점]

• 청개구리 엄마의 생각 : _____

• 청개구리의 처신이 난처한 까닭 : _____

2) (나)의 전체 문맥을 고려하여 ㉡에 들어갈 말을 쓰시오. [1점]

• ㉡ : _____

3) (나)의 명호는 (가)의 독자층에 대한 문제를 제기하고 있다. 이를 드러내고 있는 한 문장을 찾아 그 첫 어절과 끝 어절을 쓰시오. [1점]

• 첫 어절 : _____

• 끝 어절 : _____

정답

1) • 강가에 묻어달라고 하면 산에 묻어 줄 것이라고 생각했다.
• 엄마의 말대로 하면 무덤이 물에 잠길 수 있다는 것이 걱정되고, 엄마의 말대로 안하면 유언을 어기는 것이 되기 때문이다.

2) 청개구리를 믿지 못해서 유언을 거꾸로 해야 했으니까

3) • 이 • 거

정답이유

3) 명호는 '이 옛이야기는 나 같은 아이들이 읽어야 할 이야기가 아니라 엄마 같은 어른이 읽어야 할 이야기라는 거.'라는 말을 통해 (가)의 옛이야기는 아이를 믿지 못하는 어른이 읽어야 할 이야기라고 말하고 있다.

09   2013-A-2

김 교사는 '인물, 사건, 배경을 중심으로 이야기를 이해할 수 있다.'라는 학습 목표로 수업을 하고자 한다. 물음에 답하시오. [4점]

― 제재 글 ―

며칠 전, 민우는 학교가 끝난 뒤에 반 아이들과 운동장에서 축구를 하고 있었다. 민우의 자전거는 철봉 옆에 세워져 있었다. 그런데 후반전을 하는 중에 누군가 자전거 옆에서 서성거리는가 싶더니 어느 순간 훌쩍 자전거에 올라탔다. 그러고는 유유히 학교 밖으로 빠져나갔다. 그때, 민우는 골키퍼를 보고 있던 터라 그 광경을 똑똑히 보았다.

자전거를 타고 간 아이는 4학년 때 같은 반이었던 영래였다. 민우는 자전거를 훔쳐 간 범인을 자기 눈으로 분명히 보았으면서도 아무 말도 하지 않고 멍하니 바라보기만 했다.

자전거를 잃어버린 지 2주일쯤 지난 어느 날이었다.

그날은 아침부터 오후까지 안개가 자욱하였다. 민우는 피아노 학원에서 나와 집으로 향하고 있었다. 그런데 민우는 집으로 가다 파출소 앞에서 아버지와 딱 마주쳤다. 놀랍게도 아버지께서는 한 손으로 자전거를 잡고 계셨는데, 그 옆에는 영래가 죄인처럼 고개를 푹 숙이고 있었다.

아버지께서 민우를 발견하고 소리치셨다.

"민우야, 자전거 찾았다!"

민우는 멍하니 아버지를 올려다보았다.

"이거 맞지, 네 자전거? 자, 잘 봐. 새로 노란 페인트를 칠했지만 안장 뒤에 분명 M(엠)W(더블유)라고 쓰여 있잖아? 맞지?"

그건 틀림없는 민우의 자전거였다.

꼼꼼한 성격의 아버지가 혹시 잃어버릴 것에 대비하여 지워지지 않는 펜으로 안장 뒤에 아주 작게 민우의 영문 머리글자를 써 놓은 것이다. 색이 파란색에서 노란색으로 바뀐 자전거 짐칸에는 신문이 잔뜩 실려 있었다.

민우가 고개를 끄덕이자 아버지께서는 이제 확인은 끝났다는 듯 기세 좋게 말씀하셨다.

[A]
⎡ "이런 녀석은 파출소에 가서 혼 좀 나야 해. 얼른 따라와!"
│ 아버지께서는 영래를 파출소에 넘기실 생각인 것 같았다.
│ 영래는 금세 울음을 터뜨릴 것처럼 겁에 질려 있었다.
│ 아버지께서 영래를 이끌고 파출소로 가려 하자, 민우가 갑자기 아버지의 팔뚝을 잡았다.
│ "아버지, 제 말 좀 들어 보세요."
│ "무슨 말?"
│ "사실 ……, 이 자전거 제가 영래 준 거예요."
│ "뭐라고? 누구 맘대로 자전거를 줘?"
│ "아버지께서 사 주신 거니까 이 자전거 제 것이잖아요? 그렇지요?"
│ "그야 ……, 그렇지."
│ "제 것이니까 제 맘대로 영래 준 거예요."
│ "뭐, 참 어이가 없네. 너, 지금 무슨 소리 하는 거야?"
│ 그때, 민우가 영래를 바라보며 둘만 알게 찡긋 눈짓을 하였다.
│ 영래는 잔뜩 굳은 표정으로 겨우 고개를 끄덕였다.
│ "보셨지요, 아버지? 맞잖아요. 영래야, 어서 네 자전거 몰고 가. 그리고 내일 학교에서 보자."
│ 영래는 머뭇거리다 아버지께 인사를 꾸벅하고는 자전거를 질질 끌고 안개 속으로 사라졌다.
⎣

1) 다음은 김 교사가 위의 제재 글로 지도할 내용을 구상한 것이다. ㉠~㉣ 중 적절하지 <u>않은</u> 것을 2개 골라 기호를 쓰고, 틀린 부분을 수정하시오. [2점]

| ㉠ 인물의 성격을 파악하기 위해서는 갈등의 양상을 이해해야 하므로, 제재 글에서 민우와 아버지 간의 갈등 원인을 찾도록 지도해야겠다. |
| ㉡ 공간적 배경도 인물의 심리를 드러내는 역할을 하므로, '운동장', '철봉 옆'이 영래의 심리를 암시하는 공간임을 이해하도록 지도해야겠다. |
| ㉢ 이야기의 사건은 시간의 흐름과 밀접하게 관련되므로, 시간을 나타내는 표지어들을 찾고 사건이 시간상 역행적으로 제시되고 있음을 지도해야겠다. |
| ㉣ 인물이 처한 상황은 구체적인 내용을 통해 확인해야 하므로, '자전거 짐칸에는 신문이 잔뜩 실려' 있는 것이 영래가 처한 상황과 관련됨을 파악하도록 지도해야겠다. |

• _____

• _____

2) [A] 부분을 활용하여 인물 제시 방법을 지도할 때, [A] 부분에 드러난 주된 인물 제시 방법과 그 효과를 각각 쓰시오. [2점]

• 인물 제시 방법 : _____

• 효과 : _____

정답

1) ㉡ '파출소 앞'이 영래의 심리를 암시하는 공간임을 이해하도록 지도해야 한다.
㉢ 사건이 시간상 순행적으로(시간순서대로) 제시되고 있음을 지도해야 한다.

2) • 방법 : 간접 제시
• 효과 : ˚ 독자가 인물의 성격이나 심리를 짐작할 수 있다.
˚ 사건을 실감나고 생생하게 전달함으로써 독자는 가깝게 느껴진다.

정답이유

1)
㉡ : 민우는 집으로 가다 파출소 앞에서 아버지와 그 옆에 죄인처럼 고개를 숙이고 있는 영래를 마주쳤다. <u>아버지가 영래를 이끌고 파출소에 가려 하자, 영래는 금세 울음을 터뜨릴 것처럼 겁에 질려 있었다는 걸로 봐서 영래의 심리를 암시하는 공간은 파출소 앞이다.</u>
㉢ : '자전거 도둑'에서 일어난 사건은 순행적(시간을 나타내는 표지어 : 며칠 전→ 자전거를 잃어버린 지 2주일 쯤 지난 어느 날)으로 제시되고 있다.

2) **인물 제시 방법**

직접 제시	작가가 인물의 성격이나 심리를 직접 설명
간접 제시	인물의 행동이나 버릇, 대화, 겉모습 등을 보여 주어 독자가 인물의 성격이나 심리를 미루어 짐작하도록 하는 방법

10 [2013-A-3, 특수-A-8]

박 교사는 다음 학습 내용과 제재 글로 국어 수업을 하였다. 물음에 답하시오. [4점]

학습 내용	• ㉠ 전기문의 특성 이해하기 • 낱말의 사전적 의미와 문맥적 의미 파악하기 • ㉡ 전기문 읽고 자신의 삶 성찰하기
제재 글	점자는 시각 장애인이 손가락으로 더듬어 읽는 특수한 문자입니다. 박두성은 한글 점자인 '훈맹정음'을 만든 사람입니다. 　일제 강점기 때 박두성은 시각 장애인을 가르치는 선생님이었습니다. 그리고 평생을 시각 장애인을 가르치고 ㉢이끄는 일만 생각하였습니다. 그런데 당시에는 일본어 점자를 가르쳐야만 하였습니다. 　박두성은 우리말을 온전히 나타낼 수 있는 한글 점자가 없는 것을 안타까워하며 한글 점자 연구에 빠져 들었습니다. 잘못 만들어진 점자에 한번 길들여지면 손끝의 감각은 다시 고치기가 어렵기 때문에 제대로 된 온전한 한글 점자를 만들어야 한다고 생각했습니다. 　1923년 4월, 박두성은 제자들과 함께 비밀리에 '조선어점자연구위원회'를 만들었습니다. 깨알 같은 점자를 들여다보고 읽고 다시 점자로 옮기느라고 심한 눈병에 걸리기도 하였습니다. 그러나 한글 점자 연구를 멈출 수 없었습니다. 　1926년 8월, 마침내 한글 점자인 '훈맹정음'이 세상에 나왔습니다. 우리말과 우리글을 마음대로 쓸 수 없던 일제 강점기 때, 박두성이 한글 점자를 만들어 많은 시각 장애인이 우리 점자를 가지게 되었습니다.

─ 지도 내용 ─

(가)
• 박두성의 삶과 신념이 나타나 있다.
• 박두성의 삶을 (㉣)에 근거하여 쓴 글이다.
• 박두성이 살았던 일제 강점기라는 시대의 상황이 나타나 있다.

(나)
• 박두성이 한 일이나 겪은 일을 파악하여 정리하도록 지도함.
• 박두성의 행동을 이해하기 위해 배경 지식을 활성화하도록 지도함.
• 박두성의 삶을 다른 작품에 제시된 인물의 삶과 비교하여 이해하도록 지도함.
• 박두성의 삶에 대한 이해를 공유하고, 자신의 반응을 재정리하도록 지도함.

1) (가)는 박 교사가 ㉠ 활동에서 지도한 내용이다. ㉣에 들어갈 말을 한 단어로 쓰시오. [1점]

• ㉣ : _____

2) 박 교사는 반응 중심 수업 모형을 적용하여 ㉡ 활동을 지도하였다. (나)의 지도 내용 중 '반응 명료화하기' 단계에 해당하는 것을 1개 찾아 쓰시오. [1점]

3) 박 교사는 ㉢의 뜻을 지도하기 위해 국어사전 찾기 활동을 하였다. '사전에서 낱말 뜻 찾기'의 단점과, 이와 보완적으로 사용할 수 있는 인지적 관점의 어휘 지도 방법을 각각 1가지씩 쓰시오. [2점]

• 단점

_____

• 어휘 지도 방법

_____

정답

1) 사실

2) 박두성의 삶에 대한 이해를 공유하고, 자신의 반응을 재정리하도록 지도함.

3) 단점: • 기본 어휘에서 파생된 어휘의 의미를 인식하지 못한다.
　　　　• 구체적인 상황에서 그 낱말이 어떻게 사용되는지 알지 못하는 경우가 많다.
　어휘 지도 방법: • 의미 지도 그리기, 의미 구조도 그리기, 의미 자질 분석법

정답이유

1) 전기문의 특성
① 인물의 삶을 사실에 근거하여 쓴 글이다.
② 인물이 살았던 시대의 상황이 나타나 있다.
③ 인물의 삶과 신념이 나타나 있다.

2) 반응 중심 학습 모형의 절차

단계	주요 활동(총론)	지도 내용(제시 문항)
반응 준비하기	• 동기 유발 • 학습 문제 확인 • 학습의 필요성 또는 중요성 확인 • 배경 지식 활성화	• 박두성의 행동을 이해하기 위해 배경 지식을 활성화하도록 지도함.
반응 형성하기	• 작품 읽기 • 작품에 대한 개인 반응 정리	• 박두성이 한 일이나 겪은 일을 파악하여 정리하도록 지도함.
반응 명료화하기	• 작품에 대한 개인 반응 공유 및 상호 작용 • 자신의 반응 정교화 및 재정리	• 박두성의 삶에 대한 이해를 공유하고, 자신의 반응을 재정리하도록 지도함.
반응 심화하기	• 다른 작품과 관련짓기 • 일반화하기	• 박두성의 삶을 다른 작품에 제시된 인물의 삶과 비교하여 이해하도록 지도함.

3) 어휘 지도 방법
1. 도구적 관점
　① 사전적 뜻 익히기
　② 문맥을 통한 뜻 익히기
2. 인지적 관점
　① 의미 지도 그리기
　② 의미 구조도 그리기
　③ 의미 자질 분석법

배재민+합격생 TIP 2022 개정 국어과 교육과정

1. 읽기

범주		내용 요소		
		초등학교		
		1~2학년	3~4학년	5~6학년
지식·이해	읽기 맥락		· 상황 맥락	· 상황 맥락 · 사회·문화적 맥락
	글의 유형	· 친숙한 화제의 글 · 설명 대상과 주제가 명시적인 글 · 생각이나 감정이 명시적으로 제시된 글	· 친숙한 화제의 글 · 설명 대상과 주제가 명시적인 글 · 주장, 이유, 근거가 명시적인 글 · 생각이나 감정이 명시적으로 제시된 글	· 일상적 화제나 사회·문화적 화제의 글 · 다양한 설명 방법을 활용하여 주제를 제시한 글 · 주장이 명시적이고 다양한 이유와 근거가 제시된 글 · 생각이나 감정이 함축적으로 제시된 글
과정·기능	읽기의 기초	· 글자, 단어 읽기 · 문장, 짧은 글 소리 내어 읽기 · 알맞게 띄어 읽기	· 유창하게 읽기	
	내용 확인과 추론	· 글의 중심 내용 확인하기 · 인물의 마음이나 생각 짐작하기	· 중심 생각 파악하기 · 내용 요약하기 · 단어의 의미나 내용 예측하기	· 글의 구조를 파악하기 · 글의 주장이나 주제 파악하기 · 글의 구조를 고려하며 내용 요약하기 · 생략된 내용과 함축된 의미 추론하기
	평가와 창의	· 인물과 자신의 마음이나 생각 비교하기	· 사실과 의견 구별하기 · 글이나 자료의 출처 신뢰성 평가하기 · 필자와 자신의 의견 비교하기	· 글이나 자료의 내용과 표현 평가하기 · 다양한 글이나 자료 읽기를 통해 문제 해결하기
	점검과 조정		· 읽기 과정과 전략에 대해 점검·조정하기	
가치·태도		· 읽기에 대한 흥미	· 읽기 효능감	· 긍정적 읽기 동기 · 읽기에 적극적 참여

2. 쓰기

범주		내용 요소		
		초등학교		
		1~2학년	3~4학년	5~6학년
지식·이해	쓰기 맥락		· 상황 맥락	· 상황 맥락 · 사회·문화적 맥락
	글의 유형	· 주변 소재에 대해 소개하는 글 · 겪은 일을 표현하는 글	· 절차와 결과를 보고하는 글 · 이유를 들어 의견을 제시하는 글 · 독자에게 마음을 전하는 글	· 대상의 특성이 나타나게 설명하는 글 · 적절한 근거를 들어 주장하는 글 · 체험에 대한 감상을 나타내는 글
과정·기능	쓰기의 기초	· 글자 쓰기 · 단어 쓰기 · 문장 쓰기	· 문단 쓰기	
	계획하기		· 목적, 주제 고려하기	· 독자, 매체 고려하기
	내용 생성하기	· 일상을 소재로 내용 생성하기	· 목적, 주제에 따라 내용 생성하기	· 독자, 매체를 고려하여 내용 생성하기
	내용 조직하기		· 절차와 결과에 따라 내용 조직하기	· 통일성을 고려하여 내용 조직하기
	표현하기	· 자유롭게 표현하기	· 정확하게 표현하기	· 독자를 고려하여 표현하기
	고쳐쓰기		· 문장, 문단 수준에서 고쳐쓰기	· 글 수준에서 고쳐쓰기
	공유하기	· 쓴 글을 함께 읽고 반응하기		
	점검과 조정		· 쓰기 과정과 전략에 대해 점검·조정하기	
가치·태도		· 쓰기에 대한 흥미	· 쓰기 효능감	· 쓰기에 적극적 참여 · 쓰기 윤리 준수

3. 듣기·말하기

범주		초등학교		
		1~2학년	3~4학년	5~6학년
지식·이해	듣기·말하기 맥락	· 상황 맥락		· 상황 맥락 · 사회·문화적 맥락
	담화 유형	· 대화 · 발표	· 대화 · 발표 · 토의	· 대화 · 면담 · 발표 · 토의 · 토론
과정·기능	내용 확인·추론·평가	· 집중하기 · 중요한 내용 확인하기 · 일이 일어난 순서 파악하기	· 중요한 내용과 주제 파악하기 · 내용 요약하기 · 원인과 결과 파악하기 · 내용 예측하기	· 생략된 내용 추론하기 · 주장, 이유, 근거가 타당한지 평가하기
	내용 생성·조직·표현과 전달	· 경험과 배경지식 활용하기 · 일이 일어난 순서에 따라 조직하기 · 바르고 고운 말로 표현하기 · 바른 자세로 말하기	· 목적과 주제 고려하기 · 자료 정리하기 · 원인과 결과 구조에 따라 조직하기 · 주제에 적절한 의견 제시하기 · 준언어·비언어적 표현 활용하기	· 청자와 매체 고려하기 · 자료 선별하기 · 핵심 정보 중심으로 내용 구성하기 · 주장, 이유, 근거로 내용 구성하기 · 매체 활용하여 전달하기
	상호 작용	· 말차례 지키기 · 감정 나누기	· 상황과 상대의 입장 이해하기 · 예의를 지키며 듣고 말하기 · 의견 교환하기	· 궁금한 내용 질문하기 · 절차와 규칙 준수하기 · 협력적으로 참여하기 · 의견 비교하기 및 조정하기
	점검과 조정		· 듣기·말하기 과정과 전략에 대해 점검·조정하기	
가치·태도		· 듣기·말하기에 대한 흥미	· 듣기·말하기 효능감	· 듣기·말하기에 적극적 참여

4. 매체

범주		초등학교		
		1~2학년	3~4학년	5~6학년
지식·이해	매체 소통 맥락		· 상황 맥락	· 상황 맥락 · 사회·문화적 맥락
	매체 자료 유형	· 일상의 매체 자료	· 인터넷의 학습 자료	· 뉴스 및 각종 정보 매체 자료
과정·기능	접근과 선택	· 매체 자료 접근하기	· 인터넷 자료 탐색·선택하기	· 목적에 맞는 정보 검색하기
	해석과 평가		· 매체 자료 의미 파악하기	· 매체 자료의 신뢰성 평가하기
	제작과 공유	· 글과 그림으로 표현하기	· 발표 자료 만들기 · 매체 자료 활용·공유하기	· 복합양식 매체 자료 제작·공유하기
	점검과 조정		· 매체 소통의 목적 점검하기	· 매체 이용 양상 점검하기
가치·태도		· 매체 소통에 대한 흥미와 관심	· 매체 소통 윤리	· 매체 소통에 대한 성찰

7절 논술형

2012 실전 (2011.12.10 시행)

01

(가)는 김 교사가 수업을 통해 달성하고자 하는 성취 기준이고, (나)와 (다)는 수업 자료이며, (라)는 수업 후 학생이 제출한 글이다. 1) (나)를 참조하여 한글의 모음자와 자음자의 '제자 원리(製字 原理)'를 설명하고, 2) ㉠에 반영된 한국어 모음의 특성과, ㉡, ㉢에 반영된 한국어 자음 체계의 특성을 논하시오. 3) 문장 호응 측면에서 (라)의 ①~⑧에 나타난 오류 3가지를 지적하고 지도해야 할 내용을 논하시오.

(가)	○ 문장에 쓰인 호응 관계의 적절성을 판단한다. ○ 한글의 가치와 의의를 알고 우수성을 설명한다.
(나)	한글은 소리와 글이 일정한 원리에 따라 만들어진 과학적인 문자이기 때문에 기본이 되는 자음자 다섯 개, 모음자 세 개만 알면 다른 글자도 쉽게 익힐 수 있어 문자를 배우는 데 드는 시간이 절약된다. 훈민정음의 창제 원리를 기록하고 있는 '훈민정음 해례본'에 따르면, 똑똑한 사람은 하루아침이면 훈민정음을 깨칠 수 있으며, 아무리 아둔한 사람이라도 열흘이면 충분히 깨칠 수 있다고 한다.
(다)	○ 파랗다 - 퍼렇다 ○ 퐁당퐁당 - 풍덩풍덩 ○ 소곤소곤 - 수군수군 ○ 사각사각 - 서걱서걱 ○ 아장아장 - 어정어정 ○ 살랑거리다 - 설렁거리다 ㉠ 단어장 ㉡ 휴대 전화 자판 ㉢ 최소 대립쌍
(라)	① 나는 오늘 학교에서 한글의 우수성에 대해 배웠다. ② 오늘 국어 수업은 지금까지 내가 우리 한글의 소중함을 모르고 살아왔던 것을 반성하게 되었다. ③ 한글은 24개의 낱글자만으로 이 세상에 존재하는 거의 모든 소리를 적을 수 있는 문자라고 한다. ④ 또한 한글은 독창적이고 과학적인 원리에 의해 만들었기 때문에 누구라도 쉽게 배울 수 있다고 한다. ⑤ 선생님께서는 오늘날 우리나라의 문맹률이 낮은 것도 세종대왕께서 창제하신 한글 덕분이라고 하셨다. ⑥ 나는 오늘 한글 창제의 원리를 해설해 놓은 책인 '훈민정음 해례본'이 유네스코 세계 기록 유산에 등재되어 있다는 사실을 새롭게 알았다. ⑦ 한글이 이렇게 훌륭한 문자인 줄도 모르고 그동안 우리글을 함부로 써 왔던 내가 부끄럽다. ⑧ 이제 내가 해야 할 일은 우리 한글을 더욱 사랑하고 세계 속에서 한글을 더욱 빛내는 사람이 되어야겠다.

정답

1) 제자원리

모음자	• 하늘, 땅, 사람을 본떠 'ㆍ', 'ㅡ', 'ㅣ'의 기본 글자를 만들고 이 기본 글자를 위, 아래, 왼쪽, 오른쪽으로 합쳐 'ㅗ', 'ㅜ', 'ㅏ', 'ㅓ'와 같은 나머지 모음자를 만들었다.
자음자	• 발음 기관의 모양을 본떠 'ㄱ, ㄴ, ㅁ, ㅅ, ㅇ'의 기본 글자를 만들고, 이 기본 글자에 획을 더하거나 같은 글자를 하나 더 써서 'ㅋ, ㅋ, ㄲ'과 같은 자음자를 만들었다.

2)

1. 한국어 모음과 자음 체계 특성

㉠모음의 특성	• 모음조화 : 양성모음은 양성모음끼리, 음성모음은 음성모음끼리 어울리려는 성질로, 그 성질이 비슷한 모음끼리 결합함으로써 발음을 쉽게 하고자 한다.
㉡자음 체계의 특성	• 한글 자음에 획을 더하는 원리가 나타난다.
㉢자음 체계의 특성	• 기본 자음자에 획을 하나 더 그으면(가획) 거센소리가 되고 겹쳐 쓰면(병서) 된소리가 된다.

2. 모음 조화

① 모음 조화란 'ㅏ', 'ㅗ'는 'ㅏ', 'ㅗ'끼리, 'ㅓ', 'ㅜ'는 'ㅓ', 'ㅜ'끼리 어울리려는 현상이다. 이는 그 성질이 비슷한 모음끼리 결합함으로써 발음을 쉽게 하고자 함이다.

② 예를 들어, '잡다'와 '접다'라는 동사는 각각 '잡아, 잡아도, 잡아서, 잡아라'와 '접어, 접어도, 접어서, 접어라' 같이 활용한다. 이러한 모음 조화 현상은 '졸졸, 줄줄', '찰랑찰랑, 출렁출렁'과 같은 의성어와 의태어에서 두드러지게 나타난다.

③ 양성모음끼리 어울린 단어는 가볍고 밝은 느낌, 음성모음끼리 어울린 단어는 무겁고 어두운 느낌을 준다.

3) 문장 호응의 오류

②	• '반성하게 되었다'라는 표현이 잘못되었다. → '반성하게 되었다'라는 피동 표현을 '반성하게 하였다(했다)'라는 사동 표현으로 고쳐야 함을 지도한다. ※ 해설 : 피동 표현은 목적어가 나타나지 않으나 사동 표현은 반드시 목적어가 있어야 한다. '지금까지 내가 우리 한글의 소중함을 모르고 살아왔던 것을'이 명사절로 전체 문장에서 목적어 역할을 하기 때문에 사동 표현이 와야 한다. • 오늘 국어 수업은 지금까지 내가 우리 한글의 소중함을 모르고 살아왔던 것을 반성하게 하였다.(사동)
④	• '한글은 ~ 만들었기 때문에'라는 표현이 잘못되었다. → '한글은 ~ 만들었기 때문에'에서 '만들다'의 타동사를 '만들어지다'의 피동 표현의 자동사로 고쳐야 함을 지도한다. ※ 해설 : '만들다'가 타동사이나 목적어가 나타나지 않았기 때문에 '또한 한글은 독창적이고 과학적인 원리를 따라 만들었기 때문에'처럼 타동사 용법에 맞게 고치거나 피동 표현의 자동사 용법 '또한 한글은 독창적이고 과학적인 원리에 의해 만들어졌기 때문에'로 바꿔야 한다. • 또한 한글은 독창적이고 과학적인 원리에 의해 만들어졌기 때문에 누구라도 쉽게 배울 수 있다고 한다.(피동)
⑧	• '~ 되어야겠다'라는 표현이 잘못되었다. → '이제 내가 해야 할 일은 ~ 되어야겠다'를 '이제 내가 해야 할 일은 ~ 무엇이다'로 주어와 서술어가 호응이 되도록 고쳐야 함을 지도한다. '이제 ~ 되어야겠다'를 '이제 ~되는 것이다'로 바꾸어 주어야 한다. ※ 해설 : '이제 내가 해야 할 일은'은 전체 문장에서 주어 역할을 하는 '주어부'이고, '우리 한글을 더욱 사랑하는 것이다.', '세계 속에서 한글을 빛내는 사람이 되는 것이다.'는 주어부에 대한 '서술부' 역할을 하는 것인데 주어부와 서술부가 호응 관계가 잘못되었다. • 이제 내가 해야 할 일은 우리 한글을 더욱 사랑하고 세계 속에서 한글을 더욱 빛내는 사람이 되는 것이다.

정답해설

1. 문장에 쓰인 호응 관계의 종류

지난 토요일에 ~ 다녀왔습니다.	시간을 나타내는 말과 서술어의 호응
비록 ~ 걸렸지만	꾸며 주는 말과 꾸밈을 받는 서술어의 호응
바다가 ~ 보였습니다.	동작을 하는(당하는) 주어와 서술어의 호응
부모님께 ~ 말씀드렸다.	높임의 대상을 나타내는 말과 서술어의 호응

(1) 동작을 하는 주어와 서술어의 호응
'나는 바다를 보았습니다.'와 같은 문장에서 '나'는 동작을 하는 주어이고 '보았습니다.'는 주어에 호응하는 서술어이다.

(2) 동작을 당하는 주어와 서술어의 호응
'바다가 보였습니다.'와 같은 문장에서 '바다'는 동작을 당하는 주어이고 '보였습니다.'는 주어에 호응하는 서술어이다.

2. 문장 성분의 호응 관계

• 주어와 서술어의 호응 : 이 인공위성의 역할은 아득한 우주를 관찰한다(→ 관찰하는 것이다).

• 목적어와 서술어의 호응 : 나는 노래와 춤을 잘 춘다(→ 노래를 잘 부르고 춤을 잘 춘다).

• 부사어와 서술어의 호응 : 그는 비록 가난하면서(→ 가난할지라도) 희망을 잃지 않았다.

• 수식어와 피수식어의 호응 : 아름다운 은주의 목소리가(→ 은주의 아름다운 목소리가 / 아름다운 은주, 그녀의 목소리가) 강당에 울려 퍼졌다.

02

(가)는 김 교사가 '상황 맥락을 고려하여 제안하는 글을 쓸 수 있다.'라는 수업 목표를 달성하기 위해 이해 학습에서 활용한 자료이고, (나)는 이해 학습에서 학생들이 쓴 글이며, (다)는 김 교사가 적용 학습에서 활용하려는 자료이다. 1) (나)의 두 글의 차이를 상황 맥락의 요소 중 2가지를 바탕으로 분석하고, 2) 제안하는 글의 '구성 요소'와 '표현'을 기준으로 (나)의 두 글의 문제점을 2가지씩 찾아 분석하시오. 그리고 3) (다)를 활용하여 적용 학습을 하려고 할 때, 쓰기 전 단계에서 해야 할 학습 활동을 수업 목표와 관련지어 2가지 제안하시오.

(가)	[공익광고협의회 '이빨 빠진 한글?' 키보드 이미지]
(나)	**〈희진의 글〉** 우리 학교 앞에는 '뷰티 숍', '프레시 베이커리' 같은 외국어 간판이 너무 많습니다. 외국어 간판이 눈에는 잘 뜨일지 몰라도 한글 간판보다 더 많은 것은 문제라고 봅니다. 주민 여러분, 외국어 간판을 한글 간판으로 바꾸도록 합시다. 그래서 한글 간판을 보면서 학생들도 한글을 아끼는 마음을 가질 것이기 때문입니다. 또 공부를 열심히 할 수 있기 때문입니다.	**〈현수의 글〉** 우리 학급 홈페이지 언어 감시단을 구성하겠습니다. 왜냐하면 언어 감시단을 구성하면 반 친구들이 바르고 고운 말을 쓰려고 노력할 것이기 때문입니다. 그리고 우리가 자주 사용하는 홈페이지에서부터 우리말의 품위를 떨어뜨리는 나쁜 표현을 추방하면 우리말을 가꾸는 데에도 도움이 되기 때문입니다.
(다)	**박바우와 박 서방** 옛날에 고기를 파는 박바우라는 노인이 있었다. 어느 날, 젊은 양반 두 사람이 고기를 사러 왔다. 먼저 온 양반이 박 노인에게 말하였다. "바우야, 쇠고기 한 근만 다오." 박 노인은 건성으로 대답을 하며 대충 고기를 잘라 주었다. 뒤이어 들어온 양반은 깍듯한 말투로 부탁하였다. "박 서방, 쇠고기 한 근만 주시오." "아이고, 네. 조금만 기다리시지요." 박 노인은 웃으면서, 가장 좋은 부위의 고기를 큼직하게 잘라 주었다. 그것을 보고 먼저 고기를 산 양반이 박 노인에게 버럭 화를 내며 말하였다. "야, 바우야! 똑같은 한 근인데, 어째서 이렇게 다르게 주느냐? 말 좀 해 봐라!" 박 노인이 태연하게 대답하였다. "손님 것은 바우 놈이 자른 것이고, 이분 것은 박 서방이 자른 것이기 때문이랍니다."

정답

1) 상황맥락

주체 (독자)	희진의 글	독자가 이웃 주민
	현수의 글	독자가 학급 친구들
주제 또는 목적	희진의 글	학교 주변의 외국어 간판의 과잉으로 인한 한글 간판의 필요성
	현수의 글	언어 순화를 위한 학급 홈페이지의 언어 감시단을 구성

2) 제안하는 글

희진의 글	구성 요소	• 희진의 글 : 제안의 두 번째 까닭이 제안에 알맞지 않음
	표현	• 제안의 첫 번째 까닭에 '왜냐하면'이라는 표현 대신 '그래서'라는 까닭에 알맞지 않은 표현 방법을 사용
현수의 글	구성 요소	• 문제 상황이 제시되어 있지 않음
	표현	• 제안에 '―하겠습니다.'라는 알맞지 않은 표현 방법을 사용

3) ① 글의 문제 상황에 대한 내 생각 자유 연상 하기
② 글의 대화에서 화자와 청자를 찾아 생각 그물 만들어보기

정답이유

1) 맥락의 종류

상황 맥락	• 담화와 글의 수용·생산에 직접 개입하는 맥락 – 언어 사용자(화자·필자, 청자·독자), 주제, 목적 등의 요소를 포함 – 시간, 공간, 인적·물적 환경 등도 상황 맥락의 구성 요소가 될 수 있음 • 상황 맥락은 단기적이고, 일시적이고, 상황 제한적인 특성
사회·문화적 맥락	• 담화와 글의 수용·생산 활동에 간접적으로 작용하는 맥락 – 역사적·사회적 상황, 이데올로기, 공동체의 가치·신념 등의 요소를 포함 • 사회·문화적 맥락은 장기적이고, 지속적이고, 상황 보편적인 특성

2) 제안하는 글의 특성

- 제안하는 글의 구성 : 제목, 문제 상황, 제안, 까닭
- 제안하는 글의 짜임 : 문제 상황 → 제안 → 까닭
- 제안하는 글을 쓸 때에 알맞은 표현 방법
  ① 문제 상황의 기술 : 구체적으로 기술
  ② 문제 상황을 구체적으로 기술하는 이유 : 제안하는 글을 읽는 사람이 문제 상황을 잘 이해하여야 하기 때문 등
  ③ 제안의 표현 방법 : '~합시다.', '~하면 좋겠습니다.', '~하면 어떨까요?' 등의 표현을 사용
  ④ 까닭의 표현 방법 : '왜냐하면', '그 까닭은', '~때문입니다.' 등을 사용
  ⑤ 제목의 선정 방법 : 제안을 생각하여 읽는 이가 흥미를 느낄 수 있도록 제목 선정

3) 쓰기 전 단계에서 해야 할 학습 활동

① 아이디어 생성하기 단계(과정)에서는 글을 쓰기 위한 준비를 하는 활동이다.
  - 대체로 글을 쓸 계획을 세우는 것, 글을 쓰는 목적을 생각하는 것, 내가 쓴 글을 읽을 독자를 생각하는 것, 글의 조건이나 형태 등을 분석하는 것, 글을 쓰기 위해 관련 자료를 모으기 위해 참고 자료를 읽거나 명상을 하거나 직접 경험하거나 인터넷 등을 찾아보는 것, 그리고 평소 아이디어를 모아 두기 위해 일지(저널)를 쓰는 것, 아이디어를 생성하기 위해 자유 연상(brainstorming)이나 생각 그물(mapping)을 만드는 것, 친구와 협의를 하는 일 등이 필요하다.

② 조직하기 단계에서는 생성한 아이디어를 적절히 조직하는 활동을 하게 된다.
  - 앞에서도 한 생각 그물(mapping)을 만들거나 다발을 짓거나(clustering), 얼개짜기(개요 작성), 협의하기 등의 활동을 하게 된다.

2010 실전 (2009.11.29 시행)

03

다음의 A는 김 교사가 6학년 「읽기」의 '읽는 목적에 따라 글을 요약하기' 수업을 한 후 제시한 과제이고, B와 C는 주어진 과제에 따라 영희와 철수가 쓴 독서 일기이다. 1) (가)와 (라)에 나타난 요약 방법을 각각 제시하고, 김 교사가 제시한 과제의 읽기 목적에 부합하는 요약 방법을 논하시오. 2) 글 내용 이해의 측면에서 (다)에 나타난 문제점을 [읽을 글]에서 근거를 들어 설명하고, 이에 대한 지도 방안을 논하시오. 3) 문단의 요건에 비추어 (나)와 (마)의 문제점을 각각 1가지씩 지적하고, 이를 바로잡기 위한 지도 방안을 논하시오.

A. 김 교사가 제시한 과제

○ 과제: 읽는 목적에 따라 글을 요약하는 방법 중에서 '교훈이나 감동을 얻을 목적'으로 아래의 글을 읽고 요약한 후, 자신의 감상을 담아 독서 일기 쓰기

[읽을 글]　　　　　백범 일지　　　　　김구

내가 경무국장이 되었을 무렵, 이봉창이 독립운동을 하겠다고 중국의 상해에 있는 임시 정부로 나를 찾아 왔다. 나는 지금 임시 정부 살림이 어려워 생활비를 대줄 수 없다고 하자, 그는 생활비는 문제가 안 된다며 독립운동을 하겠다고 했다. 그래서 임무를 주기로 했다.

12월 중순 어느 날, 나는 일제의 심한 감시를 피해 이봉창을 비밀스레 불러 하룻밤을 같이 자며, 일본에 갈 일에 대하여 여러 가지 의논을 하였다. 그리고 만일 자살에 실패하여 왜놈들에게 붙들려 심문을 받게 되면 이봉창이 어떤 대답을 해야 하는지까지 일러주었다.

이튿날 아침, 나는 이봉창과 헤어지면서 내 헌 옷 주머니 속에서 돈뭉치를 꺼내 주며 말했다.

"일본에 갈 준비가 다 되거든 다시 찾아오시오."

이틀 후에 그가 찾아왔다. 나는 이봉창과 마지막 밤을 함께 지냈다. 그 때 이봉창이 이런 말을 했다.

"얼마 전에 선생님이 돈뭉치를 주실 때 저는 눈물이 울컥 솟았습니다. 저 같은 사람을 어떻게 믿으시고 이렇게 큰 돈을 내게 주셨는지……."

그 길로 나는 이봉창을 안공근의 집으로 데리고 가서 거사의 성공을 다짐하는 선서식을 했다. 그런 뒤에 폭탄 두 개를 주고 다시 그에게 돈 삼백 원을 주며 말했다.

"이 돈은 일본 동경까지 갈 여비로 쓰시오. 동경 가서 돈이 모자라거든 전보를 치시오. 그러면 돈을 마련해 보내겠소."

말을 마치고 기념 사진을 찍을 때, 내가 슬픈 표정을 짓고 있으니, 이봉창이 나를 돌아보며 얼굴에 빙그레 웃음을 띠었다.

"제가 영원한 쾌락을 얻으러 가는 길이니 우리 기쁜 낯으로 사진을 찍읍시다."

나도 그를 따라 웃으면서 사진을 찍었다. 얼마 후 자동차에 올라앉은 그는 나를 향해 깊이 허리를 굽히고 일본을 향해 떠났다.

나는 이제나 저제나 이봉창의 소식을 기다리고 있었다. 드디어 1월 8일 중국 신문에 동경의 소식이 실렸다.

　한국 사람 이봉창이 일본 천황을 저격하였으나 불행히 맞지 않았다

B. 영희가 쓴 독서 일기

(가) 김구 선생과 이봉창 의사는 중국 상해의 임시 정부에서 만났다. 그 당시 임시 정부는 가난해서 독립운동을 하는 사람에게 생활비도 대줄 수 없었다. 그리고 당시에는 일본 감시가 심해서 김구 선생과 이봉창 의사는 비밀스럽게 만나서 거사를 의논했다. 거사 결과는 임시 정부가 있는 중국에서 신문을 통해 알 수 있었다.

(나) 이 글을 읽고, 이봉창 의사의 굳은 의지가 느껴졌다. 김구 선생의 마음이 따뜻하게 와 닿았다. 이봉창 의사는 거사를 실패한 것 같다. 그리고 거사를 하는 데에 돈이 많이 든 것 같다.

(다) 그런데 이봉창 의사가 김구 선생한테서 돈을 받고 거사를 했다는 것이 마음에 걸린다. 이봉창 의사가 일본에 가기 전에도 돈뭉치를 받았는데, 돈을 벌려고 거사를 하겠다고 한 것 같아서이다.

C. 철수가 쓴 독서 일기

(라) 김구 선생이 임시 정부의 경무국장이 되었을 때, 이봉창 의사가 찾아왔다. 12월 중순, 이봉창 의사를 불러 일본에 갈 일을 의논하였다. 그 다음 날, 이봉창 의사에게 돈뭉치를 주었다. 이틀 후, 이봉창 의사를 만나 안공근의 집에 가서 준비를 하고, 기념 사진을 찍었다. 얼마 후, 이봉창 의사는 일본을 향해 떠났다. 1월 8일, 중국 신문에 이봉창 의사가 일본 천황에게 폭탄을 던졌는데 맞지 않았다는 기사가 났다.

(마) 나는 이 글을 읽고, 이봉창 의사가 매우 존경스러웠다. 사람들은 즐겁게 살기를 바라는데, 이봉창 의사는 스스로 우리나라를 위해 죽음을 결심했기 때문이다. 그리고 죽음 앞에서도 오히려 김구 선생을 위로했기 때문이다. 김구 선생은 실패할 때를 미리 생각해서 치밀하다는 생각이 들었다.

(바) 김구 선생은 이봉창 의사에게 돈을 주었는데, 아주 세심한 배려인 것 같다. 일본에 가서 의거를 하려면 여러 가지가 필요한데, 이렇게 세밀하게 준비해 줄 수 있는 마음을 본받아야겠다.

정답

1) 읽는 목적에 따른 요약 방식

요약 유형	요약 목적	요약 방법	문항 예시
사건 중심	삶의 발자취를 알아보기 위한 요약	시간의 흐름에 따라 인물이 한 일을 주목('12월 중순' 등)	(라)
인물의 행동 중심	교훈이나 감동을 얻기 위한 요약	인물이 한 말이나 행동 가운데 감동적인 부분들에 주목	논제
시대적 배경 중심	시대적 배경을 알아보기 위한 요약	시대적 배경을 보여 주는 정보들에 주목('그 당시' 등)	(가)

2) 문제점과 지도방안

(다)문제점	(다)에서 이봉창이 생활비는 문제가 안 된다며 독립운동을 하겠다고 한 점으로 볼 때 돈을 벌려고 거사를 한 것으로 볼 수 없다.
지도 방안	인물의 말과 행동에 관심을 기울이며 읽도록 하여 인물의 성격을 제대로 파악하도록 지도한다.

3) 문제점과 지도방안

(나)문제점	중심 문장과 이를 뒷받침하는 문장이 없고 단순히 문장을 나열하기만 하였다.
(마)문제점	마지막 문장이 문단의 주제와 어울리지 않아 문단의 통일성을 깨뜨리고 있다.
지도 방안	한 문단에는 한 가지 주제(생각)를 중심으로 중심 문장과 뒷받침 문장으로 구성되도록 써야 함을 지도한다.

2009 실전 (2008.11.30 시행)

04

(가)는 박 교사가 수업에서 활용한 <제재 글>이고, (나)는 (가)를 활용한 수업 계획의 일부이다. (나)의 원리 학습과 적용 학습에 제시된 교수·학습 활동 중에서 문제가 있는 활동을 2가지씩 찾고, 각각의 활동에 나타난 문제점을 구체적인 근거를 들어 비판하시오.

(가) <제재 글>

> 숲은 많은 동식물의 안식처입니다. 숲은 동식물에게 먹이와 보금자리를 제공해 줍니다. 숲은 사람들에게도 여러 가지 혜택을 가져다줍니다. 숲이 우리에게 주는 이익은 무엇일까요?
> 우선, 숲은 오염된 공기를 정화해 줍니다. 공원의 숲은 자동차의 배기가스를 흡수하여 우리의 건강에 도움을 줍니다. 다음으로, 숲은 산사태나 홍수를 막아 줍니다. 숲 속의 나무, 크고 작은 풀, 낙엽, 부러진 가지 등은 흙이 빗물에 흘러내리는 것을 막아 우리의 재산 피해를 줄여줍니다.
> (중 략)
> 정리하면, 숲은 사람들에게 많은 혜택을 줍니다. 우리는 숲을 보존하도록 노력해야 합니다.

(나) 수업 계획

【수업 주안점】 글의 짜임(시간 구조, 열거 구조, 비교·대조 구조, 인과 관계 구조, 문제·해결 구조)에 따라 글을 요약하는 능력을 신장시킨다.

과 정		교수·학습 활동
원리 학습	▶ 글의 짜임 파악의 중요성 알기	• 글의 짜임을 파악하며 글을 읽으면 글의 내용을 쉽게 이해할 수 있음을 설명해 준다.
	▶ <제재 글>의 짜임 파악하기	• <제재 글>의 짜임을 드러내는 '동식물, 공원, 낙엽'과 같은 말(표지어)에 주의하여 읽게 한다. • <제재 글>의 짜임을 파악하도록 하기 위해 문단 간의 관계를 생각하며 읽게 한다. • <제재 글>의 짜임을 다음과 같은 방식으로 시각적으로 나타내 보게 한다. 문제 → 해결
	▶ <제재 글>의 내용 요약하기	• 글의 짜임에 대해 새롭게 배운 것과 이미 알고 있는 것을 활용하여 <제재 글>의 내용을 요약하게 한다.
적용 학습	▶ 적용하기	• <제재 글>과 같은 짜임의 글을 제시하고, 글에 나타나 있는 대상들 간의 공통점과 차이점에 초점을 두어 글의 짜임을 파악하게 한다. • 이야기글의 짜임이 잘 드러난 동화를 제시하고, <제재 글>의 짜임을 적용하게 한다.
	▶ 활용하기	• <제재 글>의 짜임에 대한 지식을 활용하여 '우리 마을의 자랑거리'에 대한 글을 쓰게 한다. • 글의 짜임에 대한 지식을 다른 과목 교과서의 글을 읽을 때에도 활용할 수 있음을 알려준다.

정답

원리 학습	문제점	'동식물, 공원, 낙엽'과 같은 표지어에 주의하여 읽게 한 점이다.
	근거	열거 구조를 나타내는 '우선, 다음으로, 정리하면'과 같은 연결어에 주의하여 읽게 해야 한다.
	문제점	글의 짜임을 시각적으로 문제·해결 구조로 나타내 보게 한 점이다.
	근거	제재 글은 숲의 이로움을 설명하는 열거 구조이므로 시각적으로 나열의 방식으로 나타내 보는 것이 적합하다.

적용 학습	문제점	공통점과 차이점에 초점을 두어 글의 짜임을 파악하게 한 점이다.
	근거	제재글은 열거 구조로 공통점과 차이점에 초점을 두는 것은 비교·대조 구조에 적합한 것이다.
	문제점	동화를 열거 구조의 짜임을 적용하게 한 점이다.
	근거	동화는 시간의 흐름에 따라 전개되는 서사(시간) 구조이므로 동화 대신에 설명문과 같은 열거 구조의 글을 제시해야 한다.

2009 모의평가 (2008. 7. 5 시행)

05

다음은 김 교사의 쓰기 수업을 간략하게 제시한 것이다. 인지주의 작문 이론(구성주의 작문 이론)의 관점에서 김 교사 수업의 문제점 세 가지를 비판하고, 이 관점에서 각 문제점에 대한 대안을 구체적으로 서술하시오.

> 김 교사는 '근거를 들어 가며 자신의 주장을 글로 쓸 수 있다.'라는 목표를 제시하며 쓰기 수업을 시작하였다. 우선 주장과 근거가 알맞게 제시된 모범 글을 학생들에게 보여주고, 글의 짜임과 표현 측면에서 좋은 점을 살펴보게 하였다.
> 그런 다음 모범 글의 좋은 점을 받아들여 글을 쓰게 하였다. 교사는 학생들이 글을 쓰는 데에 집중할 수 있도록 학습 분위기를 조성하였다. 학생이 초고를 완성한 다음에는 스스로 글을 고쳐 보게 하였다. 이때 모범 글의 좋은 점 반영 여부, 주어와 서술어의 호응, 맞춤법에 초점을 맞추어 점검하도록 하였다.
> 끝으로 몇 명의 학생들에게 자신이 쓴 글을 발표하게 한 후, 모든 학생들에게 쓰기 결과물을 제출하게 하였다. 김 교사는 학생들의 글에 대해 첨삭 및 논평을 하여 다음 쓰기 수업 시간에 돌려주었다.

정답

문제점1	모범 글의 좋은 점을 받아들여 글을 쓰게 하였다.
대 안1	쓰기의 과정을 강조하고 그 과정에서 학생들 각자가 문제를 접하고 이를 효과적으로 해결할 수 있도록 지도한다.
문제점2	고쳐 쓰기의 초점이 형식적인 측면에만 치우쳐 있는 점이 잘못되었다.
대 안2	문법이나 글의 정확성을 요하기보다는 글의 내용과 구성 과정에 중점을 두어야 하기 때문에 고쳐 쓰기 활동 과정에서 학습자들 간의 돌려 읽기를 통해 좋은 글의 요건과 자신의 글의 문제점을 찾아 고쳐 보게 하는 방법을 활용해야 한다.
문제점3	교사 위주의 평가가 이루어진 점이 잘못되었다.
대 안3	교사는 동료 학생들과 동등한 입장으로 조언자와 안내자의 역할을 강조한다. 따라서 교사의 독단적인 평가에서 벗어나 학생들의 상호 평가나 스스로 자신의 글을 평가해 볼 수 있는 자기 평가의 기회를 제공해야 한다.

정답이유

인지주의 작문이론 지도시 유의점

(1) 과정을 강조한다고 하여 과정만 강조하지 말고 일련의 글쓰기 과정의 결과로서 나타난 글에 대해서도 관심을 가진다.	① 일련의 과정이 어떻게 결과와 자연스럽게 연결되는지에 대해서도 관심을 가진다. ② 모범적인 글을 제시하고 이를 모방하게 하는 식으로만 글쓰기 지도를 하는 것은 결과 중심 접근에서 취하는 것이지만, 일련의 글쓰기 과정에서 모범을 제시하는 것은 과정 중심 접근에서도 필요하다.
(2) 일련의 글쓰기 과정에서 학생들이 필요로 하는 것을 구체적으로 가르쳐 준다.	① 단순히 각 단계만 거치게 하면 학생들 입장에서 성가시기만 하고 별로 배운 것이 없을 수 있다. ② 그리고 각각의 전략을 활용하는 방법을 명확히 가르쳐 주어야 한다.
(3) 일련의 글쓰기 과정은 회귀적인 것임을 명심한다.	① 글쓰기의 과정을 엄격히 단계적, 선조적인 것으로 파악하지 않도록 한다. ② 그리고 각 단계에서 활용할 만한 전략을 앞에서 제시하였듯이 그 전략이 그 단계에서만 활용되는 것은 아니하는 점도 염두에 둔다.
(4) 모든 글쓰기 상황에서 과정 중심 접근을 취하여야 하는 것은 아니다.	① 예를 들어, 쪽지 글을 쓸 때에 굳이 일련의 단계를 거칠 필요는 없다. ② 그리고 글쓰기 지도를 할 때에 모든 상황에서 그 단계를 모두 거치게 할 필요도 없다.
(5) 다양한 전략을 가르쳐 준다.	• 각 단계에서 활용할 수 있는 대표적인 전략에만 초점을 두는 것은 곤란하다.
(6) 활동 위주로 끝나지 않도록 한다.	① 일련의 글쓰기 과정에서 실시하는 활동이 학생들의 문제 해결 능력이나 글쓰기에 어떻게 작용하는지 항상 염두에 둔다. ② 활동만 무성하고 학습이 없는 일이 생겨서는 안 될 것이다.

배재민+합격생 TIP 중등 국어교육론 기출문항

다음은 한 학생이 자신의 글쓰기 문제와 관련된 고민을 적은 글이다. 학생의 글을 읽고, 교사의 지도 방향을 적은 〈보기〉의 (   ) 안에 공통으로 들어갈 말을 쓰시오. **15 중등국어**

> 나는 내 글쓰기 능력에 대해 판단을 하기 힘들다. 학교에서 내주는 많은 글쓰기 과제에서 어떤 때는 글을 잘 쓴다고 칭찬을 받다가도, 다른 때는 또 글을 잘 못 쓴다는 평가를 받기도 한다. 지난달에 자서전 쓰기를 했을 때 국어 선생님께서는 내 글에 대해 자서전이 요구하는 삶에 대한 기록과 성찰이 뛰어나다는 칭찬을 해 주셨다. 또 글의 구성과 표현 방법이 자서전에 잘 맞는다는 평가도 받았다. 그런데 얼마 전에 보고서 쓰기 과제를 제출했는데 내가 기대했던 것보다 낮은 점수를 받았다. 선생님께 그 이유를 여쭤어 보니, 보고서에 필수적으로 요구되는 조사 목적과 조사 방법에 대한 설명이 빠졌다고 하셨다. 또 내가 사용한 문장은 비유적 표현이 많아서 보고서에는 적절하지 않다는 설명도 듣게 되었다. 이런 일 때문에 나는 내 글쓰기 능력이 괜찮은 편인지, 부족한 편인지 잘 모르겠다.

┤보기├

이 학생의 문제는 (   )와/과 깊은 관련이 있다. 이 학생은 기본적인 글쓰기 능력은 있지만 (   )에 따라 달라지는 텍스트의 규범적 형식과 내용을 파악하는 능력이 부족하다. 즉 자서전 쓰기에서는 텍스트의 규범에 맞춰 쓰기를 수행하였지만, 보고서 쓰기에서는 필요한 내용을 누락하거나 비유와 같은 어울리지 않는 표현 방식을 사용하는 등의 문제점을 나타내었다. 따라서 이 학생의 글쓰기 능력을 향상시키기 위해서는 (   ) 중심의 쓰기 지도가 필요하다.

❖ 정답
장르

❖ 해설
1) 작문 이론별 강조점을 살펴보면 형식주의 작문이론은 '글(텍스트)' 요인을 강조하고, 인지 구성주의 작문 이론은 '필자' 요인을 강조한다. 또한 사회 구성주의 작문이론은 '담화 공동체와 맥락'을 중시한다. 즉 구성주의가 대두되면서 작문 행위에서의 강조점이 변화하였고, 이러한 영향이 작문 교육에도 미쳤음을 알 수 있다. 그러나 구성주의 입장은 작문의 과정을 지나치게 중요시한 나머지 텍스트 자체에는 소홀한 경향을 보였다. 이에 다시 텍스트 요인을 강조하면서 과정과 결과의 균형을 강조한 이론이 장르 중심 교육과정이라고 볼 수 있다.

2) '장르'라는 명칭은 주로 문학 이론에서 쓰이던 용어이다. 그러나 문학에서 쓰이던 용어가 일상생활로 확대되어 쓰이면서, '장르'라는 명칭의 개념도 확장되었다. 즉 장르 중심 교육과정에서 말하는 장르란 '반복되는 상황에 대한 수사학적 반응'으로 규정하고 있다.

2장 도덕

1절   15개년 기출의 진화

2절   서답형

3절   논술형

1절   15개년 기출의 진화

<서답형 기출>

	윤리학	심리학	수업모형과 과정	교육과정
23		1. 덕 보따리 접근	1. 딜레마 토론 2. 가치 명료화	
22	1. 맹자		1. 실습 실연 중심 2. 가치 분석	
21	1. 공자		1. 딜레마 토론	1. 통합성 원리
20		1. 길리건		1. 도덕적 정서 능력 2. 자율형 단원
19	1. 아리스토텔레스		1. 가치 판단 중심	
18		1. 반두라	1. 이야기 수업	1. 참된 아름다움 2. 자기 보고법
17		1. 피아제 2. 정신분석학	1. 역할놀이	1. 타인과의 관계 2. 예절
16	1. 칸트	1. 콜버그 발단단계	1. 가치 분석 2. 가치 갈등 해결	
15			1. 가치 판단 중심	1. 가치 관계 확대법
14			1. 가치 갈등 해결 2. 개념 분석	1. 절제
13		1. 도덕성 발달론 2. 콜버그 발단단계		1. 상호 주관성

<논술형 기출>

12	1. 가치 분석 수업 모형 2. 모범 감화 수업 3. 도덕과 교육 목표 중 도덕성의 측면
11	1. 개념 분석 수업 모형 2. 지식 이해 중심 수업 3. 자연·초월과의 관계
10	1. 공감 능력 2. 역할 놀이 수업 모형
09	1. 배려 수업 모형 2. 가치 갈등 해결 수업 모형 3. 딜레마 토론 수업 (1) 발달단계와 특성 (2) 원리 : 인지적 불균형, 상호작용주의 (3) 도입단계와 심화단계 질문 유형과 중요한 이유

2절 서답형

01
2023-A-9

(가)는 3학년 '함께 지키는 행복한 세상' 단원의 3차시를 지도하기 위하여 예비 교사가 구상한 안이고, (나)는 예비 교사와 지도 교수가 나눈 대화이다. 물음에 답하시오. [4점]

(가)

지도 중점	공익과 사익이 부딪치는 상황에서 바르게 판단하기	
구분	A안	B안
주요 절차 및 내용	○ 문제 사태 제시하기 강아지와 산책을 나간 지호는 목줄을 불편해하는 강아지가 불쌍하고 강아지에게 이리저리 끌려다니는 자신 또한 불편하였다. 엄마는 밖에서 강아지의 목줄을 풀지 말라고 하셨지만, 오가는 사람도 별로 없어서 지호는 목줄을 풀어 줄지 고민이다. ○ 도덕적 토론 도입하기 - 도덕적 문제 부각하기, '왜'라는 질문하기, (㉠) 등 ○ 도덕적 토론 심화하기 ○ 실천 동기 강화하기	○ 문제 사태 제시하기 ○ 가치 선택하기 ○ 선택한 가치에 긍지 갖기 ○ 선택한 바대로 행동하기

(나)

예비 교사 : 이번 차시의 지도 중점을 고려하여 'A안'과 'B안'으로 구상해 보았습니다.

지도 교수 : 전체적으로 볼 때 두 안은 중요한 공통점을 지니고 있습니다. 전통적 도덕교육에서 강조되어 온 직접적인 가치교육의 방법과는 달리, 두 안은 간접적인 가치교육의 방법을 취하고 있습니다.

예비 교사 : 직접적인 가치교육의 방법에는 도덕적 인물의 삶을 본받을 수 있도록 하는 모델링 접근과 덕목들을 한데 모아 전달하는 (㉡) 접근 등이 있는데, 저는 이러한 접근들이 도덕적으로 사고하고 판단하는 활동에 초점을 두는 데 적합하지 않다고 생각했습니다. 그래서 도덕적 사고·판단력을 기르는 데 적합한 'A안'과 'B안'으로 구상한 것입니다.

지도 교수 : 그런데 두 안은 공통점뿐만 아니라 중요한 차이점이 있습니다. 'A안'에서는 가치 판단의 위계적 통합에 따른 도덕성 발달 계열의 보편성을 염두에 두고 있습니다. 하지만 'B안'에서는 가치들 간의 위계성이 중요하게 고려되지 않고 개인의 경험과 생각에 따른 가치의 선택을 중요시하기 때문에 (㉢)을/를 조장할 우려가 있습니다. (㉢)은/는 절대적이고 보편적인 도덕 원리가 존재하지 않으며, 도덕적 가치가 개인과 공동체 그리고 시대와 장소에 따라 상이하다고 보는 관점입니다.

1) 다음 대화를 참고하여 ① (가)의 ㉠에 들어갈 활동을 쓰고, ② 밑줄 친 발언을 통해 교사가 학생에게 방지하고자 하는 것이 무엇인지 쓰시오. [2점]

학생 : 그럼, 고민할 것 없이 줄이고 늘이는 것이 자유로운 목줄을 채우면 된다고 생각합니다.
교사 : <u>지금 지호네 강아지가 찬 목줄은 줄이거나 늘이지 못합니다.</u> 그리고 덧붙일 사항이 있습니다. 지호네 강아지는 태어난 지 2년이 지나서 안을 수 없을 정도로 성장하였고, 또 동물보호법에 따르면 태어난 지 3개월 이상이 되는 강아지는 목줄을 매도록 하고 있습니다. 그래도 선택에는 변함이 없나요?

① _____

② _____

2) (나)와 다음 글의 ㉡에 공통으로 들어갈 용어를 쓰시오. [1점]

플라톤의 대화편 『메논』에서 덕의 종류를 열거하여 말한 메논의 대답에 이어, 소크라테스는 자신이 찾고 있는 것은 하나의 덕인데, 메논은 (㉡)을/를 늘어놓고 있다는 반응을 보인다. (㉡)은는 'A안'의 이론적 토대를 구축한 학자가 전통적 도덕교육의 효과를 부정하면서 사용한 표현이기도 하다.

3) (나)의 ㉢에 공통으로 들어갈 용어를 쓰시오. [1점]

• _____

정답

1) ① 상황을 복잡하게 하기
   ② 도덕 문제 회피를 방지하기 위해
2) 덕 보따리
3) 도덕적 상대주의

정답이유

1) ㉠에는 '상황을 복잡하게 하기'이고 이 질문 도입이유는 2가지이다. 문항에서 교사 질문의 의도는 2번째이다.
• 원래의 문제에 새로운 정보 또는 상황을 부가함으로써 복잡성과 인지적 갈등을 증대시키기 위해 + <u>학생들이 문제에의 직면을 회피하는 것을 방지하기 위해</u>

2) 덕 보따리(bag of virtues)
- 콜버그는 특정한 덕목들을 가르치려는 전통적인 방식들을 "덕 보따리"(bag of virtues)라고 비하하면서, 본래 도덕철학자인 아동들이 자율적인 도덕적 행위자가 될 수 있도록 도덕적 추론의 단계들을 발달시키는 데 중점을 두어야 한다고 주장

3) [B안] : '가치 명료화 수업 모형'의 문제점
- 도덕적 상대주의를 조장할 수 있다. 그 이유는 가치보다는 가치화 과정에 초점을 맞추는 가치명료화는 개인적 선호를 무비판적으로 정당화시켜 주는 것으로 도덕원리와 개인적 선호 간의 차이를 불분명하게 만들 수 있기 때문이다.

정답개념

1. 하인츠 딜레마(Heinz Dilemma)와 콜버그 도덕성 발달단계

> 유럽에서 한 여인이 특별한 종류의 암에 걸려 죽음 직전에 와 있다. 의사들이 그녀를 살릴 수 있을 것으로 생각하는 한 가지 약이 있었다. 그것은 같은 도시에 있는 약사가 최근에 발견한 것으로 라듐의 한 형태였다. 그 약을 제조하는 데 비용이 많이 들기는 했지만 약사는 약값으로 제조 비용의 10배를 불렀다.
> 그는 라듐 구입에 200달러를 지불하고 그 약의 소량 처방에 2000달러를 요구했다. 환자의 남편 하인츠는 돈을 꾸기 위해 아는 사람을 모두 찾아다녔지만 약값의 반인 1000달러 밖에 구하지 못했다.
> 그는 그 약사에게 자기 아내가 죽어가고 있다는 것을 말하고 약을 좀 싸게 팔거나 아니면 외상으로 달라고 부탁했다. 그러나 약사는 "안돼요. 나는 그 약을 개발했고 그걸로 돈을 벌려고 합니다."라고 거절했다. 그래서 하인츠는 절망한 나머지 아내를 위해 문을 부수고 들어가 약을 훔쳐 왔다. 하인츠는 약을 훔쳐야만 했을까? 그 이유는 무엇이겠는가?

- 이 문제에 대한 학생의 응답을 통해 학생의 가치 갈등 상황에서의 도덕적 발달 단계를 확인할 수 있다.

(1) 전인습 수준의 도덕성
  ① 제1단계: 벌-처벌 지향의 단계
    ㉠ 규칙은 처벌을 회피하기 위해 따른다.
    ㉡ 좋거나 나쁜 행동은 그것의 물리적 결과에 의해 결정된다.
    ㉢ 구체적·표면적 결과만으로 도덕을 판단한다.
  ② 제2단계: 개인적 쾌락주의
    ㉠ 개인적 욕구가 옳고 그름을 결정한다.
    ㉡ 도덕적 행동은 자신과 타인을 만족시키는 도구로서 정의되며, 더 이상 규칙이나 법률이 고정적이거나 절대적이지 않다.
    ㉢ 공정성, 상호성, 공정한 부의 분배 개념이 나타나기는 하지만 반드시 자신의 욕구와 관련된 관점에서 해석이 가능하다.

(2) 인습 수준의 도덕성
  ① 제3단계: 착한 소년-소녀 지향형
    ㉠ 대인 관계에서의 조화를 위한 도덕성
    ㉡ 도덕은 다른 사람과 좋은 관계를 유지하는 것으로, 다른 사람을 기쁘게 해 주고 도와주려 한다.
    ㉢ 다른 사람의 인정을 중요시하고 관계를 판단의 기준으로 삼는다.
  ② 제4단계: 사회 질서와 권위 지향
    ㉠ 법과 질서를 준수하는 도덕성
    ㉡ 법은 절대적이며 권위는 인정받아야 하고 사회적 질서는 유지되어야 한다.

(3) 후인습 수준의 도덕성
  ① 제5단계: 사회적 계약 지향
    ㉠ 사회 계약 및 법률 복종으로서의 도덕성
    ㉡ 법은 여러 사람이 함께 살기 위해 동의한 장치라고 이해한다.
    ㉢ 그러나 법이 사람들이 필요로 하는 바를 충족시키지 못한다면 언제든지 변경시킬 수 있다.
  ② 제6단계: 보편적 윤리 지향
    ㉠ 양심 및 도덕 원리에 대한 확신으로서 도덕성
    ㉡ 선과 권리는 개인적 양심의 문제이며, 보편적 원리에 의해 모든 인간은 존엄하고 정의의 원칙이 우선되도록 행동한다.

2. 콜버그의 질문 전략

도입 단계	① 도덕적 문제 부각시키기 • 문제 사태에서 중요한 논의거리를 드러내면서 초점을 명확히 하기 위해 자신의 입장을 정하도록 하는 것 📌 "철수는 도둑질을 해야만 했을까?" 등과 같은 당위적 질문들을 제기한다. ② '왜'라는 질문하기 • 자기가 정한 입장에 대해 근거가 무엇인지, 그것이 가능하며 타당한 것인지 등에 대해 간단하게나마 성찰해 보도록 하고자 하는 것 📌 "너의 해결 방안이 왜 좋다고 생각하니?" 등과 같은 질문이 그것이다. ③ 상황을 복잡하게 하기 • 원래의 문제에 포함된 인지 갈등과 복잡성을 증가시키고자 할 때 또는 학생들이 도덕 문제로부터 회피해 나가는 것을 방지하고자 할 때 사용될 수 있다. 📌 "하인즈의 부인이 그에게 약을 훔쳐 달라고 특별히 부탁했다면, 너의 입장은 달라지겠느냐?"와 같은 질문을 제기한다.
심화 단계	① 심층적 질문하기 • 도덕적 문제를 여러 각도에서 생각해 보고 타당한 해결을 도모해 볼 수 있도록 다각도에서 파고드는 질문들 ㉠ 명료화 질문 ㉡ 특정 문제 탐색 질문 ㉢ 갈등 해소 숙고 질문 ㉣ 역할 바꿔 생각해 보기 질문 ㉤ 보편적 결과 고려해 보기 질문 ② 인접 단계의 논의 강조하기 • 학생들의 도덕 발달 정도와 인접한 단계와 접촉, 교류하면서 논의를 심화하도록 하는 질문을 하는 것 • '+1 전략'이 대표적 ③ 명료화와 요약하기 ④ 역할 채택 경험 제공하기

02

2022-A-9

(가)는 4학년 '공손하고 다정하게' 단원을 지도하기 위하여 예비 교사가 작성한 차시별 수업 계획이고, (나)는 예비 교사와 지도 교수가 나눈 대화이다. 물음에 답하시오. [4점]

(가)

차시	주제	주요 교수·학습 활동
1	예절은 중요해요	• 예절의 의미와 중요성을 알기 • 대상과 상황에 따른 예절을 알기
2	일상생활에서 예절을 지켜요	• 대상과 상황에 알맞은 행동을 직접 실행하면서 몸에 익히기
3	예절 바른 생활을 위해 지혜롭게 생각해요	• 예절과 관련한 가치 문제를 확인하기 • 자기 입장을 설정하고 사실적 타당성을 탐색하기 • 잠정적 가치를 결정하고 가치 원리를 검사하기
4	예절을 지키면 모두가 행복해요	• 예절 바른 마음을 존중하고 기꺼이 실천하려는 열정을 갖기

(나)

예비 교사 : 이 단원은 예절의 중요성을 이해하고 대상과 상황에 따른 예절이 다름을 탐구하여 이를 습관화하는 데 지도의 중점이 있습니다. 각 차시별 주제의 성격을 고려하여 주요 교수·학습 활동을 구상했습니다.

지도 교수 : 차시별 주제와 주요 교수·학습 활동이 서로 관련되어 있고, 전체적으로 보아 이 단원의 내용 체계에 따라 활동을 짜임새 있게 구상했습니다. 세부적으로 살펴보면, 2차시에서는 도덕 행동에 지도의 중점을 두고 있는데, 구체적으로 어떤 수업 방식을 적용할 계획인가요?

예비 교사 : 도덕과의 '6수업 과정·절차' 중 행동적 접근에 적합한 수업 방식이 2가지 있는데, 그중 (㉠) 중심의 수업 과정·절차를 적용하려고 합니다. '실천 체험형'과 달리, (㉠)형은 도덕적 행동을 직접적인 훈련을 통해 익히고, 가상의 상황을 설정하여 올바른 행동을 실제로 해보면서 익히는 특징을 지니고 있기 때문입니다.

지도 교수 : 3차시에서는 가치 분석 수업 모형을 적용하고 있네요. 특히 '가치 원리를 검사하기'는 예절과 관련한 문제 사태에서 가치 판단의 합리성과 보편화 가능성을 검토하는 데 도움을 제공하는 활동입니다. ㉡ 역할 교환 검사, ㉢ 보편적 결과 검사 등이 이에 해당하는데, 실제 수업에서 잘 구현하길 바랍니다.

예비 교사 : 그런데 4차시에서 예절을 도덕적 마음과 관련해서 지도하려고 하는데, 이를 뒷받침할 수 있는 이론을 동양윤리에서 찾을 수 있습니까?

지도 교수 : 맹자(孟子)의 심성론(心性論)이 대표적입니다. 그 심성론에 따르면, 인간의 본성은 인의예지(仁義禮智)이며, 이 본성은 '측은지심(惻隱之心)', '수오지심(羞惡之心)', '(㉣)', '시비지심(是非之心)'이라는 도덕적 마음으로 드러납니다. 그래서 인간 누구에게나 도덕적 마음을 기르는 공부가 중요합니다.

1) (나)의 ㉠에 공통으로 들어갈 용어를 쓰시오. [1점]

• _____

2) 다음 밑줄 친 내용을 적용하여 (나)의 ① ㉡과 ② ㉢에 해당하는 교사의 발문 전략을 서술하시오. [2점]

[문제 상황] 전교 어린이회 회장인 범수는 회의 시각이 다가오는데도 참석하지 않는 윤지를 걱정하였다. 범수는 다급한 마음에 조용히 아침 독서 활동 중인 윤지 반의 교실 문을 노크 없이 벌컥 열고 큰 목소리로 윤지를 불렀다. 윤지 반 친구들은 모두 깜짝 놀라며 눈살을 찌푸렸다.
[잠정적 가치 결정] 윤지 반 친구들에게 예절을 지키지 않더라도 윤지를 회의에 참석할 수 있도록 하는 것은 옳다.

• ① : _____
• ② : _____

3) (나)의 ㉣에 들어갈 용어를 한글로 쓰시오. [1점]

• _____

정답

1) 실습 실연

2) ① '영수'와 '윤지 반 친구들'의 입장을 바꾸어 생각해 보도록 한다.
② 회의 참석을 위해서라면, 모두가 범수처럼 예절을 지키지 않아도 그 결과를 받아들일 수 있겠는가를 생각해보도록 한다.

3) 사양지심 辭讓之心
• 버스나 지하철에서 노약자나 임산부에게 자리를 양보하는 행동처럼 겸손하여 남에게 사양할 줄 아는 마음, 양보하는 마음이 예(禮)의 근본(根本)

정답이유

1) 도덕과 수업 4단계 심층화 모델과 6수업 종류

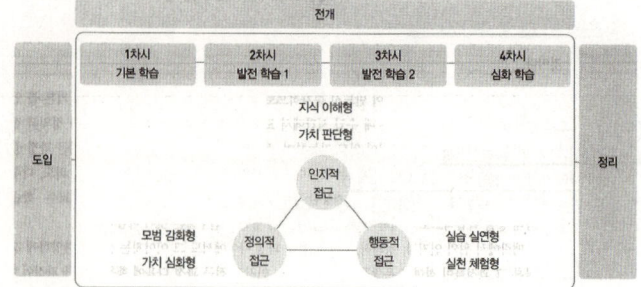

03
2021-A-9

(가)는 3학년 '생명을 존중하는 우리' 단원을 지도하기 위하여 박 교사가 작성한 차시별 활동 중점 및 교수·학습 자료이고, (나)는 박 교사와 지도 교수가 나눈 대화이다. 물음에 답하시오. **[4점]**

(가)

차시	활동 중점	교수·학습 자료
1차시	지식 이해	• '우체통의 새' 예화 ⓐ <u>어느 마을의 이장님이 우체통 속에 둥지를 튼 새를 위해 "우편물을 우체통 옆에 꽂아 주세요."라는 쪽지를 남겼다.</u>
2차시	실습 실연	• 생명 존중을 실천한 모범 사례 및 그와 반대되는 사례
3차시	가치 판단	• 하인즈(Heinz) 이야기 ⓑ <u>유럽 어느 마을에 사는 하인즈의 부인이 암으로 죽어 가고 있었다. 그 부인을 살리는 데는 오직 한 가지 약밖에 없었다. …(중략)… ⓒ 절망을 느낀 하인즈는 아내를 위해 약을 훔칠지 고민에 빠졌다.</u>
4차시	가치 심화	• 생명 지킴이 활동을 수행한 나의 실천 기록장

(나)

박 교사 : 이 단원의 지도 중점은 생명의 존엄성과 생명을 대하는 올바른 태도를 탐구하여 이를 생활 속에서 꾸준히 실천하도록 하는 데 있습니다. 도덕과의 기본형 단원에 따라 총 네 차시로 구성하여 활동 중점과 교수·학습 자료를 구상했는데, 이에 대해 어떻게 생각하시나요?

지도 교수 : 각 차시별로 활동 중점의 특징을 반영하여 교수·학습 자료를 잘 선정했습니다. 실제 이 단원의 수업 전체 과정에서는 ㉠ <u>생명의 소중함을 알고 애착을 가지며 실천하는, 인지와 정서와 행동의 세 측면을 조화롭게 형성하기 위한 노력</u>이 중요합니다.

박 교사 : ⓐ에서 이장님의 마음을 학생들에게 어떻게 지도해야 하는지를 유가(儒家)의 사례에 근거하여 알고 싶습니다.

지도 교수 : 중국 선진 시대 제선왕의 사례를 제시할 수 있습니다. 제선왕이 죄 없이 사지로 끌려가는 소가 두려워 벌벌 떨고 있는 모습을 보고 놓아주라고 말한 적이 있었습니다. 이때의 제선왕의 마음은 불인(不忍)에 해당합니다. 유가에서는 이 마음을 기반으로 하여 '이로움'(利)에 밝은 (㉡)이/가 아니라 '의로움'(義)에 밝은 군자(君子)를 도덕적 인간상으로 여깁니다. 도덕적 측면에서 (㉡)와/과 군자를 구별함으로써 교육의 역할과 가능성을 긍정한 것입니다.

박 교사 : 3차시 수업에서는 콜버그(L. Kohlberg)의 도덕성 발달 이론을 반영한 토론식 수업에 적합한 이야기를 적용하려고 합니다.

지도 교수 : ⓑ와 ⓒ가 각각 갖추고 있는 상황 제시 조건은 무엇인가요?

박 교사 : (㉢)

1) (나)의 ㉠에 해당하는 도덕과 학습 지도의 기본 원리를 쓰시오. **[1점]**

• _____

2) (나)의 ㉡에 들어갈 말을 쓰시오. **[1점]**

• _____

3) (나)의 ㉢에 들어갈 내용 2가지를 서술하시오. **[2점]**

• ① : _____
• ② : _____

정답

1) 통합성

2) 소인

3) ① • 학생들의 생활 경험을 반영하고 그들의 이해 능력에 맞는 것이어야 한다.
    • 상황은 실제 상황, 학생들의 삶의 경험 속에서 만들어져야 한다.
   ② • 문제 사태가 규범 간의 갈등을 내포하고 있는 성질의 것이어야 한다.
    • 상황은 행동에 대한 하나의 선택을 제공해야만 하며, '주인공이 어떻게 해야 하는가?'와 같은 질문을 제기해야 한다.

정답이유

1) 통합성의 원리

• 도덕적 가치 규범을 지도함에 도덕적 덕성과 인격의 <u>인지적·정의적·행동적 측면이 조화롭게 형성되도록 지도 방법과 교수·학습 과정을 고려하는 원리</u>

2) 공자 윤리 - 의(義)

• 공자에게 있어서 '의'란 마땅함, 도리, 정당함, 옳음의 의미를 가진 용어로서, 올바른 행위의 준칙이자 가치 선택의 기준이다.

> ① 군자는 의에 밝고 소인은 이익에 밝다.
> ② 이익을 보면 의를 생각하고, 위태로움을 보면 목숨을 바치고, 오래된 약속일지라도 평소에 한 것처럼 잊지 않는다면 성인(聖人)이 될 수 있다.

3) <u>문제 사태는 학생들의 생활 경험을 반영하고 그들의 이해 능력에 맞는 것이어야 한다.</u> 가상적인 것과 그 학급에서 당면하고 있는 현실적인 문제 모두 사용할 수 있다. 단, 가치 탐구가 제대로 이루어지기 위해서는 그 문제 사태가 <u>규범 간의 갈등을 내포하고 있는 성질의 것이어야 한다.</u>

이러한 문제 사태의 조건을 고려할 때 ⓑ의 경우는 학생들이 주변에서 들어보거나 경험해 보았을 법한 상황이며, ⓒ의 경우 갈등을 아내를 위해 약을 훔치는 것이 맞을지 남의 물건을 훔치지 말아야 할지 갈등 상황을 내포하고 있다.

04
2020-A-7

다음은 2015 개정 도덕과 교육과정과 교과서 구성에 대해 예비 교사와 지도 교수가 나눈 대화이다. 물음에 답하시오. [4점]

> 예비 교사 : 도덕과 교육과정의 '타인과의 관계' 영역에서는 타인과의 바람직한 관계 설정을 지향합니다. 이를 이해하는 데 도움이 되는 이론에는 무엇이 있습니까?
> 지도 교수 : 대표적으로 길리건(C. Gilligan)의 이론을 들 수 있습니다. 이 학자는 상호 연계성의 인간관계를 중요시하였으며 정의(justice)와 권리(right)의 도덕 외에 (㉠)와/과 (㉡)의 도덕이 존재 한다고 보았습니다. 이를 바탕으로 정의 지향적 도덕성과 (㉠) 지향적 도덕성은 상호 보완적으로 접근 되어야 함을 강조하였습니다.
> 예비 교사 : 초등학생들의 도덕성 함양을 위해 도덕과 교육 과정에서 제시한 교과 역량은 무엇입니까?
> 지도 교수 : 6가지가 있습니다. 예를 들면, (㉢)은/는 도덕성을 전제로 자신 및 타인의 감정을 인식 하고 보살펴 줄 수 있는 것이며, 이와 관련된 기능으로 '도덕적 민감성 갖기, 공감 능력 기르기, 다양성 수용하기'가 있습니다.
> 예비 교사 : 그렇다면, 초등 도덕 교과서의 단원은 어떻게 구성 되어 있습니까?
> 지도 교수 : 기본형 단원은 학년 당 6개로 구성되어 있습니다. 기본형 단원은 3~6학년 모두 동일한 체제와 구성 방식으로 되어 있어 구성의 통일성과 수업의 용이성 면에서는 장점을 지닙니다. 반면, 구성이 획일적이고 경직되어 있다는 것은 단점이라고 할 수 있습니다. 이러한 단점을 보완하기 위해 (㉣)에서는 기본형 단원의 획일화된 구성 방식에서 탈피하여 교사와 학생들이 스스로 함께 만들어 나가는 도덕 수업을 시도해 보도록 하고 있습니다.

1) ㉠과 ㉡에 각각 들어갈 용어를 2015 개정 도덕과 교육과정에 제시된 '핵심 가치' 중에서 쓰시오. [1점]
   - ㉠ : _____ • ㉡ : _____

2) ㉢에 들어갈 내용을 2015 개정 도덕과 교육과정에 제시된 용어로 쓰시오. [1점]
   - ㉢ : _____

3) ① ㉣에 들어갈 용어를 쓰고, ② 다음의 내용을 고려하여 기본형 단원과 비교한 ㉣의 특징을 1가지 쓰시오. [2점]

   > 기본형 단원은 가치·덕목 중심이다. 여기서 가치·덕목 중심이란 2015 개정 도덕과 교육과정 초등 내용 체계표에 설정되어 있는 가치·덕목을 집중적으로 추구한다는 의미이다.

   - ① : _____
   - ② : _____

정답

1) ㉠ 배려 ㉡ 책임
2) 도덕적 정서 능력
3) ① 자율형
   ② • 교과 역량의 함양을 직접 추구한다.
      • 가치·덕목들의 통합과 심화를 추구한다.

정답이유

2) 도덕과 교과 역량 중 '자신 및 타인의 감정을 인식하고 배려할 수 있는 능력'은 도덕적 정서 능력이고, 이와 관련된 기능 3가지(민감성, 공감능력, 다양성 수용)는 '타인과의 관계' 내용 영역에서 강조하는 것이다.

3) 15 개정 신설 - '자율형' 단원 특징
① 6개 도덕 교과 역량의 함양을 직접 추구한다.
② 가치·덕목들의 통합과 심화를 추구하게 된다. 여기서 통합이란 종래의 가치·덕목들을 별개의 것으로 다루어 한 단원에서 오직 하나의 가치·덕목만을 다루어 오던 방식에서 벗어나 한 개의 단원에서 여러 가지 가치·덕목들을 통합적으로 추구하면서 학습하도록 하는 것이다.

정답개념

1. 15개정 : 도덕 교과 역량과 기능 항목

종류	개념	기능
(1) 자기 존중 및 관리 능력	자신을 존중하고 사랑하는 토대 위에서 자주적인 삶을 살고 자신의 욕구나 감정을 조절하며 이겨낼 수 있는 능력	○ 도덕적 자아정체성 ① 자기인식 및 존중하기 ② 자기감정 조절하기 ③ 자기감정 표현하기
(2) 도덕적 사고 능력	일상의 문제를 도덕적으로 인식하고 도덕적 판단 및 추론의 탐구 과정을 거쳐 타당한 근거를 가지고 옳고 그름을 분별할 수 있는 능력	○ 도덕적 판단 능력 ① 도덕적 가치·덕목 이해하기 ② 올바른 의사결정하기 ③ 행위 결과 도덕적으로 상상하기
(3) 도덕적 대인 관계 능력	의사소통 과정에서 타인의 도덕적 요구 인식 및 수용과 이상적인 의사소통 공동체를 지향하면서 타인과 더불어 살아갈 수 있는 능력	① 경청·도덕적 대화하기 ② 타인 입장 이해·인정하기 ③ 약속 지키기 ④ 감사하기
(4) 도덕적 정서 능력	도덕성을 전제로 자신 및 타인의 감정을 인식하고 배려할 수 있는 능력	① 도덕적 민감성 갖기 ② 공감 능력 기르기 ③ 다양성 수용하기
(5) 도덕적 공동체 의식	도덕규범과 정서 및 유대감을 근간으로 자신이 속한 다양한 공동체의 구성원으로서의 소속감을 갖고 살아갈 수 있는 능력	① 관점 채택하기 ② 공익에 기여하기 ③ 봉사하기
(6) 윤리적 성찰 및 실천성향	일상 세계에서 자신의 삶을 윤리적으로 성찰하는 토대 위에서 도덕적 가치와 규범을 지속적으로 실천할 수 있는 능력	○ 윤리적 성찰 능력 ① 심미적 감수성 기르기 ② 자연과 유대감 갖기 ③ 반성과 마음 다스리기 ○ 실천 능력 ① 실천 의지 기르기 ② 책임감 있게 행동하기

05
2019-B-4

다음은 도덕과 교육의 이론과 수업 방안에 대해 예비 교사와 지도 교수가 나눈 대화이다. 물음에 답하시오. [4점]

예비 교사 : 도덕과에서 중요시하는 덕은 무엇이고, 그것이 어떻게 형성되는지에 대해 알고 싶습니다.

지도 교수 : 덕이란 원래 '아레테(aretē)'에서 온 말로 인간을 포함한 모든 존재가 기능 면에서 탁월성을 발휘하는 상태를 의미합니다. (㉠)에 따르면, 덕은 지적 덕과 도덕적 덕으로 구분됩니다. 지적 덕은 주로 이성적 탐구 활동에 의해 형성됩니다. 지적 덕 중에서 도덕적 삶과 관련하여 옳고 좋은 것에 대해 숙고하고 탐구함으로써 형성될 수 있는 탁월한 마음의 상태를 실천적 지혜라고 합니다. 반면에 도덕적 덕은, 정의로운 행동을 함으로써 정의로워지며 절제하는 행동을 함으로써 절제하게 되는 것과 같이, 어린 시절부터 올바른 행동을 실천함으로써 형성되는 습관의 산물입니다.

예비 교사 : 그런데 올바른 행동을 하는 데 있어서 욕구와 감정도 작용하지 않나요?

지도 교수 : 좋은 질문입니다. 그래서 (㉠)은/는 ㉡ 중용을 선택하고 그에 따라 행동할 것을 강조하고 있습니다.

예비 교사 : 네. 그렇다면 학생들에게 덕을 함양시키기 위해 구체적으로 어떻게 접근해야 하나요?

지도 교수 : 다음 세 가지를 통합적으로 고려하여 접근할 것을 추천합니다. 첫째는 올바른 행동을 반복적으로 실천하게 하고, 둘째는 감정과 욕구를 적절히 다스리면서 올바른 정념을 갖추도록 하며, 셋째는 ㉢ 옳고 좋은 것을 잘 헤아려 바르게 선택하게 합니다.

---

1) ㉠에 공통으로 들어갈 학자가 '인간이 궁극적으로 추구하는 최고선'이라고 주장한 것을 쓰시오. [1점]

- _____

2) '쾌락' 대신 '두려움'을 ㉡에 적용하여 〈보기〉와 같은 형식으로 쓰시오. [2점]

> 쾌락이 과도할 경우에는 방탕하게 되고, 부족할 경우에는 무감각하게 된다. 쾌락에 관해서 중용은 절제이다.

- _____

3) 도덕과의 '6수업 과정·절차' 중 ㉢과 '합리적 의사 결정의 학습'을 주된 활동으로 하는 수업 과정·절차의 명칭을 쓰시오. [1점]

- _____

정답

1) 행복
2) 두려움이 과도할 경우에는 비겁하게 되고, 부족할 경우에는 무모하게 된다. 두려움에 관해서 중용은 용기이다.
3) 가치 판단 중심

정답이유

1) ㉠에 공통으로 들어갈 학자는 아리스토텔레스(aristoteles)이며, 아리스토텔레스는 '인간이 궁극적으로 추구하는 최고선'을 '행복(eudaimon, happiness)'이라고 보았다.

2) 아리스토텔레스 : 중용(中庸)의 덕(德)
① 이성에 의하여 감정을 억제함으로써 한쪽으로 치우치지 않으려는 의지를 습관화한 덕
② 중용의 덕이란 시대나 상황에 따라 바뀜 → 현실주의
③ 중용의 덕을 반복, 습관, 내면화시킬 때 우리는 비로소 행복해질 수 있음
④ 지적인 덕과 품성적인 덕

지적인 덕	실천적 지혜, 지성, 철학적 지혜
품성적인 덕	중용(中庸)

정답개념

1. 중용의 덕

관계 있는 것	모자람	중용	지나침
두려움과 태연함	무모함	용기	비겁
쾌락과 고통	무감각	절제	방종, 방탕
돈	인색	관후	낭비, 방탕
명예와 불명예	비굴	긍지	오만함, 허영
노여움	무성미, 무기력	온화함	성급함
진리	거짓 겸손	진실	허풍
유쾌함	무뚝뚝함	재치	익살
	심술궂음	친절	비굴, 아첨

2. 도덕과 '6수업 과정·절차'

〈1〉 지식 이해 중심	학습 문제 인식 및 동기 유발 → 가치 사례 제시 및 관련 규범 파악 → 가치 규범 탐구 및 이해의 심화 → 도덕적 정서 및 의지의 강화 → 정리 및 확대 적용과 실천 생활화
〈2〉 가치 판단 중심	학습 문제 인식 및 동기 유발 → 도덕적 문제 사태의 제시 및 분석 → 도덕 판단·합리적 의사 결정의 학습 → 도덕적 정서 및 의지의 강화 → 정리 및 확대 적용과 실천 생활화
〈3〉 모범 감화 중심	학습 문제 인식 및 동기 유발 → 도덕적 모범의 제시와 관련 내용 파악 → 도덕적 모범의 탐구 및 감동 감화 → 도덕적 정서 및 의지의 강화 → 정리 및 확대 적용과 실천 생활화
〈4〉 가치 심화 중심	학습 문제 인식 및 동기 유발 → 가치 사례의 제시 및 성찰 → 가치 규범의 추구 및 심화 → 도덕적 정서 및 의지의 강화 → 정리 및 확대 적용과 실천 생활화
〈5〉 실습 실연 중심	학습 문제 인식 및 동기 유발 → 모범 행동의 제시 및 이해 → 모범 행동의 실습 실연 → 도덕적 정서 및 의지의 강화 → 정리 및 확대 적용과 실천 생활화
〈6〉 실천 체험 중심	학습 문제 인식 및 동기 유발 → 실천 체험 주제 설정 및 계획 → 실천 체험 학습 활동의 실행 → 실천 체험 결과 발표 및 도덕적 정서·의지 강화 → 정리 및 확대 적용과 실천 생활화

06

2018-B-4

(가)는 2009 개정 도덕과 교육과정(교육과학기술부 고시 제2012-14호)에 의거하여 김 교사가 작성한 교수·학습 과정안의 일부이고, (나)는 김 교사와 지도 교수가 나눈 대화이다. 물음에 답하시오. [4점]

(가)

학습 목표	아름다운 삶의 실천 사례를 살펴보고 이를 본받으려는 마음을 다진다.
절차	교수·학습 활동
도입	• 아름다운 삶의 모습에 대한 호기심 유발하기 • 학습 문제 확인하기
전개1	• 아름다운 삶의 감동적인 사례 제시하기 • 감동적인 사례에 담긴 의미 파악하기
전개2	• (　　　　　㉠　　　　　) • 아름다운 삶과 관련하여 유사한 상상의 이야기 구성하기
… (하략) …	

(나)

김 교사: 5학년 1단원 3차시의 학습 목표와 교과서에 제시된 내용의 성격을 고려하여 교수·학습 과정안을 작성했습니다.

지도 교수: 김 선생님은 아름다움의 의미를 탐구하는 1차시와 아름다움이 지닌 가치를 판단하는 2차시의 후속 활동으로, 3차시에서는 아름다운 삶의 사례를 살펴보고 본받을 수 있도록 교수·학습 과정안을 작성했군요.

김 교사: '전개1'의 교수·학습 활동을 뒷받침하는 이론에는 어떤 것이 있습니까?

지도 교수: ㉡ 반두라(A. Bandura)의 사회 학습 이론이 대표적입니다.

김 교사: '전개2'의 교수·학습 활동은 어떻습니까?

지도 교수: 도덕 이야기 수업 모형에서의 핵심 활동을 적용하였네요. 내러티브 접근에 따르면, ㉠의 활동은 ㉢ 가치 규범과 바람직한 삶의 문제에 관한 자기 연관성을 높여 가치의 내면화를 도모하는 데 효과적입니다.

김 교사: 그렇군요. 제가 작성한 교수·학습 과정안은 도덕적 심정의 함양을 목표로 하고 있는데, 어떤 평가 방법을 활용할 수 있습니까?

지도 교수: 여러 가지가 있지만, 학생의 내면의 움직임과 가치·태도의 양상을 파악하기 위해서는 학습 활동지에 자신의 생각이나 의견을 답하게 하는 (　㉣　)을/를 추천해요. 이 평가 방법의 유형에는 자유 반응형, 체크리스트형, 등위형 등이 있어요.

1) (가)와 (나)를 통해 추론할 수 있는, 2009 개정 도덕과 교육과정(교육과학기술부 고시 제2012-14호) 내용 체계에 제시된 주제를 쓰시오. [1점]

• _____

2) ① ㉡에 근거하여 '전개1'의 교수·학습 활동을 통해 달성하고자 하는 교육적 효과를 쓰고, ② ㉢을 고려하여 ㉠에 들어갈 활동을 쓰시오. [2점]

• ① : _____

• ② : _____

3) ㉣에 들어갈 평가 방법을 쓰시오. [1점]

• _____

정답

1) 참된 아름다움

2) ① • 학생들이 감동적인 사례를 통해 아름다운 삶을 모방할 수 있다.
　　• 관찰, 모방, 동일시를 통해 도덕적 행동을 촉진한다.
② 아름다운 삶과 관련하여 자신의 도덕적 경험 발표하기(공유하기)

3) 자기 보고법

정답이유

2) ① 아름다운 삶의 감동적인 사례를 관찰, 모방, 동일시함으로써 도덕적 행동의 강화를 가져올 수 있다.
② ㉢의 '자기 연관성을 높인다'는 내용을 고려할 때 ㉠에는 아름다운 삶과 관련하여 자신의 도덕 이야기를 구성하는 활동이 적합하다.

정답개념

1. 사회 학습 이론(Social Learning Theory)
① 반두라(A. Bandura), 시어스(R. R. Sears) 등의 학자들은 인간의 행동 변화와 학습이 강화나 벌에 의하지 않고 모범 행동을 관찰하고 모방함으로써도 이루어질 수 있음을 이야기하고 있다.
② 전체적으로 보면 행동주의 심리학의 범주에 속하지만 관찰과 모방, 그리고 인간의 인지적 특성에 의한 학습을 강조하는 이러한 이론을 사회 학습 이론이라고 부르고 도덕적 행동의 학습, 도덕성의 형성과 발달은 관찰, 모방, 동일시에 의해서도 이루어진다.
③ 모델링
• 모든 관찰과 모방에 의한 학습 과정에서 인지적 매개가 중요하게 작용한다. 말하자면 단순히 모델을 관찰했다는 것만으로 행동의 변화가 일어나는 것이 아니라 그 모델이 자신에게 주는 의미를 인지적으로 파악하여 그것을 의식적으로 수용할 때 학습이 더 잘 일어난다는 것이다.

2. 도덕 이야기 수업 모형

1단계	• 학습 문제 인식과 동기 유발
2단계	• 도덕 이야기의 제시와 주요 내용 파악
3단계	• 도덕 이야기의 탐구 및 자신의 도덕적 경험 발표와 공유
4단계	• 자신의 도덕 이야기 또는 유사한 상상의 이야기 구성
5단계	• 정리 및 확대 적용과 실천 생활화

07
2016-B-3

다음은 예비교사와 지도교사가 도덕과 수업 방안에 대해 나눈 대화의 일부이다. 물음에 답하시오. [4점]

> 예비교사 : 저는 학생들의 도덕적 판단력을 신장시키기 위한 수업을 해 보고 싶은데, 도덕 판단을 내리기 위해 어떤 기준을 활용하면 좋을지 알고 싶습니다.
> 지도교사 : 칸트(I. Kant)의 도덕 법칙을 생각해 보시면 어떨까요? 칸트는 도덕 판단을 인간의 이성적 능력에 의한 자율적인 사고 과정으로 보았어요. 그에 의하면 실천 이성이 명령하는 인간 행동과 사회적 삶의 최고의 도덕 법칙은 (㉠)이며, 이 중 ㉡ 인간 존엄성을 고양시키고 인간을 수단이 아닌 목적으로 대우하는 것이 하나의 중요한 명령입니다.
> 예비교사 : 그렇다면 도덕적 판단력을 기를 수 있는 수업 방안에는 무엇이 있나요?
> 지도교사 : 도덕적 판단력을 기르기 위해서는 학생들에게 도덕적인 문제 사태를 제시하고, 이에 대한 각자의 입장을 선택하고 정당화하는 수업이 효과적입니다.
> 예비교사 : 선생님께서 말씀하신 것과 관련된 도덕과 수업 모형에는 어떤 것이 있나요?
> 지도교사 : 여러 가지가 있는데요. 다음은 수업 모형을 비교한 자료입니다. 각 모형은 서로 다른 특징이 있지만, 모두 도덕적 판단력을 기르는 데 유용합니다.

수업 모형	특징
도덕 딜레마 토론 모형	• ㉢ 콜버그(L. Kohlberg)가 주장한 도덕성 발달 단계에 기초 • 명료화 질문, 특정 문제 탐색 질문, 인접 단계의 논의 강조하기(+1 전략) 등을 활용하여 도덕적 추론 능력의 향상 도모
가치 분석 모형	• 잠정적 가치 결정이 바람직한 가치 원리에 입각하고 있는지에 대한 ㉣ 가치 원리 검사 활용 • 자신의 입장을 뒷받침해 줄 사실적 근거의 진위 확인 및 타당성 탐색
가치 갈등 해결 모형	• 재판관처럼 학생들이 복합적이고 논쟁적인 문제의 해결을 강조하는 (㉤) 모형에 기초 • 도덕적 문제와 관련된 여러 가지 사실 관계와 상황적 특성의 분석

1) ① ㉠에 들어갈 용어를 쓰고, ② ㉢ 중 ㉡에 따라 도덕 판단을 하는 단계의 특징을 쓰시오. [2점]

- ① : _____
- ② : _____

2) ㉣ 중에서 다음 사례의 질문이 활용될 수 있는 검사명을 쓰시오. [1점]

> 경수가 심판을 맡은 축구 경기에서 친구인 민호가 반칙을 했다. 이때 경수는 "친구끼리는 서로 도와주어야 한다."는 가치 원리에 따라 민호의 반칙을 눈감아 주었다. 이 가치 원리는 "모든 사람을 공정하게 대해야 한다."는 일반적인 가치 원리로부터 타당하게 도출될 수 있는가?

- _____

3) ㉤에 들어갈 용어를 쓰시오. [1점]

- _____

정답

1) ① 정언 명령(Categorical Imperative)
   ② • 보편적 도덕 원리에 대한 확신으로서의 도덕성
      • 사회의 법과 질서를 준수할 뿐 아니라 스스로 선택한 양심의 결정을 도덕적 판단의 기준으로 삼는다.
2) 포함 관계 검사
3) 법리적

정답이유

1) 칸트와 콜버그

① 칸트에게 있어 실천 이성이 명령하는 인간 행동과 사회적 삶의 최고의 도덕 법칙은 정언 명령(Categorical Imperative)이다. 칸트의 윤리설의 궁극적 지향은 인간 존엄성을 고양시키고 인간을 수단이 아닌 목적으로 대우하는 그러한 도덕적 공동체의 형성이라 할 수 있다.

② 콜버그의 도덕성 발달 단계 중 6단계인 '보편적 도덕 원리의 단계'는 인간의 존엄성을 가장 우선시하는 차원에서 보편적 도덕 원리에 대한 확신으로서의 도덕성을 발달시키는 단계이며, 이는 '㉡ 인간 존엄성을 고양시키고 인간을 수단이 아닌 목적으로 대우하는 것'과 관련된다.

2) 지문에 '일반적인 가치 원리로부터 타당하게 도출될 수 있는가?'라는 내용이 제시되어 있으므로 '포함 관계 검사'에 해당한다.

3) '가치 갈등 해결 수업 모형

• 우리나라에서 보통 가치 갈등 해결 수업 모형으로 알려진 이 모형은 원래 올리버(D. Oliver)와 셰이버(J. P. Shaver)의 법리적 모형(jurisprudential frame)에서 비롯된 것이라고 할 수 있다.

① 이 모형의 주창자들은 생산적인 사회 질서 속에서 복합적이고 논쟁적인 문제들을 해결하기 위해서는 서로 대화하는 가운데 성공적으로 그 차이를 해소해 갈 수 있는 시민들이 필요하다고 보고, 그러한 능력을 지닌 시민의 모습을 유능한 재판관의 그것과 같은 것으로 상정하였다.

② 말하자면 이들에게 있어 올바른 가치판단과 합리적 의사 결정이란 이성적이고도 공정한 입장에서 사안을 판단하는 재판관이 하는 일과 같은 것으로 간주되었던 것이다. 이들의 모형에 법리적 모형이라는 이름이 붙여지게 된 이유 또한 여기에 있다.

08

(가)는 교수와 학생이 나눈 대화의 일부이고, (나)는 도덕과 교수·학습 과정안의 일부이다. 물음에 답하시오. [4점]

(가)

학생: 도덕과 교육의 목표는 도덕성 함양이라고 알고 있는데요. 그럼, 도덕성은 구체적으로 무엇을 의미하나요?

교수: 도덕성은 '도덕을 행할 능력'을 의미하는데, 학자마다 조금씩 다르게 정의하고 있어요. 예를 들어, 피아제(J. Piaget)는 도덕적 판단 능력을 도덕성으로 보았어요. 피아제는 도덕성 발달을 크게 두 차원으로 설명하고 있어요. 즉, 도덕성 발달을 ⊙ 규칙을 절대시하고 도덕적 책임의 근거를 행위의 결과에서 찾으며 권위에 복종하는 도덕적 사고에서, ⓒ 규칙의 상대성을 인정하고 도덕적 책임의 근거를 행위자의 의도에서 찾으려는 도덕적 사고로의 이행으로 설명하고 있어요. 그리고 프로이트(S. Freud)는 원초아(Id)의 비합리적이고 충동적인 힘이 부모나 성인의 금지의 목소리에 의해 규제되는 내적 자제력인 초자아(Super Ego)를 도덕성의 주요 요인으로 보았어요. 프로이트는 초자아의 기능이 서로 구분되는 두 개의 부분, 즉 ⓒ 우리에게 하지 말아야 할 것을 일러 주고 그러한 요구를 어겼을 때 죄책감과 수치심을 가지게 하는 것과 도덕적 완성에 대한 열망과 도덕적 가치를 실현할 때 금지와 자부심을 가지게 하는 것에 의해 수행되는 것으로 설명하고 있어요.

학생: 피아제의 관점이 도덕성의 인지적 측면에 초점을 두고 있다면, 프로이트의 관점은 도덕성의 정의적 측면에 초점을 두는 것으로 이해할 수 있겠네요. 그런데 도덕성의 요소에는 인지적, 정의적 측면 외에 또 무엇이 있나요?

교수: 행동적 측면이 있어요. 행동적 측면에는 실천 능력이나 습관 등이 포함되지요. 도덕과 수업은 도덕성의 세 측면에서 각각 접근할 수도 있지만 통합적으로 접근하는 것이 바람직해요.

학생: 그렇군요. 제가 이번에 맡은 모의 수업은 4학년 3단원 4차시인데요. 저는 특히 도덕성의 행동적 측면을 길러주기 위해 학생들에게 실천의 기회를 제공해 주고 싶어요. 그러면 수업안을 어떻게 구상하면 좋을까요?

교수: 그럼, 도덕적 행위 능력을 키워줄 수 있는 교수·학습 과정안을 함께 만들어 봅시다.

학생: 네.

(나)

절차	교수·학습 과정	
도입	• 학습 동기를 유발하고 학습 문제를 파악하기	
	A안	B안
전개	• 도덕적 문제 상황과 관련한 자료를 제시하기 (준호와 성민이가 장난을 치면서 골목길을 지나가다가 이웃집 아저씨와 서로 부딪힌다.) 아저씨: 아이고, 내 허리야. 준호: (진심 어린 표정으로) 아저씨, 죄송해요. 많이 아프시죠? 성민: (두 손을 모아) 정말 죄송합니다. 아저씨: 너희들, 요 옆집 살지? 좀 아프긴 하지만, 괜찮다. 아주머니: 이런 좁은 길에서는 특히 조심해야 된다. 준호, 성민: (정중한 자세로) 네, 앞으로 조심하겠습니다.	• 도덕적 문제 상황을 제시하기 준호와 성민이가 장난을 치면서 골목길을 지나가다가 이웃집 아저씨와 서로 부딪히는 상황만을 제시한다.
	• 배역 선정: 준호, 성민, 이웃집 아저씨, 이웃집 아주머니 • 무대 설정: 골목길 배경, 소품, 명찰 등 • 청중의 준비: 참여적 관찰자로서의 자세 준비 • 시연: 자신이 맡은 역할 시연 및 청중의 적절한 반응	
	… (하략) …	

1) ① '나쁜 행동을 했을 경우에 도덕 규칙이 자연에 내재되어 있어서 하늘이 벌을 줄 것이라는 믿음에 근거하는 경향'은 (가)의 ⊙과 ⓒ 중 어디에 해당하는지 기호와 그 기호의 내용을 지칭하는 용어를 쓰고, ② ⓒ을 지칭하는 용어를 쓰시오. [2점]

• ① : _____

• ② : _____

2) 다음은 (나)의 A안과 B안의 장점을 나타낸 것이다. ⓐ에 들어갈 내용을 교육적 효과의 측면에서 쓰시오. [1점]

	A안의 장점	B안의 장점
차이점	극본에 따라 충실하게 시연함으로써 모범적인 행동을 익힐 수 있다.	(ⓐ)
공통점	실제 상황과 비슷한 경험을 제공함으로써 학생들의 참여와 흥미를 높일 수 있다.	

• _____

3) (나)의 교수·학습 과정안에서 다루는 주제가 속한 2009 개정 도덕과 교육과정(교육과학기술부 고시 제2012—14호)의 ① 내용 영역의 명칭과, ② 이 주제에 해당하는 영역별 가치·덕목 1가지를 쓰시오. [1점]

• ① : _____ • ② : _____

정답

1) ① ㉠, 타율적 도덕성
   ② 양심
2) • 상황에 맞게 자유롭게 사고·판단할 수 있다.
   • 해당 인물을 통해 보다 쉽게 감정 이입을 할 수 있기 때문에 도덕적 태도 변화, 가치 내면화에 도움을 준다.
3) ① 우리·타인과의 관계
   ② 예절

정답이유

1)
① ㉠ 타율적 도덕성
   ㉡ 자율적 도덕성
② 죄책감과 수치심을 가지게 하는 것은 양심이다.

2) A는 역할극이고, B는 역할놀이이다.

역할놀이	역할놀이는 문제 상황만을 주고 등장인물들이 어떻게 말하고 행동할 것인지는 자유롭게 생각하고 판단하여 나타내도록 한다.
역할극	역할극은 문제 상황과 관련하여 극본을 미리 만들어 그에 따라 말하고 행동하도록 한다.

정답개념

1. Piaget의 도덕성 발달 단계에 따른 도덕적 사고
• '(A)유라'와 '(B)샛별'이 중 누가 더 나쁜가?

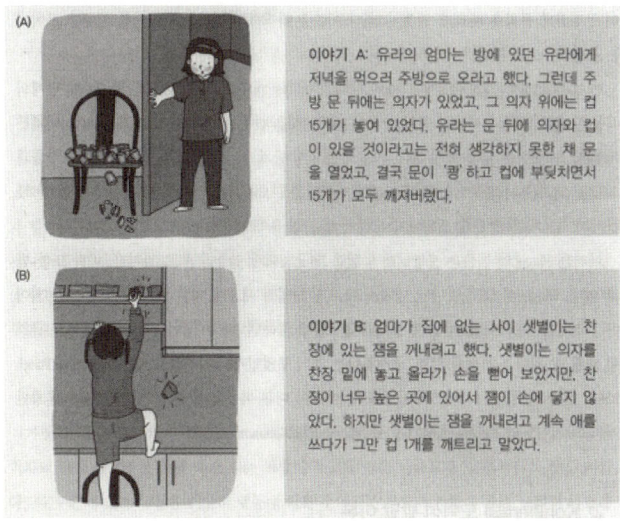

(1) 타율적 도덕성 단계(heteronomous stage)
 ① 교사나 부모처럼 권위가 있는 사람에 의해 만들어진 규칙은 절대 변할 수 없다고 믿는다.
 ② 규칙과 질서를 절대적인 것으로 인식하는 <u>도덕적 사실주의(moral realism)</u>를 따른다.
 ③ 외부의 규율과 법칙 권위에 의존하여 행동의 결과에 따라 선악을 판단하는 <u>구속의 도덕성(morality of constraint)</u>을 발달시킨다.
 ④ 다른 사람이 특정한 행동을 왜 하는지에 대한 의도는 고려하지 않고 행동에 의한 결과만을 가지고 옳고 그름을 판단한다. 〈그림〉에서 자신의 의도와는 상관없이 15개의 컵을 깬 유라가 1개의 컵을 깬 샛별이보다 더 나쁘다고 생각한다. 이는 아동이 **내재적 정의(immanent juistice)**에 대한 믿음을 가지고 있기 때문이다.

 • 내재적 정의
   어떠한 상황이나 이유에서든 나쁜 행동을 한 사람은 벌을 받아야 마땅하다.

(2) 자율적 도덕성 단계(autonomous stage)
 ① 규칙이나 질서가 다른 사람과의 협의에 의해 결정된다는 것을 이해하고 다른 사람과의 상호작용을 고려하여 행동의 결과보다는 의도를 기준으로 선악을 판단한다.
 ② 법과 규칙이 사람에 의해 만들어진다는 것을 깨닫는다. 따라서 법과 규칙은 언제든지 바뀔 수 있다는 것을 알게 된다.
 ③ <u>행동의 결과보다는 상황과 의도를 고려한다. 〈그림〉에서 애를 쓰면서 잼을 꺼내려다 1개의 컵을 깬 샛별이가 의도치 않게 문을 열었다가 15개의 컵을 깬 유라보다 더 나쁘다고 생각한다.</u>
 ④ 서로 다른 사람이 각각 다른 규칙을 갖는다는 것을 알게 되는 <u>협력의 도덕성(morality of cooperation)</u>으로 발달하며, 아동에게 규칙은 사람에 의해 바뀔 수 있는 것으로 받아들여진다.

2. 프로이트 심리학 : 초자아(superego)
① 정신분석학적 도덕심리학에서의 도덕교육은 초자아(Super Ego) 형성에 유의할 것을 지적하고 있다. <u>초자아는 보통 양심이라고 일컫는 것으로서 일명 죄책감이라고 할 수 있다.</u> 이는 어린 시절부터 부모나 성인들이 반복적으로 제시하는 금지의 소리가 내면화되어 형성된 것이다.
② 초자아는 외적인 사회적 요인들, 즉 최초에 부모에 의하여, 그리고 이후에 교사나 그 밖의 권위 있는 인물에 의하여 아동에게 부과된 억제적·구속적·금지적 기준들이다. 정상적이고 순응적인 발달이 이루어질 경우 아동은 부모와 그 밖의 다른 사회적 요인들로부터 자아 이상(self—ideal)과 양심(conscience)을 발달시키게 된다.
③ 사실상 프로이트에게 있어서 양심을 통해 작용하는 죄의식은 말하자면 한 사회의 문화적 결속력을 공고하게 해주는 사회적 접착제(social glue)와 같은 것이다.

09
2015-B-3, 특수-B-2

(가)는 도덕과 3학년 2단원 4차시 중 2차시의 수업 계획안이고, (나)는 수업 계획에 관한 대화이다. 물음에 답하시오. [4점]

(가)

단계	주요 활동 내용
도입	• 동기 유발하기　　• ㉠학습 목표 제시하기
전개	• 도덕적 문제 사태 제시하기 　점심시간에 친구들과 운동장에서 달리기 연습을 하고 있는 아람이에게 민서가 "꽃돼지가 잘 달리네."라고 했다. 그 말을 들은 아람이는 속상한 마음에 달리기를 멈추고 주저앉아 울음을 터트렸다. 이를 본 민서는 어찌할 줄 몰라 당황해 하고 있다. • 도덕적 문제 확인하기　• 문제 해결 방법에 대해 토론하기 • [A] 자신의 입장을 선택하고 정당화하기 • 자기 반성 및 성찰, 실천 의지 다지기
정리	• 정리 및 차시 예고하기

(나)

예비교사 : 이 수업은 ㉡2009 개정 도덕과 교육과정에 제시된 4개의 내용 영역 중 (㉢) 영역에 해당하고, '친구 사이의 우정과 예절'을 주제로 하고 있어요. 그런데 전개 단계의 [A] 활동은 어떻게 지도해야 하나요?

김　교사 : 이 활동에는 도덕적 추론의 논증 방식들을 적용해 볼수 있어요. (㉣)적으로 추론하는 방식, 즉 논의가 되는 문제 상황을 해결한 여러 사례들로부터 일반적인 해결 방법을 추론하는 방식이 있습니다. 예를 들면 '친구 간에 갈등이 생겼을 때 대화를 통해 해결한 사례들이 많았음을 근거로 하여, 친구 간의 갈등 해결을 위해서는 대화가 중요하다'고 결론을 도출하는 방식이지요.

예비교사 : 그렇군요.

김　교사 : 이와 달리 (㉤)적으로 추론하는 것도 알려줄 필요가 있어요. 이것은 사고와 판단의 타당한 이유 혹은 근거를 제시하면서 상위의 도덕 원리로부터 구체적인 행위 규범을 추론하는 방식입니다. 예를 들면 '사람들은 서로 존중해야 한다'는 상위의 원리로부터 '친구 간에 서로 피해를 주지 말아야 한다'는 구체적인 행동 준거를 도출해 내는 방식이지요.

1) 내용 요소와 행동 진술을 포함하여 ㉠을 제시하시오. [1점]

　•

2) ⓐ㉡을 구성하는 방식과 ⓑ㉢에 들어갈 영역명을 쓰시오. [2점]

　• ⓐ : _____
　• ⓑ : _____

3) ㉣, ㉤에 해당하는 말을 각각 쓰시오. [1점]

　• ㉣ : _____
　• ㉤ : _____

정답

1) 친구 간의 예절을 알고, 친구와의 문제를 올바르게 해결하는 방법을 찾아 행동할 수 있다.

2) ⓐ 가치 관계 확장법
　ⓑ 우리·타인과의 관계

3) ㉣ 귀납
　㉤ 연역

정답이유

2) 가치 관계 확장(확대)법의 장점과 단점

• 도덕과는 내용 영역을 '가치 관계 확장법'에 의해 설정된 각 내용 영역별로 성취하고 도달해야 할 것들이 무엇인지를 명확하게 보여 주는 방식으로 나타내었다.
　① 이전 도덕과 교육과정에서의 '가치 관계 확장법'은 교과 성격과 내용 구성 간의 정합성을 확보하고 내용 중복 문제를 개선하는 데 기여한 부분도 있지만, 개념과 성격의 명료성 측면에서 미흡함이 지적되어 왔다.
　② 즉, 가치 관계 확장법에 대한 구체적인 설명이 부족하였으며 개인에게 발생하는 다차원적인 문제들 혹은 여러 영역 간의 중첩적인 도덕적 문제들을 효과적으로 다루는 데에도 여전히 한계가 있었던 것이다.

3) 가치 규범의 타당성을 알아보는 방법
① 상위 원리로부터 연역적으로 추론하는 방식
② 학생들의 경험이나 사실적 지식, 정보 등을 통해 귀납적으로 검토해 보는 방식

• 도덕과에서 가치판단 수업을 하면서 추구되어야 할 중요한 또 다른 것으로서는 학생들의 도덕적 사고·판단력을 증진시키는 것이라고 할 수 있다. 학생들로 하여금 그들의 생활 경험과 지적·도덕적 발달 수준에 맞는 문제 사태를 놓고 생각해 보도록 하되, 사고와 판단의 타당한 이유, 근거를 제시하면서 상위 도덕원리로부터 연역적으로 또는 행위가 가져올 결과로부터 귀납적으로 추론하고 판단해 보게 함으로써, 도덕적 사고력과 판단력의 증진을 도모하는 것이다.

10
2014-B-3, 특수-B-7

(가)는 교육 실습에서 5학년 '감정, 내 안의 소중한 친구' 단원을 가르치기 위해 예비교사가 작성한 수업 계획의 일부이고, (나)는 이에 대해 지도교사와 예비교사가 나눈 대화의 일부이다. 물음에 답하시오. [4점]

(가)

수업 목표	감정의 의미와 중요성을 안다.
단계	주요 활동 내용
도덕적 문제 사태의 제시	• 도덕적 문제 사태를 제시하기 학교 대표로 친구와 함께 독서 경시 대회에 나가기 위해 준비에 몰두하고 있는 윤아가 시끄럽게 게임을 하고 있는 동생으로 인해 몹시 화가 나 게임기를 빼앗자 동생이 우는 상황
A	(생 략)
문제 사태의 성격 분석	• 학교 대표로서 열심히 준비해야 하는 윤아의 상황을 살펴보기 • 모처럼 게임을 할 수 있는 기회를 빼앗긴 억울한 동생의 처지를 살펴보기
자기 입장의 선택과 정당화	• 자신의 입장을 선택하고 그것을 정당화하기
자기 입장의 수정 및 대안숙고	• 자신의 입장을 바꿀 필요성이 있을 경우 수정하고 대안을 찾아보기

(나)

예비교사 : 이 수업은 '감정, 내 안의 소중한 친구' 단원의 첫 번째 차시로 감정의 의미, 종류 및 특성이 무엇인지를 알게 하는 데 중점을 두었어요.
지도교사 : 본 수업 계획을 볼 때, 수업 목표를 잘 달성하기 위해서는 두 가지 점을 고려할 필요가 있어요. 첫째는 단원 설정의 취지를 고려하여 반드시 가르쳐야 할 가치·덕목이 무엇인지를 알아야 해요. 요즘 초등학생은 감정을 잘 다스리지 못하고, 상황에 맞게 감정을 적절히 표현하는 능력이 부족해요. 그래서 이 단원에서는 학생들이 흥분이나 분노 등의 감정을 적절히 다스리고 표현하는 것과 관련된 ㉠중심 가치·덕목을 가르치는 것이 지도의 핵심이에요.
예비교사 : 그렇군요. 다른 하나는 무엇인가요?
지도교사 : 둘째는 수업 목표 달성에 보다 효과적인 수업모형을 선택하여 적용해야 해요. 그런데 수업 계획을 보니, 수업 목표와 주요 내용 및 방법 사이에 정합성이 부족해요. 이 점을 고려할 때, 본 수업 목표를 달성하기 위해서는 아래의 수업모형을 적용하는 것이 더 효과적이라고 생각해요.

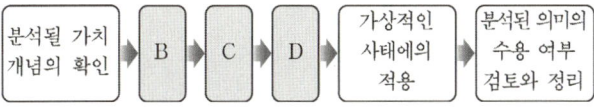

예비교사 : 네, 선생님 말씀에 동의합니다. 그렇다면 선생님이 추천하신 수업모형을 적용하여 ㉠중심 가치·덕목을 가르치고자 할 때 교사가 특히 고려해야 할 사항은 무엇인가요?
지도교사 : 제가 추천한 수업모형에서 사용하는 ㉡개념 분석 방법과 그 특징을 잘 이해하여 적용하는 것이 중요해요.

1) ㉠에 해당하는 것을 2009 개정 도덕과 교육과정에 제시된 용어로 쓰시오. [1점]
  • _____

2) 도덕교육의 관점에서 ㉡의 원형을 쓰고, ㉠을 활용하여 D단계에서 할 수 있는 발문 1가지를 서술하시오. [2점]
  • ㉡의 원형 : _____
  • 발문 : _____

3) A단계의 핵심 활동과 B, C, D 각 단계의 핵심 활동에서 공통적으로 추구하는 것이 무엇인지를 쓰시오. [1점]
  • _____

11
2013-B-4

(가)는 3학년 4단원의 지도 요소와 두 교사의 수업 계획의 일부이고, (나)는 도덕과 교육의 두 가지 이론적 근거를 정리한 표이다. 물음에 답하시오. [4점]

(가)

단원명	4. 너희가 있어 행복해	
지도 요소	⊙ 친구 간의 우정과 믿음의 중요성을 알고, 친구 간에 서로 믿고 아껴주는 생활 태도를 지닌다. 이를 위해 친구들에게 잘못한 일을 반성하고, 친구 간에 사이좋게 지내기 위해 지켜야 할 일들을 찾아본다.	
김 교사의 수업 계획	도덕적 문제의 제시	• 관련된 규범이 담긴 이야기 읽기
	문제 사태와 관련된 규범 탐구	• 우정의 의미 파악하기 • 친구와 우정을 지키기 위한 방법 찾기
	도덕적 정서와 의지의 강화	• ⓒ학생들에게 '관포지교' 이야기를 통해 감동을 주고, 좋은 친구가 되려는 마음을 길러 준다.
	(이하 생략)	
박 교사의 수업 계획	도덕적 문제 사태의 제시	• 딜레마 이야기 제시하기 가희와 민지는 문방구에 갔다. 가희는 평소에 갖고 싶었던 인형을 옷 속에 몰래 숨겨 나왔다. 그 사이에 민지는 가게 주인에게 잡혀 인형을 훔쳐 간 친구의 이름을 대라고 추궁 당한다.
	도덕적 토론의 도입	• 도덕적 문제 부각하기 • (ⓒ)
	도덕적 토론의 심화	• 심층적 토론하기 학생 : "내가 만약 민지라면 가희의 이름을 말할 거야. ⓔ그렇지 않으면 나도 가희랑 함께 훔친 사람으로 의심 받아 피해를 볼 수 있거든."
	(이하 생략)	

(나)

	도덕 사회화론	도덕성 발달론
중점	내용	형식
목표	품성	(A)

1) 다음 글의 괄호 안에 들어갈 적합한 용어를 쓰시오. [1점]

> ⊙과 같은 내용 진술 방식은 도덕과 평가의 실질적 기준으로 기능함으로써 평가 주체와 평가 대상들 간에 ( )을(를) 확보하는 데 기여할 수 있다.

2) ⓒ은 (나)의 '도덕 사회화론'과 '도덕성 발달론'중 어디에 근거하는지를 골라 쓰고, A에 들어갈 적합한 용어를 쓰시오. [1점]

• _____

• A : _____

3) ⓒ에서 박 교사는 "가희가 인형을 사려고 어머니한테 돈을 받았는데, 학교에서 잃어버렸다는구나."라고 말할 계획이다. ⓒ에 적합한 박 교사의 활동을 쓰고, ⓔ에 해당하는 발달 단계보다 한 단계 위의 특징을 쓰시오. [2점]

• ⓒ 활동 : _____

• ⓔ보다 한 단계 위의 특징 : _____

정답

1) 상호 주관성

2) • 도덕 사회화론
A 도덕 사고력과 판단력

3) • 상황을 복잡하게 하기
• 대인 관계 조화를 위한 도덕성

정답이유

1) 상호 주관성(intersubjectivity)
① 평가에 대한 공유된 관점을 갖는 것
② 어떤 과제를 시작할 때에 서로 다르게 이해하고 있던 두 참여자가 공유된 이해에 도달하는 과정

2) 도덕 교육의 두 가지 방향

도덕 사회화론	도덕성 발달론
사회의 기존하는 도덕규범이나 예절, 그 사회의 이상(理想)에 일치하도록 개인을 도덕적으로 사회화시키는 것을 목적으로 한다.	개인이 가진 도덕적 사고력과 판단 능력을 발달시킴으로써 각 개인이 자율적인 도덕적 행위자가 될 수 있도록 하는 것을 목적으로 한다.

3절 논술형

2012 실전 (2011.12.10 시행)

01

다음은 김 교사의 도덕 6학년 '용기, 내 안의 위대한 힘' 단원 수업과 관련된 것이다. (가)는 수업에 활용한 소재, (나)와 (다)는 교수·학습과정안이고, (라)는 수업에 관한 교사 협의록이다. 1) (나)와 (다)에 적용된 수업 모형을 각각 제시하고, ㉠에 제시된 철수의 선택에 '보편적 결과 검사'를 하게 할 김 교사의 적절한 발문을 구성하시오. 2) 도덕과 교수·학습의 일반적 과정·절차에서 2, 3차시 수업 과정·절차의 중심적 특성을 각각 제시하고, ㉡ 단계에서의 중심 활동에 대해서 설명하시오. 3) ㉢ 단계와 (라)의 박 교사의 관점은 각각 도덕과의 교육 목표 중 도덕성의 어느 측면을 강조하고 있는지 비교하여 논하시오.

(가) 인우의 일기

> 운동장에는 위로 올라갈수록 부러지기 쉬워 보이는 오래된 큰 나무가 있다. 지난달부터 친구들 사이에 높이 올라가기 경쟁이 붙어 어제는 현수가 가장 높은 데까지 올라갔다. 현수는 용기 있는 영웅이 되었다. 도전하지 못한 아이는 비겁한 아이가 되었다. 나는 비겁한 아이라는 소리를 듣고 싶지는 않지만, 아이들의 경쟁에 끼어들고 싶지도 않다. 그런 게 과연 용기인지 의문이 든다.

(나) 2차시 교수·학습과정안

단계	교수·학습 활동
도덕적 문제의 제시	○ 용기 있는 사람은 어떤 사람인지 알아봅시다.
도덕적 문제 사태 제시	○ 인우의 일기를 읽어 봅시다.
가치 문제의 확인과 명료화	○ 현수는 용기 있는 사람인가요?
자기 입장 설정 및 사실적 타당성 탐색	○ 자신의 입장을 친구들과 비교해 보고 타당한지 알아봅시다. - 나무에 높이 올라가면 어떻게 될까요?
잠정적 가치 결정과 가치 원리 검사	○ 자기가 선택한 입장을 검토해 봅시다. ※ ㉠ 철수는 '쓸데없이 위험을 무릅쓰는 것은 용기가 아니다'는 입장을 선택했음.
입장의 수정 및 의사 결정	○ 자신이 선택한 입장에서 고쳐야 할 것이나 보완해야 할 것이 있는지 생각해봅시다.
( )	
정리 및 실천 생활화	

(다) 3차시 교수·학습과정안

단계	교수·학습 활동
도덕적 문제의 제시	○ 용기를 보여준 위인의 삶을 알아봅시다.
도덕적 모범의 제시와 주요 내용의 파악	○ 슈바이처의 삶과 그의 용기에 대해 알아봅시다. - 그는 왜 아프리카에 가기로 했나요? - 아프리카 사람들은 어떤 어려움에 처해 있었나요? - 그에게는 어떤 다른 선택이 있었나요?
㉡	○ 슈바이처의 삶에서 용기 있는 행동은 무엇인지 알아봅시다. - 어떤 점에서 용기 있다고 할 수 있습니까? - 슈바이처와 같은 상황이라면 여러분은 어떻게 했을까요? ○ 슈바이처의 용기 있는 행동이 아프리카 사람들에게 어떤 영향을 주었는지 생각해 봅시다.
(㉢)	
정리 및 실천 생활화	

(라) 교사 협의록

> 김 교사: 박 교사도 나처럼 용기와 관련된 수업을 해 봤을텐데, 박 교사는 용기 있는 행동에서 무엇이 중요하다고 생각해?
> 박 교사: 어떤 것도 무서워하지 않고 대담하게 행동하는 것은 용기가 아니야. 그런 사람은 제정신이 아닌 사람이겠지. 결국 용기에서는 무서워해야 할 것과 무서워하지 않아야 할 것을 아는 것이 제일 중요해.
> 김 교사: 물론 박 교사의 말에 동의해. 그렇지만 담배가 해롭다는 것을 알면서도 금연을 못하잖아? 집을 잘 지음으로써 좋은 건축가가 되고 잘못 지음으로써 나쁜 건축가가 되는 것처럼, 용기 있는 행위를 함으로써 용기 있는 사람이 되는 거야.
> 박 교사: 그렇지만 담배가 해롭다는 것을 알면서도 끊지 못하는 것은 제대로 아는 게 아니야. 제대로 알면 행할 수밖에 없기 때문이지.

정답

1) • (나) 가치 분석 (다) 모범 감화
   • 모든 사람이 너처럼 생각하고 행동할 경우 나타날 모든 결과를 받아들일 수 있겠니?

2) • 2015 개정은 〈기본형 단원〉과 〈역량 중심 자율형 통합 심화 단원〉으로 구성된다.

3) ㉢은 정의적 측면, 박 교사는 인지적 측면

2011 실전 (2010.12.11 시행)

02

다음은 3학년 2학기 교과서 「4. 생명을 존중해요」 단원에 대해 정 교사가 진행한 '지식 이해 중심' 수업 활동의 일부이다.
1) 정 교사가 적용한 도덕과 수업 모형에서 ㉠과 ㉡에 해당하는 수업 단계를 각각 제시하고, ㉢ 발문을 하는 이유를 논하시오.
2) 정 교사가 전개한 '지식 이해 중심의 수업 과정·절차'를 제시하시오. 그리고 3) 2007년 개정 도덕과 교육과정 내용 체계 중 이 수업의 지도 요소가 포함된 영역의 주안점을 논하시오.

교 사 : (한 아이가 금붕어를 폐수에 넣고 있는 사진을 학생들에게 제시하며) 여러분, 이 사진을 보고 무슨 생각이 드나요?
학생 A : 금붕어가 불쌍해요. 금방 죽을 것 같아요.
교 사 : 금붕어가 왜 불쌍하죠?
학생 B : 금붕어도 살아있는 생물인데, 생명은 귀한 것이잖아요.
교 사 : 그럼, 생명을 소중히 여기는 행동에는 어떤 것들이 있을까요?
학생 C : 이유 없이 작은 동물을 죽이지 않는 것이요.
학생 D : 자기 몸을 깨끗이 하고 운동을 해서 건강하게 하는 것이요.   ㉠
교 사 : 잘 말했어요. 생명을 소중히 여기지 않는 행동에는 어떤 것들이 있나요?
학생 E : 함부로 나무 가지를 꺾거나 새싹을 밟는 행동입니다.
학생 F : 자살하거나 사람을 죽이는 행동입니다.
교 사 : ㉡생명 존중과 관련된 가치에는 어떤 것들이 있나요?
학생 G : 사랑이요.
학생 H : 배려입니다.

…… (중략) ……

교 사 : ㉢만약 하굣길에 교문 앞에서 파는 귀여운 병아리를 보고, 내가 키울 능력이 없는데도 그 병아리를 사는 것은 동물의 생명을 소중히 여기는 행동일까요? 이야기해 봅시다.

…… (후략) ……

정답

1) ㉠ 개념의 전형적인 사례 및 반대되는 사례 탐구
㉡ 그 개념과 관련된 개념의 분석
㉢ • 가상적인 사태의 검토를 통하여 그 도덕 개념의 실제적 적용을 생각하면서 의미를 깊이 이해하게 하고 또 내면화시키고자
• 실제로 경험해 보지 않은 일까지 가상하여 개념적 의미를 점검해보도록 하기 위해

2) 지식 이해 중심의 수업 과정·절차
〈15 개정 기준〉
• 학습 문제 인식 및 동기 유발 → 가치 사례 제시 및 관련 규범 파악 → 가치 규범 탐구 및 이해의 심화 → 도덕적 정서 및 의지의 강화 → 정리 및 확대 적용과 실천 생활화

3) '자연·초월과의 관계' 내용 영역 강조점
〈15 개정 기준〉
• 자신과 자연 및 초월과의 관계에 대해 올바르게 이해하고 자연과 생명에 대한 외경심을 함양하며, 도덕적인 삶을 위해 성찰하는 태도를 갖도록 한다.

2010 실전 (2009.11.29 시행)

03

홍 교사는 (가)의 예화를 활용하여 (나)와 같이 수업을 계획하였다. 1) (가)에 나타난 영철이에게 부족한 도덕적 능력과 그것이 속하는 도덕성의 측면을 각각 쓴 후, 이 도덕성의 측면이 도덕적 행위와 관련하여 갖는 의의를 논하고, 2) (나)의 ㉠단계 ①~④ 중 적절하지 않은 교사의 지도 내용 1가지를 찾아 제시하고, 그 근거를 논하시오. 그리고 3) (나)에 활용된 수업 모형의 특성에 비추어 ㉡단계에서 교사가 ㉢과 ㉣활동을 하는 이유를 각각 제시하고, 도덕과에서 이 수업 모형을 대본에 따른 역할극과 구분하여 적용해야 하는 이유를 논하시오.

(가) 예화

얼마 전 아버지의 실직으로 인해 수진이는 마음이 아프고 예민해져 있다. 학교에서 아버지와 관련된 이야기가 나오거나 경제적 문제로 어려움을 겪을 때면 울적해지고 위축되곤 했다. 수진이와 매우 친한 친구인 영철이는 수진이의 이런 상황을 잘 알고 있다. 그렇지만 영철이는 평소 자기중심적이어서 수진이의 감정이나 아픔을 헤아려 그에 적절한 정서적 반응을 하지 못해 자주 다투곤 하였다. 어제 또 영철이는 아버지가 사준 최신형 게임기를 보여주고 부모님과 외식한 것을 아무렇지도 않게 수진이에게 자랑하였다. 수진이는 이렇게 행동하는 영철이가 너무 얄미웠고 화가 났다.

(나) 수업 계획

단계	교수·학습 활동
역할놀이 상황의 설정과 준비	○ 학생들과 함께 예화를 읽고, 등장 인물들이 누구이고 무슨 일이 일어났으며, 어떤 상태에 있는지를 확인한다. ○ 학생들이 자발적으로 역할놀이에 참가할 수 있는 분위기를 조성하고, 필요한 경우 간단한 소품 등을 준비한다.
㉠ 역할놀이 참가자 선정 및 청중의 준비 자세 확인	○ 역할놀이에 참가할 사람을 정한다. ① 영철이나 수진이 역할을 자원하는 학생에게 역할을 맡긴다. ② 영철이와 수진이 사이의 문제에 대해 처음부터 누구나 받아들일 수 있는 해결책을 제시하는 학생에게 우선적으로 배역을 맡긴다. ○ 청중의 올바른 준비 자세에 대해 지도한다. ③ 영철이와 수진이의 역할을 하는 학생들의 행동을 주의 깊게 파악하도록 한다. ④ 자신이 영철이나 수진이라면 어떻게 할 것인지 생각하면서 살펴보도록 한다.
역할놀이 시연	○ 청중 앞에서 실제로 역할놀이를 해보게 한다.
㉡ 역할놀이 토론 및 평가	○ 개방된 질문을 통하여 토론을 유도한다. • 영철이와 수진이의 역할을 맡은 학생이 보여준 행동에 대해 어떻게 생각합니까? 왜 그렇게 생각하는지 토론해 볼까요? • 만약 여러분이 영철이나 수진이었다면 어떤 마음이 들었을까요? 또 어떻게 행동했을까요? 그것이 옳다고 생각합니까? 그 이유는 무엇일까요? • ㉢<u>지금까지의 토론을 통하여 영철이와 수진이 역할을 한 사람 중에 자신의 생각이 바뀐 경우, 그에 따라 다시 역할놀이를 해볼까요? 또는 청중 중에서 이 상황을 다르게 해결해보고 싶은 사람이 있다면 새롭게 역할놀이를 해볼까요?</u> • 새로운 역할놀이를 한 사람들의 말과 행동에 대하여 자신의 입장과 비교하여 토론해 볼까요? ○ ㉣<u>역할놀이를 통해 학생들이 느끼고 생각한 것을 교류하고, 바람직한 문제 해결의 방안을 함께 나누도록 한다.</u> ○ 지금까지 한 역할놀이가 의미가 있었는지를 평가해본다.

정답

1) 공감 능력, 정의적 측면, 마음으로 이해하여 도덕적으로 행동하고자 하는 실천 동기와 의지를 길러준다.

2) ② 누구나 받아들일 수 있는 해결책을 제시하는 학생에게 먼저 배역을 맡긴 점이다.
   • 학생 나름대로의 문제 상황에 대한 도덕적 탐구와 판단 기회를 박탈할 수 있기 때문에 부적절하다.

3) ㉢ 재연, 문제 해결의 관점, 방향, 방법 등을 달리 시도해 볼 수 있다.
   ㉣ 경험의 공유와 일반화, 타인과의 질문과 토론을 통한 반성적 의사결정으로 자신의 생각을 명료하게 인식할 수 있기 때문
   • 이유 : 역할극은 인물들의 행동을 대본 그대로 실연하는 것에 그치는 데 비해, 역할놀이는 학생 스스로 주어진 문제의 다양한 대안을 탐색하는 기회를 갖고, 자발적으로 참여하여 실제적 감정 이입을 가능하게 하기 때문

2009 실전 (2008.11.30 시행)

04

박 교사는 (가)의 예화 자료를 활용하여 콜버그 토론 수업(질문 전략) 모형에 의거한 (나)의 수업 설계를 하였다. 1) ㉠의 영철이의 주장에 나타난 콜버그 도덕 발달 단계와 그 특성을 기술하고, 2) 이 도덕 수업 모형의 원리가 되는 '인지적 불균형'과 '상호작용주의'를 설명하시오. 그리고 3) ㉡에 알맞은 활동 내용과 ㉢에 적절한 질문 유형을 제시하고, 이와 같은 수업에서 이들이 중요한 이유를 각각 간단히 논하시오.

(가) 예화 자료(지혜의 고민)

> 어느 날 지혜는 자기 홈페이지에 올려놓은 어릴 적 사진에 대해 좋지 못한 댓글이 달린 것을 보고 깜짝 놀랐다. 같은 반 친구인 경수가 지혜의 사진을 보고 너무 못생겼다는 등 기분 나쁜 말을 잔뜩 써놓았기 때문이다. 지혜는 분해서 가까운 친구들에게 어떻게 하면 좋을지 조언을 구했다. ㉠ 영철이는 지혜에게 가만히 있지 말고 경수의 홈페이지에 그만큼 댓글을 달아 복수해야 한다고 했다. 지혜는 어찌해야 좋을지 고민이 되었다. 지혜는 어떤 결정을 해야 할까? 그리고 그 이유는 무엇일까?

(나) 수업 설계

단계	교수·학습 활동
도덕적 문제 사태의 제시	• 예화 자료 '지혜의 고민'을 제시하고 문제 사태를 분석하게 한다. • 관련 가치 규범을 확인하고 그 의미와 갈등 상황을 파악하게 한다.
도덕적 토론의 도입	• 지혜가 어떻게 하면 좋을지에 대해 자기 입장을 정하도록 한다. • (㉡) • 경우에 따라서는 상황을 복잡하게 한다.
도덕적 토론의 심화	• 심층적인 질문으로 토론을 심화한다(이하 질문들은 수업에서 활용할 수 있는 발문의 예임). - 네가 말한 '좋지 못한 짓'이란 어떤 의미이지? ……………………… (명료화 질문) - 경수의 행동에 대해 어떻게 생각하니? 도대체 다른 사람의 '인격 존중'이란 뭘까? (특정 문제 탐색 질문) - 경수 스스로 잘못을 깨닫게 하면서 지혜의 마음도 풀어줄 방법은 없을까? ………… (갈등 해소 숙고 질문) - 지혜의 그런 해결 방안이 경수에게 어떤 영향을 미칠지 경수 입장에서 생각해 봤니? … (㉢) - 모두가 너와 같이 해결하려고 할 때 그 결과를 받아들일 수 있겠니? ……………… (보편적 결과 고려 질문) • 인접 단계 논의를 부각시킨다. • 명료화와 요약하기를 적절히 수행한다. • 역할 채택의 경험 기회를 가급적 넓고 풍부하게 제공한다.
정리 및 평가	• 토론 결과를 종합적으로 정리하고 평가한다. • 생활 속의 확대 적용과 실천을 장려한다.

정답

1) 단계 : 욕구 충족을 위한 도구적 상대주의
특성 : 자신의 욕구 충족을 위해 도덕적 행동을 하며 받은 만큼 돌려줘야 한다고 생각한다.

2) ① 학생 자신의 것보다 더 일관되고 복잡한 사고에 접했을 때 인지적 불균형을 경험하게 된다.
② 교사의 질문을 통한 학생과의 상호작용, 학생들 사이의 토론 과정을 중요시한다.

3)

㉡	활동 내용	'왜'라는 질문하기
	중요한 이유	동일한 입장을 표명하면서도 지지 이유는 다를 수 있음을 배우게 되기 때문이다.
㉢	질문 유형	역할을 바꾸어보는 질문, 역할 바꿔 생각해보기 질문
	중요한 이유	학생들은 다른 사람의 입장에서 그 문제 사태에 접근할 수 있다.

2009 모의평가 (2008. 7. 5 시행)

05

김 교사는 [가]의 예화를 소재로 배려 수업 모형을 적용한 수업을 설계하면서, [나]의 발문들을 준비하였다.

[가]

중간 고사에서 나쁜 성적을 거둔 철수는 기말 고사가 끝날 때까지 축구를 절대 하지 않겠다고 어머니와 약속했고, 지난 한 달 동안 성실하게 이를 지켜 왔다. 그런데 철수네 반이 학년 1등의 자존심이 걸린 축구 경기를 옆 반과 하게 되었다. 승리를 위해서는 학급에서 축구를 제일 잘 하는 철수가 꼭 선수로 뛰어야만 한다고 반 친구들은 철수를 압박하고 있다. 심지어 철수가 제일 좋아하는 영희는 경기에 뛰지 않으면 더 이상 친구도 아니라고까지 말하면서 출전을 부탁하고 있다.

[나]

모형 단계별 수업 활동	김 교사의 발문
문제의 상호 관계 파악	철수는 어머니, 영희, 친구들 사이에서 각각 어떤 상황에 처해 있니?
㉠	㉡
더 넓은 배려 관계에서 고려	어느 한 쪽을 더 많이 생각하여 선택을 했지만, 조금 더 넓은 배려의 관점에서 보면 다른 가능성은 없을까?
할 수 있는 일을 찾아서 실천	앞으로 어머니와 친구를 위해 할 수 있는 일들을 찾아보고 이를 잘 실천하겠다는 다짐을 해 보자.

1) ㉠에 들어가야 할 수업 활동과 ㉡에 들어갈 적절한 발문을 제시하시오.
2) 이 수업이 강조하는 교사의 역할을 2가지 설명하시오.
3) 김 교사가 가치 갈등 모형 대신 배려 수업 모형을 적용하여 수업을 설계한 것의 도덕 교육적 의의와 한계를 각각 2가지씩 논하시오.

정답

1) ㉠ 자신의 감정을 살피고 상대방의 감정에 공감하는 활동
   ㉡ 철수가 둘 중 어떤 행동을 선택했을 때 다른 사람의 입장이 되면 어떤 기분이 들까?
2) ① 교사는 학생들의 동일시 대상으로서 언행, 태도, 사고방식 등에서 본보기가 되어야 한다.
   ② 교사는 개방적인 대화의 기회를 제공한다.

3) 〈의의〉
   ① 정의 중심 윤리에서 간과했던 도덕적 책임과 인간관계 등을 중시함으로써 정의적 영역의 교육에 적합하다.
   ② 머리로 생각하는 능력보다 가슴으로 느끼는 태도를 길러줌으로써 도덕적 행동 및 실천으로 이어지게 하는 데 효과적이다.

   〈한계〉
   ① 배려를 지나치게 강조하다 보면 인정에 치우치게 되어 공정성과 객관성을 상실할 수도 있다.
   ② 도덕을 자의적으로 해석하는 잘못을 범할 수 있다.

3장 | 사회

배재민
15개년
기출분석집

1절   15개년 기출의 진화

2절   지리

3절   일반사회

4절   역사

5절   논술형

1절 15개년 기출의 진화

<서답형 기출>

	지리	일반사회	역사
23	1. 상대적 위치 2. 위선의 기준선 : 적도 3. 도시의 위치 4. 북아메리카, 대서양 5. 탐구 학습 모형	1. 사회 변화 2. 목표 영역 : 기능 3. 정보 격차 4. 논쟁 문제 학습	
22	1. 기후와 인간과의 관계 2. 기후 요인 : 위도 3. 쾨펜의 기온 기준 기후 분포 4. 지리 정보	1. 공정 무역	1. 사료 학습 2. 강화도 조약 3. 연표 4. 역사적 감정이입
21	1. 도시화, 인구 과잉 2. 행정 기능 3. 생활권 4. 시간 거리	1.생산의 비예와 이유 2. 동위 관계 3. 원형 모형 장점 4. 목표 영역 : 가치·태도	
20	1. 장소감 2. 탄력적 환경확대법 3. 지도 기본 요소 • 방위, 축척으로 집 찾기	1. 반성적 탐구 2. 공정한 재판, 심급제도 3. 삼권 분립 제도	
19	1. 백지도 2. 우리 나라 영토 4극 3. 영해 설정 기준선 유형 4. 오세아니아	1. 사회 변화 현상 • 초고령 사회, 실버 산업 2. 탐구 학습	
18	1. 세계 지도 단점 2. 지구본 5. 기후 요인 : 위도 3. 수리적 위치	1. 우리나라 경제 성장 2. 의사 결정 학습	1. 시대의식 2. 사료 학습
17	1. 탐구 학습 2. 우리 나라 지형 특징	1. 전통 문화 2. 법과 도덕 3. 헌법재판소 4. 자유권, 청구권	
16	1. 탄력적 환경확대법 2. 지도 기본 요소 • 방위, 기호, 축척 3. 등고선 그리기 4. 도해력	1. 목표 • 민주 시민의 자질 • 기능 영역 : 의사 결정 능력 2. 자원의 희소성 3. 생산 활동	

15	1. 사실적 지식 2. 영역 3. 강수량과 강우량 4. 열대 기후 　• 우림, 초원(사바나) 5. 인구 분포와 지형 분포의 특징	1. 사회과학적 지식과 탐구 방법 2. 현대 사회의 가족 　• 핵가족, 확대 가족 3. 법리 모형	
14	1. 자연환경 　• 지형, 기후 2. 지도 요소 　• 방위, 기호 3. 상황 모형	1. 평등권	1. 정도 왕권 강화 정책 2. 조선 후기 신분제 변화 3. 허균, 홍길동전
13	1. 탐구 학습 2. 기후 요소 　• 기온, 강수량	1. 시민성 전수 2. 반성적 사고력 3. 나선형 교육과정 4. 사회과학모형 비판	

<논술형 기출>

12	1. 고령화·고령·초고령 사회를 나누는 기준 2. 가치 학습에서 하우드(D.Hawood) 역할 3. 의사 결정 학습
11	1. 탄력적 환경 확대법 2. 문화 개념과 오개념
10	1. 논쟁 문제 학습 　(1) vs 탐구 학습 　(2) 분석 단계 2. 공공시설
09	1. 내용 조직 원리의 특성과 문제점 　(1) 환경확대법 　(2) 나선형 교육과정 2. 탐구 학습 　(1) vs 문제해결 학습 　(2) 고차적 사고력 　(3) 도달하기 어려운 목표 영역

2절 지리

01 2023-A-7

(가)는 위치 학습에 대한 예비 교사와 지도 교수의 대화이고, (나)는 예비 교사가 작성한 교수·학습 과정안이다. 물음에 답하시오. [5점]

(가)

예비 교사: 위치에 대한 수업은 쉬운 듯 보이지만, 막상 수업을 설계하는 데 어려운 면이 있습니다.
지도 교수: 그렇습니다. 지표면상의 현상을 다루는 지리 학습에서 위치 개념은 중요합니다. 위치를 표현하는 방식에는 두 가지가 있습니다. 하나는 ㉠<u>다른 사물 또는 다른 장소와 관련지은 위치</u> 표현 방식인데, 방위를 이용하는 경우가 그 예입니다. 다른 하나는 좌표 체계에 의한 위치 표현 방식인데, 방안 좌표나 지리 좌표를 이용하는 경우가 그 예입니다.
예비 교사: 그래서 3~4학년군과 5~6학년군의 위치 표현 학습의 내용이 달랐던 거네요.
지도 교수: 그렇지요. 다음 [자료]의 세계 지도에는 가로선(A)과 세로선(B)이 여러 개 그려져 있는 것을 볼 수 있습니다. A와 B는 그 명칭도 다르고 기준도 서로 다릅니다. 그런데 위치 학습을 할 때 단순히 A와 B의 명칭이나 기준을 아는 것을 넘어, 그것이 우리 생활에서 갖는 의미까지도 학습하는 것이 중요합니다. A는 기후대 분포와 관계가 있고, ㉡B는 시간대 분포와 관련이 있습니다.
예비 교사: 말씀하신 점을 잘 고려하여 수업을 계획해 보겠습니다.

[자료]

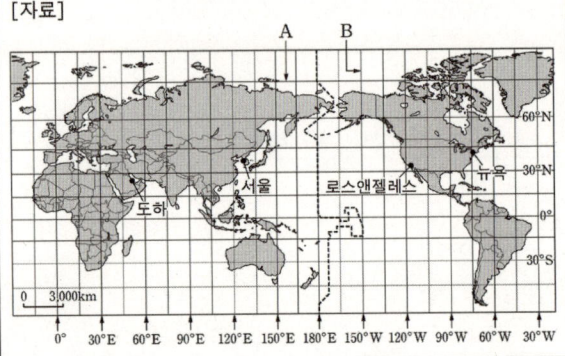

(나)

단계	교수·학습 활동
문제 파악	• 탐구 문제 파악하기
(㉢)	• 탐구 문제에 대한 잠정적 결론 제시하기
탐색	• (㉢)이/가 제대로 되었는지 검토하기 • 자료 수집 계획 세우기
증거 제시	• 자료 수집 및 분석하기 <활동 1> - 세계 지도에서 섬, 해안, 내륙에 위치한 국가 찾아보기 <활동 2> - 내륙 국가와 섬 국가의 전통 음식 비교하기 - 해안 국가와 섬 국가의 전통 가옥 비교하기 - 내륙 국가와 해안 국가의 도시 입지 비교하기
결론 도출 및 일반화	• ㉣<u>증거를 바탕으로 한 결론</u> 내리기

1) (가)의 ㉠에 해당하는 용어를 쓰시오. [1점]

2) (가)의 ① A의 기준선의 명칭을 쓰고, ② ㉡과 관련하여 다음 도시들 중에서 GMT(그리니치평균시)를 기준으로 '날짜와 시각'이 세 번째로 이른 도시의 위치 특성을 해당 도시가 속한 대륙 및 인근 대양의 이름을 모두 포함하여 쓰시오. [2점]

뉴욕(75°W), 도하(45°E), 로스앤젤레스(120°W), 서울(135°E)

*이상 가나다순이며, 괄호 안은 표준시의 기준임.

① _____
② _____

3) (나)의 ① ㉢에 공통으로 들어갈 단계의 명칭을 쓰고, ② 교수·학습 활동 내용에 따라 ㉣에 해당하는 구체적인 내용을 쓰시오. [2점]

① _____
② _____

> 정답

1) 상대적 위치
2) ① 적도
    ② 북아메리카 대륙에 속하며 인근에 대서양이 있다.
3) ① 가설 설정
    ② 지리적 특성(지리적 위치)에 따라 나라마다 다양한 생활 모습이 나타난다.

> 정답이유

1) 위치 표현 방식 2가지
- 상대적 위치 표현은 '전후좌우 표현 방식', '방위 체계 표현 방식'으로 구분되며, 절대적 위치 표현은 '글자-숫자 좌표 체계 방식'과 '지리 좌표 체계 방식'이 있다. 지문에 방위를 이용하는 경우를 예라고 제시하고 있으므로, ㉠은 상대적 위치를 나타낸다.

상대적 위치	전후좌우 표현방식	① 사물을 중심에 두고 그 관계로서 위치 표현 ② 앞-뒤, 왼쪽-오른쪽, 멀리-가까이 등의 방식
	방위 체계 표현방식	• 방위 기준, 동서남북 4방위
절대적 위치	글자-숫자 좌표 체계 방식	• 사회과 부도 등에서 위치를 찾을 때
	지리 좌표 체계 방식	• 위도와 경도 활용

2) ① A는 위선이다. 위선의 기준선은 적도이다.
〈위선〉: 적도에 평행하게 그어진 가로 방향의 선으로 위도를 나타냄
〈적도〉
- 지구 자전축에 대해 직각으로 지구의 중심을 지나도록 자른 평면과 지표면이 만나는 선으로 위선의 기준이 되는 위도 0°이다.
- 지구의 중심을 통과하는 지구 자전축에 수직이 되며 북극점과 남극점에서 같은 거리에 있는 곳
〈위도〉
- 적도를 기준으로 남쪽과 북쪽의 위치를 나타내는 것으로, 지구의 중심에서 지표면의 한 점을 이은 선이 적도면과 이루는 각도를 그 지점의 위도라고 한다.
- 지역의 기후를 결정하는 중요한 요소

② 날짜와 시각이 빠른 도시는 서울 → 도하 → 뉴욕 → 로스앤젤레스 순서이고, 뉴욕은 북아메리카 대륙에 속하며, 대서양과 인접해 있다.
- B는 경선으로 시간대 분포와 관련되어 있으며, 15°마다 1시간씩 차이가 난다.
  - 본초 자오선(0°)에서부터 동쪽으로 날짜 변경선(180°E)까지는 그리니치 표준시보다 빠른 지역이며, 오른쪽으로 15°씩 갈 때마다 본초 자오선과의 시차가 1시간씩 시간이 더해진다(+1 → +12). 날짜 변경선부터 동쪽으로 본초 자오선까지는 그리니치 표준시보다 늦은 지역으로 날짜 변경선에서 본초 자오선 쪽으로 15°씩 갈 때마다 본초 자오선과의 시차가 1시간씩 줄어든다(-12 → -1)
- GMT가 2022년 1월 1일 오전 12시라고 가정하고 이를 문제에 제시된 [자료]에 적용해보면 다음과 같다.

'도하'	그리니치 표준시보다 빠르며, 45°~60°E 사이에 있으므로, GMT보다 4시간 빠른, 2022년 1월 1일 오전 4시이다.
'서울'	그리니치 표준시보다 빠르며, 120°~135°E 사이에 있으므로, GMT보다 9시간 빠른, 2022년 1월 1일 오전 9시이다.
'로스앤젤레스'	그리니치 표준시보다 느리며, 120°~105°W 사이에 있으므로, GMT보다 8시간 느린, 2021년 12월 31일 오후 4시이다.
'뉴욕'	그리니치 표준시보다 느리며, 75°~60°W 사이에 있으므로, GMT보다 5시간 느린, 2021년 12월 31일 오후 7시이다.

〈경선〉: 지구의 북극과 남극을 연결하는 세로 방향의 선으로 경도를 나타냄
〈경도〉
- 국가의 표준시를 정하는 기준으로 사용됨
- 본초 자오선을 기준으로 서쪽과 동쪽의 위치를 나타내는 것으로 지구상의 한 지점을 지나는 자오선과 본초 자오선 사이의 각도를 그 지점의 경도라고 한다.

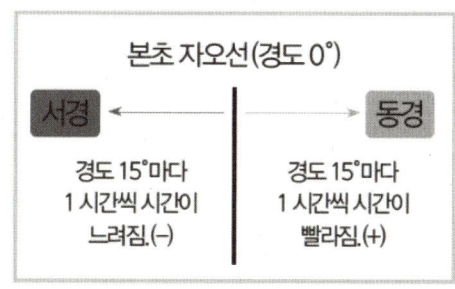

정답개념

1. 세계의 대륙과 해양

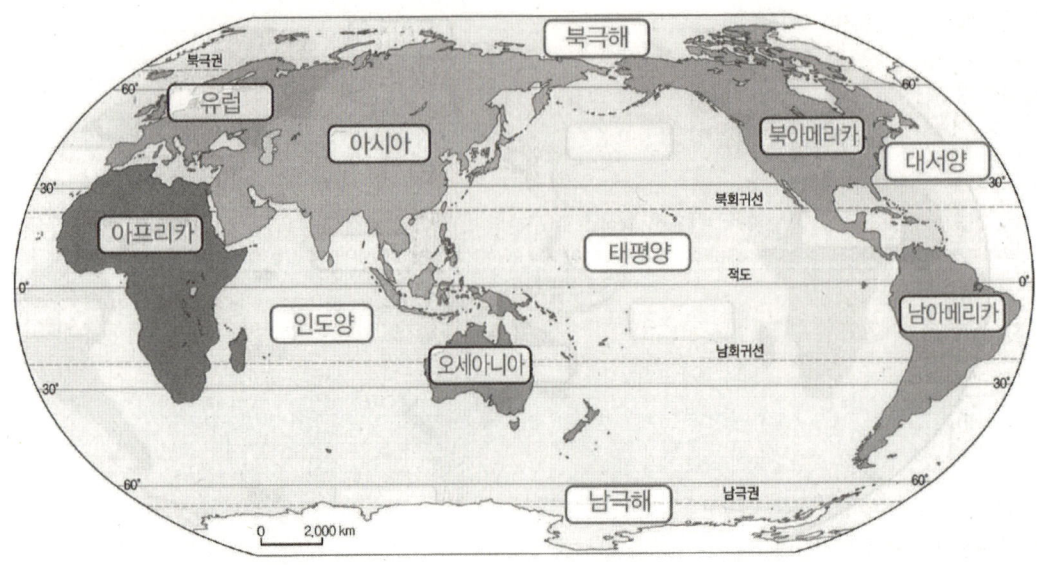

(1) 대륙

아시아	대륙 중에서 가장 크며 세계 육지 면적의 약 30%를 차지
아프리카	아시아 다음으로 큰 대륙이며 북반구와 남반구에 걸쳐 있다.
유럽	다른 대륙에 비해 면적은 좁지만 많은 나라가 있다.
오세아니아	대륙 중 가장 작으며 남반구에 위치
북아메리카	북반구에 속해 있으며, 북극해와 접해 있다.
남아메리카	대부분 남반구에 속해 있고. 남쪽은 남극해와 접해 있다.

• 대륙 : 바다로 둘러싸인 땅덩어리, 세계에서 가장 큰 섬인 그린란드보다 면적이 넓은 경우

(2) 대양

태평양	• 아시아, 오세아니아, 아메리카 대륙 사이에 있는 가장 큰 바다
대서양	• 아프리카, 유럽, 아메리카 등에 둘러싸여 있고 대체로 에스(S)자형
인도양	• 아시아, 아프리카, 오세아니아 등에 인접
북극해	• 아시아, 유럽, 북아메리카에 둘러싸여 있는 가장 작은 바다 • 북극해가 대양으로 분류되는 이유는 대양보다 훨씬 규모가 작지만 다른 바다보다는 규모가 크기 때문
남극해	• 남극 대륙을 둘러싸고 있고 남극 내륙 주변의 바다는 그 동안 남극해로 불렸으나, 2001년부터 남대양으로 불리기도 한다.

• 양 : 큰 바다
• 해 : 육지와 섬이 가로막아 큰 바다와 떨어진 작은 바다, 육지에 둘러싸여 있다.
• 태평양, 대서양, 인도양은 북반구와 남반구에 걸쳐 있다.

2. 경도에 따른 시간 차이

- 지구가 하루에 한 바퀴씩 자전하기 때문에 지역에 따라 시차가 발생
  ① 태양이 비추는 지역은 낮이 되고, 반대편은 밤이 된다.
  ② 지구는 서쪽에서 동쪽으로 자전하기 때문에 동쪽이 서쪽보다 해가 빨리 뜨고 시간도 더 빠르다.
  ③ 24시간 동안 360°회전(1일 1회 자전)하며, 경도 15°마다 1시간의 차이가 발생한다.

3. 날짜 변경선과 세계 시간대

(1) 날짜 변경선
  ① 본초 자오선의 정반대에 있는 경도 180° 선으로 태평양 한가운데를 지나며, 직선이 아닌 구불구불한 모양이다. 같은 나라 안에서 날짜가 달라지는 혼란이 없도록 알류샨 열도, 캄차카 반도, 뉴질랜드 동부 등에서 육지나 섬을 피해 구불구불하게 설정되었다.
  ② 날짜 변경 기준
    - 날짜 변경선을 기준으로 24시간의 시차가 발생한다. 이는 본초 자오선보다 12시간 빠른 동경 180° 선과 12시간 늦은 서경 180° 선이 만나기 때문이다.
    - 날짜 변경선의 동쪽에서 서쪽으로 갈 때는 하루를 더하고, 서쪽에 동쪽으로 갈 때는 하루를 뺀다.

(2) 세계 시간대

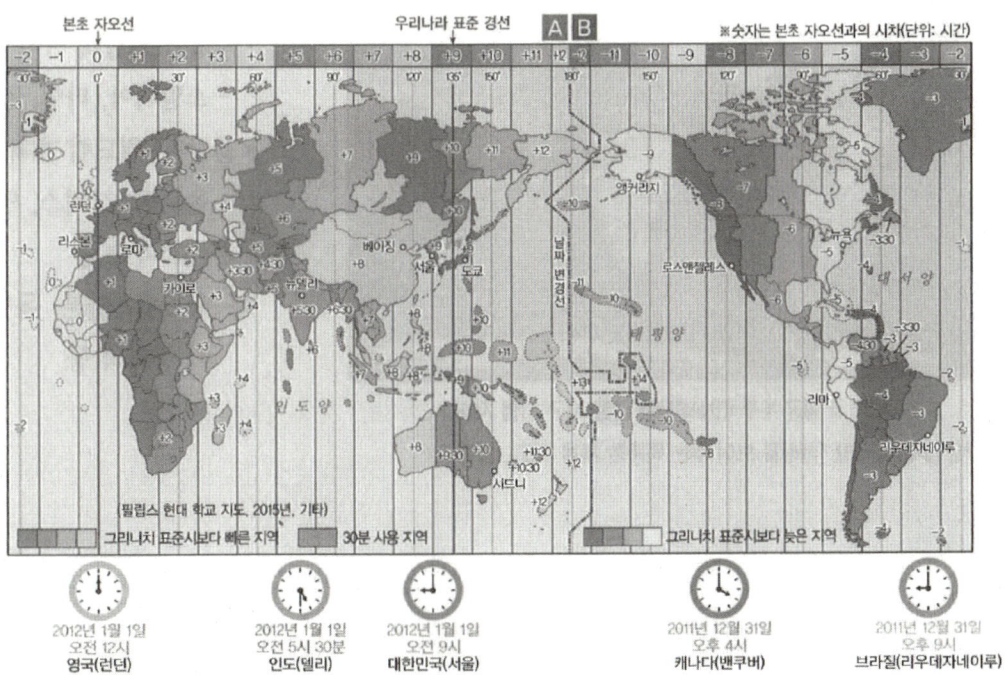

① 다른 나라의 현재 시간을 알려면, 우리나라보다 시간이 빠른 동쪽 지역은 15°마다 1시간을 더하고 시간이 늦은 서쪽 지역은 반대로 시간을 빼면 된다.
② 예를 들어, 우리나라가 오후 3시일 때 다른 나라는 몇 시일까?
  - 오스트레일리아 시드니는 1시간 빠른 오후 4시, 런던은 9시간 늦은 아침 6시, 뉴욕은 전날 오전 1시가 된다.
  - 우리나라에서 동쪽으로 날짜 변경선 너머에 있는 뉴욕은 날짜 변경선의 동쪽이 하루가 느리니까 먼저 하루를 빼야 한다. 그런 다음 지나온 시간대만큼 10시간을 더하거나 날짜 변경선을 지나지 않게 우리나라에서 서쪽으로 시간대를 계산해 14시간을 빼면 된다.

02

(가)는 김 교사가 작성한 교수·학습 과정안이고, (나)는 수업 협의회 내용의 일부이다. 물음에 답하시오. [5점]

(가)

단원	세계의 다양한 삶의 모습
차시명	기후에 따른 사람들의 생활 모습을 살펴봅시다
학습 목표	열대기후에 따른 사람들의 생활 모습을 탐색할 수 있다.
단계	교수·학습 활동
도입	• 동기 유발 및 학습 목표 확인

전개	• 활동 1 : 열대기후의 분포 알아보기
	  - 백지도에 나타내기
	• 활동 2 : 열대기후 지역의 특성 알아보기
	  - 기온과 강수량의 특징, 사람들의 생활 모습 조사하기
	• 활동 3 : 기후와 사람들의 생활 모습 간의 관계 파악하기
	  - 토론하며 나의 입장 정리하기

정리	• 내용 정리 및 차시 예고

(나)

수석 교사 : 환경과 인간의 관계를 보는 관점은 ㉠ 환경결정론, ㉡ 환경가능론, 생태학적 관점 등이 있습니다. 선생님은 오늘 수업을 어떤 관점에서 진행하셨나요?

김 교사 : 저는 환경과 인간이 서로 영향을 주고받는다는 생태학적 관점으로 진행했습니다. 그런데 오늘 수업에서 지도만 사용하니 학생들이 기후 분포를 정확히 이해하지 못하는 것 같습니다. 기후의 전체적인 분포를 가르치기에 적절한 지리교구가 있을까요?

수석 교사 : 세계 기후의 분포를 설명하려면, 기후에 영향을 주는 요인에 대해 알아야 합니다. 기후 요인에는 (㉢), 수륙분포, 해발고도 등이 있습니다. 지구본은 (㉢)이/가 높아짐에 따라 기온이 낮아지는 현상을 설명할 수 있는 적절한 교구입니다. 이를 사용하면, 쾨펜(W. Köppen)의 5가지 기후 구분 중 기온을 기준으로 한 ㉣ 4가지 기후의 분포를 학생들이 이해하기 쉽게 설명할 수 있습니다. 이외에 지리정보시스템(GIS)을 기반으로 한 디지털 지도를 사용할 수도 있습니다.

김 교사 : 기후를 다룰 때는 지도와 지구본, 디지털 지도를 모두 활용해야겠네요.

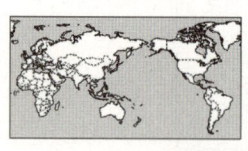  

수석 교사 : 네. 여러 가지 지리교구들을 적절하게 사용하면, 위치와 같은 공간정보나 지형, 기후, 인구, 산업과 같이 지역의 특성을 나타내는 (㉤) 등 다양한 지리 정보를 얻을 수 있습니다. 끝으로 오늘 수업과 관련해 추가적으로 학생들과 알아보고 싶은 내용이 있습니까?

김 교사 : 열대기후 지역의 커피나 카카오 등의 교역과 관련 있는 (㉥)을/를 생각하고 있습니다. (㉥)은/는 경제적으로 소외된 지역의 생산자와 노동자에게 더 나은 거래 조건을 제공하여 불평등한 세계무역과 빈곤 문제를 해결하려는 목적으로 출발한 교역을 말합니다.

수석 교사 : 좋은 생각입니다.

1) 기후와 인간 간의 관계를 (나)의 ① ㉠과 ② ㉡의 관점에서 서술하시오. [2점]

• ① : _____
• ② : _____

2) (나)의 ㉢을 기준으로 ㉣을 순서대로 서술하시오.(단, ㉢을 포함하여 쓸 것) [1점]

• _____

3) ① (나)의 ㉤에 들어갈 용어와, ② (나)의 ㉥에 공통으로 들어갈 용어를 쓰시오. [2점]

• ① : _____
• ② : _____

03
2021-A-7

(가)는 예비 교사가 작성한 수업 구상안의 일부이고, (나)는 예비교사와 지도 교수의 대화이다. 물음에 답하시오. [4점]

(가)

- 단원명: 국토와 우리 생활
- 학습 목표
  지도를 활용하여 우리나라 인구 분포의 변화와 그에 따른 영향을 알 수 있다.
- 교수·학습 자료

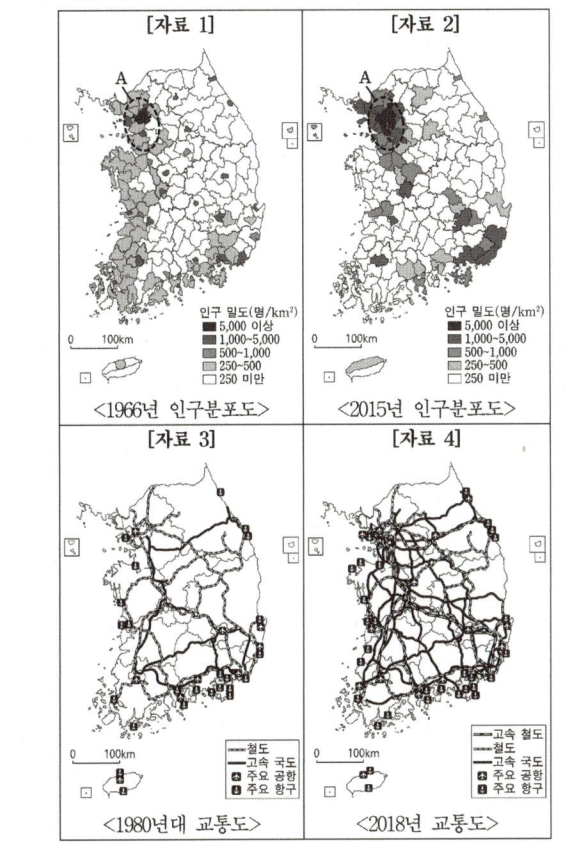

(나)

예비 교사: 이번 수업에서는 우리나라 인구 분포의 변화와 그에 따른 영향을 알아보기 위해 다양한 지도를 활용하려고 합니다. [자료 1]과 [자료 2]를 비교했을 때 알 수 있는 A 지역의 인구 분포 변화의 특징은 (㉠)입니다. 이로 인한 영향에는 어떤 것들이 있을까요?

지도 교수: 소비 시장이 확대되어 다양한 산업이 발달한다는 장점도 있지만, 최근에는 주택 부족, 환경 오염 등의 문제가 매우 심각합니다. 그래서 이러한 문제를 해결하기 위한 여러 가지 정책들이 추진되고 있습니다.

예비 교사: 그렇군요. 어떤 정책이 있습니까?

지도 교수: (㉠)(으)로 인한 문제를 해결하기 위해 다양한 정책을 통하여 여러 가지 기능을 분산시키고 있습니다. 신도시와 같이 아파트 단지를 건설하여 주거 기능을 분산시키거나, 농촌지역에 공업 단지를 만들어 공업 기능을 분산시키고 있습니다. 최근에는 정부 청사를 다른 지역으로 이전하여 (㉡)을/를 분산시키고 있습니다.

예비 교사: [자료 3]과 [자료 4]를 비교해 보면 교통의 발달은 인구 분포의 변화와도 밀접한 관련이 있는 것 같습니다.

지도 교수: 그렇습니다. 교통 발달에 따라 통학, 통근 등 사람이 일상생활을 할 때 활동하는 범위인 (㉢)이/가 달라지고 있습니다. 또한 어떤 교통 수단을 이용할 때 어느 지점에서 특정 지점까지 소요되는 시간인 (㉣)이/가 달라지고 있습니다.

1) (나)의 ㉠과 ㉡에 들어갈 용어를 쓰시오. [2점]

- ㉠: _____
- ㉡: _____

2) (가)의 [자료 3]과 [자료 4]에 나타난 교통 발달에 따른 ㉢과 ㉣의 변화 양상을 서술하시오.(단, ㉢과 ㉣에 들어갈 용어를 모두 포함할 것) [2점]

- _____

정답

1) ㉠ 도시화, 인구 과잉(집중, 밀집)
㉡ 행정 기능

2) 교통이 발달함에 따라 이동이 편리해지고 생활권이 넓어졌으며, 교통수단의 발달로 이동 속도 자체가 빨라지면서 시간 거리가 줄어들었다.

정답이유

1) ㉠ [자료 1]과 [자료 2]를 보면 1966년보다 2015년에 A지역의 인구 밀도가 많이 증가한 것을 볼 수 있으며, 지도 교수가 언급한 문제점은 인구가 늘어나는 지역에서 발생하는 문제이므로, ㉠에 알맞은 인구 분포 변화 특징은 인구 과잉(집중)이다.

㉡ 서울에 인구와 기능이 과도하게 집중되자 1970년대부터는 경기도에 공업·주거·행정 기능을 분담하는 위성 도시들이 생겨났고, 1990년대에는 서울의 주택 문제를 해결하기 위한 인구 분산의 정책으로 분당, 평촌, 일산과 같은 신도시가 조성되었다. 이와 더불어 국토의 균형 발전을 위해 공공 기관이나 연구소 등의 지방 이전도 지속적으로 추진되고 있다. <u>정부청사의 이전은 행정 기능의 분산에 해당한다.</u>

2) ㉢은 <u>생활권(통학, 통근 등 사람이 일상생활을 할 때 활동하는 범위)이고, ㉣은 시간 거리(어떤 교통수단을 이용할 때 어느 지점에서 특정 지점까지 소요되는 시간)이다.</u>

[자료 3]과 [자료 4]를 보면, 고속 국도, 공항, 주요 항구 등이 많이 늘어난 것을 알 수 있으며, 이를 통해 이동이 편리해지고 생활권이 넓어졌음을 알 수 있으며, 고속 철도를 통해 교통수단이 발달하고 이로 인해 시간 거리가 줄어들었음을 알 수 있다.

04

2020-A-5

(가)는 수업 협의회 내용 중 일부이고, (나)는 '지도로 본 우리 지역' 수업에서 활용한 교수·학습 자료이다. 물음에 답하시오. [4점]

(가)

김 교사 : 초등학교 3~4학년군에서 고장에 대해 학습할 때에는 학생들이 ㉠ 고장이나 지역 등 어떤 곳에 대한 정서적 감정을 탐색하는 것이 중요 합니다. 이 과정에서 고장에 대한 기억과 느낌이 사람마다 서로 다르다는 점을 확인할 필요가 있습니다. [A]

이 교사 : 학생들이 고장의 심상 지도를 그린 후, 친구 들의 심상 지도와 비교하여 고장의 모습에 대한 공통점과 차이점을 알아보는 것이 좋겠습니다.

김 교사 : 선생님께서 작성하신 수업 계획을 보니 고장의 주요 명소와 세계의 명소를 함께 살펴보는 활동이 있던데, 고장과 지역 범위 내에서만 학습이 이루어지는 것이 바람직하지 않을까요?

이 교사 : ㉡ 3~4학년군에서는 대체적으로 우리 고장과 지역을 중심으로 학습이 이루어지지만, 학생들에게 물리적 거리보다 경험적 거리가 더 중요하게 작용할 수 있다는 점도 함께 고려한 것입니다.

(나)

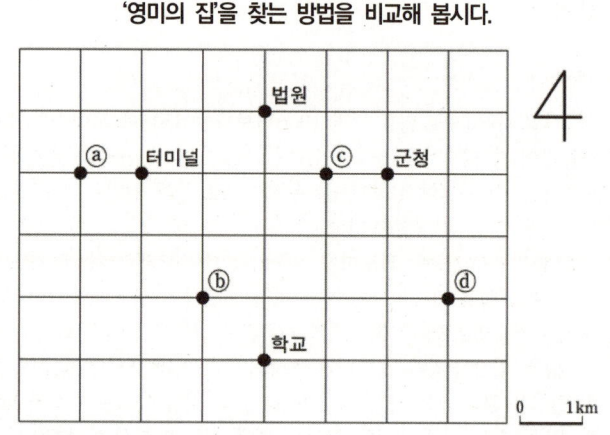

'영미의 집'을 찾는 방법을 비교해 봅시다.

〈활동 1〉 영미의 집을 찾아보자!

영미의 집은
• 군청에서 터미널 방향에 있습니다.
• 법원에서 학교 방향으로 직진하다 왼쪽으로 가면 있습니다.

〈활동 2〉 지도의 기본 요소를 활용하여 영미의 집을 다시 한 번 찾아보자!

영미의 집은
• (㉢   )

1) (가)의 [A]를 고려하여 ㉠에 해당하는 개념을 2015 개정 사회과 교육과정의 성취기준에 제시된 용어로 쓰시오. [1점]

•

2) (가)의 ㉡에 해당하는 2015 개정 사회과 교육과정의 내용 구성 원리를 쓰시오. [1점]

•

3) (나)에서 ① 교사가 의도한 '영미의 집' 위치를 ⓐ~ⓓ 중 찾아 쓰고, ② 다음의 〈조건〉을 고려하여 ㉢에 들어갈 내용을 쓰시오. [2점]

― 조건 ―
• 학교에서 출발하시오.
• 실선 위로 이동하는 최단 경로를 찾으시오.
• 지도의 기본 요소 중 방위와 축척을 모두 활용하시오.

• ① :
• ② :

정답

1) 장소감

2) 탄력적 환경확대법

3) ① ⓒ
② 학교에서 북쪽으로 3km, 동쪽으로 1km 이동하면 있다.

정답이유

1) 장소감(Sense of Place)
① 개인의 활동이나 의식에 의해 형성되는 어떤 장소에 대한 인간의 정서적 감정을 말한다.
② 장소와 그 주변 환경에 대한 개인의 인식과 주관적 경험에 의해 장소감은 변화할 수 있고 같은 장소에 대한 장소감이라도 장소에 대한 주관적 의미를 부여하므로 개인 또는 집단마다 다를 수 있다.
③ 장소감은 시대적·사회적 관계 속에서 형성되므로 대체로 동일한 장소감이 형성되면서 소속감이 부여된다.

2) 사회과 내용 구성 원리에는 환경확대법의 탄력적 적용, 주제 중심의 통합적 구성, 교육과정의 지역화 등 3가지가 있다. 이 중 환경 확대법은 학년이 높아지면서 환경(공간)을 확대하는 방식으로 교육 내용의 범위와 계열을 확대하는 방식이다. ㉡은 김 교사의 질문 "고장의 명소와 세계의 명소를 함께 살펴보는 활동"에 대한 답변으로 고장 수준과 세계 수준을 동시에 다루어야 한다는 지구촌적 관점이 반영되어 있으므로 이는 탄력적 환경 확대법에 해당된다.

3) 영미의 집은 ⓒ 위치에 있고, 문제의 〈조건〉에 따르면 학교에서 출발하며, 실선 위로 이동하는 최단 경로를 찾되, 지도 기본 요소 중 방위와 축척을 활용해야 하는데, 학교에서 영미의 집이 위치한 ⓒ로 가는 최단 경로는 여러 가지가 있을 수 있지만, 결과적으로 학교에서 출발하여 북쪽으로는 3km(3칸), 동쪽으로는 1km(1칸) 이동해야 한다.

05   2019-B-3

(가)는 예비 교사와 지도 교사의 대화이고, (나)는 교수·학습 자료이다. 물음에 답하시오. [4점]

(가)

예비 교사 : 3~4학년군의 대주제 '우리가 살아가는 곳'에서는 어떤 지도를 활용할 수 있을까요?

지도 교사 : 중주제 '우리 고장의 모습'에서는 고장의 실제 모습을 파악하기 위해 우선 디지털 영상 지도를 이용해 고장의 주요 지형지물들의 위치를 파악할 수 있습니다. 그리고 (㉠)에 주요 지형지물들의 위치를 기입하는 활동을 할 수 있습니다.

예비 교사 : 사회과 교육과정 5~6학년군의 중주제 '국토의 위치와 영역', '지구, 대륙 그리고 국가들', '우리나라와 가까운 나라들'에서는 다양한 지역을 다룹니다. 5~6학년군에서 다양한 지역의 위치를 학습하기 위해서는 어떤 활동을 할 수 있을까요?

지도 교사 : (나)의 지도들과 같은 (㉠)을/를 활용해 지도를 완성하는 활동을 할 수 있습니다.

(나)

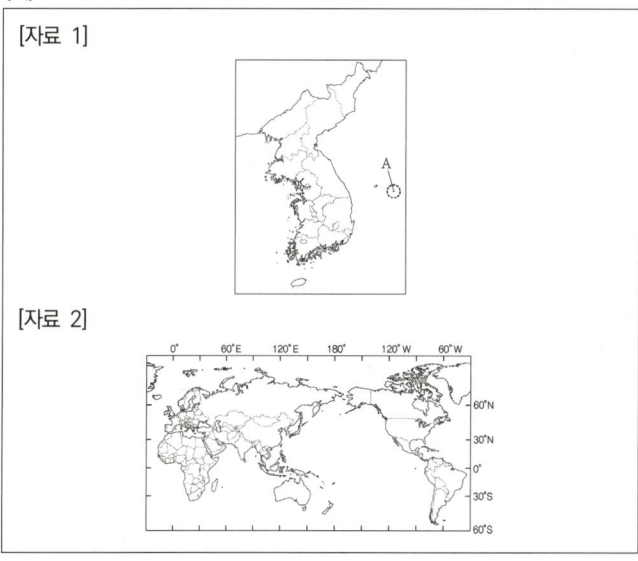

[자료 1]

[자료 2]

1) (가)의 ㉠에 공통으로 들어갈 내용을 2015 개정 사회과 교육과정의 성취기준에 제시된 용어로 쓰시오. [1점]

2) (나)의 [자료 1]에 표시된 A섬에 대해 '우리나라 영토의 4극'과 '영해 설정 기준선의 유형' 측면에서 쓰시오. [2점]

3) (나)의 [자료 2]에서 〈조건〉을 만족하는 국가는 6대륙 중 어느 대륙에 속하는지 쓰시오. [1점]

― 조건 ―
- 위도 30°와 60° 사이에 위치한다.
- 환태평양 조산대에 속한다.
- 우리나라가 여름일 때 겨울이다.
- 날짜 변경선의 서쪽에 위치한다.

정답

1) 백지도
2) 독도는 우리나라 영토의 극동에 위치하며 통상 기선을 기준으로 영해를 설정한다.
3) 오세아니아

정답이유

1) 백지도

① 각종 정보를 써 넣기 위한 기본 지도
② (가)에서 지도 교사의 '주요 지형지물들의 위치를 기입하는 활동', '지도를 완성하는 활동' 등의 언급과 (나)의 지도 자료를 보면 ㉠은 기본적인 지형만 그려져 있는 백지도임을 알 수 있다.

2) A섬 : 독도

〈우리나라 영토의 4극〉

위치	지명
극동	경상북도 울릉군 독도
극서	평안북도 용천군 마안도
극남	제주특별자치도 서귀포시 마라도
극북	함경북고 온성군 유원진

〈영해 설정 기준선의 유형〉
- 통상 기선(썰물일 때의 해안선이 기선)
  - 동해안처럼 해안선이 단조로운 곳으로 제주도와 울릉도, 독도
- 직선 기선
  - 황해안이나 남해안과 같이 해안선이 복잡한 곳은 일일이 해안선을 긋기가 힘드므로 가장 바깥에 있는 섬들을 직선으로 이어서 만든 기선

3) 6대륙 : 아시아, 유럽, 북아메리카, 남아메리카, 아프리카, 오세아니아

- 위도 30°~60°에 위치 : 6개 모두 해당
- 환태평양 조산대 위치 : 3개(아시아, 북·남아메리카) 해당

〈환태평양 조산대〉: 뉴질랜드에서 칠레 해안까지 이어지는 4만km 지역

- 우리나라가 여름일 때 겨울 : 2개(남아메리카, 오세아니아) 해당
- 날짜 변경선의 서쪽 위치 : 1개(오세아니아) 해당
→ 모든 조건을 만족하는 국가는 뉴질랜드이고 위치한 대륙은 오세아니아이다.

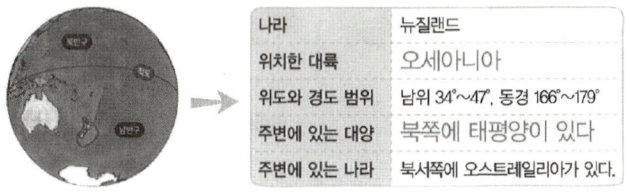

06 2018-B-3

(가)는 세계 지도와 통계 자료이고, (나)는 6.25 전쟁 때 월남했던 할아버지와 예비 교사의 대화를 채록한 자료이다. 물음에 답하시오. [5점]

(가)

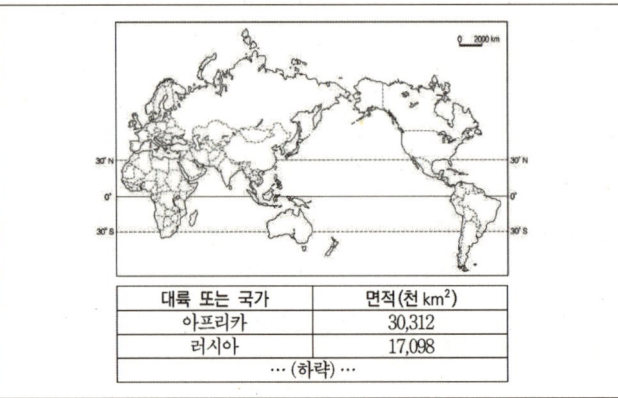

대륙 또는 국가	면적(천 km²)
아프리카	30,312
러시아	17,098
… (하략) …	

(나)

… (상략) …
예비 교사 : 할아버지, 고향은 어디세요?
할아버지 : 내 고향은 함경도 흥남인데, 6.25 전쟁 때 속초로 피란을 와서 가족과 함께 살고 있어.
예비 교사 : 피란 생활은 어떠셨어요?
할아버지 : 많이 힘들었어. 그 당시 국제 연합군이 파견된 것도 기억나.
예비 교사 : 그들 가운데 직접 본 외국 사람도 있지요?
할아버지 : 아프리카 대륙에서 온 에티오피아 사람들을 만났어. 그들의 활동이 신문에 나기도 했지.
예비 교사 : 우리나라와 ㉠ 에티오피아의 기후가 달라서 힘들었을 텐데요. 우리 학생들에게도 다른 나라가 힘들 때 도와줄 수 있도록 가르치는 게 좋겠어요.
… (하략) …

1) 다음은 (가)의 세계 지도와 통계 자료를 활용한 수업에서 이루어진 교사와 학생의 대화이다. ① 학생의 질문과 직접적으로 관련 있는 세계 지도의 단점을 쓰고, ② (   )에 들어갈 지리 교구를 쓰시오. [2점]

교사 : 여러분, 세계 지도와 통계 자료를 보세요.
학생 : 선생님, 세계 지도를 보면 러시아가 아프리카 대륙보다 커 보여요. 그런데 이상해요. 통계 자료를 보면 아프리카 대륙이 러시아보다 훨씬 커요! 왜 그런가요?
교사 : 좋은 질문이에요. 그러한 의문을 해결하기 위해 인터넷, 지도 이외에 실제 지구의 모습을 축소시켜 입체적으로 만든 (   )을/를 활용해 봅시다.

- ① : _____
- ② : _____

2) 다음은 (나)를 활용한 수업에 대해 예비 교사와 지도 교사가 협의한 대화 내용이다. ① ⓐ에 들어갈 단어를 쓰고, ② 사료 학습에서 자료를 준비할 때 예비 교사가 고려해야 할 사항을 밑줄 친 ⓑ로부터 추론하여 쓰시오. [2점]

예비 교사 : 할아버지와의 대화를 채록한 자료를 활용해서 6학년 학생을 대상으로 수업을 하려고 하는데, 만 3년에 걸친 6.25 전쟁의 전개 과정을 어떻게 알려 주면 좋을까요?
지도 교사 : 5학년 단계의 학생들에게는 '인과 의식'이, 6학년 단계의 학생들에게는 '(ⓐ) 의식'이 발달한다는 점을 고려해야 해요. 할아버지가 흥남에서 피란 온 사실을 국군과 국제 연합군의 후퇴라는 6.25 전쟁의 전개 과정 속에서 설명하는 방식을 제안합니다.
예비 교사 : 채록 자료의 분량이 많은데 어떻게 하지요? 그리고 그 자료와 함께 6.25 전쟁 때 참전했던 국제 연합군에 대한 당시의 신문 기사도 소개하려고 하는데…….
지도 교사 : ⓑ 자료의 분량이 많으면 요약해야 해요. 그리고 옛날 자료는 학생들이 이해할 수 있는 내용으로 다시 만들어야 합니다. 전체 채록 자료 가운데 중요한 내용을 간추리고, 신문 기사의 어려운 한자와 생소한 어투를 오늘날 사용하는 표현으로 바꾸어 사용하세요.

- ① : _____
- ② : _____

3) 다음은 (가)와 (나)를 활용한 수업에 대해 예비 교사와 지도 교사가 협의한 대화 내용이다. (   ) 안에 들어갈 단어를 쓰시오. [1점]

예비 교사 : ㉠을 이해하는 데 도움이 되는 가장 핵심적인 학습 활동에는 무엇이 있을까요?
지도 교사 : 학습자가 세계 지도에서 에티오피아의 수리적 위치를 확인하는 활동이 중요합니다. 수리적 위치를 나타내는 하나의 요소인 (   )을/를 확인함으로써 학습자가 ㉠을 추측할 수 있기 때문입니다.

- _____

정답

1) ① 대륙이나 바다의 모양, 거리가 실제와 달라진다.
② 지구본
2) ① 시대 ② 학생의 발달 단계에 맞도록 재구성해야 한다.
3) 위도

정답이유

1) ① 둥근 지구 표면의 모습을 평면으로 표현하기 때문에 위도가 높아질수록 면적이 실제보다 더 크게 나타난다.
② 지구본은 실제 지구의 모습을 아주 작게 줄여서 입체적으로 만든 것이다.
2) ① '시대 의식'이 발달한 6학년 단계에서는 인물을 시대와 관련지어 파악할 수 있고, 통사 학습이 가능하다.
② ⓑ는 자료 분량과 수준의 조절을 나타내므로, 예비 교사가 고려해야 할 사항은 사료들을 그대로 활용하는 것이 아니라 학생의 발달 단계에 맞도록 재구성해야 한다는 것이다.
3) 수리적 위치는 위도와 경도를 사용하여 나타내는 위치이다.
· 위도에 따라 일사량이 달라지기 때문에 위도는 기후를 결정짓는 중요한 인자이다.

07
2017-A-7

(가)와 (나)는 사회과 교수·학습 과정안이다. 물음에 답하시오. [4점]

(가)

수업 목표	우리 문화를 세계에 알리는 홍보물을 만들고, 세계 문화 발전에 기여하는 자세를 지닐 수 있다.
도입	• ㉠ 김치, 한복, 한옥, 한글, 효 사상, 탈놀이 등의 사진 살펴보기 • 학습 문제 확인하기
전개	• 학습 활동 안내하기 [활동 1] 우리 문화에 대하여 이야기하기 - 우리 문화의 독창성 이야기하기 - 자랑하고 싶은 우리 문화 찾아보기 [활동 2] 세계에 우리 문화를 알리기 위한 홍보물 만들기 - 외국인에게 자랑하고 싶은 우리 문화 정하기 - 모둠별로 다양한 홍보물 만들기 [활동 3] 홍보물 발표하기 - 모둠별로 만든 홍보물 발표하기 - 홍보물 제작·발표를 통해 느낀 점 나누기
정리	• 세계 문화 발전에 기여하려는 자세 지니기 • 우리 문화에 관심을 가지고 문화를 계승·발전시키기 위한 마음 다지기

(나)

수업 목표	우리나라의 지형도에서 평야가 주로 어디에 발달해 있는지 조사하고 그 까닭을 설명할 수 있다.
도입	• 탐구 문제 파악하기 - 지형도에서 평야의 위치 찾아보기 ▶ 주로 서쪽과 남쪽에 발달해 있음. - 평야의 속성 알아보기 ▶ 넓고 평평한 땅으로서, 주로 강의 하류에 나타남.
전개	• 가설 설정하기 • 탐색하기 • 정보 수집 및 분석하기 [활동 1] 산지 분포의 특징 알아보기 - [자료 1에서] 산과 산맥의 위치 찾아보기 [활동 2] 강 흐름의 특징 알아보기 - [자료 2]에서 강의 위치 찾고 흐름 알아보기
정리	• ㉡ 증거를 통해 결론 내리기

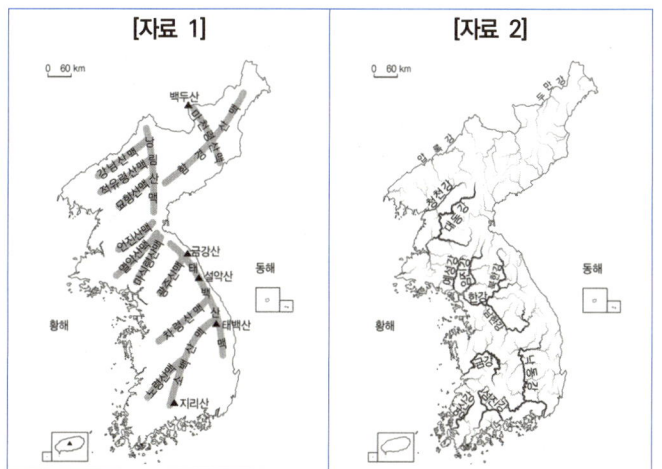

1) (가)의 ㉠을 참고하여, 다음이 설명하는 개념을 쓰시오. [1점]

• 어떤 집단이나 공동체에서 오랜 세월에 걸쳐 이어져 내려온, 보전하고 발전시킬 만한 가치를 인정받은 문화이다.
• 과거와 현재를 이어 주면서 공동체 의식을 느낄 수 있도록 하는 역할을 한다.

• _____

2) 2015 개정 사회과 교육과정의 목표에 비추어, (가)에 비해 (나)에서 중점적으로 기르고자 하는 기능이 무엇인지 1가지 쓰시오. [1점]

• _____

3) (나)의 [자료 1], [자료 2]에 나타난 지형의 특성과 방위를 반영하여 ㉡을 한 문장으로 쓰시오. [2점]

• _____

정답

1) 전통 문화
2) 탐구 능력
3) 북쪽과 동쪽의 산에서 시작된 강은 주로 남쪽과 서쪽으로 흐르기 때문에 강의 하류인 남쪽과 서쪽으로 갈수록 강의 폭이 넓어지고 물의 흐름이 느려져 넓은 평야가 나타난다.

정답이유

2) (나)는 일반화를 도출할 수 있는 주제를 지도하기에 적합한 탐구 학습 모형이 적용된 것이기 때문에 중점적으로 기르고자 하는 기능은 탐구 능력이다.

3) 우리나라 지형의 특징

우리 국토는 약 70%가 산지로 이루어져 있으며, 북쪽과 동쪽에는 높고 험한 산이 많다. 산지의 여러 산은 연속적으로 이어져 산맥을 이루는데, 우리나라에서 가장 높은 북쪽의 백두산에서 시작된 산맥은 금강산, 설악산을 지나 남쪽의 지리산까지 이어져 우리나라의 뼈대를 이룬다. 큰 산맥에서 나온 작은 산맥들이 서쪽을 향해 뻗어 나가며 점점 낮아져 동쪽은 높고 서쪽은 낮은 지형이 나타난다.

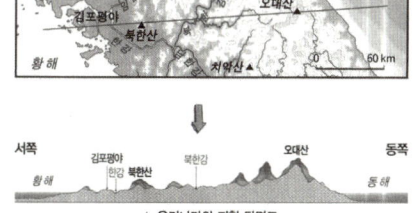

▲ 우리나라의 지형 단면도

우리나라는 동쪽이 서쪽보다 높아 북쪽과 동쪽의 산에서 시작된 강은 주로 남쪽과 서쪽으로 흐른다. 따라서 강의 하류인 남쪽과 서쪽으로 갈수록 강의 폭이 넓어지고 물의 흐름이 느려져 넓은 평야가 나타난다.

08

2016-A-8, 특수-A-8

(가)는 현행 3~6학년 사회 교과서 단원의 주제 중 일부를 제시한 것이고, (나)는 D단원의 지도 학습 관련 자료이다. 물음에 답하시오. [5점]

(가)

A	・상징물에 담긴 우리 지역의 특성 ・우리 지역의 미래 모습	B	・세계의 다양한 문화 ・우리나라와 세계 여러 나라의 관계
C	・소중한 우리 국토 ・변화하는 우리 국토	D	・우리 고장의 위치 ・지도에 쓰이는 약속

(나)

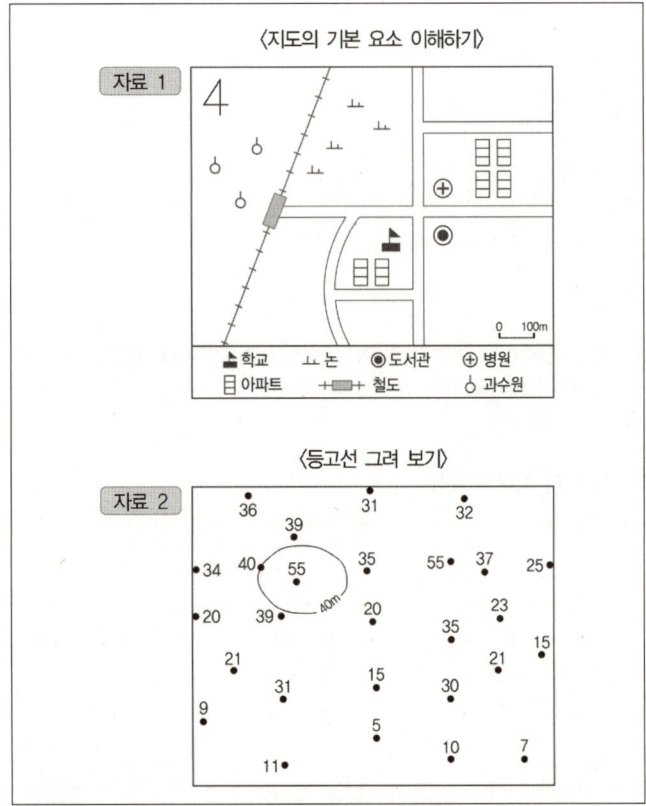

1) ① (가)의 A~D를 공간 규모에 따라 배열하고, ② 이러한 배열에 가장 부합하는 사회과 내용 조직의 원리를 쓰시오. [2점]

   • ① : _____
   • ② : _____

2) 자료 1 에서 확인되는 지도의 기본 요소 중 2가지만 쓰시오. [1점]

   • _____

3) 자료 2 에서 20m 등고선을 그릴 경우, 그 모습에 가장 가까운 영어 알파벳을 쓰시오. [1점]

   • _____

4) (나)와 다음 글을 참고하여 ㉠을 쓰시오. [1점]

(㉠)은/는 '언어나 숫자로 전달할 수 없는 공간적인 정보와 아이디어를 다루는 의사소통 능력'(Balchin, 1972)으로서 문해력, 구두 표현력, 수리력과 함께 인간의 4대 의사소통 방식 중 하나이다. 이와 관련하여 자료 1 은 공간적인 정보를 해석할 수 있는 능력, 자료 2 는 공간적인 정보를 변환 혹은 표현할 수 있는 능력을 기르는 데 초점을 두고 있다. 지도 학습은 (㉠)을/를 기르는 데 중추적인 역할을 한다.

• _____

정답

1) ① D, A, C, B
   ② 탄력적 환경확대법
2) 방위, 기호, 축척
3) W
4) 도해력(graphicacy)

정답이유

1) 탄력적 환경확대법에서 확장되는 공간 규모의 순서와 수준은 가족 → 주변 이웃 → 고장 → 지역 사회 → 국가 → 지구촌으로 이어진다.

2) 자료 1 하단의 그림(🏫학교 ⊥논 ◉도서관 ⊕병원 🏢아파트 ╉╉철도 ♂과수원)은 지도의 구성 요소 중 '기호'이고, 자료 1 왼쪽 상단의 표시(4)는 지도의 구성 요소 중 '방위'이고, 자료 1 오른쪽 하단의 표시(0 100m)는 지도의 구성 요소 중 '축척'으로 축척의 표현 방법 중 '줄인자법'이다.

3) 자료 2를 보면 왼쪽과 가운데의 20m 표시된 점을 기준으로 위 부분에는 20m보다 낮은 곳이 없으므로 등고선은 20m 지점의 아래쪽으로 그려지며, 그 형태는 다음 그림과 같다.

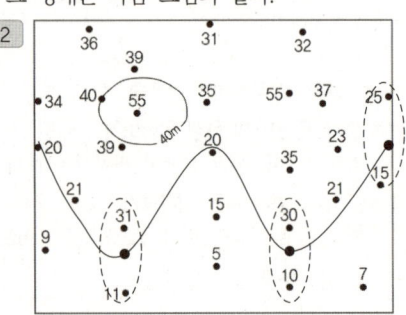

4) 지도 학습과 도해력
• 지도 학습이란 지도의 본질과 목적을 이해하고, 지도를 이용할 수 있게 해 줌으로써 도해력을 길러 주는 학습 형태이다.
  ① 도해력(graphicacy)이란 사회과 지리 교육에서 다루는 기본적인 기능 가운데 하나로 공간적 정보와 자료를 시각 자료(지도, 도표, 그래프 등)로 가공하고 변환시킬 수 있으며, 또한 시각 자료에 저장되어 있는 정보와 자료를 읽어낼 수 있는 기능(技能)을 말한다.
  ② 지도는 시각 자료 중 가장 정교한 형태이기 때문에 지도 학습이야말로 도해력을 길러 주는 데 핵심적인 부분이 된다.

09

2013-A-5, 특수-A-7

다음은 '세계 여러 지역의 전통 가옥과 기후의 관계'를 주제로 한 수업 과정을 간략히 나타낸 것이다. 물음에 답하시오. [4점]

단계	교수·학습 활동
문제 제기	교사 : (세계 여러 지역의 전통 가옥의 모습을 나타내는 사진을 보여주면서) 세계 전통 가옥의 모습은 왜 이렇게 다양할까요?
㉠	학생 : (다양한 대답을 한다.) 교사 : 여러분의 답변을 정리하면, '세계의 전통 가옥은 기후의 영향을 많이 받아 다양한 모습으로 나타난다.'는 것입니다.
탐색	교사 : (　　　㉡　　　)
입증	교사 : 조사한 결과를 정리해 봅시다. 학생 : 건조한 지역에는 흙벽돌집, 눈과 비가 많은 곳에는 지붕의 경사가 급한 집, 북극권에는 이글루 등이 나타납니다. (중략) 교사 : 그렇다면, 세계 여러 지역의 전통 가옥의 모습에 영향을 미치는 중요한 기후 요소 두 가지는 무엇일까요? 학생 : (　㉢　)와(과) (　㉣　)입니다. 교사 : 이제, 그 조사 결과가 정확한지, 또 우리가 제기한 문제에 대한 대답으로 적합한지 생각해 봅시다. 학생 : (수집한 자료를 분석하고 평가한다.)
일반화	교사 : 우리가 처음에 제기한 질문에 대답해 볼까요? 학생 : 세계의 전통 가옥의 모습은 그 지역의 기후로부터 많은 영향을 받습니다.

1) 이 수업에 적용된 수업 모형과 ㉠ 단계의 명칭을 쓰시오. [2점]

　• 수업 모형 : _____

　• ㉠ 단계의 명칭 : _____

2) '탐색' 단계에서 학생들의 활동 내용과 방향을 안내하기에 적합한 교사의 핵심 발문 ㉡을 쓰시오. [1점]

　• _____

3) ㉢과 ㉣에 알맞은 용어를 쓰시오. [1점]

　• ㉢ : _____

　• ㉣ : _____

정답

1) 탐구 학습 모형, 가설 설정
2) 필요한 자료의 종류와 수집방법은?
3) ㉢ 기온 ㉣ 강수량

정답이유

1)
- '세계 여러 지역의 전통과 기후의 관계'는 법칙성이 강하고 일반화를 도출할 수 있는 주제이기 때문에 탐구 학습 모형이 적합하고, 절차는 문제 제기 → 가설 설정 → 탐색 → 입증 → 일반화이다.
- 가설 설정 단계의 주요 활동은 문제 해결책 및 해결 결과 예측(잠정적 결론)하기이다.

2) 탐색 단계에는 탐구 계획을 수립해야 하는데 적절한 자료의 종류와 자료 탐색 방법을 살펴보는 것이 중요 활동이다.

3)
- 기후의 3대 구성요소는 기온, 강수량, 바람이다.
- 교수·학습 활동의 '건조한 지역에는 흙벽돌집, 눈과 비가 많은 곳에는 지붕의 경사가 급한 집, 북극권에는 이글루 등' 내용을 토대로 전통 가옥의 모습에 영향을 미치는 기후 요소는 기온과 강수량임을 알 수 있다.

10

2015-A-8

(가)는 사회과 평가 문항의 예시이고, (나)는 이에 대한 교사와 예비교사의 대화이다. 물음에 답하시오. [4점]

(가)

〈예시 1〉 다음 낱말 카드가 나타내는 국가는 어느 대륙에 위치합니까?

| 인구 대국 | 타지마할 | 힌두교 | 갠지스 강 |

① 유럽 ② 아시아 ③ 아프리카 ④ 아메리카 ⑤ 오세아니아

〈예시 2〉 〈보기〉에서 옳지 않은 설명을 모두 고른 것은 어느 것입니까?

〈보 기〉
ㄱ. 영역이란 한 국가의 주권이 미치는 범위이다.
ㄴ. 강우량이란 어떤 곳에 일정 기간 동안 내린 물의 총량이다.
ㄷ. 열대 우림 기후란 연중 기온이 높고 건기와 우기가 뚜렷한 기후이다.
ㄹ. 경선이란 본초자오선을 기준으로 일정한 간격으로 그은 남북 방향의 세로선이다.

① ㄱ, ㄴ ② ㄱ, ㄷ ③ ㄴ, ㄷ ④ ㄴ, ㄹ ⑤ ㄷ, ㄹ

〈예시 3〉 다음 두 지도를 분석하여 인구 분포와 지형 분포의 특징을 쓰고, 그 관계를 설명하시오.

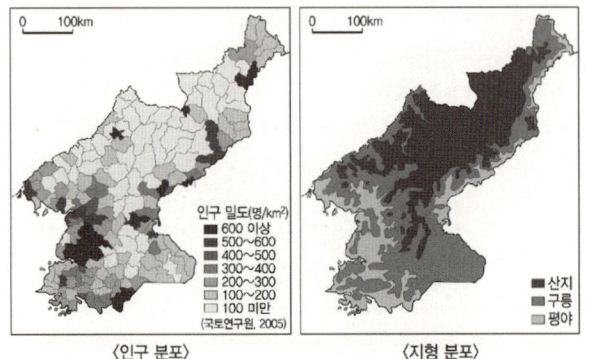

〈인구 분포〉 〈지형 분포〉

(나)

교　　사 : 사회과 평가 문항들을 살펴보고 평가 요소, 수업에 주는 시사점 및 채점 기준에 대해 이야기를 나눠봅시다.
예비교사 A : 〈예시 1〉과 〈예시 2〉는 사회과 평가 영역 중에서 지식 영역을 측정하는 문항입니다. 특히 〈예시 1〉은 (㉠)의 습득 여부를, 〈예시 2〉는 개념의 이해 정도를 측정합니다.
예비교사 B : 〈예시 2〉를 통해 학생들의 ㉡오개념을 파악할 수 있고, 이를 수업에 반영할 수 있습니다.
예비교사 C : 〈예시 3〉은 자료 분석 능력을 평가하는 데 유용합니다. 그런데 학생들의 반응이 다양하여 ㉢채점의 어려움이 있습니다.

1) ㉠에 들어갈 평가 요소를 쓰시오. [1점]

　• _____

2) ㉡에 해당하는 것 2가지를 〈예시 2〉의 〈보기〉에서 찾아 기호를 쓰고 그 내용을 바르게 고치시오. [2점]

　• _____
　• _____

3) ㉢을 해결하기 위해 채점 기준표를 작성하였다. 〈예시 3〉 문항과 학생 답안의 채점 결과를 참고하여, 채점 기준의 [A]를 작성하시오. [1점]

수 준	상	중	하
채점 기준	인구 분포와 지형 분포의 특징 둘 다를 기술하고, 두 현상 간의 관계를 설명한 경우	[A]	두 현상 간의 관계에 대한 설명 없이, 인구 분포나 지형 분포의 특징 중 하나만 기술한 경우
학생 답안	인구는 남서쪽에 많이 분포한다. 높은 산지는 북동쪽에 많다.	채점 결과	중

　• _____
　　_____

정답

1) 사실 또는 사실적 지식

2) • ㄴ. 비, 눈, 우박, 안개로 일정 기간에 일정한 곳에 내린 물의 총량은 강수량이다.
　• 강우량은 일정 기간에 일정한 곳에 내린 비의 누적 높이(mm)이다.
㉢ • 열대 우림 기후는 1년 내내 기온이 높고 비가 많이 내리는 기후이다.
　• 연중 기온이 높고 건기와 우기가 뚜렷한 기후는 열대 초원(사바나) 기후이다.

3) 인구 분포와 지형 분포의 특징을 둘 다 기술하였으나, 두 현상 간의 관계를 제대로 설명하지 못한 경우

정답이유

1) '인도는 아시아 대륙에 위치한다'는 것은 사회과학적 지식 중 '사실'에 해당한다.

3)
① 〈예시 3〉에 제시된 두 지도를 보면 인구 분포는 남서쪽에 인구가 많은 반면 북동쪽으로는 인구가 적게 나타나는 것을 알 수 있고, 지형 분포는 남서쪽에는 평야가 많은 반면 북동쪽으로는 산지가 많음을 알 수 있다. 〈예시 3〉의 자료만으로는 사회·경제적 요인이 인구 분포에 미친 영향은 정확히 알 수는 없으므로, 인구 분포가 지형 분포의 영향을 받음을 알 수 있다.
② 학생 답안은 '인구는 남서쪽에 많이 분포한다.'는 인구 분포의 특징과 '높은 산지는 북동쪽에 많다.'는 지형 분포의 특징을 기술하고 있고, 채점 결과가 '중'에 해당하므로, 채점 기준 '상', '하'를 참고해 보면, 인구 분포와 지형 분포의 특징을 둘 다 기술하고, 두 현상 간의 관계는 설명하지 못한 경우가 채점 기준 [A]로 적합하다.

정답개념

1. 시민적 자질의 구성 요소

(1) 지식(knowledge)
- 지식이란 확실한 근거에 바탕을 둔 보편타당성이 있는 인식이며, 이러한 인식작용의 결과를 의미한다.

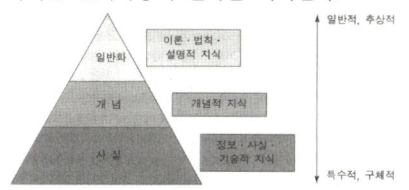

〈지식의 위계 구조〉

1) 사실 (fact)	① 사실은 특수한 사건, 대상, 사람들에 관한 정보가 경험적인 자료에 의하여 증명된 서술을 의미한다. 예) 1392년에 이성계가 조선이라는 나라를 세웠다.(특정 시간에 관한 지식) 예) 대전은 여러 광역시 중의 하나이다.(특정 공간에 관한 지식) ② '인도는 아시아 대륙에 위치한다'는 것은 사회과학적 지식 중 '사실'에 해당한다.
2) 개념 (concept)	① 개념적 지식은 각각의 사물이나 사상으로부터 공통적·일반적 성질을 추출하여 이루어진 일반적이고 본질적인 지식이나 관념을 말한다. ② 개념이란 관찰 → 분류(범주화) → 이름붙이기(명명)의 과정을 거쳐 단어나 구(句)로 표현된 용어이다. ③ 영역, 강우량, 열대 우림 기후, 경선 등은 사회과학적 지식 중 '개념'에 해당한다.
3) 일반화 (generali- zation)	① 일반화는 개념과 개념의 관계를 보편성 있게 서술하여 경험적 자료를 가지고 증명한 서술이다. ② 대도시일수록 범죄가 많다는 서술은 대도시와 범죄의 관계를 여러 도시의 자료를 분석하여 증명한 것이다. 이것은 곧 개별적인 수많은 사건을 관찰하여 법칙과 같은 서술로 보편성 있게 서술한 것이다. ③ "해상 교통이 편리한 해안지역에 공업도시가 발달한다." 등과 같은 지식을 말한다. • 이것은 포항과 울산의 공업발달의 이유만을 설명하는 것이 아니라 다양한 국가나 도시에 있어서의 임해공업도시의 발달을 설명하고 예측하는 것을 가능하게 하는 지식이다.

(2) 기능(skills)
① 기능이란 어떤 것을 할 수 있는 능력을 의미한다.
② 사회과에 있어서 능력은 사회생활 내지 사회사상을 이해하고 인식하는 능력, 사회생활 속에서 부딪치는 문제를 합리적으로 해결하는데 필요한 능력이다.

(3) 가치·태도(value/attitude)
① 가치·태도 목표는 사회현상에 관한 문제와 관련된 가치의 이해 및 수용, 명료화 과정 등을 거쳐 획득되어 자기 나름대로 체계화한 행위의 절차에 관한 지식, 판단기준, 신념, 태도 등을 의미한다.
② 이처럼 사회과에서 태도 목표를 중시하는 것은 사회과가 단순히 사회 인식의 결과로서의 지식·이해의 습득을 목표로 하는 것만이 아니라 지식·이해가 실제로 아동의 사회생활에 있어서 실천적으로 기능하는 것을 기대하는 교과로서의 성격이 강하기 때문에 실천의 전제가 되는 태도의 육성이 불가결하다고 생각되기 때문이다.

2. 하위문항 2)번 해설

오답분석

ⓒ 강수량은 비, 눈, 우박, 안개로 일정 기간에 일정한 곳에 내린 물의 총량이다. 일 년 동안 강수량이 1,300mm 이상이면 강수량이 많은 지역이고, 1,000mm 이하이면 강수량이 적은 지역이다. 강우량은 일정 기간 일정한 곳에 내린 비의 누적 높이(mm)로 물의 총량이 아닌 비의 양 만을 의미한다.

ⓒ 열대 우림 기후는 1년 내내 기온이 높고 비가 많이 내리는 기후이며, 연중 기온이 높고 건기와 우기가 뚜렷한 기후는 열대 초원(사바나) 기후이다.

〈기후의 3요소〉

〈1〉 기온	기온은 지표면 공기 온도를 말한다.
〈2〉 강수량	① 강수량은 비의 양만을 말하는 것은 아니다. 땅 위에 떨어지는 비를 포함해 눈, 우박, 이슬, 서리, 안개 등 모든 물의 합친 양을 말한다. ② 적도 주변 사바나 지역은 여름과 겨울이 뚜렷이 구별되지 않지만, 강수량에 따라 건기와 우기로 구별된다.
〈3〉 바람	바람은 공기가 움직이는 것을 말한다.

〈기후가 다른 건 기후 요인이 다르기 때문이다〉.

① 위도는 지역마다 기후를 다르게 하는 중요한 요인 중 하나이다. 위도에 따라 햇볕이 내리쬐는 정도가 다르기 때문이다.
② 햇볕이 가장 많이 내리쬐는 적도 근처 저위도 지역은 기온이 높은 기후가, 적도에서 먼 고위도 지역은 기온이 낮은 기후가 나타난다.
③ 그런데 저위도 지역의 고원이나 높은 산지 지역에는 기온이 주변보다 낮은 기후가 나타나기도 한다. 해발 고도가 높아 주변과 기후가 달라진 것이다.
④ 이처럼 지역마다 위도, 해발 고도, 땅과 바다의 분포, 지형 등의 '기후 요인'을 살펴보면, 기후가 왜 그런지, 또 다른 지역과 왜 다른지 알 수 있다.

정답개념

㉠ 국토의 영역은 국가의 주권이 미치는 범위로, 영토(땅), 영해(바다), 영공(하늘)로 나뉜다. 이중 영토는 토지로 구성되는 국가의 영역이고, 우리나라의 영토는 한반도와 그 부속도서로 이루어져 있다. 영해는 국가의 주권이 미치는 바다의 범위로서, 기선으로부터 12해리(약 22km)까지이고, 우리나라는 동해, 제주도, 울릉도, 독도 등은 통상 기선의 방법으로, 서해·남해는 가장 바깥쪽에 있는 섬들을 직선으로 연결한 직선 기선의 방법으로 영해를 정하고 있다(단, 대한 해협은 직선 기선으로부터 3해리). 영공은 국제법상 개별 국가의 영토와 영해의 상공으로 구성되는 영역이다.

㉣ 위도로 표현되는 위선이 적도를 기준으로 한 가로선이라면 남북을 이은 세로선은 경선이라고 한다. 경선은 1884년 만국 자오선 회의에서 영국 런던 교외의 그리니치 천문대를 지나는 선을 본초 자오선으로 삼고, 경도 0°라고 정하였다. 그곳으로부터 동쪽으로 갈수록 경도가 증가하여 본초 자오선에 이르러 360°가 되는 것이다.

11

(가)는 사회과 교육과정 중 3~4학년의 '영역 및 학습내용 성취기준'의 일부이고, 주요 용어에 대한 해설이다. (나)는 '사회 변화와 우리 생활' 단원의 한 주제를 지도하기 위한 수업 계획안이다. 물음에 답하시오. [6점]

(가)

영역 및 학습내용 성취기준

(1) 우리가 살아가는 곳
　　이 단원은 우리가 살고 있는 지역의 위치, 지역적 특성, 그리고 그 이용 모습을 살펴보고, 우리 지역의 <u>자연환경</u>과 생활과의 관계를 파악하며 …(중략)… 또한 <u>지도의 요소</u>를 알고 그것을 통해 우리 지역의 모습을 지도로 나타낼 수 있도록 한다.
　　　　　　　　　　　　(이하 생략)

주요 용어 해설

• 자연환경
　자연환경은 인간의 힘이 가해지지 않은 자연 그대로의 환경을 말한다. 여기에는 땅의 모양으로서 산지, 평야, 분지, 하천 등을 포함하는 (㉠), 어느 지역에서 오랜 기간에 걸쳐 나타나는 지속적이고 평균적인 대기 상태를 의미하는 (㉡), 그리고 토양, 식생 등이 있다.

• 지도
　지도는 지표의 일부 또는 전체를 간소화하여 평면에 표현한 것이다. 지도의 요소에는 한 지점을 기준으로 삼아 어떤 쪽의 위치를 나타내는 (㉢), 지표면의 자연적·인문적 요소를 지도에 표현하는 약속인 (㉣), 그리고 축척, 등고선 등이 있다.

(나)

단계	교수·학습 활동
문제 제기	• 소수자의 의미가 무엇인지 알아본다.
A	• (㉤)
B	• (㉥)
속성 검토 및 개념 정의	• 소수자의 속성이나 특성을 제시한다. • 소수자의 개념을 정의한다.
개념 분석 또는 이해도 검증	• 소수자와 유사하거나 혼동될 수 있는 관련 개념들을 검토한다.
관련 현상 또는 문제 검토	• 최근 증가한 북한 이탈 주민이 소수자로서 겪는 문제를 검토한다. 예를 들어, ⓐ <u>북한 출신이라는 이유로 취업이나 승진 등에서 차별받은 사례</u>를 검토한다.

1) (가)의 ㉠~㉣에 들어갈 용어를 각각 쓰시오. [2점]

　• 자연환경 : ㉠ _____
　　　　　　　 ㉡ _____
　• 지도의 요소 : ㉢ _____
　　　　　　　　 ㉣ _____

2) (나)에 활용된 개념학습의 수업모형을 쓰시오. [1점]

　• _____

3) A, B단계의 ㉤과 ㉥에 들어갈 핵심적인 교수·학습 활동을 각각 서술하시오. [2점]

　• ㉤ : _____
　• ㉥ : _____

4) ⓐ에서 북한 이탈 주민이 침해당한 헌법상 국민의 기본적 권리의 명칭을 쓰시오. [1점]

　• _____

정답

1) ㉠ 지형 ㉡ 기후 ㉢ 방위 ㉣ 기호
2) 상황모형
3) ㉤ • 소수자 개념과 관련된 학생의 경험을 설명하도록 한다.
   • 소수자가 등장한 사회적 상황을 설명한다.
   ㉥ 소수자 개념에 적합한 예와 그렇지 않은 비예를 제시한다.
4) 평등권

정답이유

1) ㉠ 지형
- 지형이란 땅의 생긴 모양으로 지구 표면의 특징적인 형태
- 지형의 종류는 산지, 평야, 해안 등을 들 수 있고, 그 밖에 높고 편평한 형태의 고원과 주위가 산으로 둘러싸인 평지 형태의 분지가 있다.

㉡ 기후
- 기후란 어떤 지역에서 오랜 기간 나타나는 강수량, 기온, 바람 등의 대기 상태이다.
- 날씨가 그날 그날의 대기 상태라면 기후는 어느 지역에서 일 년을 주기로 하여 반복하는 날씨에 대한 평균을 말한다.
- 기온은 지표면 공기 온도를 뜻하며, 강수량은 땅 위에 떨어지는 모든 물의 양을 합친 것을 말한다. 강수량에는 비, 눈, 우박, 이슬, 서리, 안개 등이 포함된다.

㉢ 방위
- 방위는 한 지점을 기준으로 삼아 나타내는 어떠한 쪽의 위치를 의미
- 통상적으로 북쪽을 기본 방위로 표시하고 이것을 다시 진북, 자북, 도북으로 구분한다.
  - 진북은 북극점을 가리키며, 예로부터 사람들은 방위를 정할 때 북극성을 기준으로 삼았다.
  - 자북은 나침반의 N극이 가리키는 방향이다.
  - 도북은 지도상의 북쪽으로, 지리상의 북극을 기준으로 한다.

㉣ 기호
- 기호는 지표면의 자연적·인문적 요소들을 지도에 표현하는 일정한 약속이다.

2) 상황모형은 역사적, 사회문화적 상황 맥락 속에서 그 의미가 형성되거나 구분되는 개념을 다룬다.
㉠ 가령, '보릿고개'라는 개념을 공부할 때 이를 '보리 밭이 있는 언덕(고개)'으로 설명하면 그 뜻이 완전히 다른 것이 된다. 농경 문화를 이루어 왔던 우리 조상들의 식생활과 관련지어 살펴보아야만, 춘궁기라는 의미를 확인할 수 있다.
㉡ 상황모형에서 다루는 개념은 절대적이거나 고정불변이 아니다. '소수자'라는 개념은 상대적인 의미를 갖고 있으면서, 사회문화적 맥락 속에서 그 의미가 규정되는 용어이다.
㉢ 즉 소수자라는 개념은 고정불변의 결정적인 속성을 갖고 있지 않다. 본래 소수자(혹은 소수집단)는 '적은 수의 사람(들)'을 말하는 것인데, 다수자인 여성이 소수자로 규정되는 경우도 많다. 우리나라에서 주류집단에 속한 사람들이 외국에 가면 소수자로 전락하기도 한다.
㉣ 그리고 소수자는 특정 형태의 대표적 사례(원형)를 제시하기 곤란한 개념이다. 가령 성소수자, 장애인, 양심적 병역거부자, 탈북자, 해외이주근로자, 결혼이주여성, 다문화가정자녀 등이 모두 소수자에 해당할 수 있는데, 이를 가리키는 원형을 제시하기는 매우 어렵다.

3) 사회적 신분을 이유로 취업, 승진 등에서 차별받은 사례이므로 국민의 기본적 권리 중 평등권이 침해당한 경우에 해당한다.

정답개념

1. 기본권의 종류

〈1〉 인간의 존엄과 가치 및 행복 추구권	① 의미 : 인간으로서 존엄과 가치를 가지며 행복을 추구할 권리 ② 특징 : 인간이 태어나면서 가지는 자연적 권리, 헌법이 보장하고 있는 모든 기본권이 궁극적으로 지향하는 근본 가치 → 다른 기본권을 포함하는 포괄적 기본권 ③ 내용 <table><tr><td>인간의 존엄과 가치</td><td>헌법 질서의 최고 구성 원리, 국가 권력의 행사를 제한하는 기준</td></tr><tr><td>행복 추구권</td><td>국민이 인간으로서 행복을 추구할 수 있는 권리</td></tr></table>
〈2〉 자유권	① 의미 : 국가 권력의 간섭을 받지 않고 자유롭게 생활할 수 있는 권리 ② 특징 : 국가의 역할을 제한함으로써 보장되는 권리 → 소극적 성격을 지님 ③ 내용 : 신체의 자유, 정신적 자유, 사회·경제적 자유 등
〈3〉 평등권	① 의미 : 인종, 성별, 종교, 신분, 장애 등에 의해 부당하게 차별받지 않고 동등하게 대우받을 권리 → 모든 사람이 절대적으로 평등하다는 의미가 아니라 합리적 근거 없이 차별해서는 안 된다는 상대적·실질적 평등을 의미한다. ② 특징 : 다른 기본권을 실현하기 위한 전제 조건 ③ 내용 : 모든 국민이 법 앞에 평등해야 하며, 정치적·경제적·사회적·문화적 생활의 모든 영역에서 차별받아서는 안 됨
〈4〉 사회권	① 의미 : 국가에 대하여 인간다운 생활의 보장을 요구할 수 있는 권리 ② 특징 : 국가의 적극적인 개입이 필요한 권리 → 현대 복지 국가에서 강조되고 있음 ③ 내용 : 교육을 받을 권리, 근로의 권리, 사회 보장을 받을 권리, 쾌적한 환경에서 살 권리 등
〈5〉 참정권	① 의미 : 국민이 국가의사 결정 과정에 참여할 수 있는 권리 ② 특징 : 국민 주권주의를 실현하는 수단 → 기본권이 제대로 보장되기 위해서는 국민이 국가의 주인으로서 정치적 권리를 행사할 수 있어야 하기 때문이다. ③ 내용 : 선거권, 공무 담임권, 국민 투표권 등
〈6〉 청구권	① 의미 : 국가에 대해 일정한 행위를 신청할 수 있는 권리 ② 특징 : 다른 기본권이 침해되거나 침해될 위험이 있을 때 그것을 구제하기 위해 필요한 권리 → 기본권을 보장하기 위한 수단적 기본권 ③ 내용 : 청원권, 재판 청구권, 국가 보상 청구권, 국가 배상 청구권 등

3절   일반사회

01 2023-A-8

(가)는 수업 협의회 내용의 일부이고, (나)는 교수·학습 자료이다. 물음에 답하시오. [4점]

(가)

박 교사 : 먼저 김 선생님께서 수업 계획에 대해 간단하게 말씀해 주세요.
김 교사 : 이번 수업 주제는 정보화 사회의 특징과 문제점입니다. 이 주제가 포함된 단원에서는 저출산·고령화, 정보화, 세계화 등과 같은 (㉠)(으)로 나타난 일상생활의 모습을 분석하고 관련된 문제에 대응하는 능력을 함양하는 데 주안점이 있습니다.
정 교사 : 그럼 수업에서는 어떤 활동이 이루어지나요?
김 교사 : 먼저 정보화 사회의 의미와 정보화 사회에서 나타나는 일상생활의 모습을 설명하고자 합니다. 이를 통해 학생들이 개념적 지식을 이해하도록 하는 데 초점을 두고자 합니다. 그다음, [자료 1], [자료 2], [자료 3] 등의 자료를 제시하고, 학생들이 자료를 읽고 분석한 후 그 결과를 바탕으로 하여 정보화 사회의 문제점을 찾는 활동을 하게 하고자 합니다. 이를 통해 학생들이 다양한 자료를 분석하고 활용하는 능력을 습득할 수 있게 하는 데 초점을 두고자 합니다. [A]
박 교사 : 정보화 사회의 문제점과 관련하여 찬반 의견이 대립되는 문제도 수업에서 다루어 보면 어떨까요?
김 교사 : 그 점을 고려하여 다음 수업에서는 논쟁 문제 해결에 적합한 수업 모형을 선택하고, ㉡단계별 발문도 잘 준비하겠습니다.

… (하략) …

(나)

[자료 1]

○○ 신문   2022년 ○○월 ○○일

정보화 사회, 더 어려움을 겪는 사람들

코로나19 장기화로 비대면 생활 방식이 빠르게 확산하면서, 고령층, 농어촌 지역 주민, 장애인 등이 더 어려움을 겪고 있다. 정부 발표에 따르면, 컴퓨터나 모바일 기기의 보유, 활용 능력 및 이용 정도 면에서 모두 차이가 있었다.

… (하략) …

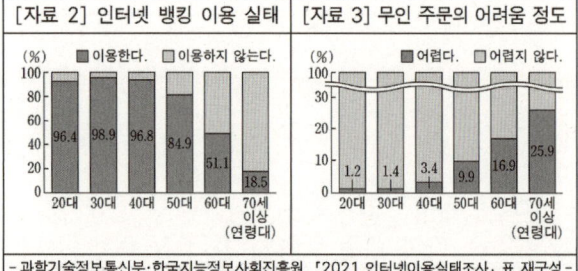

- 과학기술정보통신부·한국지능정보사회진흥원, 「2021 인터넷이용실태조사」 표 재구성 -

1) (가)와 다음 글의 ㉠에 공통으로 들어갈 용어를 쓰시오. [1점]

(㉠)은/는 과학과 기술의 발달, 새로운 문화의 전파, 인구의 증가와 감소 등 다양한 요인으로 나타나며, 일상생활의 여러 측면에 영향을 미치는 현상이다. (㉠)이/가 나타나는 속도와 양상은 시대와 장소에 따라 다르다.

2) ① 사회과의 3가지 목표 영역 중 (가)의 [A]에서 김 교사가 초점을 두고 있는 목표 영역의 명칭을 쓰고, ② (나)의 [자료 1], [자료 2], [자료 3]에 공통으로 나타난 현상을 지칭하는 용어를 포함하여 정보화 사회의 문제점을 쓰시오. [2점]

① _____

② _____

3) 다음은 (가)의 ㉡과 관련하여 김 교사가 작성한 수업 단계별 발문이다. 단계의 성격에 부합하도록 ⓐ에 들어갈 말을 발문 형식으로 쓰시오. [1점]

단계	발문
문제 제기	• 은행, 식당의 무인 운영 확대에 대해 의견이 어떻게 대립하는가?
개념의 명확화	• (ⓐ)
사실의 경험적 확인	• 무인 운영으로 발생하는 이익은 얼마인가?
가치 갈등 해결	• 이익 추구와 접근권 중 무엇이 더 중요한가?
대안 모색 및 결론	• 무인 운영 확대의 대안은 무엇인가?

> 정답

1) 사회 변화
2) ① 기능
   ② 정보화 사회에서는 정보 격차로 인해 불평등이 심화된다.
3) 무인 운영의 의미는 무엇인가?

> 정답이유

1) 성취 기준
[4사04-05] 사회 변화(저출산·고령화, 정보화, 세계화 등)로 나타난 일상생활의 모습을 조사하고, 그 특징을 분석한다.

2)
① 자료를 분석하고 활용하는 능력을 습득하는 것은 사회과 목표 영역인 지식, 기능, 가치·태도 중 '기능'에 해당한다.

〈사회과 영역별 목표와 핵심 요소〉

목표 항	영역		핵심 요소
가		통합	• 사회의 여러 현상과 특성의 통합적 이해
나	지식	지리	• 지표 공간의 자연 및 인문 환경에 대한 이해 • 지역에 따른 인간 생활의 다양성 파악 • 지역적·국가적·세계적 수준의 지리 문제와 쟁점에 관심
다		역사	• 우리나라의 역사적 전통과 문화의 특수성 파악 • 민족사의 발전상에 대한 체계적 이해 • 인류 생활의 발달 과정과 각 시대의 문화적 특색 파악
라		일반사회	• 사회생활에 관한 기본적 지식 이해 • 정치·경제·사회·문화 현상의 기본적 원리에 대한 종합적 이해 • 현대 사회의 성격 및 사회 문제들의 파악
마	기능		• 지식과 정보 획득, 분석, 조직, 활용 능력 • 탐구 능력, 의사 결정 능력 및 사회 참여 능력 육성
바	가치·태도		• 개인과 사회생활의 민주적 운영 • 우리 사회가 당면한 문제들에 관심 • 민주 국가 발전과 세계의 발전에 적극적으로 이바지하려는 태도

② 정보 격차
- 정보에 접근할 수 있는 사람과 정보 기기를 소유하지 못하거나 정보 활용 기회를 얻지 못하는 사람들 사이에 발생하는 경제·사회적 격차

〈정보 격차와 정보 소외〉
- 디지털 디바이드는 급변하는 디지털 사회 속에 사회 계층 간 정보, 기술 활용 능력 차이로 발생하는 정보 격차를 의미한다. 이는 정보 및 디지털 능력을 갖춘 집단과 그렇지 못한 집단 사이의 사회·경제적 불균형을 야기한다. 젊은 세대보다 상대적으로 디지털 환경이 낯선 고령층은 디지털 소외 현상을 겪을 수 있다.
- 정보 소외는 정보화 사회에서 정보를 제대로 얻지 못하는 사람들이 겪는 소외 현상을 말한다. 연령, 학력, 소득 등에 따라 인터넷 사용 비율이 차이가 나거나, 특정지역에 초고속 정보 통신망이나 정보 기기가 낙후되고 부족한 것 등이 그 사례이다

3) 논쟁 문제 학습
- 논쟁 문제와 관련된 개념 정의가 불명확할 경우 토론 자체가 어렵거나 의견이 대립될 수 있으므로, 개념의 의미를 명확하게 규정해야 한다.

> 정답개념

1. 논쟁 문제 학습 수업 과정

단계	교수·학습 활동
	• 학습 주제: 온라인 게임 셧다운제 찬반 논쟁
(1) 문제 제기	• 온라인 게임 셧다운제 찬반 논쟁 문제를 소개한다. – 온라인 게임 셧다운제 찬반 논쟁 문제의 발생 배경이나 이유, 논쟁의 핵심 내용을 인식한다.
(2) 개념의 명확화	• 온라인 게임 셧다운제의 의미를 명확히 규정한다. – 의미: '온라인 게임 셧다운제는 게임 제공 업자가 16세 미만의 청소년에게 오전 0시부터 오전 6시까지 인터넷 게임의 제공을 제한하는 제도이다.' ※ 온라인 게임 이용 제한 대상(연령), 온라인 게임 이용 제한 시간, 온라인 게임 이용 제한 대상 사이트 및 프로그램 등을 명확히 규정한다.
(3) 사실의 경험적 확인	• 온라인 게임 셧다운제 실시의 효과 여부를 경험적 자료를 통해 검증한다. – 경험적 자료: 온라인 게임 중독 감소 효과, 오프라인 상의 폭력 행위 감소 효과 여부 등
(4) 가치 갈등의 해결(대립 가치 분석)	• 온라인 게임 셧다운제 실시 여부와 관련하여 대립 가치를 비교하여 우선순위를 결정한다. – 대립 가치: 청소년의 건강 보호와 청소년의 행복 추구, 사회 질서의 유지와 청소년의 차별 금지 ※ 사회의 기본 가치(예: 인간 존엄)가 가치 갈등의 해결 기준이 될 수 있다.
(5) 대안 모색 및 결론	• 사실의 경험적 확인, 대립되는 가치 분석 결과를 종합하여 해결 대안을 모색한다. • 대안들이 가져올 긍정적 결과와 부정적 결과를 비교·분석하여 최적의 대안을 선택한다. | 해결 방안 | 긍정적 결과 | 부정적 결과 | |---|---|---| | 온라인 게임 셧다운제 실시 | | | | 온라인 게임 셧다운제 폐지 | | | | 온라인 게임 셧다운제 시간 조절 | | |

02 2021-A-8

(가)는 박 교사가 작성한 4학년의 '필요한 것의 생산과 교환' 단원에 해당하는 교수·학습 과정 안의 일부이고, (나)는 수업협의회의 일부이다. 물음에 답하시오. [5점]

(가)

학습 목표	생산의 의미를 알 수 있다.
단계	교수·학습 활동
도입	• 사진을 보고 공통점 말하기 - 고기잡이, 자동차 만들기, 건물 짓기 등의 모습 • 생산의 뜻이 무엇인지 예상하기

전개	• 생산의 정의 확인하기
	  - 생산이란 생활에 필요한 것을 만들어내는 것이다.
	• 생산의 속성 검토하기
	  - 생산의 (㉠) 검토하기
	• 생산의 예와 비예 구분하기
	
	  - 농부가 버섯을 따는 것
	  - 근로자가 반도체를 만드는 것 [A]
	  - 연예인이 공연하는 것
	  - 환자가 병원에서 치료받는 것
	  - 택배 기사가 물건을 배달하는 것
	
	• 관련 개념 찾기
	  - 생산, 소비, 경제 활동
	• 개념 간의 위계 구조 파악하기
	  - (㉡)

정리	• 자신과 관련된 생산 활동의 사례 설명하기 • 생산 개념의 이해 정도를 평가하기

(나)

수석 교사: 먼저 박 선생님께서 수업 의도에 대하여 간단하게 말씀해 주시면 감사하겠습니다.

박 교사: 이 시간에는 학생들의 생산 개념 이해에 중점을 두고, 개념이 갖고 있는 특성을 중심으로 수업하는 속성 모형을 적용해 보았습니다.

수석 교사: 사회과 내용의 많은 부분이 개념으로 구성되어 있기 때문에 수업을 통해 개념을 잘 형성시키는 것이 중요합니다. 오늘 수업에서는 다양한 사례를 제시하면서 생산의 속성을 검토하는 것이 좋았습니다.

허 교사: 저는 개념을 지도할 때 주로 원형 모형을 적용합니다. 지난번에 공공 기관을 지도할 때도 경찰서를 대표적인 사례로 제시하고 검토한 이후에 예와 비예를 검토하는 과정으로 수업을 하였습니다.

박 교사: 원형 모형을 선택하신 이유가 있으신가요?

허 교사: 속성 모형을 적용하기에 몇 가지 한계가 있어 ㉢ <u>속성 모형과 비교하여 원형 모형이 가지는 장점</u>을 활용하는 것이 좋다고 판단했습니다.

수석 교사: 개념은 인지 활동의 기본 요소로, 개념을 학습하는 것은 기억과 이해를 쉽게 할 뿐만 아니라 추상적 사고를 가능하게 하기 때문에 고차적 사고력을 신장할 수 있게 합니다. 그런데 개념 학습은 인지적 수업 모형에 해당되는 것이기 때문에 의사 결정 학습이나 논쟁 문제 학습 등과 같은 수업 모형과는 달리 (㉣) 영역을 직접 다루기 힘든 한계점이 있습니다. 그래서 사회과의 목표 영역 중에서 (㉣)에 가장 도달하기 어렵습니다.

1) (가)의 [A]에서 ① 생산의 비예를 찾아 쓰고, ② 비예가 되는 이유를 ㉠에 근거하여 서술하시오. [2점]

• ① : _____
• ② : _____

2) (가)의 ㉡에 들어갈 생산과 소비 개념 간의 관계를 쓰시오. [1점]

• _____

3) ① (가)의 ㉠에 근거하여 ㉢을 서술하고, ② (나)의 ㉣에 들어갈 용어를 쓰시오. [2점]

• ① : _____
• ② : _____

> **정답**

1) ① 환자가 병원에서 치료받는 것
   ② 생활에 필요한 물건을 만들거나 사람들이 필요로 하는 것을 제공하는 것이 생산인데, 환자가 병원에서 치료받는 것은 서비스를 제공하는 것이 아니라 이용하는 것으로 소비에 해당하기 때문
2) 동위
3) ① 속성이 모호하여 개념 이해가 어려운 경우에 적절한 예를 활용해 개념 이해도를 높일 수 있다.
   ② 가치·태도

> **정답이유**

1) 생산 활동

(1) 개념
• 우리 생활에 필요한 물건(눈에 보이지 않는 것도 포함)을 만들어 내는 활동

(2) 종류

생활에 필요한 것을 자연에서 얻는 활동 - 자연으로부터 얻은 재료를 바탕으로 재화를 만들어 내는 1차 산업	① 벼농사 짓기 ② 물고기 잡기 ③ 버섯 따기
생활에 필요한 것을 만드는 활동 - 1차 산업의 생산품을 재료로 가공·제조해 공장에서 다른 재화를 만들어 내는 2차 산업	① 자동차 만들기 ② 건물 짓기 ③ 과자 만들기
생활을 편리하고 즐겁게 해 주는 활동 - 서비스를 생산하는 3차 산업	① 공연하기 ② ★환자 진료하기 ③ 물건 팔기

2)
1. 생산과 소비는 모두 경제 활동에 속한다. 생산과 소비는 서로에게 속하는 개념이 아니라 동위관계이다.
2. 동위 관계
   - 개념의 위계관계에서 동등한 위치를 갖고 비슷한 유형의 현상을 설명하는 것
3. 생산과 소비
① 생산과 소비의 공통점
   • 생산과 소비는 모두 경제 활동이다.
   • 얼마만큼 생산하고 소비할지 선택해야 한다.
② 생산과 소비의 관계
   • 생산하지 않으면 소비를 할 수 없다.
   • 소비를 하지 않으면 생산할 필요가 없다.
   • 물건을 사고 팔 때처럼 생산 활동과 소비 활동이 함께 이루어질 때도 있다.

3) ① 원형 모형은 개념의 원형(전형적 예)에서 그 개념이 지닌 결정적 속성을 탐색하는 교수·학습 모형이다. 원형 모형은 특징(속성)이 모호하여 개념 이해가 어려운 경우에 적절한 예를 활용해 개념 이해도를 높일 수 있는 이점이 있으나 여러 사례들이 동일한 개념으로 분류되는 기준을 분명하게 제시하기 어려운 경우도 있다.

② 사회과 목표 영역과 수업 모형

목표 영역	목표 달성에 적합한 교수·학습 방법
지식	• 개념 학습(속성·상황·원형 모형)
기능	① 탐구 학습(탐구 능력) • 한계점 : 과학적 탐구의 과정을 통해 사회과학적 탐구력과 일반화된 지식을 형성하는 것을 주요 목표로 하기 때문에, 가치·태도 영역을 달성하기 어렵다. ② 의사 결정 학습(의사 결정 능력) ③ 논쟁 문제 학습(의사 결정 능력, 사회 참여 능력)
가치·태도	① 가치 명료화 학습 ② 가치 추론 학습 ③ 가치 분석 학습

> **정답개념**

1. 위계관계에 따른 개념의 분류

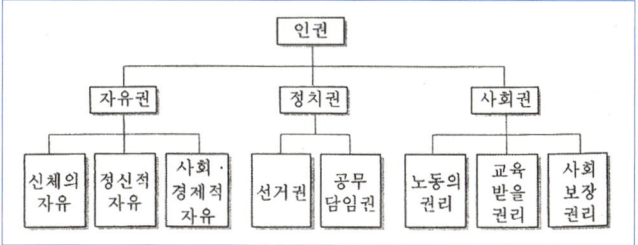

① 개념들의 위계관계에서 더 높은 위치에 있고 매우 포괄적인 현상을 설명하는 것은 '상위개념'이고, 그 보다 낮은 위치에 있고 더 한정된 현상을 설명하는 것은 '하위개념'이다.
② 반면에 개념의 위계관계에서 동등한 위치를 갖고 비슷한 유형의 현상을 설명하는 것은 '동위개념'이다.
③ 예컨대 인간이 보편적으로 누리는 기본적 권리와 관련된 현상에 대해 설명할 경우에 '인권'은 가장 높은 위치에 있고 매우 포괄적인 현상을 설명하는 '상위개념'이고, 기본적 권리의 유형으로서 자유권, 정치권, 사회권 등은 보다 낮은 위치에 있고 보다 제한된 현상을 설명하는 것으로 인권의 하위개념이다. 그리고 자유권, 정치권, 사회권은 각각 동등한 위치를 가지면서 인권의 비슷한 유형을 설명하는 '동위개념'이다.
④ 자유권에는 신체의 자유, 정신적 자유, 사회·경제적 자유 등이 포함되는데, 각각은 동등한 위치를 갖는 동위개념이고, 자유권의 하위개념이다.

2. 구성요소의 결합 정도에 따른 개념의 분류
① 접합개념(결합개념, 공접개념) : 몇 가지 속성 또는 구성요소들이 밀접하게 결합되어 형성되는 개념(사회계층, 사회집단)
   📌 사회계층 : 학력+직업+재산, 소득+지위+교육
   사회집단 : 두 사람 이상+구성원간 지속적인 상호작용·소속감·공유한 신념이나 규범 존재
② 이접개념 : 서로 독립적인 속성들 또는 구성요소들 중에 한 가지만으로 형성되는 개념(미국 시민, 국민)
   📌 미국 시민 : 미국 영토에서 태어난 사람 or 미국인 부모에게서 태어난 사람 or 미국으로 이민 온 사람
   국민 : 출생(혈통) or 결혼 or 귀화
③ 관계개념 : 하나가 다른 것을 전제하고 두 요소가 밀접한 상관관계를 맺는 개념
   📌 인구밀도 : 인구와 공간 관계
   권력 : 힘을 가진 자 - 못 가진 자

03

(가)는 수업 협의회 내용 중 일부이고, (나)는 초임 교사가 수업에서 활용한 교수·학습 자료이다. 물음에 답하시오. [5점]

(가)

초임 교사 :	지난 수업에서 학생들이 국회의원에게 보낸 제안서에 대해 긍정적으로 검토하겠다는 답변이 왔습니다.
수석 교사 :	학생들이 이 사실을 알면 기뻐하겠네요. ㉠ 학생들이 자신의 흥미와 필요에 따라 일상생활 속 문제의 해결 방안을 탐구하고 실천하면서 민주 주의를 경험적으로 학습한 좋은 사례입니다.
초임 교사 :	오늘 수업은 학생들이 법원에서 하는 일에 대해 명확하게 학습할 수 있도록 하는 데 초점을 맞추었습니다.
수석 교사 :	구조화된 학습지에서 ㉡ 재판과 관련된 여러 제도들이 공통적으로 추구하는 목적을 제시하고 나아가 이러한 목적이 궁극적으로는 국민의 자유와 권리 보장에 기여할 수 있다는 것을 상기 시킨 점이 좋았습니다. 다음 수업은 어떻게 준비하고 있나요?
초임 교사 :	다음 수업에서는 국회, 정부, 법원 간의 견제를 보여주는 그림을 활용해 권력 분립을 이해할 수 있도록 할 계획입니다.

(나)

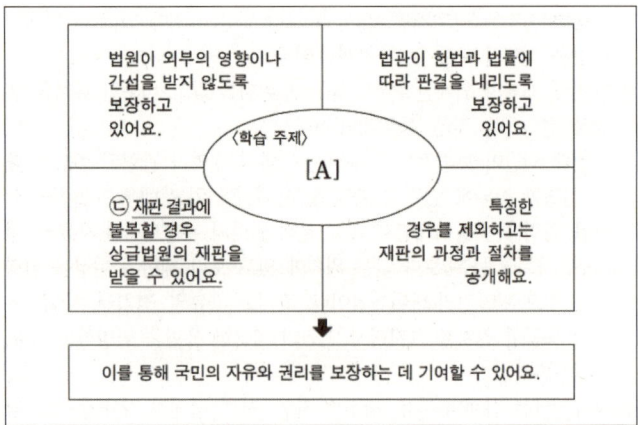

1) (가)의 ㉠이 바, 바스, 셔미스(R. Barr, J. Barth & S. Shermis)가 분류한 사회과 교육의 세 유형 중 어디에 해당하는지 쓰시오. [1점]

- _____

2) ① (가)의 ㉡을 고려하여 (나)의 [A]에 들어갈 내용을 쓰고,
② (나)의 ㉢에 해당하는 제도의 명칭을 쓰시오. [2점]

- ① : _____
- ② : _____

3) 다음은 권력 분립에 대한 수업을 위해 초임 교사가 준비한 교수·학습 자료이다. ⓐ와 ⓑ에 들어갈 내용을 각각 1가지씩 쓰시오. [2점]

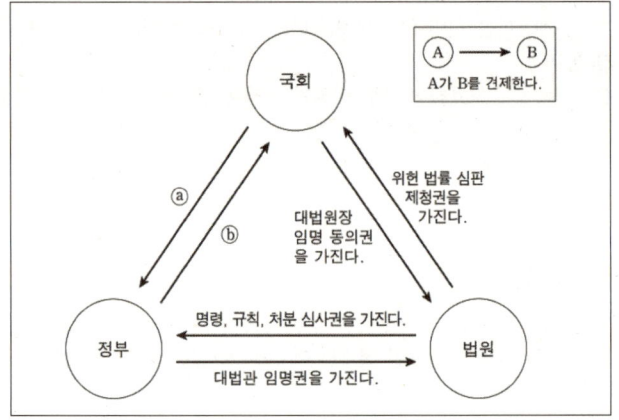

- ⓐ : _____
- ⓑ : _____

04
2019-B-2

(가)는 사회 변화 현상에 대한 교수·학습 자료이고, (나)는 교수·학습 과정안이다. 물음에 답하시오. [5점]

(가)

[자료 1] 연령계층별 인구 및 구성비   단위 : 천 명(%)

연도 연령계층	2016	2026	2036	2046	2056
(A)	6,856 (13.4)	6,277 (11.9)	5,934 (11.2)	5,057 (10.0)	4,395 (9.4)
(B)	37,627 (73.4)	35,320 (67.0)	31,174 (59.1)	27,300 (53.8)	24,077 (51.2)
(C)	6,763 (13.2)	11,108 (21.1)	15,641 (29.7)	18,408 (36.3)	18,529 (39.4)
총인구	51,246	52,704	52,750	50,765	47,001

* 통계청(2016), 「장래인구추계 : 2015-2065」 중위추계 표 재구성

(나)

[자료 2] 사회 변화에 대한 신문 자료

○○신문   2018년 ○○월 ○○일

(㉠)이/가 뜨다

노인 전문 병원과 같은 서비스 시장이 확대되고, 노인 휴대 전화, 효도 신발 등 노년층을 주 대상으로 하는 제품의 판매도 빠르게 늘어나고 있다. 노인을 대상으로 하는 제품과 서비스를 생산하는 산업을 (㉠)(이)라고 한다. 이 산업은 사회 변화에 부응하여 나날이 성장하고 있다.

(다)

단계	교수·학습 활동
문제 파악	• 인구 변화가 우리 사회에 미치는 영향을 파악한다.
가설 설정	• ㉡ 탐구 문제와 관련하여 가설을 설정한다.
탐색	• 제시된 가설의 가능성을 검토한다. • 탐구 계획을 수립한다.
증거 제시	• 사회 변화 모습을 보여 주는 자료를 수집하고 적절한 형태로 가공한다. • 자료를 평가하고 수집된 자료와 가설의 관계에 대해 분석한다.
㉢	• 결과를 요약하고 증거를 통해 결론을 내린다.

1) (가)의 [자료 1]에서 초고령 사회로 진입하는 연도를 찾아 쓰고, 그 근거를 쓰시오. [2점]

• _____

2) [자료 1]의 (C) 인구의 변화 현상과 [자료 2]의 ㉠을 포함하여 (나)의 ㉡에서 작성할 가설을 쓰시오. (단, 인구 변화 현상은 2015 개정 사회과 교육과정 성취기준에 제시된 용어를 사용하시오.) [2점]

• _____

3) (나)의 ㉢에 들어갈 용어를 쓰시오. [1점]

• _____

05

(가)는 '우리 지역의 공공 기관' 수업의 판서 자료이고, (나)는 수업 후 실시한 교사 협의회에서 나눈 대화이다. 물음에 답하시오. [4점]

(가)

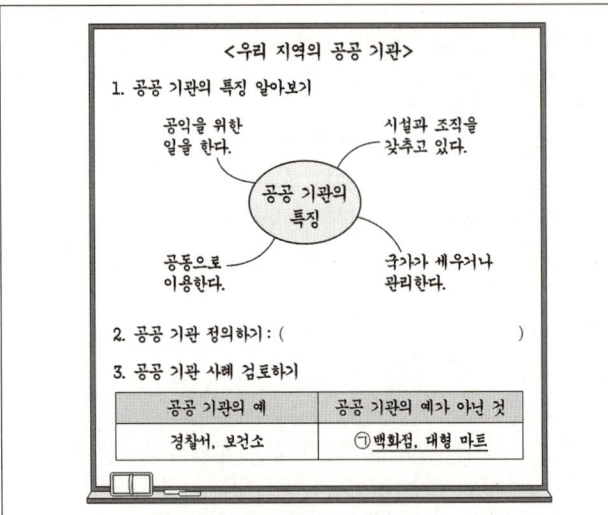

(나)

김 교사 : 오늘 수업은 ⓒ 5~6학년군에서 학습하는 '국가 기관'의 내용과 연결되기 때문에 개념과 그 사례를 명확하게 학습하는 것이 중요하다고 생각했습니다.
이 교사 : 저도 동의합니다. 그런데 개념 학습 모형 중 속성모형을 사용한 이유는 무엇인가요?
김 교사 : 공공 기관의 개념과 사례를 학습하는 활동은 공공 기관의 결정적 속성에 대한 이해를 필요로 합니다. 그래서 저는 ⓒ 판서로 제시한 '공공 기관의 특징'을 활용하여 공공 기관을 정의하고, 그에 따라 '공공 기관의 예'와 '공공 기관의 예가 아닌 것'을 구분하는 활동을 하였습니다.
이 교사 : 다음 수업은 어떻게 진행할 계획인가요?
김 교사 : 오늘 수업이 일반 사회 영역을 중심으로 공공 기관의 의미와 특징을 살펴보았다면, 다음 수업에서는 학생들이 생활 속에서 직접 이용해 본 경험이 있는 공공 기관의 위치를 우리 지역의 지도에서 찾아 보는 활동을 할 예정입니다. 이 단원이 속한 대주제 '우리 지역의 어제와 오늘'은 지역이라는 주제에 대해 ⓔ 지리적 특성, 역사적 내력, 정치 생활의 원리를 유기적으로 연결하도록 구성되어 있습니다. 다음 수업은 이 점을 고려한 것입니다.

1) (나)의 ⓒ을 고려하여 (가)의 ㉠이 공공 기관의 예가 아닌 이유를 2가지 쓰시오. [2점]

• _____
• _____

2) (나)의 ⓒ 중 국가의 예산안을 심의·확정하는 권한과 입법권을 가진 기관을 쓰시오. [1점]

• _____

3) (나)의 ⓔ에 해당하는 사회과 교육과정의 내용 구성 원리를 쓰시오. [1점]

• _____

정답

1) ① 백화점, 대형 마트는 공익을 위한 일이 아니라 기업의 영리를 위한 일을 하기 때문
② 국가가 아니라 사기업이 세우거나 관리하는 것이기 때문
2) 국회
3) 주제 중심의 통합적 구성

정답이유

1) 지역 주민의 편리와 안전을 위해 만들어진 공공 기관
① 어느 지역이나 여럿이 함께 처리해야 할 일들이 있다. 도로를 만들거나 도둑을 잡는 일과 같은 일이다. 오늘날에는 이런 일들을 주로 공공 기관에서 처리한다.
② 공공 기관은 지역 주민 모두의 편리와 안전을 위해 만들어진 기관이다. 공공 기관에서는 공공의 이익을 위해 일을 한다. '공공(公共)'이라는 말은 사회의 여러 사람과 두루 관계가 있다는 뜻이므로 '공공의 이익'이라는 것은 어느 한 사람만의 이익이 아닌 모든 사람의 이익이라는 뜻이다.

3) 주제 중심의 통합적 구성
① 통합적 구성은 지리, 역사, 일반 사회(정치, 경제, 사회·문화, 법) 등 사회과의 다양한 영역에 해당하는 내용들을 상호 연관시켜 구성하는 원리를 말한다.
② 특히 현대 사회의 생활은 상호 연관성이 높고, 복잡성이 크므로 종합적인 안목과 문제 해결력 증진을 위해서는 분과적인 지식에 의존하기보다는 통합적 관점이 요구된다.
③ 2015 개정 초등 사회과 교육과정에서는 지리, 역사, 일반 사회 영역 내용에 대한 균형 있는 학습이 가능하도록 하되, 대주제 중심의 통합적 구성을 모색하도록 하였다.

3~4학년	학기에 1개의 대주제를 설정하여 최소한 한 학기 내에서 중주제 간 통합적 접근이 용이하도록 구성하였다.
5~6학년	통합이 가능할 경우 영역 간 통합 주제를 구성하도록 하되, 영역의 특성에 따라 학년 및 학기에 특정 영역만 배치되는 방식도 병행하였다.

06
2018-B-2

(가)는 김 교사와 학생들의 대화이고, (나)는 김 교사의 교수·학습 과정안이다. 물음에 답하시오. [4점]

(가)

김 교사 :	교과서에 나온 국내 총생산, 1인당 국민 총소득 그래프를 보세요. 우리 경제가 어떻게 변했나요?
학생 1 :	빠르게 변화한 것 같아요.
김 교사 :	맞아요. 우리나라는 우수한 인적 자원을 바탕으로 농업과 어업 중심의 산업에서 경공업 중심의 산업을 거쳐 중화학 공업과 첨단 산업 중심으로 변화했어요. 중화학 공업에는 어떤 것이 있을까요? [A]
학생 2 :	철강, 배, 자동차, 기계, 석유 화학 등이 있어요.
김 교사 :	잘 대답했어요. 그러면 우리나라 경제가 성장하는 데 정부는 어떤 노력을 했을까요? 정부는 한정된 예산으로 연구·개발을 지원하고, 중요 시설을 건설하고, 외국에 우리나라의 기술과 제품을 홍보하는 등의 정책을 추진해 왔어요.
	… (중략) …
김 교사 :	종합하면, 예산은 한정되어 있는데, 어느 분야에 우선 순위를 두고 지원할 것인지 결정을 잘 내렸기 때문에 빠른 성장을 이룰 수 있었어요. 만일 여러분이 우리나라의 경제 성장 지원 정책을 결정해야 한다면, 어떤 선택을 할 건가요? 함께 생각해 봅시다.

(나)

단계	교수·학습 활동
결정 상황 확인	• '한정된 예산을 다양한 경제 성장 지원 정책 중 어디에 지원할 것인가'라는 결정이 필요한 문제 상황을 확인한다.
대안 개발	• 문제의 (㉠)적 측면과 (㉡)적 측면을 분석하고, 가능한 대안을 개발한다.
평가 기준 작성	• 대안을 평가할 평가 기준에 대해 브레인스토밍을 한 후, 평가 기준표를 작성한다.
대안 평가	• 평가 기준에 따라 각 대안에 대해 점수를 매기고, 각 대안의 장단점을 파악한다.
최종 결정	• 대안들 중 결론을 내리고 (㉢)에 옮길 수 있는 계획을 수립한다.

1) 2015 개정 사회과 교육과정 내용 체계의 일반사회 영역 중 (가)의 [A]에 해당하는 주제를 쓰시오. [1점]

• _____

2) ① (나)에 활용된 사회과 수업 모형의 명칭을 쓰고, ② ㉠과 ㉡에 들어갈 말을 각각 쓰시오. [2점]

• ① : _____

• ② : _____

3) (나)의 ㉢과 다음 제시문의 ( ) 안에 공통으로 들어갈 단어를 쓰시오. [1점]

(나)에 활용된 수업 모형의 주제는 학생들이 다룰 수 있는 실제적인 주제, 개인의 가치를 바탕으로 취사선택할 수 있는 주제, ( )이/가 가능한 주제가 적합하다.

• _____

정답

1) 우리나라 경제의 성장
2) ① 의사 결정 학습
    ② ㉠ 사실
        ㉡ 가치
3) 실천적 행위

정답이유

1) 15 개정 내용 체계

(6) 우리나라의 경제 발전	① 경제 주체의 역할과 우리나라 경제 체제의 특징
	② 경제생활의 변화와 <u>우리나라 경제의 성장</u>
	③ 세계 속의 우리나라 경제

2)
① 단계를 고려하면 (나)에 활용된 수업 모형은 '의사 결정 학습'이다.
② 의사 결정에 관한 기존의 사회과 수업 모형들은 사회 과학적 탐구 과정과 가치 탐구 과정의 두 과정을 포함하고 있다. 따라서 의사 결정을 해야 할 문제는 사실적 측면과 가치적 측면의 문제를 포함하고 있어야 한다.

3) 의사 결정 학습 적용 가능한 주제
① 의사 결정에 관한 기존의 사회과 수업 모형들은 사회 과학적 탐구 과정과 가치 탐구 과정의 두 과정을 포함하고 있다. 이것은 곧 의사 결정을 하기 위하여 필요한 지식이나 사실이 있어야 하고 동시에 선택되어야 할 가치의 문제가 포함되어야 함을 의미한다.
② 의사 결정 학습의 주제는 학생들이 다룰 수 있는 실제적인 주제, 개인의 가치를 바탕으로 취사선택할 수 있는 주제, 의사 결정에 따른 <u>실천적 행위</u>가 가능한 주제가 적합하다.
③ 사례
  • 선거 과정과 올바른 선택 기준
  • 경제생활과 바람직한 선택 : 경제적 의사 결정 기준
  • 직업 선택의 기준과 자신의 진로 결정

07

2018-특수-A-8

다음은 사회과 교수·학습 및 평가 계획에 대한 수석 교사와 신임 교사의 대화이다. 물음에 답하시오. [4점]

> 수석 교사 : '우리 사회의 과제와 문화의 발전' 단원에 대한 수업도 벌써 중반에 접어들었네요. 내일 할 수업의 구성을 간략하게 설명해 주세요.
> 신임 교사 : 1948년의 대한민국 정부 수립, 1960년의 4.19 혁명, 1980년의 5.18 민주화 운동, 1987년 6월 민주 항쟁, 1991년의 (㉠) 제도의 부활 등과 관련된 사진, 신문 기사, 회고록, 다큐멘터리를 활용하여 우리나라의 민주화 과정을 살펴보려고 합니다. [A]
> 저는 특히 지역 주민들과 그들이 뽑은 대표들이 지역의 일을 스스로 결정하고 처리하는 (㉠) 제도의 본격적인 실시가 풀뿌리 민주주의를 정착시키는 계기가 되었음을 강조하려고 합니다.
> 수석 교사 : 공동체의 문제를 해결하는 과정에 국민들이 적극적으로 참여해 온 것이 우리나라의 민주주의 발전에 큰 밑거름이 되었다는 사실에 초점을 맞추면 좋겠네요.
> 신임 교사 : 수업 정리 단계에서는 우리 고장의 문제를 다루고 있는 신문 자료를 조사해 오는 과제를 줄 계획입니다. 그리고 다음 주 수업에서 학생들의 조사 결과를 ㉡ 지역사회 학습과 연계하여 지도하고자 합니다.
> 수석 교사 : 좋은 생각입니다. 다음 주 수업에서는 이번 학기 ㉢ 사회과 수행평가의 진행 상황에 대해서도 점검하는 것이 좋겠어요.

1) ㉠에 공통으로 들어갈 말을 쓰시오. [1점]
   - _____

2) [A]와 같이 과거의 인간 활동과 사상이 담긴 다양한 형태의 자료를 활용하는 사회과의 수업 기법을 쓰시오. [1점]
   - _____

3) ① 밑줄 친 ㉡을 통해 도달하고자 하는 목표를 쓰고, ② 다음 제시문이 설명하고 있는 ㉢의 유형을 쓰시오. [2점]

   > 학생이 쓰거나 만든 결과물을 일정 기간 지속적으로 모아 둔 개인별 작품집 혹은 서류철을 이용한 평가 방법으로 특정한 영역에 대해 일회적으로 평가하는 것이 아니라 학생 개개인의 변화 과정을 종합적으로 평가하기 위해 일정 기간 지속적으로 평가하는 방법

   - ① : _____
   - ② : _____

정답

1) 지방 자치
2) 사료 학습
3) ① 지역 사회 문제 해결 능력
   ② 포트폴리오

정답이유

1) 한국의 지방 자치 제도

지방주민이나 자치단체가 정부에 대하여 자신의 문제를 자주적으로 처리하는 정치제도로 1949년 지방 자치법이 제정된 후 처음 실시되었으나, 1961년 5·16 군사 정변으로 중단되었고, 그 후 많은 우여곡절 끝에 제6공화국 때 부활하여 1991년 3월 기초 의회 의원 선거, 6월 광역 의회 의원 선거가 실시되어 오늘날에 이르고 있다.

2) 사료 학습

① 사료 학습이란 과거의 인간 활동과 사상이 담긴 다양한 형태의 흔적, 즉 사료를 매개로 하여 직접 체험할 수 없는 과거의 사실에 대해 문제의식을 느끼고, 증거 자료로서 사료에 대한 비판과 해석을 하여 역사적 사실을 확인하고 그 사실의 의미를 이해하는 과정에서 역사적 사고를 하도록 안내하는 학습을 의미한다.
② 사료 학습은 이상적으로는 역사학자의 역사 연구 방법 즉, 사료의 수집·비판·해석의 과정을 교사가 학생의 발달 수준에 맞게 재구성한 사료를 토대로 일련의 탐구 과정을 거치도록 안내하는 방식을 택하게 된다.

3) 지역학습 유형 3가지

종류	목표	개념
⟨1⟩ 향토 학습	지역에 대한 이해	① '향토 학습'은 직관·이해의 원리를 강조한 페스탈로치의 직관 교수법에 기원을 두고 있다. 따라서 지역을 직관의 대상으로 보며, 지역의 소재를 직관적인 방법으로 이해하고, 나아가 지역을 사랑하는 마음을 기르는 것을 목표로 한다. ② 단원의 성격은 교과 단원 색채를 띠게 된다.
⟨2⟩ 지역 사회 학습	지역 사회 문제 해결 능력 향상	① '지역 사회 학습'은 20세기 초의 미국의 경험주의 교육론에 바탕을 두고 있다. 이 전통에서의 지역은 경험 즉, 민주주의의 실천의 장으로서의 의미를 지니며, 지역의 경험을 바탕으로 지역 사회의 문제 해결 능력을 기르는 것을 목표로 한다. ② 단원의 성격은 경험 단원 색채를 띠게 된다.
⟨3⟩ 신변 지역 학습	지역 사례를 통한 원리 발견	① '신변 지역 학습'은 1960년대 일본에서 등장했으나 그 기원은 사회생활 및 사회 현상의 과학적 인식을 추구하고자 했던 미국의 신사회과 운동에서 찾을 수 있다. 이 전통에서 지역이란 탐구 활동을 하여 개념이나 일반화 형성을 위한 하나의 사례 지역으로서 가치를 지니며, 지역의 탐구 활동을 바탕으로 과학적 탐구 능력과 보편적인 법칙을 이끌어 내는 것을 목표로 한다. ② 사회과 내용은 지역 개개의 사실이 아니라 학습 목표 달성에 적합한 대표적인 사례를 논리 구조에 따라 제시하게 된다. ③ 단원의 성격은 방법 단원 색채를 띠게 된다.

08

2017-A-8

다음은 6학년 '우리나라의 민주 정치' 단원에 대한 수업 협의회 내용의 일부이다. 물음에 답하시오. [5점]

> 지도 교사 : 1차시에는 어떤 방법으로 수업할 계획인가요?
> 예비 교사 : 교실 공간에서 벗어나 학생들이 정치를 실감 나게 경험하도록 하기 위해 ㉠ 국회 방문을 하려고 합니다.
> 지도 교사 : 학교 밖에서 학생을 지도하기 위해서는 사전 준비와 지도가 필요합니다. 다른 예비 교사들과 협의하시기 바랍니다. 그러면 2차시 수업 내용은 무엇인가요?
> 예비 교사 : 2차시에는 사례를 들어 법의 의미와 필요성을 도출할 계획입니다.
> 지도 교사 : 법의 의미를 학습할 때, ㉡ 도덕과 비교하여 법이 지니는 특징을 학생들과 함께 토의하는 것이 좋습니다. 3차시 주제는 헌법의 의미와 내용인가요?
> 예비 교사 : 네. 헌법은 우리나라 법 중에 가장 기본이 된다는 것을 지도할 계획입니다. 그리고 법률의 위헌 여부를 심판하고, 국가가 하는 일들이 국민의 기본권을 침해하는지 여부를 판정하는 기관인 (㉢)을/를 소개할 계획입니다.
> 지도 교사 : 기본권에 대해서는 어떻게 가르칠 예정인가요?
> 예비 교사 : 우리 헌법에서 보장하고 있는 ㉣ 기본권은 인간의 존엄과 가치 및 행복 추구권을 포함하여 6가지로 분류할 수 있습니다. 이해를 돕기 위해 학습지를 활용하려 합니다.

학습지 다음 빈칸에 들어갈 알맞은 기본권을 쓰시오.
(단, 인간의 존엄과 가치 및 행복 추구권은 제외함.)

기본권	관련 헌법 조항의 예
㉤	제18조 모든 국민은 통신의 비밀을 침해받지 아니한다.
㉥	제27조 ① 모든 국민은 헌법과 법률이 정한 법관에 의하여 법률에 의한 재판을 받을 권리를 가진다.
사회권	제32조 ① 모든 국민은 근로의 권리를 가진다.

1) 다음은 ㉠을 준비하는 두 예비 교사의 대화이다. ⓐ에 들어갈 수업 기법과 ⓑ에 들어갈 자료 수집 방법을 쓰시오. [1점]

> 예비 교사 A : 다음 주에는 (ⓐ)이/가 예정되어 있어.
> 예비 교사 B : (ⓐ)은/는 사회현상을 직접 보고 경험하면서 교과서 내용과 실제 상황을 연결한다는 점에서 의미 있는 학습 활동이지. 이번 국회 방문에서는 국회의원들이 어떤 일을 하는지 살펴보고, 국회에서 일하는 사람과 (ⓑ)을/를 통해 자료를 수집할 예정이야.
> 예비 교사 A : 그렇구나. (ⓑ)을/를 하기 위해서는 질문지 만들기, 녹음기와 카메라 등 자료 수집 도구 정하기, 시간 및 장소 예약하기 등 학생들과 함께 철저한 사전 준비를 해야 해.

- ⓐ : _____
- ⓑ : _____

2) 다음은 ㉡을 위한 자료이다. 이를 근거로 하여, ① 법과 도덕의 공통점과 ② 법의 특징을 쓰시오. [2점]

법의 사례	도덕의 사례
• 부모는 그 자녀에게 법률이 정하는 교육을 받게 해야 한다. • 아동의 생명에 위해를 가한 자는 3년 이상의 징역에 처한다.	• 어른을 공경하는 마음을 가져야 한다. • 형제 간에 우애 있게 지내야 한다.

- ① : _____
- ② : _____

3) ㉢에 들어갈 국가 기관의 명칭을 쓰시오. [1점]

- _____

4) ㉣을 참고하여, 학습지의 ㉤, ㉥에 들어갈 기본권을 쓰시오. [1점]

- ㉤ : _____
- ㉥ : _____

정답

1) ⓐ 현장 학습
   ⓑ 면담

2) ① 사람들이 사회생활에서 지켜야 할 행동 기준으로 사회 규범이다.
   ② 국가가 강제력을 가지고 지키도록 요구한다.

3) 헌법재판소

4) ㉤ 자유권
   ㉥ 청구권

정답이유

1)
1. 현장 학습은 학생들이 교실을 떠나 사회사상(社會事象)을 '관찰', '조사' 혹은 그 사상과 관련이 있는 사람과 '면접'하는 등의 학습 활동이다.
2. 면담이란 알고 싶은 것을 사람들에게 직접 물어보는 것을 말한다.

2) 법의 의미와 특징

① 사람들이 사회생활에서 지켜야 할 행동 기준이 사회 규범이다. 사회 규범에는 관습, 종교, 도덕, 법 등이 있다.
② 이들 중 법은 국가가 강제력을 가지고 지키도록 요구한다는 특징이 있다.
③ 법은 인간 내면의 동기와 양심을 중시하는 도덕과는 달리 외적으로 보이는 행동을 규율하며, 이를 지키지 않을 경우 일정한 제재를 받는다.

3) 위헌 법률 심판 제청

- 재판을 진행하다가 관련된 법률이 헌법에 위반되는지 여부가 문제가 될 경우, 법원이 헌법 재판소에 심판을 제청할 수 있다.
  → 입법부 견제 수단

4)
㉤은 자유권이다. 통신의 비밀을 침해받지 않는다는 것은 국가 권력의 간섭을 받지 않고 자유롭게 생활할 수 있는 권리에 해당한다.
㉥은 청구권이다. 재판을 받을 권리는 기본권이 침해되었거나 침해될 위험이 있을 때 구제받기 위해 필요한 권리에 해당한다.

09

2016-A-7

(가)는 사회과 교육과정의 목표를 도식화한 것이고, (나)는 윤 교사가 ⓒ을 기르기 위해 구상한 4학년 사회 '경제생활과 바람직한 선택' 수업의 개요이다. 물음에 답하시오. [4점]

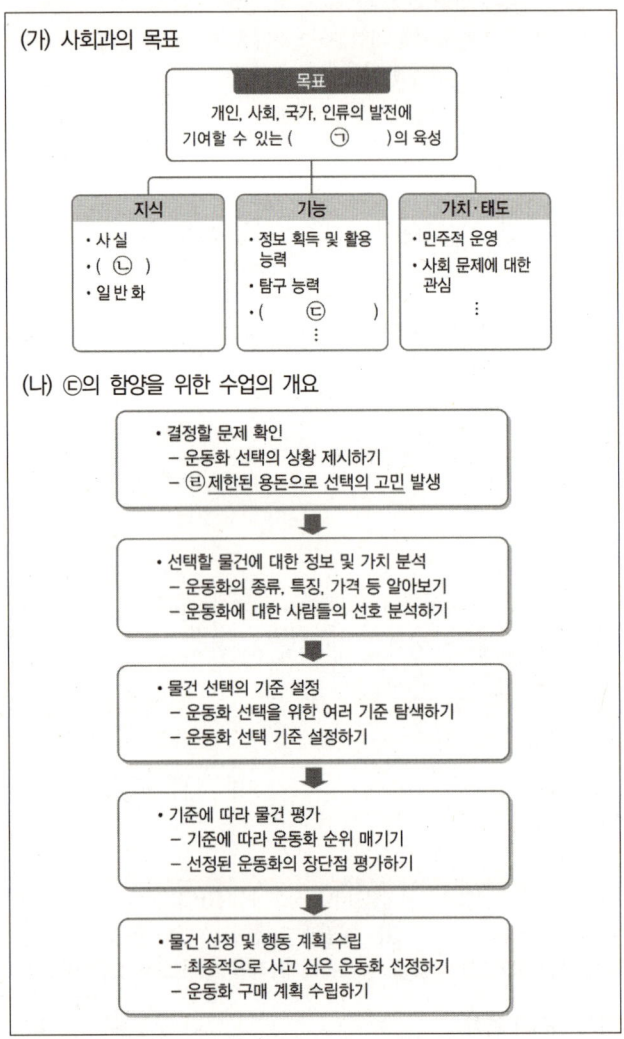

1) (가)의 ㉠에 들어갈 내용을 쓰고, (나)를 통해 중점적으로 기르고자 하는 기능 영역의 목표 ㉢을 쓰시오. [2점]

- ㉠ _____ • ㉢ _____

2) (나)의 ㉣이 발생하는 이유를 설명하는 경제 용어를 쓰시오. [1점]

- _____

3) 윤 교사는 다음 차시 수업을 위해 아래 자료를 만들었다. 이 자료를 활용하여 윤 교사가 달성하고자 하는 수업의 목표를 ㉡과 A를 포함하여 진술하시오. [1점]

(A)의 예	(A)의 예가 아닌 것
• 농부가 대규모 농사를 짓는 것 • 제빵사가 빵을 만드는 것 • 의사가 환자를 치료하는 것	• 엄마가 시장에서 물건을 사는 것 • 학생이 주말에 자전거 타는 것 • 가족들이 함께 공연 보는 것

- _____

정답

1) ㉠ 민주 시민의 자질
   ㉢ 의사 결정 능력
2) 자원의 희소성
3) 생산 활동의 개념을 알 수 있다.

정답이유

1) 사회과 종합 목표

㉠ 사회과의 종합 목표는 개인, 사회, 국가, 인류의 발전에 기여할 수 있는 민주 시민의 자질 육성을 지향점으로 하여, 사회과를 통해 달성하려는 중점적인 지식·이해, 기능, 가치·태도의 목표를 제시하고 있다.

㉢ '기능' 영역 목표의 핵심 요소로 정보 획득 및 활용 능력, 탐구 능력, 의사 결정 능력, 사회 참여 능력 등을 제시하고 있다.

2) 자원의 희소성

① 경제 활동을 하는 데에는 자원이 필요하다. 그러나 이러한 자원은 그것을 원하는 사람들의 욕구를 충족시킬 정도로 많지 않고 그 양이 정해져 있는데, 이것을 자원의 희소성이라고 한다. 따라서 자원의 희소성에는 인간의 무한한 욕망이라는 것이 전제되어 있다.

② 교과서에서는 누나의 생일 선물과 야구 장갑을 모두 갖고 싶어 하는 지섭이의 욕망에 비해 부족한 용돈을 사례로 하여 희소성을 설명하고 있다.

③ 자원의 희소성은 선택의 문제 즉 경제적 문제를 일으킨다. 사람들은 희소한 자원을 이용하여 나름의 만족을 얻어야 하므로 선택을 할 수밖에 없다.

3) ㉡은 '지식' 영역의 목표 요소는 '개념'이고, A는 사람들이 생활하는 데 필요한 재화나 서비스를 생산하는 생산 활동이므로, 이를 조합하면 '생산 활동의 개념을 알 수 있다.'가 학습 목표로 적절하다.

10
2015-A-7

(가)는 사회과의 본질에 대한 세 가지 유형을 비교한 것이고, (나)는 사회과 수업 계획안에 대한 두 교사의 대화이다. 물음에 답하시오. [5점]

(가)

구 분	I	II	III
목 표	합리적 의사결정자	애국심 강한 시민	꼬마 사회과학자
내 용	학생의 필요와 흥미를 반영한 사회 문제	사회 유지에 필요한 핵심적인 지식과 가치	㉠

(나)

송 교사 : 임 선생님, '가족'을 주제로 한 이번 수업은 어떻게 계획하셨나요?

임 교사 : 이번 수업에서는 (가)의 III에 따라, 가족 형태와 관련된 가설을 설정한 다음, 자료를 분석하여 가설을 검증하고 결론을 도출할 예정입니다. [그림 1]과 [그림 2]가 이번 수업에서 제가 활용할 자료입니다.

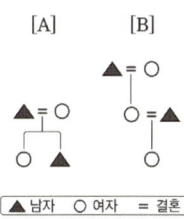
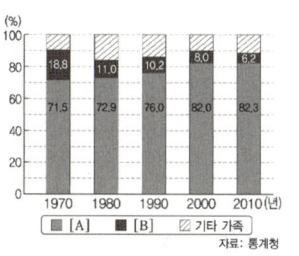

[그림 1]   [그림 2]

송 교사 : 그렇다면 이번 수업의 학습 주제는 (㉡)이겠군요.

주 제	학습 주제
현대 사회의 가족	• (㉡) • 바람직한 가족 구성원의 역할 알기 • 가족 문제 해결하기

임 교사 : 네, 그렇습니다.

송 교사 : 양성평등에 관한 다음 수업 계획도 생각해 보셨나요?

임 교사 : 다음 수업에서는 ㉢사회적으로 의견이 대립되고 정답이 분명하지 않아 해결이 쉽지 않으며 사회구성원 다수에게 영향을 미치는 문제를 선정하여 수업을 하려고 합니다. 군가산점제의 재도입과 같은 문제가 그 예입니다. 그래서 이런 문제를 다루는 데 적합한 수업 모형을 고민하고 있습니다.

송 교사 : 올리버(D. Oliver)와 쉐이버(J. Shaver)는 용어 정의, 사실 및 (㉣)에 관한 의견의 불일치로 인해 ㉢과 같은 문제들이 발생한다고 보았습니다. 이런 점에서 그들이 개발한 법리 모형을 적용해 보면 어떨까요?

임 교사 : 좋은 제안 감사합니다.

1) (가)의 ㉠에 적합한 내용을 쓰시오. [1점]

• _____

2) 가족 형태를 나타낸 [그림 1]을 보고, [A], [B]에 해당하는 용어를 사용하여 [그림 2]에 나타난 [A], [B]의 변화 경향을 비교하시오. [1점]

• _____

3) ㉡에 적합한 학습 주제를 쓰시오. [1점]

• _____

4) ㉢에 해당하는 개념과 ㉣에 들어갈 말을 쓰시오. [2점]

• ㉢ : _____

• ㉣ : _____

정답

1) 사회과학적 지식과 탐구 방법
2) 도시화가 진행되면서 핵가족의 비율은 높아지는(증가하는) 반면 확대 가족(대가족, 확장 가족)의 비율은 낮아지고 있다.
3) 사회변화에 따른 가족 형태의 변화 이해하기
4) ㉢ 논쟁문제
   ㉣ 가치

정답이유

1) 사회과의 본질 중 (가)의 구분 I은 반성적 탐구모형, 구분 II는 시민성 전달모형, 구분 III은 사회과학모형에 해당한다.

2)
- [그림 1]의 [A]는 핵가족이다. 핵가족은 자녀가 없는 부부, 양친과 미혼 자녀, 편친과 미혼 자녀로 구성된 가족만을 의미한다. 결혼한 자녀는 핵가족에서 제외된다. 부부 가족, 단일 가족, 개별 가족이라고도 한다.
- [그림 1]의 [B]는 확대 가족이다. 확대 가족은 핵가족이 확대된 형태로, 자녀가 결혼을 하고 나서도 부모와 함께 사는 경우를 확대 가족이라고 한다. 대가족, 확장 가족이라고도 한다. 확대 가족은 핵가족에 대비된 개념으로 대가족보다 개념이 명확하다.
- [그림 2]는 1970년~2010년까지 10년 단위로 핵가족, 확대 가족, 기타 가족의 비율을 나타내고 있다. 시간이 경과함에 따라 핵가족의 비율은 높아지고 있고, 확대 가족의 비율은 낮아지고 있다. 도시화가 진행되면서 확대 가족의 비율이 낮아지고 있다.

4) '논쟁문제'의 성격
- 의사결정수업은 개인적 문제뿐만 아니라 사회적 문제 모두를 다룬다. 하지만 논쟁문제수업은 사회적 문제 중에서 찬·반 의견 대립이 팽팽히 맞서서 해결책을 쉽게 결정하기 어려운 쟁점들을 주로 다룬다.
- '논쟁문제' 또는 '공공의 쟁점'은 사실과 가치가 혼재된 문제로서 찬·반 의견 대립이 팽팽히 맞서고, 사회 다수에게 영향을 미치는 문제이다.
- 올리버와 세이버는 쟁점과 관련된 용어나 개념이 명확하지 않고, 기본적 가치들이 충돌하기 때문에 공공의 쟁점이 발생된다고 보았다.
- 그들은 공공의 쟁점에는 3가지 형태의 불일치, 즉 '개념 정의 문제'(definitional problems), '가치문제'(value problems), '사실문제'(factual problems)가 혼합되어 있다고 제시했다.

11

평가원 예시문항(2012.8.23.)

다음은 최 교사가 '민주주의와 정치생활'에서 정치 개념을 지도하는 과정을 개략적으로 나타낸 것이다. 물음에 답하시오.

단 계	학습 내용
문제제기	• 생활 속에서 경험하는 다양한 의사결정과정도 정치와 관련될까?
(가)	• 정치현상의 특징으로 어떤 것들이 있을까를 말해보도록 한다. • 정치현상의 여러 특징을 검토한 후 정치 개념은 '어떤 사회적인 일에 대한 여러 사람들의 의견차이가 있고, (㉠) 과정'으로 정의할 수 있음을 확인하게 한다.
(나)	• 정치 개념 이해여부를 확인할 수 있는 다양한 사례를 보여 주고, 사례들이 정치에 해당하는지 판단하도록 한다.
개념분석	• ㉡정치가 이루어지는 다양한 방식을 정치의 역사적 발전과 정을 통해 간단하게 제시하고, ㉢민주정치, 왕정, 귀족정치와 같은 다양한 정치 방식들 상호간, 그리고 이들과 정치 개념의 관계를 그림으로 구조화하여 이해하도록 한다.
관련 문제 검토	• 최근 민주정치에서 중요한 참여 방법인 선거에서 투표율이 낮아지고 있는 문제에 대한 의견을 말해보도록 한다.

1) 최 교사가 이 수업에서 활용한 개념학습 모형의 종류를 쓰시오.

• _____

2) (가)단계에서 정치 개념이 성립되기 위해 ㉠에 포함되어야 할 내용을 쓰시오.

• _____

3) (나) 단계의 학습에서 최 교사는 다음과 같은 사례를 활용하였다. 사례가 '예' 혹은 '비예'인지를 판단하고, 그 근거를 제시하시오.

[사례] 정우네 반 학생들은 인터넷을 통해 국회의 정치적 역할을 조사하여 발표하였다.

• _____

4) 개념분석 단계에서 ㉡과 ㉢에 제시된 개념들 간의 관계를 개념의 위계를 나타내는 용어를 사용하여 설명하시오.

• _____

정답

1) 속성 모형

2) 사람들 사이에서 발생하는 갈등과 다툼을 조정하고 여러 사람들에게 영향을 끼치는 공동의 문제를 해결해 가는 활동

3) 비예, 국회의 정치적 역할을 조사·발표하는 활동은 갈등과 다툼을 조정하고 공동의 문제를 해결해 가는 활동이 아니기 때문이다.

4) ㉡은 더 높은 위치에 있고 매우 포괄적인 현상을 설명하는 '상위개념'이고, ㉢은 ㉡보다 낮은 위치에 있고 ㉡의 한정된 현상을 설명하는 '하위개념'이다.

정답이유

1) (가) 단계에서 정치현상의 특징(속성)을 통해 정치 개념을 정의하고자 하고 있으므로 속성 모형에 해당한다.

2)
1. 정치 문제의 특징은 '사람들 사이에 발생하는 갈등과 다툼의 문제, 여러 사람에게 영향을 미치는 공동의 문제'라는 것이다.
2. '사회적인 일', '여러 사람들의 의견차이' 등의 내용이 지문에 제시되어 있으므로, ㉠에는 갈등 조정, 공동의 문제 해결 등의 내용이 포함된다.

3) 정치 문제

① 예와 비례
• 우리 학급의 소풍은 어디로 가야 할까? / 학교 규칙은 누가 정해야 할까? / 우리나라의 대통령은 누가 되는 것이 좋을까?
• 정치 문제가 아닌 것 : 나는 점심시간에 무엇을 하며 놀까? / 친구가 좋아하는 생일 선물은 무엇일까?

③ 특징
• 사람들 사이에 발생하는 갈등과 다툼의 문제, 여러 사람에게 영향을 미치는 공동의 문제

④ 우리나라 정치 문제의 다른 사례
• 4대 강을 개발해야 하는가? / 정부 부처를 각 지역으로 분산하는 것이 좋은가? / 우리 시·도의 시장 또는 도지사로 누구를 선출하는 것이 좋은가?

12
2013-A-4

다음은 사회과 교육의 성격에 대한 세 교사의 관점을 나타낸 것이다. 물음에 답하시오. [5점]

> - 김 교사는 널리 수용되는 관습과 가치 전수가 사회과 교육에서 중요하다고 생각하고 있으며, 수업 시간에 애국심이나 공동체 의식과 관련된 단원을 가르칠 때, 나라를 위해 헌신한 인물의 일대기나 교훈적인 사례를 강조하여 설명한다.
> - 최 교사는 듀이(J. Dewey)가 강조한 ㉠ 일상의 문제 상황을 현실적으로 파악하고 논리적·경험적으로 증명할 수 있는 증거에 의해 이를 해결하는 사고력을 함양하는 것을 사회과의 목적이라고 생각하고 있으며, 수업 시간에 일상생활의 쟁점이나 문제 상황을 인식하고, 이와 관련된 사실 문제와 가치 문제를 분석하는 학습 활동을 중요시한다.
> - 박 교사는 사회과 교육에 적합하다고 판단되는 개념이나 원리 등을 다양한 학문 영역에서 선택하여 심화시키면서 반복하여 가르치는 것이 중요하다고 생각하고 있으며, 수업 시간에 ㉡ 사회과학자들에 의해 이미 타당성이 입증된 구조화된 사회과학적 지식을 학습자 수준에서 체계적으로 탐구하도록 안내한다.

1) 김 교사가 강조하는 사회과 교육의 모형(전통)을 쓰시오. [1점]
   - _____

2) 최 교사의 관점에서 볼 때, 김 교사가 강조하는 사회과 교육 모형(전통)의 문제점을 '학습자관'의 측면에서 1가지 제시하고, ㉠이 의미하는 '사고력'이 무엇인지 쓰시오. [2점]
   - _____
   - ㉠ : _____

3) 박 교사가 강조하는 사회과 교육 모형(전통)의 관점에 부합하는 사회과 교육과정의 '내용 조직 원리'를 쓰고, ㉡에 설명된 지식의 성격에 대하여 최 교사의 관점에서 제기할 수 있는 문제점을 쓰시오. [2점]
   - 내용 조직 원리 : _____
   - 문제점 : _____

정답

1) 시민성 전수(전달)

2) - 학습자를 교사의 가르침과 주입을 내면화하는 존재로 본다. 학습자를 전통적으로 바람직하다고 간주되어온 기본 가치를 전수받고, 이를 충실히 이행하는 존재로 본다.
   - ㉠ 반성적 사고력

3) - 나선형 교육과정
   - 가치중립적 지식은 가치와 관련된 행위를 제시해주기 어렵다.

정답이유

1) • 관습과 가치 전수를 중요시하고 있으므로 '시민성 전달 모형'에 해당한다.
   ① 애국심 함양을 목표로 하는 시민성 전달 모형 → 김 교사
   ② 합리적 의사결정 능력 함양을 목표로 하는 반성적 탐구 모형 → 최 교사
   ③ 꼬마 사회 과학자 양성을 목표로 하는 사회 과학 모형 → 박 교사

2) 1. 최 교사는 반성적 탐구 모형, 김 교사는 시민성 전달 모형에 해당된다.
   • 시민성 전달 모형도 탐구의 과정을 도입할 수는 있지만, 탐구의 주체는 학생이 아니라 지식과 정보를 더 많이 갖고 우월한 지위에 있는 교사이다. 주어진 교재와 자료를 해석하고 모범적인 행동을 제시하는 사람은 교사이고, 학생은 교사의 가르침과 주입을 그대로 내면화하는 것이다.
   2. 반성적 사고(reflective thinking)
   ① 반성적 사고는 주어진 문제를 현실적으로 파악하고 논리적으로든 경험적으로든 증명할 수 있는 증거에 의해서 결론을 도출해 내는 사고방법이다.
   ② 이러한 사고방법은 과학적인 방법과 비슷하지만 반드시 같은 것은 아니다. 과학적인 방법이 반드시 경험적인 증거를 필요로 하는 데 비하여 반성적 사고에서는 경험적 증거 또는 논리적인 법칙에 의해서도 결론을 내릴 수 있기 때문이다. 따라서 인지적인 문제뿐만 아니라 가치관과 같은 정의적인 문제를 생각하는 데에도 중요한 도움이 된다.

3) 1. 박 교사는 사회 과학 모형에 해당된다.
   • 사회 과학 모형에서 다루어지는 수업 내용은 탐구 방식과 사회과학적 개념이다. 어떤 개념을 한 번만 가르치고 끝내기보다는 수준을 달리하여 여러 번 반복해서 가르침으로써 개념에 대한 심층적인 이해와 추상적 사고 발달에 도움을 줄 수 있는 내용 조직의 원리를 나선형 교육과정의 원리라고 한다.
   2. 사회과학 모형에 대한 비판
   • 최 교사의 관점은 반성적 탐구 모형에 해당하므로 사회과학적 지식의 가치중립적 특성, 추상성 등의 문제점을 제기할 수 있다.
   ① 사회과학적 탐구와 지식은 '가치중립적 특성'을 지니기 때문에, '가치 의존적인' 사회적 행위와 의사결정에 직접적인 해결책을 제시해주기 어렵다.
   ② 베버(M. Weber)가 주장했듯이, 사회과학자의 탐구과정에서는 가치중립성이 강조되고 과학적 결론에는 과학자의 '가치판단'이 배제되어야 한다. 사회과학자는 사회현상에 대해 객관적 설명을 제공하고, 사회과학의 지식은 사회현상에 관한 사실들로 구성된다. 하지만 시민들이 실제의 사회생활에서 결정하고 행동해야 하는 것은 대부분 가치판단 문제이다. 그래서 객관적이고 가치중립적인 사회과학적 지식은 가치와 관련된 사회적 행위와 의사결정에 직접적인 해결책을 제시해주기 어렵다.

4절 역사

001  2022-A-8

(가)는 예비 교사가 작성한 교수·학습 과정안이고, (나)는 예비교사와 지도 교사가 나눈 대화이다. 물음에 답하시오. [4점]

(가)

차시명	갑신정변에 참여한 사람들의 주장을 알아봅시다
수업 방법	사료 학습
단계	교수·학습 활동

도입	• 전 차시에서 배운 내용을 확인한다.
	  - 흥선대원군 집권 이후부터 갑신정변 발발 직전의 사건들을 정리한다.
	• 학습 목표를 확인한다.
	  - 갑신정변에 참여한 사람들의 주장을 이해할 수 있다.

전개	• 제시된 사료를 확인한다.
	〈갑신정변 개혁안〉
	• 문벌을 폐지하고 백성들이 평등한 권리를 갖는 제도를 마련하며 능력에 따라 관리를 임명한다.
	• 부정한 관리를 처벌하고 백성들이 빚진 쌀을 면제한다.
	… (하략) …
	• ㉠ _____
	  - 누가, 언제 작성하였는가?
	  - 사료가 위조되지 않았는가? [A]
	  - 사료에 제시된 용어가 당대에 사용된 용어인가?
	• 사료를 분석·해석한다.
	  - 이들은 어떤 정책들을 제시하였는가?
	  - 이들은 왜 이런 정책들을 발표하였는가?
	  - 조선을 가장 많이 변화시킬 수 있는 정책은 무엇이었는가?
	  - 이들이 제시한 정책들은 우리나라 최초의 근대적 조약에 어떤 영향을 미쳤는가?
	• 결론을 확인한다.
	  - 갑신정변에 참여한 사람들은 새로운 국가를 만들려는 개혁을 시도하였다.

정리	• 학습한 내용을 정리한다.

(나)

예비 교사: 흥선대원군 집권기부터 갑신정변이 일어나기 전까지 있었던 사건들을 ㉡ 시간의 흐름에 따라 체계적으로 배열한 표로 학생들에게 제시하려고 합니다.

지도 교사: 좋은 생각입니다. 특정 사건들을 연도와 함께 제시함으로써 사건들의 선후 관계나 인과 관계를 한눈에 파악할 수 있겠네요. 그런데 ㉢ "이들이 제시한 정책들은 우리나라 최초의 근대적 조약에 어떤 영향을 미쳤는가?"는 이 사료를 분석·해석하는 데 맞지 않은 질문입니다.

예비 교사: 아, 그렇군요. 수정하겠습니다. 갑신정변에 참여한 사람들의 주장을 잘 이해하기 위해 수업에서 좀 더 유의해야 할 점이 있을까요?

지도 교사: 역사적 (㉣)을/를 잘 해야 합니다. 공감이나 동일시와 달리, 역사적 (㉣)은/는 갑신정변이 일어난 상황에 대한 맥락적 이해와 참여한 사람들의 행위 의도나 동기, 관점을 파악하는 것입니다.

1) (가)의 [A]에 근거하여 ㉠에 들어갈 활동을 쓰시오. [1점]
   • _____

2) '우리나라 최초의 근대적 조약'의 명칭을 포함하여 (나)의 ㉢의 이유를 서술하시오. [1점]
   • _____

3) ① (나)의 ㉡에 해당하는 용어와, ② (나)의 ㉣에 공통으로 들어갈 용어를 쓰시오. [2점]
   • ① _____ • ② _____

정답

1) 사료 비판하기
2) 우리나라 최초의 근대적 조약인 강화도 조약(1876년)은 갑신정변(1884년) 이전에 체결되었기 때문이다.
3) ① 연표 ② 감정 이입

정답이유

1) 사료 비판(criticism) 방법
① 역사 연구란 사료에 담긴 역사적 사실들을 밝혀내는 것이며 그 과정은 사료 비판과 분석으로 이루어진다.
② 사료비판은 외적 비판과 내적 비판 두 가지 단계로 이루어진다.
• 외적비판은 사료 그 자체에 진위여부를 가리는 작업으로 그 과정에서 조작, 위작, 표절, 오류 등을 파악한다. 예를 들어서 고대시대 문헌에 근대에 들어와서 쓰는 문장과 용어가 자주 쓰이면 도중에 첨가되었거나 그 책 자체가 위작일 가능성이 많다.
• 내적비판은 사료 내용을 분석하여 그 신뢰성을 검토하는 작업으로 텍스트 비판과 문맥비판 2단계로 나눈다. 텍스트 비판은 사료의 신뢰도를 검토하는 작업으로 사료에 거짓이나 잘못된 내용, 과정 말 등이 섞여 있는가를 검토하는 것이고 문맥비판은 사료에 나타나 있는 문맥의 진짜 의미를 파악하는 작업이다.

3) ① 연표
• 옛날부터 오늘날에 이르기까지 일어난 중요한 일들을 일어난 순서에 따라 알아보기 쉽게 표로 정리한 것
② 역사적 감정 이입
• 역사적 사실이 일어난 상황에 대한 맥락적 이해를 바탕으로 하는 상상적 이해 방식

정답개념

1. 역사적 감정이입의 방법 2가지
① 추체험은 자신이 직접 역사적 행위자가 되어 역사적 사건이나 현상을 체험함으로써 역사적 행위자를 이해하는 방식이다. '당신이 ~이었다고 가정하고, ~하시오' 가정으로 하고 있는 수업활동이다. 교수학습방법으로 극화학습, 역할극, 시뮬레이션, 역사신문제작, 모형 만들기, 상상적 글쓰기, 역사일기 등이 있다.
② 감정이입(감정이입적 이해)는 과거 행위자의 입장에서 역사적 사실을 생각해 봄으로써 역사적 사실을 이해하는 것으로 사료분석이 여기에 속한다.
• 자신의 직접 행동을 통해서 이해하는 추체험과 달리 사고를 통해서 이해한다는 것이 특징이다.
• 공감, 동일시는 역사적 감정이입이 될 수 없다.
• 일상적 감정이입은 과거의 역사적 행위자를 현재 일상의 상식적 수준에서 감정이입을 하는 경우로 행위의 이유를 오늘날의 관점과 증거로 이해하기 때문에 시대착오적 이해가 나타나기도 한다.

02
2014-A-4

다음은 5학년 '조선 사회의 새로운 움직임' 단원의 수업 계획에 대한 두 교사의 대화 내용이다. 물음에 답하시오. **[3점]**

박 교사 : 저는 '정조 시기의 사회와 문화'라는 주제로 수업을 하려고 해요. 이 주제에서 수원 화성에 대해 다룰 예정인데, 이때 정조가 수원에 화성을 건설한 동기와 과정을 이야기로 들려주려고 해요. 정조가 아버지인 사도세자에 대한 효심으로 수원에 화성을 건설하게 되었다는 이야기를 기승전결의 구조로 제시하는 거죠.

김 교사 : 역사 이야기를 실감나게 들려주면 학생들의 흥미를 높이는 데 도움이 될 것 같아요. ㉠<u>하지만 학생들이 정조가 사도세자에 대한 효심만으로 수원 화성을 건설했다고 생각하게 되는 문제</u>가 있지 않을까요?

박 교사 : 김 선생님께서 방금 말씀하신 ㉠을 보완하기 위해 왕권 강화와 같은 정조의 다른 의도를 생각해 볼 수 있도록 (㉡)

김 교사 : 좋은 지도 방안이네요. 저는 이 단원에서 (㉢)을(를) 주제로 수업할 계획인데, <자료 1>과 <자료 2>를 제시하고 이와 관련된 탐구 문제를 학생들이 스스로 파악해 볼 수 있게 하려고 합니다.

박 교사 : 그 주제에서 정조가 서얼 차별 문제를 해결하려고 했던 것에 대해서도 다루실 건가요?

김 교사 : 네.

박 교사 : 그렇다면 (㉣)이(가) 쓴 소설 (㉤)을(를) 활용하면 어떨까요? 서얼이라서 차별받았던 주인공이 자신의 신세를 한탄한 부분을 제시하면 좋을 것 같아요. 소설의 마지막 부분을 보면 주인공이 율도국의 왕이 되었죠.

김 교사 : 그런데 그 소설의 저자에 대한 논란이 있더군요. (㉣)이(가) 자신이 저자라고 직접 밝힌적이 없기 때문이죠. 그렇지만 많은 학자들은 소설 속의 사상이 그의 사상과 거의 일치한다는 점과 이식(1584~1647)이 그 소설에 대해 기록한 내용을 볼 때 논란의 여지가 없다고 주장해요. [A]

(중략)

<자료 1>	<자료 2>
경상도 울산, 경주에서 백성들이 왜적을 맞아 목숨을 바쳐 싸우고 있습니다. … 경주, 울산 등에서 왜적과 싸운 사람들에게는 10년간 세금을 면제해 주고 공명첩을 주어야 할 것입니다. <선조실록> (선조 27년, 1594년)	흉년이 들어서 … 공명첩 2만장을 만들어 전국에 나누어 보내어 팔도록 하였다. <숙종실록> (숙종 16년, 1690년)

1) 박 교사가 계획한 수업에서, ㉡에 들어갈 적절한 지도 방안을 서술하시오. **[1점]**

• _____

2) [A] 부분에 비추어 ㉢에 들어갈 수업 주제를 쓰시오. **[1점]**

• _____

3) ㉣에 공통으로 들어갈 저자의 이름과 ㉤에 들어갈 소설 이름을 각각 쓰시오. **[1점]**

• ㉣ : _____

• ㉤ : _____

정답

1) 규장각 설치, 장용영 육성 등 왕권 강화와 관련된 다른 사례를 제시한다.

2) 조선 후기 신분제 변화

3) ㉣ 허균
㉤ 홍길동전

정답이유

2) <자료 1>, <자료 2>에 제시된 공명첩으로 인해 양반의 수가 증가하였고, 신분 때문에 벼슬에 오르지 못하던 서얼에게도 벼슬에 오르게 허용하여 서얼 차별 문제를 해결한 것도 양반의 수 증가와 관련되므로 이 내용을 종합해 보면 김 교사의 수업 주제는 신분 제도의 변화가 적절하다.

5절 논술형

2012 실전 (2011.12.10 시행)

01

(가)는 본시 수업 과정이며, (나)는 본시 수업의 학생 수행평가지이다. 1) ⓐ에 나타난 오개념을 제시하고, ⓐ와 ⓑ에 나타난 오개념을 옳은 개념으로 긍정문을 사용하여 각각 서술하시오. 2) 하우드(D. Hawood)가 말한 교사의 역할 유형 중에서 본시 수업에 나타난 김 교사의 역할을 서술하고, 교사가 다양한 관점을 제시하지만 자신의 의견은 말하지 않는 '객관형'과 김 교사의 역할 유형과의 차이점을 논하시오. 3) 본시 수업에 적용된 수업 모형의 단계를 고려하여, 체크리스트법을 활용한 (나)의 수행평가지에서 활용되지 않는 평가 항목 2가지를 제시하고 그 근거를 논하시오.

(가) 6학년 '우리나라의 인구' 단원에 대한 김 교사의 수업 실천

> 교사: 지난 시간에는 우리나라가 현재 고령화 사회가 되어 노인 인구 문제가 심각하다고 배웠어요. 이 시간부터는 출산율을 높일 수 있는 최선의 방안을 찾아보도록 하겠어요.
> 교사: 먼저 관련된 개념과 사실을 알아봅시다. 지난 시간에 우리나라가 고령화 사회에 있고 앞으로 고령 사회로 진입할 수 있다고 배웠어요. 왜 그런지 아는 학생은 말해보세요.
> 학생: 네, ⓐ고령화 사회, 고령 사회, 초고령 사회는 '고령(노령)화 지수'로 정의되는데, 각각 7%, 14%, 그리고 20%가 기준이에요. 우리나라는 그것이 올해 11%이기 때문이지요. 이렇게 된 건 저출산 때문이기도 해요.
> 교사: 그럼 어떻게 하면 출산율을 높일 수 있을까요?
> 학생: 아이를 낳으면 나라에서 양육비와 교육비를 지원해 주면 될 것 같아요.
> 학생: 아이를 많이 낳으면 큰 집이 필요하니까 주택 자금을 지원하는 방법도 있어요.
> 교사: 또 다른 방법은 없을까요?
> 학생: 아이를 낳고도 직장에 나가서 계속 일을 할 수 있도록 보육시설을 확충하는 대안도 있어요.
> 학생: 외국인 이민자를 많이 받아들이는 것도 한 방법이죠. ⓑ외국인 이민자 수는 인구의 자연적 증감을 산출하는 한 요소이니까요.
> 교사: 출산율을 늘리는 여러 대안을 평가할 수 있는 기준으로는 어떤 것이 있을까요?
> 학생: 많은 사람에게 골고루 혜택이 가야 해요.
> 학생: 아이를 많이 낳게 하는 효과가 바로 나타나면 좋아요.
> 학생: 실행하는 데 비용이 적게 들면 좋을 것 같아요.
> 교사: 이러한 여러 가지 기준 가운데 가장 중요한 기준이 무엇이라고 생각하나요?
> 학생: 어, 그런 어려운 건 선생님이 말씀해 주세요.
> 교사: 음…… 선생님의 생각을 말해 주면 학생들의 자유로운 생각에 방해가 된다고 나는 늘 생각해 왔어요. 선생님의 역할은 학생들이 스스로 깊이 생각해 보고 다양한 의견을 직접 표현해 볼 기회를 제공하는 것으로 충분해요.
> 학생: 저는 모든 정책은 형평성을 가장 중시해야 한다고 봐요.
> 학생: 무엇보다 정책이란 즉각적인 효과가 있어야지.
> 학생: 아니야, 비용이 적게 들어야 국민의 세금 부담도 작지. 이게 제일 중요해.
> 교사: 음…… 시간이 다 되었네요. 다음 시간에는 모둠별로 가장 중요하게 생각하는 기준을 정하여 여러 대안을 검토하기로 해요.

(나) 본시 학생 수행평가지

평가 항목 학생 이름	㉠저출산 문제와 관련된 주요 사실과 개념을 이해하고 있는가?	㉡저출산 문제 해결과 관련된 다양한 대안을 제시할 수 있는가?	㉢저출산 문제 해결을 위해 지지되지 않는 가설을 기각하고 대안 가설을 수립할 수 있는가?	㉣저출산 문제를 해결할 수 있는 대안의 평가 기준을 마련하고 있는가?	㉤출산율을 높일 수 있는 대안을 일정한 기준에 따라 순위를 정할 수 있는가?

정답

1) 오개념

오개념	고령화·고령·초고령 사회를 나누는 기준을 고령화 지수로 정의하고 있다.
ⓐ 옳은 개념	고령화·고령·초고령 사회를 나누는 기준은 65세 이상의 노년층 인구가 전체 인구에서 차지하는 비율이다.
ⓑ	외국인 이민자 수는 인구의 사회적 증감을 산출하는 한 요소이다.

2) 가치학습에서의 교사의 역할(D. Hawood)

김 교사의 역할	교사와 학생이 다양한 시각을 토론하되 교사가 자신의 의견은 말하지 않는 공정한 의장형
객관형과의 차이점	객관형은 교사가 다양한 시각을 모두 서술하되 자신의 의견은 말하지 않지만, 공정한 의장형에서는 교사와 학생이 다양한 시각을 함께 토론한다. 공정한 의장형에서도 자신의 의견은 말하지 않는다.

3) 평가 항목

㉢	본시 수업모형에는 의사결정 수업 모형이 적용되고 있다. ㉢의 수행평가지에서 가설을 기각하고 가설을 수립하는 단계는 탐구수업 모형에서 이루어지는 절차이므로 적절하지 않다.
㉤	마지막 발문에서 교사는 다음 시간에 모둠별로 가장 중요하게 생각하는 기준을 정하여 여러 대안을 검토하기로 했기 때문에 ㉤ 단계의 활동은 다음 시간의 수행평가지에 적합하다.

118 3장 사회

2011 실전 (2010.12.11 시행)

02

다음은 2007년 개정 사회과 교육과정에 따라 3학년「다양한 삶의 모습들」, 4학년「사회 변화와 우리 생활」단원을 배운 학생들이 6학년「정보화, 세계화 속의 우리」단원에서 '지구촌화' 개념을 학습하는 수업을 구상해 본 것이다. 1) 지구촌화의 영향으로 학습자가 경험하는 공간 규모가 다양해지고 있다. 이와 관련하여 '환경 확대법' 적용상의 변화를 서술하고, 그 변화 사례를 수업 상황에서 찾아 1가지 제시하시오. 2) 3학년에서 학습한 '문화' 개념은 학년이 올라가면서 확장되고 있다. 아래 수업 상황에 한정하여 4학년과 6학년 학생이 학습할 수 있는 '문화'에 관한 내용을 일반화 지식의 형태로 각각 진술하고, 해당 문화 공간의 규모를 제시하시오. 그리고 3) ㉠에 포함된 문화에 관한 오개념을 지적하고, 이를 수정하기 위한 지도 내용을 2가지 논하시오.

교　　사: 오늘은 지구촌화의 의미와 그 영향에 대해 배우기로 하겠습니다. 오늘날 세계 곳곳의 사람들이 우리의 가까운 이웃이 되어 가고 있습니다. 이러한 현상을 지구촌화라고 합니다. 자! 지구촌화의 사례로 무엇을 들 수 있을까요?
학생 A: 인터넷으로 다른 나라 어린이와 얼굴을 보며 대화해요.
학생 B: 작년에 전 지구적인 문제 해결을 위해 유엔 주도로 덴마크에서 세계 기후 변화 회의가 열렸어요.

…… (중략) ……

교　　사: 지구촌화로 인하여 문화, 정치, 경제 영역에서 다양한 변화들이 일어나고 있어요. 여러분은 문화에 대하여 배운 적이 있는데, 무엇을 배웠나요?
학생 C: 3학년 때 문화란 사람들의 생활 방식이라고 배웠어요.
학생 D: 그런데 3학년 때 중국과 베트남의 설날 모습이 우리와 다른 점이 있다는 것도 배웠어요.
학생 E: 우리나라 안에는 해외 이주 노동자, 국제결혼 이주자, 그리고 노숙자, 노인들이 있는데, 이들의 삶은 서로 다르다고 배웠어요.
교　　사: 잘 알고 있네요. 그러한 내용은 언제 배웠나요?
학생 E: 4학년 때 배웠어요.
학생 F: ㉠그런데 노숙자와 노인들의 삶은 문화의 사례로는 적합하지 않은 것 같은데……, 왜냐하면 그들은 우리와 같은 민족이잖아요.
교　　사: 글쎄요. 그 문제에 대해서는 나중에 자세히 알아봅시다. 지금은 우선 지구촌화되면서 사람들의 생활 방식에 어떤 변화가 일어나고 있는지 알아볼까요?
학생 G: 우리나라에서도 베트남 쌀국수를 먹을 수 있게 되었어요.
학생 H: 동남아시아 사람들이 우리나라 노래와 드라마를 좋아해요.
학생 I: 중국과 필리핀에서 온 사람들과 같은 동네에서 살게 되었어요.

…… (후략) ……

정답

1) 탄력적 환경 확대법

환경 확대법 적용상의 변화	학습자들이 일상생활 속에서 경험하는 다양한 공간 규모를 고려하여 학년별로 세계적 관점을 반영하여 환경 확대법을 탄력적으로 적용하였다.
그 변화 사례	• 3학년+4학년의 공간적 범위는 '시·도'에 해당하지만 탄력적 환경 확대법을 활용하여 3학년 때 '중국과 베트남의 설날 모습이 우리와 다른 점'을 학습하였다. 이것은 학년급 간의 공간적 범위를 넘어서는 내용의 조직을 통해 환경 확대법을 탄력적으로 활용한 사례에 해당한다. • 학생 D가 3학년 때 다른 나라의 설날 모습을 배웠던 것이 탄력적 환경 확대법의 적용 사례에 해당된다.

2) 문화

'문화'에 관한 내용의 일반화 지식 형태의 진술	4학년	문화는 집단에 따른 다양한 삶의 방식이다.
	6학년	집단의 생활 방식은 교류 및 변화가 가능한 것이다.
해당 문화 공간의 규모		4학년 : 국내 6학년 : 국가 및 세계

3) 오개념

㉠에 포함된 문화에 관한 오개념	같은 민족끼리는 같은 문화를 형성한다.
수정하기 위한 지도 내용	다양한 민족이 하나의 국가를 이루며 같은 문화를 형성하기도 한다.
	문화는 같은 민족이라 하더라도 지역, 세대, 계층에 따라 다르게 형성된다.

2010 실전 (2009.11.29 시행)

03

김 교사는 (가)의 수업 자료를 활용하여 「주민 자치와 지역 사회의 발전」 단원을 지도하기 위해 (나)와 같이 수업을 계획하였다. 1) 사회과의 탐구 수업 모형과 비교하여 (나)에 활용된 수업 모형에서 다루는 '문제'의 성격 2가지를 설명하고, 2) (나)의 분석 단계 ㉠~㉤의 교수·학습 활동 중 적합하지 않은 것 2가지를 제시한 후, 이를 바르게 지도할 수 있는 방안을 각각 논하시오. 그리고 3) (나)의 공공시설 자료 중 '공공시설'에 해당되지 않는 것을 제시하고, 그 이유를 논하시오.

(가) 수업 자료

> 최근 ○○시가 시립 공원을 없애고 공장 유치를 추진하겠다고 발표하면서, 주민들 사이에 논란이 발생하고 있다. 찬성 측은 주민의 일자리 창출, 소득 향상, 세수 증대를 위해 공장을 건설해야 한다고 주장한다. 반대 측은 주민들이 휴식 공간, 깨끗한 공기와 같은 쾌적한 환경에서 살 수 있도록 하기 위해서는 시립 공원 같은 공공시설을 계속 유지해야 한다고 주장한다.

(나) 수업 계획

단계		교수·학습 활동	교수·학습 자료
문제 제기		시유지(市有地)에 공장을 세울 것인지, 공원을 유지할 것인지 논란이 되고 있다.	
가치문제 확인		'지역의 경제발전'과 '주민의 쾌적한 환경'이라는 가치가 충돌하고 있다.	
분석	㉠	문제와 관련된 지역 경제발전, 환경권, 공공시설 개념을 명확히 정의한다.	○ 지역 경제발전 자료: 지역 총생산 지표, 지역 내 고용 지표 ○ 환경권 자료: 환경권 법조항, 환경오염 지표 ○ 공공시설 자료: 경찰서, 백화점, 국도, 소방서
	㉡	찬성 측과 반대 측이 제시하는 주장의 사실 여부를 유명 교수의 개인적 의견에 의거하여 검토한다.	
	㉢	'지역의 경제발전'과 '주민의 쾌적한 환경'이라는 가치 중에서 다수가 찬성하는 가치를 선택한다.	
	㉣	다른 지역의 비슷한 사례들을 살펴본다.	
	㉤	여러 가지 대안을 제시하고 그 결과를 예측한다.	
선택 및 결론		지금까지의 과정에서 살펴본 대안들 중 가장 합리적인 대안을 선택한다.	

정답

1) 문제의 성격

탐구 수업	• 증명 가능한 사실 문제 • 사회과학자가 탐구할 가치가 있다고 생각되는 과학적 문제	• 일반화가 가능한 사회과학적 개념들
논쟁 문제 수업	• 사실과 가치가 혼합된 문제	• 찬반이 나누어진 사회적 쟁점

2) 분석 단계

적합하지 않은 것	㉡ 단계	전문가의 견해를 무조건적으로 수용하는 것은 옳지 않다.
	지도 방안	증명할 수 있는 사실과 객관적 자료를 제시하여 증명하는 과정이 필요하다.
	㉢ 단계	다수가 찬성하는 가치를 선택하는 것은 옳지 않다.
	지도 방안	궁극적 가치(인간의 존엄성)에 보다 부합하는 가치를 선택하도록 한다.

3) 공공시설

공공시설에 해당하지 않는 것	백화점
근거	공공시설은 국가 또는 지방자치단체가 설치하여 공공 목적을 위하여 두루 이용하는 시설이므로 기업의 영리를 위해 만든 백화점은 공공시설이 아니다.

2009 실전 (2008.11.30 시행)

04

(가)는 5학년 「촌락에서 일어나는 일」 소단원을 지도하기 위하여 어떤 모형을 적용한 수업 계획이다. 1) (가)에 적용된 학습 모형이 갖는 특징을 문제 해결 학습 모형과 비교하여 2가지 제시한 다음, 2) (가)에 적용된 모형에 비추어 ㉠ 단계에 제시된 질문 중 적합하지 않은 것을 찾아 비판하고, (가)에서 중점적으로 발달시키려는 고차적 사고력이 어떤 것인지를 ㉠~㉤ 단계의 교수·학습 활동에서 근거를 들어 설명하시오. 그리고 3) 사회과의 목표 영역 3가지(지식, 기능, 가치·태도) 중 이 수업을 통해 도달하기에 가장 어려운 영역을 1가지 들고 그 이유를 논하시오.

(가) 수업 계획

단계	교수·학습 활동
㉠	• '농어촌의 인구 감소'와 관련된 자료를 보여준다. • 자료와 관련해 학생에게 어떤 문제를 조사하면 되는지 질문한다. 　1. 농어촌의 인구가 감소하는 원인은 무엇인가? 　2. 농어촌의 인구 감소를 막기 위해 정부가 지원해야 하는가?
㉡	• 앞에 제기된 질문 중 이 수업에 적합한 질문을 학생으로 하여금 선택하게 한 후 그에 대한 '잠정적인 해답'을 진술하게 한다. • 학생의 진술을 정리하여 '연구 문제'를 다음과 같이 제시한다. 　- 일자리 때문에 사람들이 농어촌에서 도시로 이주할 것이다. 　- 자녀 교육 때문에 사람들이 농어촌에서 도시로 이주할 것이다.
㉢	• 연구 문제를 해결하기 위한 자료를 찾는 방법을 질문한다. • 학생이 통계청 홈페이지, 연구 보고서 등에서 자료를 찾는다.
㉣	• 학생은 찾아온 자료가 정확한지, 해당 자료가 연구 문제를 증명하는 데 적합한지를 따져본다. • 학생은 연구 문제를 증명하기 위하여 수집한 자료를 분석한다.
㉤	• 학생은 찾아온 자료를 바탕으로 잠정적인 해답이 타당한지를 검증하여 일반화된 결론을 도출한다.

정답

1) 비교

문제 해결 학습 모형	일상생활에서 부딪히는 문제를 해결하는 능력을 길러주는 목적	주변에 일어나는 일상 사회생활 문제
(가) 탐구 학습	학문상의 개념이나 법칙을 발견하는 과정 및 방법을 습득하고자 하는 목적	사회 현상 중에서 법칙성이 강한 이론이나 일반화를 도출할 수 있는 내용

2) 질문과 고차적 사고력

적합하지 않은 질문	2번 질문 : 가치 문제와 관련된 2번은 과학적으로 증명할 수 없기 때문에 과학적 탐구의 방법을 강조하는 탐구 학습의 질문으로 적절하지 않다.
고차적 사고력	㉠에서 문제가 무엇인지 발견하고, ㉡에서 문제 해결을 위한 가설을 설정, ㉢과 ㉣에서 자료를 수집·분석, ㉤에서 일반화된 결론을 도출하는 과정을 통해 문제 해결 방법을 스스로 찾아내게 함에 따라 '탐구력'을 발달시킬 수 있다.

3) 도달하기 어려운 목표 영역

영역	가치·태도 영역
이유	탐구 학습은 사회 과학의 기본 개념이나 원리, 탐구 기능의 습득을 중요시하기 때문에 가치·태도 영역의 목표달성이 어렵다.

05

다음은 제7차 사회과 교육과정에 따른 초등학교 학년별 '학습 내용 사례'를 나타낸 것이다. 1) 이를 바탕으로 사회과 교육과정의 내용 조직[sequence]에 반영된 두 가지 원리를 찾아서 각각의 원리가 아래의 학년별 '학습 내용 사례'에 어떻게 반영되어 있는지 구체적으로 서술하시오. 2) 사회과 교육과정 구성과 관련하여, 두 원리의 특성과 문제점을 각각 서술하시오.

학년	학습 내용 사례
3	• 시장은 물자의 유통을 통하여 고장을 하나가 되도록 결합시켜 주며, 우리 고장은 시장에서의 물자 유통을 통하여 다른 고장과 상호 의존 관계를 맺고 있다.
4	• 생산이 분업화되고 유통이 발달할수록 경제 생활에서 다른 지역과의 상호 의존성은 증대한다.
5	• 농업, 임업, 어업 등의 산업 활동이 이루어지고 있는 촌락은 도시와 상호 의존 관계를 맺고 있으며, 국토의 균형적 발전을 위하여 촌락의 개발이 필요하다.
6	• 우리나라는 세계의 여러 나라들과 수출, 수입 등 경제 교류를 통해 서로 도움을 주고받으며 발전하고 있다.

정답

1) 내용 조직에 반영된 두 가지 원리

환경 확대법	3학년은 고장, 4학년은 지역, 5학년은 도시와 촌락, 6학년은 우리나라와 세계의 '경제활동'으로 구성되어 있다.
나선형 교육과정	'상호의존성' 개념을 중심으로 고장, 지역, 우리나라, 세계의 경제활동이 상호 의존하고 있다는 것에 대해 복잡성과 깊이가 점증하도록 구성되었다.

2) 특성과 문제점

환경 확대법	특 성	가족, 학교, 이웃, 주, 국가, 세계 공동체 순으로 개인이 접하는 공동체의 범위를 동심원적으로 확대시키며 구성하는 방식이다.
	문제점	환경 확대법은 학생이 공간을 인식하는 방법을 기계적으로 확장시키는 잘못을 범하고 있다. 지역을 중심으로 내용을 통합적으로 조직하기 때문에, 사회과학적 지식의 구조를 체계적으로 가르치기 어렵다.
나선형 교육과정	특 성	사회과학이나 인문학에서 주요 개념이 주제를 도출하고 연속적인 수준에서 그것의 복잡성과 깊이가 점증하도록 구성하는 방식이다.
	문제점	나선형 교육과정은 일상생활에서의 실천이나 문제 해결과 별로 관계없는 소수의 학문적 개념이 주제로 구성되는데, 몇 개의 개념으로 복잡 다양한 사회현상을 충분히 설명하기 어렵고, 비슷한 내용이 계속 반복될 가능성이 많다.

중등 사회과 교육론

06

다음은 신 교사가 작성한 수업 지도안이다. 이 지도안은 넬슨(Nelson)과 마이클리스(Michaelis)가 구분한 사회과교육의 본질에 관한 다섯 가지 모형 가운데 무엇에 해당하는지, 지도안의 '학습 목표'와 '지도상의 유의점'에 근거하여 설명하시오. 그리고 지도안의 ㉠~㉿ 중에서 '학습 목표', '지도상의 유의점', '평가 방향'에 비추어 적합하지 <u>않은</u> 것 3개만 고르고, 그 이유를 설명하시오.

• 단원: 5. 현대 사회와 사회 문제 (3) 청소년 문제의 원인

Ⅰ. 학습 목표
  ○ 사회적 측면에서 청소년 문제의 원인을 열거할 수 있다.
  ○ 사회적 요인과 청소년 문제 사이의 관계를 설명할 수 있다.

Ⅱ. 지도상의 유의점
  ○ 학습자가 경험적 자료를 토대로 일반화를 도출하는 과정을 경험할 수 있도록 학습 기회를 제공한다.

Ⅲ. 교수·학습 과정

단계	교수·학습 활동
도입	○ 시기별 청소년 범죄의 실태에 관한 신문 기사를 제공한다. ○ 학습 목표를 확인한다.
전개	○ 학습 과제지를 배부한다. <학습 과제> ㉠ 청소년 문제에 영향을 미치는 사회적 요인이 무엇인지 잠정적 결론을 내리고, 그것의 타당성을 판단하기 위하여 필요한 자료를 열거해 보자. ㉡ 인터넷 등을 통해 관련 자료를 수집하고, 그것에 근거하여 잠정적 결론을 검증해 보자. ㉢ 배부한 신문 기사에서 대립하는 가치를 찾아보자. ㉣ 사회적 요인과 청소년 문제 사이의 관계를 진술해 보자. ○ 개별적으로 학습 과제를 수행하고 결과를 발표한다. ○ 발표 내용에 대하여 질의·응답한다.
정리	○ 학습 내용을 정리한다. ○ 평가를 실시한다. <평가 방향> • 신뢰도가 높은 평가 방법을 활용한다. • 평가는 목표, 내용, 방법과 일관성을 유지해야 한다. • 학습 목표의 성취 정도를 판단하고, 교수·학습 과정의 개선을 위해 평가를 실시한다. <평가 기준> ㉤ 청소년 문제의 사회적 원인을 제시할 수 있는가? ㉥ 두 개의 가치가 충돌할 때 그것을 해결하기 위한 적절한 기준을 제시할 수 있는가? ㉦ 자료의 분석 결과에 근거하여 일반적 경향을 서술할 수 있는가? ㉧ 수집한 자료의 적합성을 판단할 수 있는가? ㉨ 문제 해결의 대책을 모색하고 그 결과를 예측하여 최선의 선택을 할 수 있는가? ㉩ 검증 가능한 가설을 수립할 수 있는가? <평가 결과의 활용> ㉪ 학습자의 학습 능력과 교수·학습 방법의 적절성을 판단하는 데에 활용한다.

정답

1) 사회과학 모형

이 수업은 '청소년 문제의 원인'이라는 사실문제를 확인하는 것을 목표로 하고, 사회적 요인과 청소년 문제의 관계를 설명하는 '가설'을 수립하여 경험적 자료를 수집·분석하여 일반화된 지식을 도출하는 사회과학적 탐구의 과정으로 진행하고 있다. 이런 근거에 비추어 볼 때 이 수업은 '사회과학 모형'에 해당된다고 볼 수 있다.

2) 사회과학적 탐구의 과정

• 사회과학적 탐구의 과정은 문제의 인식 → 가설 설정 → 자료 수집 → 자료 분석 → 결론 도출(검증 및 일반화) 단계로 진행된다. 탐구에서 다루는 문제는 과학적 탐구를 통해 증명할 수 있는 '사실문제'이어야 하고, 가설은 과학적으로 인정받을 수 있는 객관적 자료를 통해 증명되어야 한다. 탐구수업을 통해 사회과학적 탐구의 과정을 가르쳤다면, 그에 대한 평가는 탐구의 과정 능력을 측정해야 할 것이다.

• 탐구수업과 '사실문제' : ㉢, ㉥, ㉨은 가치문제와 관련되고 의사결정수업이나 논쟁문제수업에 적합한 활동이다. ㉢, ㉥, ㉨은 과학적 탐구를 통해 증명할 수 없는 '가치문제'와 관련된 활동이기 때문에, 탐구수업에 적합하지 않다.

07

다음은 바아, 바스, 셔미스(Barr, Barth, Shermis)가 정리한 사회과 교육의 유형이다. 각 유형에 대한 비판을 2가지씩 제시하시오. 단, 비판은 각 유형의 목표, 내용, 방법 어느 한 영역에 치우치지 않도록 서술하시오. 그리고 바아, 바스, 셔미스의 사회과 교육 유형이 담아내지 못한 유형을 2가지 추가하고, 이것의 특징을 목표, 내용, 방법 영역에서 논하시오.

영역＼유형	시민성 전수를 위한 사회과	사회과학으로서의 사회과	반성적 탐구로서의 사회과
목 표	사회의 전통과 가치를 존중하고 이에 잘 적응하는 사회인 육성	'꼬마 사회과학자' 육성	자신과 사회의 문제 해결을 통한 합리적 의사 결정인 육성
내 용	사회의 전통, 다수가 인정하는 사회규범(가치)	사회과학의 지식(개념, 일반화)과 탐구 방법	학습자와 사회가 해결해야 할 문제
방 법	주입, 전수, 강의	발견	반성적 탐구

정답

1) 3가지 유형의 비판

바, 바스, 셔미스는 사회과의 전통을 '시민성 전달로서 사회과', '사회과학으로서 사회과', '반성적 탐구로서 사회과' 3가지로 분류하였다. 3가지 유형이 지닌 한계를 교육의 목표, 내용, 방법 측면에서 각각 살펴보면 다음과 같다.

① '시민성 전달 모형'은 지식을 주입하면 행위로 연결된다는 주지주의 가정에 근거하고 있고, 사실의 생략과 과장 등을 통해 교육내용을 미화하고 있으며, 가치 절대주의에 기초하여 상대적인 가치와 규범을 주입(전수)함으로써 비판적 사고를 무시하고 있다.

② '사회과학 모형'은 사회과학적 탐구력이 행위로 실행된다는 인지주의 가정에 근거하고 있지만 이 가정이 잘못되었으며, 사회과학적 지식은 가치중립적이고 객관적이기 때문에 가치와 관련된 구체적 행위를 지시해 주기 어렵다.

③ '반성적 탐구 모형'은 의사결정력이 실제 행위로 나타난다는 인지주의 가정에 근거하고 있지만 이 가정이 잘못되었으며, 가치 상대주의에 의거하고 있기 때문에 최종적인 의사결정과 행동의 옳고 그름을 판단할 보편적 기준이나 원리를 제시하지 못한다. 또한 학생의 흥미와 필요를 반영한 문제 중심의 교육과정은 실제로 구성하기 어렵다.

2) 유형의 추가

바, 바스, 셔미스는 사회과 교육을 3가지 유형으로 제시했지만 다른 학자들은 그 이외에 합리적 의사결정 모형, 사회비판 모형, 개인발달 모형 등을 추가로 제시하였다.

① '합리적 의사결정 모형'은 합리적 의사결정자 및 실천가의 육성을 목표로 하고, 개인적·사회적 문제 및 그와 관련된 자료들로 교육내용을 구성한다. 사실(지식)탐구와 가치탐구를 종합하여 대안을 선택하는 의사결정의 방법이 활용된다. 합리적 의사결정 모형은 교실 안에서 사회문제를 해결하기 위해 의사결정 수업을 한 후에 교실 밖에서 사회적 행위를 실천하는 프로그램을 강조했다. 이런 점에서 합리적 의사결정 모형은 반성적 탐구 모형 및 사회비판 모형과 다르다.

② '사회비판 모형'은 사회문제에 대한 비판적 사고력의 신장을 목표로 하고, 사회문제 및 그와 관련된 자료들로 교육내용을 구성한다. 사회문제에 대한 비판적 분석과 토론이 활용된다. 사회비판 모형은 사회문제에 대한 비판의 기회를 제공하였지만, 학교 밖에서 문제 해결을 위한 사회적 행위에 참여하는 프로그램을 제공하는데 소극적이었다.

③ '개인발달 모형'은 개인의 잠재능력을 계발하는 것을 목표로 하고, 아동의 흥미와 소질을 고려하여 교육내용을 구성한다. 학생의 자아존중감, 정체성, 자아실현 등의 실현을 돕기 위해 토론, 탐구 등 다양한 교수·학습 방법이 활용된다.

(가)~(다)를 읽고 물음에 답하시오.

(가) 세계화 추세와 함께 한국 사회에서도 여러 인종과 종족 집단들이 증가하고 있다. 우리 사회에서는 이주민의 고유문화를 인정할 것인지를 둘러싸고 다양한 주장이 제기되고 있다.

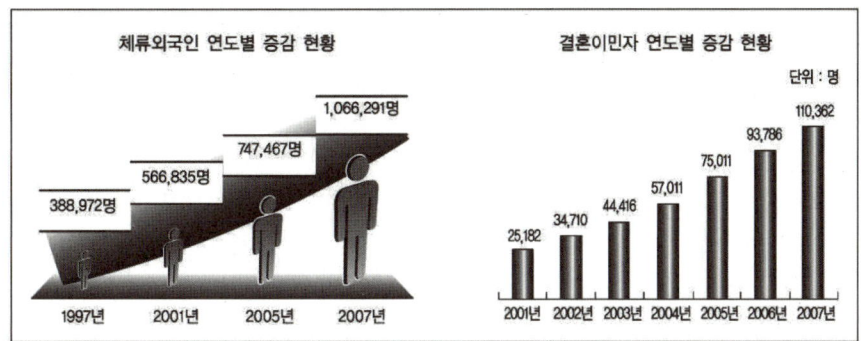

(나) 어떤 입장에서는 문화의 동질성을 강조하여 이주민들이 이주한 나라의 언어와 문화를 받아들여야 한다고 주장한다. ㉠미국 사회의 이민 1세대들 중 자신들의 고유문화를 고집하지 않고 미국의 기존 문화 속에 녹아든 경우를 사례로 제시한다.

(다) 다른 입장에서는 문화의 다양성을 강조하여 다양한 문화적 배경을 지닌 이주민들의 문화를 인정해야 한다고 주장한다. 이주한 종족 집단들이 서로 정체성을 인정하면서 문화를 꽃피운 사례로, 이슬람 치하의 스페인 남부 안달루시아 지역의 경우를 든다. 안달루시아 문화가 발전했던 8세기부터 15세기 말까지, ㉡유대교인이나 기독교인과 같은 비모슬렘 세력과 모슬렘 세력이 한 공간에서 일상적으로 접촉하였음에도 불구하고, 모슬렘은 모슬렘대로 비모슬렘은 비모슬렘대로 그들 자신의 종교와 문화를 향유하였다.

1. 자료 (나)와 (다)의 내용에서 밑줄 친 ㉠과 ㉡의 문화변동 현상을 일컫는 각각의 개념을 쓰고 그 의미를 서술하시오. 그리고 (가) 상황에 있는 우리 사회가 (나)의 방향으로 나아간다면, 우리의 고유문화와 이주민 문화 사이의 관계가 어떤 형태를 띨 것인지와 그 예상 결과를 설명하시오. (단, 주류문화와 하위문화의 개념 정의를 포함할 것)

2. 김 교사는 자료 (가)~(다)를 활용하여 논쟁문제 수업을 진행하고자 한다. 이 자료를 논쟁문제 수업의 학습 자료로 활용할 수 있는 이유를 설명하고, 사회과교육에서 논쟁문제 수업의 효과를 설명하시오.

정답

1) 논쟁문제수업의 자료

- 논쟁문제수업은 주로 기본적 가치 사이의 충돌로 인하여 의견 대립이 팽팽히 맞서고 분명한 정답이 존재하지 않아 발생하는 사회적 쟁점들을 합리적으로 해결하는 방법과 능력을 가르치는 교수방법이다.
- (가) 자료는 우리 사회가 다문화사회로 진입하고 있고, '이주민 문화의 인정과 수용'에 대한 의견 대립이 존재하고 있음을 보여준다. (나)는 '문화의 동질성'이라는 가치에 의거해 이주민이 기존 문화를 수용해야 한다는 주장과 관련되고, (다)는 '문화의 다양성'이라는 가치에 의거해 이주민의 고유문화를 인정해야 한다는 주장과 관련된 자료이다.
- (나)와 (다) 자료는 '이주민 문화의 인정과 수용'의 문제에 대하여 찬·반 의견 대립이 팽팽하게 존재하고 모두 '기본적 가치'에 의거하고 있어서 어떤 주장이 분명한 정답이라고 말하기 어려운 쟁점이라는 점을 보여준다. 이런 이유에서 (가)~(다) 자료는 논쟁문제수업에서 학습 자료로 활용할 수 있다.

2) 논쟁문제수업의 효과

첫째, 쟁점을 해결하기 위해 사실적 자료를 경험적으로 확인하는 과정에서, 논쟁문제와 관련된 사실의 이해를 증가시킬 수 있다.
둘째, 쟁점과 관련된 대립가치들을 비교·분석하여 어느 가치가 우선하는가를 선택하는 가치 판단력을 향상시킬 수 있다.
셋째, 다른 사람과 토론하고 상호작용하면서 쟁점을 해결하려는 의사소통능력과 문제를 상호 협력하여 해결하려는 가치와 태도를 형성할 수 있다.
넷째, 쟁점에 대한 관심을 높이고 그것의 해결에 적극 참여하는 태도를 형성하는데 기여할 수 있다.

4장 | 수학

**배재민
15개년
기출분석집**

1절	15개년 기출의 진화
2절	수와 연산
3절	도형
4절	측정
5절	규칙성
6절	자료와 가능성
7절	논술형

1절 15개년 기출의 진화

<서답형 기출>

	수와 연산	도형	측정	규칙성	자료와 가능성
23	1. 분수 나눗셈	1. 학년별 학습요소 • 직각 : 3~4학년		1. 문제 해결 학습 모형 2. 구슬 갯수	1. 창의·융합 2. 분명한 기준에 따른 활동의 분류 장점
22	1. 소수 나눗셈 계산원리			1. 우박수 규칙	
21	1. 내용체계 변화 2. 덧셈에 대한 결합법칙 3. 나눗셈 몫 어림방법	<2학년과 3학년 지도방법 차이> 1. 사각형을 수학적 다양성의 원리로 정의 2. 직각을 내포적 방법으로 정의	<다각형 둘레와 넓이> 1. 마름모의 성질을 이용하여 둘레 구하는 방법 2. 오개념 지도 • 직사각형의 넓이가 클수록 둘레도 크다.	1. 귀납 추론 2. 정사각형 갯수	1. 그림그래프 2. 띠그래프
20	1. 분해와 합성 2. 받아내림이 있는 뺄셈 계산방법 3. 가역적 사고 4. 영상적 표현	1. 분석적 사고 수준 2. 육각기둥 밑면 조건 3. 평면도형 이동 4. 삼각형 분류			
19	1. 받아올림이 있는 덧셈 계산원리 2. 계통성		1. 직접 측정을 통한 간접 비교 2. '단위'와 '단위의 수'의 관계		1. 통계 과정 2. 꺾은선그래프
18			1. 정삼각형 이유 2. 평행사변형 높이 3. 등적 변형	<비와 비율> 1. 연비 계산	<표와 그래프> 1. 기준에 따라 분류 2. 의사소통능력 3. 그래프로 나타낼 때 장점
17	1. 곱셈과 나눗셈의 관계 2. 덧셈에 대한 곱셈의 분배법칙	1. 직관적 이해 2. 육각형 이유 3. (자연수)-(분수)		1. 규칙 찾기	

16	1. 자릿값과 위치적 기수법 2. 수모형으로 소수 크기 비교 3. 소수 곱셈 계산 원리		1. 밑변과 높이가 같은 삼각형 넓이 2. 마름모 넓이 3. 삼각형 넓이	1. 비 구하기 2. 비율 구하기	1. 실용적 가치 2. 막대그래프 3. 꺾은선그래프
15	〈진분수 곱셈〉 1. 도구적 이해 2. 영역 모델 3. 전체-부분		1. 각도 2. 추상성 3. 이상성 4. 삼각형 내각의 크기의 합 구하는 방법	1. 규칙 찾기 2. 확산적 사고	
14	1. 분수 나눗셈 계산원리 2. 나누는 수가 분수인 경우 나눗셈 방법		〈길이 비교〉 1. 직접 비교 단점 2. 간접 비교 매개물	1. 통찰 2. 겉넓이 3. 문제 해결	
13	1. 두 자리 수 곱셈 계산 방법 2. 귀납 추론 모형	1. 분석수준 이유 2. 관계수준 이유	1. 둘레의 길이	〈비례식〉 1. 두 수 비교 방법 2. 비의 성질 3. 비례식 성질	

〈논술형 기출〉

12	1. 받아올림이 있는 뺄셈 2. 자연수의 위치적 기수법과 자릿값의 원리 3. 구성주의 수학 수업의 특징
11	1. 직육면체 부피 구하기 2. 귀납 추론 모형 3. 오개념 지도 • 직육면체의 겉넓이가 커지면 부피도 커진다. 4. 수학적 의사소통 능력
10	1. 사다리꼴 넓이 구하기 2. 문제 해결 학습 모형 - 반성 단계
09	1. 받아올림이 있는 덧셈 2. 원리 탐구 수업 모형 3. 스켐프의 관계적 이해와 도구적 이해 4. 분모가 다른 분수의 덧셈

2절 수와 연산

01 2023-B-1

다음은 분수의 나눗셈에서 학생들이 겪는 어려움과 그 지도에 관해 지도 교사와 예비 교사들이 나눈 대화이다. 물음에 답하시오. [4점]

지도 교사 : 오늘은 분수의 나눗셈 학습에 어려움을 겪는 학생들을 지원할 수 있는 방안을 살펴보도록 하겠습니다. 분수의 나눗셈에서 학생들이 겪는 어려움에 대해 이야기해 볼까요?

예비 교사 A : ㉠(분수)÷(자연수)의 몫을 구하는 수업을 참관한 적이 있었는데, 학생들이 $\frac{3}{5} \div 2$의 몫을 구할 때 ㉡나누어지는 수를 동치분수로 나타내는 것을 어려워했습니다. 이는 어떤 모델을 이용해서 지도할 수 있을까요?

지도 교사 : 영역 모델을 이용해서 (분수)÷(자연수)의 몫을 구하는 과정을 알아보면 학생들에게 도움이 됩니다. 학생들이 $\frac{3}{5} \div 2$의 몫을 구하는 과정과 몫을 [그림 1]에 나타내고 (ⓐ)(으)로 표현하여 그 의미를 살펴보게 해야 합니다.

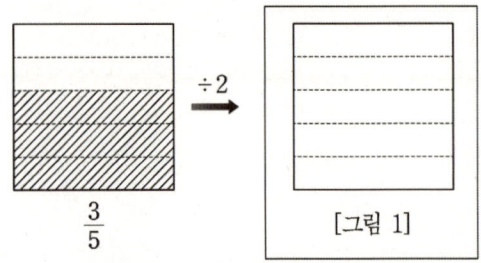

[그림 1]

예비 교사 B : 제가 참관한 수업에서는 (분수)÷(자연수)를 분수의 곱셈으로 나타낼 수 있는 이유를 어려워하는 학생이 있었습니다. 이를 어떻게 설명할 수 있을까요?

지도 교사 : 이 경우에도 [그림 1]의 영역 모델을 이용해서 ㉢(분수)÷(자연수)를 곱셈으로 나타낼 수 있는 이유에 대해 학생들에게 제시할 설명을 준비할 수 있습니다. 다만, 학생들이 (분수)÷(자연수)의 몫을 나타내는 영역을 다른 방식으로 표현하는 데 어려움을 겪을 수 있음에 주의해야 합니다. 구체적으로, 학생들은 ㉣$\frac{3}{5}$을 2등분한 것 중의 하나를 $\frac{3}{5}$의 (ⓑ)(으)로 표현하는 것을 어려워할 수 있으므로 이를 주의하여 지도할 필요가 있습니다.

1) ㉠과 ㉡을 모두 고려하여, ① ⓐ에 알맞은 식을 쓰고, ② [그림 1]에 알맞은 그림을 그리시오. [2점]
① _____
② _____

2) ① ⓑ에 알맞은 수를 쓰고, ② ㉣을 이용하여 $\frac{3}{5} \div 2$를 예로 들어 ㉢을 쓰시오. [2점]
① _____
② _____

정답

1) ① $\frac{3}{5} \div 2 = \frac{3 \times 2}{5 \times 2} \div 2 = \frac{6}{10} \div 2 = \frac{6 \div 2}{10} = \frac{3}{10}$

②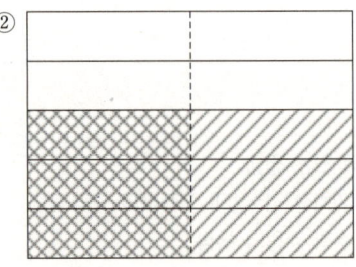

2) ① $\frac{1}{2}$

② $\frac{3}{5} \div 2$의 몫은 $\frac{3}{5}$을 2등분한 것 중의 하나이다. 2등분한 것 중의 1은 $\frac{1}{2}$이므로, $\frac{3}{5} \div 2$는 $\frac{3}{5}$의 $\frac{1}{2}$이다. ÷2와 ×$\frac{1}{2}$은 2등분한 것 중의 하나를 의미하므로, $\frac{3}{5} \div 2$는 $\frac{3}{5} \times \frac{1}{2}$로 나타내어 계산할 수 있다.

정답이유

1) 동치분수는 분모와 분자가 다르지만, 크기가 같은 분수로, 분모와 분자에 각각 0이 아닌 같은 수를 곱하거나 0이 아닌 같은 수로 나누면 된다. ㉠, ㉡을 모두 고려할 때, 빗금으로 $\frac{3}{5}$을 나타낸 그림을 세로로 2등분하여, 정답의 그림과 같이 나타낼 수 있으며, 이를 식으로 나타내면, $\frac{3}{5} \div 2 = \frac{3 \times 2}{5 \times 2} \div 2 = \frac{6}{10} \div 2 = \frac{6 \div 2}{10} = \frac{3}{10}$과 같이 나타낼 수 있다.

2) 2등분한 것 중의 하나는 ÷2, ×$\frac{1}{2}$로 표현할 수 있으므로, $\frac{3}{5}$을 2등분한 것 중의 하나는 $\frac{3}{5} \div 2$, $\frac{3}{5} \times \frac{1}{2}$로 나타낼 수 있다.

02   2022-B-1

(가)는 2015 개정 수학과 교육과정의 5~6학년군 '수와 연산' 영역 성취기준의 일부이고, (나)는 교사협의회에서 소수의 나눗셈과 관련하여 나눈 대화이다. 물음에 답하시오. [4점]

(가)

6 소수의 곱셈과 나눗셈
[6수01-14] '(자연수)÷(자연수)', '(소수)÷(자연수)'에서 나눗셈의 몫을 소수로 나타낼 수 있다.
[6수01-15] 나누는 수가 소수인 나눗셈의 계산 원리를 이해한다.
[6수01-16] 소수의 곱셈과 나눗셈의 계산 결과를 (㉠)할 수 있다.

(나)

박 교사 : 소수의 나눗셈을 지도할 때 형식화에 따른 알고리즘 지도와 계산 기능 숙달에 치중하기 쉬운데, 교육과정의 성취기준에 따라 소수의 나눗셈 계산 원리를 이해하고 (㉠)에 중점을 두어 소수에 대한 수 감각을 키우도록 도와주어야 할 것 같습니다.

최 교사 : 그래서 저는 소수의 나눗셈을 지도할 때, 계산 결과를 알아보기 전에 (㉠)해 보도록 지도합니다.

송 교사 : 저는 나누는 수가 소수인 나눗셈의 계산 원리를 설명할 때, ㉡ 단위 변환이나 ㉢ 분수의 나눗셈을 이용하여 나누어지는 수와 나누는 수에 똑같이 10배 또는 100배를 해도 몫은 같다는 사실을 확인시켜 줍니다.

최 교사 : 저도 소수의 나눗셈 계산 원리를 지도하면서 평가를 통해 [그림 1]과 같이 학생들이 이해하지 못하는 부분을 확인하고 그에 따라 지도했습니다.

평가 방법	평가 도구
관찰, 구술	수학책
학습 정보	지도 방안 예시
나누어지는 수와 나누는 수에 같은 수를 곱해도 몫은 같다는 사실을 이해하지 못한다.	(㉣)(이)라는 사실을 설명해주면서 나누어지는 수와 나누는 수에 같은 수를 곱해도 몫은 같다는 사실을 알게 한다.

[그림 1]

김 교사 : 학생 A는 '(소수)÷(자연수)'에서 나눗셈의 몫을 소수로 나타내었을 때, 그 몫의 의미를 정확히 이해하지 못했습니다. [그림 2]의 문제를 해결하기 위해서는 몫을 자연수 범위까지만 구하여 풀 수도 있습니다. 하지만 학생 A는 13.5÷3의 몫 4.5를 정확하게 구한 후, '몫의 자연수 부분인 4가 묶을 수 있는 상자 수이고, 몫의 소수 부분인 0.5가 남는 리본의 길이 0.5 m를 의미한다.'라고 말하였습니다.

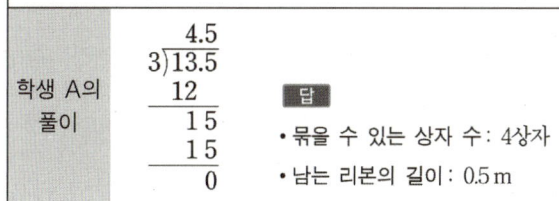

문제 리본 3 m로 상자 하나를 묶을 수 있습니다. 리본 13.5 m로 똑같은 크기의 상자를 묶을 때, 묶을 수 있는 상자 수와 남는 리본의 길이를 구해 보세요.

학생 A의 풀이:
```
    4.5
3)13.5
   12
   15
   15
    0
```

답
• 묶을 수 있는 상자 수 : 4상자
• 남는 리본의 길이 : 0.5 m

[그림 2]

박 교사 : ㉤ 몫의 소수 부분인 0.5의 의미를 올바르게 해석하고, 0.5를 이용하여 남는 리본의 길이를 구하는 방법을 지도해야겠습니다.

1) (가)와 (나)의 ㉠에 공통으로 들어갈 알맞은 용어를 쓰시오. [1점]

2) (나)의 ㉡과 ㉢을 각각 이용하여 ㉣에 들어갈 적절한 지도 방안 2가지를 11.2÷0.8을 예로 들어 설명하시오. [2점]

• ㉡ :
• ㉢ :

3) '0.5'와 '남는 리본의 길이'라는 표현을 포함하여 ㉤을 설명하시오. [1점]

정답

1) 어림

2) ㉡ 11.2 ÷ 0.8을 지도할 때 cm 단위를 mm 단위로 변환하여 112 ÷ 8로 계산하도록 한다.
  ㉢ 11.2 ÷ 0.8을 분수의 나눗셈인 $\frac{112}{10} \div \frac{8}{10}$로 바꾸어 계산하여 112 ÷ 8의 계산과 같음을 지도한다.

3) 몫의 소수 부분인 0.5는 상자 하나를 묶을 수 있는 리본 길이의 0.5배를 의미하며, 남는 리본의 길이는 3m에 0.5를 곱하여 구한다.

정답이유

2) [그림 1]의 학습 정보를 보면 '나누어지는 수와 나누는 수에 같은 수를 곱해도 몫은 같다는 사실을 이해하지 못한다.'가 제시되어 있으며, 이에 대한 지도 방안으로 단위 변환과 분수의 나눗셈을 이용한 지도 방안을 제시하는 것인데, 11.2÷0.8을 예시로 지도하면 되므로 cm의 mm로의 변환, 분모가 10인 분수의 나눗셈 계산으로 지도하면 된다.

3) A는 13.5÷3의 몫 4.5를 정확하게 구한 후 '몫의 자연수 부분인 4가 묶을 수 있는 상자 수이고, 몫의 소수 부분인 0.5를 남는 리본의 길이'로 표현하였다. 그러나 몫의 소수 부분인 0.5는 남는 리본의 길이 0.5m가 아니고, 상자 0.5개를 묶을 수 있는 만큼의 리본 길이를 의미하므로, 남는 리본의 길이는 상자 하나를 묶을 수 있는 리본의 길이인 3m에 0.5를 곱하여 구하면 된다.

03

2015 개정 수학과 교육과정에 따른 교과서 분석을 주제로 한 교사 협의회에서 교사들이 나눈 대화의 일부이다. 물음에 답하시오. [4점]

> 교사 A : 오늘 협의를 통해 교수학적 변환 과정에서 '교육과정 - 교과서 - 수업'의 일관성이 매우 중요하다는 것을 다시 한 번 깨닫게 됩니다. 이번 시간에는 '수와 연산' 영역의 내용이나 전개 방식에 대해 생각한 점을 이야기해 볼까요?
>
> 교사 B : 저는 3학년 '나눗셈' 단원의 검산 활동에 대해 생각해 봤어요. 16을 5로 나누어 몫 3, 나머지 1을 얻었을 때, 이 계산이 맞는지 확인하기 위해 왜 5 × 3 = 15, 15 + 1 = 16과 같이 곱셈식과 덧셈식의 두 단계로 나타낼 걸까요? 수학적으로 동치이긴 하지만, 5 × 3 + 1 = 16과 같이 하나의 식으로 가르쳤는데요.
>
> 교사 C : 교육과정 중 내용 체계의 변화가 반영된 한 가지 사례에 해당합니다. 구체적으로, 2015 개정 수학과 교육과정에서는 (㉠) 때문이죠. 학년군에 따른 학습 내용의 범위를 준수하기 위해 식 표현의 변화가 불가피한 부분이에요.
>
> 교사 B : 그렇군요. 나눗셈 알고리즘은 몫을 정할 때 어림을 잘해야 하고 계산 과정도 복잡하기 때문에 계산을 맞게 했는지 확인해 보는 것이 중요한데, 나머지가 있는 나눗셈의 검산 식을 쓸 때 주의해야겠네요.
>
> 교사 A : 저는 1학년 '수와 연산' 영역의 한 차시를 살펴보다가 새로운 내용 요소가 구현되었다는 것을 파악했어요. 10을 만들어 더하기 차시에 도입된 덧셈의 성질입니다. 만약 학생들이 이 덧셈의 성질을 모르는 상태라면, 2+6+4를 계산할 때 10을 만들어 더하기 위해 뒤의 두 수인 6과 4를 먼저 더하도록 하는 것이 학생들에게 비약적이라고 생각했어요. 왜냐하면 ㉡ 이미 배운 세 수의 덧셈 방법과 다르기 때문이에요.
>
> 교사 C : 그러면 ㉢ 그 덧셈의 성질을 어떤 방식으로 지도하게 되는 거지요?
>
> 교사 A : 2+6+4의 효과적인 계산을 위해서 10을 만들어 더하는 방법을 도입하기 전에
> [그림]을 제시하여 그 덧셈의 성질을 파악하도록 하는 거죠.
>
>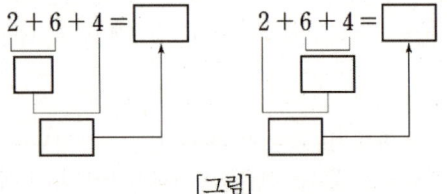
> [그림]
>
> 교사 C : 아, 그렇게 하면 10을 만들어 더하는 방법을 가르칠 때 주어진 식에 따라 효과적인 방법을 선택하여 계산할 수 있겠네요. 이제 나눗셈의 몫이 무한소수일 때 어림하는 방법에 대해 얘기해 보면 좋겠어요. 반드시 반올림으로 어림해야 할까요?
>
> 교사 B : ㉣ 수학 내적 맥락에서는 보통 반올림하지만 실생활 맥락에서는 상황에 맞게 올림과 버림도 이용할 수 있다고 생각합니다. 학생들에게 문제 상황과 연관 지어 어떤 어림 방법을 이용하는 게 적절한지 토론해 보는 기회를 제공하는 것이 좋을 것 같아요.

1) ㉠에 들어갈 알맞은 이유를 2015 개정 수학과 교육과정에서 내용 체계의 변화에 근거하여 쓰시오. [1점]

• _____

2) ㉡을 설명하고, [그림]을 참조하여 ㉢을 세 수 a, b, c를 이용하여 식으로 나타내시오. [2점]

• ㉡ : _____

• ㉢ : _____

3) ㉣과 관련하여, 다음 문제에서 구한 몫을 상황에 적절하게 어림하여 소수 셋째 자리까지 나타내시오. [1점]

> 문제 백신 실험을 위해 천연 항생 물질 26.3mL가 필요하다. 추출기는 일일 추출량과 기간을 설정하여 매일 똑같은 양을 추출하도록 설계되어 있다. 13일 동안 추출하여 실험에 차질이 없으려면 하루 추출액을 적어도 몇 mL로 설정해야 하는가?

• _____

정답

1) 자연수의 혼합계산이 5~6학년군으로 이동되었기 때문
2) ㉡ 괄호가 사용되지 않은 식에서 세 수의 덧셈은 앞에서부터 차례대로 계산한다.
   ㉢ (a+b)+c = a+(b+c)
3) 2.024

정답이유

1) 09 개정 수학과 교육과정에서는 '자연수의 혼합계산' 내용 요소를 3~4학년군에서 지도하도록 되어 있으나, 15 개정 수학과 교육과정에서는 '자연수의 혼합계산' 내용 요소를 5~6학년군에서 지도하도록 변경하였다. 따라서 학년군에 따른 학습 내용의 범위를 준수하기 위해서는 3학년 '나눗셈' 단원의 검산 활동에서 곱셈과 덧셈의 혼합계산 방식으로 지도해서는 안 된다.

2) ㉡ 2+6+4를 계산할 때 뒤에 나오는 차례대로 계산하는 것이 아니라 6+4를 먼저 계산하는 것은 덧셈에 대한 결합법칙이라는 성질을 이용한 것이다. 그런데 ㉡은 덧셈에 대한 결합법칙을 배우기 이전에 '이미 배운 세 수의 덧셈 방법'이므로, 앞에서부터 차례대로 계산하는 방법을 말한다.
㉢ 지문의 [그림]을 참고하면 ㉢은 덧셈에 대한 결합법칙을 나타내는 것이므로, 세 수 a, b, c를 이용하여 식으로 나타내면, (a+b)+c=a+(b+c)이다.

3) 26.3÷13=2.02307…이 나온다. 이때 2.02307…에서 소수 셋째 자리 아래의 수를 버림하면 2.023이 나오게 된다. 그런데 하루 추출액을 2.023mL로 정하여 13일 동안 추출할 경우 2.023×13=26.299이므로, 26.3mL보다 적게 추출되어 실험에 차질을 빚게 된다. 따라서 13일 동안 26.3mL 이상을 추출하여 실험에 차질이 없도록 하려면 하루 추출액은 적어도 2.024mL 이상 추출해야 한다.

04 2020-B-2

(가)는 2015 개정 수학과 교육과정의 1~2학년군 '수와 연산' 영역 성취기준의 일부이고, (나)는 덧셈과 뺄셈에 대하여 교사들이 나눈 대화이다. 물음에 답하시오. [4점]

(가)

> ① 네 자리 이하의 수
> [2수01-04] 하나의 수를 두 수로 (㉠)하고 두 수를 하나의 수로 (㉡)하는 활동을 통하여 수 감각을 기른다.

(나)

김 교사: 초등학교 1, 2학년 수학 학습의 초점은 수 감각의 발달, 수 연산의 이해, 계산 숙달이라고 할 수 있습니다.

박 교사: 맞습니다. 25+8과 같이 받아올림이 있는 덧셈은 25+(5+3) = (25+5)+3 = 30+3 = 33과 같은 과정을, 15-8과 같이 받아내림이 있는 뺄셈은 15-(5+3) = (15-5)-3 = 10-3 = 7과 같은 과정을 거쳐 답을 구합니다.
이때, (㉠)와/과 (㉡) 활동이 이러한 덧셈과 뺄셈 과정의 기초가 됩니다.

김 교사: 받아내림이 있는 뺄셈을 지도할 때, 수배열표를 이용한 시각적 모델을 사용하면 뺄셈을 하는 여러 가지 방법을 이해하는 데 도움이 됩니다. 예를 들어, 63-26의 경우, [그림 1]은 거꾸로 세기를, [그림 2]는 이어 세기를 이용하여 구하는 방법을 보여줍니다.

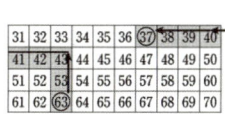

[그림 1]   [그림 2]

[그림 1]은 (63-20)-6 =43-6 =43-3-3 =40-3 =37과 같은 과정을 통해 63-26=37을 계산한 것이고, [그림 2]는 (㉢)입니다.

박 교사: 저는 ㉣ [그림 3]과 같은 수직선을 이용한 시각적 모델을 사용합니다. 수직선 모델은 수배열표 모델이 보여 주는 계산 방법을 사용하지만, 직선 모델을 이용하므로 그 방법을 도식화하여 보여주기에 효과적입니다. [그림 3]은 [그림 1]을 수직선으로 간단하게 나타낸 것입니다.

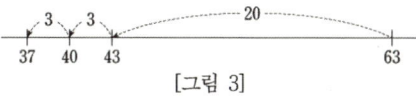

[그림 3]

김 교사: 수배열표와 수직선을 이용한 방법은 ㉤ 가역적 사고를 설명하기에도 좋은 것 같습니다.

1) (가)와 (나)의 ㉠과 ㉡에 공통으로 들어갈 단어를 각각 쓰시오. [1점]
- ㉠ : _____
- ㉡ : _____

2) ① (나)의 ㉢에 들어갈 [그림 2]의 계산 방법을 덧셈식과 뺄셈 식을 모두 포함하도록 쓰고, ② ㉤을 15-8을 사용하여 설명하시오. [2점]
- ① : _____
- ② : _____

3) (나)의 ㉣은 브루너(J. Bruner)의 EIS 이론의 표현 양식 중 무엇에 해당하는지 쓰시오. [1점]
- _____

정답

1) ㉠ 분해 ㉡ 합성
2) ① 26+(4+30+3) = 26+37 = 63 → 63-26 = 37
   ② 수배열표와 수직선상에서 화살표 방향을 거꾸로 세어 15-8=7의 뺄셈식으로 7+8=15와 같은 덧셈식으로 되돌릴 수 있다는 것을 지도할 수 있다.
3) 영상적 표현

정답이유

2) 가역적 사고
① 가역적 사고는 어떤 변화가 일어난 상태에서 그 변화를 역으로 돌려 원래의 상태로 되돌릴 수 있는 사고, 사고의 방향을 유연하게 바꾸어 변화 이전의 상태를 재구성할 수 있는 사고
② 예를 들면, 방정식에서 등식의 좌변과 우변에 있는 항의 위치를 바꿀 때 연산의 기능이 바뀌는 관계를 이해하거나 거꾸로 풀이 방법으로 미지수를 구하는 전략을 사용하는 것

3) 수직선과 같이 그림이나 도식은 영상적 표현에 해당된다.
〈Bruner EIS(표현양식)이론〉
- 추상적인 수학학습을 쉽게 이해하기 위해서는 인지발달의 경로에 따라 학습해야 한다. 피아제의 발생적 인식론을 바탕으로 브루너는 지식의 구조이론에서 어떤 영역의 지식도 세 가지 과정으로 표현해 낼 수 있다고 하였다.

지적 발달 단계	활동적 표현 (Enactive representation)	영상적 표현 (Iconic representation)	상징적 표현 (Symbolic representation)
내용	구체적 자료를 직접 다룬다.	대상의 이미지를 다룬다.	기호를 엄격하게 다룬다.
예 자연수	어떤 집합과 대등한 집합의 제시	○○○ ○○○	9
예 자연수 덧셈	구체적인 자료를 합치고 세기	(○○)(○○○)	2+3
사상	물건을 제자리에 놓기	● ● ● ●	$f : M \rightarrow N$

1. 활동적(작동적) 표상양식
(1) 개념
① 신체적 반응이나 동작으로 지식을 표현
② 개념과 원리를 탐구하기 위해 구체적인 물체를 조작하고 탐색한다.
(2) 구체적 예
① 덧셈의 경우 3개의 과자와 4개의 과자를 직접 손으로 합하는 것
② 원의 성질을 알아보기 위해 추를 실에 묶어 돌려 보는 활동

2. 영상적(그림적) 표상양식
(1) 개념
① 지식이 함축하고 있는 의미를 그림, 도표, 사진, 모델(모형 만들기) 등 이미지를 이용하여 표현
② 그림, 도표, 사진 등 쉽고 구체적인 시각 자료(시각적 이미지)를 통해 학습 대상을 표현
(2) 구체적 예
① 수를 나타내는 그림을 그리거나 제시된 그림에서 해당하는 수만큼 색칠하는 것
② 수직선에 덧셈을 나타내는 것
③ 원의 성질을 알아보기 위해 종이컵 바닥의 본을 떠 보는 활동

3. 상징적(기호적) 표상양식
(1) 개념
- 언어나 명제, 부호, 수학 공식 등으로 지식을 표현
(2) 구체적 예
① 숫자나 연산 기호를 사용하여 수학적인 상황을 표현하는 것
② 다각형은 선분으로 이루어져 있어야 하고, 닫혀 있어야 한다.

05

다음은 '수와 연산' 영역의 지도에 대한 예비 교사와 지도 교사의 대화이다. 물음에 답하시오. [4점]

> 예비 교사: 받아올림이 있는 두 자리 수 덧셈에서 어떤 점을 강조하여 지도해야 하나요?
> 지도 교사: 학생들이 계산 원리를 이해할 수 있도록 지도해야 해요.
> 예비 교사: 구체적으로 어떻게 지도하면 될까요?
> 지도 교사: 학생들이 수 모형을 조작하면서 ㉠ <u>받아올림이 있는 두 자리 수 덧셈의 계산 원리를 탐구할 수 있도록</u> 지도해야 해요.
> 예비 교사: 구체물의 조작을 통해 받아올림에 대해 이해할 수 있도록 하는 것이 중요하군요.
> 지도 교사: 수학적 원리를 강조해야 할 주제가 또 있을까요?
> 예비 교사: 곱셈구구요.
> 지도 교사: 그렇지요. 학생 스스로 곱셈구구를 만드는 과정을 통해 구성 원리를 이해하도록 해야 해요. 3×4의 경우, 학생들은 다음 [A]의 구성 원리를 이용하여 곱셈구구를 만들 수 있어요.
>
>
> 3×3에 3을 더해도 돼요.
>
> $3 \times 3 = 9$
> $3 \times 4 = 12$ $\Big) + 3$
>
> 예비 교사: 덧셈을 이용하여 곱셈을 할 수 있군요.
> 지도 교사: 맞아요. ㉡ <u>덧셈을 하지 못할 경우, 곱셈을 하는 데 어려움을 겪기도 하거든요.</u>

1) ㉠을 지도하기 위해 ⓐ에 들어갈 조작 활동을 수 모형 사이의 관계를 이용하여 설명하시오. [1점]

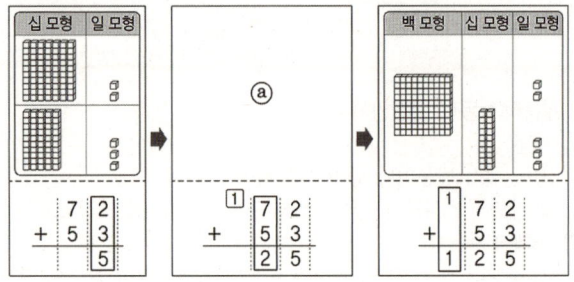

• _____

2) ㉡을 고려하여 다음에 해당하는 수학적 지식의 특성을 쓰시오. [1점]

> • 수학적 지식이 보존, 정리되는 과정에서 순서에 따라 누적적으로 구성되는 특성
> • 어떤 수학적 내용의 토대에 새로운 내용을 첨가하여 구성되는 특성

• _____

3) ① 학생이 곱셈표에서 ⓑ를 쓰지 못하고 있을 때 교사가 학생에게 할 수 있는 발문을 [A]를 활용하여 1가지 쓰고, ② 곱셈표의 굵은 선 안에서 가로 2칸, 세로 2칸의 사각형을 선택하여 그 안에 있는 4개의 수를 더한 합을 작은 것부터 크기 순서대로 배열할 때, 일곱째 수를 구하시오. 예를 들어, 빗금 친 부분의 합은 1+2+2+4=9로 가장 작다. (단, 합이 같은 경우 하나로 본다.) [2점]

×	1	2	3	4	5	6	7	8	9
1	1	2	3	4	5	6	7	8	9
2	2	4	6	8	10	12	14	16	18
3	3	6	9	12	15	18	21	24	27
4	4	8	12	16	20	24	28	32	36
5	5	10	15	20	25	30	35	40	45
6	6	12	18	24	30	36	42	48	54
7	7	14	21	28	35	42	49	56	63
8	8	16	24	32	40	ⓑ			
9									

• ①: _____

• ②: _____

정답

1) 십 모형 10개를 백 모형 1개로 바꾸어 백 모형 1개와 십 모형 2개로 나타낸다.
2) 계통성
3) ① 8×5에 8을 더하면 얼마가 될까요?
   ② 35

정답이유

1) 수 모형 사이의 관계를 이용하여 ⓐ에 들어갈 조작 활동을 설명하도록 요구하고 있는데, 세 번째 단계에 제시된 수 모형(백 모형)과 아래 세로셈의 고려할 때, 두 번째 단계에서 십의 자리 수의 덧셈과 백의 자리로의 받아올림이 있는 것으로 보아 ⓐ에 들어갈 조작 활동은 십 모형을 백 모형으로 교환하는 활동이 적절하다.

2) **계통성**
- 계통성은 수학 내용의 위계적이고 누적적인 구성의 특징이다.
- 덧셈, 뺄셈, 곱셈, 나눗셈의 사칙 연산은 계통성을 가진다. 즉, 덧셈은 뺄셈과, 곱셈은 나눗셈과 서로 역연산 관계를 가지며 덧셈은 동수누가의 과정을 거쳐 곱셈으로, 뺄셈은 동수누감의 과정을 거쳐 나눗셈으로 발전해 가는 계통성을 가진다. 예를 들면, 2+2+2=6의 동수누가를 2×3=6과 같이 곱셈으로 표현하는 것은 동수누가 방법을 통한 곱셈 개념의 계통성이라 할 수 있다. 또한 나눗셈 12÷3은 12−3−3−3−3=0과 같이 동수누감 방법을 통하여 12÷3 =4를 구하는 계통성을 가진다.

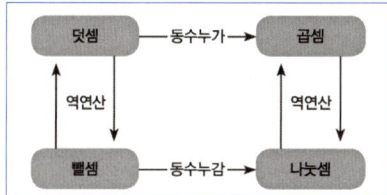

3)
① 정답 이유
[A]에서는 동수누가를 중심으로 3씩 커지는 것을 알 수 있도록 발문하고 있고, 문항에서는 8의 단에서 8×5=40 다음에 올 8×6이 얼마인가를 구하는 것이므로, 동수누가를 중심으로 8씩 커지는 것을 알 수 있도록 하는 발문이 필요하다.

② 정답 이유
곱셈표의 굵은 선 안에서 가로 2칸, 세로 2칸의 사각형을 선택하는 방법은 다음과 같다.

- 곱하는 수가 1, 2인 경우→7가지

곱하는 수가 작은 경우에 상대적으로 숫자가 작으므로 ×1, ×2의 사각형이 곱하는 수가 더 큰 경우보다 가로 2칸, 세로 2칸의 사각형 안의 4개의 수를 더한 합이 작다. 이렇게 사각형 안의 4개의 수를 더한 합을 구하면 순서대로 9, 15, 21, 27, 33, 39, 45가 된다.

- 곱하는 수가 2, 3인 경우→3가지

곱하는 수가 2, 3으로 1)의 경우보다 크더라도 곱해지는 수가 작은 경우에는 가로 2칸, 세로 2칸의 사각형 안의 4개의 수를 더한 합이 더 작을 수 있다. 이렇게 사각형 안의 4개의 수를 더한 합을 구하면 순서대로 25, 35, 45가 된다.

따라서 4개의 수를 더한 합을 작은 것부터 크기 순서대로 배열하면 9, 15, 21, 25, 27, 33, 35, 39, 45가 되므로, 일곱째 수는 35이다.

06

다음은 2015 개정 기본 교육과정 수학과 5~6학년 수와 연산 영역 교수·학습 과정안의 일부이다. 물음에 답하시오. [3점]

단계	교수·학습 활동	자료(자) 및 유의점(유)
도입	• 필요한 의자의 수를 구하는 상황 제시	

새로운 문제 상황 제시	• 교실에 22명의 학생이 있고, 학생 12명이 더 오면 의자는 모두 몇 개가 필요할까요?
	  - 필요한 의자의 개수 어림해 보기
	  - 학생들의 인지적 갈등 유도하기
		자 그래픽 조직자

수학적 원리의 필요성 인식	• 22+12를 계산하는 방법 생각하기 - 모든 의자의 수 세기, 22 다음부터 12를 이어 세기 등 • 좀 더 효율적인 방법의 필요성 인식하기	자 구체물
수학적 원리가 내재된 조작 활동	• 수모형으로 22+12 나타내기 - 십모형과 일모형으로 나타내기 22 + 12 = 34	자 수모형 유 학생들이 ㉠ 숫자를 쓸 때, 자리에 따라 숫자가 나타내는 값이 달라지므로 정확한 자리에 쓰게 한다.
수학적 원리의 형식화	• 22+12의 계산 방법을 식으로 제시하기 • 22+12를 세로식으로 계산하기 $\begin{array}{r}22\\+12\\\hline\end{array}$ ➡ $\begin{array}{r}22\\+12\\\hline 4\end{array}$ ➡ $\begin{array}{r}22\\+12\\\hline 34\end{array}$	유 순서에 따라 더하는 숫자를 진하게 다른 색으로 표시한다.

익히기와 적용하기	• 덧셈 계산 원리를 다양한 문제에 적용하여 풀기
	  - 같은 계산식 유형의 문제 풀기
	  - 문장제 문제 풀기
	  - 문제 조건을 바꾸어 새로운 문제 만들어 보기
	  - 실생활 문제 상황에 적용해 보기
		자 경수의 보완·대체 의사소통(AAC) 도구에 수 계열 어휘를 추가한다.
		유 경수의 AAC 디스플레이 형태를 선형 스캐닝에서 행렬 스캐닝으로 변경한다.

정리 및 평가	• 학습 내용 정리 및 차시 예고하기	

1) ① 교수·학습 과정안에 적용된 수업 모형을 쓰고, ② ㉠이 의미하는 용어를 쓰시오. [2점]

• ① : _____

• ② : _____

2) [A]에서 중점이 되는 교과 역량을 2015 개정 수학과 교육과정에 근거하여 쓰시오. [1점]

• _____

정답

1) ① 원리 탐구 학습 모형
   ② 자릿값

2) 창의·융합

정답이유

1)
1. 원리 탐구 학습 모형
① 수학 수업에서 원리 탐구 모형을 적용하는 기본적 취지는 수학자들이 수학적 지식을 구성하고 수학적 원리를 창안해 내는 것과 같은 종류의 과정을 학생들에게 경험하게 하는 것이다. 즉, 원리 탐구 학습이란 수학적 사실, 원리, 법칙을 학생 스스로 찾아내게 하는 학습이라고 할 수 있다.
② 예를 들어, 2학년 1학기의 '덧셈과 뺄셈'에서 받아올림이 있는 두 자리 수의 계산 방법을 지도할 때, 이전의 수학 지식을 이용하여 계산하는 것이 비효율적임을 깨닫고 새로운 원리의 필요성을 인식하도록 한다. 그런 다음 학습할 원리가 내재된 조작 활동을 통하여 계산 원리를 형식화하는 과정을 거치도록 한다.

2. 자릿값
① 숫자의 위치는 그 값을 나타낸다. 예컨대, 23에서 2는 '이십'을 나타내며, '이'를 나타내는 32에서의 2와는 다른 수학적 의미를 갖는다.
② 우리가 사용하는 기수법은, 각 숫자를 쓰는 자리에 수 값(자릿값)을 미리 정하여 그 자리에 쓰이는 숫자와 그 자리에 정해진 수 값을 곱한 다음 이들의 값을 더하여 전체 수 값을 나타내는 위치적 기수법을 사용하고 있다.

2) [A]에서는 '문제 조건을 바꾸어 새로운 문제 만들어 보기', '실생활 문제 상황에 적용해 보기' 등의 활동이 있으므로 수학 교과 역량 중 '창의·융합 능력'에 해당한다. 창의·융합 능력은 '수학의 지식과 기능을 토대로 새롭고 의미 있는 아이디어를 다양하고 풍부하게 산출하고 정교화하며, 여러 수학적 지식, 기능, 경험을 연결하거나 수학과 타 교과나 실생활의 지식, 기능, 경험을 수학과 연결·융합하여 새로운 지식, 기능, 경험을 생성하고 문제를 해결하는 능력'을 의미한다.

07

2018-특수-B-7

(가)는 2015 개정 수학과 교육과정의 3~4학년군 '수와 연산' 영역의 성취기준의 일부이고, (나)는 5학년 '분수의 덧셈과 뺄셈' 단원 지도를 위해 예비 교사와 지도 교사가 나눈 대화이다. 물음에 답하시오. [4점]

(가)

[4수01-16] (㉠) 분수의 덧셈과 뺄셈의 계산 원리를 이해하고 그 계산을 할 수 있다.

(나)

지도 교사 : 분수의 덧셈과 뺄셈은 단위가 분모에 의해 결정되므로, 분모가 다른 경우에는 단위의 통일이 필요합니다. 그러므로 먼저 학생들이 크기가 같은 분수를 다양하게 표현할 수 있는지 확인하는 것이 필요해요.

예비 교사 : 통분을 아는 것도 선수 학습으로 필요하겠네요. 그러면 분수의 뺄셈 문제에서, 주어진 두 분수의 분모의 최소공배수를 이용하여

㉡ $\dfrac{3}{4} - \dfrac{1}{6} = \dfrac{3 \times 3}{4 \times 3} - \dfrac{1 \times 2}{6 \times 2} = \dfrac{9}{12} - \dfrac{2}{12} = \dfrac{7}{12}$

과 같이 계산하도록 지도하면 될까요?

지도 교사 : 지도의 초기 단계에서는 띠, 원 등의 그림을 활용하는 것이 좋습니다.

예비 교사 : 그렇군요. $\dfrac{3}{4} - \dfrac{1}{6}$의 문제 상황과 해결 과정을 그림으로 다음과 같이 나타낼 수 있겠네요.

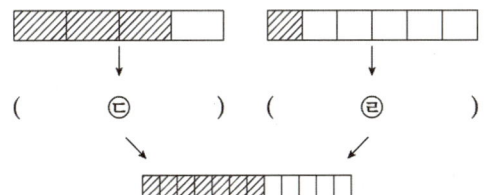

(㉢)   (㉣)

지도 교사 : 좋은 생각이에요. 유의할 점은 학생들이 수식으로 계산하는 방법을 배우는 과정에서 ㉤ <u>공통분모를 최소공배수로 하지 않더라도 수학적으로 타당하게 설명할 수 있으면 인정해 주는 것이 좋습니다.</u>

1) 다음은 (가)의 성취기준에 도달하기 위한 활동의 일부이다. ㉠에 들어갈 알맞은 내용을 쓰시오. [1점]

- 아래 그림을 보고 분수의 합을 구해 봅시다.

  $\dfrac{2}{7} + \dfrac{3}{7}$은 얼마입니까?

• _____

2) 밑줄 친 ㉡의 풀이 과정이 나타나도록 ㉢과 ㉣에 들어갈 알맞은 그림을 그리시오. [2점]

• ㉢ : _____

• ㉣ : _____

3) 밑줄 친 ㉤에 따라, 최소공배수가 아닌 공통분모를 활용하여 $\dfrac{5}{9} - \dfrac{1}{6}$을 풀이하는 과정과 답을 쓰시오. [1점]

• _____

정답

1) 분모가 같은(동분모)

2)

| ㉢ | ▨▨▨▨▨▨▨▨▨□□□ |
| ㉣ | ▨▨□□□□□□□□□□ |

3) 분모의 곱을 이용하여 통분한 후 계산하면,
$\dfrac{5}{9} - \dfrac{1}{6} = \dfrac{5 \times 6}{9 \times 6} - \dfrac{1 \times 9}{6 \times 9} = \dfrac{30}{54} - \dfrac{9}{54} = \dfrac{21}{54} = \dfrac{7}{18}$이다.

정답이유

2) ㉡의 풀이 과정에서 분모 4와 6의 최소공배수인 12로 통분하여 $\dfrac{3}{4} - \dfrac{1}{6}$을 $\dfrac{9}{12} - \dfrac{2}{12}$로 만들었으므로 ㉢에는 $\dfrac{9}{12}$를 나타내는 12개의 작은 칸 중 9개가 색칠된 그림이, ㉣에는 $\dfrac{2}{12}$를 나타내는 12개의 작은 칸 중 2개가 색칠된 그림이 알맞다.

3) 통분하는 방법에는 분모의 최소공배수를 이용하는 방법과 분모의 곱을 이용하여 통분하는 방법이 있다.

08
2017-A-4

(가)는 2009 개정 수학과 교육과정 3~4학년군 '수와 연산' 영역의 학습 내용 성취기준의 일부이고, (나)와 (다)는 4학년 1학기 '곱셈과 나눗셈' 단원 지도에 관하여 예비 교사와 지도 교사가 나눈 대화의 일부이다. 물음에 답하시오. [4점]

(가)

④ 나눗셈
① 나눗셈이 이루어지는 실생활 상황을 통하여 나눗셈의 의미를 이해한다.
② 한 가지 상황을 곱셈식과 나눗셈식으로 나타내는 활동을 통하여 (㉠)을/를 이해한다.

(나)

예비 교사: (세 자리 수)×(두 자리 수)의 계산을 지도할 때, 무엇을 유의해야 하나요?

지도 교사: (세 자리 수)×(몇)과 (세 자리 수)×(몇 십)의 계산을 종합하도록 지도해야 하지요. 이때 덧셈에 대한 곱셈의 (㉡)이/가 중요한 역할을 합니다. 예를 들어, 236 × 27의 계산 과정을 보세요.

```
  236        236         236
×   7      ×  20       ×  27
-----      -----       -----
 1652       4720        1652
                        4720
                       -----
                        6372
```

예비 교사: 위의 계산을 다음과 같이 다시 써 보니 (㉡)이/가 분명히 드러나네요.
236 × 27 = [㉢] = 1652 + 4720 = 6372

지도 교사: 교사는 이것을 알고 있어야 곱셈을 지도할 때 적절한 발문을 할 수 있습니다.

(다)

예비 교사: 나눗셈과 관련된 실생활 문제를 지도할 때에는 무엇을 유의해야 하나요?

지도 교사: 계산 원리를 이해하고 나눗셈을 능숙하게 하더라도 다음과 같은 문제에 잘못 답하는 학생이 있으니, 몫과 나머지를 구한 후 문제 상황에 맞는 답을 하도록 지도해야 합니다.

> **문제** 농장에서 사과 316상자를 수확하여 모두 트럭에 실으려고 합니다. 트럭 1대에 36상자까지 실을 수 있을 때, 트럭은 적어도 몇 대 필요합니까?

예비 교사: 이 문제의 조건을 바꾸어 트럭 1대에 실을 수 있는 사과 상자의 수를 36이 아닌 (㉣)(이)라고 해도 답은 9대로 변함없습니다. 학생들에게 이것을 알아보라고 하는 것은 어떨까요?

---

1) 다음은 (가)의 ㉠을 지도하기 위한 활동이다. ㉠에 들어갈 알맞은 말을 쓰시오. [1점]

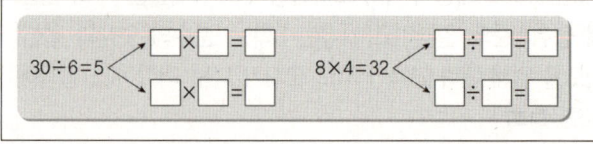

• _____

2) (나)의 ㉡에 들어갈 알맞은 용어와 ㉢에 들어갈 알맞은 등식을 쓰시오. [2점]

• ㉡: _____
• ㉢: _____

3) (다)의 ㉣에 들어갈 알맞은 자연수 3개를 모두 쓰시오. [1점]

• _____

정답

1) 곱셈과 나눗셈의 관계
2) ㉡ 분배법칙
　　㉢ 236 × (7 + 20) = (236 × 7) + (236 × 20)
3) 37, 38, 39

정답이유

2) 덧셈에 대한 곱셈의 분배법칙에 따라 ㉢에 들어갈 등식은 ㉢ 뒤의 계산식이 1652 + 4720으로 제시되어 있으므로, 236 × (7 + 20) = (236 × 7) + (236 × 20)이 적합하다.

3)
과정 ① 사과 316 상자를 트럭 1대에 36 상자씩 나누어 싣는 것을 나눗셈식으로 나타내면 316 ÷ 36으로 몫은 8, 나머지는 28이다. 즉 36 상자씩 트럭 8대에 나누어 싣고 28 상자가 남기 때문에 316 상자를 모두 실으려면 트럭은 적어도 9대가 필요하다.

과정 ② 마찬가지로 트럭 1대에 37 상자씩, 38 상자씩, 39 상자씩 나누어 싣는 것을 나눗셈식으로 나타내면 몫은 모두 8이고, 나머지는 각각 20, 12, 4가 된다. 따라서 37 상자씩, 38 상자씩, 39 상자씩 나누어 실을 때에도 316 상자를 모두 실으려면 트럭은 적어도 9대가 필요하다.

```
      8          8          8          8
36)316     37)316     38)316     39)316
   288        296        304        312
   ---        ---        ---        ---
    28         20         12          4
```

결론　트럭 1대에 사과를 35 상자 또는 40 상자씩 나누어 싣는 것을 나눗셈식으로 나타내면 35 상자씩 싣는 경우 몫은 9이고, 나머지가 1이 되어, 트럭 9대에 나누어 싣고 1상자가 남게 되므로 트럭은 적어도 10대가 필요하게 되며, 40 상자씩 싣는 경우 몫은 7이고, 나머지가 36이 되어 트럭은 모두 8대가 필요하게 된다. 따라서 ㉣에 알맞은 트럭이 9대가 필요하기 위한 수는 36보다는 크고 40보다는 작은 37, 38, 39이다.

```
      9          7
35)316     40)316
   315        280
   ---        ---
     1         36
```

09
2016-A-4

다음은 소수 지도에 관하여 교사들이 나눈 대화의 일부이다. 물음에 답하시오. [4점]

> 최 교사: 오늘은 소수 지도에 관해 논의해 보겠습니다.
> 송 교사: 학생들은 분수에 비해 소수를 쉽게 이해하는 것 같습니다. 소수의 표현 원리가 ㉠ <u>자연수의 표현 원리</u>와 동일하기 때문이 겠지요?
> 김 교사: 그렇긴 하지만, 예컨대 207이 27보다 크기 때문에 2.07이 2.7보다 크다고 생각하는 학생들이 있습니다.
> 송 교사: 그런 학생들을 위해 저는 수 모형을 사용합니다. ㉡ <u>수 모형은 소수점의 위치를 고려하여 소수의 크기를 비교하도록 지도하는 데에 효과적으로 사용될 수 있습니다.</u> 소수점의 위치는 소수의 곱셈에서도 중요하지요.
> 김 교사: 소수의 곱셈 알고리즘은 자연수의 곱셈 알고리즘을 적용할 수 있어서 학생들이 관계적 이해보다 도구적 이해를 하는 것 같습니다.
> 최 교사: 그래서 저는 ㉢ <u>소수 곱셈의 계산 원리</u>를 충분한 시간을 두고 지도합니다. 계산 연습을 시킬 때에도 계산상의 실수나 오류를 스스로 파악할 수 있도록 계산 전에 계산 결과를 어림해 보도록 합니다.

1) 다음은 2009 개정 수학과 교육과정의 1~2학년군 '수와 연산' 영역의 학습내용 성취 기준의 일부이다. ㉠과 관련하여 ⓐ와 ⓑ에 들어갈 말을 각각 쓰시오. [2점]

> ① 네 자리 이하의 수
>   ① 0과 100까지의 수 개념을 이해하고, 수를 세고 읽고 쓸 수 있다.
>   ② 일, 십, 백, 천의 (ⓐ)와/과 (ⓑ)을/를 이해하고, 네 자리 이하의 수를 읽고 쓸 수 있다.

- ⓐ: _____
- ⓑ: _____

2) ㉡과 관련하여 다음 수 모형에서 A를 1로 하고, A, B, C를 사용하여 2.07과 2.7의 크기를 비교하시오. [1점]

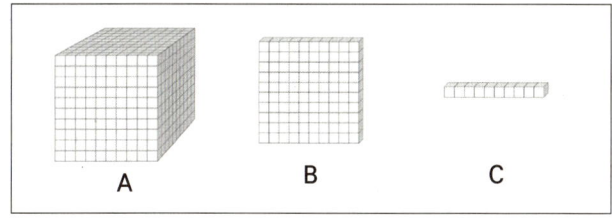

- _____

3) 학생들이 관계적 이해를 할 수 있도록 ㉢을 설명하시오. [1점]

- _____

정답

1) ⓐ 자릿값 ⓑ 위치적 기수법
2) A를 1로 하면, B는 0.1, C는 0.01이므로, 2.07은 A가 2개, C가 7개이고, 2.7은 A가 2개, B가 7개이다. 따라서 2.07보다 2.7이 더 크다.
3) 소수를 분모가 10의 거듭제곱인 분수로 고쳐서 분수의 곱셈을 계산하는 과정에서 이해시킨다.

정답이유

1) 자릿값과 위치적 기수법

① 구체물을 이용하여 두 자리 수를 10개씩 묶음과 낱개로 나타내어 보도록 하여 두 자리 수에 대한 양감을 익히고, 위치적 기수법의 기초 개념을 이해하게 한다.
- 위치적 기수법의 기초는 묶음과 낱개를 숫자로 표시하는 것이다. 이를 위하여 모델을 10개씩 묶는 활동이 필수적이다.
- 이러한 활동을 통하여 학생들은 자연수의 위치적 기수법과 자릿값의 원리를 이해하게 되어 22의 경우 10개씩 묶음을 나타내는 2와 낱개를 나타내는 2가 숫자는 같지만 자릿값에 따라 각각 20과 2를 나타낸다는 것을 이해하게 된다.

② 다양한 수 모형을 통한 조작 활동이 위치적 기수법을 이해하는 데 도움이 된다. 구체물을 이용하여 낱개가 10이면 10개씩 묶음을 만들고, 10개씩 묶음이 10이면 100개씩 묶음을 만드는 활동을 통하여 세 자리 수의 위치적 기수법과 자릿값을 이해하게 한다. 즉, 높은 자리에 위치한 수일수록 큰 수를 나타낸다는 점을 깨닫게 하여 333의 경우 숫자 3으로 이루어진 수이지만 숫자가 놓인 자릿값에 따라 각각 300, 30, 3을 나타낸다는 것을 이해하게 한다.

2) A를 1로 하면, B는 0.1, C는 0.01이 되므로, 2.7과 2.07은 B가 7개 필요한지 C가 7개 필요한지로 쉽게 크기 비교를 할 수 있다.

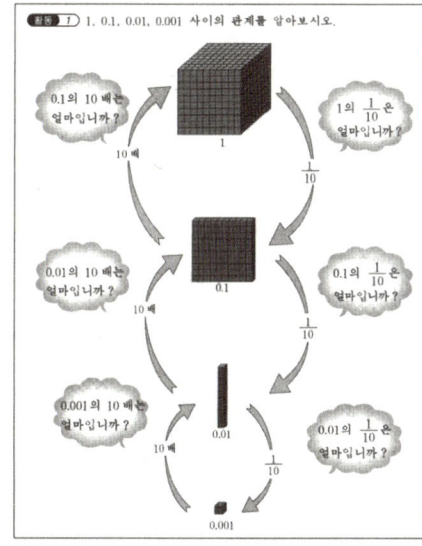

0.1, 0.01, 0.001의 시각화

3) 소수의 곱셈 계산 원리

- 소수의 계산을 분수와 관련지어 계산 원리를 이해하게 한다. 즉,
$$2.5 \times 3.43 = \frac{25}{10} \times \frac{343}{100} = \frac{25 \times 343}{1000}$$
에서 자연수의 곱셈 25×343을 계산한 다음, 소수점 아래에 3자리가 되는 곳에 소수점을 찍는다.
- 이를 이해하기 위해서는 소수를 분모가 10의 거듭제곱인 분수로 그리고 분모가 10의 거듭제곱인 분수를 소수로 바꾸는데 능숙해져야 한다.

10

2015-A-4

(가)는 초등학교 3학년 학생 A와 5학년 학생 B의 수학 일기이고, (나)는 학생 A의 담임교사 C와 학생 B의 담임교사 D의 대화이다. 물음에 답하시오. [3점]

(가)

<학생 A의 수학 일기>	오늘 수학 시간에 '여우의 하루'라는 이야기를 들었다. 욕심 많은 여우가 다람쥐, 너구리, 토끼랑 떡을 나눠 먹으면서 자신이 절반을 먹고, 친구들에게는 남은 떡을 똑같이 나누어 주었다. 넷이서 모두 한 조각씩 나눠 먹었으니까 여우도 떡의 $\frac{1}{4}$을 먹은 게 아닐까?
<학생 B의 수학 일기>	나는 오늘 진분수끼리 곱하는 것을 배웠다. 분수끼리 곱할 때에는 분모는 분모끼리, 분자는 분자끼리 곱하면 된다는 것을 알았다. ㉠곱하는 방법이 쉬워서 선생님께서 나눠 주신 활동지와 익힘책에 있는 문제를 모두 잘 풀었다. 그런데 진분수의 곱셈에서 분모는 분모끼리 분자는 분자끼리 곱하는 이유를 잘 모르겠다. 자연수와 분수를 곱할 때에는 원리까지 잘 알아서 친구에게 설명을 해줬는데….

(나)

교사 D : 저는 '진분수의 곱셈' 수업에서 ㉡정사각형을 여러 부분으로 나누고 빗금을 쳐서 진분수끼리의 곱을 표시한 다음, 분모끼리의 곱은 분할된 전체의 개수, 분자끼리의 곱은 빗금이 겹친 부분의 개수라고 설명했어요. 학생 B에게 다시 알려 주어야겠어요.

교사 C : 수학 일기를 보면, 학생 A는 수업 시간에 배운 (㉢)(으)로서의 분수의 의미를 잘못 이해하고 있는 것 같아요. 학생 A가 '모두 한 조각씩'이라고 쓴 걸 보면 학생 A는 자연수에서 다루는 개수 개념을 분수에 적용한 것 같아요. 큰 지우개 한 개와 작은 지우개 한 개가 있을 때, 크기에 관계없이 지우개가 두 개 있다고 하잖아요.

교사 D : 분수에서는 기준이 되는 단위가 중요하지요. [그림 1]의 퀴즈네어 막대에서 보듯이 주어진 양의 크기는 단위에 따라 다르게 나타낼 수 있으니까요.

교사 C : ㉣[그림 1]의 퀴즈네어 막대를 이용하여 학생 A의 생각이 틀린 이유를 설명할 수 있겠어요.

주어진 양 (cm)	단위(기준량) (cm)	값
1	2	$\frac{1}{2}$
1	4	$\frac{1}{4}$

[그림 1]

1) ㉠에 나타난 분수의 곱셈에 대한 학생 B의 이해 상태를 스켐프(R. Skemp)의 용어로 쓰시오. [1점]

• _____

2) 분수끼리의 곱셈을 지도하기 위해 사용한 ㉡의 모델을 쓰고, ㉢에 들어갈 단어를 쓰시오. [1점]

• ㉡ : _____ • ㉢ : _____

3) ㉣을 '여우가 먹은 떡의 양'과 관련지어 쓰시오. [1점]

• _____

정답

1) 도구적 이해

2) ㉡ 영역
   ㉢ 전체-부분

3) 퀴즈네어 막대 4(또는 2)를 기준량으로 하면 여우는 기준량의 절반인 2(또는 1)를 먹었으므로, 여우가 먹은 떡의 양은 전체 떡의 양 중 $\frac{1}{4}$이 아닌 $\frac{1}{2}$이 된다.

정답이유

1) 관계적 이해가 무엇을 해야 할지 그리고 왜 그런지를 모두 알고 있으면서 일반적인 수학적인 관계로부터 특수한 규칙이나 절차를 연역할 수 있는 상태를 말하는 반면, 도구적 이해는 이유는 모르는 채 암기한 규칙을 문제 해결에 적용하는 것을 말한다.

2)
㉡ 분수 지도 모델에는 영역·길이·집합·넓이 모델 등 4가지가 있고, 등분할된 부분들이 같은 크기와 모양을 가지고 있는 것은 영역 모델이다.

원 : 전체를 파악하기 쉽다. 그러나 등분할하기 어렵다. | 직사각형 : 등분할하기 쉽다. 그러나 전체로 파악하기 쉽지 않다. | 삼각형 : 등분할하기 어렵고 전체로 파악하기 쉽지 않다.

[그림 1] 영역 모델의 예와 특성

㉢ (나)에서 교사 C는 학생 A의 수학 일기에서 크기가 다른 떡을 '모두 한 조각씩'이라고 쓴 것을 지적하고, 크기가 다른 두 개의 지우개를 크기에 관계없이 지우개가 두 개 있다고 한다고 비유하고 있다. 따라서 학생 A는 등분할(전체-부분)으로서의 분수의 의미를 잘못 이해하고 있다.

3)
• 여우가 먹은 떡의 양(주어진 양)을 떡 전체의 양(단위)와 비교할 때 전체를 2로 나눈 것 중의 1이므로 여우가 먹은 떡의 양은 떡 전체의 양의 $\frac{1}{2}$이 된다.

• 여우 이야기를 통해 분수의 의미를 지도하는 수업 장면이다.

• 퀴즈네어 막대는 색깔과 크기로 구분된 직육면체 모양의 막대로, 길이 모델로서 분수를 지도하기 좋은 교구이다.

• [그림 1]에서 '주어진 양'은 1, '단위(기준량)'은 2 또는 4가 제시되어 있으므로, [그림 1]의 퀴즈네어 막대 4를 기준량으로 할 때에는 여우가 기준량의 절반인 2를, 퀴즈네어 막대 2를 기준량으로 할 때에는 여우가 기준량의 절반인 1만큼을 먹은 것이어서 전체를 2로 나눈 것 중 1만큼의 떡을 여우가 먹었으므로 여우가 먹은 떡의 양은 전체 떡의 양의 $\frac{1}{2}$이 됨을 설명할 수 있다.

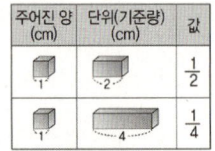

정답개념

분수의 여러 가지 의미

(1) 전체—부분 : 전체에 대한 부분을 나타낸다.

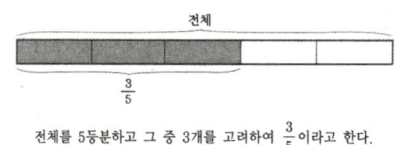

전체를 5등분하고 그 중 3개를 고려하여 $\frac{3}{5}$이라고 한다.

• 방금 구운 피자 한 판이 있다. 식기 전에 빨리 8조각으로 똑같이 나눈 다음 얼만큼 먹고 나니 그 중 3조각이 남았다. 남은 피자의 양은 전체를 8로 나눈 것 중 3조각이기 때문에 분모에는 전체를 나눈 조각 수를 써 주고, 분자에는 남은 조각 수를 써 주면 된다. 다시 말해서 남은 피자의 양은 분수로 $\frac{3}{8}$이라고 나타내면 된다.

〈전체에 대한 부분을 나타내는 분수〉

〈남은 피자의 양〉
$= \frac{(부분의 \ 수)}{(전체를 \ 똑같이 \ 나눈 \ 수)} = \frac{3}{8}$

(2) 몫

① 정수에서의 나눗셈은 피제수가 제수보다 작거나 둘 사이의 공배수가 없을 때는 나머지 없이 그 결과를 나타낼 수 없다. 이런 경우에 그 결과를 몫으로 나타낼 수 있도록 확장시킨 것이 분수의 몫의 의미이다. 즉, 분수 $\frac{a}{b}$는 $a \div b$의 의미이다.

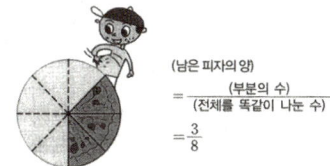

■ $3 \div 4$를 분수로 나타내어라.
• 수 막대 3개를 각각 똑같이 4로 나누어라.
• 그 중 한 개는 분수로 얼마인가?
• $3 \div 4$는 분수로 얼마라고 생각하는가?
• 왜 그렇게 생각하는가?

[몫으로서 분수의 의미]

② (자연수)÷(자연수)에서 나눗셈의 몫을 나타낸다.

• 쿠키가 4개가 있다. 이 쿠키 4개를 3명이 나누어 먹으려면 얼마씩 먹어야 할까? 먼저 3개의 쿠키를 1개씩 나눈 후, 남은 쿠키 한 개를 똑같이 3등분하면 $\frac{1}{3}$씩 더 먹을 수 있다. 그럼 이것은 $4 \div 3$의 나눗셈과 같으므로 나눗셈의 몫을 구할 때도 분수가 사용되는 것을 알 수 있다.

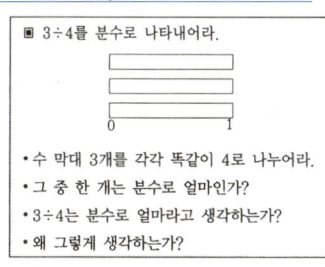

〈몫으로의 분수〉
(자연수)÷(자연수)
$= 4 \div 3 = \frac{4}{3} = 1\frac{1}{3}$

(3) 비 : 기준값에 대한 비교하는 양을 나타낸다.

• 올해 심은 나무 2m짜리와 작년에 심은 나무 5m짜리가 있다. 올해 심은 나무를 기준으로 하면 5m짜리 나무는 2m짜리 나무의 $\frac{5}{2}$가 되고, 작년에 심은 나무를 기준으로 하면 2m짜리 나무는 5m짜리 나무의 $\frac{2}{5}$가 된다.

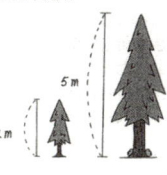

〈비로서의 분수〉
5m짜리 나무는 2m짜리 나무의 $\frac{5}{2}$ 기준
2m짜리 나무는 5m짜리 나무의 $\frac{2}{5}$ 기준

이처럼 분수는 한 수를 기준으로 다른 수의 상대적인 크기를 나타낼 때 사용된다.

(4) 측정(양)

① 단위의 자연수 배만큼 재고, 남는 부분을 재기 위해서는 처음에 재었던 단위보다 더 작은 단위가 있어야 할 것이다. 더 작은 단위로 재야 한다는 생각은 단위가 나누어질 수 있는 것이라고 생각할 수 있어야 한다.

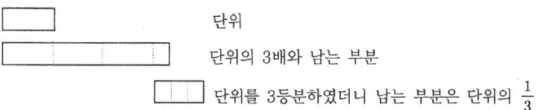

단위
단위의 3배와 남는 부분
단위를 3등분하였더니 남는 부분은 단위의 $\frac{1}{3}$

② 등분할에 대한 인식이 여기에서 필요하다. 남는 부분의 길이를 재기 위해서는 단위 □를 2등분한 □ 단위로 재어보고 잴 수 없으면 3등분한 □의 단위로 잰다. 따라서 위의 재고자 하는 길이는 단위 길이의 $3\frac{1}{3}$이다. 이와 같이 단위분수는 단위보다 작은 부분을 측정하는데 가장 기본적이다.

(5) 연산자

① 다음 그림에서 '24의 $\frac{2}{3}$는 얼마인가?'의 문제에서 $\frac{2}{3}$라고 하는 것은 '셋 마다 둘,' 또는 '셋에 대해 둘'을 의미한다. 따라서 원래 집합의 원소의 수 셋에 대하여 새로운 집합의 원소의 수 2를 만든다.

② 새로운 집합의 원소는 16개가 되므로 24의 $\frac{2}{3}$는 16이 된다. 새로운 집합의 크기는 원래 집합 크기의 $\frac{2}{3}$로 축소된다.

원래의 집합	♡♡	♡♡	♡♡	♡♡	♡♡	♡♡	♡♡	♡♡
연산자 $\frac{2}{3}$	↓	↓	↓	↓	↓	↓	↓	↓
새로운 집합	♡♡		♡♡		♡♡		♡♡	

〈24의 $\frac{2}{3}$은 얼마인가?〉

③ 연산자의 의미로서 분수 개념은 학생들이 이후에 학습할 도형의 합동, 닮음(확대, 축소) 등을 이해하는데 필수적이다.

• 8cm의 $\frac{3}{4}$을 그리는 것은 4cm에 대하여 3cm만큼 그리는 것을 의미한다. 이 결과는 원래의 길이보다 줄어드는 것(축소)이다.

• 9cm의 $\frac{4}{3}$를 그리는 것은 3cm에 대하여 4cm를 그리는 것을 의미하므로 12cm가 되어 원래보다 늘어난 것(확대)이다.

11

2014-A-8

(가)는 분수 나눗셈에 대한 학생들의 대화 내용이고, (나)는 (가)의 은정의 질문에 대한 두 예비교사의 대화이다. [3점]

(가)

주 원 : 분수 나눗셈의 계산 원리를 모르겠어. $\frac{3}{7} \div \frac{4}{5}$는 $\frac{4}{5}$의 역수인 $\frac{5}{4}$를 $\frac{3}{7}$에 곱해서 $\frac{3}{7} \times \frac{5}{4} = \frac{15}{28}$로 계산하는 거잖아. 그런데 왜 나누는 수의 역수를 곱하는 거지?

은 정 : 두 분수의 분모를 같게 해보면 알 수 있어.

성 호 : ㉠ 곱셈과 나눗셈의 관계를 생각해도 알 수 있어. $\frac{3}{7} \div \frac{4}{5} = \square$ 라고 하면 ……

은 정 : 그것도 좋은 생각이네. 그런데 난 이 분수 나눗셈의 답이 이해되지 않아. ㉡ 나누었는데, 나누어지는 수인 $\frac{3}{7}$보다 더 큰 $\frac{15}{28}$가 어떻게 답이 될 수 있어?

(나)

예비교사 A : 은정의 질문(㉡)에 실생활 예를 사용하여 답해주면 좋을 것 같아. 나눗셈을 설명하는 방법에는 '포함제'와 '등분제'가 있으니 그 예를 찾아볼까?

예비교사 B : ㉢ 분수 나눗셈에는 '등분제'가 적절하지 않아. 그리고 ㉣ 이 문제에는 '포함제'도 적절하지 않아. 그 이유는 ……

예비교사 A : 그렇구나. 그럼 '비(ratio)' 개념을 이용해볼까?

1) ㉠에서 성호의 설명을 완성하시오. [1점]

- _____

2) ㉢과 ㉣의 이유를 각각 쓰시오. [2점]

- ㉢의 이유 : _____
- ㉣의 이유 : _____

정답

1) 곱셈과 나눗셈은 역연산 관계이기 때문에 $\frac{3}{7} \times \frac{5}{4} = \square$와 같아.

2) ㉢ • 나머지가 생기기 때문이다.
 • 분모가 다르기 때문에 직접 분자끼리 나눌 수 없다.
 • 제수가 분수인 나눗셈에서는 등분제를 생각할 수 없기 때문이다.
 • 나누는 수가 분수이기 때문이다.

㉣ 나누어지는 수(피제수)가 나누는 수(제수)보다 작기 때문에 덜어낼 수가 없다.

정답이유

1) 곱셈과 나눗셈의 관계를 생각한다는 것이 전제이므로, 곱셈과 나눗셈의 관계가 나눗셈식 $a \div b = c$는 곱셈식 $b \times c = a$의 역연산으로 정의되는 역연산 관계라는 것을 이용하면, $\frac{3}{7} \div \frac{4}{5} = \square$라고 하면, $\frac{3}{7} = \frac{4}{5} \times \square$이므로, $\frac{3}{7} \times \frac{5}{4} = \frac{4}{5} \times \frac{5}{4} \times \square$가 되어, $\frac{3}{7} \times \frac{5}{4} = \square$와 같게 된다.

2) (가)에 제시된 문제는 나누는 수가 분수인 분수의 나눗셈이므로 이 경우에는 등분제를 생각할 수 없으며, 나누어지는 수인 $\frac{3}{7}$보다 나누는 수인 $\frac{4}{5}$가 더 크기 때문에 포함제에도 적절하지 않다.

정답개념

나누는 수가 분수인 경우의 나눗셈 방법

① 나눗셈의 정의는 원칙적으로 곱셈의 역연산으로 정의하지만 초등학교에서는 수학적으로 정의하기가 어려우므로 상황에 알맞은 정의를 하여야 한다. 따라서 등분할과 동수누감의 경우 즉 등분제와 포함제를 생각해 볼 수 있다.

② 동수누감의 경우는 나머지가 나타날 경우에도 확대 적용이 가능하지만 등분제의 경우는 나머지가 생길 경우 자연수의 범위에서는 의미를 갖지 못한다. 즉, 나누는 수가 분수인 분수의 나눗셈의 경우에는 등분제를 생각할 수 없다.

③ 분수로 똑같이 나눈다는 관점으로는 지도할 수 없으며 주어진 수에서 분수를 몇 번 뺄 것인가라는 동수누감의 원리로 지도해야 한다.

12

2013-A-6

다음은 학생들의 추론 능력을 신장시키기 위한 수업의 일부이다. 물음에 답하시오. [3점]

단계	교수·학습 활동
도입	교사 : 지난 시간까지 두 자리 수의 곱셈을 배웠습니다. 이번 시간에는 두 자리 수의 곱셈을 하는 다른 방법을 알아보겠습니다.
관찰 및 실험	교사 : (가)는 21 × 31을 계산하는 방법을 나타낸 것입니다. 어떻게 계산한 것인지 생각해 보세요. 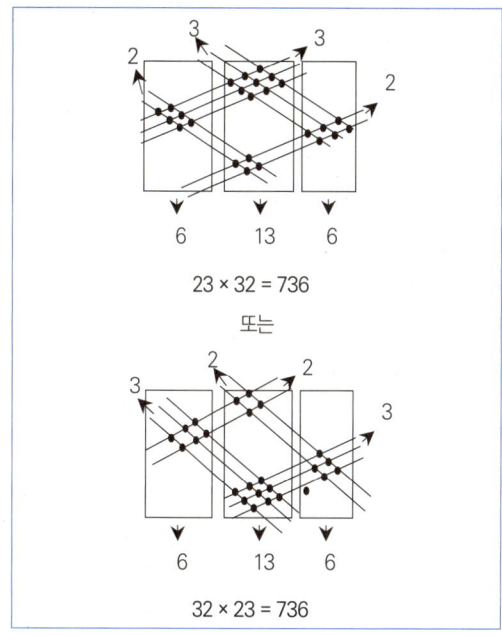 (학생들은 사례를 관찰한다.)
추측하기	(㉠)
추측의 검증	(학생들은 자신의 추측을 ㉡ 23 × 32에 적용하여 검증한 후, 일반화한다.)
발전	(교사와 학생들은 일반화한 내용에 대해 정당화를 시도한다.)
정리 및 평가	(교사는 학생들의 활동 내용을 요약하여 정리해 준 후 다음 차시를 예고한다.)

1) 2007 개정 수학과 교육과정의 교수·학습 방법에 제시된 추론 능력과 관련지어 ㉠에 들어갈 활동을 1가지 쓰시오. [1점]

2) ㉡을 (가)와 같은 방법으로 계산한 결과를 그림과 함께 제시하시오. [2점]

3절 도형

01 [2021-B-2]

2015 개정 수학과 교육과정의 '도형' 영역의 교수·학습에 대해 지도 교사와 예비 교사가 나눈 대화의 일부이다. 물음에 답하시오. [4점]

> 지도 교사 : 2학년과 3학년 도형 단원의 교수·학습의 차이점을 생각해 볼까요?
> 예비 교사 : 2학년 도형 단원에서 개념을 도입할 때에는 ㉠ <u>학생에게 예를 그림으로 제시하여 시각적, 구체적으로 이해 가능하도록 정의하는 방법</u>을 사용해요.
> 지도 교사 : 개념의 예를 제시할 때는 ㉡ <u>디에네스(Z. Dienes)의 수학적 다양성의 원리</u>를 고려할 필요가 있습니다.
> 예비 교사 : 3학년부터는 도형 단원에서 개념을 어떤 방법으로 도입하나요?
> 지도 교사 : 개념의 속성을 이용하는 내포적 방법으로도 정의합니다. 또한 [그림 1]처럼 도형의 개념들을 좀 더 체계적이고 위계적으로 도입합니다.
>
> | 직사각형 | 네 각이 모두 직각인 사각형 |
> | --- | --- |
> | 직각 | 종이를 반듯하게 두 번 접었을 때 생기는 각 |
> | 각 | 한 점에서 그은 두 반직선으로 이루어진 도형 |
> | 반직선 | 한 점에서 시작하여 한쪽으로 끝없이 늘인 곧은 선 |
>
> [그림 1]
>
> 예비 교사 : 그런데 [그림 1]에서 직각은 내포적 방법으로 정의하지 않은 것 같은데, 맞나요? 종이접기 활동을 왜 하는지도 궁금하네요.
> 지도 교사 : 정확하게 파악했어요. 원래 직각을 내포적 방법으로 정의하면, '두 직선이 만나서 생기는 (㉢), 이 각을 각각 직각'이라고 합니다. 하지만 초등학교 3학년에서 지도하기에 지나치게 형식적이고 복잡합니다. 그래서 학생의 수준에 맞도록 [그림 2]처럼 직접 종이를 접어 직각을 만들어 보는 활동을 하는 것입니다.
>
>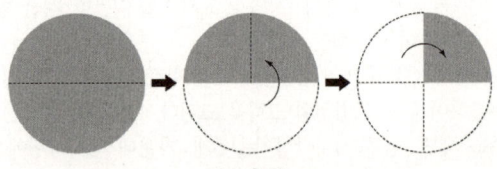
>
> [그림 2]
> … (중략) …
>
> 예비 교사 : 직각, 직사각형 개념을 지도한 후 어떤 활동을 하는 것이 좋을까요?
> 지도 교사 : [그림 3]처럼 해결 전략과 답이 다양할 수 있는 탐구 과제를 제공하여 학생에게 창의적 사고의 기회를 주는 것이 좋습니다.

> [과제] 원판이 3개의 사각형 일부를 덮고 있다. 원판을 제거했을 때 3개의 사각형에 있는 직각은 모두 몇 개입니까? (단, 3개의 사각형은 서로 겹치지 않는다.)
>
>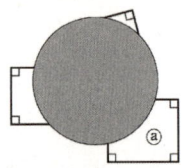
>
> [답] 직각은 모두 (㉣) 개입니다.
>
> [그림 3]
>
> 예비 교사 : 원판으로 가려진 부분이 어떤 모습인가에 따라 답이 다양할 것 같아요.
> 지도 교사 : 그렇습니다. 하지만 원판을 제거했을 때 사각형 ⓐ에 있는 직각의 개수는 (㉤)개 뿐입니다. 이 내용이 과제 해결에서 중요한 역할을 합니다.

1) ㉡을 고려하여 ㉠의 방법으로 사각형을 정의하시오. [1점]

• _____

2) ㉢에 들어갈 알맞은 말을 쓰시오. [1점]

• _____

3) ㉣에 들어갈 알맞은 수 5개를 쓰고, ㉤에 들어갈 수를 쓰시오. [2점]

• ㉣ : _____

• ㉤ : _____

정답

1) 변의 길이나 각의 크기는 다양할 수 있으나 네 개의 변으로 이루어진 도형

2) 서로 이웃한 각이 서로 같을 때 같게 되는

3) ㉣ 7, 8, 9, 10, 12
㉤ 4

정답이유

1)
- 수학적 다양성의 원리는 수학의 일반화를 촉진시키기 위해 해당 수학의 내용과 관련된 변수를 고정시키고, 관련없는 변수는 다양하게 변화시키는 경험이 제공되어야 한다는 것이다.
- 사각형은 네 개의 변으로 이루어진 다각형이다. 사각형을 지도하면서 수학적 다양성을 고려하여 사각형과 관련된 변수인 '네 개의 변'은 그대로 두되 관련 없는 변수인 변의 길이, 각의 크기가 다양한 여러 가지 사각형을 그림으로 제시함으로써 시각적, 구체적으로 변의 길이나 각의 크기는 다양할 수 있으나 '네 개의 변으로 이루어진 도형을 사각형'이라고 정의할 수 있다.

2) 유클리드의 『원론』에서는 각도의 개념을 사용하지 않고 다음과 같이 정의하고 있다.

> 한 직선이 다른 직선과 만날 때 이루어지는 서로 이웃한 각이 서로 같을 때 같게 되는 이 각을 각각 직각이라고 한다.

위와 같이 직각을 직선과 각의 개념을 사용하여 정의할 수 있지만, 초등학교 3학년 수준에서 사용하기에는 지나치게 복잡하다. 그래서 직각은 초등학교 수준을 고려하여 개념적으로 정확한 정의보다는 학생의 수준에 맞도록 교수학적인 변환된 정의를 사용할 필요가 있다.

3)
㉣ 3개의 사각형 일부를 덮고 있는 원판을 제거했을 때, 사각형 ⓐ의 경우 가려지지 않은 사각형의 내각(3개)이 모두 직각이므로 가려진 1개의 내각도 직각인 직사각형일 수밖에 없다. 따라서 사각형 ⓐ의 직각은 4개이다.

원판의 왼쪽에 있는 사각형의 경우 가려지지 않은 사각형의 내각 2개가 직각이므로, 가려진 사각형의 내각은 둘 다 직각이 아니거나 둘 다 직각인 경우가 있다. 따라서 원판의 왼쪽 사각형의 경우 직각은 2개 또는 4개이다. (◺ 또는 ☐)

원판의 위쪽에 있는 사각형의 경우 가려지지 않은 사각형의 내각 1개가 직각이므로, 가려진 사각형의 내각 3개가 모두 직각이 아니거나, 2개가 직각이거나, 3개 모두 직각일 수 있다. 따라서 원판 위쪽 사각형의 경우 직각은 1개 또는 2개 또는 4개이다. (◺ 또는 ◹ 또는 ☐)

따라서 ㉣에 들어갈 수는 1+2+4=7, 2+2+4=8, 1+4+4=9, 2+4+4=10, 4+4+4=12이다.

㉤ 사각형 내각의 합은 360°이고, 사각형 ⓐ의 경우 원판에 가려지지 않은 세 개의 내각이 모두 직각(90°)이므로 원판에 가려진 내각은 직각(90°)일 수밖에 없으므로, 사각형 ⓐ에 있는 직각의 개수는 4개뿐이다.

정답개념

1. 3학년 도형 지도 : 개념 속성을 이용한 내포적 지도(개념 간의 위계적 관계)
- 명명적 정의와 함께 3학년 도형 학습부터는 도형의 개념들이 좀 더 체계적이고 위계적으로 도입된다.
① 직각삼각형과 직사각형은 각각 '한 각이 직각인 삼각형', '네 각이 모두 직각인 사각형'으로 약속한다.
② 여기서 새롭게 등장하는 개념인 직각은 '(주어진) 그림과 같이 종이를 반듯하게 두 번 접었을 때 생기는 각'으로 약속하고, 각은 다시 '한 점에서 그은 두 반직선으로 이루어진 도형'으로 약속한다.
③ 여기서 다시 새롭게 등장하는 반직선은 '한 점에서 시작하여 한쪽으로 끝없이 늘인 곧은 선'으로 약속한다.
④ 이와 같은 개념 사이의 관계를 정리하면 다음과 같다.

직사각형 직각삼각형	네 각이 모두 직각인 사각형 한 각이 직각인 삼각형
⇑	
직각	종이를 반듯하게 두 번 접었을 때 생기는 각
⇑	
각	한 점에서 그은 두 반직선으로 이루어진 도형
⇑	
반직선	한 점에서 시작하여 한쪽으로 끝없이 늘인 곧은 선

02

(가)는 2015 개정 수학과 교육과정의 '도형' 영역 교수·학습에 대한 지도 교사와 예비 교사들의 대화이고, (나)는 3~4학년군 '삼각형의 분류'에 대한 교수·학습 과정안의 일부이다. 물음에 답하시오. [4점]

(가)

지도 교사 : 도형 영역에서는 학생들이 개념을 명확히 익히고 개념의 성질을 탐구하여 문제해결에 적용하도록 지도 하는 것이 중요합니다.

예비 교사 A : '도형의 합동'에 대한 수업을 참관한 적이 있었는데, 학생들이 합동인 도형의 성질을 어려워했습니다. 어떻게 지도 하는 것이 좋을까요?

지도 교사 : ㉠ 합동인 도형의 성질을 알도록 여러 가지 활동을 해보는 것이 좋습니다.

예비 교사 B : '각기둥'에 대한 수업을 참관한 적이 있었는데, [그림 1]의 육각기둥에 밑면이 4쌍 있다고 답하는 학생들이 있었습니다.

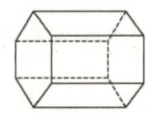

[그림 1]

예비 교사 A : 밑면이 되기 위한 조건에서 두 면이 서로 평행하고 합동이라는 것만 생각하고 (㉡)을/를 고려하지 않아 그런 것 같습니다.

지도 교사 : 그렇습니다. 개념을 익히는데 있어 일부 조건만 고려할 경우 이런 개념적 오류가 나타나기도 합니다.

예비 교사 C : '평면도형의 이동'에 대한 수업을 참관한 적이 있습니다. 학생들이 [그림 2]와 같은 조각을 이용한 평면도형의 이동을 어려워했습니다. 어떻게 지도하면 좋을까요?

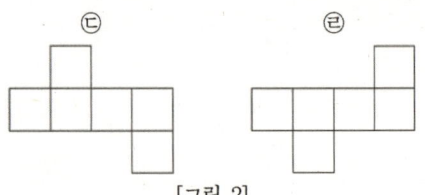

[그림 2]

지도 교사 : 공간 추론이 어려운 학생들은 투명 종이나 도형판을 활용하여 확인하도록 지도하면 도움이 됩니다.

(나)

단계	교수·학습 활동
도입	• 그림에서 삼각형 파악하기
전개	• 삼각형을 다른 기준으로 파악하기 • 삼각형 분류하기 　〈활동 1〉 (　　㉢　　) 　〈활동 2〉 (　　㉣　　) 　〈활동 3〉 주어진 삼각형을 분류하여 표 완성하기
정리	• 알게 된 점 말하기

	예각삼각형	직각삼각형	둔각삼각형
이등변삼각형	가	다	라
세 변의 길이가 모두 다른 삼각형	마	나	바

1) 도형을 직접 포개어 보는 것 외에, 반 힐레(van Hieles)의 기하 학습 수준 이론 중 분석적 사고 수준에 해당하는 (가)의 ㉠을 1가지만 쓰시오. [1점]

　• ㉠ : _____

2) (가)의 ㉡에 들어갈 말을 쓰시오. [1점]

　• ㉡ : _____

3) (가)의 [그림 2]의 조각 ㉢을 오른쪽으로 5번 뒤집고 시계 방향으로 (ⓐ)°만큼 3번 돌리면 조각 ㉣과 같이 된다. ⓐ에 들어갈 수를 2가지 쓰시오.(단, 0 ≤ ⓐ ≤ 180) [1점]

　• _____

4) (나)의 ㉤과 ㉥에 들어갈 활동 내용을 각각 쓰시오. [1점]

　• ㉤ : _____

　• ㉥ : _____

정답

1) 대응변의 길이 재기(대응각의 크기 재기)
2) 다른 면들과 수직으로 만나는 경우
3) 60°, 180°
4) ⑩ 삼각형을 변의 길이에 따라 분류하기
   ⑭ 삼각형을 각의 크기에 따라 분류하기

정답이유

1)

① 분석적 사고 수준은 관찰과 실험을 통하여 주어진 도형의 구성 요소나 성질을 분석할 수 있는 수준이다. 이 수준의 아동은 어떤 물건의 길이와 높이, 두께 등의 대소 개념이 형성되어서 어떤 상자에 있는 직사각형을 보고 "마주 보는 두 변의 길이는 서로 같다."라는 것을 인식하게 된다.

② 두 도형의 대응변의 길이를 재어 그 길이가 같다고 확인하는 활동이나, 두 도형의 대응각의 크기가 같다고 확인하는 활동은 주어진 두 도형의 성질을 분석할 수 있는 능력이 있음을 전제로 하고 있으므로 분석적 사고 수준에 있는 학생이 수행하기에 적합한 활동이다.

2) 육각기둥, 팔각기둥 등 옆면의 개수가 짝수인 경우 마주 보는 면이 평행이고 합동인 경우가 많이 있을 수 있으나 <u>다른 면들과 수직으로 만나는 경우만</u> 밑면이 될 수 있음을 알게 한다.

3) (가)의 [그림 2]의 ㉢을 오른쪽으로 5번 뒤집으면 다음과 같은 모양이 된다.

조각 ㉢의 모양이 조각 ㉣의 모양처럼 만들어 지기 위해서는 조각 ㉢을 시계 방향으로 180° 만큼 돌리면 된다. 조각 ㉢을 시계 방향으로 3번 돌려 180° 만큼 돌릴 수 있는 각도는 60°와 180°(360°+180°) 2가지이다.

4) (나)의 〈활동 3〉에 나타난 삼각형의 분류 기준을 보면 표의 왼쪽은 변의 길이를 기준으로 분류, 표의 상단은 삼각형의 내각의 크기를 기준으로 분류하도록 되어 있으므로, 〈활동 3〉을 학습하기 이전에 학습하는 〈활동 1〉, 〈활동 2〉에는 삼각형을 변의 길이와 각의 크기에 따라 분류해 보는 활동이 적절하다.

정답개념

1. 반 힐레의 기하 학습 수준 이론

제1수준 (인지)	특징	① 주변의 사물을 전체적인 외형에 대한 시각적 인식에 의해서만 파악하고, 이때 도형이 이러한 주변의 사물을 정리하는 수단(정리 도구)으로 등장한다. ② 그러나 이 수준에 있는 학생들은 도형의 구성 요소를 명확히 고려하지 않는다. 즉, 네모 모양과 동그라미 모양이 다르다는 것을 인식하지만 각각의 성질을 명확히 파악할 수는 없다.
	지도 방법	① 제2수준의 사고를 조성하기 위해서 도형의 다양한 예와 예가 아닌 것을 분석하도록 학생을 격려해야 한다. 이때 필요한 활동이 묘사하기와 분류하기이다. ② 물체를 묘사하고, 묘사한 것을 바탕으로 두 물체가 기하학적으로 비슷한지 또는 다른지 직관적으로 분류하는 활동은 학생들이 2수준으로 발달하도록 도울 수 있다.
제2수준 (분석)	특징	① 도형이 대상이 되며 도형을 구성하는 여러 성질이 그 도형을 정리하는 수단이 된다. 즉, 주변 대상의 정리 수단이었던 도형이 제2수준에서는 대상이 되며 이러한 도형의 구성 요소와 성질에 대한 비형식적 분석을 통해 그 도형을 파악한다. ② 이 수준에 있는 학생은 직사각형은 직각이 4개이고, 마주 보는 변의 길이가 같고, 마주 보는 변이 서로 평행하고, 대각선의 길이가 같다는 성질을 개별적으로 파악할 수 있다. 하지만 이런 성질들 사이의 관계를 명확히 이해할 수 없다.
	지도 방법	① 제2수준의 학생들이 제3수준으로 발전하게 하기 위해서는 개념의 핵심적인 속성에 중점을 두고 개념을 정의하기 위해 필요한 최소한의 속성을 비형식적으로 추론할 수 있도록 학생을 도와주어야 한다. ② 개념의 다양한 예를 제시하고 어떤 속성을 모든 예에서 발견할 수 있는지, 몇 개의 예에서만 발견할 수 있는지를 학생들이 명확하게 생각할 수 있도록 격려하고, 학생 스스로 정의를 평가하게 해야 한다. 이를 통하여 개념의 핵심적인 속성에 중점을 두고 정의하였음을 이해하도록 돕는다.

2. 각기둥에서 두 밑면과 만나는 면 알아보기

① 사각기둥의 경우 직육면체나 정육면체도 포함될 수 있고 이에 근거하여 밑면과 옆면을 구분하지 않고 학생들은 밑면이 3쌍이라고 말할 수 있다. 그러나 직육면체나 정육면체는 사각기둥의 특수한 경우이므로 밑면과 옆면을 구분하여 사용하도록 한다. 즉, 한 쌍을 밑면으로 정하면 다른 두 쌍은 옆면이 되는 것을 알 수 있도록 한다. 또한 어느 면을 밑면으로 하든지 직사각형의 모양이 나오므로 사각기둥이라는 이름을 어렵지 않게 유추할 수 있도록 한다.

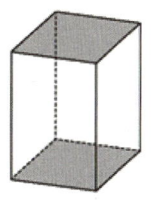 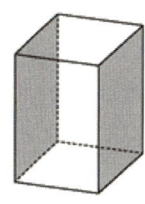 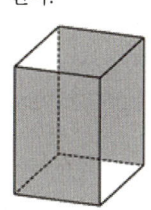

② 육각기둥, 팔각기둥 등 옆면의 개수가 짝수인 경우 마주 보는 면이 평행이고 합동인 경우가 많이 있을 수 있으나 <u>다른 면들과 수직으로 만나는 경우만</u> 밑면이 될 수 있음을 알게 한다.

03

(가)는 2015 개정 수학과 교육과정 3~4학년군의 '삼각형' 단원 관련 성취기준이고, (나)는 '다각형' 단원 수업을 한 후 교사들이 나눈 대화이다. 물음에 답하시오. [4점]

(가)

> [4수02-08] 여러 가지 모양의 삼각형에 대한 분류 활동을 통하여 이등변삼각형, 정삼각형을 이해한다.
> [4수02-09] 여러 가지 모양의 삼각형에 대한 분류 활동을 통하여 직각삼각형, 예각삼각형, 둔각삼각형을 이해한다.

(나)

> 김 교사 : 다각형 단원 지도는 여러 가지 도형, 삼각형, 사각형 등 평면도형에서 다루었던 다양한 내용을 바탕으로 합니다. 다각형 지도에 대해 말해 봅시다.
> 이 교사 : 다각형을 지도할 때 학생들이 다각형을 여러 개의 각으로 이루어진 도형으로만 이해하는 경우 다각형에 대한 오개념을 가질 수 있다는 점에 유의해야 해요.
> 최 교사 : 도형 학습에서는 기준에 따라 도형을 분류하고 명명하는 것이 중요해요. 초등수학에서 삼각형은 (㉠)와/과 (㉡)을/를 기준으로 분류하고 있는데, 정다각형의 지도 역시 여러 가지 모양의 다각형에서 (㉠)와/과 (㉡)을/를 기준으로 분류하는 활동을 통해 이루어지고 있어요.
> 윤 교사 : 그렇죠. 이러한 분류 활동을 통해 ㉢ 마름모가 정사각형이 아님을 학생들 스스로 설명할 수 있도록 해야겠죠.
> 송 교사 : 저는 정다각형을 이용하여 분류 활동을 하고 평면을 채우는 활동을 했어요. 정삼각형, 정사각형, ㉣ 정육각형을 겹치지 않게 놓아 평면을 빈틈없이 채울 수 있음을 조작과 탐구를 통해 가르칠 수 있었어요.

1) ㉠은 (가)의 성취기준 [4수02-08]과 관련된 삼각형의 분류 기준이고, ㉡은 (가)의 성취기준 [4수02-09]와 관련된 삼각형의 분류 기준이다. ㉠에 공통으로 들어갈 내용과 ㉡에 공통으로 들어갈 내용을 각각 쓰시오. [2점]

- ㉠ : _____
- ㉡ : _____

2) ㉢의 이유를 쓰시오. [1점]

- _____

3) 다음 [그림]을 참고하여 ㉣의 이유를 쓰시오. [1점]

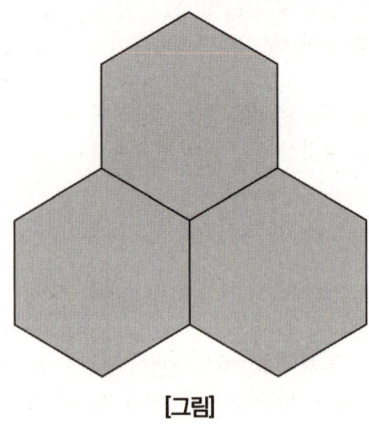

[그림]

- _____

② 오늘날과 같은 개념이지만 이등변삼각형에 대한 내용은 차이가 있다. 두 변의 길이가 같은 삼각형을 이등변삼각형, 세 변의 길이가 같은 삼각형을 정삼각형이라고 하여 정삼각형이 이등변삼각형의 특별한 유형으로 분류되는 포함적 관계로 간주하는 오늘날의 정의와 다르게 『원론』에서는 이등변삼각형은 두 변의 길이만 같은 삼각형으로 정의하여 배타적인 분할적 정의를 내리고 있는 것이다. 즉 <u>『원론』의 방식은 변에 따른 분류나 각에 따른 분류가 모두 분할적 분류 체계에 해당하지만 오늘날의 방식은 변에 따른 분류는 포함적 분류, 각에 따른 분류는 분할적 분류이다.</u>

③ 각에 따른 삼각형의 분류에 대한 교수·학습 시 예각삼각형은 '모든' 각이 예각이어야 하지만 직각삼각형과 둔각삼각형은 직각과 둔각이 '존재'하기만 하면 되는 논리적 관계의 인식이 요구되므로 어려울 수 있고 예각이 있다고 해서 모두 예각삼각형인 것은 아님을 주의해서 다루어야 한다. 이에 학생이 이해하기 쉽도록 돕는 정교한 교수학적 접근이 요구된다.

3. 사각형의 종류와 포함관계

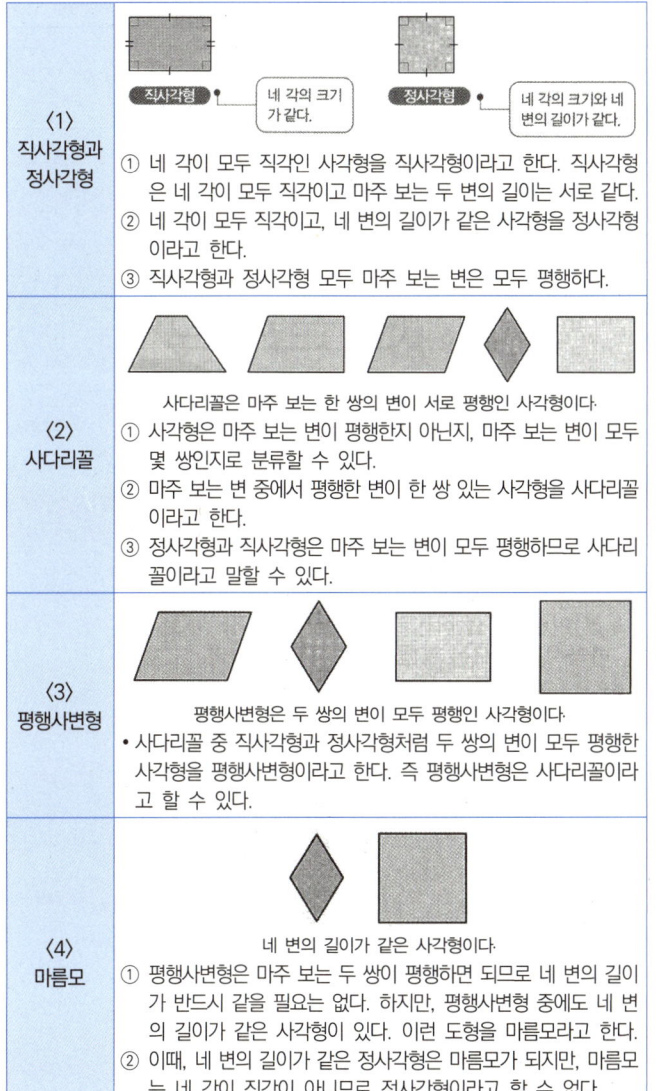

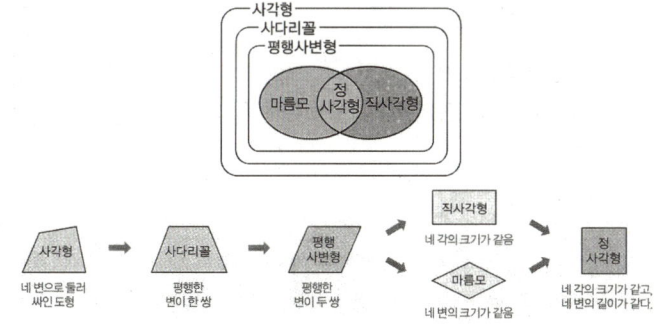

4. 오개념 : 정다각형은 모두 평면을 덮을 수 있다.

(1) 평면을 덮을 수 있는 조건

① 정삼각형의 한 각의 크기는 60°이다. 따라서 한 점에 각이 6개가 모여 있으므로 모두 360°이다.
② 정사각형의 경우도 마찬가지로 한 점에 90°인 각이 4개가 모여 360°이다.

정다각형	한 각의 크기
정삼각형	60°
정사각형	90°
정오각형	108°
정육각형	120°

③ 정육각형의 한 각은 120°이고, 한 점에 3개가 모여 역시 360°가 된다. 즉 한 점에서 모이는 각이 360°가 되어야만 평면을 빈틈없이 덮을 수 있다.
④ 정오각형 모양의 타일로는 평면을 빈틈없이 덮을 수 없다. 그 이유는 정오각형의 한 각의 크기는 108°여서 108°가 모여 360°를 만들 수는 없다.
- (108° 2개 → 216°)
- (108° 3개 → 324°)
- (108° 4개 → 432°)

(2) 수학적 개념
- <u>평면을 덮으려면 한 점에 모이는 각의 합이 360°가 되어야 한다.</u>

04

2017-A-5

(가)는 패턴블록(pattern block)을 설명한 것이고, (나)는 수학 교구 활용과 관련하여 교사들이 나눈 대화의 일부이다. 물음에 답하시오. [4점]

(가)

패턴블록은 정삼각형, 정사각형, 평행사변형, 마름모, 사다리꼴, 정육각형 모양의 조각을 모아 놓은 것이다. 사다리꼴의 아랫변을 제외하면 모든 도형의 변의 길이는 동일하고, 사다리꼴의 아랫변의 길이는 다른 변의 길이의 2배이다. 모든 도형의 한 각의 크기는 150°, 120°, 90°, 60°, 30° 중 하나이다.

정삼각형	정사각형	평행사변형	마름모	사다리꼴	정육각형

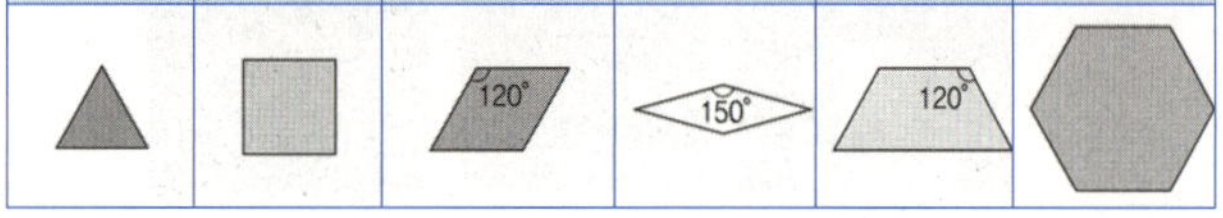

(나)

김 교사 : 학교수학은 학생의 발달 수준을 고려하여 지도해야 합니다. 초등학교에서는 개념을 먼저 (㉠)(으)로 이해하도록 지도하지요. 교구를 활용한 구체적 조작 활동은 대상을 보고 (㉠)(으)로 사고하는 데 도움이 됩니다. 교구를 활용한 수업 사례에 대해 이야기해 봅시다.

최 교사 : 저는 패턴블록을 사용하여 합동인 모양을 만드는 활동을 하게 했어요. 그런데 한 학생이 [그림 1], [그림 2]와 같이 서로 합동인 두 모양을 만들고 이를 이용해서 ㉡ <u>패턴블록의 정사각형 1개의 넓이에 대한 마름모 1개의 넓이의 비를 바로 구하더군요.</u>

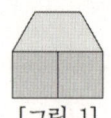
[그림 1]
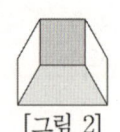
[그림 2]
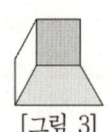
[그림 3]

이 교사 : 저는 [그림 2]와 같은 모양을 만들고 이 모양이 육각형임을 설명해 주었는데, 어떤 학생이 ㉢ <u>[그림 2]에서 마름모 1개를 빼낸 [그림 3]과 같은 모양도 육각형인지 묻더군요.</u>

윤 교사 : 저는 '(자연수)-(분수)'를 지도하면서 패턴블록을 이용해 보았어요.

평행사변형 1개의 크기를 $\frac{2}{3}$로 하여 [그림 4]의 왼쪽 모양에서 오른쪽 모양을 빼는 것으로 뺄셈식  ㉣ 을/를 설명해 주었더니 학생들이 쉽게 이해하더군요.

[그림 4]

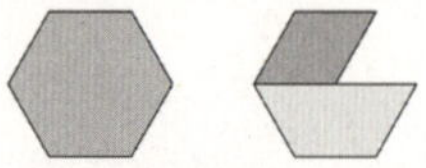

1) 다음은 2015 개정 수학과 교육과정 1~2학년군 '도형' 영역의 학습 내용 성취기준의 일부이다. (나)의 ㉠과 다음의 ⓐ에 공통으로 들어갈 말을 쓰시오. [1점]

> ② 평면도형과 그 구성 요소
> [2수02-03] 교실 및 생활 주변에서 여러 가지 물건을 관찰하여 삼각형, 사각형, 원의 모양을 찾고, 그것들을 이용하여 여러 가지 모양을 꾸밀 수 있다.
> [2수02-04] 삼각형, 사각형, 원을 (ⓐ)(으)로 이해하고, 그 모양을 그릴 수 있다.

• _____

2) (나)의 ① ㉡을 쓰고, ② ㉢이 육각형인지 아닌지를 그 이유와 함께 쓰시오. [2점]

• ① : _____

• ② : _____

3) (나)의 ㉣에 들어갈 알맞은 뺄셈식을 쓰시오. [1점]

• _____

정답

1) 직관적

2) ① 1 : 2
② 육각형이다, 6개의 선분으로 둘러싸여 있기 때문

3) $2 - 1\frac{2}{3} = \frac{1}{3}$

정답이유

1) 직관적 사고
- 직관은 사고의 대상을 인지하는 활동으로 다소 명확하지는 않지만 전체를 감지하고 논리의 전개 방향과 기틀을 마련해 준다.
- 예를 들어, 3학년에서 원을 다룰 때에는 '한 점에서 일정한 거리에 있는 점의 집합'으로 정의하기보다는 '원 모양의 물체에 공통으로 들어 있는 모양, 둥근 물체를 본떠 그려서 얻게 되는 결과, 중심과 반지름을 구성 요소로 가지는 도형'과 같이 비형식적으로 정의하게 된다.
- 주변의 사물을 둘러보고, 둥근 물체를 본떠 그려 보고, 구성 요소를 찾아보는 등 비형식적인 논의를 하면서 원에 대한 직관적인 이해를 시도한 후에 수학적인 의미를 구축해야 한다.

2)
ⓒ 패턴블록의 정사각형 1개의 넓이에 대한 마름모 1개의 넓이의 비
- [그림 1], [그림 2]는 서로 합동이므로 넓이가 같다. 따라서 [그림 1]의 정사각형 2개 중 1개와 [그림 2]의 정사각형의 넓이가 같고, [그림 1], [그림 2]의 사다리꼴의 넓이가 같으므로 결국 [그림 1]의 정사각형 1개의 넓이와 [그림 2]의 마름모 2개의 넓이와 같다.
- 패턴블록의 정사각형의 넓이에 대한 마름모 1개의 넓이의 비는 1 : 2이다.

ⓒ [그림 3]은 6개의 선분으로 둘러싸여 있으므로 육각형이다.

3)
① 평행사변형 1개의 크기를 $\frac{2}{3}$로 하였고, (가)에서 제시한대로 사다리꼴의 아랫변을 제외하면 모든 도형의 변의 길이는 동일하므로, 정삼각형은 평행사변형 넓이의 반이므로 정삼각형 1개의 크기는 $\frac{1}{3}$이 된다.

② 따라서 오른쪽 모양의 아래 사다리꼴은 $\frac{3}{3}$, 즉 1이고 왼쪽 육각형은 2가 된다. 그러므로 왼쪽 모양에서 오른쪽 모양을 빼는 뺄셈식은 $2 - \frac{5}{3}$, 즉 $2 - 1\frac{2}{3} = \frac{1}{3}$이 된다.

정답개념

1. 피아제 전조작기 (preoperational period) 단계의 특징
① 직관적 사고(intuitive thinking)
   - 현저한 지각적 특성으로 대상을 파악하는 사고
② 물활론(animism)
   - 생명이 없는 대상에게 생명과 감정을 부여하는 사고
③ 표상적 사고(representational thought)
   - 마음속의 어떤 것을 그릴 수 있는 정신 능력
④ 중심화(centration)
   - 사물의 한 가지 차원에만 초점을 두고 다른 중요한 특성은 간과하는 경향성
⑤ 보존(conservation)
   - 물질의 모양이나 위치가 변하여도 물질의 속성은 동일하다는 개념
   - 보존 개념을 이해하기 위해서는 가역성, 동일성, 상보성을 획득하여야 한다.

가역성 (reversibility)	처음의 상태로 돌이켜 생각할 수 있는 능력
통일성 (identity)	아무것도 더하거나 빼지 않았으므로 그 양은 같다는 논리
상보성 (compensation)	여러 특성의 관계를 상호 비교하고 통합하는 조작능력

⑥ 자아중심성(egocentrism)
   - 타인의 생각, 감정 등이 자신과 동일하다고 믿고 타인의 관점을 이해하지 못하는 경향
⑦ 집단독백(collective monologue)
   - 실제적인 상호작용이나 대화 없이 각자 자신의 말을 열심히 하는 경향
⑧ 전인과적 사고(precausal thinking)
   - 원인과 결과에 대한 논리적 추론능력이 부족하여 나타나는 비논리적이고 주관적인 인과적 사고
⑨ 인공론(artifial-ism)
   - 세상의 모든 것이 사람을 위해, 사람의 필요에 의해 만들어 졌다고 믿는 사고로 사람들이 길을 찾을 수 있도록 해와 달이 만들어졌다고 믿는다.

2. 다각형
① 개념
삼각형, 사각형, 오각형, 육각형 등의 도형을 통틀어서 다각형이라고 한다. 즉 3개 이상의 선분으로 둘러싸인 도형을 다각형이라고 한다.
② 다각형의 이름
3개의 선분으로 둘러싸인 도형은 삼각형, 4개의 선분으로 둘러싸인 도형은 사각형, 5개의 선분으로 둘러싸인 도형의 이름은 오각형, 6개의 선분으로 둘러싸인 도형의 이름은 육각형이다. 이처럼 다각형의 이름은 변의 개수에 따라 정해진다. [그림 3]은 다음과 같이 6개의 선분으로 둘러싸여 있으므로 육각형(오목육각형)이다.

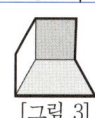

[그림 3]

③ 정다각형

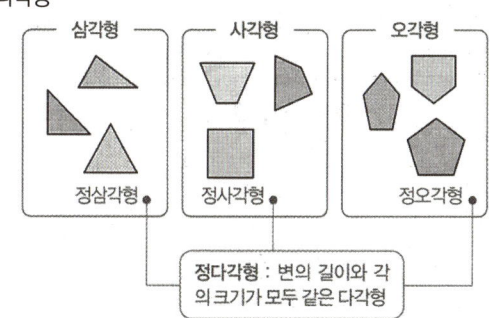

다각형의 이름은 변의 개수에 따라 정해진다.

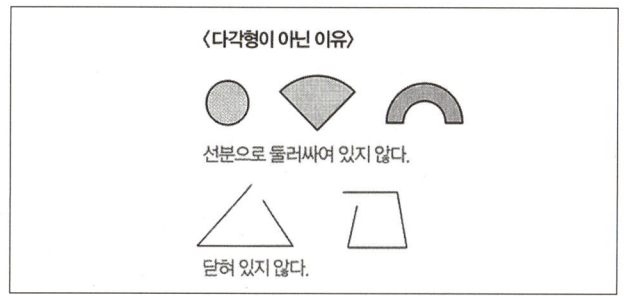

05

2013-A-7

다음은 문제 해결 방법을 활용한 수업의 일부이다. 물음에 답하시오. [4점]

교사 : 한 변의 길이가 1인 정삼각형의 변과 변을 이어 붙여 가면서 여러 가지 평면도형을 만들고, 둘레의 길이를 구해보세요.
민수 : (다음 그림과 같이 도형을 몇 개 만든 후) ㉠몇 개의 도형을 만들어 보았더니 정삼각형을 1개 붙일 때마다 둘레의 길이는 1씩 증가해요.

영호 : (민수가 만든 도형을 가리키며) 정삼각형 1개를 붙일 때마다 ㉡새로운 변이 2개씩 추가되지만, 이어 붙인 부분은 둘레의 길이에서 제외되기 때문에 만들어지는 도형의 둘레는 1씩 증가해요. 그래서 규칙을 만들어보면 둘레의 길이는 (정삼각형의 개수)+2와 같아요.
교사 : 그러면 정삼각형 6개를 이어 붙여 만든 도형의 둘레는 어떻게 될까요?
민수 : (몇 개의 도형을 만들어 보인 후)이런 경우에 모두 8이 되잖아요. 그래서 둘레의 길이는 8이라고 생각해요.

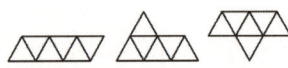

영호 : 정삼각형 6개를 이어 붙이면 제가 말한 규칙에서 둘레의 길이는 8이 맞아요. 아! 그런데 둘레의 길이가 8이 아닌 평면도형도 만들어져요.
교사 : 맞아요. 어떤 도형인지 그려보세요.
(중략)
교사 : 이제 ㉢정삼각형 10개를 이어 붙였을 때 둘레의 길이가 최소가 되는 평면도형을 찾아봅시다.
(이하 생략)

1) 기하학습을 인지, 분석, 관계, 연역, 공리의 5개 수준으로 구분할 때, ㉠과 ㉡의 진술에 해당하는 수준과 이유를 각각 쓰시오. [2점]

	수 준	이 유
㉠		
㉡		

2) ㉢에 알맞은 도형을 그리고, 그 둘레의 길이를 구하시오. [2점]

도 형	둘레의 길이

4절 측정

01   2021-B-2

(가)는 5~6학년군 '다각형의 둘레와 넓이' 단원 수업의 일부이고, (나)는 이 수업에 관해 교사들이 나눈 대화이다. 물음에 답하시오. [4점]

(가)

> 박 교사 : 오늘은 여러 가지 문제를 풀어 보면서 이 단원에서 배운 내용을 정리해 보겠습니다. [그림 1] 마름모의 둘레를 구해 보세요.
>
>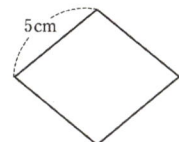
> [그림 1]
>
> 학생 A : 한 변의 길이만 주어져 있고, 나머지 변의 길이는 몰라서 둘레를 못 구해요.
> …(중략)…
> 박 교사 : 직사각형 가, 나, 다의 넓이와 둘레를 구해 보세요.
>
>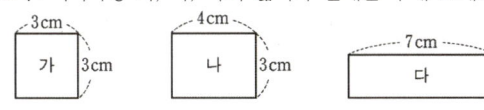
> [그림 2]
>
> 학생 B : 가, 나, 다의 넓이는 $9cm^2$, $12cm^2$, $14cm^2$이고 둘레는 12cm, 14cm, 18cm입니다.
> 박 교사 : 직사각형의 넓이와 둘레를 잘 구했네요.
> 학생 B : 선생님! 직사각형의 넓이가 클수록 둘레도 큰 것 같아요.
> 박 교사 : 정말로 직사각형의 넓이가 클수록 둘레도 클까요? 이 추측이 맞는지 확인해 봅시다.
>
>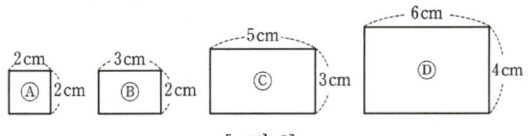
> [그림 3]
>
> 박 교사 : [그림 3]의 직사각형과 [그림 2]의 직사각형의 넓이와 둘레를 비교해 보세요.

(나)

> 김 교사 : [그림 1]처럼 한 변의 길이만 주어져 있는 마름모를 제시한 이유는 무엇인가요?
> 박 교사 : 학생들이 ㉠ <u>마름모의 둘레 구하는 방법</u>을 이해했는지 알아보기 위해서입니다.
> 김 교사 : 그렇군요. 학생들이 그 방법을 충분히 이해했다면, 사각형의 성질과 둘레에 대한 지식을 종합적으로 평가할 수 있는 다음과 같은 문제를 제시하는 것도 좋겠네요.
>
> > 문제 '가'는 정사각형, '나'는 평행사변형, '다'는 마름모입니다. '나'의 둘레가 20 cm입니다. '가'의 둘레와 '다'의 둘레의 합을 구해 보세요.
> >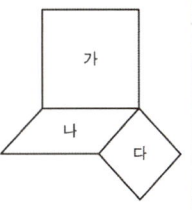
> > 답 '가'의 둘레와 '다'의 둘레의 합은 (㉡) cm입니다.
>
> 김 교사 : 수업 중에 학생 B가 '직사각형의 넓이가 클수록 둘레도 크다.'라는 추측을 했는데, 선생님께서는 이런 상황을 예상했었나요?
> 박 교사 : 예상 못했어요. 그런데 그 추측이 모든 직사각형에 대해서 성립하지는 않아요. 그래서 [그림 3]의 직사각형 중에 (㉢)와/과 [그림 2]의 직사각형 중에 (㉣)을/를 비교해 보게 했어요. 이를 이용해서 ㉤ '<u>직사각형의 넓이가 클수록 둘레도 크다.'라는 추측이 옳지 않다는 것을 설명했어요.</u>

1) (나)의 ㉠을 마름모의 성질과 관련지어 쓰시오. [1점]
   • _____

2) (나)의 ㉡에 알맞은 수를 쓰시오. [1점]
   • _____

3) ① (나)의 ㉢, ㉣에 알맞은 기호를 쓰고, ② ㉤의 이유를 쓰시오. (단, ② 작성 시 ㉢, ㉣에 쓴 기호를 이용하시오.) [2점]
   • ① : _____
   • ② : _____

정답
1) 마름모는 네 변의 길이가 모두 같기 때문에 마름모의 둘레는 한 변의 길이를 4배 하여 구한다.
2) 40
3) ① ㉢, 다
   ② [그림 3]의 직사각형 중 ㉢의 넓이는 $15cm^2$로 [그림 2]의 직사각형 다의 넓이 $14cm^2$보다 크지만, 둘레는 직사각형 다의 둘레보다 작기 때문이다.

정답이유
1) 마름모는 네 변의 길이가 모두 같으므로, (마름모의 둘레)=(한 변의 길이)×4이다.
2) • '가'의 정사각형과 '다'의 마름모는 네 변의 길이가 모두 같고, '나'의 평행사변형은 마주 보는 두 변의 길이가 같다는 성질을 이용하여 '가'의 둘레와 '다'의 둘레의 합을 구할 수 있다.

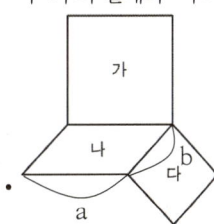

① 평행사변형은 마주 보는 두 변의 길이가 각각 같으므로, 평행사변형 '나'의 둘레=((한 변의 길이)+(다른 한 변의 길이))×2로 구할 수 있고, '나'의 둘레가 20cm이므로 위 그림과 같이 a(한 변의 길이)+b(다른 한 변의 길이)=10cm이다.
② '가'는 정사각형, '다'는 마름모이므로, 가와 다의 둘레는 모두 (한 변의 길이)×4로 구할 수 있으므로, 정사각형 '가'의 둘레는 a×4, 마름모 '다'의 둘레는 b×4이다. 따라서, '가'의 둘레와 '나'의 둘레의 합은 (a+b)×4=40cm이다.

3) [그림 3]의 직사각형 ㉢의 넓이는 $15cm^2$로 [그림 2]의 직사각형 다의 넓이 $14cm^2$보다 크지만, [그림 3]의 정사각형 ㉢의 둘레는 16cm이고, [그림 2]의 직사각형 다의 둘레는 18cm이다. 그러므로 [그림 3]의 직사각형 ㉢, [그림 2]의 직사각형 다의 넓이와 길이를 비교해 보도록 함으로써 <u>직사각형의 넓이가 클수록 둘레도 크다'라는 추측이 옳지 않다는 사실을 지도할 수 있다.</u>

02
2019-B-7

(가)는 예비 교사 A가 3학년 2학기 '들이와 무게' 단원에서 무게를 지도하기 위하여 작성한 교수·학습 과정안의 일부이고, (나)는 무게의 지도에 대한 예비 교사들의 대화이다. 물음에 답하시오. [4점]

(가)

단계	교수·학습 활동
도입	귤과 바나나의 무게를 비교하는 상황 제시하기
전개	〈활동 1〉 • 양손을 사용하여 귤과 바나나의 무게를 비교하기 • 윗접시저울을 사용하여 귤과 바나나의 무게를 비교하기 〈활동 2〉 • 윗접시저울을 사용하여 귤과 바나나의 무게를 바둑돌과 공깃돌로 재어 비교하기 - 윗접시저울을 사용하여 귤과 바나나의 무게를 바둑돌과 공깃돌로 재고 다음 표를 채우시오. | 단위	귤	바나나
---	---	---
바둑돌	( )개	( )개
공깃돌	( )개	( )개	 - 귤과 바나나 중 어느 것이 더 무거운지 말해 봅시다. … (하략) …
정리	무게 비교 방법 정리하기

(나)

예비 교사 A : 측정의 지도 계열을 반영하여 교수·학습 과정안을 (가)와 같이 재구성하여 작성해 보았습니다. 이에 대해 이야기해 봅시다.
예비 교사 B : (가)의 〈활동 1〉은 '비교하기'에, 〈활동 2〉는 '측정을 통한 비교하기'에 초점을 두고 있는 것 같아요.
예비 교사 C : 양의 비교에는 직관적인 비교, 직접 비교, 간접 비교가 있죠.
예비 교사 D : 〈활동 2〉에서 측정은 양을 수치화한다는 점이 특징이네요.
예비 교사 B : 학생들은 ㉠ 직접 측정을 통한 간접 비교를 하는군요. 이때, ㉡ '단위'와 '단위의 수'의 관계를 알도록 지도해야 할 것 같아요.
예비 교사 C : 이후 차시에서 ㉢ 무게 단위 사이의 관계를 지도할 때 지나친 단위 환산은 다루지 않는 것이 좋아요.
예비 교사 A : 저는 보통 단위를 지도한 후 무게의 덧셈과 뺄셈을 이용하여 해결할 수 있는 ㉣ 문제를 만들었습니다. 이에 대해서도 의견을 주십시오.
… (하략) …

1) ① (나)의 ㉠에 해당하는 내용을 (가)에서 찾아 쓰고, ② (나)의 ㉡을 두 용어 '단위'와 '단위의 수'를 모두 사용하여 쓰시오. [2점]

• ① : _____

• ② : _____

2) 2015 개정 수학과 교육과정에 제시된 '평가 방법 및 유의 사항'에 근거하여 (나)의 ㉢에 해당하는 것을 쓰시오. [1점]

• _____

3) (나)에서 예비 교사 A가 말한 ㉣은 다음 문제와 같다. 문제를 해결하시오. [1점]

[문제] 상자 ⓑ의 무게를 구하시오. (단, 양팔저울은 어느 쪽으로도 기울어지지 않았다.)

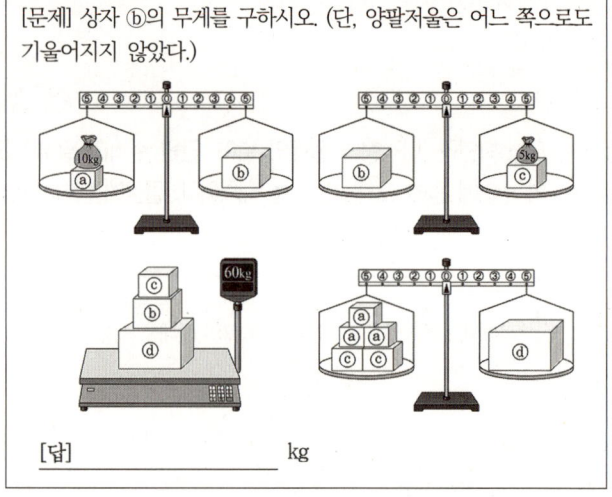

[답] _____ kg

정답

1) ① 윗접시저울을 사용하여 귤과 바나나의 무게를 바둑돌과 공깃돌로 재어 비교하기
② 단위와 단위의 수는 반비례관계(역관계)이다.

2) 1g과 1t 사이의 단위 환산은 다루지 않는다.

3) 15

정답이유

1)

①. (가)의 〈활동 1〉의 '양손을 사용하여 귤과 바나나의 무게를 비교하기', '윗접시저울을 사용하여 귤과 바나나의 무게를 비교하기'는 비교를 위한 매개물이 사용되지 않았으므로 직접 비교에 해당한다. 〈활동 2〉에서는 바둑돌, 공깃돌이라는 매개물이 사용되었으므로 간접 비교에 해당한다.

②. 측정에 활용하는 단위가 커질수록 필요한 단위의 수는 작아지고, 단위가 작아질수록 필요한 단위의 수는 커지므로 '단위'와 '단위의 수'의 관계는 반비례관계(역관계)이다.

3)

첫 번째, 두 번째 그림을 보면 ⓐ+10kg=ⓑ, ⓒ+5kg=ⓑ이므로, ⓒ=ⓐ+5kg이다.

세 번째 그림을 보면, ⓑ=ⓐ+10kg, ⓒ=ⓐ+5kg이므로 ⓑ+ⓒ+ⓓ=60kg은 ⓐ+10kg+ⓐ+5kg+ⓓ=60kg, 2ⓐ+15kg+ⓓ=60kg

네 번째 그림을 보면, ⓐ+ⓐ+ⓐ+ⓒ+ⓒ=ⓓ인데, ⓒ=ⓐ+5kg이므로, ⓐ+ⓐ+ⓐ+ⓒ+ⓒ=ⓓ는 5ⓐ+10kg=ⓓ

세 번째, 네 번째에서 조건에서 ⓐ 상자의 무게를 숫자를 하나씩 대입해서 구해 보면 ⓐ 상자의 무게는 5kg이다.

따라서 ⓑ 상자의 무게는 15kg이다.

03 2018-B-8

(가)는 문제 해결 수업의 일부이고, (나)는 이 수업에 대한 수업일지의 일부이다. 물음에 답하시오. [4점]

(가)

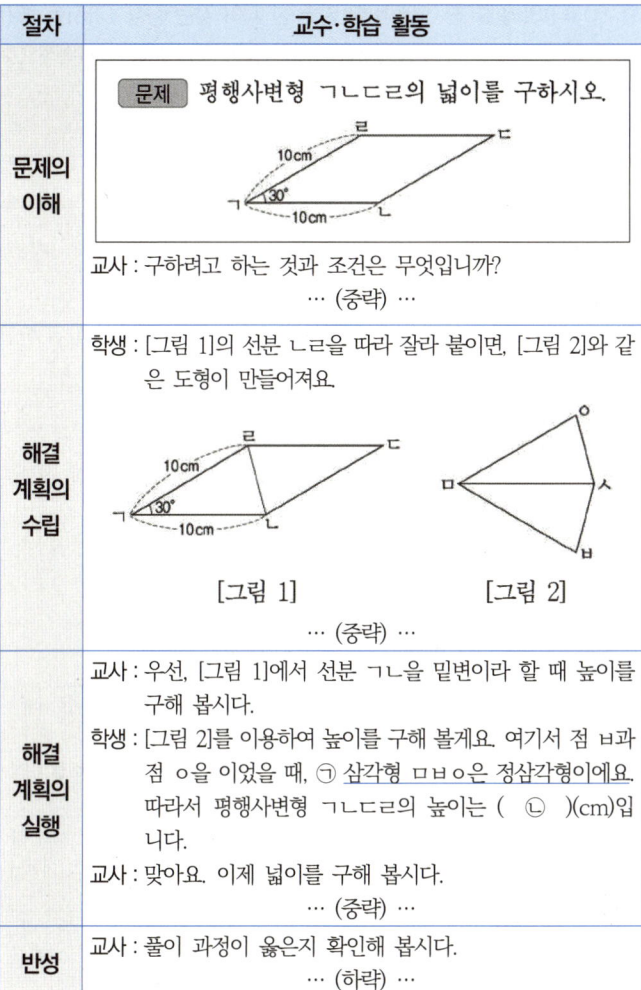

(나)

- 문제 해결 과정을 보면, 학생은 '합동인 도형의 성질을 사용하여, 잘라 붙여서 변형시킨 도형의 넓이는 같다.'는 (㉢) 변형을 이해하고 있다.
- [그림 2]의 사각형의 넓이는 두 대각선의 길이의 곱의 (㉣)배가 된다는 사실을 활용하여, 평행사변형의 넓이를 구하도록 하는 것도 좋을 것 같다.

1) (가)의 ① 밑줄 친 ㉠의 이유를 쓰고, ② ㉡에 들어갈 수를 쓰시오. [2점]

- ① : _____
- ② : _____

2) (나)의 ㉢에 들어갈 말과 ㉣에 들어갈 수를 쓰시오. [2점]

- ㉢ : _____
- ㉣ : _____

정답

1) ① 선분 ㅁㅂ, 선분 ㅁㅇ의 길이가 같으므로 점 ㅂ과 점 ㅇ을 이은 삼각형 ㅁㅂㅇ은 이등변삼각형이고, 각 ㅂㅁㅇ의 크기가 60°이고 이등변삼각형은 두 밑각의 크기가 같으므로 삼각형 ㅁㅂㅇ의 세 각은 모두 60°가 되어 삼각형 ㅁㅂㅇ은 정삼각형이다.
② 5

2) ㉢ 등적   ㉣ $\frac{1}{2}$(0.5)

정답이유

1)
1. [그림 1]에서 평행사변형의 변의 길이는 모두 10cm로 동일하고 [그림 1]의 선분 ㄴㄹ을 따라 자른 삼각형 ㄴㄷㄹ을 시계 방향으로 회전시켜 [그림 2]처럼 붙이면 선분 ㅁㅂ, 선분 ㅁㅇ의 길이도 모두 10cm로 같다. 이때 점 ㅂ과 점 ㅇ을 이어서 만든 삼각형 ㅁㅂㅇ은 이등변 삼각형이 된다.
2. 그런데 [그림 1]의 각 ㄴㄱㄹ, 각 ㄴㄷㄹ이 합쳐져서 만들어진 각 ㅂㅁㅇ의 크기는 60°이고, 이등변삼각형의 두 밑각의 크기는 같으므로 나머지 내각도 모두 60°가 되어 삼각형 ㅁㅂㅇ은 정삼각형이 된다.
3. 따라서 선분 ㅂㅇ의 길이도 10cm인데, 선분 ㅁㅅ이 선분 ㅂㅇ을 수직이등분하고 있으므로 선분 ㅂㅇ이 5cm씩 나누어지므로 [그림 1]에서 선분 ㄱㄴ을 밑면이라 할 때 높이는 5cm가 된다.

2)
㉢ 등적변형에는 합동인 도형의 성질을 써서 오려 붙이는 변형, 높이는 변하지 않게 하고 가로가 언제나 같도록 변형시킨 도형의 넓이는 항상 같다고 하는 캬바리어리(Cavalieri)의 원리에 의한 변형의 두 가지가 있다.

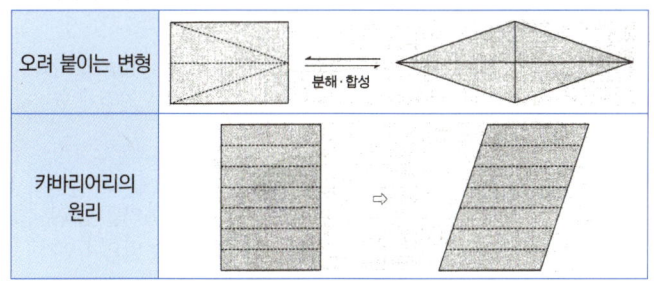

㉣ [그림 2]의 사각형의 넓이는 삼각형 ㅁㅇㅅ과 삼각형 ㅁㅅㅂ의 넓이의 합과 같고, 선분 ㅁㅅ의 길이는 10cm, 두 삼각형의 높이는 모두 5cm이므로 [그림 2]의 사각형의 넓이는 10×5÷2×2=50cm²이다. 사각형 ㅁㅂㅅㅇ에서 두 대각선 ㅁㅅ, ㅂㅇ의 길이는 모두 10cm이므로 사각형의 넓이는 두 대각선의 길이의 곱의 $\frac{1}{2}$(또는 0.5)배가 된다.

정답개념

넓이의 성질

넓이는 2차원 양이므로 평면도형과 밀접한 관계가 있다. 따라서 보존성이나 가법성, 연속성의 지도는 도형의 등적변형을 통해서 이루어진다. 등적변형에서 오려 붙이는 변형의 경우는 모눈종이에서 여러 가지 도형의 변형을 통해서 보존성과 가법성을 설명할 수 있다.

- 보존성이란 도형의 넓이는 그 모양에 따라서 결정되는 것이 아니라는 성질, 가법성이란 두 도형을 겹치지 않게 결합하면 새로 생긴 도형의 넓이는 처음 두 도형의 각 넓이의 합과 같다는 성질이다.

04

(가)는 2015 개정 수학과 교육과정의 3~4학년군 '측정' 영역에 대해 교사가 지도하며 판서한 내용이고, (나)는 평가 결과 내용의 일부이다. 물음에 답하시오. [6점]

(가)

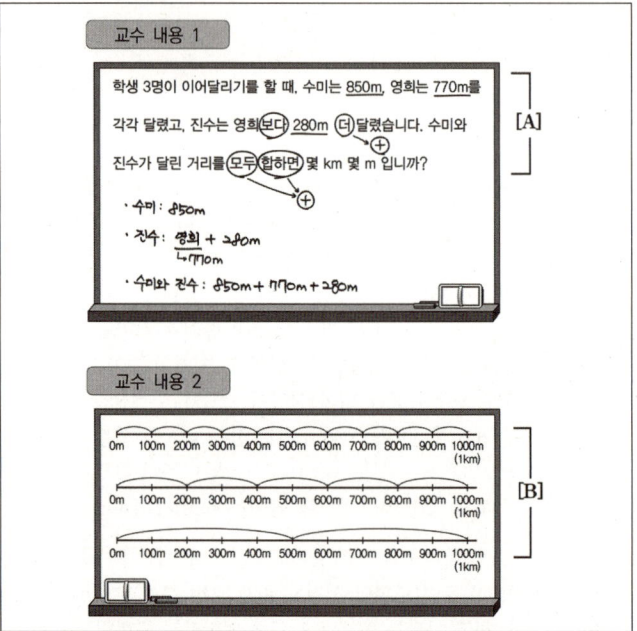

(나)

형성 평가 문제

학생 3명이 이어달리기를 할 때, 수미는 320m, 영희는 410m를 각각 달렸고, 진수는 영희보다 230m 더 달렸습니다. 수미와 진수가 달린 거리를 모두 합하면 몇 km 몇 m입니까?

㉠ 지필 평가 결과	㉡ 면담 평가 결과
식: 320+410+230 답: 1160m	이 문제는 수미와 진수가 달린 거리를 합하는 거예요. 진수가 달린 거리는 알 수 없으니 먼저 구해야 해요.
	진수가 영희보다 230m 더 달렸으니까 식은 410m+230m예요. 진수를 740m 달렸어요.
	이제 진수와 수미가 달린 거리를 모두 합하여야 하니까 740m+320이고 답은 1160m예요.
	질문에서 몇 km 몇 m냐고 물었으니 1160m를 나누어 써야 하는데 어려워요.

1) 다음 ① ⓐ와 ⓑ에 들어갈 내용을 순서대로 쓰고, ② 단명수와 복명수의 관계를 지도할 때 유의할 점 1가지를 2015 개정 수학과 교육과정 '교수·학습 방법 및 유의 사항'에 근거하여 쓰시오. [2점]

- 단명수는 (ⓐ)을/를 의미한다.
- 복명수는 (ⓑ)을/를 의미한다.
- ① : _____
- ② : _____

2) (가)의 ① [A]에 적용한 전략을 쓰고, ② 1km 단위 지도를 위해 [B]에서 사용한 덧셈 방법을 쓰시오. [2점]

- ① : _____
- ② : _____

3) ① (나)의 밑줄 친 ㉠에 비해 밑줄 친 ㉡이 갖는 장점 1가지를 평가 방법 측면에서 쓰고, ② (나)의 [C]와 같은 연산 오류가 지속적으로 나타날 때, 그 오류 유형을 쓰시오. [2점]

- ① : _____
- ② : _____

정답

1) ① ⓐ 하나의 단위 ⓑ 둘 이상의 단위
② 단위 사이의 관계를 이해하는 데 중점을 두고, 지나친 단위 환산은 다루지 않는다.

2) ① 수 지식에 기초한 전략
② 뛰어 세기

3) ① 학생과의 대화를 통해 학생의 수학적 사고 과정에 대한 정보를 얻을 수 있다.
② 받아올림이 없는 덧셈에서 받아올림을 한 오류

정답이유

1) 단명수와 복명수

개념	단명수	2650, 250분, 4500㎖와 같이 측정한 것을 하나의 단위로 나타낸 수
	복명수	2km 650m, 4시간 10분, 4ℓ 500㎖와 같이 측정한 것을 둘 이상의 단위로 나타낸 수
장점	단명수	단위가 동일한 단명수는 복명수보다 계산하기가 쉽다. 예를 들어, 250분을 5로 나누는 것은 4시간 10분을 5로 나누는 것보다 계산하기에 편리하다.
	복명수	복명수는 양의 크기를 직관적으로 이해하는 데 도움을 준다. 즉, 복명수는 단명수보다 크기의 느낌을 쉽게 느낄 수 있다. 예를 들어 4시간 10분이 250분보다 더 쉽게 느낄 수 있다.

2)
1. 덧셈과 뺄셈 전략

〈1〉 직접 모델링에 기초한 전략	모형(연결큐브), 바둑돌, 자석, 빨대, 손가락, 그림 등 구조화되지 않은 구체물이나 반구체물을 사용하여 물체를 세는 하나씩 세기 전략, 이어 세기 전략, 묶어 세기 전략, 거꾸로 세기 전략, 얼마까지 더하기 전략, 짝 짓기 전략 등이 있다.
〈2〉 수 세기에 기초한 전략	수판이나 구슬 줄, 수 모형과 같이 5의 구조를 가진 묶음 모델, 직선 모델, 복합 모델 등 구조화된 모델을 이용하여 수에 대한 시각적 이미지를 구성하여 계산하는 이어 세기 전략, 거꾸로 세기 전략, 두 배 전략, 하나 더 전략, 하나 덜 전략 등이다.
〈3〉 수 지식에 기초한 전략	시각적 이미지의 도움 없이 수의 합성과 분해에 대한 지식, 수 계열과 수 관계, 교환법칙과 같은 기본 법칙 등 학생들이 알고 있는 수에 관련된 다양한 지식을 활용하여 해결하면서 필요한 경우 수직선 등을 이용해서 중간 단계를 적으면서 계산하는 전략이다.

2. 덧셈을 해결할 때 덧셈 상황을 보고 문제를 파악하여 그림으로 나타내기, 식 만들기, 이어 세기 등 다양한 방법을 활용할 수 있다. [B]에서는 뛰어 세기 방법을 활용하고 있다.

05   2015-A-5

(가)는 2009 개정 수학과 교육과정 3~4학년군의 각도 관련 학습 내용 성취기준이고, (나)는 ㉠의 성취기준에 도달하기 위한 활동 사례이며, (다)는 (가)의 성취기준 ④와 관련된 수업을 한 후 교사들이 나눈 대화이다. 물음에 답하시오. [4점]

(가)

> ⑤ 각도
> ① 각의 크기의 단위인 1도(°)를 알고, 각도기를 이용하여 각의 크기를 측정할 수 있다.
> ② 주어진 각도와 크기가 같은 각을 그릴 수 있다.
> ③ (㉠   )
> ④ 여러 가지 방법으로 삼각형과 사각형의 내각의 크기의 합을 추론하고, 자신의 추론 과정을 설명할 수 있다.

(나)

〈활동 1〉	현수 : (각을 가리키며) 몇 도쯤 될 것 같아? 정아 : 70° 정도? 각도기로 재어 확인해 보자.
〈활동 2〉	현수 : 부채 갓대로 50°를 만들어 볼래? 정아 : (부채 갓대를 벌리며) 이 정도 될 것 같아. 현수 : 각도기로 재어 확인해 보자.

(다)

> 김 교사 : 한 학생이 삼각형의 내각의 크기의 합을 구하기 위해 종이에 삼각형을 그리고 각도기로 재었는데 180°가 되지 않다면서 완벽한 삼각형을 그릴 수 있는지 물었습니다.
> 박 교사 : ㉡삼각형은 세모 모양인 모든 사물들의 공통적인 속성을 뽑아 개념화한 것이며, ㉢현실에서는 아무리 정교하게 그린다 해도 내각의 크기의 합이 180°인 완전한 삼각형을 그릴 수 없고, 완전한 삼각형은 눈으로 보거나 만질 수 있는 것이 아니라 관념의 세계에서만 존재한다는 점을 학생들에게 설명하기는 쉽지 않은 것 같습니다.
> 이 교사 : 도형을 잘라 맞추어보거나 각도기로 재어 보는 조작적 활동을 통해 내각의 크기의 합을 확인하는 방법에 만족하지 못하는 학생들이 있는 것 같아요.
> 송 교사 : 저는 삼각형의 내각의 크기의 합이 180°라는 것을 ㉣삼각형의 변을 따라 움직이면서 각각의 내각의 크기만큼 연필을 돌리는 방법으로 설명해주었는데 학생들이 잘 이해하고 만족스러워 하였습니다.

1) (나)의 〈활동 1〉과 〈활동 2〉를 참고하여, (가)의 ㉠에 들어갈 성취기준을 쓰시오. [2점]

 •_____

2) 박 교사가 말한 ㉡과 ㉢이 가장 잘 보여주는 수학의 특성이 무엇인지 각각 한 단어로 쓰시오. [1점]

 • ㉡ :_____
 • ㉢ :_____

3) 송 교사가 말한 ㉣은 아래 그림과 같은 방법으로 이루어진다. 마지막 조작 과정을 추론하고, 그 결과를 바탕으로 삼각형의 내각의 크기의 합이 180°가 되는 이유를 쓰시오. (단, 연필의 조작을 이용하여 설명한다.) [1점]

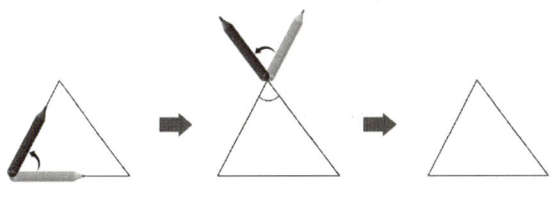

•_____

정답

1) 여러 가지 각도를 어림하고 직접 재어 보는 활동을 통해 각도에 대한 양감을 기를 수 있다.
2) ㉡ 추상성
   ㉢ 이상성
3) 오른쪽 하단 꼭짓점에서 삼각형의 밑변까지 연필을 돌리면 연필이 처음 놓였던 모양과 연필을 삼각형의 내각만큼 돌려 만든 모양이 연필의 좌우가 바뀐 일직선이 되므로 삼각형 내각의 합은 180°가 된다.

정답이유

2)
㉡ '추상성'은 어떤 구체물의 집합에서 각 구체물이 가지고 있는 속성 중에서 색깔, 크기, 촉감, 냄새 등과 같은 서로 다른 요소는 제거하고, 공통적인 성질만을 추출하는 것을 말한다. ㉡에는 '공통적인 속성만을 뽑아 개념화한 것'이라는 내용이 제시되어 있으므로, 수학적 지식의 특성 중 '추상성'을 나타냄을 알 수 있다.
㉢ '이상성'은 어떤 사물이나 현상에서 그 사물보다는 그것들에 대한 사유의 힘을 통하여 얻어지는 개념이다. 실제로 삼각형이나 원의 도형은 아무리 정확하게 그리더라도 단지 그렇게 보일 뿐 실제 똑바른 직선이나 원이 아니다. 이처럼 직선과 원은 인간의 이성(이데아)의 세계에 존재한다고 보고, ㉢에는 완전한 삼각형이나 원은 눈으로 보거나 만질 수 있는 것이 아니라 관념의 세계에서만 이루어지는 것으로 보는 철학을 플라톤의 관념론이라 한다.

3)
1. 삼각형의 세 각의 크기의 합을 구하는 방법 중에는 삼각형을 종이에 그려 오린 후 꼭짓점을 각각 포함하는 세 조각으로 잘라서 각 조각의 꼭짓점이 모두 한 점에서 모이도록 놓아, 세 조각이 서로 겹치지 않고 일직선을 이루기 때문에 삼각형의 세 각의 크기의 합이 180°가 됨을 구하는 방법이 있다.
2. 이 방법과 마찬가지로 연필을 삼각형의 내각의 크기만큼 한 방향으로 회전시키면 180°만큼 돌아 연필의 방향이 처음과 반대 방향이 되는 일직선이 됨을 통해 삼각형 세 각의 크기의 합이 180°가 됨을 구하는 방법이다.

06
2016-A-6

(가)는 2009 개정 수학과 교육과정에 제시된 '평면도형의 넓이' 내용의 흐름을 박 교사가 그림으로 나타낸 것의 일부이고, (나)는 박 교사의 '삼각형의 넓이' 수업의 일부이다. 물음에 답하시오. [3점]

(가)

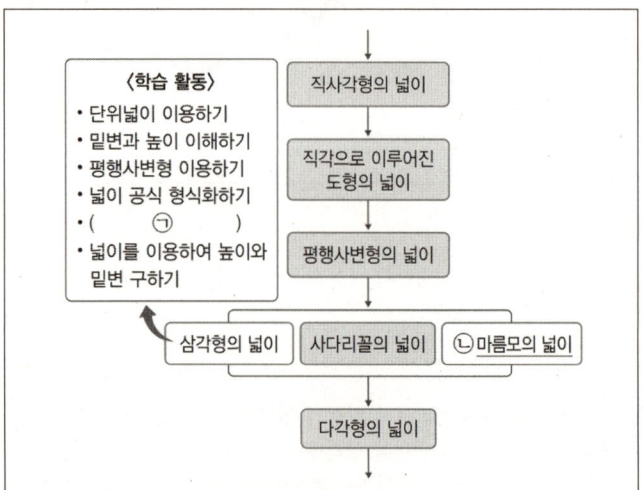

(나)

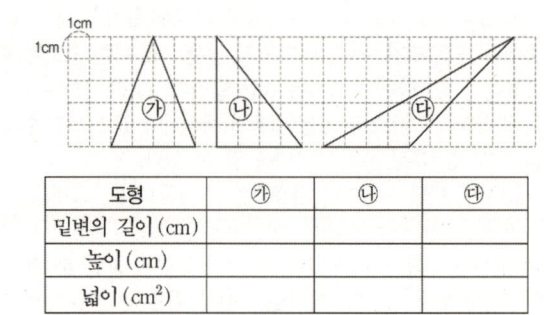

학생 : 똑같은 수가 계속 나와요. 신기해요.
박 교사 : 무엇을 알 수 있나요?

1) (나)의 활동은 (가)의 ㉠을 위하여 박 교사가 마련한 것이다. ㉠에 알맞은 말을 (나)에 있는 용어를 사용하여 쓰시오. [1점]
 - ㉠ : _____

2) 박 교사는 (가)의 흐름을 고려하여 ㉡을 다양한 방법으로 지도하려고 한다. 마름모의 대각선의 길이를 각각 x, y 라 할 때, 마름모의 넓이를 구하는 과정이 드러날 수 있도록 아래 그림의 ⓐ에 알맞은 식을 쓰시오. [1점]

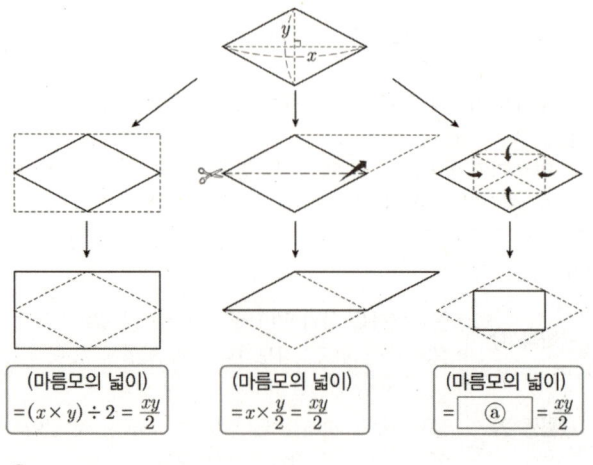
 - ⓐ : _____

3) 다음 그림은 넓이가 1cm²인 정삼각형 13개를 사용하여 만든 것이다. 삼각형 ACE의 넓이를 구하시오. [1점]

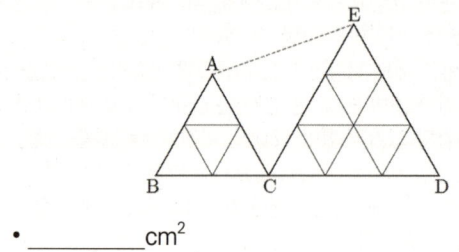
 - _____ cm²

정답

1) 밑변과 높이가 같은 삼각형의 넓이 비교하기
2) $(\frac{x}{2} \times \frac{y}{2}) \times 2$
3) 6

정답이유

1) (나)에서 박 교사는 밑변의 길이와 높이가 같은 삼각형 ㉮, ㉯, ㉰를 제시하고 있으므로 ㉠에 알맞은 활동은 '밑변의 길이와 높이가 같은 삼각형의 넓이 비교' 활동이다.

2)
① 지문에 제시된 마름모의 넓이를 구하는 방법 중 세 번째 방법은 반절변형으로 마름모의 네 꼭짓점을 대각선의 교점으로 접어 직사각형 모양으로 만들어 넓이를 구하는 것이다.
② 이 때 접어서 만들어진 직사각형의 넓이는 마름모 넓이의 $\frac{1}{2}$ 이므로, 마름모의 넓이는 직사각형의 넓이의 2배이다. 직사각형의 가로는 $\frac{x}{2}$, 세로는 $\frac{y}{2}$ 이므로, 마름모의 넓이는 $(\frac{x}{2} \times \frac{y}{2}) \times 2 = \frac{xy}{2}$ 이다.

3) 삼각형 ACE 넓이 구하기

① 삼각형 ABC를 180° 회전하여 등적변형하면 아래 그림과 같이 평행사변형 ABCG를 만들 수 있다.

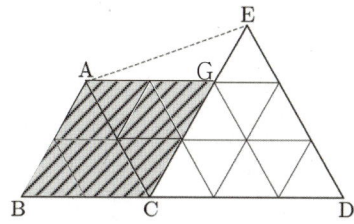

② 그리고 다음과 같이 선을 그어 삼각형 EAF, 삼각형 EFG와 같은 2개의 삼각형을 만들 수 있다.

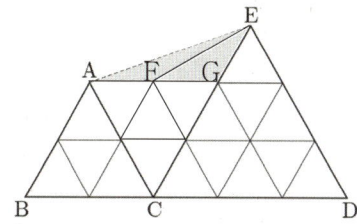

③ 삼각형 ABC를 이루고 있는 작은 삼각형의 넓이는 각각 $1cm^2$이므로 삼각형 ABC의 넓이는 $4cm^2$이고, 이를 180° 회전하여 만든 삼각형 ACG의 넓이도 $4cm^2$이다.

④ 삼각형 ACG를 이루고 있는 작은 삼각형도 모두 정삼각형이므로, 다음 그림에서 변 AF의 길이=변 FG의 길이=변 GH의 길이이다. 따라서 삼각형 EAF와 삼각형 EFG, 삼각형 EGH는 밑면의 길이가 같고 높이가 같은 삼각형이므로 넓이가 모두 각각 $1cm^2$이다.

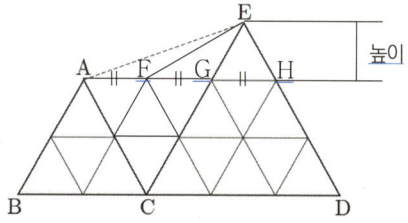

⑤ 따라서 삼각형 ACE의 넓이는 삼각형 ACG의 넓이($4cm^2$)+삼각형 EAF($1cm^2$)+삼각형 EFG($1cm^2$)=$6cm^2$이다.

정답개념

1. 밑변과 높이가 같은 삼각형 넓이 비교하기

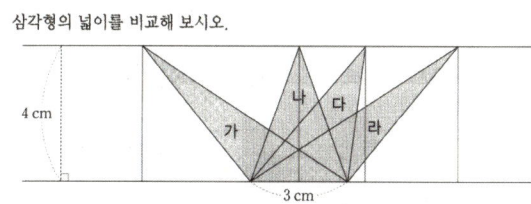

- 삼각형의 높이를 각각 나타내어 보시오.
- 삼각형의 넓이를 구하시오.

도형	가	나	다	라
넓이(cm^2)	6	6	6	6

- 활동으로 알게 된 것을 이야기해 보시오.
  예) 삼각형의 모양은 다르더라도 밑변과 높이가 각각 같으면 그 넓이도 같다는 것을 알게 되었습니다.

2. 평면도형의 넓이

(1) 어떤 도형의 넓이를 측정한다는 것은 그 도형을 완전히 덮을 수 있는 단위 넓이의 도형의 개수를 세는 것이다.

(2) 직사각형의 넓이는 직사각형을 완전히 덮을 수 있는 $1cm^2$인 정사각형의 개수를 세는 과정에서 가로와 세로의 곱으로 구할 수 있다. 넓이를 구하는 공식에 중심을 둘 것이 아니라 넓이 개념을 충분히 이해한 후에 가로와 세로의 곱으로 넓이를 구하는 일반적인 방법을 활용할 수 있도록 한다.

(3) 평행사변형, 삼각형, 사다리꼴, 마름모의 넓이 구하기는 모양은 변하지만 넓이는 변하지 않는 등적 변형이 기초가 된다.

① 평행사변형의 넓이를 구하기 위해 평행사변형을 직사각형으로 등적 변형하거나 마름모의 넓이를 구하기 위하여 마름모를 직사각형으로 등적 변형하는 등 다양한 방법으로 평면도형의 넓이를 구해보게 하여 그 방법을 이해하게 한다.

② 넓이 구하는 방법을 이해한 후 이를 일반화하여 평행사변형, 삼각형, 사다리꼴, 마름모의 넓이를 구할 수 있게 한다.

(4) 마름모 넓이 구하는 다양한 방법

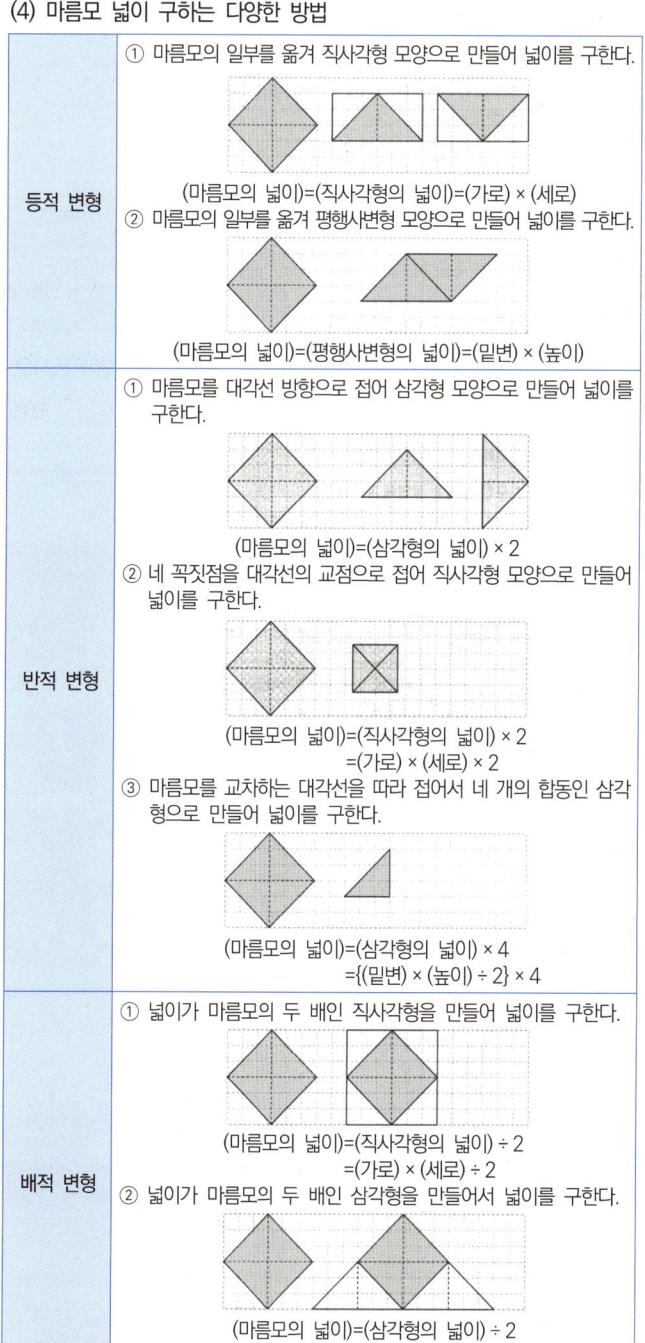

07
2014-A-6

다음은 길이 비교와 관련된 수업 계획안의 일부이다. 물음에 답하시오. [2점]

생각 열기	〈스토리텔링〉 임금님이 바지재단사가 만들어 온 바지를 입어보고는 "바지가 짧잖아!"라고 하며 몹시 화를 냈어요. 윗옷재단사는 임금님이 벗어 놓은 옷의 소매와 자신이 만들어 온 옷의 소매 길이를 얼른 비교해 보았어요. 어쩌면 좋아요. 윗옷재단사는 만들어 온 옷의 소매가 임금님의 팔보다 너무 길다는 것을 알았어요.
	• 위 스토리텔링에서 옷의 길이를 비교한 방법 알아보기
활동 1	• 직접 비교 활동을 통해 길이 비교하기 • 직접 비교의 장점 말하기 • ㉠ 직접 비교의 단점 말하기
활동 2	• 간접 비교 활동을 통해 길이 비교하기 • 간접 비교의 장점 말하기 • 간접 비교의 단점 말하기
마무리	• 차시예고

1) ㉠을 1가지 쓰시오. [1점]

•　

2) 위 스토리텔링에서 간접 비교의 매개물로 사용된 것을 찾아 쓰시오. [1점]

•　

정답

1) • 길이가 얼마나 차이가 나는지 정확히 알 수 없다.
　• 무거운 물건이나 길과 같이 옮길 수 없는 물건은 비교하기 힘들다.
2) 임금님이 벗어 놓은 옷의 소매

정답이유

1) 양 개념 형성 과정은 분류 → 비교(직접 비교 → 간접 비교) → 측정(임의 단위 → 보편 단위)이다.

	직접 비교	간접 비교
장점	• 쉽게 비교할 수 있다. • 편리하다.	• 길이를 가장 쉽게 비교할 수 있다.
단점	• 길이가 얼마나 차이가 나는지 정확히 알 수 없다. • 무거운 물건이나 길과 같이 옮길 수 없는 물건은 비교하기 힘들다.	• 두 가지 물건의 길이의 정확한 차이를 알 수 없다.

2) '길이' 간접 비교
① 윗옷재단사가 만들어 온 옷의 소매 길이를 비교 대상인 임금님의 팔 길이와 직접 비교한 것이 아니라 임금님이 벗어 놓은 옷의 소매를 매개물로 하여 길이를 비교하였으므로 간접 비교에 해당한다.
② 길이의 간접 비교 방법
• 비교 대상이 고정되어 있어서 직접 맞대어 볼 수 없거나, 철봉과 같이 비교 대상의 무게가 무거워서 직접 맞대어 볼 수 없는 두 대상을 제시하여 어느 쪽의 길이가 긴가를 알아보게 한다.

정답개념

1. 직접 비교 vs 간접 비교
① 직접 비교와 간접 비교의 차이는 비교를 위한 매개물의 사용 여부에 달려 있다.
② 멀리 떨어져 있는 두 나무의 키를 비교할 때에 한 나무를 다른 나무가 있는 곳으로 이동할 수 없으므로 매개물을 사용하여 간접 비교할 수밖에 없다. 직사각형 모양의 가로와 세로의 길이도 간접 비교에 의존할 수밖에 없다.
③ 직접 비교와 간접 비교를 구별하는 매개물의 존재 여부를 가려내는 일은 길이나 높이와 같은 속성의 경우 큰 어려움이 없으나, 무게, 넓이, 들이의 경우에는 신중하게 판단하여야 한다.
④ 예를 들어, 무게를 직접 비교하는 경우 양팔 저울을 사용하는데, 양팔저울을 매개물로 볼 수는 없다. 그러나 양팔 저울을 사용하더라도 기준이 되는 추를 사용하여 그 추보다 무겁거나 가벼운 경우를 비교하여 판단한다면 이것은 간접 비교에 해당한다.

2. 측정 방법
① **직접측정**: 계기에 의한 측정의 결과가 그대로 양의 측정값이 되도록 하는 방법
② **간접측정**: 계기에 의한 측정할 수 없는 경우에 측정하려는 양에 관계된 다른 양의 측정값을 구하여 그것을 토대로 원래의 양을 측정하는 방법

배재민+합격생 TIP 2022 개정 수학과 교육과정

1. 수와 연산

범주 \ 구분	내용 요소 초등학교		
	1~2학년	3~4학년	5~6학년
지식·이해	· 네 자리 이하의 수 · 두 자리 수 범위의 덧셈과 뺄셈 · 한 자리 수의 곱셈	· 다섯 자리 이상의 수 · 분수 · 소수 · 세 자리 수의 덧셈과 뺄셈 · 자연수의 곱셈과 나눗셈 · 분모가 같은 분수의 덧셈과 뺄셈 · 소수의 덧셈과 뺄셈	· 약수와 배수 · 수의 범위와 올림, 버림, 반올림 · 자연수의 혼합 계산 · 분모가 다른 분수의 덧셈과 뺄셈 · 분수의 곱셈과 나눗셈 · 소수의 곱셈과 나눗셈
과정·기능	· 자연수, 분수, 소수 등 수 관련 개념과 원리를 탐구하기 · 수를 세고 읽고 쓰기 · 자연수, 분수, 소수의 크기를 비교하고 그 방법을 설명하기 · 사칙계산의 의미와 계산 원리를 탐구하고 계산하기 · 수 감각과 연산 감각 기르기 · 연산 사이의 관계, 분수와 소수의 관계를 탐구하기 · 수의 범위와 올림, 버림, 반올림한 어림값을 실생활과 연결하기 · 자연수, 분수, 소수, 사칙계산을 실생활 및 타 교과와 연결하여 문제해결하기		
가치·태도	· 자연수, 분수, 소수의 필요성 인식 · 사칙계산, 어림의 유용성 인식 · 분수 표현의 편리함 인식 · 수와 연산 관련 문제해결에서 비판적으로 사고하는 태도		

2. 도형과 측정

범주 \ 구분	내용 요소 초등학교		
	1~2학년	3~4학년	5~6학년
지식·이해	· 입체도형의 모양 · 평면도형과 그 구성 요소 · 양의 비교 · 시각과 시간 (시, 분) · 길이(cm, m)	· 도형의 기초 · 원의 구성 요소 · 여러 가지 삼각형 · 여러 가지 사각형 · 다각형 · 평면도형의 이동 · 시각과 시간(초) · 길이(mm, km) · 들이(L, mL) · 무게(kg, g, t) · 각도(°)	· 합동과 대칭 · 직육면체와 정육면체 · 각기둥과 각뿔 · 원기둥, 원뿔, 구 · 다각형의 둘레와 넓이 · 원주율과 원의 넓이 · 직육면체와 정육면체의 겉넓이와 부피
과정·기능	· 여러 가지 사물과 도형을 기준에 따라 분류하기 · 도형의 개념, 구성 요소, 성질 탐구하고 설명하기 · 평면도형이나 입체도형 그리기와 만들기 · 평면도형을 밀기, 뒤집기, 돌리기 한 모양을 추측하고 그리기 · 쌓은 모양 추측하고 쌓기나무의 개수 구하기 · 공간 감각 기르기 · 여러 가지 양을 비교, 측정, 어림하는 방법 탐구하기 · 측정 단위 사이의 관계 탐구하기 · 측정 단위를 사용하여 양을 표현하기 · 실생활 문제 상황에서 길이, 들이, 무게, 시간의 덧셈과 뺄셈하기 · 도형의 둘레, 넓이, 부피 구하는 방법 탐구하기 · 측정을 실생활 및 타 교과와 연결하여 문제해결하기		
가치·태도	· 평면도형, 입체도형에 대한 흥미와 관심 · 합동인 도형, 선대칭도형, 점대칭도형의 아름다움 인식 · 표준 단위의 필요성 인식 · 넓이와 부피를 구하는 방법의 편리함 인식 · 도형과 측정 관련 문제해결에서 비판적으로 사고하는 태도		

5절 규칙성

01
2023-B-2

(가)는 문제 해결에 대해서 지도 교사와 예비 교사들이 나눈 대화의 일부이고, (나)는 문제 해결 학습에서 제기될 수 있는 수업 교사와 학생들의 질문과 답변에 대해서 지도 교사와 예비 교사들이 나눈 대화의 일부이다. 물음에 답하시오. [3점]

(가)

> 지도 교사: 초등 수학의 전체 영역과 학년에서 학생들의 문제 해결 능력을 기르게 해야 합니다. 다음 문제를 해결해 볼까요?
>
> > 문제 A 크기와 모양이 같은 구슬이 7개 있습니다. 이 구슬들 중에서 6개의 무게는 서로 같고, 나머지 구슬 1개는 다른 구슬보다 무겁습니다. 양팔저울을 최소한으로 사용해서 무거운 구슬 1개를 반드시 찾고자 할 때, 양팔저울을 몇 번 사용해야 할까요?
>
> 예비 교사 A: 어렵네요. 어떻게 해결해야 할까요?
> 지도 교사: 먼저 무거운 구슬 1개를 포함한 구슬이 2개 또는 3개일 때, 양팔저울을 몇 번 사용해야 무거운 구슬을 찾을 수 있는지부터 알아보면 어떨까요?
> 예비 교사 A: 구슬이 2개일 때, 양팔저울을 1번만 사용해 무거운 구슬을 찾을 수 있어요.
> 지도 교사: 맞습니다.
> 예비 교사 C: 구슬이 3개일 때는, 양팔저울을 2번 사용해야 할 것 같아요.
> 예비 교사 B: 구슬이 3개일 때도 양팔저울을 1번만 사용해서 무거운 구슬을 찾을 수 있습니다. 구슬 2개를 선택해서 양팔저울에 1개씩 올려놓을 때, 양팔저울이 수평을 이루면 선택되지 않은 구슬이 무거운 구슬입니다. 양팔저울이 기울어지면, 기울어진 쪽에 있는 구슬이 무거운 구슬이므로 양팔저울을 1번만 사용해서 무거운 구슬을 찾을 수 있습니다.
> 지도 교사: 맞습니다.
>
> … (중략) …
>
> 지도 교사: 그렇다면, 구슬이 7개일 때 양팔저울을 1번만 사용해 무거운 구슬을 반드시 찾을 수는 없습니다. 이제 원래의 문제 A 의 풀이를 알아볼까요?
> 예비 교사 C: 구슬이 7개일 때, 양팔저울을 2번만 사용해서 무거운 구슬을 찾을 수 있습니다. 구슬 7개를 2, 2, 3개로 나누어 양팔저울에 2개씩 올려놓아, 양팔저울이 수평을 이루면 남은 구슬 3개 중에 무거운 구슬이 있습니다. 확인해야 할 구슬이 3개라면 양팔저울을 1번 사용해서 무거운 구슬을 찾을 수 있습니다. 양팔저울이 기울어지면, 기울어진 쪽에 있는 구슬 2개 중에 무거운 구슬이 있으므로, 어떤 경우라도 양팔저울을 2번만 사용해서 무거운 구슬을 찾을 수 있습니다.
> 지도 교사: 맞습니다. 문제 A 를 잘 해결했네요.

(나)

> 지도 교사: 문제 A 를 소재로 문제 해결 학습 모형을 적용한 수업에서 교사나 학생들 사이에 이루어질 수 있는 질문과 답변에 대해서 말해 볼까요?
> 예비 교사 A: 문제 해결 학습 모형에 따른 교수·학습 활동에서 수업 교사는 학생들에게 "전에 풀어 본 경험이 있는 문제인지 생각해 볼까요?", "계획에 따라 문제를 해결해 볼까요?", "문제 해결 과정을 검토해 볼까요?"와 같은 여러 가지 질문을 할 수 있습니다.
> 예비 교사 B: 어떤 학생은 "㉠구슬 7개를 2, 2, 3개로 나누어 해결했는데, 구슬 7개를 3, 3, 1개로 나누어도 양팔저울을 2번만 사용해서 무거운 구슬을 반드시 찾을 수 있어요!"와 같이 답할 수 있습니다.
> 예비 교사 C: 어떤 학생은 조건을 변경해 새로운 문제를 만들어서 "크기와 모양이 같은 구슬이 여러 개 있습니다. 이 구슬들 중에서 어느 구슬 1개는 다른 구슬들보다 무겁지만, 나머지 구슬들은 무게가 서로 같습니다. ㉡양팔저울을 2번 사용해서 무거운 구슬을 반드시 찾을 수 있는 경우, 구슬은 몇 개일까요?"와 같이 답할 수 있습니다.
>
> … (하략) …

1) 문제 해결 학습 모형에서 ① ㉠과 같은 활동이 이루어지는 단계명을 쓰고, ② ㉠과 관련된 교수·학습 활동을 설명하시오. [2점]

① _____

② _____

2) ㉡의 구슬의 개수를 N이라 할 때, N의 최댓값을 쓰시오. [1점]

정답

1) ① 반성
② 다른 해결 방법 탐색하기 / 더 나은 문제 해결 방법 탐색하기

2) 9

정답이유

1) 문제 해결 학습 모형의 각 단계에서 이루어지는 활동

문제의 이해	• 문제에서 구하려는 것, 주어진 것, 조건을 확인하기
해결 계획의 수립	• 문제 해결 전략 생각하기 • 전에 풀어 본 경험이 있는 문제인지 생각하기 • 문제 해결의 결과 예상하기
해결 계획의 실행	• 해결 계획에 따라 문제를 해결하기
반성	• 문제 해결 과정 검토하기 • 다른 해결 방법 탐색하기 • 더 나은 문제 해결 방법 탐색하기 • 문제 해결 방법 일반화하기 • 조건을 변경하여 새로운 문제 만들기

→ ㉠에서 구슬 7개를 2, 2, 3개로 나누어 해결한 것을, 3, 3, 1개로 구슬 7개를 나누는 방법을 바꾼 것이므로, 이는 '다른 해결 방법 탐색하기' 또는 '더 나은 문제 해결 방법 탐색하기' 활동에 해당하며, 이와 같은 활동이 이루어지는 단계는 '반성' 단계이다.

2)

• 구슬이 8개인 경우

① 구슬을 3, 3, 2개로 나누어서 양팔저울에 3개씩 올려놓았을 때 수평을 이루면, 남은 2개 중에 무거운 구슬이 있으므로 남은 구슬 2개를 양팔저울에 올려놓아 무거운 구슬을 찾을 수 있다.
→ 양팔저울 2번 사용

② 구슬을 3, 3, 2개로 나누어서 양팔저울에 3개씩 올려놓았을 때 한쪽으로 기울어지면, 기울어진 쪽의 구슬 3개 중 2개를 양팔저울에 올려놓았을 때 기울어지면 기울어진 구슬이, 수평을 이루면 저울에 올리지 않은 구슬이 무거운 구슬이다.
→ 양팔저울 2번 사용

• 구슬이 9개인 경우

① 구슬을 3, 3, 3개로 나누어서 양팔저울에 3개씩 올려놓았을 때 수평을 이루면, 남은 3개 중에 무거운 구슬이 있으므로 남은 구슬 3개 중 2개를 양팔저울에 올려놓았을 때 기울어지면 기울어진 구슬이, 수평을 이루면 저울에 올리지 않은 구슬이 무거운 구슬이다.
→ 양팔저울 2번 사용

② 구슬을 3, 3, 3개로 나누어서 양팔저울에 3개씩 올려놓았을 때 한쪽으로 기울어지면, 기울어진 쪽의 구슬 3개 중 2개를 양팔저울에 올려놓았을 때 기울어지면 기울어진 구슬, 수평을 이루면 저울에 올리지 않은 구슬이 무거운 구슬이다.
→ 양팔저울 2번 사용

• 구슬이 10개인 경우부터는 구슬을 3, 3, 4로 나누어 양팔저울에 올려놓았을 때 수평을 이루는 경우, 남은 4개의 구슬 중 무거운 구슬이 있다. 그런데 4개 중 무거운 구슬을 찾기 위해 양팔저울에 구슬을 2개씩 올려놓아 한쪽으로 기울어지면, 기울어진 쪽의 구슬 2개 중 어느 것이 무거운지를 알기 위해 양팔저울에 구슬을 1개씩 올려놓아 한 번 더 무게를 재야하므로, 양팔저울 3번 사용해야 한다.

따라서 2번 사용해서 반드시 무거운 구슬을 찾을 수 있는 구슬의 최대 개수는 9개이다.

02

다음은 2015 개정 수학과 교육과정의 '규칙성' 영역 문제해결에 대한 수업의 일부이다. 물음에 답하시오. [3점]

교사 : [그림 1]은 한 변의 길이가 1인 정사각형을 이용하여 만든 5층의 계단 모양입니다. [그림 1]에서 찾을 수 있는 정사각형은 모두 몇 개일까요?

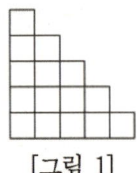

[그림 1]

선우 : 15개인 줄 알았는데 한 변의 길이가 1보다 큰 정사각형도 있어요.
교사 : 어떻게 하면 크기가 다른 여러 가지 정사각형을 모두 셀 수 있을까요?
민서 : 한 변의 길이가 1, 2, 3으로 된 정사각형으로 분류하여 개수를 세면 좋을 것 같아요.
교사 : 좋은 생각이에요. 분류하여 셀 때에는 중복하거나 빠뜨린 것이 없는지 확인해야 해요. 이런 것을 피하고 셀 수 있는 좋은 방법이 있을까요?
민서 : 아래처럼 세고자 하는 정사각형의 왼쪽 위의 꼭짓점에 점을 찍는 방법을 이용하면 좋을 것 같아요.　　[A]

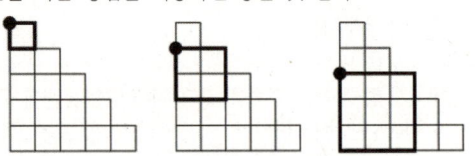

민서 : [그림 1]에서 찾을 수 있는 정사각형의 개수를 표로 나타내어 보았어요.

한 변의 길이	정사각형의 개수
1	1+2+3+4+5
2	1+2+3
3	1

선우 : ㉠ 1층, 2층, 3층, 4층의 계단 모양에서 정사각형의 개수를 찾아보면 규칙이 나타나요. 1층부터 5층까지의 계단 모양에서 찾은 규칙이 모든 층의 계단 모양에도 적용될 것 같아요.
교사 : 좋은 추측이에요. 선우의 추측이 맞는지 다른 층의 계단 모양으로 확인해 볼까요? 먼저 ㉡ 6층의 계단 모양에서 모두 몇 개의 정사각형을 찾을 수 있는지 구해 봅시다.
　　　　　　　　… (중략) …
교사 : [그림 1]에서 정사각형의 개수를 찾을 때 이용했던 점을 찍는 방법으로 새로운 문제를 해결해 봅시다.

1) ㉠과 같이 몇 가지 사례에서 찾은 규칙으로부터 일반적인 원리나 법칙을 발견하는 수학적 추론 유형을 쓰시오. [1점]

　• _____

2) ㉡의 풀이 과정과 답을 쓰시오. [1점]

　• _____

3) [A]를 이용하여 [그림 2]에서 찾을 수 있는 정사각형의 개수를 표로 나타내었다. ⓐ + ⓑ + ⓒ의 값을 구하시오. [1점]

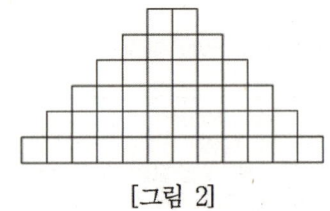

[그림 2]

한 변의 길이	1	2	3	4
정사각형의 개수	42	ⓐ	ⓑ	ⓒ

　• _____

정답

1) 귀납 추론
2) 한 변의 길이가 1인 정사각형의 개수는 1+2+3+4+5+6 = 21(개), 한 변의 길이가 2인 정사각형의 개수는 1+2+3+4 = 10(개), 한 변의 길이가 3인 정사각형의 개수는 1+2 = 3(개)이다. 이를 모두 합하면 21+10+3 = 34(개)이다.
3) 41

정답이유

1) 귀납 추론

① 수학에서 추론은 귀납 추론, 연역 추론으로 나눌 수 있는데 초등학교에서 수학적 개념을 지도할 때는 귀납 추론을 적용하는 것이 효과적이다. 특히 수학적 명제나 알고리즘의 발견과 같은 '발견'이 요구되는 수업 상황에서 효과적으로 사용될 수 있다.
② 연역 추론이 일반적 진리로부터 개별적 진리를 추론하는 것과 달리 귀납 추론은 개별적 진리로부터 일반적 진리를 추론한다. 즉, 귀납 추론은 부분적이거나 특수한 사실로부터 전체적이고 보편적인 사실이나 일반적인 법칙을 이끌어 내는 추론 방법이다.
③ 수학 수업에 귀납 추론을 적용하는 것은 실험, 측정, 관찰, 구체적 조작 등을 통하여 몇 가지 사례에 대해 어떤 수학적 성질이 성립함을 보인 다음에, 이 사례들이 속한 전체 범주의 대상들에 대하여 그 수학적 성질이 참임을 주장하는 추론 방식이다.
④ 예를 들어, '삼각형의 내각의 합이 180°임'을 학습할 때, 여러 개의 삼각형을 조사하여 내각의 합이 모두 180°임을 확인하게 한 다음 삼각형의 내각의 합은 180°라고 일반화하게 할 수 있다.

3) ⓐ+ⓑ+ⓒ의 값

• 다음은 [A]를 이용하여 오른쪽 6층 계단 모양에서 찾을 수 있는 정사각형의 개수이다.

한 변의 길이	정사각형의 개수
1	1+2+3+4+5+6=21(개)
2	1+2+3+4=10(개)
3	1+2=3(개)

지문의 도형 그림은 6층 계단 모양을 2개를 붙인 모양이므로 왼쪽 6층 계산 모양에서 찾을 수 있는 정사각형의 개수도 오른쪽 6층 계단 모양에서 찾을 수 있는 정사각형의 개수는 한 변의 길이 1인 정사각형 21(개), 한 변의 길이 2인 정사각형 10(개), 한 변의 길이 3인 정사각형 3(개)이다. 따라서 한 변의 길이가 1인 정사각형의 개수는 모두 42(개)이고, 한 변의 길이가 2인 정사각형은 20(개), 한 변의 길이가 3인 정사각형은 6(개)이다.

그런데, 지문의 도형 그림에서는 계단 모양의 도형이 두 개가 겹쳐져서 새롭게 만들어진 정사각형이 있다.

우선 한 변의 길이가 2인 경우는 다음과 같이 정사각형 5개가 새롭게 만들어진다. 따라서 한 변의 길이가 2인 정사각형의 개수 ⓐ는 20+5=25(개)이다.

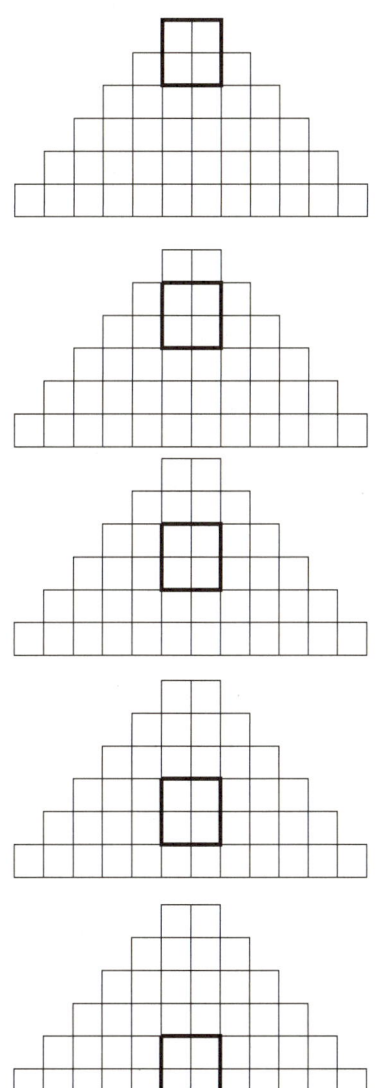

그리고 한 변의 길이가 3인 경우는 다음과 같이 정사각형 6개가 새롭게 만들어진다. 따라서 한 변의 길이가 3인 정사각형의 개수 ⓑ는 6+6=12(개)이다.

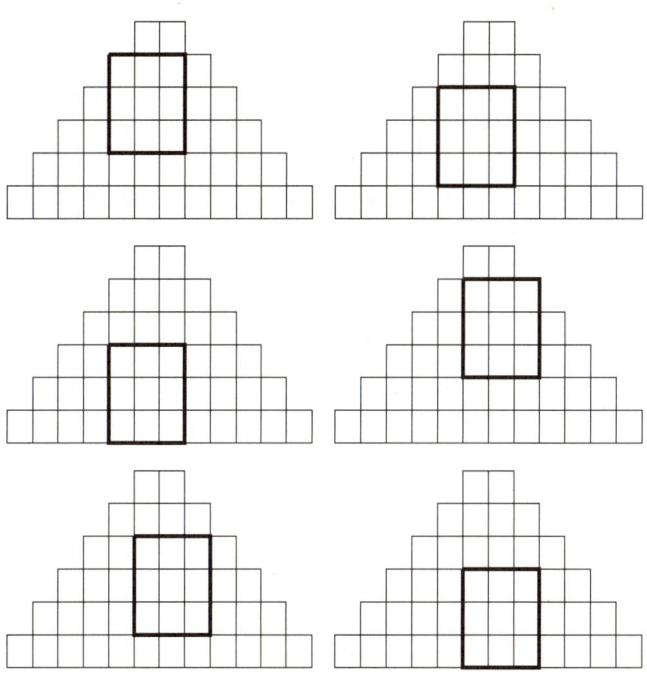

마지막으로 한 변의 길이가 4인 경우는 다음과 같이 정사각형 4개가 새롭게 만들어진다. 따라서 한 변의 길이가 4인 정사각형의 개수 ⓒ는 4(개)이다.

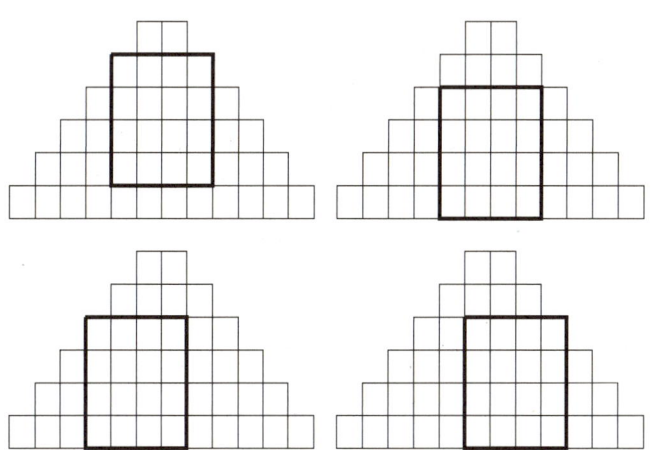

03

(가)는 3~4학년군 '규칙 찾기' 단원에 대한 수업 자료이고, (나)는 이와 관련된 수업의 일부이다. 물음에 답하시오. [3점]

(가)

> 우박수는 마치 우박이 구름 속에서 오르내리며 자라다가 땅 위로 떨어지는 것과 비슷하게 수가 커졌다 작아졌다를 반복하다가 어느 순간 계속 작아져서 1이 되면 끝나는 자연수의 배열이다. 다음은 우박수의 몇 가지 예이다.
>
> - 2 → 1
> - 3 → 10 → 5 → 16 → 8 → 4 → 2 → 1
> - 4 → 2 → 1
> - 5 → 16 → 8 → 4 → 2 → 1
> - 6 → 3 → 10 → 5 → 16 → 8 → 4 → 2 → 1
> - 7 → 22 → 11 → 34 → 17 → 52 → 26 → 13 → 40 → 20 → 10 → 5 → 16 → 8 → 4 → 2 → 1
>
> [그림 1]

(나)

박 교사 : 오늘은 우박수에 관한 문제를 탐구하려고 해요. [그림 1]을 보고 우박수가 만들어지는 과정에서 규칙을 찾아보세요.

학생 A : 일단 짝수가 되면 (㉠)(이)라는 규칙에 따라 다음 수가 만들어져요.

박 교사 : 맞습니다. 그렇다면 홀수가 되면 어떤 규칙에 따라 다음 수가 만들어지는 걸까요?

학생 B : 3 → 10, 5 → 16, 7 → 22, 11 → 34 등이므로 (㉡)(이)라는 규칙에 따라 다음 수가 만들어집니다.

박 교사 : 맞습니다. 그러면 우박수가 길어지려면 어떤 수로 시작해야 할까요? 예를 들면 [그림 1]에서 4로 시작하는 우박수가 2로 시작하는 우박수보다 더 길어요.

학생 A : 큰 수로 시작하는 것이 좋을 것 같습니다.

학생 B : ㉢ 큰 수로 시작한다고 해서 우박수가 길어지는 것은 아닙니다. 왜냐하면 (㉣) 때문입니다.

박 교사 : 잘 설명하였습니다. 그럼 지금부터는 시작하는 수에 따라 우박수가 몇 개의 수들로 이루어져 있는지 살펴봅시다. 3으로 시작하는 우박수는 [그림 2]와 같이 8개의 수들로 이루어져 있습니다.

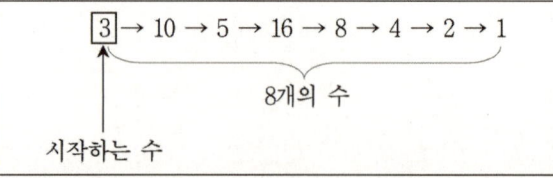

[그림 2]

학생 A : 8개의 수들로 이루어진 우박수가 더 있나요?

박 교사 : 좋은 질문입니다. 그러면 8개의 수들로 이루어진 우박수를 어떻게 찾을 수 있을까요?

학생 B : 작은 수부터 차례대로 우박수를 구해 봐요. 그런데 이 방법은 시간이 많이 걸릴 것 같아요.

박 교사 : 다른 방법이 없을까요?

학생 A : 우박수의 마지막 수인 1에서 시작하여 이전 수가 어떤 수인지 확인하는 방법을 사용해보면 어떨까요?

박 교사 : 좋은 생각입니다. 우박수가 결국 1로 끝난다는 점에서 시작하여 문제를 풀어 봅시다.

학생 B : 학생 A의 방법으로 생각해 보면 우박수의 계산 규칙에 따라 1이 될 수 있는 이전 수는 2밖에 없습니다. 이와 같은 방법으로 ㉤ 8개의 수들로 이루어진 우박수들을 모두 구할 수 있습니다.

1) (나)의 ㉠, ㉡에 들어갈 알맞은 규칙을 각각 쓰시오. [1점]
- ㉠ : _____
- ㉡ : _____

2) (나)의 ㉣은 [그림 1]에서 적절한 근거를 찾아 ㉢에 대해 설명한 것이다. ㉣에 들어갈 알맞은 내용을 쓰시오. [1점]
- _____

3) (나)의 ㉤에서 시작하는 수는 3을 포함하여 모두 4개이다. 3을 제외한 3개의 시작하는 수를 모두 쓰시오. [1점]
- _____

정답

1) ㉠ 2로 나누기
   ㉡ 3을 곱한 후 1을 더하기
2) 4, 5로 시작하는 우박수가 3으로 시작하는 우박수보다 짧다.
3) 20, 21, 128

정답이유

1)
㉠ 두 번째 우박수 10 → 5, 16 → 8 → 4 → 2 → 1, 세 번째 우박수 4 → 2 → 1 등을 통해 짝수는 2로 나누어 다음 수가 만들어지는 규칙을 알 수 있다.
㉡ 두 번째 우박수 3 → 10, 5 → 16, 일곱 번째 우박수 7 → 22, 11 → 34 등을 통해 홀수는 3을 곱한 후 1을 더하여 다음 수가 만들어지는 규칙을 알 수 있다.

2) 세 번째, 네 번째 우박수는 두 번째 우박수의 시작 수인 3보다 큰 4, 5로 시작하지만, 두 번째 우박수보다 짧으므로 큰 수로 시작한다고 해서 우박수가 길어지는 것은 아님을 알 수 있다.

3)
① [그림 1]의 두 번째, 네 번째, 여섯 번째, 일곱 번째 우박수를 보면, 16 → 8 → 4 → 2 → 1로 우박수의 마지막 수인 1부터 마지막에서 다섯 번째 수인 16까지는 짝수가 되면 2로 나눈다는 규칙에 따라 고정적임을 알 수 있다.
② 우박수를 만드는 규칙은 '짝수가 되면 2로 나눈다', '홀수가 되면 3을 곱한 후 1을 더한다' 2가지 이므로, 규칙에 따라 16 이전에 올 수 있는 우박수는 32 또는 5의 2가지가 있다.
③ 16 이전의 우박수가 5이면, 그 앞에는 홀수가 올 수 없으므로, 그 앞의 우박수는 10, 또 그 앞의 우박수는 3 또는 20이 올 수 있다. 3을 제외한 수를 구하고 있으므로, 20 → 10 → 5 → 16 → 8 → 4 → 2 → 1로 8개의 수들로 이루어진 우박수를 구할 수 있다.
④ 16 이전의 우박수가 32이면, 그 앞의 우박수는 64인데, 64의 앞 수는 128 또는 21의 2가지가 있다. 따라서 128 → 64 → 32 → 16 → 8 → 4 → 2 → 1 / 21 → 64 → 32 → 16 → 8 → 4 → 2 → 1의 8개의 수들로 이루어진 우박수를 2가지 구할 수 있다.
⑤ 따라서 3을 제외한 8개의 수들로 이루어진 우박수의 시작하는 수 3개는 20, 21, 128이다.

04
2017-A-6

다음은 '규칙성' 영역에서 문제 해결 능력을 신장하기 위한 수업의 일부이다. 물음에 답하시오. [3점]

교사: 다음은 어떤 규칙에 따라 •를 넣어 1부터 119까지의 수를 차례로 나타낸 것입니다.

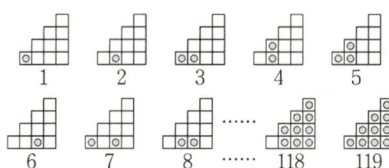

교사: 어떤 규칙인지 모둠끼리 찾아보세요.
지윤: 1, 2, 3을 보면 첫째 세로줄의 •는 1이고, 둘째 세로줄의 •는 2이고, 3은 1+2로 나타낸 것을 알 수 있어.
준서: 4는 2를 나타내는 •가 둘째 세로줄의 아래 칸과 위 칸에 있으니까 2+2로 생각한 거야.
민수: 5는 3+2로 생각하면 같은 칸에 •를 2개 넣어야 하니까 안 되고, 4+1로 생각해야 해.
준서: 6은 첫째 세로줄과 둘째 세로줄이 5에서 다 차니까 셋째 세로줄의 맨 아래 칸에 •를 넣은 거야.
지윤: 그러면 ▭의 다음은 ▭이야.
민수: 그리고 4처럼 생각하면 ▭은 12야.
준서: 선생님, 질문 있어요. 12를 ▭이라고 해도 돼요?
교사: 안 됩니다. 세로줄은 •를 맨 아래 칸부터 차례로 넣습니다.
준서: 알겠습니다. 그러면 저희가 규칙을 다 찾은 것 같아요.
교사: 서로 협력하며 규칙을 잘 찾았네요. 규칙에 따르면 ▭이 나타내는 수는 무엇일까요?
지윤: (㉠)입니다.
교사: 맞았어요. 여러분 모두 참 잘했어요. 이번 시간에 알게 된 것을 수학 일기에 써보세요.

1) ㉠에 들어갈 알맞은 수를 쓰시오. [1점]
• _____

2) 다음은 민수의 수학 일기이다. ⓐ~ⓔ 중에서 틀린 것 2가지를 찾고, 그 기호와 이유를 각각 쓰시오. [2점]

오늘 수학 시간에 규칙 찾기를 했다. 처음에는 어려웠지만 친구들과 함께 찾다 보니 재미있었다. 오늘 찾은 규칙에 따라 ▭에 •를 넣어 수를 나타내면서 몇 가지를 더 발견할 수 있었다. 맞는지 내일 친구들과 확인해 봐야겠다.
ⓐ •가 1개만 있는 수는 모두 10개이다.
ⓑ •가 2개만 있는 수 중에서 가장 큰 수는 48이다.
ⓒ •가 3개만 있는 수 중에는 18이 있다.
ⓓ •가 4개만 있는 수 중에서 가장 작은 수는 16이다.
ⓔ •가 첫째 세로줄에 있는 수는 모두 60개이다.

• ①: _____
• ②: _____

정답

1) 86

2) ① ⓐ, 세로줄은 •를 맨 아래 칸부터 차례로 넣기 때문에 •가 1개만 있는 수는 모두 4개이다.
② ⓓ, •가 4개만 있는 수 중에서 가장 작은 수는 5와 6을 합한 11이다.

정답이유

1)
과정 ① 교사가 제시한 규칙에서 첫째 세로줄의 •는 1, 둘째 세로줄의 •는 2이며, 3은 첫째 세로줄과 둘째 세로줄을 합한 것으로 나타내고 있으며, 4의 경우 1+3과 2+2로 나타낼 수 있지만 1+3으로 나타낼 경우 첫째 세로줄 한 칸에 • 2개가 겹쳐지게 되므로, 2+2로 둘째 세로줄의 아래 칸과 위 칸을 채웠다. 따라서 둘째 세로줄의 •은 어느 칸에 있든지 각각 '2'를 나타냄을 알 수 있다.

과정 ② 그리고 6의 경우 첫째 세로줄, 둘째 세로줄을 모두 채운 5에서 더 채울 공간이 없으므로 셋째 세로줄에 •을 놓아 표시한 것이고, 7의 경우에 1을 나타내는 첫째 세로줄과 6을 나타내는 셋째 세로줄에 •을, 8의 경우에 2를 나타내는 둘째줄과 6을 나타내는 셋째줄에 •을 놓아 표시한 것이다. 이와 같은 방법으로 11을 표시하면 첫째 세로줄, 둘째 세로줄을 모두 •로 채우고 셋째 세로줄 맨 아래 칸까지 •이 있게 되므로, 12의 경우는 셋째 세로줄의 두 번째 칸에 •을 놓아 표시할 수밖에 없다. 따라서 셋째 세로줄의 •은 어느 칸에 있든지 각각 '6'을 나타냄을 알 수 있다.

과정 ③ 이와 같은 방법으로 셋째 세로줄까지 •을 모두 채우면, 첫째 세로줄은 '1', 둘째 세로줄은 '4', 셋째 세로줄은 '18'을 나타내게 되므로 '23'이 된다. 따라서 넷째 세로줄의 •은 각각 '24'가 됨을 알 수 있다.

결론 ▭의 경우 둘째 세로줄에 •이 한 개 있으므로 '2', 셋째 세로줄에 •이 2개 있으므로 6+6=12, 넷째 세로줄에 •이 3개 있으므로 24+24+24=72가 되므로 나타내는 수는 86이 된다.

2) 오답분석

ⓐ 세로줄은 •를 맨 아래 칸부터 차례로 넣는다. 그러므로, 둘째, 셋째, 넷째 세로줄은 맨 아래 칸에는 •이 없고 아래에서 두 번째 칸부터 •이 있을 수는 없기 때문에 둘째, 셋째, 넷째 세로줄의 경우 •가 1개만 있는 수는 각각 •이 맨 아래 칸에 있는 경우밖에 없다. 따라서, •가 1개만 있는 수는 첫째 세로줄에 1개가 있는 '1', 둘째 세로줄 맨 아래 칸에 1개가 있는 '2', 셋째 세로줄 맨 아래 칸에 1개가 있는 '6', 넷째 세로줄 맨 아래 칸에 1개가 있는 '24'의 네 가지 밖에 없다.

ⓓ •가 4개만 있는 수 중에서 가장 작은 수는 첫째 세로줄과 둘째 세로줄까지 •가 3개인 수 5와 셋째 세로줄 맨 아래 칸에 •가 1개 놓인 6을 합한 11이다.

정답해설

ⓑ •가 2개만 있는 수 중에서 가장 큰 수는 넷째 세로줄의 맨 아래 칸과 두 번째 칸에 •가 있는 경우로, 넷째 세로줄의 •는 각각 24를 나타내므로 48이 된다.

ⓒ 셋째 세로줄에 •가 3개 있는 경우에 셋째 세로줄의 •는 각각 6을 나타내므로 18이 된다.

ⓔ 1, 3, 5, 7, 9 등 1부터 119까지의 수 중에서 홀수의 경우에는 항상 •가 첫째 세로줄에 있다. 1부터 119까지의 수에서 홀수는 모두 60개이므로 •가 첫째 세로줄에 있는 수는 모두 60개이다.

05

(가)는 '비와 비율' 단원 수업의 일부이고, (나)는 이 수업에 대한 수업 비평문의 일부이다. 물음에 답하시오. [4점]

(가)

> **문제** 자동차 X, Y는 같은 종류의 연료를 사용합니다. 자동차 X는 연료 12L로 150km를 달리고, 자동차 Y는 연료 9L로 120km를 달립니다. 연료비를 절약할 수 있는 경제적인 자동차는 어느 것입니까?
>
> 교사 : 자신이 푼 방법을 이야기해 봅시다.
> 민희 : 자동차 X : 150÷12=12.5,
> 　　　자동차 Y : 120÷9=13.33……
> 　　　이므로, 자동차 Y가 더 경제적이에요.
> 연우 : 자동차 X : 150×4=600, 12×4=48
> 　　　자동차 Y : 120×5=500, 9×5=45
> 　　　이므로, 자동차 Y가 더 경제적이에요.
> 보라 : 자동차 X : 12×3=36, 150×3=450
> 　　　자동차 Y : 9×4=36, 120×4=480
> 　　　이므로, 자동차 Y가 더 경제적이에요.
> 교사 : 세 학생의 풀이 방법을 비교해 봅시다.
> 진수 : 민희와 (㉠)의 풀이 방법은 연료량을 같게 하여 비교했다는 점에서 서로 비슷한 것 같아요. 그리고 (㉡)의 풀이 방법은 다른 두 학생의 방법과는 다른 것 같은데, 그 차이를 어떻게 설명해야 할지 모르겠어요.

(나)

- 민희, 연우, 보라의 풀이 방법은 두 가지로 구분할 수 있다. 민희와 (㉠)는 '같은 연료량으로 갈 수 있는 거리를 각각 계산해서 그 값이 큰 쪽이 경제적인 자동차이다.'라고 판단하였다. 반면에, (㉡)는 '같은 거리를 가는 데 필요한 연료량을 각각 계산해서 그 값이 (㉢)'(이)라고 판단하였다.
- '연비는 자동차의 단위 연료(1 L)당 주행 거리(km)의 비율'이라고 설명하고, 다음 표를 이용하여 자동차 X, Y, Z의 연비를 비교하는 문제를 제시하는 것도 좋다.

구분	자동차 X	자동차 Y	자동차 Z
연료(L)	12	9	6
주행 거리(km)	150	120	㉣

1) ㉠과 ㉡에 들어갈 학생의 이름을 쓰시오. [1점]

- ㉠ : _____
- ㉡ : _____

2) (나)의 ㉢에 들어갈 내용을 쓰시오. [1점]

- _____

3) (나)의 표에서 자동차 Z의 연비가 자동차 X보다 높고, 자동차 Y보다 낮다고 할 때, ① ㉣에 들어갈 알맞은 자연수를 모두 쓰고, ② 그 풀이 과정을 쓰시오. [2점]

- ① : _____
- ② : _____

정답

1) ㉠ 보라
　 ㉡ 연우

2) 작은 쪽이 경제적인 자동차이다.

3) ① 76, 77, 78, 79
　 ② 자동차 Z의 연비를 □라 하면 12.5<□<13.33……인데, ㉣이 75이면 75÷6=12.5이고, ㉣이 80이면 80÷6=13.33……이므로 ㉣에 들어갈 알맞은 자연수는 76, 77, 78, 79이다.

정답이유

1)
민희는 자동차 X : 150÷12=12.5, 자동차 Y : 120÷9=13.33……으로 각각 연료 1L로 갈 수 있는 거리를 구하였으므로, 보라도 자동차 X : 12×3=36, 자동차 Y : 9×4=36으로 연료량을 같게 하여 같은 연료량 36L로 갈 수 있는 거리를 비교하였다. 반면 연우는 자동차 X와 자동차 Y로 갈 수 있는 거리는 600km로 같게 한 후 해당 거리를 가는 데 소요되는 연료량을 비교하였다.

2)
민희와 보라는 같은 연료량을 갈 수 있는 거리 값이 큰 쪽을 경제적인 자동차로 판단하는 방법을 사용하였지만, 연우는 같은 거리인 600km를 가는 데 필요한 연료량을 계산하여 그 값이 작은 쪽을 경제적인 자동차로 판단하였다.

3)
자동차 X의 연비는 150÷12=12.5이고, 자동차 Y의 연비는 120÷9=13.33……이다.
자동차 Z의 연비는 자동차 X보다 높고, 자동차 Y보다 낮다고 하였으므로, 자동차 Z의 연비를 □라 하면, □의 값은 12.5<□<13.33……이어야 한다.
이 때 ㉣의 값이 75이면 연비는 75÷6=12.5로 자동차 X의 연비와 같게 되므로 ㉣의 값은 75보다 커야 하며, ㉣의 값이 80이면 연비는 80÷6=13.33……으로 자동차 Y의 연비와 같게 되므로 ㉣의 값은 80보다 작아야 한다.
따라서 자동차 Z의 연비를 12.5<□<13.33……로 만드는 ㉣에 알맞은 자연수는 76, 77, 78, 79이다.
㉣이 76이면 76÷6=12.66……, ㉣이 77이면 77÷6=12.833……, ㉣이 78이면 78÷6=13, ㉣이 79이면 79÷6=13.166……의 연비가 나타난다.

06
2016-A-5, 특수-A-7

(가)는 ○○초등학교에서 발행하는 학교 신문 기사의 일부이고, (나)는 학생 기자들의 기획 회의에서 이루어진 대화의 일부이다. 물음에 답하시오. [4점]

(가)

○○초등학교 신문   제12호

수학이 좋아졌어요!

우리 학교에서는 3월과 9월 두 차례에 걸쳐 6학년 학생을 대상으로 수학 선호도를 조사하였습니다. 3월에는 210명, 9월에는 200명이 응답하였습니다. 조사 결과, 여름에 있었던 '수학체험전' 영향인지 수학을 좋아하는 학생이 많아진 것으로 나타났습니다. 수학을 '매우 좋아한다' 또는 '약간 좋아한다'고 답한 학생 수가 3월에는 응답자의 50%였는데, 9월에 큰 변화가 나타났습니다.

<우리 학교 학생들의 수학 선호도 변화>

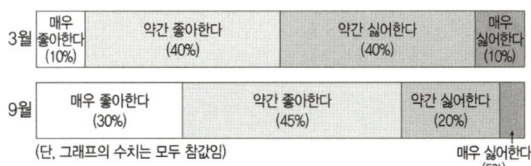

(단, 그래프의 수치는 모두 참값임)

… (중략) …

다음은 이 기사에 대한 퀴즈입니다. 정답을 보내주신 분께는 추첨을 통해 선물을 드리겠습니다.

<퀴즈>
㉠ 3월에 수학을 '매우 좋아한다'고 답한 학생 수에 대한 9월에 '매우 좋아한다'고 답한 학생 수의 비는 얼마입니까?

(나)

학생 A : 지난 호에 실었던 수학 선호도 변화에 대한 기사는 반응이 아주 좋았습니다.
학생 B : <퀴즈>도 호응이 좋았습니다. 응모자의 80%인 60명이나 정답을 맞혔지요.
학생 C : 추첨을 통해 정답자의 $\frac{1}{10}$에게 선물을 증정했으니 ㉡ 응모자에 대한 당첨자의 비율이 $\frac{1}{9}$이네요.
… (중략) …
학생 B : 다음 호는 연말 특집호입니다. 지금까지 그림그래프와 비율그래프를 사용했으니 이번에는 다른 그래프를 사용하여 기사를 작성해 보죠.
학생 D : 우리 학교 학생들이 좋아하는 운동, 연예인, 간식 등을 조사하고, (㉢)을/를 그려 비교해 볼까요?
학생 C : 지난 20년 동안의 미세먼지 농도, 동해의 수온 등을 조사하고, (㉣)을/를 그려 환경의 변화 추이를 살펴보는 것도 재미있을 것 같습니다.
학생 A : 둘 다 좋은 의견입니다. 두 모둠으로 나누어 진행하죠.

1) (가)의 신문 기사에는 비율과 그래프라는 수학적 수단이 실생활 자료의 수집, 분류·정리, 해석, 판단에 사용되고 있다. 이와 같이 수학은 경제, 경영, 행정 등 여러 분야에서 쓰이고, 과학과 기술의 발달로 그 가치가 더욱 증대되고 있다. 이를 지칭하는 수학의 가치를 쓰시오. [1점]

• _____

2) ㉠의 올바른 답을 구하고, ㉡이 틀린 이유를 쓰시오. [2점]

• ㉠ : _____

• ㉡ : _____

3) 통계 자료를 그래프로 나타낼 때에는 조사한 자료의 특성 또는 목적에 따라 적절한 그래프를 선택하여야 한다. (나)의 대화를 참고하여 2009 개정 수학과 교육과정 초등학교급에서 다루는 그래프 중 ㉢과 ㉣에 알맞은 그래프의 이름을 각각 쓰시오. [1점]

• ㉢ : _____

• ㉣ : _____

정답

1) 실용적 가치

2) ㉠ 60 : 21
   ㉡ 전체 응모자는 75명이고, 당첨자는 60명의 $\frac{1}{10}$인 6명이므로, 응모자에 대한 당첨자의 비율은 $\frac{6}{75}$이다.

3) ㉢ 막대그래프 ㉣ 꺾은선그래프

정답이유

2) ㉠의 올바른 답

• 우선 비교하는 양을 살펴보면, 9월에 응답한 학생은 총 200명이고, 그 중 '매우 좋아한다'로 응답한 비율이 30%이므로 9월에 '매우 좋아한다'로 응답한 학생은 60명이다.
• 다음으로 기준량을 살펴보면, 3월에 응답한 학생은 총 210명이고, 그 중 '매우 좋아한다'로 응답한 비율이 10%이므로 3월에 '매우 좋아한다'로 응답한 학생은 21명이다.
• 따라서 3월에 수학을 '매우 좋아한다'고 답한 학생 수에 대한 9월에 '매우 좋아한다'고 답한 학생 수의 비는 60 : 21이다.

오답분석

㉡에서 '응모자에 대한 당첨자의 비율'이라고 했으므로, 기준량은 정답을 맞춘 60명이 아니라, 전체 응모자인 75명이 되어야 하며, 비교하는 양인 당첨자는 정답자 60명의 $\frac{1}{10}$인 6명이므로, 응모자에 대한 당첨자의 비율은 $\frac{6}{75}$이 된다.

3) 학생 D의 의견은 학생들이 좋아하는 운동, 연예인, 간식 등을 조사하여 각 항목의 상대적인 크기를 비교하고자 하는 것이므로 ㉢에는 막대그래프가 적합하며, 학생 C의 의견은 20년 동안의 미세먼지 농도, 동해의 수온을 시간적 계열(系列)에 착안하여 변화하는 사실을 나타내고자 하는 것이므로 ㉣에는 꺾은선그래프가 적합하다.

07 2015-A-6

다음은 규칙을 찾아 문제를 해결하는 과정이다. 물음에 답하시오. [4점]

교사 : 〈표 1〉은 첫째 줄에 2의 배수를 순서대로 적고, 각각의 수의 일의 자리 숫자를 둘째 줄에 적은 것이에요. 일의 자리 숫자에 어떤 규칙이 있는지 찾아보세요.

〈표 1〉

2의 배수	2	4	6	8	10	12	14	16	18	20	…
일의 자리 숫자	2	4	6	8	0	2	4	6	8	0	…

(각 칸 사이 +2)

학생 : 일의 자리 숫자는 2, 4, 6, 8, 0이 반복되고 있어요.
교사 : 같은 방법으로 첫째 줄에 3의 배수를 적으면 일의 자리 숫자는 어떤 수들이 규칙적으로 반복되나요?
학생 : 3, 6, 9, 2, 5, 8, 1, 4, 7, 0이 반복해서 나타나요. 같은 방법으로 1, 4, 5, 6, 7, 8, 9 각각의 배수에 대해서도 일의 자리 숫자에 어떤 규칙이 있는지 찾아볼게요.

(중략)

교사 : 규칙을 다 찾았으면 이번에는 2의 배수에서 나온 일의 자리 숫자를 순서대로 연결하여 [그림 1]에 나타내 보세요.

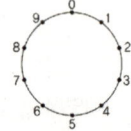 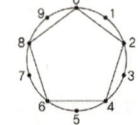

[그림 1] [그림 2]

학생 : 〈그림 2〉와 같이 그려지는데요. ㉠<u>1, 2, 3, 4, 5, 6, 7, 8, 9 각각의 배수에서 나온 일의 자리 숫자를 순서대로 연결하여 그림으로 나타내면 여러 가지 모양이 나와요.</u>
교사 : 같은 모양끼리 모아보면 그 안에도 규칙이 있어요.
학생 : 서로 다른 x, y에 대하여 x의 배수와 y의 배수에 대한 모양이 같을 때, (㉡)이/가 돼요.
교사 : ㉢<u>지금까지는 같은 수를 계속 더하는 규칙을 생각해보았는데, 이번에는 같은 수를 계속 곱하는 규칙을 생각해 볼까요?</u>
학생 : 2부터 시작해서 2에 2를 곱하고, 그 값에 다시 2를 곱하는 과정을 반복하면 (〈표 2〉를 그린 후) 일의 자리 숫자는 2, 4, 8, 6이 반복돼요.

〈표 2〉

2의 거듭제곱	2	4	8	16	32	64	128	256	…
일의 자리 숫자	2	4	8	6	2	4	8	6	…

(각 칸 사이 ×2)

교사 : 1, 3, 4, 5, 6, 7, 8, 9 각각에 대해서도 〈표 2〉와 같이 자기 자신을 반복해서 곱하는 방식으로 표를 만들면 ㉣<u>일의 자리 숫자에는 어떤 규칙이 나타날까요?</u>

(이하 생략)

---

1) ⓐ ㉠에서 말한 모양의 서로 다른 종류가 몇 가지인지 쓰고, ⓑ ㉡에 들어갈 식을 x와 y의 관계를 나타내는 식으로 쓰시오. [2점]

- ⓐ : _____ 가지
- ⓑ : _____

2) 2009 개정 수학과 교육과정의 교수·학습 방법에서는 다양한 아이디어를 산출할 수 있는 수학적 과제를 통해 ㉢과 같은 수학적 사고를 촉진하도록 하고 있다. 이러한 수학적 사고를 무엇이라고 하는지 쓰시오. [1점]

- _____

3) 1부터 100까지의 자연수 n에 대하여
$$1^n+2^n+3^n+4^n$$
의 일의 자리 숫자가 0이 되게 하는 n은 몇 개인지 ㉣에서 말한 규칙을 활용하여 구하시오. [1점]

- _____ 개

정답

1) ⓐ 5
   ⓑ $x+y=10$
2) 확산적 사고
3) 75

정답이유

1)
1. 1부터 9까지 수의 각각의 배수에서 나온 일의 자리 숫자를 순서대로 연결하여 그림으로 나타내면, 1과 9, 2와 8, 3과 7, 4와 6에서 각각 같은 모양이 나타나고, 5는 0과 5를 잇는 일직선 모양이 나타나므로 모두 5가지의 서로 다른 모양이 나타난다.
2. 1과 9, 2와 8, 3과 7, 4와 6일 때 서로 모양이 같으므로, $x+y=10$이라는 식이 성립된다.

2) 확산적 사고
- 많은 아이디어를 다양하고 독특하게 생성해내는 사고
- 대상을 고정적, 종국적인 것으로 보지 않고 끊임없이 새로운 것으로 창조해 나가 발전시키려는 생각, 즉 통합한 것을 보다 넓은 범위에 적용하려 한다거나, 어떤 결과를 구했더라도 보다 더 나은 방법을 추구하거나 보다 일반적이거나 새로운 것을 발견하려는 생각이다.

〈예제〉
오른쪽 그림과 같은 7×7 점판(geoboard)에 크기가 각각 다른 정사각형을 되도록 많이 구성하시오.

정답개념

1) - ⓐ '㉠에서 말한 모양의 서로 다른 종류'

① 1, 2, 3, 4, 5, 6, 7, 8, 9 각각의 배수를 순서대로 적고, 각각의 수의 일의 자리 숫자를 둘째 줄에 적으면 다음과 같다.

1의 배수	1	2	3	4	5	6	7	8	9	10	…
일의 자리 숫자	1	2	3	4	5	6	7	8	9	0	…

2의 배수	2	4	6	8	10	12	14	16	18	20	…
일의 자리 숫자	2	4	6	8	0	2	4	6	8	0	…

3의 배수	3	6	9	12	15	18	21	24	27	30	…
일의 자리 숫자	3	6	9	2	5	8	1	4	7	0	…

4의 배수	4	8	12	16	20	24	28	32	36	40	…
일의 자리 숫자	4	8	2	6	0	4	8	2	6	0	…

5의 배수	5	10	15	20	25	30	35	40	45	50	…
일의 자리 숫자	5	0	5	0	5	0	5	0	5	0	…

6의 배수	6	12	18	24	30	36	42	48	54	60	…
일의 자리 숫자	6	2	8	4	0	6	2	8	4	0	…

7의 배수	7	14	21	28	35	42	49	56	63	70	…
일의 자리 숫자	7	4	1	8	5	2	9	6	3	0	…

8의 배수	8	16	24	32	40	48	56	64	72	80	…
일의 자리 숫자	8	6	4	2	0	8	6	4	2	0	…

9의 배수	9	18	27	36	45	54	63	72	81	90	…
일의 자리 숫자	9	8	7	6	5	4	3	2	1	0	…

② 일의 자리 숫자를 순서대로 연결하여 그림으로 나타내면 다음과 같이 5가지 서로 다른 종류가 나타난다.

[1, 9의 경우] [2, 8의 경우] [3, 7의 경우]

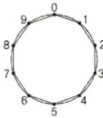 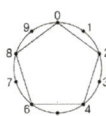 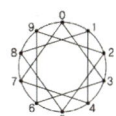

[4, 6의 경우] [5의 경우]

 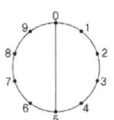

1) - ⓑ 'x와 y의 관계를 나타내는 식'

서로 다른 두 수 x, y에 대하여 x의 배수와 y의 배수에 대한 모양이 같을 때는 일의 자리 숫자를 순서대로 연결하여 나타낸 그림과 같이 1과 9, 2와 8, 3과 7, 4와 6의 경우가 모양이 같으므로, 이 두 수 x, y의 관계를 나타내는 식은 $x+y=10$이 된다.

3)

① '1~9까지의 수를 반복해서 곱할 때 나타나는 일의 자리 숫자'

- 1의 경우 : 1의 반복
- 2의 경우 : 2, 4, 8, 6의 반복
- 3의 경우 : 3, 7, 9, 1의 반복
- 4의 경우 : 4, 6의 반복
- 5의 경우 : 5의 반복
- 6의 경우 : 6의 반복
- 7의 경우 : 9, 3, 1, 7의 반복
- 8의 경우 : 4, 2, 6, 8의 반복
- 9의 경우 : 9, 1의 반복

② '1~4까지의 수 각각을 1부터 100까지 거듭제곱하는 경우 나타나는 일의 자리 숫자'

숫자 거듭제곱 수(n)	1	2	3	4	$1^n+2^n+3^n+4^n$의 일의 자리 숫자의 합
1	1	2	3	4	1+2+3+4=10
2	1	4	9	6	1+4+9+6=20
3	1	8	7	4	1+8+7+4=20
4	1	6	1	6	1+6+1+6=14
5	1	2	3	4	1+2+3+4=10
6	1	4	9	6	1+4+9+6=20
7	1	8	7	4	1+8+7+4=20
8	1	6	1	6	1+6+1+6=14
9	1	2	3	4	1+2+3+4=10
10	1	4	9	6	1+4+9+6=20
11	1	8	7	4	1+8+7+4=20
12	1	6	1	6	1+6+1+6=14
⋮	⋮	⋮	⋮	⋮	⋮

※ 1~4까지의 거듭 제곱 수의 합의 일의 자리 숫자가 0이 되는 것은 거듭 제곱 수가 4씩 증가할 때마다 3번 나타나므로 1부터 100까지 자연수 n에 대하여 $1^n+2^n+3^n+4^n$의 일의 자리 숫자가 0이 되게 하는 n은 모두 75개이다.

08 2014-A-7

(가)와 (나)는 문제 해결 수업의 일부이다. 물음에 답하시오. [6점]

(가)

(교사는 [그림]과 같이 한 변의 길이가 1인 쌓기나무를 쌓아 학생들에게 보여 준 후)
교 사 : 다음 도형의 겉넓이를 구하세요. 바닥면도 겉넓이에 포함됩니다.
학 생 : (쌓기나무를 계속 살펴보면서) 10층의 겉넓이는 5이지만, 9층은 12+4, 8층은 20+4, 7층은 28+4, … 등으로, 9층부터 1층까지 일정한 규칙이 있어요. 이렇게 나온 수들을 다 더하면 되긴 하지만 복잡해요.
학 생 : ㉠(잠시 뒤) 아하! 지난 시간에 배운 위, 앞, 옆에서 본 모양을 그려보면 좀 더 쉽게 구할 수 있어요.
교 사 : 어떻게 구할 수 있는지 말해보세요.
학 생 : (㉡   )
교 사 : 좋은 생각이에요. 그 아이디어를 이용해서 겉넓이를 구해보세요.
학 생 : (앞에서 본 모양을 그림으로 그린 후)앞에서 본 모양의 넓이는 1부터 19까지의 홀수의 합과 같아요. ㉢ 이 사실을 이용하면 겉넓이를 구하는 식은 ……

(이하 생략)

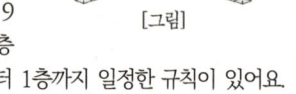
[그림]

(나)

교 사 : 다음 문제를 풀어보세요.

〈문제〉
슬기네 학교에서 7개 반이 축구 경기를 하기로 하였습니다. 모든 반이 다른 반과 한 번씩 경기를 한다고 할 때, 전체 경기수를 구하시오.

(학생들이 문제를 푼다.)

교 사 : 자신이 푼 방법을 얘기해볼까요?
재 희 : 저는 그림을 그려보았습니다. 7개 반을 연결한 후 연결선을 세어 21경기를 해야 한다는 것을 알았습니다.
교 사 : 잘 했어요. 여러분은 재희의 방법에 대해 어떻게 생각하나요?
민 수 : 저도 처음에는 그렇게 풀려고 했지만, 연결선을 일일이 세다 보면 실수할 수 있다고 생각합니다. 그래서 표를 그린 후 규칙을 찾아보았습니다. 표를 보면 반의 수가 1씩 증가할 때 경기 수가 1, 2, 3, 4 …씩 증가하는 것을 알 수 있습니다.
교 사 : 민수도 잘 했어요. 여러분은 어떻게 생각하나요?
준 하 : 좋은 생각이긴 한데 표에서 규칙을 발견하려면 몇 가지 경우를 구해야 합니다.
민 수 : 준하의 말도 옳습니다. 그림이나 표를 그리지 않고 풀 수 있는 방법을 알고 싶습니다.
준 하 : ㉣모든 반이 자기 반을 제외한 다른 반과 경기를 해야 한다는 점을 이용하여 식을 세울 수 있습니다.
교 사 : 재희, 민수, 준하 모두 잘했어요. 다음 문제는 앞에서 푼 문제와 비슷한 문제예요. 가장 좋은 문제 해결 방법이라고 생각하는 방법으로 풀어보세요.

〈문제〉
㉤어느 모임에 참석한 사람들이 자신을 제외한 모든 참석자와 한 번씩 악수하였더니 악수의 횟수가 총 55(번)이었다. 이 모임에 참석한 사람의 수를 구하시오.

1) ㉠에서 이 학생에게 베르트하이머(Wertheimer, M.)가 말한 '통찰'이 일어났다고 할 수 있다. 이 관점에서 ㉡에 들어갈 내용을 쓰시오. [2점]

• _____

2) ㉢에 해당하는 식을 쓰시오. [1점]

• _____

3) ㉣의 식을 쓰고, 이와 같은 방법으로 ㉤의 답을 구하시오. [1점]

• ㉣의 식 : _____

• ㉤의 답 : _____

4) 2009 개정 교육과정에 따른 수학과 교육과정에서는 '수학적 창의력 신장'을 위한 교수·학습 방법으로 4가지 유의점을 제시하고 있다. 위 수업에 구현된 유의점 3가지 중 다음의 〈예〉를 제외한 나머지 2가지를 구현 사례와 함께 쓰시오. [2점]

	유의점	구현 사례
〈예〉	다양한 아이디어를 산출할 수 있는 수학적 과제를 통해 학생들의 확산적 사고를 촉진시킨다.	다양한 방법으로 풀 수 있는 문제를 제공함.
①		
②		

정답

1) 위, 앞, 옆에서 본 모양의 쌓기나무 개수에 2를 곱해요.
2) • (1+3+5+7+9+11+13+15+17+19)×4+(19+18)×2
   • (1+3+5+7+9+11+13+15+17+19)×4+(19×2−1)×2
3) ㉣ (7×6)÷2
   ㉤ 11명
4) 수학적 창의력 신장

	유의점	구현 사례
①	수학적 문제 해결력, 추론 능력, 의사소통 능력을 강조한다.	문제 해결 방법의 설명을 요구함
②	하나의 수학 문제를 여러 가지 방법으로 해결한 후 그 해결 방법을 비교해 보고, 더 높은 차원으로 확장해서 사고할 수 있게 한다.	문제 해결 방법을 비교시킨 후 가장 좋은 방법으로 풀 수 있는 문제를 제공함

정답이유

1)

1. 문제에 제시된 쌓기나무 모양은 네 방향으로 쌓여져 있으므로 앞, 옆에서 본 겉넓이의 2배, 바닥면도 겉넓이에 포함되므로 위에서 본 겉넓이의 2배와 같다.

2. 베르트하이머(Wertheimer, M)가 언급한 '통찰'은 조건이 주어진 문제에 대해 고민을 하는 도중에 주어진 조건으로부터 "아하! 이렇게 하면 되겠구나!"와 같이 불현듯 머리를 스치듯 떠오르는 해결 방법을 말한다. 그는 구조적 원리를 이해하려는 사고를 '생산적 사고(productive thinking)'라고 불렀으며, 이를 비생산적 사고와 구별하였다.

2) 겉넓이 구하기

① 교사는 한 변의 길이가 1인 쌓기나무를 제시했는데, 한 변의 길이가 1이므로 쌓기나무의 한 면의 넓이 역시 1이 된다. 결국 위에서 본 모양을 그리게 되면 더하기(+) 모양의 그림이 나오게 되고 윗면의 겉넓이는 이 그림의 쌓기나무 개수와 동일하다.

② 그 다음 교사와 학생의 대화에서 학생은 '(앞에서 본 모양을 그림으로 그린 후) 앞에서 본 모양의 넓이는 1부터 19까지의 홀수의 합과 같아요.'라고 말하고 있다. 이를 통해 ⓒ에 들어갈 내용을 기술하면, "위, 앞, 옆에서 본 모양의 쌓기나무의 개수에 2를 곱합니다."와 같다.

③ 이를 바탕으로 겉넓이를 구하는 식은 앞에서 본 모습에 4를 곱하고 위에서 본 모습, 아래에서 본 모습의 겉넓이를 더하면 (1+3+5+⋯⋯+19)×4+(19+18)×2=174이다.

3) 여러 가지 방법으로 문제 해결하기

- ㉣의 경우 7개 반이 각각 다른 반과 경기를 하게 되는 횟수는 6번으로 총 42번이 되지만, ㉮ 대 ㉯, ㉯ 대 ㉮와 같은 식으로 같은 경기가 2번 겹치게 되므로, 1번씩 경기하는 횟수는 (7×6)÷2가 된다.
- ㉤의 경우 표를 사용하여 규칙을 찾으면,

사람 수(명)	2	3	4	5	6	7	8	9	10	11
악수의 총 횟수(번)	1	3	6	10	15	21	28	36	45	55
늘어나는 악수의 횟수(번)	·	2	3	4	5	6	7	8	9	10

와 같이 사람이 한 명씩 늘어남에 따라 악수의 횟수는 기존에 있던 사람 수만큼 늘어나게 되어, 총 55번 악수를 하였다면 모임에 참석한 사람은 11명이다.

정답개념

2) ⓒ에 해당하는 식

- 앞에서 본 모양의 넓이는 1+3+5+7+9+11+13+15+17+19이고 모두 네 방향이므로 (1+3+5+⋯+19) × 4이고, 위에서 본 모양의 넓이는 가로, 세로 방향으로 모두 19개씩이지만 위에서 본 모양 중 10층은 가로, 세로 방향에서 겹치므로 19 × 2에서 1을 빼야 하고, 바닥면의 경우도 위에 본 모양의 넓이와 같으므로 (19+18) × 2 또는 (19 × 2−1) × 2가 된다.

① 앞에서 본 모양 → (1+3+5+7+9+11+13+15+17+19)

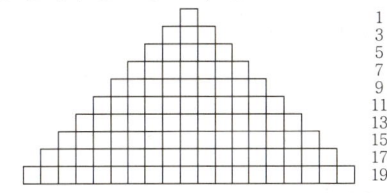

② 좌, 우, 뒤에서 본 모양도 모두 앞에서 본 모양과 똑같은 모양임 → (1+3+5+7+9+11+13+15+17+19) × 4

③ 위에서 본 모양 → (19+18)

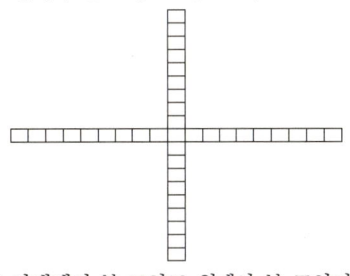

④ 아래에서 본 모양도 위에서 본 모양과 똑같은 모양임 → (19+18) × 2

⑤ 따라서, 쌓기나무의 겉넓이는 (1+3+5+7+9+11+13+15+17+19) × 4 + (19+18) × 2

4)

1. 수학적 창의성
- 주어진 수학적 문제 상황을 이해하거나 해결하는 과정에서 발휘되는 독창적이고 참신하며, 정교하고 유연한 사고 능력이다.

2. 15 개정 '교수·학습 방법'
- 창의·융합 능력을 함양하기 위한 교수·학습에서는 다음 사항을 강조한다.
① 새롭고 의미 있는 아이디어를 다양하고 풍부하게 산출할 수 있는 수학적 과제를 제공하여 학생의 창의적 사고를 촉진시킨다.
② 하나의 문제를 여러 가지 방법으로 해결하게 하고, 해결 방법을 비교하여 더 효율적인 방법을 찾거나 정교화하게 한다.
③ 여러 수학적 지식, 기능, 경험을 연결하거나 수학과 타 교과나 실생활의 지식, 기능, 경험을 연결·융합하여 새로운 지식, 기능, 경험을 생성하고 문제를 해결하게 한다.

3. 2022 개정
- 다음과 같은 교수·학습 방법을 통해 연결 역량을 함양하게 한다.
① 영역이나 학년(군) 내용 간에 관련된 수학의 개념, 원리, 법칙 등을 유기적으로 연계하여 새로운 지식을 생성하면서 창의성을 기르게 한다.
② 수학과 실생활, 사회 및 자연 현상, 타 교과의 내용을 연계하는 과제를 활용하여 수학의 유용성을 인식하게 한다.

09

2013-A-8

다음은 '비례식' 단원을 지도하는 수업의 일부이다. 물음에 답하시오. [4점]

1차시	교사: 빵 2개를 만들려면 달걀이 3개 필요합니다. 빵 4개를 만들려면 달걀이 몇 개 필요할까요? 민지: ㉠빵 2개를 만들기 위해 필요한 달걀의 수는 빵의 수보다 하나 더 많아요. 그래서 빵 4개를 만들려면 5개가 필요해요. 영수: 저는 그렇게 생각하지 않아요. ㉡빵 2개를 만드는 데 달걀이 3개 필요하니까, 다시 빵 2개를 더 만들려면 달걀이 3개 더 필요해요. 그래서 빵 4개를 만들려면 달걀 6개가 필요해요. (이하 생략)
4차시	교사: 빵을 2개 만드는 데 달걀이 5개 필요합니다. 빵을 10개 만들려면 달걀이 몇 개 필요한지 ㉢비의 성질을 이용하여 구해 보세요. (중략) 교사: 비례식으로 만들어 보고 내항의 곱과 외항의 곱을 비교해 보세요. 민지: 비례식은 2 : 5=10 : 25이고, 내항의 곱은 5 × 10=50, 외항의 곱도 2 × 25=50입니다. 교사: ㉣비례식에서는 내항의 곱과 외항의 곱이 같아요. 그러면 빵을 10개 만들 때 달걀이 몇 개 필요한지 비의 성질을 이용하지 않고도 구할 수 있겠습니까? (이하 생략)

1) 1차시 수업에서 두 수를 비교하는 민지의 방법(㉠)과 영수의 방법(㉡)의 차이점을 설명하시오. [2점]

2) 4차시 수업에서의 ㉢을 진술하고, ㉣은 무엇을 진술한 것인지 쓰시오. [2점]

- ㉢ : _____
- ㉣ : _____

정답

1) ㉠은 덧셈구조로 ㉡은 곱셈구조로 비교하였다.
2) ㉢ 비의 전항과 후항에 0이 아닌 같은 수를 곱하여도 비의 값은 같다.
   ㉣ 비례식의 성질

정답이유

1) 두 수를 비교하는 방법

① 비의 개념을 정확히 이해해야 한다. 비는 '하나의 다른 하나에 대한 관련성을 계산하기', '어떤 양이 다른 양의 몇 배에 해당하는가를 보이는 관계', '비교하는 두 양을 직접 비교하지 않고, 기준을 정하여 상대적인 크기를 비교하는 것'이다.

② 민지는 '하나 더 많다'는 사고로 단순히 두 수의 양을 가법적 관계로 계산하였고, 영수는 '다시 빵 2개를 더 만들려면'이라는 사고로 두 양이 비율에 따라 함께 변할 수 있다는 사실을 토대로 승법적으로 계산하였다.

③ 두 양 A, B의 크기를 비교하는 방법에는 2가지가 있다. 하나는 'A는 B보다 얼마나 더 많다(크다) 또는 적다(작다)' 등 덧셈구조로 비교하는 방법이고, 다른 하나는 'A는 B의 몇 배이다' 등 곱셈구조로 비교하는 방법이다. 전자는 절대적인 크기의 비교이지만 후자는 상대적인 크기의 비교이다.

2) 빵을 2개 만드는 데 달걀이 5개 필요할 때 빵 10개 만드는 데 필요한 달걀의 개수를 구하는 데 '비의 전항과 후항에 0이 아닌 같은 수를 곱하여도 비의 값은 같다'라는 ㉢ 비의 성질을 이용하면 각 항에 5를 곱해서 달걀이 25개 필요하다는 것을 알 수 있다. ㉣ '비례식에서 내항의 곱과 외항의 곱이 같다'는 비례식의 성질 중 하나이다.

정답개념

1. 비의 성질

■ 활동 1

딱지를 동생과 내가 3개와 4개로 나누어 가졌을 때의 딱지 수의 비와 비의 값을 구하면 3 : 4, $\frac{3}{4}$이 되고, 6개와 8개로 나누어 가졌을 때의 딱지 수의 비와 비의 값을 구하면 6 : 8, $\frac{6}{8}=\frac{3}{4}$이 된다. 3 : 4와 6 : 8의 비의 값이 모두 $\frac{3}{4}$으로 같음을 알게 하고, 6 : 8은 3 : 4의 전항과 후항을 2배 한 것이라는 것을 알게 한다.

위와 같은 방법으로 9 : 12도 3 : 4의 비의 값이 $\frac{3}{4}$으로 같고, 전항과 후항을 3배 한 것이라는 사실을 알게 한다.

3 : 4의 전항과 후항에 0을 곱하면 0 : 0으로 비의 값이 같지 않음을 알도록 한다.

위와 같은 활동을 통해 비의 성질 1을 귀납적으로 찾을 수 있도록 한다.

■ 비의 성질 1

비의 전항과 후항에 0이 아닌 같은 수를 곱하여도 비의 값은 같다는 것을 알게 한다.

■ 활동 2

자전거 앞바퀴와 뒷바퀴의 회전수가 12와 20일 때의 비와 비의 값을 구하면 12 : 20, $\frac{12}{20}=\frac{6}{10}=\frac{3}{5}$이 되고, 6과 10일 때의 비와 비의 값을 구하면 6 : 10, $\frac{6}{10}=\frac{3}{5}$이 된다. 12 : 20과 6 : 10의 비의 값이 모두 $\frac{3}{5}$으로 같음을 알게 하고, 6 : 10은 12 : 20의 전항과 후항을 2로 나눈 것이라는 것을 알게 한다.

위와 같은 방법으로 3 : 5와 12 : 20의 비의 값이 $\frac{3}{5}$으로 같고, 3 : 5는 12 : 20의 전항과 후항을 4로 나눈 것이라는 사실을 알게 한다.

12 : 20의 전항과 후항을 0으로 나눌 수 없음을 알도록 한다. 학생들의 이해를 돕기 위하여 어떤 수를 0으로 나누는 것이 불가능하다는 것은 6÷2=3으로부터 3×2=6임을 알 수 있으므로 6÷0=□라고 가정하면 □×0=6이 되어야 하는데 □에는 어떤 수가 들어가도 성립하지 않는다는 것을 통해 알 수 있게 한다.

위와 같은 활동을 통해 비의 성질 2를 귀납적으로 찾을 수 있도록 한다.

■ 비의 성질 2

비의 전항과 후항을 0이 아닌 같은 수로 나누어도 비의 값은 같다는 것을 알게 한다.

2. 미지항 구하는 방법

비례식의 성질을 이용하여 미지항을 구한다. 이때, 비의 성질을 이용하여 미지항을 구할 수 있다는 것을 학생들이 인식하도록 한다.

- 비례식의 성질을 이용하여 구할 경우
  - 4 : 9=16 : □ → 4×□=9×16 → □=36
  - 4 : □=100 : 25 → 100×□=4×25 → □=1
  - 30 : 18=□ : 3 → 18×□=30×3 → □=5
  - □ : 21=12 : 42 → 42×□=21×12 → □=6
- 비의 성질을 이용하여 구할 경우
  - 4 : 9=16 : □ → 4×4=16, 9×4=36 → □=36
  - 4 : □=100 : 25 → 100÷25=4, 25÷25=1 → □=1
  - 30 : 18=□ : 3 → 18÷6=3, 30÷6=5 → □=5
  - □ : 21=12 : 42 → 42÷2=21, 12÷2=6 → □=6

6절 자료와 가능성

01 [2023-B-3]

(가)는 2학년 1학기 '분류하기' 단원과 관련된 2015 개정 수학과 교육과정 내용의 일부이고, (나)는 이 단원 지도에 대해 예비 교사와 지도 교사가 나눈 대화의 일부이다. 물음에 답하시오. [4점]

(가)

<성취기준>
[2수05-01] 교실 및 생활 주변에 있는 사물들을 정해진 기준 또는 자신이 정한 기준으로 분류하여 개수를 세어 보고, 기준에 따른 결과를 말할 수 있다.

<교수·학습 방법 및 유의 사항>
• 기준을 정하여 분류할 때 ㉠학생들이 정한 다양한 기준을 존중하되, 분명하지 않은 기준일 경우에는 분류하는 것이 어려움을 인식하게 한다.

(나)

예비 교사: 분류 기준은 항상 제시해 주어야 하나요?
지도 교사: 그렇게 할 수도 있지만, 주어진 대상들을 분류할 수 있는 기준을 학생들이 정해 보게 할 수도 있어요. 예전에 내가 ㉡미처 생각하지 못한 올바른 분류 기준을 생각한 학생도 있었습니다. 발산적 사고에 능한 학생을 보고 깜짝 놀란 적이 있어요.
예비 교사: 학생들이 분류 기준을 정하면 분류 결과가 다양하게 나오거나 분류하기가 어렵지 않나요?
지도 교사: 오히려 그런 상황을 통해 분명한 분류 기준이 필요함을 지도할 수 있어요. 이어서 ㉢분명한 분류 기준으로 분류한 결과들을 비교하여, (㉣)을/를 지도할 수 있습니다.

… (중략) …

예비 교사: 단원 평가에서 분류할 대상으로 [자료 1]과 같은 도형판에 만든 여러 삼각형, 사각형, 오각형을 사용하려고 해요. 그리고 분류 기준은 직각의 수를 생각하고 있습니다. [A]

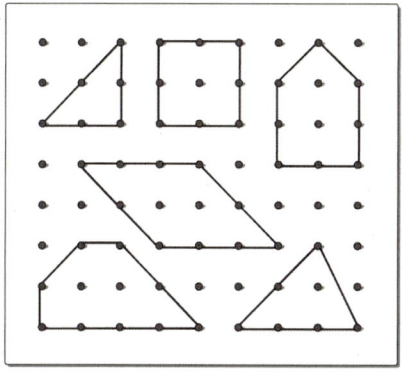

[자료 1]

지도 교사: ㉤다른 학년군 성취기준 또는 학습 요소는 살펴 보았나요?

… (하략) …

1) 2015 개정 수학과 교육과정에 제시된 교과 역량 중 (가)의 ㉠과 (나)의 ㉡에 공통적으로 관련된 교과 역량을 쓰시오. [1점]

2) ㉢을 통해 학생들에게 지도할 내용으로 ㉣에 들어갈 말을 쓰시오. [1점]

3) ㉤에 근거하여 [A]에서 ① 적절하지 않은 것 1가지를 찾아 쓰고, ② 그 이유를 쓰시오. [2점]

①
②

정답

1) 창의·융합

2) 분명한 기준으로 분류하면 어느 누가 분류해도 결과가 같다는 것

3) ① 분류 기준을 직각의 수로 생각한 것
② 직각은 3~4학년군 학습 요소이기 때문

정답이유

1) 창의·융합
수학의 지식과 기능을 토대로 새롭고 의미 있는 아이디어를 다양하고 풍부하게 산출하고 정교화하며, 여러 수학적 지식, 기능, 경험을 연결하거나 타 교과나 실생활의 지식, 기능, 경험을 수학과 연결·융합하여 새로운 지식, 기능, 경험을 생성하고 문제를 해결하는 능력이다.

2) 분명한 기준에 따른 분류의 장점(2-1-5단원)
① 어느 누가 분류해도 결과가 같다.
② 분류된 기준으로 물건을 찾을 때 정확하게 찾을 수 있다.

3) 도형 영역
1. 3~4학년 성취 기준
[4수02-02] 각과 직각을 이해하고, 직각과 비교하는 활동을 통하여 예각과 둔각을 구별할 수 있다.

2. 학습요소
① 1~2학년(7개)
• 삼각형, 사각형, 원, 꼭짓점, 변, 오각형, 육각형
② 3~4학년(29개)
• 직선, 선분, 반직선, 각, (각의) 꼭짓점, (각의) 변, 직각, 예각, 둔각, 수직, 수선, 평행, 평행선, 원의 중심, 반지름, 지름, 이등변삼각형, 정삼각형, 직각삼각형, 예각삼각형, 둔각삼각형, 직사각형, 정사각형, 사다리꼴, 평행사변형, 마름모, 다각형, 정다각형, 대각선
③ 5~6학년(24개)
• 합동, 대칭, 대응점, 대응변, 대응각, 선대칭도형, 점대칭도형, 대칭축, 대칭의 중심, 직육면체, 정육면체, 면, 모서리, 밑면, 옆면, 겨냥도, 전개도, 각기둥, 각뿔, 원기둥, 원뿔, 구, 모선

02   2021-B-3

'자료와 가능성' 영역의 수업 자료 개발에 대해 수석 교사와 두 초임 교사가 나눈 대화의 일부이다. 물음에 답하시오. [3점]

> 수석 교사 : 3학년의 그림그래프 관련 단원과 6학년의 띠그래프 관련 단원에서 사용할 수업 자료를 개발하셨나요?
> 초임 교사 A : 네, 저는 그림그래프 알아보기 차시에서 사용할 그림그래프를 [그림 1]과 같이 만들었습니다.
>
> **마을별 학생 수**
>
> | 마을 | 학생 수 |
> |---|---|
> | 초원 | 👨👨👨👨👨👨👨👨👨 |
> | 푸른 | 👨👨👨👨 |
> | 은빛 | 👨👨👨 |
>
> 👨 10명   👤 1명
>
> [그림 1]
>
> 수석 교사 : 학생들은 그림그래프에 나타난 그림의 길이만 보고 자료의 개수를 비교하는 오류를 보이기도 합니다. 그런데 [그림 1]은 이 오류를 확인하기 어렵습니다.
> 초임 교사 A : 이 오류를 확인해서 지도하려면 [그림 1]을 어떻게 바꾸어야 할까요?
> 수석 교사 : [그림 1]에서 은빛 마을의 학생 수만을 29명으로 바꾸면 은빛 마을 학생 수를 나타낸 그림의 길이가 가장 길게 됩니다. 따라서 단순히 그림그래프에 나타난 그림의 길이가 길다고 (㉠)(이)라는 내용을 지도할 수 있어요.
> 초임 교사 B : 저는 [그림 2]와 같은 수업 자료를 개발하고 있습니다. 이때, ㉡표에서 백분율의 합이 100%이면서 각 항목의 백분율이 모두 자연수가 되고, 과학과 역사 이외에는 백분율이 서로 같지 않도록 하려고 합니다. 그러면 학생들이 띠그래프를 쉽게 그릴 수 있고, 항목의 비교도 수월하게 할 겁니다.
>
> 연수네 반 학생들이 학교 도서관에서 빌린 책의 종류를 조사하여 나타낸 표입니다. 띠그래프로 나타내어 봅시다.
>
> **빌린 책의 종류별 권수**
>
> | 종류 | 과학 | 문학 | 수학 | 역사 | 언어 | 기타 | 합계 |
> |---|---|---|---|---|---|---|---|
> | 권수(권) | 90 | | ㉢ | 90 | 18 | 36 | 360 |
> | 백분율(%) | | | | | | | 100 |
>
> **빌린 책의 종류별 권수**
>
>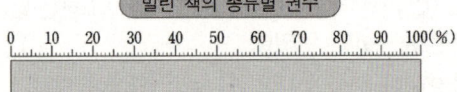
>
> [그림 2]

1) ㉠에 들어갈 알맞은 말을 쓰시오. [1점]

   • _____

2) ㉡을 고려하여 ㉢에 들어갈 알맞은 수 2개를 쓰시오. [2점]

   • _____

정답

1) 알려고 하는 수(조사한 수)가 많은 것이 아니다.
2) 54, 72

정답이유

1) 그림그래프에서 그림이 나타내는 수 알아보기

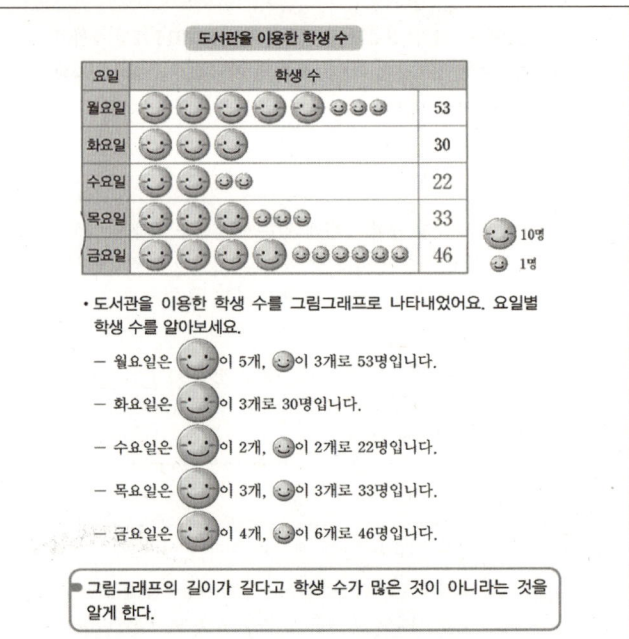

2) 알맞은 수 2개 찾기

종류	과학	문학	수학	역사	언어	기타	합계
권수(권)	90		㉢	90	18	36	360
백분율(%)	25			25	5	10	100

• 이미 제시된 백분율의 합은 65이고, 따라서 남은 백분율은 35가 된다. 5, 10, 25는 이미 제시된 백분율이고, 과학과 역사 이외에는 백분율이 서로 같지 않도록 하려고 한다.
이 때 남은 백분율 35를 전부 수학에만 배분하면 ㉢에 들어갈 수는 126 한 가지 뿐이고, 문학의 백분율이 0이 되어, '각 항목의 백분율이 모두 자연수일 것'이라는 조건에 맞지 않는다.
따라서 남은 백분율 35를 문학과 수학에 나누어 배분해야 하는데, 이 때 남은 백분율 35를 나눌 수 있는 방법은 5+30, 10+25, 15+20의 세 가지 방법이 있다.
그런데 '과학과 역사 이외에는 백분율이 서로 같지 않을'이라는 조건이 있으므로, 5+30, 10+25는 제외되어야 한다. 따라서 수학에 알맞은 백분율은 15 또는 20이다. 백분율 15일 때 ㉢에 알맞은 수는 54, 백분율이 20일 때 ㉢에 알맞은 수는 72이다.

03 2019-B-8

(가)는 2015 개정 수학과 교육과정 3~4학년군 성취기준의 일부이고, (나)는 교사와 학생의 면담 내용이다. 물음에 답하시오. [3점]

(가)

> 자료의 수집, 분류, ⊙ 정리, 해석은 통계의 주요 과정이다. 다양한 자료를 수집, 분류, 정리, 해석함으로써 미래를 예측하고 합리적인 의사결정을 하는 민주 시민으로서의 기본 소양을 기를 수 있다.

(나)

(지혜와 슬기는 선수 A와 선수 B의 스피드 스케이팅 500m 기록을 각각 조사하여 표를 만들었다.)

<선수 A의 기록>

월	1월	3월	5월	7월
기록(초)	37.4	37.2	36.5	36.4

<선수 B의 기록>

월	1월	3월	5월	7월
기록(초)	37.2	37.1	36.5	36.4

… (중략) …

([그림 1]은 지혜가 그린 꺾은선그래프이고, [그림 2]는 슬기가 그린 꺾은선그래프이다.)

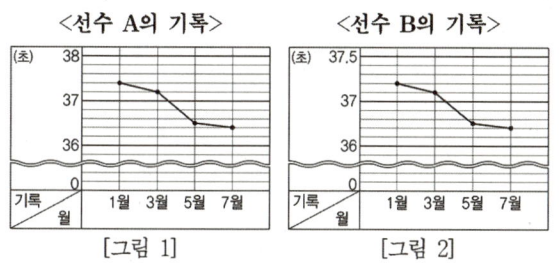

[그림 1]   [그림 2]

교사: (학생들이 꺾은선그래프를 완성한 후) 꺾은선그래프를 보고 알 수 있는 내용은 무엇인가요?

지혜: ⓒ 선수 A의 기록은 3월에서 5월 사이에 가장 많이 변했어요.

… (하략) …

1) (가)의 ⊙에 해당하는 학생의 활동 1가지를 (나)에서 찾아 쓰시오. [1점]

  • _____

2) (나)의 ⓒ에 대한 근거를 [그림 1]에서 찾아 쓰시오. [1점]

  • _____

3) 표로 나타낸 두 선수의 기록을 참고하여 [그림 1]과 [그림 2]에서 그려진 꺾은선그래프의 형태가 같아진 이유를 설명하시오. [1점]

  • _____

정답

1) • 선수 A와 선수 B의 스피드 스케이팅 500m 기록을 각각 조사하여 표를 만든 활동
   • 조사한 것을 표로 만들어 꺾은선그래프를 완성한 활동

2) 3월에서 5월까지 꺾은선의 기울기가 가장 크게 나타나기 때문이다.

3) [그림 2]에서 37초를 기준으로 위아래 세로 눈금 한 칸의 크기가 동일하게 정해지지 않았기(서로 다르게 정해졌기) 때문

정답이유

1) 분류된 자료를 표나 그래프로 나타내거나 평균 등을 산출하는 활동을 정리라 할 수 있고 (나)에서는 자료를 표로 나타내는 활동, 꺾은선그래프로 나타내는 활동이 나타나 있다.

3) [그림 2]에서 36초~37초 구간의 세로 눈금 한 칸의 크기는 0.2초이지만, 37초~37.5초 구간의 세로 눈금 한 칸의 크기는 0.1초이다.

정답개념

1. 통계의 과정

통계의 과정은 일반적으로 (1) 목적 확인, (2) 자료 수집, (3) 분류 및 정리, (4) 해석, (5) 판단의 단계로 수행된다(김수환 외, 2009).

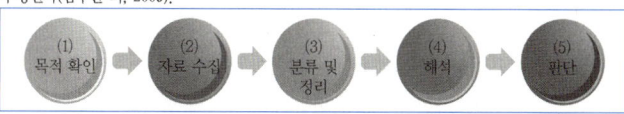

(1) 목적 확인: '무엇 때문에 이와 같은 통계를 실시하는가'가 분명해야 한다. 가능한 한 구체적인 목표를 설정하고 이를 위해 체계적으로 수행 계획을 세우는 것이 중요하다.

(2) 자료 수집: 통계의 목적이 확인되었으면 그 목적을 달성하기 위하여 적절한 자료를 수집해야 한다. 자료를 수집할 때는 '자료는 목적에 비추어 알맞은 자료인가?'(타당성의 문제), '조사 방법은 정확히 되었는가?'(신뢰성의 문제)를 고려해야 한다. 또한 자료 내용의 정확성, 난이도, 표현 방법 등 세심하게 주의를 기울여야 할 것이다. 만약 자료의 타당성과 신뢰성이 결여되어 있다면 산출된 통계 값은 믿을 수 없으며 해석하고 판단할 가치도 없는 것이다.

(3) 분류 및 정리: 어느 집단의 성격을 같은 관점에 의해 분할하는 것을 분류라 하고 분류된 자료를 표나 그래프로 나타내거나 평균 등을 산출하여 보다 알기 쉽게 만드는 것을 정리라 한다. 분류와 정리를 할 때는 중복되거나 누락이 발생하지 않도록 세심하게 유의하며 집계할 때에도 0이 된 항목도 유의미한 항목으로 처리하여야 한다. 분류에는 직업, 성별, 각종 현상 등과 같은 질적인 것과 연령, 키, 몸무게 등과 같은 양적인 것이 있다.

통계적 측면	분류
속성 통계	질적 분류(직업, 성별, 각종 현상 등)에서 얻은 통계
변량 통계, 변수 통계	양적 분류(연령, 키, 몸무게 등)에서 나타내는 통계

(4) 해석: 표나 그래프 등을 분석해 봄으로써 객관적이고 정당하게 자료를 해석하도록 해야 한다. 예를 들어 종류별 개수, 합계를 살펴보며 더 나아가 가장 많이 나타나는 것, 가장 적게 나타나는 것을 살펴보며 적절한 발문을 통해 통계 자료가 가지는 집단의 특성을 찾아보게 한다.

(5) 판단: 해석을 바탕으로 자료에 없는 구간에 대해 예상하거나 앞으로 일어날 것을 예측하고 판단하도록 한다.

2. 꺾은선 그래프

① 꺾은선그래프는 연속적인 변량의 변화 상태를 나타내는 데 가장 많이 활용되는 그래프이다.

② 예를 들어 하루 중 시간대 별 온도의 변화, 연도별 수량의 변화 등 크기의 비교보다는 시간에 따른 변화를 나타내기에 적합하고 한눈에 파악하기 쉽다.

③ 꺾은선의 상승, 하강의 완급에 의하여 증감의 변화 상황을 쉽게 알 수 있으며 부분 상호의 비교가 가능하다.

04   2018-B-6

(가)는 2학년 2학기 '표와 그래프' 단원의 학습 계열이고, (나)는 본 학습 중 '그래프로 나타내기' 수업에 대한 박 교사의 교수·학습 과정안이며, (다)는 정리 단계의 교수·학습 활동이다. 물음에 답하시오. [3점]

(가)

선수 학습	본 학습	후속 학습
(㉠)	• 자료를 조사하여 표와 그래프로 나타내기 • 표와 그래프의 편리한 점 알기 • 표와 그래프로 알게 된 내용 정리하기	• 그림그래프로 나타내기 • 막대그래프로 나타내기 • 꺾은선그래프로 나타내기

(나)

단계	교수·학습 활동
도입	• 학생들이 좋아하는 간식 알아보기
전개	• 학생들이 좋아하는 간식 카드를 종류별로 칠판에 붙이기 • 그래프로 나타내는 방법 말하기 ☞ 교수·학습 과정에서 다음 사항을 강조 - ㉡ 다양한 관점을 존중하면서 다른 사람의 생각을 이해하고 수학적 아이디어를 표현하며 토론하게 한다. • ○와 같은 기호를 이용하여 그래프로 나타내기
정리	• 그래프로 나타내면 편리한 점 말하기 • 수업 내용 정리 및 차시 예고

(다)

박 교사: 다음은 준기네 모둠에서 완성한 그래프입니다. 이 그래프와 관련지어 오늘 공부한 내용을 말해 봅시다.

우리 반 학생들이 좋아하는 간식별 학생 수							
치킨	○	○	○	○	○		
피자	○	○	○	○	○	○	○
과자	○	○	○	○	○	○	
떡볶이	○	○	○				
간식 학생 수(명)	1	2	3	4	5	6	7

효주: ㉢ 그래프로 나타낼 때 ○ 대신 × 나 / 로 표시할 수도 있어요.
영기: ㉣ 그래프로 나타내면 우리 반 아이들이 어떤 간식을 가장 좋아하는지 한눈에 알 수 있어요.
지수: ㉤ 그래프를 보면 내 친구 효주가 어떤 간식을 좋아하는지 알 수 있어요.
수일: ㉥ 그래프로 나타낼 때 가로를 간식 종류, 세로를 학생 수로 할 수도 있어요.

1) 다음은 2015 개정 수학과 교육과정의 1~2학년군 '자료와 가능성' 영역의 성취기준의 일부이다. ⓐ, ⓑ에 들어갈 용어를 사용하여 (가)의 ㉠에 들어갈 내용을 쓰시오. [1점]

[2수05-01] 교실 및 생활 주변에 있는 사물들을 정해진 (ⓐ) 또는 자신이 정한 (ⓐ)(으)로 (ⓑ)하여 개수를 세어 보고, (ⓐ)에 따른 결과를 말할 수 있다.

•

2) (나)의 밑줄 친 ㉡을 통해 중점적으로 함양하고자 하는 수학 교과 역량을 1가지 쓰시오. [1점]

•

3) (다)의 ㉢~㉥ 중에서 적절하지 않은 것 1가지를 찾아 기호를 쓰고, 그 이유를 쓰시오. [1점]

•

정답

1) • 기준에 따라 분류하고 각각의 수 세기
• 기준에 따라 분류한 결과 말하기

2) 의사소통 능력

3) ㉤, 그래프로 간식별 좋아하는 학생 수는 알 수 있지만 누가 어떤 간식을 좋아하는지는 알 수 없다.

정답이유

1)
1. 성취기준 내용에서 ⓐ에 들어갈 용어는 '기준', ⓑ에 들어갈 용어는 '분류'이다.
2. '표와 그래프' 단원 학습 계열

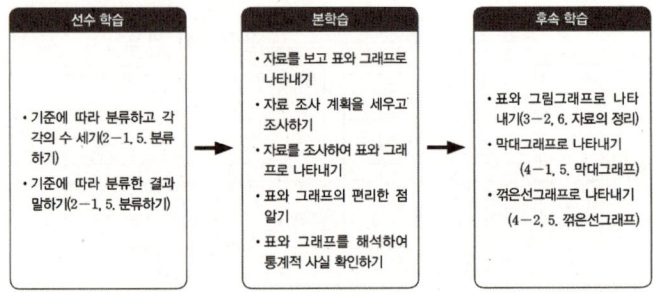

2) 의사소통 능력은 '수학 지식이나 아이디어, 수학적 활동의 결과, 문제 해결 과정, 신념과 태도 등을 말이나 글, 그림, 기호로 표현하고 다른 사람의 아이디어를 이해하는 능력'을 의미한다.

3) 오답분석

㉤ (나)의 도입 단계 활동에서 '학생들이 좋아하는 간식 알아보기' 활동에서는 학생들이 개별적으로 좋아하는 간식을 알 수 있지만, 이를 종류별로 분류하여 (다)와 같이 그래프로 나타내면 학생 개개인이 어떤 간식을 좋아하는지는 알 수 없다.

〈표나 그래프로 나타내면 편리한 점〉
① 표로 나타내면 조사한 자료의 전체 수를 알아보기 편리하다.
② 표로 나타내면 조사한 자료별 학생 수를 알기 쉽다.
③ 그래프로 나타내면 조사하고자 하는 내용을 한눈에 알아보기에 편리하다.

정답해설

㉢ 그래프로 나타낼 때에는 ○, X, / 등을 이용하여 나타낼 수 있다.
㉣ 그래프로 나타내면 좋아하는 간식별 학생 수를 한눈에 알아볼 수 있고, 가장 많은 학생이 좋아하는 간식을 한눈에 알 수 있다.
㉥ 그래프로 나타낼 때 가로, 세로의 기준을 바꾸어 나타낼 수 있다.

배재민+합격생 TIP   2022 개정 수학과 교육과정

3. 변화와 관계

범주 \ 구분	내용 요소		
	초등학교		
	1~2학년	3~4학년	5~6학년
지식·이해	· 규칙	· 규칙 · 동치 관계	· 대응 관계 · 비와 비율 · 비례식과 비례배분
과정·기능		· 물체, 무늬, 수, 계산식의 배열에서 규칙을 탐구하기 · 규칙을 찾아 여러 가지 방법으로 표현하기 · 두 양의 관계를 탐구하고, 등호를 사용하여 나타내기 · 대응 관계를 탐구하고, □, △ 등을 사용하여 식으로 나타내고 설명하기 · 두 양의 관계를 비나 비율로 나타내기 · 비율을 분수, 소수, 백분율로 나타내기 · 비율을 실생활 및 타 교과와 연결하여 문제해결하기 · 비례식을 풀고, 주어진 양을 비례배분하기	
가치·태도		· 규칙, 동치 관계 탐구에 대한 흥미 · 대응 관계, 비 표현의 편리함 인식 · 비와 비율의 유용성 인식 · 변화와 관계 관련 문제해결에서 비판적으로 사고하는 태도	

4. 자료와 가능성

범주 \ 구분	내용 요소		
	초등학교		
	1~2학년	3~4학년	5~6학년
지식·이해	· 자료의 분류 · 표 · ○, ×, /를 이용한 그래프	· 그림그래프 · 막대그래프 · 꺾은선그래프	· 평균 · 띠그래프, 원그래프 · 가능성
과정·기능	· 자료를 기준에 따라 분류하고 설명하기 · 탐구 문제를 설정하고 그에 맞는 자료를 수집하기 · 자료를 표나 그래프로 나타내고 해석하기 · 자료의 평균을 구하고 해석하기 · 자료를 수집하고 정리하여 문제해결하기 · 사건이 일어날 가능성을 비교하고 표현하기 · 실생활과 연결하여 사건이 일어날 가능성을 예상하기		
가치·태도	· 표와 그래프의 편리함 인식 · 평균의 유용성 인식 · 자료를 이용한 통계적 문제해결 과정의 가치 인식 · 가능성에 근거하여 판단하는 태도 · 자료와 가능성 관련 문제해결에서 비판적으로 사고하는 태도		

7절 논술형

2012 실전 (2011.12.10 시행)

01

다음은 2학년의 수학 수업 장면으로 (가) 수업은 '받아내림이 있는 두 자리 수의 뺄셈'을 지도하는 2차시이고, (나) 수업은 '여러 가지 방법으로 계산하기'를 지도하는 4차시이다. 1) (가) 수업에서 43-15의 계산 방법을 ⓒ과 같이 세로로 써서 알아보려는 이유를 ⓐ과 관련지어 설명하고, ⓒ형식의 근거가 되는 수학적 원리를 제시하시오. 2) ⓒ에 들어갈 수 있는 올바른 풀이 방법의 예를 3가지 제시하시오. 3) 제시된 수업 장면에서 드러난 구성주의적 수학 수업의 특징 3가지를 수업 장면에서 찾아 논하시오.

─────(가) 수업─────

교사 : 과일 가게에 사과가 43개 있습니다. 그 중에서 15개를 팔았습니다. 남은 사과는 몇 개인지 알아보는 식을 만들어 보세요. 정우는 식을 어떻게 썼어요?
정우 : 43-15라고 썼습니다.
교사 : 다른 학생들도 그렇게 생각하나요?
학생들 : 네!
교사 : 자, 이제 43-15를 어떻게 계산하는지 수 모형으로 알아봅시다. (학생들이 수 모형으로 43을 놓은 후) 여기에서 낱개 모형 5개를 덜어내려고 해요. 가능할까요?
연아 : 낱개 모형이 3개 밖에 없어서 5개를 덜어내려면 2개가 부족해요.
교사 : 그러면 어떻게 해야 될까요?
민호 : ⓐ십 모형 하나를 낱개 모형 10개로 바꾸어요.
교사 : 아, 좋은 생각이에요. 이제 낱개 모형은 모두 몇 개가 되었나요?
민호 : 13개가 됩니다.
교사 : 그 중에서 낱개 모형 5개를 덜어내면 낱개 모형은 몇 개가 남나요?
민호 : 8개가 남아요.
교사 : 십 모형은 몇 개 남아 있지요?
정우 : 3개요.
교사 : 그 중에서 십 모형 한 개를 덜어내면 십 모형은 몇 개가 남나요?
정우 : 2개요.
교사 : 그렇다면 43-15의 답은 얼마가 될까요?
학생들 : 28입니다.
교사 : 이제 43-15를 다음과 같이 세로로 쓰고, 계산하는 방법을 알아봅시다.

ⓑ   43
    -15

─────(나) 수업─────

교사 : 54-37을 여러 가지 방법으로 계산할 수 있겠지요? 여러 가지 방법을 각자 생각해 보고, 그 방법으로 풀어보세요.
(얼마 후)
교사 : 자, 다 풀었나요? 다 푼 사람은 손을 들어보세요. 많은 학생들이 손을 들었네요. 민호는 답이 얼마라고 생각하나요?
민호 : 23이요.
교사 : 민호는 왜 답이 23이라고 생각하나요?
민호 : 저는요, 54에서 4를 먼저 빼면 50이고, 50에서 33을 빼면 23이라고 생각했어요.
정우 : 민호의 방법은 맞는데 50에서 33을 뺄 때 실수를 한 것 같아요. 저는 답이 17이라고 생각해요.
민호 : 무엇을 실수했지? (잠시 생각한 후) 아! 이제 알겠어요. 제가 잘못 생각했네요. 일의 자리 숫자끼리 바꿔서 뺐네요.
교사 : 네. 그러면 경수는 어떤 방법으로 계산했나요?
경수 : 54에서 30을 빼면 24이고, 24에서 7을 빼서 17이 되었어요.
교사 : 경수의 방법에 대해 어떻게 생각하나요?
학생들 : 그렇게 해도 될 것 같아요.
교사 : 자, 그러면 또 다른 방법으로 계산할 수 있을까요? 어떤 방법이 있다고 생각하나요?
연아 : 50에서 (ⓒ   )
교사 : 네. 여러분은 연아의 방법에 대하여 어떻게 생각하나요?
학생들 : 그렇게 해도 되겠네요.

정답

1)

세로로 써서 알아보려는 이유	• ㉠과 같이 수 모형 조작 활동을 통하여 익힌 내용을 세로셈 형식으로 구현하여 받아내림의 처리와 계산 과정을 능숙하게 익히도록 지도하기 위해서이다.
㉡의 근거가 되는 수학적 원리	• 자연수의 위치적 기수법과 자릿값의 원리를 이해하는 것이 세로셈 형식의 근거가 된다.

2)

54-37을 계산하는 방법	• 50-37+4 • 50-40+4+3 • 50-30-7+4

3)

구성주의 수학의 특성	• 조작적 활동 : (가) 수업에서 수 막대를 이용하여 조작 활동을 하고 있다. • 반성적 사고 : (나) 수업에서 학습자가 능동적으로 지식을 구성하거나 발견하는 활동이 나타난다. • 토론 : (나) 수업에서 학생 자신이 수행한 수학적 사고 과정을 설명하고 정당화하는 의사소통 활동에 적극적으로 참여하고 있다.

정답개념

1. 43-15를 수 모형으로 지도하는 장면

- 43을 수 모형으로 늘어놓은 것 중에서 십 모형 1개를 낱개 모형으로 바꾸면?
  • 십 모형 3개와 낱개 모형 13개입니다.
- 15에 해당하는 수 모형을 빼려면 어떻게 해야 합니까?
  • 십 모형 1개와 낱개 모형 5개를 덜어 냅니다.
- 남아 있는 수 모형은 십 모형 몇 개와 낱개 모형 몇 개입니까?
  • 십 모형 2개와 낱개 모형 8개입니다.
- 수 모형의 수는 얼마입니까?
  • 십 모형 2개와 낱개 모형 8개이므로 28입니다.
- 43-15는 얼마입니까?
  • 28입니다.
- 받아내림이 한 번 있는 두 자리 수끼리의 뺄셈은 어떻게 계산해야 합니까?
  • 일의 자리 숫자끼리의 뺄셈이 안 되면 십의 자리에서 받아내림하여 계산해야 합니다.

2. 다양한 계산 방법

① $54-37 = 54-30-7 = 24-7 = 17$
② $54-37 = 54-7-30 = 47-30 = 17$
③ $54-37 = 50+4-37 = 50-37+4 = 13+4 = 17$
④ $54-37 = 57-3-37 = 57-37-3 = 20-3 = 17$
⑤ $54-37 = 54-40+3 = 14+3 = 17$
⑥ $54-37 = 60-6-37 = 60-37-6 = 23-6 = 17$

3. 구성주의

(1) 3가지 원리

① 지식은 수동적으로 받아들여지는 것이 아니다. 오히려 학생이 지식을 능동적으로 창조하거나 발견하는 것이다.
② 학생들은 그들의 신체적, 정신적 행동에 대한 반성적 사고를 통하여 새로운 수학적 지식을 창조한다. 학생들은 관계를 관찰하고 패턴을 인식하고 일반화하고 추상화하면서 새로운 지식을 기존의 지적 구조와 통합시킨다.
③ 학습은 사회적 과정을 반영한다. 아동들은 다른 사람들뿐만 아니라 자기 자신과의 대화나 논의를 통하여 지적으로 발달한다. 이 원리에 따르면 학생들은 구체물을 조작하고 패턴을 발견하고 자신의 알고리즘을 개발하고 다양한 해결 방법을 찾아낼 뿐만 아니라 관찰한 것을 다른 사람들과 공유하고, 관계를 기술하고, 절차를 설명하고 수행한 과정을 정당화한다.

(2) 종류

구성주의
구성주의는 '인식 주체(사람)가 객체(지식)를 어떻게 구성하는가?'를 취급한다. 구성의 의미에 따라 구성주의는 현재 4가지로 나눌 수 있다. 모든 구성주의는 다음 2가지를 가정한다.
• 지식의 자주적 구성: 지식은 인식 주체가 자주적으로 그리고 능동적으로 구성한다.
• 지식의 생장 지향성: 지식은 생겨나서 점점 자란다.

조작적 구성주의 피아제	급진적 구성주의 폰 글라저스펠트	인류학적 구성주의 콥	사회적 구성주의 어니스트
• 지식의 자주적 구성 • 지식의 생장 지향성 • 지식은 객관적이다. • 인식 주체의 지식이 보편적인 지식으로 수렴해 간다는 점에서 객관적이다.	• 지식의 자주적 구성 • 지식의 생장 지향성 • 지식은 비객관적이고, 주관적이다. • 지식은 실용적이면 살아남고, 그렇지 않으면 도태된다. • 기본적으로 지식을 인식 주체가 스스로 구성한다는 점에서 주관적이다. • 이 과정에서 언어는 별로 도움이 되지 않는다.	• 지식의 자주적 구성 • 지식의 생장 지향성 • 수학이라는 지식은 간주관적이다. • 수학 공동체 구성원의 주관적인 지식 중에서 공동인 것이 있다는 점에서 어느 정도 객관적이다.	• 지식의 자주적 구성 • 지식의 생장 지향성 • 수학이라는 지식은 사회적으로 합의된 것이다. • 수학 공동체로서의 사회에서 어느 정도 객관적이다. • 사회적 합의를 위해서는 언어가 중요한 역할을 한다. • 수학이라는 지식은 증명 → 반박 → 재증명 → 재반박 → …의 과정을 거쳐 생장한다.

02

다음은 강 교사가 직육면체의 부피 구하는 방법을 지도한 수업 절차와 수업 장면의 일부이다. 1) 수업 절차에 비추어 볼 때 수업 장면의 (가), (나)에 적절한 지도 내용과 지도 방법을 각각 제안하고, 2) [활동 4]의 민지의 말에서 (라)가 수학적으로 옳지 않음을 인식시키는 방법을 구체적으로 논하시오. 그리고 3) 강 교사가 (다)의 모둠별 탐구 활동 과정을 평가할 때, 2007년 개정 수학과 교육과정에 근거하여 학생들의 수학적 의사소통 능력을 평가할 수 있는 평가 내용을 2가지 제안하시오.

수업 절차	수업 장면
[도입] 학습 문제 제시하기	교 사: 이번 수업에서는 모둠별 탐구 활동을 통해 직육면체의 부피 구하는 방법을 알아보려고 해요. 여러분이 모둠별 활동을 하는 동안 선생님은 각 모둠의 활동 과정을 평가할 거예요. 정 수: 그러면 혼자 활동하는 것이 아니라 모둠별로 다 같이 해야겠네요? 교 사: 그래요. 그럼, 선생님이 나누어 준 교구를 활용하여 모둠별 활동을 시작해 볼까요? 선생님이 모둠별로 돌아다니면서 도와줄게요.
[활동 1] 관찰 및 실험하기	(가)
[활동 2] 추측하기	(나)
[활동 3] 추측 검증하기	교 사: 여러분이 추측한 사실이 다른 직육면체에도 적용되는지 확인해 보세요. <(다) 모둠별 탐구 활동의 일부> 희정: 이 직육면체에서도 우리가 알아낸 추측이 성립해. 이것을 식으로 다시 정리해 보자. 진성: 그럼 내가 식으로 써서 설명해 볼게. ('직육면체의 부피 = 밑변×세로×높이'라고 식을 쓴 후) 직육면체의 부피는 밑변 곱하기 세로 곱하기 높이, 이렇게 되잖아. 명주: (식을 가리키면서) 여기서 밑변이 뭐야? 진성: 아, 맞아. 밑변이 아니라 가로야. 다시 쓸게. ('직육면체의 부피 = 가로×세로×높이'라고 식을 쓴다.) 명주: 진성이가 생각한 것을 이제 알겠어. (생 략)
[활동 4] 발전	교 사: 지금까지 우리는 직육면체의 부피 구하는 방법을 추측하고 검증해 보았는데, 오늘 배운 것과 관련해서 알 수 있는 사실이 또 있을까요? 민 지: 선생님, 이전에 직육면체의 겉넓이를 공부했는데요. 저는 (라)<u>직육면체에서 겉넓이가 커지면 부피도 커진다</u>고 생각해요. (생 략)
[정리] 학습 내용 정리	교 사: 오늘 공부한 것을 정리해 봅시다. 직육면체의 부피는 어떻게 구할 수 있지요? 학생들: 가로 곱하기 세로 곱하기 높이요. 교 사: 좋아요. (칠판에 '(직육면체의 부피) = (가로)×(세로)×(높이)'라고 쓰면서) 직육면체의 부피는 가로 곱하기 세로 곱하기 높이로 구할 수 있다는 것을 알게 되었어요. 그리고 선생님은 오늘 여러분이 모둠별 활동에 열심히 참여하는 모습이 참 좋았어요. (생 략)

정답

1)

(가)	다양한 크기의 직육면체가 포함하는 쌓기나무의 개수를 세어보게 함으로써, 직육면체의 부피를 구하도록 한다.
(나)	직육면체의 부피를 표로 정리하는 활동을 통해, 직육면체의 부피는 '가로×세로×높이'가 된다는 것을 추측할 수 있도록 한다.

2)

(라)가 수학적으로 옳지 않음을 인식 시키는 방법	동일 부피의 직육면체 두 개를 준비하고, 직육면체 한 개를 여러 조각으로 잘라 겉넓이가 늘어났지만 부피는 나머지 직육면체의 부피와 같음을 확인시킨다.

- 오개념 : 겉넓이가 늘어나면 부피도 늘어난다.
- 수학적 개념 : 입체도형을 자르면 겉넓이는 늘어나도 부피는 변하지 않는다.

3)

	수학적 표현의 의미를 이해하고 정확하게 사용하는 능력	직육면체의 부피를 구하는 공식을 정확하게 사용하여 자신의 생각을 타인에게 효과적으로 표현할 수 있는가?
1)		
2)	수학적 사고 과정과 결과를 합리적으로 의사소통하는 능력	모둠원들과의 의사소통을 통해 자신의 생각을 반성하고 올바르게 수정할 수 있는가?

정답개념

1. '직육면체의 겉넓이와 부피'에 대한 오개념 지도 방법

민지가 지닌 오개념을 바로잡기 위해서 직육면체 모양으로 쌓았던 쌓기나무를 하나씩 분리해서 직육면체 모양으로 쌓았을 때의 부피와 겉넓이를 구해보고, 분리했을 때 쌓기나무 각각의 부피와 겉넓이의 합을 구해보도록 함으로써 분리했을 때의 겉넓이의 합이 더 크지만 부피가 동일하다는 것을 지도할 수 있다.

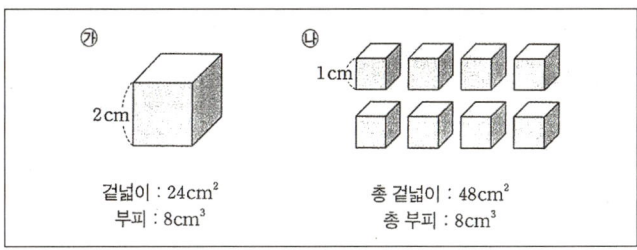

㉮ 겉넓이 : $24cm^2$
부피 : $8cm^3$

㉯ 총 겉넓이 : $48cm^2$
총 부피 : $8cm^3$

㉮보다 ㉯에 있는 정육면체들의 겉넓이의 합은 더 크지만 ㉮와 ㉯의 부피는 동일하므로, 겉넓이가 늘어난다고 해서 반드시 부피가 늘어나는 것은 아니라는 것을 지도한다.

- 정육면체의 겉넓이=(한 면의 넓이)×6
- 정육면체의 부피=(한 모서리의 길이)×(한 모서리의 길이)×(한 모서리의 길이)

2. 2015 개정 평가 원칙

(1) 수학과의 평가는 학생의 인지적 영역과 정의적 영역에 대한 유용한 정보를 수집·활용하여 학생의 수학 학습과 전인적 성장을 돕고 교사의 수업 방법을 개선하는 것을 목적으로 한다.

(2) 수학과의 평가는 교육과정에 제시된 내용의 수준과 범위를 준수하고, 교육과정에 제시된 목표, 내용, 교수·학습과 일관성을 가져야 한다.

(3) 수학과의 평가에서는 수학의 개념, 원리, 법칙, 기능뿐만 아니라 문제 해결, 추론, 창의·융합, 의사소통, 정보 처리, 태도 및 실천과 같은 수학 교과 역량을 균형 있게 평가한다.

(4) 수학과의 평가는 학습자의 수준을 고려하고 평가 목적과 내용에 따라 다양한 평가 방법을 활용한다.

(5) 평가 결과는 학생, 학부모, 교사 등에게 환류하여 학생의 수학 학습 개선을 도울 수 있게 한다.

2010 실전 (2009.11.29 시행)

03

다음은 사다리꼴의 넓이를 지도하는 <수업 장면>과 그에 따른 <수업 평가회>의 일부이다.

<수업 장면>

〈장면 1〉
교　사: ㉠([그림 1]을 제시하면서) 이 도형의 넓이를 구하여 보세요.
학생 A: 사다리꼴의 넓이를 구하는 공식은 아직 배우지 않았어요.
교　사: 그러면 삼각형 2개로 나누어서 넓이를 구하면 됩니다. ([그림 2]와 같이 대각선 1개를 그리면서) 이렇게 나누면 삼각형 2개가 되지요?
학생들: 예.
(학생들은 삼각형 2개의 넓이를 각각 구한 후, 이를 더하여 사다리꼴의 넓이를 구한다.)

〈장면 2〉
학생 B: (혼잣말로) 삼각형 2개의 넓이를 구하라 하셨지. 직사각형과 평행사변형의 넓이는 구할 수 있는데, 사다리꼴의 넓이는 구하지 못하겠네.

〈장면 3〉
교　사: 모두 구했지요? 답이 얼마입니까?
학생들: 34cm²입니다.
교　사: 잘 했습니다. 다음 시간에는 ○○○를 배우도록 하겠습니다.

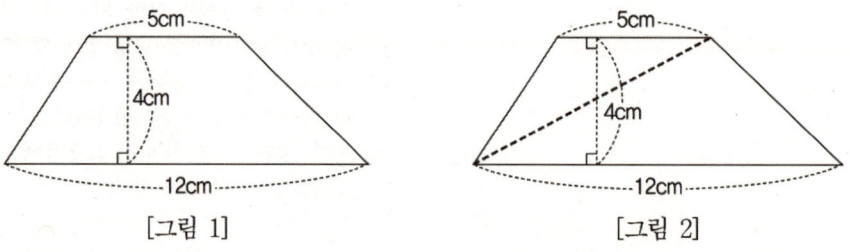

[그림 1]　　　　　　　[그림 2]

<수업 평가회>

송 교사: 이 수업은 측정 영역에 해당하지만 학생들의 문제해결력 신장에도 중점을 두어야 합니다.
김 교사: 수학과 교육과정의 교수·학습 방법에는 문제해결력을 신장시키기 위해서 유의해야 할 사항을 제시하고 있습니다.
최 교사: 그 점에 비추어 볼 때 <장면 1>은 학생들의 문제해결력 신장의 측면에서 문제점이 있다고 생각합니다.
박 교사: <장면 3>에서 학생들이 문제를 해결한 후 교사가 답만 확인하는 것도 문제해결력 신장 측면에서 볼 때 부족한 점이 있다고 생각합니다.

---

1) 학생 B가 사다리꼴의 넓이를 구하지 못하는 원인을 알아내기 위해 진단해야 할 측정 영역의 선수학습 요소를 3가지 추론하시오. 그리고 2) 김 교사가 말한 수학과 교육과정의 교수·학습 방법에 비추어 송 교사와 최 교사가 제시한 의견의 근거를 각각 논하고, 3) 박 교사가 말한 부족한 점을 보완하기 위하여 ㉠의 문제와 관련하여 <장면 3>에서 교사가 제공할 수 있는 구체적인 교수·학습 활동을 3가지 제안하시오.

정답

1)

선수학습 요소1	각 부분(삼각형)의 넓이의 합은 전체(사다리꼴)의 넓이와 같다.
선수학습 요소2	둔각삼각형의 넓이 구하는 방법
선수학습 요소3	둔각삼각형의 높이와 밑변의 개념

2)

구 분	근 거
송 교사	문제해결은 전 영역에서 지속적으로 지도한다.
최 교사	학생 스스로 문제 상황을 탐색하고 수학적 지식과 사고 방법을 토대로 문제해결 방법을 적절하게 활용하여 문제를 해결하게 한다.

3) 반성 단계

	교수·학습 활동
1	문제 해결 과정 검토하기
2	다른 해결 방법 탐색하기
3	조건을 변경하여 새로운 문제 만들기
4	문제해결과정과 결과를 논의하여 더 나은 문제 해결 방법 탐색하기
5	문제해결방법 일반화하기

정답개념

1. 사다리꼴의 넓이 구하는 방법

① 사다리꼴의 넓이는 두 개의 삼각형이나, 평행사변형과 삼각형으로 나누어 구할 수 있다.

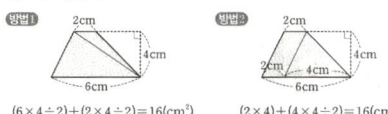

$(6 \times 4 \div 2) + (2 \times 4 \div 2) = 16 (cm^2)$ $(2 \times 4) + (4 \times 4 \div 2) = 16 (cm^2)$

② 이번에는 서로 합동인 2개의 사다리꼴을 이어 붙여 본다.

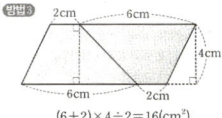

왼쪽 그림처럼 똑같은 사다리꼴을 거꾸로 놓아 이어 붙이면 평행사변형이 된다. 따라서 사다리꼴의 넓이는 평행사변형의 넓이를 2로 나누어서 구할 수 있다.

$(6+2) \times 4 \div 2 = 16 (cm^2)$

2. 문제 해결 능력을 함양을 위한 교수·학습 강조 사항

(1) 2009 개정

① 문제 해결은 전 영역에서 지속적으로 지도한다.
② 학생 스스로 문제 상황을 탐색하고 수학적 지식과 사고 방법을 토대로 해결 방법을 적절히 활용하여 문제를 해결하게 한다.
③ 문제 해결의 결과만이 아니라 문제 해결 방법과 과정, 문제를 만들어 보는 활동도 중시한다.
④ 생활 주변 현상, 사회 현상, 자연 현상 등의 여러 가지 현상에서 파악된 문제를 해결하면서 수학적 개념, 원리, 법칙을 탐구하고, 이를 일반화하게 한다.

(2) 2015 개정

① 문제를 해결할 때에는 문제를 이해하고 해결 전략을 탐색하며 해결 과정을 실행하고 검증 및 반성하는 단계를 거치도록 한다.
② 협력적 문제 해결 과제에서는 균형 있는 책임 분담과 상호작용을 통해 동료들과 협력하여 문제를 해결하게 한다.
③ 수학적 모델링 능력을 신장하기 위해 생활 주변이나 사회 및 자연 현상 등 다양한 맥락에서 파악된 문제를 해결하면서 수학적 개념, 원리, 법칙을 탐구하고 이를 일반화하게 한다.
④ 문제 해결력을 높이기 위해 주어진 문제를 변형하거나 새로운 문제를 만들어 해결하고 그 과정을 검증하는 문제 만들기 활동을 장려한다.

3. 2022 개정 교수·학습 방법

(1) 다음과 같은 교수·학습 방법을 통해 문제해결 역량을 함양하게 한다.

① 수학의 개념, 원리, 법칙을 이용하여 해결 가능한 문제를 학생에게 제시한다. 이때 다양한 방법으로 해결 가능한 문제, 여러 가지 해답이 나올 수 있는 문제 등을 활용할 수 있다.
② 문제에 주어진 조건과 정보를 분석하고 적절한 문제해결 계획을 수립하고 실행하며 문제해결 과정을 반성하도록 구체적인 발문과 권고를 제시한다.
③ 문제해결 과정 및 결과의 의미를 재해석하여 주어진 문제를 변형하거나 새로운 문제를 만들어 해결하게 한다.
④ 성공적인 문제해결 경험을 바탕으로 적극적이고 자신감 있게 문제해결에 참여하게 하고, 단번에 답이 나오지 않는 문제라도 끈기 있게 도전하여 성취감을 느끼게 한다.

(2) 수학과의 수업은 학습 내용, 학생의 학습 능력과 수준 등을 고려하여 다음의 교수·학습 방안을 적절히 선택하여 적용한다.

① 설명식 교수는 교사가 설명과 시연을 통해 수업을 주도하는 교수·학습 방안으로, 수업 내용을 구조화하여 체계적으로 지도하는 데 효과적이다. 이때, 교사는 학생의 적극적인 수업 참여를 유도하고, 사고를 촉진하는 발문을 적절히 활용한다.
② 토의·토론 학습은 특정 주제에 대해 협의하거나 논의하는 교수·학습 방안으로, 학생들이 수학 내용을 폭넓게 이해하고 자신의 주장을 효과적으로 표현하고 다른 사람의 의견을 비판적 사고를 통해 수용하여 합리적으로 의사 결정하는 태도를 기를 수 있게 한다.
③ 협력 학습은 모둠 내의 상호 작용, 의사소통, 참여를 통해 공동의 학습 목표에 도달하도록 하는 교수·학습 방안으로, 다른 사람을 존중하고 배려하며 모둠 내의 역할을 수행하고 책임감을 기를 수 있게 한다.
④ 탐구 학습은 학생이 중심이 되어 수학의 개념, 원리, 법칙을 발견하고 구성하는 교수·학습 방안으로, 학생 스스로 자료와 정보로부터 지식을 도출하거나 지식의 타당성을 확인하는 것이 중요함을 알게 할 수 있다.
⑤ 프로젝트 학습은 학생 스스로 특정 주제나 과제를 탐구하고 해결하기 위해 계획을 수립하고 수행하여 결과물을 산출하고 공유하는 교수·학습 방안으로, 자기주도적으로 수학 지식과 경험을 통합하게 할 수 있다.
⑥ 수학적 모델링은 학생의 삶과 연계된 현상을 다양한 수학적 표현 방식을 이용하여 수학적 모델로 만들고 수학적 모델을 다시 실생활이나 사회 및 자연 현상에 적용하는 교수·학습 방안으로, 수학의 응용에 대한 넓은 안목을 갖게 할 수 있다.
⑦ 놀이 및 게임 학습은 호기심과 흥미를 유발하는 놀이 및 게임 활동을 활용하는 교수·학습 방안으로, 활동 속에서 수학 개념이나 원리를 탐구하고 동료와 경쟁 또는 협력하면서 자연스럽게 수학에 접근하고 수학 학습에 대한 자신감 및 의사소통 역량을 기르게 할 수 있다.

2009 실전 (2008.11.30 시행)

04

다음은 박 교사가 5학년 학생들에게 분모가 다른 분수의 덧셈을 처음으로 지도하는 수업의 시작 부분에서 나타난 상황이다. 1) 현수가 아래와 같이 계산한 이유를 분모가 다른 분수의 덧셈을 배우기 이전에 학습한 수학 내용과 관련지어 2가지 추론하고, 2) (가)에서 박 교사가 학생들에게 현수의 계산 방법이 옳지 않음을 깨닫게 하는 방법을 1가지 설명하고, $\frac{1}{2}+\frac{1}{3}$의 계산 원리와 방법을 이해시킬 수 있는 지도 방법을 구체적으로 논하시오.

박 교사는 다음과 같은 문제를 제시하고 학생들에게 질문하였다.

> 나와 동생은 크기가 같은 빵 1개씩을 가지고 있다. 나는 빵의 $\frac{1}{2}$개를 먹었고 동생은 빵의 $\frac{1}{3}$개를 먹었다. 나와 동생이 먹은 빵은 모두 얼마인가?

교 사 : 이 문제를 어떻게 해결하면 좋을까요?

진 호 : 선생님, $\frac{1}{2}$과 $\frac{1}{3}$을 더하면 돼요.

교 사 : 아, 그렇게 하면 되겠구나. 나는 빵의 $\frac{1}{2}$을 먹었고 동생은 빵의 $\frac{1}{3}$을 먹었으니까, 나와 동생이 먹은 빵의 양은 $\frac{1}{2}$과 $\frac{1}{3}$을 더하면 되겠지요?

학생들 : 네.

교 사 : 그럼, $\frac{1}{2}+\frac{1}{3}$을 어떻게 계산하면 좋을까요?

현 수 : (자신있게) $\frac{1}{2}+\frac{1}{3}=\frac{2}{5}$예요. 분수의 덧셈은 정말 쉬워요. 제가 또 하나 해 볼까요? $\frac{1}{5}+\frac{2}{3}=\frac{3}{8}$이예요.

(생 략)

(가) 박 교사는 현수의 옳지 않은 계산 방법을 수업의 다음 부분에서 적극적으로 활용하기로 하였다. 박 교사는 현수의 계산 방법이 옳지 않음을 반 전체 학생들이 깨달을 수 있도록 인지적 갈등을 유발하는 설명을 한 후, 옳은 계산의 원리와 방법을 지도하기로 하였다.

정답

1)

잘못 계산한 이유	분모가 다른 분수의 덧셈을 분모의 통분 과정 없이 분모와 분자를 각각 자연수의 덧셈 방법으로 계산하였기 때문이다.
	같은 크기의 전체를 2등분과 3등분으로 등분할한 것 중의 부분으로 배우지 않고, 2개 중 1개, 3개 중 1개의 방법으로 교구를 활용하여 분수를 배웠기 때문이다.

2)

옳지 않음을 깨닫게 하는 방법	크기가 같은 빵을 2등분, 3등분하여 각각 1개씩 더한 것의 크기가 5등분한 것 중에 2개의 크기보다 크다는 것을 확인하도록 한다.
이해시킬 수 있는 지도 방법	직사각형을 2개의 투명종이에 본을 뜨게 한 뒤, 각각 가로로 2등분한 것 중의 1칸, 세로로 3등분한 것 중의 1칸을 색칠하고 서로 겹쳐보면, 색칠한 부분이 6칸 가운데 5칸이 되어 $\frac{1}{2}+\frac{1}{3}$이 $\frac{5}{6}$임을 확인하도록 한다.

2009 모의평가 (2008. 7. 5 시행)

05

김 교사는 '학생들이 계산의 원리를 이해하고 계산을 수행하는 것이 중요하다.'라는 지도 관점을 가지고 있다. 김 교사는 이 지도 관점에 따라 '받아올림이 있는 (두 자리 수)+(한 자리 수): 35+9'를 지도하기 위해 다음과 같이 지도 단계와 지도 내용을 계획하였다.

지도 단계	지도 내용
도입 맥락 제시	이 단계에서는 '받아올림이 있는 (두 자리 수)+(한 자리 수): 35+9'의 계산이 필요한 맥락(생활 장면)을 제시하고, 35+9를 어떻게 계산할 수 있을지 생각해 보게 한다.
이미 학습한 수학적 원리로부터의 유추	(가)
학습할 원리와 관련된 조작 활동	(나)
탐구한 수학적 원리의 형식화	(다)
익히기	'받아올림이 있는 (두 자리 수)+(한 자리 수)'를 익숙하게 계산할 수 있도록 연습 문제를 제시하고, 그 계산의 원리를 설명하도록 지도한다.

1) '도입 맥락 제시'와 '익히기'에 제시된 지도 내용을 참고하여, (가), (나), (다)에 적합한 지도 내용을 쓰시오.

2) 스켐프(R. Skemp)의 '도구적 이해'와 '관계적 이해'의 의미를 설명하고, 김 교사의 지도 관점은 이 중 어느 것에 해당하는지 쓰시오.

정답

1)

(가)	이미 학습한 한 자리 수의 덧셈 5+9의 받아올림 계산 원리를 통해 두 자리 수의 덧셈 35+9의 계산 방법을 유추하도록 한다.
(나)	수 모형 조작 활동을 통해 받아올림이 되는 상황을 경험하도록 한다.
(다)	35+9를 세로셈으로 계산하여 받아올림의 계산 방법을 형식화하도록 한다.

2)

도구적 이해	규칙의 원리를 이해하지 못한 채 공식을 적용하여 문제를 해결하는 것을 말한다.
관계적 이해	수학적 규칙에 대한 방법과 이유를 알고 문제에 적용하고 해결하는 것을 말한다.
김 교사 지도 관점	학생들에게 이미 학습한 수학적 개념을 바탕으로 유추하고 조작활동을 통해 형식화하도록 지도하고 있는 것으로 보아 관계적 이해에 해당한다.

5장 과학

1절　15개년 기출의 진화
2절　물질
3절　운동과 에너지
4절　생명
5절　지구와 우주
6절　논술형

1절 15개년 기출의 진화

<서답형 기출>

	물질	운동과 에너지	생명	지구와 우주
23		<빛의 성질> 1. 굴절 2. 추리 3. POE 모형 4. 볼록렌즈와 평면 유리	1. 경험학습모형 2. 곤충	
22		<온도계> 1. 알코올 사용과 원리 2. 가설 설정 3. 적외선 원리 4. 열팽창 5. 열평형		1. 지진발생모형실험 2. 현무암과 화성암 3. 모형실험 실시 이유
21	<물의 세 가지 상태> 1. 비유 2. 비공유 속성		1. 생물학적 적응 2. 관찰의 이론 의존성	1. 가설설정 2. 천구의 적도 3. 위도 값 구하기 4. 순환학습모형
20		1. 탄성계수 2. 비열	<짚신벌레와 해캄> 1. 현미경 조작방법 2. 표본만들기 3. 엽록체 4. 순환학습모형	
19		<전구 연결> 1. 직렬연결 2. 병렬연결 3. 퓨즈	1. 변인통제 2. 생태피라미드 3. 씨앗이 싹트는데 필요한 조건	
18	<물질을 물에 많이 녹이기> 1. 맥반과 소금 용해도 2. 정직성	1. 빛의 굴절 2. 열의 이동		1. 건습구 온도계 2. 바람의 방향 3. 경험학습모형
17	<물 로켓 날리기> 1. 밀도 2. 압축성		<효모를 이용한 밀가루 반죽 만들기> 1. 변인통제 2. 이산화탄소 3. 균류 4. 탐구학습모형	
16		<열의 이동> 1. 추리 2. 열기와 냉기	1. 호흡기관 2. 엽록체 3. 증산작용	1. 구름 생성 과정

15	〈이산화탄소 성질〉 1. 안전 지도 2. 소화의 조건 3. 개념변화조건 4. 평가방법 　• 실험 실기	1. 용수철 길이 측정 2. 예상		
14	〈산과 염기〉 1. 발견학습모형 2. 페놀프탈레인 용액	1. 속력 2. 상대운동		1. 달의 공전
13	〈설탕을 물에 많이 녹이기〉 1. 5E 모형 2. POE 모형		1. 경험학습모형 2. 관찰의 이론 의존성 3. 곤충 4. 관찰과 추리	

〈논술형 기출〉

12	1. 동화와 조절 2. 과학지식의 본성 - 관찰의 이론의존성 3. 이슬 만들기 실험
11	1. 오개념 주요 특징 　(1) 미분화된 개념 　(2) 현상 중심적 사고 2. 개념변화학습모형 3. 구성주의 관점 　(1) 수업에서 학습자 역할 　(2) 과학지식의 잠정성
10	1. 대류상자 모형 실험 - 모형 사용이유와 유의점 2. 창의성 구성요소 - 재구성력 3. 운동 개념 4. 대류 현상의 과학적 이해 과정
09	1. 지시약으로 용액 분류하기 　(1) 구성주의 관점 　(2) 순환학습모형 2. 용해와 용액(아세톤, 나프탈렌 가루, 시트르산, 탄산칼슘) 　(1) 개념변화학습 　(2) 변인통제 　(3) 가설 　(4) 실험

2절 물질

01
2021-B-7

(가)는 '물의 세 가지 상태를 알아볼까요?' 수업에 대해, (나)는 '강이나 연못에 사는 식물' 수업에 대해 예비 교사와 지도 교사가 나눈 대화의 일부이다. 물음에 답하시오. [5점]

(가)

예비 교사 : 선생님, ㉠ 물의 세 가지 상태를 학생들이 이해하기 쉽도록 학교 상황에서 학생들의 움직임을 활용하려고 합니다. 고체 상태 분자는 수업 시간에 책상에 앉아 있는 학생들로, 액체 상태 분자는 쉬는 시간에 교실 내에서 자유로이 움직이는 학생들로, 그리고 기체 상태 분자는 점심시간에 서로 영향을 받지 않고 자유롭게 운동장으로 나가는 학생들로 설명하려고 합니다. 이때 학생과 물 분자 사이의 모양, 크기 등과 같은 특징의 차이를 무시하고 각각의 학생과 물 분자가 일대일로 대응한다고 전제하더라도, 학생과 물 분자는 다르잖아요?

지도 교사 : 그렇죠. 학교 상황을 이용할 경우, 각 상태에서의 분자 배열과 운동을 잘 설명할 수 있습니다. 그런데 ㉡ 학교 상황에서 학생들의 움직임으로 물의 세 가지 상태를 설명할 때는 둘 사이의 차이점, 즉 비공유 속성에 유의해야 합니다.

(나)

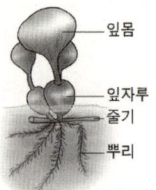
잎몸
잎자루
줄기
뿌리

예비 교사 : 지난 시간에 부레옥잠의 특징을 관찰한 후 '적응' 개념을 도입할 때 ㉢ 사람들이 물놀이를 하면서 튜브를 사용하는 모습을 함께 보여주는 수업 전략을 사용했더니 학생들이 개념을 쉽게 이해했습니다.

지도 교사 : 간혹 ㉣ 부레옥잠이 물에 잘 떠 있기 위해 공기 주머니를 만들었다고 생각하는 학생들이 있어서 지도할 때 유의해야 합니다.

예비 교사 : 그런데 줄기를 관찰한 결과를 토의할 때 어떤 학생은 줄기가 공기로 가득차서 볼록한 것이 특징이라고 이야기하고, 어떤 학생은 줄기가 물속에 잠겨서 잘 보이지 않았다고 각자 다른 이야기를 하는 것이 좀 의아했습니다.

지도 교사 : 그것은 ㉤ 관찰이 가지고 있는 인식론적 한계 때문입니다. 다음 시간에는 침수식물을 다룬다고 하셨죠?

예비 교사 : 네. 그런데 침수식물은 광합성에 필요한 이산화 탄소를 어떻게 얻어요? 이산화 탄소는 물에 녹지 않는 것으로 알고 있습니다.

지도 교사 : 이산화 탄소는 산소와 마찬가지로 (㉥) 분자이므로 물에 잘 녹지 않습니다. 하지만 이산화 탄소의 물에 대한 용해도는 산소의 용해도보다는 높아서 물에 조금은 녹습니다.

1) ① (가)의 ㉠과 (나)의 ㉢에서 공통으로 사용된 과학과 수업 전략을 쓰고, ② (가)의 ㉡에서 둘 사이의 차이점인 비공유 속성을 쓰시오. [2점]

- ① : _____
- ② : _____

2) ① (나)에서 적응 개념을 지도할 때 학생들이 ㉣과 같은 오개념을 가지지 않도록 교사가 유의할 점을 과학적 개념을 포함하여 쓰고, ② ㉤에서 지도 교사가 말하는 관찰이 가지고 있는 인식론적 한계를 쓰시오. [2점]

- ① : _____
- ② : _____

3) (나)의 ㉥에 들어갈 용어를 쓰시오. [1점]

- _____

정답

1) ① 비유
② 분자는 쉼 없이 운동하지만 학생들은 불가능하다.
2) ① 생물학적 '적응'은 수 세대에 걸쳐 주어진 환경에 더 적합한 행동적, 형태적, 생리적 형질을 나타내는 유전자가 자연 선택으로 다음 세대의 자손에 전달되는 것이다.
② 관찰의 이론 의존성
3) 무극성

정답이유

1)
① 비유
- 친숙하고 잘 알려진 개념인 비유물(analogy)과 학습하려는 목표물(target) 사이의 유사성을 통해 목표물에 대한 이해를 돕는 전략
② 물질 상태에서의 분자 배열과 운동
- 분자는 쉼 없이 운동하고 있다. 물질을 이루고 있는 분자들이 정지해 있지 않고 스스로 끊임없이 여러 방향으로 움직이는 현상을 분자 운동이라고 한다. 증발과 확산이 일어나는 근본적인 원인은 분자가 스스로 운동하기 때문이다. 그러나 학생들은 쉼 없이 움직일 수 없다.

2)
① 생물학적 적응
- 다양한 특징을 가진 부레옥잠 중에서 물에 떠서 살기에 더 적합한 특징을 가진 부레옥잠이 살아남아 자손을 남기는 것이 오랫동안 반복되어 오늘날과 같은 생김새와 생활 방식을 가진 부레옥잠이 된 것이다.
② 관찰의 이론 의존성
- 관찰은 우리의 사전 지식이나 경험과 무관하게 객관적으로 이루어지기보다는 지식의 틀로부터 발생한다. 이를 소위 '관찰의 이론 의존성'이라고 한다. 이처럼 관찰은 개인이 가지고 있는 관련 지식에 의해 많은 영향을 받는데, 개인이 가지고 있는 지식과 경험이 다르기 때문에 동일한 자연 현상이나 사물을 관찰하더라도 관찰 결과는 개인마다 다를 수가 있다.

3) 무극성 분자는 분자 내에 전하가 고르게 분포되어 있어서 부분 전하를 갖지 않는 분자로 산소(같은 원소로 이루어진 2원자 분자), 이산화탄소(대칭 구조의 다원자 분자)가 대표적이다.

정답개념

1. 과학 수업 전략 : 비유

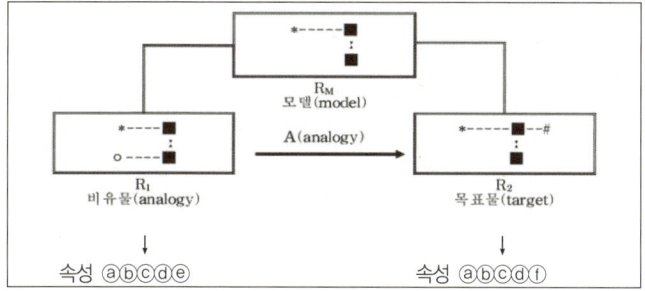

(1) 구성요소
① 비유물 : 개념을 설명하고자 할 때 빌려오는 대상물
② 목표물 : 학습되는 영역
③ 공유속성 : 공통적으로 존재하는 것(ⓐⓑⓒⓓ)
④ 비공유속성 : 차이점(ⓔⓕ)
⑤ 모형(모델)
- R_M은 비유물과 목표물의 구조적 동일성을 추출한 것으로서 이를 '모형'이라 하며, 이 때 R_1과 R_2는 R_M에 나타난 구조에 대하여 비유적 관계가 있다.
- 모형(모델)은 친숙한 체계와 친숙하지 않은 체계 간의 비유를 형상화 시킨다. 예를 들어 기체의 운동 이론은 기체 분자가 움직이는 방법과 당구공이 움직이는 방법 간의 비유를 가정하는 모델이 만들어진다.

(2) 장점(인지발달 단계와 관련)
① 인지 : 과학개념을 구체화하고 시각화하여 추상적 과학개념을 쉽게 이해하도록 돕는다.
② 탐구 : 유사한 현상을 관찰하여 학생의 탐구능력이 향상되고 비유 만들어 보기 활동을 통해 창의적 사고를 돕는다.
③ 정의 : 친숙한 내용을 도입하여 학생의 흥미와 참여도를 높인다.

2. 물질의 상태와 분자 배열

(1) 물질의 상태와 분자 배열

상태	고체	액체	기체
분자의 배열	촘촘하고 규칙적으로 배열 (모양이 일정하다)	고체보다 불규칙적으로 배열 (모양이 일정하지 않다.)	매우 불규칙적으로 배열 (모양이 일정하지 않다.)
분자 사이의 거리	매우 가까움	고체보다 덜 가까움	매우 멂
분자의 운동	제자리에서 진동 운동 (고체는 운동하지 않는다는 오개념이 생기지 않도록 한다.)	자리를 바꾸는 등의 비교적 자유로운 운동 (분자 사이의 공간이 작기 때문에 압축시켜도 부피 변화가 거의 없다.)	매우 빠르고 자유롭게 운동 (분자 사이의 공간이 크기 때문에 압축시키면 부피 변화가 크다.)

(2) 생활 속의 모습과 분자 배열 비유

3. 무극성 분자
① 개념 : 분자 내에 전하가 고르게 분포되어 있어서 부분 전하를 갖지 않는 분자이다.
② 같은 원소로 이루어진 2원자 분자 : 분자 내에 부분적인 전하가 생기지 않는 무극성 공유 결합을 하고 있는 무극성 분자이다.
 예) H_2, Cl_2, O_2, N_2 등
③ 대칭 구조의 다원자 분자 : 극성 공유 결합을 하고 있지만, 대칭 구조를 이루고 있어 분자의 쌍극자 모멘트가 0이 되는 분자이다.
 예) CO_2, BF_3, CH_4 등

CO_2	BF_3	CH_4
쌍극자 모멘트의 크기가 같고 방향이 반대이므로, 극성이 서로 상쇄되어 분자의 쌍극자 모멘트가 0이다.	3개의 쌍극자 모멘트의 크기가 같고, 세 방향의 쌍극자 모멘트가 대칭 구조로서 극성이 상쇄되어 분자의 쌍극자 모멘트가 0이다.	분자가 대칭 구조이므로 4개의 쌍극자 모멘트가 서로 완전히 상쇄되어 분자의 쌍극자 모멘트가 0이다.

④ 무극성 용매(벤젠)에 잘 녹는다.

4. 극성 분자
① 개념 : 분자 내에 전하의 분포가 고르지 않아 부분 전하를 갖는 분자이다.
② 서로 다른 원소로 이루어진 2원자 분자 : 서로 다른 원자가 결합한 분자로, 전기 음성도의 차이에 따라 분자 내에 쌍극자가 존재하는 극성 공유 결합을 하고 있는 극성 분자이다.
 예) HCl, HF, CO 등
③ 비대칭 구조의 다원자 분자 : 비대칭 구조를 이루고 있어 분자의 쌍극자 모멘트가 0이 되지 않는 분자이다.
 예) H_2O, NH_3, CH_3Cl 등

H_2O	NH_3	CH_3Cl

④ 물은 극성이 큰 물질이므로 극성 물질인 에탄올과 잘 섞인다.

5. 이산화 탄소
① 색과 냄새가 없으며, 공기보다 무겁고 불에 타지 않는다.
- 소화기에 이용
② 물에 약간 녹아, 약한 산성을 나타내는 탄산을 생성한다.
- 물에 대한 용해도가 질소나 산소보다 크다.
- vs 산소 : 색과 냄새가 없고 무극성 분자이므로 물에 잘 녹지 않는다. 물 1L일 때 5°C에서 9.0 mL, 25°C에서 6.04mL가 녹는다.
③ 녹색식물의 광합성에 이용된다.
- 광합성 결과로 포도당과 산소가 만들어진다.
④ 베이킹파우더
- 주성분인 탄산수소나트륨이 열에 의해 분해될 때 이산화탄소가 발생하여 빵이 부푼다.
⑤ 고체 이산화탄소인 드라이아이스는 승화성이 있다.
- 승화성 : 고체가 액체 상태를 거치지 않고, 기체로 상태 변화를 하거나 기체가 고체로 변하는 현상

02   2017-A-9

(가)는 '물 로켓 날리기 대회'를 준비하면서 영우네 모둠이 토론한 내용이고, (나)는 토론을 관찰한 교사들의 대화이다. 물음에 답하시오. [5점]

(가)

혜민 : 물 로켓을 멀리 날리려면 물을 얼마나 많이 넣어야 할까?
영우 : 공기를 많이 넣을수록 멀리 가는 에어로켓이나 풍선자동차처럼 물 로켓도 물을 많이 넣을수록 더 멀리 날아갈 거야.
은정 : 그래? 내가 해보니까, 물 로켓에 물을 비커로 네 컵 반을 넣었을 때 제일 멀리 날아가던데.
영우 : 네 말에 동의하기 어려워. 나는 내 주장이 옳다는 것을 증명할 방법이 있어. 물을 더 넣을 때마다 공기 펌프를 더 많이 누르고, 쏘는 각도도 다르게 하는 거야.
은정 : 그건 말도 안 되는 방법이야. 그리고 네가 옳다면 물을 가득 채울 때 물 로켓이 가장 멀리 날아가야 하는데, 실제로 해 보니까 아예 날지도 못했어. 가장 멀리 날게 하려면 물과 공기가 적절하게 있어야 해.
혜민 : 그러니까 물 로켓을 멀리 날리려면 공기만으로도 안 되고, 물만으로도 안 된다는 말이네. 그러면 물과 공기가 물 로켓 안에서 어떤 작용을 하는 거지?
은정 : 언니는 압축 공기가 물을 밀어낼 때 물 로켓의 무게보다 훨씬 큰 힘이 나오는데, 그 힘으로 물 로켓이 나는 거라고 말했어. 물 로켓 안에 물이 많으면 그만큼 공기가 압축될 수 있는 공간도 적어지니까 압축 공기가 물을 오래 밀어내지 못해. 그뿐 아니라 많은 물 때문에 물 로켓도 무거워져서 멀리 날아갈 수 없어. 그런데 물이 전혀 없으면 압축 공기가 밀어내는 힘만으로는 물 로켓을 멀리 날리지 못해. 결국 물과 공기의 어떤 특성이 물 로켓을 멀리까지 날아가게 만드는 거야.
영우 : 은정이의 말을 듣고 보니 내 생각이 잘못되었다는 것을 알겠어.

(나)

김 교사 : 힘과 운동에 관한 물 로켓의 원리를 초등학생이 제대로 이해하는 것은 어렵습니다. 그러나 초등학교에서 배운 액체, 기체, 무게, 속력에 관련된 단원들을 종합하면 어느 정도 이해할 수 있습니다. 물 로켓은 물과 공기에 작용하던 압력이 작은 구멍을 통해 물을 빠르게 배출시킬 때 얻는 추진력을 이용합니다. 이때 ㉠ 물과 공기는 밀도와 압축성이라는 측면에서 크게 다른데, 이 점이 물 로켓이 추진력을 얻게 되는 주요 요인입니다.
이 교사 : 이 토론은 학생들의 지식이 변화하는 과정을 잘 보여주는 사례로서, 과학자 사회에서 한 이론이 다른 이론으로 대체되는 과정을 설명한 쿤(T. Kuhn)의 '패러다임 변화'(paradigm shift)와 유사한 측면이 있습니다. 우선, 토론에서는 물의 양과 물 로켓이 날아가는 거리의 관계를 설명하는 두 가지 이론이 경쟁하고 있습니다. 그중 영우의 이론이 실험 증거에 의해 반박되지만, 그럼에도 영우는 ㉡ 이론의 핵심을 보호하면서 반박의 증거를 수용하기 위해 실험 방법의 일부를 수정합니다. 그러나 영우의 이론은 ㉢ 이론의 핵심을 결정적으로 반박하는 새로운 실험 증거에 의해 결국 폐기되고, 경쟁에서 성공한 은정이의 이론으로 대체됩니다.

---

1) (나)의 ㉠에서 언급한 ① 밀도와 ② 압축성의 측면에서 물과 공기의 특성을 비교해 쓰시오. [2점]

• ① : _____
• ② : _____

2) (나)의 ㉡과 같은 역할을 하기 위해 추가로 도입된 변인 2가지를 (가)에서 찾아 쓰시오. [1점]

• ① _____ ② _____

3) (나)의 ㉢에서 말한 ① 이론의 핵심과 이를 ② 결정적으로 반박한 실험 증거에 해당하는 내용을 (가)에서 찾아 쓰시오. [2점]

• ① : _____
• ② : _____

정답

1) ① 0℃, 1기압에서 물의 밀도는 1.0g/mL로 약 0.0013g/mL인 공기의 밀도보다 약 10배 이상 조밀하다.
② 물은 압축성이 크지 않아 부피를 조금이라도 줄이는 데에는 큰 압력이 필요하지만, 기체의 경우는 압축성이 커서 쉽게 부피를 줄일 수 있다.

2) ① 공기 펌프를 누르는 횟수 ② 쏘는 각도

3) ① 물 로켓은 물을 많이 넣을수록 더 멀리 날아간다.
② 물을 가득 채운 물 로켓은 실제로는 아예 날지도 못했다.

정답개념

1. 물 로켓 원리

① 물 로켓에서 공기는 압축이 되어 에너지원이 되고 물은 연료를 지속적으로 방출할 수 있도록 해주는 역할을 한다. 즉, 공기는 밀도가 낮고 이로 인해 압축이 잘 되어 좁은 공간에 많은 공기를 압축하여 넣을 수 있으므로 작은 PET병 내에 엄청나게 많은 공기연료를 넣을 수 있다. 하지만 이 공기는 병 밖으로 나오면 순식간에 다시 팽창해 버려 공기만으로 날리면 금방 '피식'하고 다 새어 나와 버리고 물 로켓이 얼마 날아가지 못한다.

② 반면에 액체는 압축이 거의 안 되고 한쪽 방향으로 곧게 나갈 수 있다는 장점을 가지고 있다. 이러한 두 물질의 성질을 이용해서 비압축성 액체인 물을 압축성인 기체로 고압을 주어서 빠른 속도로 분출시키므로 추진력을 얻고 로켓 동체는 반대 방향으로 분출 에너지만큼 운동량을 얻게 되는 것이다.

2. 물질의 상태와 성질

① 기체는 고체나 액체와는 다르게 일정한 부피를 가지지 않는다. 일정한 질량의 기체는 그것이 들어 있는 공간 전체를 균일하게 채울 때까지 계속 팽창한다. 액체나 고체의 부피를 조금이라도 줄이는 데에는 큰 압력이 필요하지만, 기체의 경우는 쉽게 부피를 줄일 수 있다. 즉, 기체는 압축성이 큰 것이 특징이다.

② 고체는 구성 분자들의 강한 응집력으로 결합되어 보통 규칙적인 배열, 결정 구조를 가지는 반면에 기체는 응집력이 약하여 분자들이 자유롭게 운동한다.

④ 액체는 밀도가 높은 편이지만 완전히 무질서한 기체와는 다르게 부분적으로 질서 있는 운동을 한다.

⑤ 기체는 밀도가 낮다. 공기의 밀도는 0℃, 1기압에서 약 0.0013g/mL이다. 반면에 물의 밀도는 1.0g/mL이다. 물은 공기보다 약 1000배 이상 조밀하다.

03   2018-A-4

(가)는 김 교사의 수업에서 학생들이 모둠별로 작성한 실험 계획의 주요 내용이고, (나)는 이 수업 후 김 교사와 예비 교사가 나눈 대화이다. 물음에 답하시오. [4점]

(가)

탐구 활동 주제 : 물질을 물에 많이 녹이려면 어떻게 해야 할까요?

모둠 이름	다르게 해야 할 조건	측정해야 할 것	예상
A	물의 양	백반이 녹는 양	물의 양이 많을수록 백반이 더 많이 녹을 것이다.
B	알갱이의 크기	〃	백반 알갱이의 크기가 작을수록 백반이 더 많이 녹을 것이다.
C	물의 온도	〃	물의 온도가 높을수록 백반이 더 많이 녹을 것이다.
D	젓는 빠르기	〃	빨리 저을수록 백반이 더 많이 녹을 것이다.

※ 각 모둠마다 실험할 때, 변인 통제에 유의한다.
※ 더 이상 녹지 않을 때까지 충분히 녹인다.

(나)

예비 교사 : 모둠별로 작성한 실험 계획을 보니, ㉠ 두 모둠은 '다르게 해야 할 조건'으로 백반이 녹는 양에 영향을 미치지 않는 변인을 설정했네요.

김 교사 : 맞습니다. 실생활 경험에서는 그 두 모둠이 설정한 '다르게 해야 할 조건'도 물질이 녹는 양에 영향을 미친다고 생각할 수 있죠. 실생활에서는 포화 용액이 될 때까지 물질을 녹이지는 않아요.

예비 교사 : 그런데 한 가지 궁금한 것이 있습니다. 이 차시에서는 왜 백반을 사용했는지 그 이유를 모르겠습니다. 앞 차시에서 사용했고, 학생들에게도 친숙한 소금을 사용했어도 될 것 같은데요.

김 교사 : 아주 좋은 질문이라고 생각합니다. 백반은 학생들에게 소금처럼 친숙한 물질이 아닙니다. 그러나 이 차시는 소금보다 백반을 사용하는 것이 더 적절합니다. 왜냐하면 (㉡) 때문입니다.

예비 교사 : 아, 실험 재료를 선택할 때, 교사가 고려해야 할 것들이 많군요. 그런데 학생들의 모둠 활동을 관찰하다 보니, 어떤 모둠에서는 ㉢ 실험 결과를 나온 대로 쓰지 않고 자신이 원하는 결과로 바꿔 쓰는 경우가 있었어요.

김 교사 : 그렇지요. 과학 수업에서 학생들이 과학 지식을 잘 이해하는 것도 중요하지만, 바람직한 과학적 태도를 갖는 것도 매우 중요합니다. 수업 시간 중에 과학적 태도도 평가하여야 합니다. 그래서 다음의 〈평가표〉와 같이 평가했어요.

〈평가표〉

평가 영역		평가 관점
과학적 태도	개방성	의견 차이가 있을 때, 다른 사람의 입장을 이해하고 존중하는가?
	협동성	서로 협동하여 과제를 수행하는가?
	(㉣)	실험 결과가 예상과 다르더라도 나온 대로 쓰는가?

1) 밑줄 친 ㉠에 해당하는 두 모둠을 찾아, 각각 그 이름과 그렇게 판단한 이유를 (가)의 해당 모둠의 예상과 관련지어 쓰시오. [2점]

• ① : _____

• ② : _____

2) (나)의 ㉡에 들어갈 말을 (가)의 '다르게 해야 할 조건' 중 1개와 관련지어 백반과 소금을 비교하여 쓰시오. [1점]

• _____

3) 밑줄 친 ㉢ 상황을 고려하여 ㉣에 들어갈 '과학적 태도' 영역의 하위 요소를 쓰시오. [1점]

• _____

정답

1) ① B, 백반 알갱이의 크기가 작을수록 빨리 녹을 뿐 더 많이 녹지는 않기 때문이다.
② D, 빨리 저을수록 백반이 더 빨리 녹을 뿐 더 많이 녹지는 않기 때문이다.
2) 백반은 물의 온도에 따라 용해도 변화가 크지만 소금은 물의 온도가 변해도 용해도가 거의 변화하지 않는다.
3) 정직성

정답이유

1) 백반이 물에 녹는 양에 영향을 주는 것은 물의 온도와 물의 양이고, 백반이 물에 녹는 빠르기에 영향을 주는 것은 물의 온도, 백반 알갱이의 크기, 젓는 빠르기이다.

2)
1. 소금은 물의 온도에 따른 용해도 차이가 매우 적다.
2. 물의 온도에 따라 소금이 물에 녹는 양
① 백반이나 붕산과 같은 물질의 경우에는 온도에 따라 용해도 변화가 크다. 그러나 소금은 온도가 변하여도 용해도가 거의 일정하므로 온도에 따른 용해도 차이가 매우 적다.
② 백반처럼 물의 온도에 따라 물에 녹는 양의 차이가 큰 물질도 있고, 소금처럼 물에 녹는 차이가 작은 물질도 있다.

3) 과학적 태도는 과학을 올바르게 수행하는데 필요하거나 그와 관련된 태도를 의미하는데 ㉢은 자료나 결과를 속이거나 왜곡해서는 안 된다는 '정직성'에 위배되는 경우이다.
• 종류 : 호기심, 합리성, 객관성, 판단 유보, 비판적인 마음, 개방성, 정직성, 겸손과 회의, 증거의 존중, 협동심, 실패의 긍정적 수용 등

정답개념

1. 설탕 녹이기
(1) 오개념
• 설탕을 물에 넣은 후 빨리 저으면 더 많이 녹는다.
(2) 과학적 개념
① 가루 물질을 물에 넣고 빨리 저으면 빨리 녹을 뿐, 많이 녹지 않는다.
② 더 많은 물질을 물에 녹이기 위해서는 물의 온도를 높이거나 물의 양을 더 많게 하면 된다.

04
2015-A-10

5~6학년군 '여러 가지 기체' 영역에는 '이산화탄소를 발생시켜 이산화탄소의 성질 확인하기' 탐구 활동이 제시되어 있다.
(가)는 이 활동을 지도하기 위해 예비교사 A가 계획한 수업의 개요이고, (나)는 동료 예비교사들과 함께 이에 대해 논의한 내용이다. 물음에 답하시오. [4점]

(가) 수업 계획의 개요

단 계	활 동
도 입	• 생활에서 이용하는 이산화탄소의 예 소개
전 개	• 기체 발생 장치를 이용한 이산화탄소 발생 실험 - [그림]과 같이 이산화탄소 발생 장치 꾸미기 - 삼각플라스크에 탄산칼슘을 넣고, 깔때기에 묽은 염산 붓기 - 묽은 염산을 흘려내려 이산화탄소 발생시키기 - 집기병에 이산화탄소 모으기 • 이산화탄소의 성질 확인 실험 - 이산화탄소의 색깔과 냄새 관찰하기 - 이산화탄소가 들어 있는 집기병에 촛불을 넣고 불꽃의 변화 관찰하기 - 이산화탄소가 들어 있는 집기병에 석회수를 넣고 변화 관찰하기
정 리	• 이산화탄소의 성질 정리

[그림] 이산화탄소 발생 장치

(나) 논의 내용

예비교사 A : 제가 계획한 수업에서 부족하거나 개선해야 할 점을 말씀해 주십시오.
예비교사 B : 안전을 위해 ㉠ 염산 용액이 손에 묻었을 때는 재빨리 염기성 용액으로 중화해야 한다는 점을 주의사항으로 넣는 것이 좋겠습니다.
예비교사 A : 네, 지도서를 확인해 보고 주의사항을 추가하겠습니다.
예비교사 C : 저는 실험 장치에 대해 궁금한 점이 있습니다. 이산화탄소는 물에 녹는데, 수업 계획과 같이 물속에서 모으는 장치를 써도 될까요?
예비교사 A : ㉡ 물속에서 모을 때 물에 녹는 이산화탄소의 양이 실험에 방해가 될 만큼 많지 않으므로 문제가 없다고 생각합니다. 그리고 ㉢ 물속에서 모으면 이산화탄소를 충분히 모았는지 쉽게 확인할 수도 있습니다.
예비교사 D : 주제를 조금 바꿔보지요. 이산화탄소가 들어있는 집기병에 촛불을 넣는 실험은 소화의 조건 중 이산화탄소가 필요하다는 것과 연결하여 가르치면 어떨까요?
예비교사 A : 네, 좋은 제안입니다. 입으로 촛불을 불면 불꽃이 꺼지는 현상을 생활 속의 예로 소개하면 어떨까요? 그것도 날숨에 들어 있는 이산화탄소 때문이니까요.
예비교사 B : 제 생각은 조금 다른데요. ㉣ 입으로 촛불을 불면 불꽃이 꺼지는 현상은 산소가 제거되기 때문이 아닐까요?
예비교사 A : 그런가요? 다시 한 번 확인해 보겠습니다.

1) ㉠~㉣ 중 타당하지 않은 것 2가지를 골라 기호를 쓰고, 각각을 바르게 고쳐 쓰시오. [2점]
    •
    •

2) 예비교사 D가 말한 것처럼 '불을 끄기 위해서는 이산화탄소가 필요하다'고 생각하는 학생들이 있다. 이 학생들에게 '소화의 조건'을 명확히 가르치기 위해 이산화탄소 대신 할론 기체로 불을 끄는 동영상을 보여주면서 수업을 시작한다면, 이 활동은 개념 변화가 일어나기 위한 4가지 조건 중 무엇을 충족시키려는 것인지 쓰시오. [1점]
    •

3) (가)의 수업에서 학생들이 실험하는 동안 교사가 수행 평가를 실시하고자 한다. 수행 평가의 방법 중, 학생들의 실험 기구 조작 능력과 주어진 과정에 따른 실험 수행 능력을 평가하는 방법을 1가지 쓰시오. [1점]
    •

정답

1) ㉠ 염산 용액이 손에 묻었을 때에는 재빨리 흐르는 물에 씻어낸다.
   ㉣ 입으로 촛불을 불면 불꽃이 꺼지는 현상은 탈 물질이 제거되기 때문
2) 학생들이 현재 자신의 개념에 불만족을 느껴야 한다.
3) 실험 실기

정답이유

1)
㉠ 염산 용액이 손에 묻었을 때는 염기성 용액으로 중화하는 것이 아니라 즉시 흐르는 물에 씻고 상처가 심한 경우 의사의 진료를 받도록 해야 한다.
㉣ 소화의 조건

조 건	촛불을 끄는 방법
탈 물질 제거	• 입으로 분다. 손으로 바람을 일으켜 끈다. • 심지를 자른다.
산소 차단	• 집기병으로 덮는다. • 드라이아이스를 가까이 가져간다. • 초를 컵에 넣은 후 발대로 계속 숨을 불어 넣는다. • 물에 적신 걸레로 덮는다.
발화점 미만으로 온도 낮추기	• 분무기로 물을 뿌린다. • 물 적신 걸레로 덮는다.

2) '개념 변화가 일어나기 위한 네 가지 조건'

① 학생들이 현재 자신의 개념에 불만족을 느껴야 한다.	• 이를 위해서는 학생들의 기존 개념과 일치하지 않는 모순된 상황을 많이 경험할 수 있게 해야 한다.
② 새 개념이 지적으로 이해될 수 있어야 한다.	• 과학적 개념이라고 하더라도 새 개념을 학생들이 기계적으로 암기해서는 개념 변화가 일어날 수 없으며, 학습 과제가 논리적이고 학습자의 언어로 이해될 수 있어야 한다.
③ 새 개념이 그럴듯하여야 한다.	• 새 개념이 학생들이 가지고 있는 믿음, 경험, 생각과 연관된 것일수록 학생들이 보다 더 잘 받아들일 수 있다.
④ 새 개념이 유용하여야 한다.	• 새 개념은 학생들이 가지고 있던 기존의 개념으로 잘 설명되지 않던 현상을 설명하고, 더 많은 것을 설명하고 예측할 수 있어야 한다.

3) 수행 평가 : 실험 실기
• 실험 기구를 사용하는 능력이나 주어진 방법에 따라 실험을 수행하는 능력을 평가하는 것, 건전지와 전구를 연결하여 회로를 구성하는 능력, 현미경을 조작하고 사용할 수 있는 능력 등

05

2013-A-10

(가)는 박 교사가 5학년 2학기 '용해와 용액' 단원의 7~8차시 '물의 온도에 따라 용질이 물에 녹는 양은 어떻게 달라질까요?'를 지도하기 위하여 5E 모형과 POE 모형을 결합하여 구성한 수업의 개요이고, (나)는 이 수업을 참관한 동료 교사의 평가 내용이다. 물음에 답하시오. [5점]

(가)

단계	활동
참여	• 일상생활에서 설탕을 물에 많이 녹일 수 있는 방법 발표하기
탐색	• 백반이 따뜻한 물과 찬물 중 어디에 더 많이 녹을지 예상하기 • ㉠ 예상의 근거 기록하기 • ㉡ 따뜻한 물과 찬물에 녹는 백반의 양 비교 실험하기
설명	• ㉢ 실험 결과 정리하기
정교화	• ㉣ 붕산을 따뜻한 물과 찬물에 녹일 때 30초 동안 녹는 붕산의 양 비교하기
평가	• 형성평가 문항 풀기

(나)

A	• POE 모형의 특성을 고려할 때, 예상 활동에서는 주어진 상황에 대한 학생들의 질문을 충분히 허락하는 것이 좋다.
B	• POE 모형의 특성을 고려할 때, 학생들이 부담을 느끼지 않도록 탐색 단계에서 예상한 결과와 그 근거에 대한 쓰기를 강제하지 않는 것이 좋다.
C	• 이 수업의 탐색 단계에서 실시한 확인 실험은 학생의 능동적인 의미 구성을 유도하기에 적합하다.
D	• 구성주의적 교수·학습이 이루어질 수 있도록, 설명 단계에서 전체 학급 토론을 바탕으로 실험 결과를 정리하는 것이 좋다.

1) (가)의 ㉠~㉣ 중 5E 모형의 단계별 특성에 부합하지 않는 활동을 찾아 그 이유를 설명하고, 대체 활동을 제시하시오. [2점]

• 기호와 이유 : _____

• 대체 활동 : _____

2) ㉡은 POE의 어느 단계에 해당하는지 쓰시오. [1점]

• _____

3) (나)의 A~D 중 타당하지 않은 것을 2개 고르고, 그 이유를 각각 설명하시오. [2점]

• _____

• _____

정답

1) • 이유 : ㉢, 실험 결과 정리하기는 실험하기와 연속된 활동이므로 탐색 단계에 해당된다.
 • 대체 활동 : 실험 결과를 토대로 물의 온도와 용질의 녹는 양과의 관계에 대해 설명하기 또는 동료학생들과 물의 온도와 용질의 녹는 양과의 관계에 대해 설명 비교하기

2) 관찰

3) B, 학생이 자신의 생각을 글로 써 봄으로써 학생들의 사고가 더 정교해지기 때문에, 예상이나 그 근거는 가능한 한 글로 표현하도록 하는 것이 좋다.
 C, 탐색 단계에서 실시한 실험은 학생들에게 새로운 개념이나 자료를 경험할 수 있는 기회를 제공하는 탐구 실험이다.

정답이유

2) '관찰' 단계

① 학생들이 각자 관찰한 결과를 적는 단계이다.
  ※ 학생이 한 예상이 옳은지를 확인하기 위한 실험을 수행하고 관찰하도록 한다.
② 학생이 가지고 있는 기존 생각과 모순되는 현상을 관찰할 경우에도 관찰한 사실을 그대로 적게 한다.

정답개념

순환학습 모형의 변형, 확장 형태

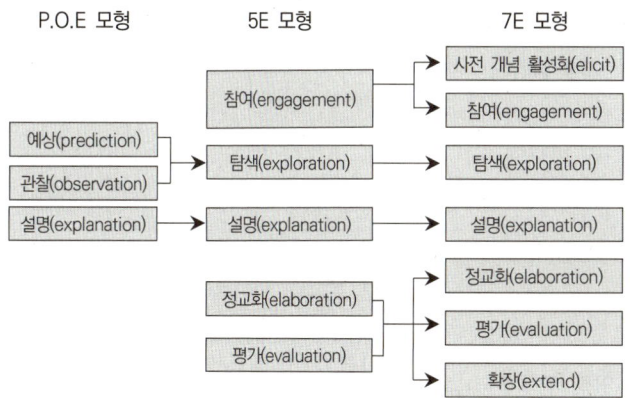

(1) 참여(engagement)
• 학습 내용과 관련된 질문이나 학생들의 선행 지식으로는 잘 설명되지 않는 현상 등을 제시

(2) 탐색(exploration)
① 학생들은 개인이나 모둠으로 문제를 설정하고, 그에 대한 가설을 제시한 다음, 자료를 수집, 정리, 해석, 분석, 평가하는 과정을 통하여 검증한다.
② 주어진 문제의 답이나 해결책을 마련하려고 토의한다. 교사는 내용을 직접적으로 설명하거나 학생들의 토의를 일방적으로 이끌어서는 안 된다.

(3) 설명(explanation)
① 학생들은 문제에 자신이나 자신의 모둠의 해답, 가설 검증 등을 증거로 설명한다.
② 교사는 학생들의 설명과 질문이 끝나면 관련된 이론, 개념, 법칙 등을 정의하거나 설명한다.

(4) 정교화(elaboration)
① 수업 결과를 유사하거나 새로운 상황에 적용한다.
② 결론으로 학습 내용을 도출한다.

(5) 평가(evaluation)

06
2014-A-9

다음은 최 교사가 6학년 '산과 염기' 단원의 7~8차시를 통합하여 발견학습 수업모형에 따라 구성한 수업의 개요이다. 물음에 답하시오. [5점]

단계	활동
탐색 및 문제 파악	• 산과 염기를 섞을 때 용액의 성질 변화 예상하기
자료 제시 및 탐색	• 실험활동 1 : 묽은 수산화나트륨 용액이 들어 있는 삼각플라스크에 페놀프탈레인 용액을 몇 방울 넣은 후, 묽은 염산을 한 방울씩 넣으면서 색깔 변화 관찰하기 (그림: 묽은 염산 / 묽은 수산화나트륨 용액 + 페놀프탈레인 용액)
㉠ 추가 자료 제시 및 탐색	• 실험활동 2 : (㉡)
규칙성 발견 및 개념 정리	• 두 실험 결과의 공통점에 대하여 토의하고 발표하기 • 산과 염기를 섞을 때 용액의 성질 변화에 대하여 정리하기 • ㉢이 수업에서 학습해야 하는 개념 확인하기
적용 및 응용	• 학습한 개념이 일상생활에 이용되는 예를 찾아 발표하기 • 형성평가 문항 풀기 ※ 다음 문장을 읽고, 각각에 대해 옳으면 ○, 옳지 않으면 ×로 표시하시오. (○, ×) - ㉣실험활동1에서 묽은 염산 대신 묽은 황산을 사용할 경우, 묽은 염산보다 더 적은 양의 묽은 황산으로 삼각플라스크 속 용액의 색깔 변화가 나타난다. - 속 쓰릴 때 제산제를 먹는 이유는 제산제가 염기성이고 위액이 산성이기 때문이다.

1) ㉠ 단계를 설정한 이유를 쓰고, 이와 관련지어 ㉡에 적합한 실험활동을 제시하시오. [2점]
 • ㉠ 단계 설정 이유 : _____
 • ㉡에 적합한 실험활동 : _____

2) 2007 개정 과학과 교육과정의 6학년 범위와 수준을 고려하여 ㉢에 해당하는 내용을 쓰시오. 또한 그 내용에 비추어, 실험활동1에서 페놀프탈레인 용액을 지시약으로 사용하는 것이 효과적이지 않은 이유와, ㉣이 형성평가 문항으로 적합하지 않은 이유를 각각 쓰시오. [3점]
 • ㉢에 해당하는 내용 : _____
 • 페놀프탈레인 용액 사용이 효과적이지 않은 이유 : _____
 • ㉣이 형성평가 문항으로 적합하지 않은 이유 : _____

정답

1) ㉠ 학생들이 규칙성을 발견하여 과학 개념을 귀납적으로 형성하거나 일반화하도록 하기 위해
 ㉡ • 묽은 염산에 페놀프탈레인 용액을 떨어뜨린 다음, 묽은 수산화나트륨 용액을 한 방울씩 넣으면서 색깔 변화 관찰하기
  • 묽은 수산화나트륨 용액에 자주색 양배추 지시약을 떨어뜨린 다음, 묽은 염산을 한 방울씩 넣으면서 색깔 변화 관찰하기

2) • 내용 : ㉢ 산성(염기성) 용액에 염기성(산성) 용액을 넣으면 산성(염기성)이 약해진다.
 • 이유 : 변색 범위가 pH 8.3~10.0으로 한정되어 있어서 산성과 중성의 판단이 어렵기 때문 또는 산성과 중성에서 모두 색깔 변화가 나타나지 않아 산성과 중성을 구분할 수 없기 때문
 • 이유 : ㉣은 염산과 황산의 수소 이온 갯수 차이에 따른 색깔 변화이고, 본 수업 목표는 중화의 과학적 개념과 중화점을 찾는 활동이므로 부적합하다.

정답이유

1)

㉠ 단계 구체적 활동
- 학생들이 규칙성을 발견하여 과학 개념을 귀납적으로 형성하거나 일반화하게 한다.
- 이전 자료보다 더 구체적인 자료를 제시하여 목표 개념을 명료화하거나, 상충되는 자료를 제시하여 이미 발견한 개념을 확신시켜 주는 자료를 활용할 수도 있다.
- 교사는 추가 관찰에서 이전 관찰 결과와 새로운 관찰 결과 간의 공통점이나 차이점을 부각할 필요가 있다.

㉡ '실험활동 1'이 묽은 수산화나트륨 용액에 묽은 염산을 넣으면서 색깔 변화를 관찰하는 실험(염기+산)이므로, '실험활동 2'에는 묽은 염산 용액에 묽은 수산화나트륨 용액을 넣으면서 색깔 변화를 관찰하는 실험(산+염기)이 적절하다.

2)

- 이유 : 페놀프탈레인 용액은 pH 8.3 미만에서는 모두 색깔 변화가 나타나지 않기 때문에 산성과 중성을 구분할 수 없다.

㉣ • 문항 해설 : 05학번 객관식 22번 문항에서 물어보았던 과학지식 (용액의 몰(mole) 농도가 같더라도 색깔 변화를 관찰하기 위해 필요한 묽은 염산(HCl) 용액 대신 묽은 황산(H_2SO_4) 용액을 사용하면 묽은 수산화나트륨 용액의 양은 달라진다)이다. 즉, 묽은 염산(HCL)은 수소(H)이온이 1개이고, 묽은 황산(H_2SO_4)은 수소(H)이온이 2개이기 때문에, 묽은 염산이 묽은 수산화나트륨과 1 : 1로 반응한다면, 동일 양의 묽은 황산은 묽은 수산화나트륨과 1 : 2의 비율로 반응하게 된다. 그러므로 묽은 염산보다 더 적은 양의 묽은 황산으로 색깔 변화를 알 수 있다.

〈몰(M) 농도〉
용액 1 L 안에 녹아 있는 용질의 몰수로 나타낸 농도이다. 1몰(mol)은 그 물질의 분자량에 g을 붙인 값이다. 예를 들어, 수산화 나트륨의 분자량은 40이고, 수산화 나트륨 1몰은 40g이다. 그러므로 1몰의 수산화 나트륨 용액 1L에는 수산화 나트륨 40g이 녹아 있는 것이다.

- 적합하지 않은 이유 : 실험1, 2를 통해서 학습하고자 하는 것은 산과 염기를 섞을 때 나타나는 용액의 성질 변화를 알아보는 것이므로 염산(HCl), 황산(H_2SO_4)의 구조에 따라 묽은 수산화나트륨과 반응하는 용액의 양의 차이를 묻는 ㉣은 교수·학습 활동의 목표가 실제로 달성되었는지 평가하는데 부적합하다.

정답개념

1. 수업에서 학습해야 하는 과학적 개념

산성 용액+염기성 용액 ─┬─ 산성 용액>염기성 용액 → 산성 용액
                      └─ 산성 용액<염기성 용액 → 염기성 용액

2. 페놀프탈레인 용액
- pH가 8.3~10.0일 때에만 색깔이 붉게 변한다. 그렇기 때문에 페놀프탈레인 용액은 8.3 이하의 약염기성이나 10.0보다 높은 강염기성의 지시약으로는 사용할 수 없다. 그러므로 '페놀프탈레인 용액의 색을 붉게 변화 시키는 것은 염기성 용액이다.'라고 할 수는 있지만 '페놀프탈레인 용액의 색을 붉게 변화시키지 않는 것은 염기성이 아니다.'라고 할 수는 없다.

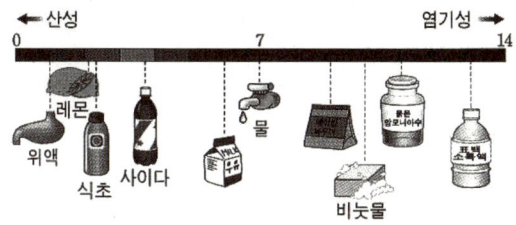

3. 리트머스 종이의 색이 변하지 않으면 중성일까?
- '반드시 그렇지 않다'. 이유는 푸른색 리트머스 종이는 pH 5 이하일 때 색이 변하며, 붉은색 리트머스 종이는 pH 8 이상에서 변색된다. 이렇게 지시약에 따라 변색 범위가 다르므로 색이 변하지 않는다고 해서 산성 용액이나 염기성 용액 또는 중성으로 판단해서는 안 된다.

지시약	pH 변색 범위
티몰블루	1.2 ~ 2.8 / 8.0 ~ 9.6
메틸오렌지	3.1 ~ 4.4
메틸레드	4.2 ~ 6.3
브로모티몰블루	6.0 ~ 7.6
페놀프탈레인	8.3 ~ 10.0
리트머스	4.5 ~ 8.3

3. 지시약의 색깔 변화
- 중화 반응이 일어날 때 중화점에서 지시약의 색깔이 변한다.
- 용액의 액성이 중성이 되는 순간 지시약의 색깔 변화로 중화점을 찾는다.

지시약	리트머스 용액	BTB 용액	페놀프탈레인 용액	메틸오렌지 용액
산성	붉은색	노란색	무색	붉은색
중성	보라색	녹색		
염기성	푸른색	푸른색	붉은색	노란색

① 중화점 : 지시약의 색이 갑자기 변하기 시작하는 시점
② 메틸오렌지 용액 : 염기성 용액에 산성 용액을 넣어주는 중화 반응에는 사용할 수 없다.

4. 중화 반응

① 산성 용액인 묽은 염산을 중성 용액으로 만들려면 염기성 용액을 알맞게 섞으면 된다. 산과 염기가 만나면 산의 수소 이온(H^+)과 염기의 수산화 이온(OH^-)이 반응하여 물(H_2O)과 함께 염(소금)이 생성되는데, 이 현상을 중화 반응이라고 한다.

② 벌레에 물렸을 때 암모니아수를 바르는 것은 벌레의 독이 산성이므로 염기성인 암모니아수로 중화를 하는 것이다. 또, 속이 쓰릴 때 제산제를 먹는 것은 산성인 위액을 염기성인 제산제로 중화하는 것이다. 생선에 나는 비린내는 아민이라는 염기성인데, 여기에 산성인 레몬즙을 뿌리면 중화되어 비린내가 없어진다.

3절 운동과 에너지

01 `2023-B-7`

(가)는 '빛의 성질'과 관련된 초등학교 과학과 교육과정에 대하여 초임 교사와 멘토 교사가 나눈 대화이고, (나)는 볼록 렌즈와 평면 유리를 통과한 햇빛을 비교하는 탐구 활동이다. 물음에 답하시오. [5점]

(가)

초임 교사: 빛과 관련된 탐구 활동 중 학생들의 흥미가 높은 활동에는 어떤 것이 있을까요? 멘토 교사: 물체의 그림자 만들기 활동, ㉠간이 사진기 만들기 활동 등이 있습니다. 그런데 이런 활동들은 학생들의 흥미를 유발하지만, 단순히 만들고 관찰하는 활동에 그칠 수 있어요. 초임 교사: 그렇다면, 어떤 점에 유의하면 좋을까요? 멘토 교사: 학생들이 자기 나름대로 현상이 일어난 이유를 설명해 보도록 기회를 주는 것이 좋아요. 과학에서는 관찰한 것을 자신의 지식과 경험을 바탕으로 논리적으로 해석하고 설명해 보는 (㉡)이/가 기초 탐구 과정 기능으로 중요합니다. 초임 교사: 그림자 만들기 활동과 관련해서 학생들이 가질 수 있는 오개념에는 어떤 것이 있나요? 멘토 교사: ㉢학생들이 불투명한 물체만 그림자가 생기고 유리와 같이 투명한 물체는 그림자가 생기지 않는다고 생각하는 경우가 있어요. 초임 교사: 그렇군요. 간이 사진기 만들기 활동과 관련해서 먼저 볼록 렌즈의 특성을 알아보도록 하려면 어떤 활동을 하는 것이 좋을까요? 멘토 교사: 레이저를 볼록 렌즈에 쏘아서 빛이 모이는 것을 직접 관찰하도록 할 수 있고, 햇빛이 볼록 렌즈를 통과하는 경우와 평면 유리를 통과하는 경우를 비교하는 활동도 해 볼 수 있어요.

(나)

<탐구 활동> ○ 준비물: 지름이 같은 볼록 렌즈와 평면 유리, 도화지, 색안경, 적외선 온도계, 자 (1) 운동장에서 태양, 볼록 렌즈, 도화지가 일직선상에 있게 한다. (2) 볼록 렌즈와 도화지 사이의 거리를 점점 멀리 하면서, 볼록 렌즈를 통과한 햇빛이 만드는 밝은 원의 크기와 밝기를 관찰한다. (3) ㉣햇빛이 볼록 렌즈를 통과하여 생긴 밝은 원(영역 A)의 크기가 달라질 때, 밝은 원의 온도가 어떻게 달라지는지 측정한다. (4) 볼록 렌즈를 평면 유리로 교체하고, ㉤햇빛이 평면 유리를 통과하여 만든 원(영역 B)의 온도와 도화지 다른 부분의 온도를 측정한다.

영역 A: 볼록 렌즈를 통과한 햇빛이 만드는 원
영역 B: 평면 유리를 통과한 햇빛이 만드는 원

1) ① (가)의 ㉠과 관련된 빛의 성질을 쓰고, ② ㉡에 들어갈 기초 탐구 과정 기능을 쓰시오. [2점]

   ① _____

   ② _____

2) (가)의 ㉢에 나타난 오개념과 관련하여 예상-관찰-설명(POE) 활동을 하고자 한다. '예상 단계'에 해당하는 교수·학습 활동을 구체적으로 쓰시오. [1점]

3) ① (나)의 ㉣에서 '도화지에 생긴 밝은 원(영역 A)'의 크기에 따라 밝은 원(영역 A)의 온도가 어떻게 변하는지 쓰고, ② ㉤에서 '평면 유리를 통과한 햇빛이 만드는 원(영역 B)'의 온도가 햇빛이 도화지에 직접 도달한 부분의 온도에 비해 낮은 이유를 쓰시오. [2점]

   ① _____

   ② _____

정답

1) ① 굴절
   ② 추리

2) 유리와 같이 투명한 물체에 그림자가 생길지 예상과 그 근거를 글로 써 보게 한다.

3) ① 밝은 원(영역 A)의 크기가 작아질수록 밝은 원(영역 A)의 온도가 높아진다.
   ② 평면 유리가 햇빛의 일부를 반사하여 영역 B에 도달하는 햇빛의 양이 도화지에 직접 도달하는 햇빛의 양보다 적기 때문

정답이유

1)
① 간이 사진기는 물체에서 반사된 빛을 겉 상자에 있는 볼록 렌즈로 모아 물체의 모습이 속 상자의 기름종이에 나타나게 하는 간단한 사진기이다. 겉 상자는 앞면에 볼록 렌즈를 붙여 들어오는 빛을 굴절시켜 빛을 모으는 경통으로 집광부의 역할을 한다.
② 기초 탐구 과정 중 추리란 사물이나 사건, 현상을 관찰한 결과를 논리적으로 해석하고 설명하는 과정을 의미하며 반드시 관찰에 근거해야 한다.

2) 예상 단계에서는 학생들이 현상의 결과를 예상하고 자신의 예상을 정당화할 수 있는 까닭을 제시하게 하는 활동을 한다. 따라서 유리와 같이 투명한 물체에 그림자가 생길 것인지에 대한 예상과 그 까닭을 글로 써 보게 하는 활동을 할 수 있다.

3) 볼록 렌즈를 통과한 햇빛은 굴절되어 한곳으로 모이는 데, 햇빛이 모인 밝은 원의 크기가 작을수록 (에너지가 한 점으로 모이므로) 주변보다 훨씬 밝아지고 온도도 주변보다 훨씬 높아진다.

정답개념

1. 빛의 굴절

(1) 개념
- 한 물질에서 진행하던 빛이 다른 물질을 만나면 일부는 물질의 표면에서 반사하고, 일부는 진행하는 방향이 꺾이며 다른 물질 속으로 들어간다. 이렇게 한 물질에서 다른 물질로 빛이 들어갈 때 빛의 경로가 꺾이는 현상을 빛의 굴절 이라고 한다.

(2) 까닭
① 빛이 굴절하는 까닭은 자동차가 나아가는 방향에 비유해 설명할 수 있다. 일정한 속력으로 가던 자동차가 포장도로와 잔디의 경계를 그림과 같이 비스듬히 나아가면, 잔디에 먼저 닿는 바퀴가 포장도로쪽 바퀴보다 속력이 느려져 자동차가 나아가는 방향이 꺾이게 된다.

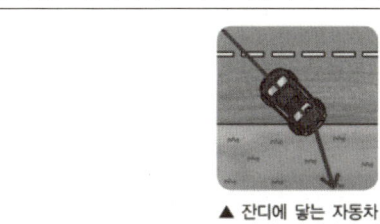

▲ 잔디에 닿는 자동차 바퀴는 속력이 느려지고, 포장도로에 있는 자동차 바퀴의 속력은 그대로이다.

② 이와 같이 물질에 따라 빛이 나아가는 속력이 다르기 때문에 굴절이 나타난다.

2. 간이 사진기의 구조와 원리

(1) 간이 사진기는 간단하게 만들 수 있어 빛의 굴절, 사진기나 눈의 구조, 상이 맺히는 원리 등을 이해하기 위한 교구로 많이 사용한다. 간이 사진기는 안팎으로 상자 두 개를 겹친 구조로 제작한다. 겉 상자는 앞면에 볼록 렌즈를 붙여 들어오는 빛을 굴절시켜 빛을 모으는 경통으로 집광부의 역할을 한다. 속 상자는 앞면에 반투명한 종이를 붙여 스크린으로 사용하고 스크린에 나타난 물체의 상을 관찰하도록 하는 스크린 통이다. 뚜렷한 물체의 상을 관찰하려면 스크린 통이나 경통을 앞뒤로 이동해 조정한다. 스크린에 상이 나타나도록 하기 위해 물체는 항상 초점 거리 밖에 있어야 한다. 따라서 경통의 길이는 볼록렌즈의 초점 거리보다 길어야 한다.

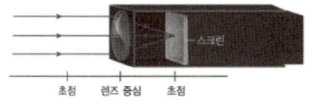

▲ 평행 광선과 볼록 렌즈의 초점

(2) 볼록 렌즈의 초점에 가까이 있는 물체의 상이 나타나게 하려면 스크린이 볼록 렌즈의 초점에서 멀어야 한다. 이때 스크린에는 거꾸로 된 상이 나타난다. 그리고 볼록 렌즈의 초점에서 물체가 멀리 있을수록 스크린이 볼록 렌즈의 초점에 가까워지며 상의 크기는 작아진다. 이러한 관계는 다음 그림과 같이 물체로부터 온 빛의 경로를 추적하면 알 수 있다.

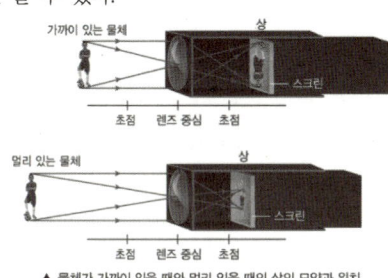

▲ 물체가 가까이 있을 때와 멀리 있을 때의 상의 모양과 위치

3. 볼록 렌즈를 통과한 햇빛 관찰하기

볼록 렌즈와 하얀색 도화지 사이의 거리		
가까울 때(5 cm)	중간일 때(25 cm)	멀 때(45 cm)
○	●	○

- 볼록 렌즈에 빛을 통과시키면 볼록 렌즈는 빛을 한 곳으로 모을 수 있다. 따라서 볼록 렌즈로 햇빛을 모은 곳은 밝기가 밝고 온도가 높아진다.

구분	볼록 렌즈를 통과한 햇빛이 만든 원 안	
밝기	주변보다 (밝다).	
온도 (℃)	원 안	원 밖
	50.0	25.0

02
2022-B-7

(가)는 '온도계는 어떻게 사용할까요?' 차시를 수업한 후 멘토 교사와 초임 교사들이 나눈 대화이고, (나)는 멘토 교사가 (가)의 ⓗ에서 제안한 탐구 활동이다. 물음에 답하시오. [5점]

(가)

> 멘토 교사 : '온도계는 어떻게 사용할까요?' 수업에서 어떤 활동을 하셨나요?
> 초임 교사 A : 저는 모둠별로 알코올 온도계와 적외선 온도계를 하나씩 나누어 주고 ㉠ 교실 칠판의 온도를 측정하고, 또 ㉡ 어항 속 물의 온도를 측정하는 활동을 했어요.
> 초임 교사 B : 저는 모둠별로 ㉢ 학교 건물의 1층, 2층, 3층 복도에서 기온을 측정하는 활동과 ㉣ 뜨거운 물을 붓기 전과 부은 후에 컵의 표면 온도가 어떻게 달라지는지 알아보는 활동을 했어요. 컵의 표면 온도를 측정하는 실험에서는 실험 전에 학생들이 실험 결과를 예상하고, 왜 그렇게 될지 자신의 생각을 쓰도록 하는 (㉤) 활동을 했어요.
> 멘토 교사 : 학생들에게 통합 탐구 과정 기능을 길러주는 데 도움이 되었겠네요.
> 초임 교사 A : 선생님, 제 수업에서는 학생들이 쓰임새에 맞는 온도계를 선택하기보다 무조건 적외선 온도계를 선택하는 경우가 많았어요. 학생들은 온도가 숫자로 표시되는 적외선 온도계가 더 정확하다고 잘못 생각하기도 했어요.
> 초임 교사 B : 학생들은 온도계의 원리를 잘 이해하지 못하기 때문에 온도계의 종류에 따른 쓰임새를 잘 구분하지 못하는 것일 수도 있어요.
> 멘토 교사 : 맞아요. 알코올 온도계의 원리를 이해하지 못한 학생들의 경우에는 ㉥ 투명한 빨대, 작은 음료수 병, 비커, 고무 찰흙 등을 이용한 탐구 활동이 도움이 돼요.
> 초임 교사 A : 그렇다면 적외선 온도계의 원리는 무엇인가요?
> 초임 교사 B : 저는 Ⓐ 적외선 온도계에서 레이저가 나오고, 물체에서 반사된 레이저가 적외선 온도계에 감지되어 온도가 측정된다고 생각해요.
> 멘토 교사 : 간혹 선생님들 중에도 그렇게 오해하는 경우가 있어요.

(나)

> 〈탐구 활동〉
> • 비커, 작은 음료수 병, 투명한 가는 빨대, 고무 찰흙, 실온의 물, 더운 물, 빨간색 물감, 사인펜을 준비하여 다음 과정에 따라 활동한다.
> (1) 작은 음료수 병에 빨간색 물감을 탄 실온의 물을 가득 넣고 투명한 가는 빨대를 꽂는다.
> (2) 물이나 공기가 새지 않도록 빨대 주변과 작은 음료수 병 입구를 고무 찰흙으로 감싸고, 빨대 속 물의 높이를 사인펜으로 표시한다.
> (3) (2)의 작은 음료수 병 높이만큼 비커에 더운 물을 채운 후, 작은 음료수 병을 넣는다.
> (4) ⓞ 빨대 속 물의 높이를 관찰하면서 높이가 가장 높아질 때까지 잠시 기다린다.
> (5) 변화된 빨대 속 물의 높이를 사인펜으로 빨대에 표시하고, 처음 높이와 비교한다.

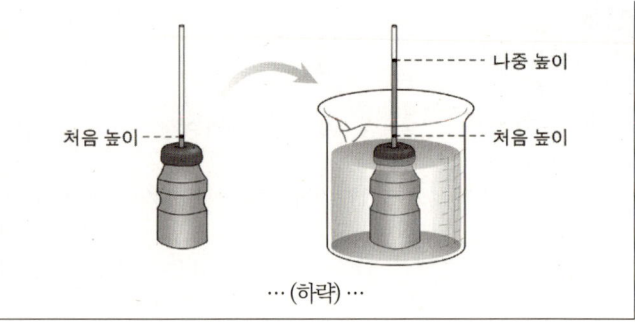

… (하략) …

1) ① (가)의 ㉠, ㉡, ㉢, ㉣ 중 알코올 온도계를 사용하는 경우를 쓰고, ② 2015 개정 과학과 교육과정에 제시된 통합 탐구 과정 기능 중 ㉤에 들어갈 용어를 쓰시오. [2점]

• ① : _____
• ② : _____

2) (가)의 Ⓐ은 적외선 온도계의 원리에 대한 잘못된 생각이다. 적외선 온도계의 원리를 적외선 방출과 관련하여 쓰시오. [1점]

• _____

3) ① (나)의 탐구 활동으로 알 수 있는 알코올 온도계의 원리를 쓰고, ② ⓞ에서 빨대 속 물의 높이가 가장 높아질 때까지 잠시 기다려야 하는 이유를 쓰시오. [2점]

• ① : _____
• ② : _____

정답

1) ① ㉡, ㉣
② 가설 설정
2) 물체에서 방출된 적외선을 감지해 전기적 신호로 바꾼 뒤, 숫자로 표현된다.
3) ① 물질의 온도가 높아질 때 부피가 팽창한다.
② • 음료수 병 안의 물과 비커의 물이 열평형 상태에 도달하는데 시간이 걸리기 때문
• 온도계의 눈금은 온도계의 액체가 열평형 상태가 되어 더 이상 액체가 움직이지 않을 때 읽어야 하기 때문

정답이유

1) 온도계 비교

알코올	① 액체, 기체 물질의 온도 측정에 이용 • 어항 속 물 온도, 학교 복도 공기 온도 ② 유리관 속에 에틸알코올이 들어 있으며, 온도가 높아질 때 에틸알코올이 유리보다 열팽창 정도가 커서 온도 측정을 할 수 있다.
적외선	① 고체 물질의 온도 측정에 이용 • 교실 칠판 온도, 컵 표면 온도

2) 가설은 어떤 현상의 원인에 대하여 타당한 설명을 찾아 그 까닭을 설명하는 잠정적인 답이다.

3) 온도계로 물체 온도 측정하는 과학적 근거
① 두 물체의 온도가 같을 때에 두 물체는 열적 평형 상태에 있다고 한다.
② 열역학 제0법칙이란 열적 평형 상태와 온도와의 관계에 대한 법칙으로 "물체 A와 물체 B가 열적 평형 상태에 있고, 물체 A와 물체 C가 열적 평형 상태에 있다면, 물체 B와 물체 C 또한 열적 평형 상태에 있다."라는 것이다. 이 열역학 제0법칙은 온도계로 물체의 온도를 측정하는 근거를 제공한다.

03
2022-특수-B-4

다음은 과학과 교수·학습 과정안의 일부이다. 물음에 답하시오. [2점]

성취 기준	생활 주변의 소리를 듣고 큰 소리와 작은 소리, 높은 소리와 낮은 소리로 구분한다.		
학습 목표	북을 치며 큰 소리와 작은 소리를 비교할 수 있다.	차시	5/12
단계	활동	자료(자) 및 유의점(유)	

단계	활동	자료(자) 및 유의점(유)
전개	○ 활동 1 • 여러 가지 소리 내어 보기 - 수업에 사용할 물건이나 악기의 설명을 듣고, 해당되는 물건이나 악기를 가져와 책상 위에 올려 놓기 - 책상 위의 악기로 소리 내어 보기 - 북과 북채를 가지고 소리 내어 보기  ○ 활동 2 • 북 소리를 크게 또는 작게 내는 방법 알아보기 - 북 소리를 크게 또는 작게 내는 방법 말해 보기 - 북 소리를 크게 또는 작게 소리 내어 보기 • 소리의 크기에 따른 콩의 떨림 살펴보기 - 북 위에 콩 뿌리기 [A] - 북을 세게 또는 여리게 두드리며 콩의 떨림 살펴보기	자 북, 탬버린 등 소리가 나는 물건이나 악기 유 미라가 잘 듣지 못하는 음소를 지문자로 전달 유 ㉠ '북소리는 북을 세게 칠수록 높은 소리가 난다.'는 오개념 형성에 유의하여 지도하기

1) [A]에 적용된 과학과의 기초 탐구 과정 중 가장 적합한 것을 1가지를 쓰시오. [1점]
   • _____

2) ㉠의 오개념을 바르게 고쳐 쓰시오. [1점]
   • _____

정답
1) 관찰
2) 북소리는 북을 세게 칠수록 큰 소리가 난다.

정답개념

1. 오개념 : 소리가 높아질수록 큰 소리가 아닌가요?
① 학생들이 소리의 세기와 높낮이의 개념을 구분하지 못하고 혼동하는 경우가 많다. 실로폰으로 높은 소리가 나는 짧은 음판을 살짝 치는 경우와 세게 치는 경우를 비교한다. 그리고 낮은 소리가 나는 긴 음판을 살짝 치는 경우와 낮은 소리가 나는 긴 음판을 강하게 치는 경우를 비교하게 한다.
② 이렇게 비교를 통해 소리의 높낮이와 세기가 다른 개념임을 지도한다.

2. 소리의 3요소
(1) 소리의 크기(세기): 소리의 크기는 진폭과 관계가 있다. 실로폰의 같은 음을 세게 칠 때와 약하게 칠 때 나는 소리의 파동을 비교해 보면, 큰 소리가 날 때의 진폭이 작은 소리가 날 때보다 크다. <small>소리는 종파이지만 소리 분석 프로그램을 이용하여 횡파 형태로 나타낼 수 있다.</small>

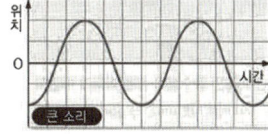 큰 소리
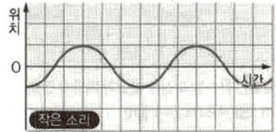 작은 소리

(2) 소리의 높낮이: 소리의 높낮이는 진동수와 관계가 있다. 실로폰의 높은음과 낮은음을 같은 세기로 칠 때 나는 소리의 파동을 비교해 보면, 높은 소리가 날 때의 진동수가 낮은 소리가 날 때보다 크다.

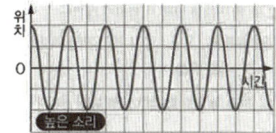 높은 소리
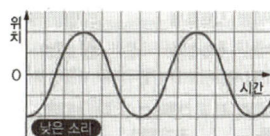 낮은 소리

(3) 음색: 음색은 파형과 관계가 있다. 피아노와 오보에로 같은 크기와 높낮이의 음을 내더라도 악기에 따라 소리의 파형이 다르기 때문에 서로 다르게 들린다. 즉, 음색이 다르다. 진동하는 물체나 진동하는 방법이 다르면 서로 다른 파형이 나타난다.

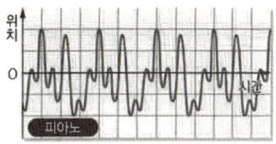 피아노
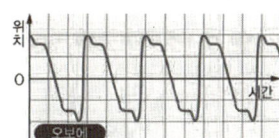 오보에

04

(가)는 '물체의 무게와 용수철의 길이 사이의 관계를 알아보는 활동'이고, (나)는 '모래와 물의 온도 변화를 측정하는 활동'이다. 물음에 답하시오. [4점]

(가)

〈탐구 활동〉
- 서로 다른 용수철 2개(A, B), 같은 무게의 추 여러 개, 스탠드, 종이 자, 셀로판테이프 등을 준비하여 다음 과정에 따라 활동해 봅시다.
1. 용수철을 스탠드에 걸어 고정합니다.
2. 용수철 끝의 고리에 추 1개를 걸어 놓고, 종이 자의 눈금 '0'을 용수철 끝에 맞추어, 셀로판테이프로 스탠드에 고정합니다.
3. 추의 개수를 한 개씩 늘려가면서 늘어난 용수철의 길이를 측정합니다.
4. 나머지 하나의 용수철을 사용하여 1~3의 과정을 반복합니다.
 … (중략) …
※ 다음은 실험 결과를 그래프로 나타낸 것입니다. 그래프의 가로축은 늘어난 용수철의 길이를, 세로축은 용수철에 걸어 놓은 추의 무게(= 힘의 크기)를 나타냅니다. 그래프를 보고 두 용수철(A, B)의 늘어난 길이와 힘의 크기 사이의 관계와 기울기의 의미를 찾아봅시다.

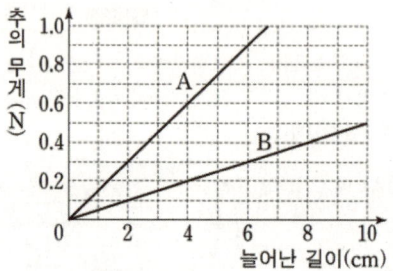

(나)

〈탐구 활동〉
- 투명한 사각 플라스틱 그릇 2개, 마른 모래, 물, 전등 (150 W 열 전구) 2개, 스탠드 2개, 알코올 온도계 2개 등을 준비하여 다음 과정에 따라 활동해 봅시다.
1. 투명한 사각 플라스틱 그릇 2개에 모래와 물을 각각 3/4씩 담고, 두 그릇 뒤에 일정한 거리를 두고 전등을 각각 설치합니다.
2. 스탠드 2개를 두 그릇 옆에 각각 놓고, 각 스탠드에 알코올 온도계를 설치하되, 알코올 온도계의 액체샘이 모래와 물에 1 cm 깊이로 꽂히도록 합니다.
3. 전등을 켜고 2분 간격으로 10분 동안 모래와 물의 온도 변화를 측정합니다.
4. ㉠ 전등을 끄고 2분 간격으로 10분 동안 모래와 물의 온도 변화를 측정합니다.
 … (중략) …

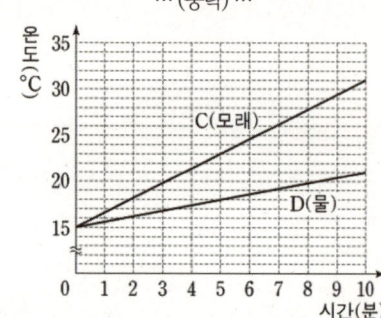

1) ① (가)의 그래프에서 기울기에 해당하는 과학적 용어를 쓰고, ② A와 B의 기울기가 다르게 나타나는 이유를 용수철의 성질과 관련지어 설명하시오. [2점]

- ① : _____
- ② : _____

2) ① (나)의 그래프에서 C와 D의 기울기 차이를 설명할 수 있는 과학적 용어를 쓰고, ② 이 과학적 용어를 사용하여 ㉠에서 모래와 물의 온도가 어떻게 달라지는지 비교하여 설명하시오. [2점]

- ① : _____
- ② : _____

정답

1) ① 용수철 상수(탄성 계수)
   ② 두 용수철의 탄성이 다르기 때문
2) ① 비열
   ② 비열이 큰 물은 비열이 작은 모래보다 천천히 식는다.

정답이유

1) 탄성력과 용수철 상수(탄성 계수)
① 탄성력 : 물체가 원래 모양으로 되돌아가려는 힘인 복원력
② 용수철 상수(탄성 계수)
- 비례 한계점 이하에서 용수철의 늘어난 길이 x에 비례하는 용수철에 작용하는 힘 F는 $F=kx$로 나타낼 수 있으며, 복원력인 탄성력 F_E는 $F_E=-kx$로 나타낼 수 있다. 여기에서 k는 비례 상수로서 용수철 상수 또는 탄성 계수라고 한다. 용수철 상수 k의 값이 큰 용수철일수록 변형하는 데 더 큰 힘이 필요하다. 그래프의 기울기는 용수철 상수 k를 의미한다.

2)
① 비열
- 비열(cal/g·℃)은 어떤 물질 1g의 온도를 1℃ 높이는 데 필요한 열량(cal)이다. 동일한 조건에서 비열이 큰 물체의 온도를 높이려면 에너지가 더 많이 필요해서 비열이 큰 물체는 비열이 작은 물체보다 느리게 가열된다.
② 수면이 지면보다 느리게 데워지는 까닭
- 물이 모래보다 비열이 크기 때문이다.
- 물은 대류 현상으로 전체가 데워지지만, 모래는 표면만 데워지기 때문이다.

05

2019-특수-A-8

(가)는 3학년 '소리의 성질' 단원에서 실 전화기 탐구 놀이를 지도하기 위한 교수·학습 과정안이고, (나)는 실험에 대한 학생들의 대화 중 일부이다. 물음에 답하시오. [4점]

(가)

단계	교수·학습 활동
문제 탐색	실 전화기에서 소리를 더 잘 들리게 하는 방법은 무엇일까?
실험 설계	1. 탐구를 계획할 때 실 전화기의 소리 전달과 관련된 변인들을 찾아본다. 2. 관련 변인들을 같게 할 조건과 다르게 할 조건으로 나누어 실험을 설계한다. | 구분 | 변인 | |---|---| | (㉠) | 소리의 전달 | | 독립 변인 | 실의 굵기, (㉡) | | 통제 변인 | 실의 길이 |
실험 과정	※ 준비물: 플라스틱 컵 4개, 굵기가 다른 실 2개, 송곳, 클립 1. 플라스틱 컵 바닥에 송곳으로 구멍을 뚫고 실을 구멍으로 넣는다. 2. 플라스틱 컵 안쪽 실에 클립을 묶어 고정한다. 3. 실의 굵기(가는 실, 굵은 실)만 다르고 나머지는 동일한 실 전화기 2개를 만든다. 4. 실험 과정 3에서 만든 실 전화기를 각각 사용하여, 양쪽에서 실을 당기는 정도를 다르게 하면서 ㉢ 소리가 잘 전달되는지 측정한다.

(나)

영준: 실 전화기 실험에서 2개의 플라스틱 컵 사이에 연결된 실의 중간 부분을 손으로 잡으면 상대방의 소리가 잘 들리지 않아. 왜냐하면 (㉣).

재원: 실 전화기의 실에 물을 적시니까 소리가 더 잘 전달되는 것 같아. 왜 그럴까?

1) (가)의 실험 과정을 고려하여 실험 설계의 ㉠과 ㉡에 들어갈 말을 각각 쓰시오. [2점]

- ㉠: _____
- ㉡: _____

2) (가)의 ㉢에서는 '측정 방법을 객관적으로 정의'하여 학생들이 동일한 방식으로 소리 전달 정도를 파악할 수 있도록 해야 한다. 이러한 정의의 명칭을 쓰시오. [1점]

- _____

3) (나)의 ㉣에 들어갈 과학적인 이유를 쓰시오. [1점]

- _____

06

2019-A-5

김 교사는 '전구의 연결 및 전기 안전'을 지도하기 위하여 다음과 같이 수업을 실시하였다. 물음에 답하시오. [4점]

> (1) 학생들에게 ㉠ 과학실 콘센트에 같은 규격의 가정용 전구 2개(전구 A, 전구 B)와 퓨즈 1개를 연결한 회로를 구성하여 제시하고, 이 회로에서 전구 1개를 빼면 어떻게 될지 예상한 다음, 서로의 생각을 비교하도록 한다.
> (2) 이 회로에서 전구 1개를 빼도 나머지 전구의 밝기에는 변화가 없다는 것을 실험을 통해 관찰하도록 한다.
> (3) 토론을 통해, 처음 예상한 것과 실험에서 관찰한 결과 사이의 모순을 해결하도록 한다.
> (4) 우리 생활 주변에서 ㉡ 여러 개의 전구를 연결한 회로와 그 특징을 알아본다.

1) 다음은 김 교사가 구성한 회로 ㉠을 나타낸 것이다. 위 수업의 (1), (2)에 근거하여 음영 부분에 들어갈 회로의 구성 방법을 쓰시오. (단, 전구 A, 전구 B, 퓨즈를 사용하여 설명하시오.) [2점]

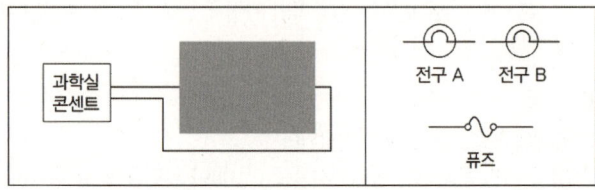

• _____

2) ㉡과 관련하여, 김 교사는 (1)에서 사용한 것과 같은 규격의 전구와, 같은 규격의 퓨즈를 이용하여 다음과 같이 [회로 1]과 [회로 2]를 구성하였다. [회로 1]과 비교하여, [회로 2]에서 퓨즈와 전구가 어떻게 될지 쓰시오. (단, 전류와 관련지어 쓰시오.) [2점]

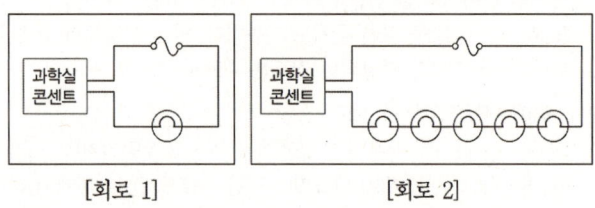

• _____

정답

1) 전구 A와 전구 B를 병렬연결하고, 전구와 퓨즈는 직렬연결한다.

2) 전류는 동일하기 때문에 [회로 1]과 마찬가지로 [회로 2]의 퓨즈는 끊어지지 않으며, 전구를 직렬 연결할수록 전체 저항이 커져 회로에 흐르는 전체 전류 세기가 작아지므로 [회로 2]의 전구의 밝기는 [회로 1] 전구 밝기보다 어둡다.

정답이유

1)

① 수업(2)에서 전구 1개를 빼도 나머지 전구의 밝기에는 변화가 없다고 하였는데, 2개의 전구를 직렬 연결한 경우에는 전구 1개를 빼면 전기가 흐르지 않게 되므로 전구에 불이 들어오지 않는다. 전구를 병렬연결(전기 회로에서 전류가 흐르는 전선 한 개에서 전선 여러 개로 나누어 각각의 전선에 전구를 하나씩 연결하는 것)하면 전구 한 개를 빼내어도 남은 전구와 전지, 전선이 끊어지지 않는 한길로 연결되어 있기 때문에 전구에 불이 계속 들어온다.

② 퓨즈는 직렬 회로이다.
• 퓨즈는 누전 차단기처럼 전기회로에서 높은 전류가 흘렸을 때 회로에 흐르는 전류를 차단하여 어느 한 전기 기구의 연결이 끊어지면 전체 회로가 작동하지 않는다.
• 퓨즈는 높은 온도에서 쉽게 녹는 금속으로 만든 연결선이다. 전기 회로에 연결된 퓨즈는 큰 전류가 흘러 온도가 높아지면 녹아 다른 전기 부품보다 먼저 끊어진다. 퓨즈가 끊어지면 전류가 흐르지 않아 다른 전기 부품이 손상되는 것을 막을 수 있고 전기 사고도 예방할 수 있다.

2)

직렬 연결하는 전구의 수가 많아질수록 각 전구의 밝기는 어두워진다. 그 이유는 전구를 직렬 연결할수록 전체 저항이 커지므로 회로에 흐르는 전체 전류의 세기는 작아지고, 각 전구의 소비 전력($P = I^2 R$)이 작아진다. 따라서 전구를 직렬 연결할수록 전구의 밝기는 어두워진다.

정답개념

1. 전구 연결 방법에 따른 전류의 방향

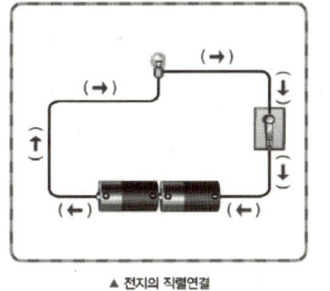
▲ 전지의 직렬연결

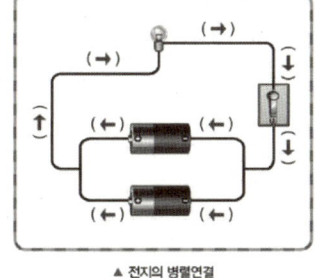
▲ 전지의 병렬연결

> 전지의 (병렬)연결에서 전지 한 개를 빼내어도 전구에 불이 꺼지지 않는 까닭은 남은 전지와 전구, 전선이 끊어지지 않는 한길로 연결되어 있기 때문이다.

① 전구 직렬 연결 : 전류가 흐르는 길이 하나이고 그 길에 두 개 이상의 전구가 연결
② 전구 병렬 연결 : 전류가 흐르는 길이 둘 이상이고 각각의 길에 하나씩 전구가 연결

2. 전구 연결 방법에 따른 전구의 밝기

전구의 연결 방법	직렬연결	병렬연결
전구의 밝기		
	병렬연결보다 어두움.	직렬연결보다 밝음.

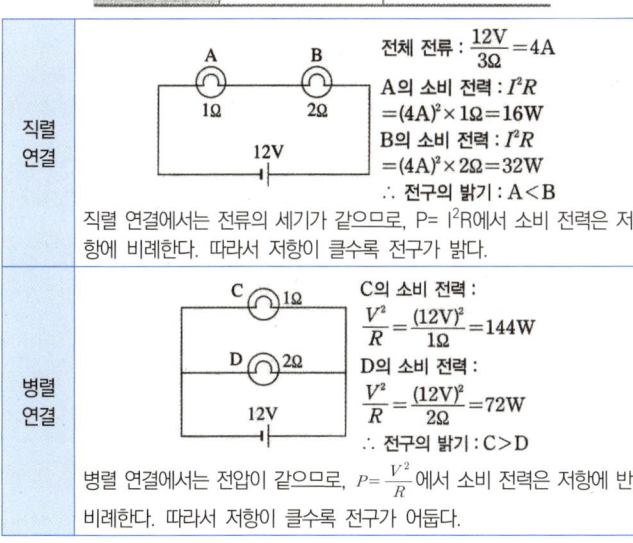

직렬 연결	전체 전류 : $\frac{12V}{3\Omega}=4A$ A의 소비 전력 : I^2R $=(4A)^2 \times 1\Omega = 16W$ B의 소비 전력 : I^2R $=(4A)^2 \times 2\Omega = 32W$ ∴ 전구의 밝기 : A < B

직렬 연결에서는 전류의 세기가 같으므로, $P=I^2R$에서 소비 전력은 저항에 비례한다. 따라서 저항이 클수록 전구가 밝다.

병렬 연결	C의 소비 전력 : $\frac{V^2}{R} = \frac{(12V)^2}{1\Omega} = 144W$ D의 소비 전력 : $\frac{V^2}{R} = \frac{(12V)^2}{2\Omega} = 72W$ ∴ 전구의 밝기 : C > D

병렬 연결에서는 전압이 같으므로, $P=\frac{V^2}{R}$에서 소비 전력은 저항에 반비례한다. 따라서 저항이 클수록 전구가 어둡다.

3. 저항의 연결

직렬회로	병렬회로
① 어느 한 전기 기구의 연결이 끊어지면 전체 회로가 작동하지 않는다. ② 직렬로 연결된 전기 기구에는 같은 세기의 전류가 흐른다. ③ 한 줄로 연결된 전구, 누전 차단기, 퓨즈 등	① 어느 한 전기 기구의 연결이 끊어져도 다른 회로에 영향을 주지 않는다. ② 병렬로 연결된 모든 전기 기구에는 같은 전압이 걸린다. ③ 멀티탭, 가정용 전기 배선

〈저항의 직렬연결과 병렬연결에서 전류의 세기〉

· 저항의 직렬연결 전체 저항은 각 저항의 합과 같고, 전체 전류는 일정하다. 전체 전압은 저항 R_1과 R_2에 각각 V_1과 V_2로 나뉘어 걸린다.

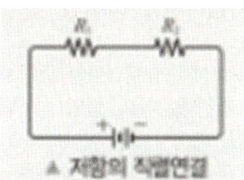
▲ 저항의 직렬연결

· 저항의 병렬연결 저항의 병렬연결은 새로운 전기 회로가 하나 병렬로 추가된 것과 같다. 이때 각 저항에 걸리는 전압은 일정하며, 각 저항을 포함하는 회로에는 저항에 반비례하여 전류가 나뉘어 흐르다 합류 지점에서 다시 전체 전류 I가 흐른다.

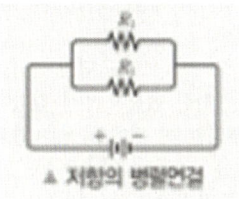
▲ 저항의 병렬연결

4. 성탄절 나무에서 전구 연결 방법

① 장식용 나무의 전구는 직렬연결과 병렬연결을 혼합해 사용한다. 전구 (가)가 연결된 전선과 전구 (나)가 연결된 전선은 각각 전구가 직렬로 연결되어 있다. 하지만 전구 (가)가 연결된 전선과 전구 (나)가 연결된 전선의 전구는 서로 병렬로 연결되어 있다.

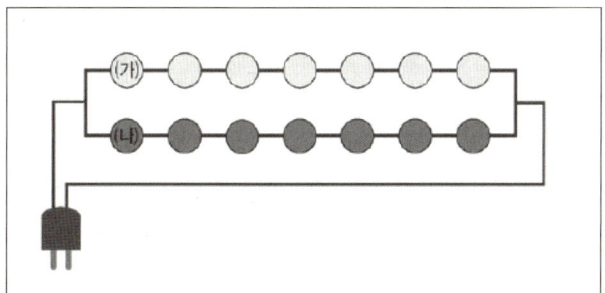

② 전구를 직렬연결과 병렬연결 혼합 방식으로 연결한 까닭은 전구를 직렬로만 연결해 나무를 장식하면 전구 하나가 고장 났을 때 전체 전구가 모두 꺼지게 되고 전구를 병렬로만 연결하면 전기와 전선이 많이 소비되기 때문이다.

5. 가정 전기 배선도

① 모든 전기 기구는 병렬 연결되어 있어서 일정한 전압이 걸린다.
② 어느 한 전기 기구를 사용하지 않더라도 다른 전기 기구는 사용이 가능하다.
③ 전기 기구를 추가 연결해도 다른 전기 기구에 흐르는 전류는 변하지 않는다. 그러나 전체 전류는 증가
④ 한 콘센트에 여러 개의 전기 기구를 연결하면 과전류가 흘러 위험하다.

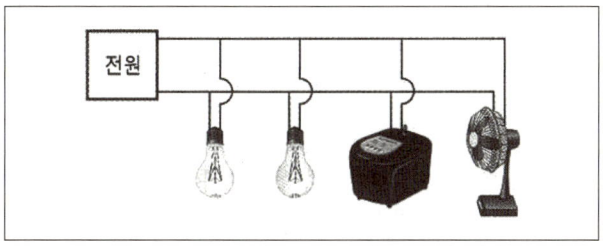

07

2018-A-5

다음은 교육 실습 기간 중에 있었던 수업에 대해 예비 교사들이 나눈 대화이다. 물음에 답하시오. [5점]

예비 교사 A : 빛의 굴절 때문에 나타나는 생활 속 현상들을 알아보는 수업을 참관했는데요, 담임 선생님께서 시냇가로 체험 학습 갔을 때의 경험을 이야기하게 하셨어요. ㉠ "나무막대기를 물속에 비스듬히 넣었더니 물속에 잠긴 부분이 꺾여 보였다.", "분명 다슬기가 보이는 곳으로 손을 뻗었는데 손이 다른 곳에 닿았다." 등등 여러 이야기가 나왔지요. 그러고는 학생들이 이야기한 실제 경험과 수업의 주제를 연결하여 진행하셨어요.

예비 교사 B : 자신의 경험이 바탕이 되었으니, 학생들이 흥미로워했을 것 같네요.

예비 교사 A : 네, 맞아요. 무엇보다도 담임 선생님께서 제시하신 현상이 인상 깊었어요. 불투명한 빈 컵에 동전을 넣고 눈 위치를 [그림]과 같이 맞추면 컵 바닥에 뭐가 있는지 안 보이잖아요? 그런데, 그 상태에서 선생님이 컵에 (㉡)(하)니까, 컵 바닥에 있는 동전이 눈에 보였어요. 정말 신기했어요.

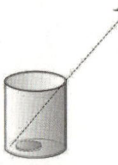
[그림]

예비 교사 C : 신기하네요. 그런데요, 신기한 현상이 흥미롭긴 하지만 왜 그렇게 되는지까지 설명해야 할지 고민될 때가 있어요. 어렵기도 하고요. 예를 들어, 아까 다슬기를 잡으려다 엉뚱한 곳에 손이 닿은 학생의 경우, ㉢ 물 밖에서 보이는 것보다 조금 더 깊은 곳으로 손을 뻗으면 다슬기에 손이 닿을 수 있을 거예요. 그런데 왜 그런지 이해시키기는 쉽지 않죠.

예비 교사 B : 저도 비슷한 경험이 있어요. 어제 5학년 '온도와 열' 단원에서 쇠막대에 일정한 간격으로 열 변색 붙임 딱지를 붙이고 한쪽을 가열하는 실험을 했어요. 가열한 곳으로부터 차례차례 열 변색 붙임 딱지의 색깔이 변하죠. ㉣ 열은 열이 많은 곳으로부터 열이 적은 곳으로 항상 이동하니까요. 그런데 열 변색 붙임 딱지의 원리까지 설명해야 하는지 고민되더군요.

예비 교사 C : 저도 비슷한 고민이 있어요. 5학년 '날씨와 우리 생활' 단원의 교과서 삽화를 보면, 고기압과 저기압일 때 바람의 방향이 그려져 있어요. 예를 들어, ㉤ 북반구에서 바람은 저기압 중심에서는 시계 방향으로 회전하며 불어 들어가지요. 그런데 이 삽화를 처음 접한 학생에게 그 까닭까지 설명해야 할지 고민이에요. 또, 이 단원에서는 ㉥ 건습구 습도계에서 건구 온도계의 온도가 일정할 때, 습구 온도계의 온도가 낮을수록 습도가 낮다는 것을 이용해 습도를 측정하도록 되어 있는데요, 왜 그런지에 대한 이해 없이 습도 측정만 하는 학생들이 있어요. 이렇게 원리에 대한 이해 없이 현상을 경험하는 것만으로도 의미가 있을지 잘 모르겠어요.

예비 교사 A : 저는 학생들이 여러 가지 자연 현상을 경험하는 그 자체만으로도 의미가 있다고 생각해요. 특히 탐구의 시작 단계에서는요. 그래서 저는 초등학교 고학년 수업에서도 때로는 과학과 교수·학습 모형 중 경험 학습 모형이 필요하다고 생각해요. 경험 학습 모형은 특정한 내용 목표를 가지고 있지 않지요. 그리고 2009 개정 과학과 교육과정에서 크게 둘로 나눈 탐구 과정 중 관찰, 분류와 같은 (㉦)에 주안점을 두거든요.

---

1) ① 밑줄 친 ㉠에서 공통적으로 나타나는 빛의 성질에 근거하여 ㉡에 들어갈 적절한 방법을 쓰고, ② 보이지 않던 동전이 보이는 까닭을 동전에서 반사된 빛이 관찰자의 눈에 이르기까지의 빛의 진행 경로와 빛이 꺾이는 방향을 포함하여 설명하시오. [2점]

- ① : _____
- ② : _____

2) 밑줄 친 ㉢~㉥ 중에서 바르지 않은 것을 2가지 찾아, 각각 기호를 쓰고 바르게 고쳐 쓰시오. [2점]

- ① : _____
- ② : _____

3) ㉦에 들어갈 말을 쓰시오. [1점]

- _____

정답

1) ① 물을 붓는다.
② 물에 잠긴 동전에서 나오는 빛은 물과 공기의 경계면에서 물 쪽으로 굴절되어 눈에 도달하는데 눈은 굴절되어 들어오는 빛의 경로의 연장선에 동전이 있는 것으로 인식하기 때문

2) ① ㉣, 열은 항상 온도가 높은 물체에서 온도가 낮은 물체로 이동한다.
② ㉤, 북반구에서 바람은 저기압 중심에서는 시계 반대 방향으로 회전하며 불어 들어간다.

3) 기초 탐구 과정 기능

정답이유

1)

① 굴절 때문에 바닥이 떠올라 보인다.
- 불투명한 그릇의 바닥 한쪽에 동전을 두고 동전이 보이지 않을 때까지 그릇에서 멀어져 보면 동전이 사라진 것처럼 보이는 순간 멈춰선 다음, 그릇에 물을 부으면 사라졌던 동전이 보인다. 동전에서 반사되어 나오는 빛이 굴절하여 나오기 때문에 동전이 떠올라 보이게 된다.
- 마찬가지로 물에 잠긴 다리가 굵어 보이는 것, 물에 비스듬히 꽂힌 막대가 꺾여 보이는 것 모두가 굴절 현상 때문에 물체가 떠올라 보여서 그런 것이다.
- 속에서 빛의 굴절 때문에 나타나는 현상으로는 물이 일부 들어 있는 컵에 걸쳐 놓은 빨대가 꺾여 보이는 것, 빗물이 흐르는 유리창을 통해서 물체를 볼 때 물체가 왜곡되어 보이는 것, 둥근 어항 속의 물고기가 크게 보이는 것, 안 보이던 컵 속의 물체가 컵에 물을 넣었을 때에 보이게 되는 것 등이 있다.

② 빛의 굴절과 빨대가 꺾여 보이는 현상 간 관련성
- 빨대가 공기 중에 있든 물속에 있든 빛은 빨대 표면의 모든 점에서, 모든 방향에서 나온다. 빨대가 꺾여 보인다는 것은 꺾인 빨대의 표면에서 반사되어 나오는 빛 중에서 일부가 눈에 들어온다는 것이다.
- 물 밖의 공기 중에 있는 빨대의 표면에서 온 빛은 같은 공기 중에 눈이 있으므로 굴절 없이 눈에 도달하지만, 물속에서 물에 잠긴 빨대의 표면에서 나오는 빛은 물과 공기의 경계면에서 굴절률이 큰 물 쪽으로 굴절되어 눈에 도달한다.
- 그러나 사람의 뇌는 빛이 눈에 들어오기 전의 경로에 대해서는 전혀 인식하지 못하고 눈에 직진하여 들어오는 빛만을 인식하게 됨으로써 물에 잠긴 빨대의 부분은 빛이 눈에 들어오는 경로의 연장선에 있는 것으로 인식하게 된다.

2)

㉢ 물 밖에서 보면 실제의 깊이보다 더 얕아 보이게 되므로, 물 밖에서 보이는 것보다 조금 깊은 곳으로 손을 뻗어야 다슬기에 손이 닿을 수 있다.

㉣ 열은 많다, 적다로 측정하는 양이 아니라, 따뜻한 곳에서 차가운 곳으로 이동하는 에너지이다. 열은 항상 온도가 높은 곳에서 낮은 곳으로 이동한다.

㉤ 북반구에서 바람은 고기압 중심에서 시계 방향으로 회전하며 불어 나가고, 저기압 중심에서 시계 반대 방향으로 회전하며 불어 들어간다.

㉥ 습도가 낮을수록 증발량이 더 많아져서 습도가 높을 때보다 습구 온도계의 온도가 더 낮아진다.

정답개념

1. 건습구 습도계 원리

① 물이 증발하면서 주위의 열을 흡수하는 현상을 이용한 것으로, 액체 샘을 젖은 헝겊으로 감싼 습구 온도계와 보통 알코올 온도계인 건구 온도계로 이루어져 있다.

② 건구 온도와 습구 온도의 차가 크다는 것은 습구 온도가 낮다는 것을 의미하며, 습구 온도가 낮다는 것은 증발이 활발하다는 것을 의미한다. 증발량이 커지려면 공기 중에 포함된 수증기량이 적어야 하기 때문에 습도가 낮은 것이다.

③ 두 개의 온도가 다른 까닭
- 물에 잠기도록 헝겊으로 감싸고 헝겊의 아랫부분이 물에 잠기도록 한 습구 온도계는 헝겊을 타고 올라온 물이 증발하면서 주위의 열을 흡수하여 건구 온도계의 온도보다 낮아진다. 공기가 건조할수록 물이 많이 증발하므로 온도 차가 커진다.

④ 습구 온도가 건구 온도보다 낮은 까닭을 우리 생활의 경험과 관련지어 생각해 보기
- 젖은 옷을 입고 있으면 춥다.
- 열이 높을 때 이마에 젖은 수건을 올려 체온을 낮춘다.

⑤ 건구 온도와 습구 온도의 차가 클수록 습도는 어떠한가?
- 온도 차가 클수록 습도가 낮다.
- 온도 차가 작은 경우에는 습도가 높다.

2. 경험 학습 모형의 특징

① 학생들의 구체적이고 조작적인 감각 경험을 강조한다. 즉, 학생이 오감을 이용하여 자연 현상을 실제로 관찰하고 사물을 직접 다룬다.

② 학습 활동이 기본적인 탐구 과정에 강조점을 둔다. 특히 관찰과 분류 같은 기초 탐구 과정 기능에 초점을 둔다.

③ 특정한 내용 목표를 가지지 않는다. 즉, 학습 활동을 통하여 어떤 개념이나 일반화를 직접적으로 내세우기보다는 경험을 유발하는 데 중점을 둔다.

08　2016-A-9

(가)는 예비교사 A가 실시한 '열의 이동'에 대한 수업 개요이고, (나)는 예비교사들이 협의한 내용이다. 물음에 답하시오. [4점]

(가) 수업 개요

학습목표	온도가 다른 두 물질이 접촉하면 온도가 높은 물질에서 온도가 낮은 물질로 열이 이동함을 이해할 수 있다.
도입	• 예상하기 　- 찬 물이 담긴 플라스크를 따뜻한 물이 담긴 비커에 넣으면, 두 물의 온도는 어떻게 될까?
전개	• 준비물 　찬 물(10℃) 100 mL, 따뜻한 물(40℃) 200 mL, 플라스크, 비커, 알코올 온도계 2개, 스탠드, 실, 집게 잡이, 초시계 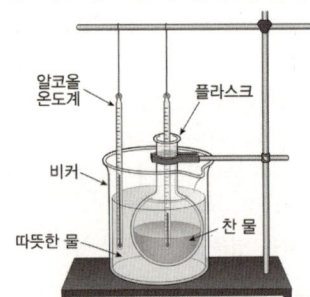 • 실험 과정 　① 찬 물이 담긴 플라스크를 따뜻한 물이 담긴 비커에 넣는다. 　② 온도계 두 개를 플라스크와 비커의 물에 각각 넣는다. 　③ 두 물의 처음 온도를 측정하고, 1분 간격으로 10분 동안 측정한 온도를 표에 기록한다. 　④ 찬 물과 따뜻한 물의 온도가 어떻게 변하였는지 알아본다.
정리	• 정리하기 　- 실험 결과 : ㉠ 찬 물은 온도가 높아지고 따뜻한 물은 온도가 낮아져서 두 물의 온도가 같아진다. 　- 결론 : ㉡ 열은 온도가 높은 물질에서 낮은 물질로 이동한다.

(나) 협의 내용

예비교사 A : 수업에 대한 질문이 있으면 말씀해 주십시오.
예비교사 B : 찬 물과 따뜻한 물의 양이 다르기 때문에 학생들에게 두 물을 접촉시켰을 때 온도를 예상하게 하는 활동은 적절하지 않다고 생각합니다.
예비교사 A : 저는 생각이 다릅니다. 이전 시간에 따뜻한 물의 양이 많으면 양이 적을 때보다 천천히 식는다는 것을 공부하였기 때문에 ㉢ 10℃ 물 100 mL와 40℃ 물 200 mL를 접촉시키면 중간 온도인 25℃보다 온도가 낮다고 예상할 수 있습니다.
예비교사 C : 실험 과정의 ①과 달리, 비어 있는 비커에 찬 물이 담긴 플라스크를 먼저 넣은 후 따뜻한 물을 비커에 부으면 어떨까요?
예비교사 A : ㉣ 그렇게 하면 비커에 물을 붓는 동안 따뜻한 물의 온도가 금방 낮아질 수 있으므로 실험 과정에 제시된 방법대로 하는 것이 더 좋습니다.
예비교사 B : 10분이 지나도 찬 물과 따뜻한 물의 온도가 같아지지 않았던 모둠이 있었습니다.
예비교사 A : 그런 모둠이 있었나요? 두 물의 온도 변화를 통하여 결국 온도가 같아짐을 예상하도록 하거나, ㉤ 관찰 시간을 좀 더 늘려서 온도 변화를 알아보도록 하면 될 것 같습니다.
예비교사 C : 그리고 찬 물질과 따뜻한 물질이 접촉하면 두 물질의 온도가 같아지는 이유를 질문하는 학생이 있었습니다. 이때 ㉥ 찬 물질의 냉기가 따뜻한 물질로 이동하기 때문이라고 설명해주면 어떨까요?

1) (가)의 정리 단계에서 실험 결과 ㉠으로부터 결론 ㉡을 이끌어 내기 위하여 학생들이 사용해야 하는 주요한 ⓐ 기초 탐구 기능이 무엇인지 쓰고, ⓑ 그렇게 쓴 이유를 '온도'와 '열' 개념과 관련지어 설명하시오. [2점]

• ⓐ : _____
• ⓑ : _____

2) (나)의 ㉢~㉥ 중 타당하지 않은 것 2가지를 찾아 기호를 쓰고, 각각 바르게 고치시오. [2점]

• _____
• _____

정답

1) ⓐ 추리
　ⓑ 찬 물과 따뜻한 물의 온도 변화를 관찰하고, 관찰에 근거하여 열의 이동을 설명하고 있기 때문

2) ㉢, 중간 온도인 25℃보다 높다.
　㉥, 따뜻한 물질의 열이 찬 물질로 이동하기 때문

정답이유

1) 추리

• 실험을 통해 찬 물과 따뜻한 물의 온도 변화를 관찰하고, 이 관찰에 근거하여 열의 이동을 설명하고 있으므로, 기초 탐구 기능 중 '추리'에 해당한다.
• 성취 기준 : 물체를 가열하거나 냉각시키면 시간에 따라 물체의 온도가 달라지며, 온도의 변화를 관찰하여 열의 이동을 추리할 수 있다.

2)

㉢ 온도가 낮은 10℃의 물보다 온도가 높은 40℃의 물의 양이 더 많으므로 접촉시키면 중간 온도인 25℃보다 온도가 높다.
㉣ 찬 물이 담긴 플라스크를 먼저 넣은 후 따뜻한 물을 비커에 부으면 상대적으로 따뜻한 물의 양이 적으므로 따뜻한 물의 온도가 금방 낮아질 수 있다.
㉤ 관찰 시간을 좀 더 늘리게 되면 결국 열평형 상태에 도달하게 된다.
㉥ 열은 온도가 높은 곳에서 온도가 낮은 곳으로 이동하는 에너지이다. 차가운 곳에서 따뜻한 곳으로 이동하는 냉기는 존재하지 않는다.

정답개념

열기와 냉기

• 열은 온도가 높은 곳에서 온도가 낮은 곳으로 이동하는 에너지이다. 일상생활에서 사람들은 이 에너지를 열기라고 부르기도 한다. 그러나 차가운 곳에서 따뜻한 곳으로 이동하는 냉기는 존재하지 않는다. 물질을 만질 때에 차갑거나 따뜻하게 느끼는 감각은 열의 이동에 따라 달라지는 것이다.

09   2015-A-9

4학년 1학기 '무게 재기' 단원의 '용수철이 늘어난 길이 측정하기' 수업을 할 때는 실험 전에 용수철의 상태에 맞게 0점 조정용 추를 매달아 용수철이 무게에 따라 일정하게 늘어나도록 해야 한다. (가)는 준비한 용수철에 맞는 0점 조정용 추의 무게를 알기 위한 교사의 사전 실험 결과이고, (나)는 이 결과를 반영하여 학생에게 제공한 활동지의 일부이다. 물음에 답하시오. [5점]

(가) 교사의 사전 실험 결과

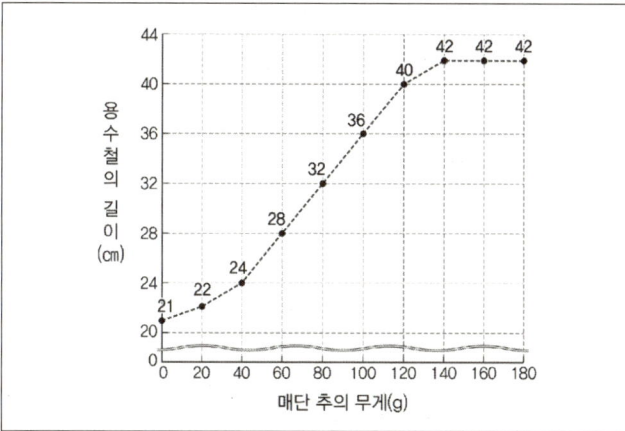

(나) 활동지의 일부

- 1단계 : 0점 조정
  - 용수철을 스탠드에 걸어 고정합니다.
  - 용수철 끝의 고리에 0점 조정용으로 20g 추 (㉠)개를 매달고, 오른쪽 [그림]과 같이 용수철 끝에 종이자의 0cm를 맞춥니다.
  - 셀로판테이프로 종이자를 스탠드에 고정합니다.

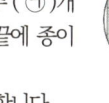
[그림] 0점 조정

- 2단계 : 용수철의 늘어난 길이 측정
  - 0점 조정용 추가 매달린 상태에서 용수철에 20g 추 1개를 매달고 용수철 끝의 위치를 종이자에 표시한 다음, ㉡종이자의 눈금을 써 봅시다.
  - 20g 추를 1개씩 추가하면서 용수철 끝의 위치에 해당하는 종이자의 눈금을 써 봅시다.

20g 추의 개수	1개	2개	…
종이자의 눈금(cm)			

- 3단계 : 여러 가지 물체의 무게 측정
  - 0점 조정이 된 상태에서 ㉢50g 추 1개를 매달면 용수철 끝의 위치에 해당하는 종이자의 눈금이 얼마가 될지 생각해봅시다.
  - ㉣여러 가지 물체의 무게를 측정해 봅시다.

1) 1단계의 ㉠에 해당하는 0점 조정용 20g 추의 최소 개수를 쓰고, 2단계의 ㉡에 해당하는 값은 몇 cm인지 쓰시오. [2점]
   - ㉠ _____   • ㉡ _____

2) 3단계의 ㉢에서 학생들이 사용할 주된 기초 탐구 기능을 쓰시오. [1점]
   - _____

3) 교사는 3단계를 위해 물체의 무게를 전자저울로 미리 측정하였다. 3단계의 ㉣에서 0점 조정용 추가 매달린 용수철을 이용하여 다음 두 물체의 무게를 알아낼 수 있는지 여부를 각각 쓰고, 무게를 알아낼 수 없다면 그 이유도 함께 쓰시오. [2점]

물 체	무 게
지우개	25g
가위	110g

- ⓐ 지우개의 경우 : _____
- ⓑ 가위의 경우 : _____

정답

1) ㉠ 2   ㉡ 4
2) 예상
3) ⓐ 있다.
   ⓑ 없다. 추의 무게가 140g 이상인 구간에서는 용수철의 길이가 더 이상 변하지 않으므로, 가위와 0점 조정용 추의 무게를 합한 150g을 측정하는 것은 불가능하다.

정답이유

1) '용수철에 0점 조정용 추를 다는 이유'
- 용수철의 초기 장력의 영향을 받지 않게 하기 위하여 적당한 무게의 추를 건 다음에 0점을 맞추도록 한다.
- ㉠ (가)의 교사의 사전 실험 결과에 따르면 용수철의 길이가 24cm가 되는 시점부터 20g의 추를 하나씩 추가할 때마다 일정하게 4cm씩 늘어나고 있으므로, 0점 조정용으로 필요한 추의 최소 개수는 2개이다.
- ㉡ 2개의 0점 조정용 추가 매달린 상태에서 용수철에 20g 추 1개를 매달면 4cm씩 늘어나므로, 0점 조정용 추 2개를 매달고 용수철 끝에 종이자의 0cm를 맞춘 후 20g 추 1개를 매달았으므로, 종이자의 눈금은 4cm를 가리키게 된다.

2) 예상
- 3단계 ㉢은, 2단계에서 4cm씩 늘어난다는 규칙성을 파악한 상태에서 이를 토대로 앞으로 일어날 현상을 미리 판단하는 것으로 이는 기초탐구 기능 중 '예상'이다.

3)
ⓐ, 지우개의 경우는 0점 조정용 추(2개)가 매달린 용수철을 이용하면 20g 추 1개씩 추가할 때마다 4cm씩 일정하게 늘어난다는 점을 이용하여 25g인 지우개를 매달았을 때 5cm가 늘어남을 통하여 5g당 1cm씩 늘어나므로 25g임을 측정할 수 있다.

ⓑ '가위'의 경우
- ㉠ 0점 조정용 추(2개)가 매달린 용수철을 이용할 때, 교사의 사전 실험 결과에서 알 수 있듯이 80g(120g-40g)까지는 20g 추가 1개씩 추가될 때마다 4cm씩 일정하게 용수철의 길이가 늘어나다가 80g에서 20g 추를 1개 더 추가하여 100g이 될 때에는 용수철이 2cm만 늘어나고, 이후 20g씩 계속 추가하여도 용수철이 더 이상 늘어나지 않는다는 것을 알 수 있다.
- ㉡ 즉, 물체의 무게가 100g일 때까지는 용수철이 늘어나지만, 100g을 초과하는 경우에는 용수철이 더 이상 늘어나지 않으므로, 가위의 경우 용수철저울로 측정하면 무게가 100g인지, 120g인지, 140g인지 정확히 측정할 수 없어서, 무게가 110g인 가위의 경우 용수철이 늘어난 길이로 무게를 알아낼 수 없다.

10 2014-A-10

(가)는 '관찰자에 따른 물체의 속력'과 관련된 활동에서 영수가 작성한 답안이고, (나)는 영수의 오개념을 바꾸기 위해 김 교사가 제공한 활동의 일부이다. 물음에 답하시오. [4점]

(가)
- 다음은 5초 동안 자동차들의 위치 변화를 나타낸 것입니다. 도로변에 서 있는 경찰(A)과 달리는 경찰차 안의 경찰(B)을 기준으로 하여 승용차와 화물차의 속력을 각각 구해봅시다.

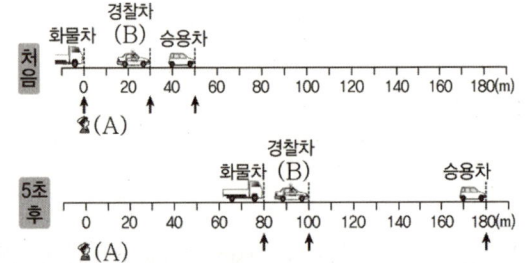

〈영수의 답안〉

구 분	도로변에 서 있는 경찰(A)을 기준으로 한 속력	달리는 경찰차 안의 경찰(B)을 기준으로 한 속력
승용차의 속력	26m/s	26m/s
화물차의 속력	16m/s	16m/s

(나)
- 다음은 10m/s로 운동하는 물체와 같은 방향으로 5m/s로 운동하는 관찰자의 위치를, 측정 시작 순간(0초)부터 4초까지 1초 간격으로 나타낸 것입니다.

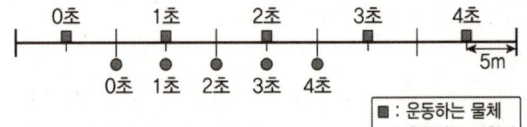

- 관찰자를 기준으로 한 물체의 상대적인 속력을 구한 후, 운동하는 물체의 원래 속력(10m/s)과 비교해봅시다.

1) 〈영수의 답안〉에서 틀린 부분을 찾아 바르게 수정하고, 영수가 지닌 오개념을 쓰시오. [2점]

구 분	도로변에 서 있는 경찰(A)을 기준으로 한 속력	달리는 경찰차 안의 경찰(B)을 기준으로 한 속력
승용차의 속력		
화물차의 속력		

- 영수의 오개념 : _____

2) (나)에서 0초일 때 관찰자를 기준으로 한 물체의 상대적인 위치를 나타내면 아래 그림과 같다. 이를 참고로 하여 1~4초까지의 물체의 상대적인 위치를 1초 간격으로 아래 그림에 나타내시오. [1점]

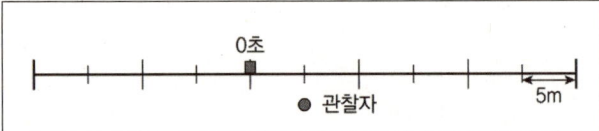

3) 새로 학습한 상대 운동 개념의 유용성을 높이기 위해, 김 교사는 '하루 중 달과 태양의 위치 변화'를 사례로 제시하였다. 이 과정에서 영수가 제기한 다음 질문에 대한 답을 쓰시오. [1점]

> "그런데 매일 같은 시각, 같은 장소에서 관찰하면 달은 태양에 비해 위치가 더 많이 바뀌어요. 왜 그렇죠?"

- _____

정답

1) 오개념

구 분	(A) 기준	(B) 기준
승용차의 속력	26m/s	12m/s
화물차의 속력	16m/s	2m/s
오개념	물체의 운동은 관찰자의 운동 상태와 관련성이 없다.	

2) 상대적인 위치

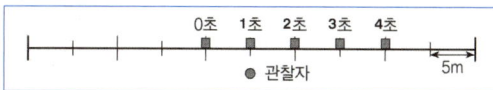

3) 지구에 대한 달의 공전주기가 태양에 대한 지구의 공전주기보다 짧기 때문

정답이유

1)

1. 〈영수의 답안〉에서 틀린 부분
① 관찰자에 따라 각 자동차의 속력은 다르게 나타난다. 먼저 경찰 (A)를 기준으로 하여 승용차, 화물차의 속력을 구하고, 경찰 (B)를 기준으로 하여 승용차와 화물차의 상대적인 속력을 구하면 된다.
② 〈영수의 답안〉에서 틀린 부분은 표의 오른쪽 부분인 달리는 경찰차 안의 경찰(B)을 기준으로 한 속력이다.
- 경찰 (A) 기준 승용차의 속력 : $\frac{(180-50)}{5} = \frac{130}{5} = 26$m/s
- 경찰 (A) 기준 화물차의 속력 : $\frac{(80-0)}{5} = \frac{80}{5} = 16$m/s

③ 그런데 달리는 경찰차 안의 경찰(B)은 경찰차와 함께 자신도 같은 속도로 움직이고 있으므로 경찰차가 움직이는 속도를 느끼지 못하므로 경찰차의 속력만큼 빼주어야 한다.
- 달리는 경찰차의 속력 : $\frac{(100-30)}{5} = \frac{70}{5} = 14$m/s
- 경찰 (B) 기준 승용차의 속력 : 26m/s−14m/s=12m/s
- 경찰 (B) 기준 화물차의 속력 : 16m/s−14m/s=2m/s

2. 영수의 오개념
① '속력=거리/시간'이고, 관찰자에 따라 다르게 나타나는 상대적인 개념이다.
② 오개념 : 영수는 관찰자가 정지하고 있을 때의 물체의 속력은 알고 있지만, 관찰자가 운동 상태에 있을 때의 물체의 속력은 알지 못하고 있다. 경찰(A)와 경찰(B)를 기준으로 한 속력을 모두 같다고 답하였으므로 승용차와 화물차의 속력이 관찰자의 운동 상태와 관계없이 같게 나타난다는 오개념을 가지고 있다. 즉, 물체의 운동은 관찰자의 운동 상태에 따라 다르게 보인다는 것을 이해하지 못하고 있다.
③ 갈릴레이의 '상대 운동'
- 17세기 이탈리아의 과학자 갈릴레이는 지구의 빠른 운동을 사람들이 느끼지 못하는 까닭에 대하여 다음과 같이 설명했다.
"물체의 운동은 관찰자의 운동 상태에 따라 다르게 보인다. 관찰자와 물체가 같은 방향과 같은 속력으로 운동하고 있을 때, 관찰자는 물체의 운동을 느낄 수 없어 마치 정지 상태에 있는 것처럼 보인다. 따라서 지구 위에 있는 사람들은 지구와 같은 방향과 같은 속력으로 운동하기 때문에 지구의 운동을 느끼지 못한다."
—이것을 갈릴레이의 '상대 운동'이라고 한다.

2) 운동하는 물체와 운동하는 관찰자가 같은 방향으로 각각 10m/s, 5m/s의 속력으로 운동하고 있으므로 관찰자를 기준으로 운동하는 물체는 5m/s씩 우측 방향으로 이동하는 것으로 관찰될 것이다.

3) 영수 질문에 대한 답은 '관찰자에 따른 상대 운동'의 개념으로 설명해야 한다. 위치가 더 많이 바뀌어 보인다는 것은 달리 말하면 상대적으로 더 속력이 빠른 것으로 보인다는 것이다. 실제 태양에 대한 지구의 공전 속도보다 지구에 대한 달의 공전 속도가 느리지만 지구 관찰자의 시점에서 지구가 태양을 공전하는 데 걸리는 시간(1년, 하루에 약 1°씩 이동)보다 달이 지구 주위를 공전하는 데 걸리는 시간(29.5일, 하루에 약 13° 이동)이 더 짧기 때문에 상대적으로 달의 위치가 태양에 비해 더 많이 바뀌어 보인다.

정답개념

1. 태양에 비해 달이 더 동쪽으로 더 많이 이동한 것으로 관측되는 이유
① 지구는 태양의 주위를 서 → 동 방향(반시계 방향)으로 하루에 1°씩 공전하므로, 지구에서 태양은 하루에 약 1°씩 동쪽으로 이동한 위치에 관찰되는 반면, 달은 서 → 동 방향(반시계 방향)으로 하루에 약 13°씩 공전하므로, 달은 하루에 약 13°씩 동쪽으로 이동한 위치에서 관측된다.
② 태양에 대한 지구의 공전주기보다 지구에 대한 달의 공전주기가 짧기 때문에 서 → 동 방향으로 상대적으로 약 12° 정도 더 이동하게 되므로, 같은 시각, 같은 장소에서 관찰하면 태양에 비해 달이 동쪽으로 더 많이 이동한 것으로 관측된다.

2. 달의 공전
① 달은 지구의 위성으로서, 지구 주위를 도는 공전 운동을 한다. 달이 지구를 공전하는 동안 지구도 태양을 중심으로 공전 운동을 한다.
② 지구가 태양 주위를 공전하기 때문에, 달의 공전 주기를 이해하려면 항성월과 삭망월의 개념을 이해할 필요가 있다. 항성월은 임의의 항성을 기준으로 하여 달의 주기를 측정한 것으로, 지구가 가만히 정지해 있을 때 달이 지구 주위를 공전하는 데 걸리는 시간을 의미한다. 따라서 항성월은 달의 실제적인 공전 주기로, 현재 1 항성월은 27.3일이다.
③ 공전 주기는 그믐(삭)에서 다시 그믐으로, 또는 보름(망)에서 다시 보름까지의 의미로 사용되는데, 이 주기를 '삭망월'이라고 한다. 달이 지구를 공전하는 동안 지구도 태양 주위를 움직이고 있으므로, 보름에서 다시 보름까지 되는 동안 지구가 움직이기 때문에 지구가 움직인 거리만큼 달도 움직여야 하므로 공전 주기가 더 길게 된다. 삭망월의 주기는 약 29.5일이다.

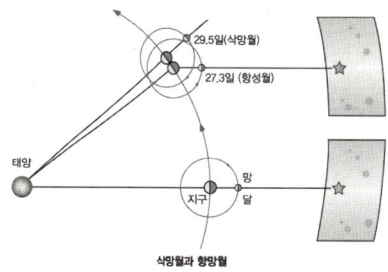

삭망월과 항성월

4절 생명

01 2023-B-8

(가)는 예비 교사가 경험 학습 모형을 적용하여 실시한 '배추흰나비 어른벌레의 특징 알아보기' 수업 내용이고, (나)는 수업 후에 예비 교사와 지도 교사가 나눈 대화의 일부이다. 물음에 답하시오. [4점]

(가)

단계	교수·학습 활동
㉠	• 배추흰나비 어른벌레를 관찰해 봅시다. - 관찰 일지에 글과 그림으로 표현하기
관찰 결과 발표	• 관찰한 결과를 이야기해 봅시다. - 다리가 세 쌍 있고, 더듬이가 한 쌍 있습니다. - 날개가 두 쌍 있습니다. - 입은 도르르 말려 있다가 먹이를 먹을 때 긴 대롱 모양으로 펴집니다. [A]
교사의 안내에 따른 탐색	(㉡)
탐색 결과 정리	• 배추흰나비 어른벌레의 관찰 결과를 바탕으로 곤충의 특징을 정리해 봅시다.

(나)

예비 교사 : ㉠ 단계에서 교사가 관찰 관점을 구체적으로 제시해 주는 것이 좋았을까요?
지도 교사 : ㉠ 단계에서는 (㉢)이/가 중요하기 때문에 관찰 관점을 구체적으로 제시하지 않는 것이 좋습니다.

… (중략) …

지도 교사 : 학생들이 곤충과 관련하여 가지고 있는 오개념은 없었나요?
예비 교사 : 몇몇 학생들이 '배추흰나비처럼 모든 곤충은 (㉣)'(이)라고 생각하고 있었어요.
지도 교사 : 네, 곤충에 대해 그렇게 생각하는 학생들이 많아요.
예비 교사 : 그래서 곤충에는 개미와 같은 종류도 있다는 것을 알려 주고 수업 후 주변에서 흔히 볼 수 있는 개미를 자세히 관찰해 보도록 했어요. 그랬더니 ㉣과 관련된 문제는 해소되었어요. 하지만 어떤 학생은 [B]와 같이 개미를 그렸어요.

[B]
더듬이

지도 교사 : 그림을 보니 다리의 위치를 다시 확인하도록 해야겠네요.

1) (가)의 ㉠단계에서 교사가 유의해야 할 점을 고려하여, (나)의 ㉢에 들어갈 내용을 쓰시오. [1점]

2) (가)의 [A]를 고려하여 곤충의 개념을 도입하기 위해 ㉡에서 교사가 안내해야 할 탐색 활동을 쓰시오. [1점]

3) ① (나)의 ㉣에 들어갈 적합한 내용을 쓰고, ② [B]에 나타난 오개념을 바로잡기 위해 필요한 과학적 개념을 쓰시오. [2점]
① _____
② _____

정답

1) 주어진 학습 자료를 자유롭게 탐색하는 것 / 학생의 자유로운 탐색 활동
2) 배추흰나비의 몸이 몇 부분으로 나누어져 있는지 관찰하도록 새로운 관찰 관점을 제시한다.
3) ① 날개가 2쌍 있다.
② 곤충의 다리 세 쌍은 모두 가슴에 있다.

정답이유

2) 곤충은 머리, 가슴, 배 세 부분으로 구분되며, 머리에는 홑눈과 겹눈, 더듬이 한 쌍이 있다. 가슴에는 다리 세 쌍이 있다.
[A]에서 다리 세 쌍, 더듬이 한 쌍, 날개 두 쌍 등의 생김새를 이야기하였으므로, 이를 고려할 때 ㉡에서는 곤충의 몸이 머리, 가슴, 배 세 부분으로 구분된다는 것을 관찰하도록 발문할 수 있다.

3)
① '곤충에는 개미와 같은 종류도 있다는 것을 알려 주고 개미를 관찰해 보도록 했다'는 예비교사의 말을 고려할 때 ㉣에는 날개가 두 쌍 있다는 내용이 적합하다. <u>곤충 중에는 개미처럼 날개가 없는 것도 있고 모기나 파리처럼 날개가 퇴화하여 곤봉 모양으로 변해 한 쌍처럼 보이는 것도 있다.</u>
② 곤충의 다리 세 쌍은 모두 가슴에 있다.

정답개념

곤충

• 배추흰나비는 몸이 머리, 가슴, 배 세 부분으로 구분되고 가슴에는 날개 두 쌍과 다리 세 쌍이 있다. 배추흰나비, 잠자리, 개미처럼 몸이 머리, 가슴, 배 세 부분으로 되어 있고, 다리가 세 쌍인 동물을 곤충이라고 한다.

머리 가슴 배

• <u>곤충은 날개가 2쌍이다. 그런데 초파리는 날개가 1쌍뿐이고 개미는 날개가 없는데도 곤충이라고 부르는 이유는 오랫동안 쓰지 않아서 날개가 퇴화된 경우이다.</u>

02

2020-B-6

다음은 현미경을 사용하여 짚신벌레와 해캄의 특징을 관찰하는 수업을 준비하는 예비 교사가 지도 교사와 나눈 대화의 일부이다. 물음에 답하시오. [5점]

예비 교사 : 이번 차시의 학습 목표는 '짚신벌레와 해캄 같은 생물의 특징을 설명할 수 있다.'인데, 순환학습 모형을 활용 하려고 합니다. 짚신벌레와 해캄을 관찰하기 전에, 먼저 현미경 사용법을 지도하려고 합니다.

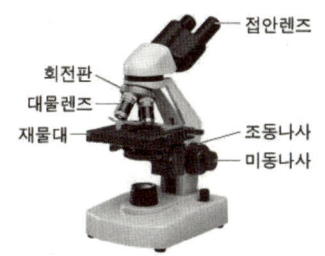

〈광학현미경의 구조와 구성 요소〉

지도 교사 : 특히 학생들이 저배율로 관찰하다가 더 높은 배율로 관찰하려고 할 때, 현미경을 잘못 조작하는 경우가 많아요. 저배율에서 고배율로 배율을 높여 관찰하려면 가장 먼저 (㉠). 그리고 현미경 표본을 만드는 방법도 유의해야 해요. 짚신벌레의 경우에는 움직임이 활발해서 관찰하기가 쉽지 않아요. 그래서 ㉡ 현미경 표본을 만들 때 짚신벌레의 움직임을 제한하는 방법이 필요해요.

예비 교사 : 해캄을 현미경으로 보면 무엇을 관찰할 수 있나요?

지도 교사 : 해캄을 관찰하면 ㉢ 초록색을 띤 알갱이가 사선 모양으로 연결되어 있는 것을 많이 볼 수 있어요. 그런데 수업은 어떻게 구성하려고 하나요?

예비 교사 : 수업 구성은 먼저 탐색 단계에서 현미경으로 짚신벌레와 해캄의 특징을 관찰하고, 개념 도입 단계에서 (㉣), 개념 적용 단계에서 이 생물들과 같은 무리에 속하는 또 다른 생물의 특징을 알아보는 순서로 진행하려고 합니다.

1) ① 그림에 제시된 현미경 구성 요소를 사용하여 가장 먼저 해야 할 조작 방법 ㉠을 쓰고, ② 현미경 표본을 만들 때 ㉡의 구체적인 방법 1가지를 쓰시오. [2점]

- ① : _____
- ② : _____

2) ㉢에 해당하는 과학적 용어를 쓰고, ㉢의 역할을 영양 방식과 관련지어 설명하시오. [2점]

- _____
- _____

3) ㉣에 들어갈 활동을 수업 내용과 관련지어 제시하시오. [1점]

- _____

정답

1) ① 조동 나사로 재물대의 위치를 조절한다.
   ② • 받침 유리 위에 짚신벌레가 들어 있는 물을 떨어뜨리고 그 위에 메틸셀룰로스나 녹말을 뿌린다.
   • 탈지면을 조금 떼어 내어 오목 받침 유리의 오목한 부분에 넣고 짚신벌레가 들어 있는 물을 탈지면에 떨어뜨리고 덮개 유리를 덮는다.
2) 엽록체, 원생생물인 해캄은 엽록체를 가지고 있어서 광합성을 하여 스스로 영양분을 생산한다.
3) 짚신벌레와 해캄의 공통점 찾기

정답이유

1)
① 지문의 지도 교사의 언급을 보면 '저배율로 관찰하다가 더 높은 배율로 관찰'하고자 할 때 가장 먼저 해야 할 조작 방법을 묻고 있으므로, 고배율로 관찰하기 위해 더 높은 배율의 대물렌즈로 회전판을 돌려 대물렌즈를 교체하기 이전에 대물렌즈의 길이 차이로 인해 표본이 손상되는 문제를 해결하기 위해 조동 나사로 재물대의 위치를 조절하는 조작이 먼저 나와야 한다.
② 탈지면을 사용하면 짚신벌레의 움직임을 제한하여 관찰할 수 있는 장점이 있다.

2) 엽록체는 식물의 잎에 있는 작은 녹색 알갱이로 식물의 잎이 녹색으로 보이게 만든다. 또한 이곳에서 광합성이 이루어진다. 엽록체 속에는 엽록소라는 녹색 색소가 있는데 이 엽록소가 빛에너지를 흡수하여 광합성을 한다. 해캄과 클로렐라 같은 녹조류, 돌말과 같은 규조류, 미역과 다시마 같은 갈조류, 김과 우뭇가사리 같은 홍조류 등의 원생생물은 엽록체를 가지고 있는 광 독립 영양 생물에 속한다.

3) 순환학습 모형

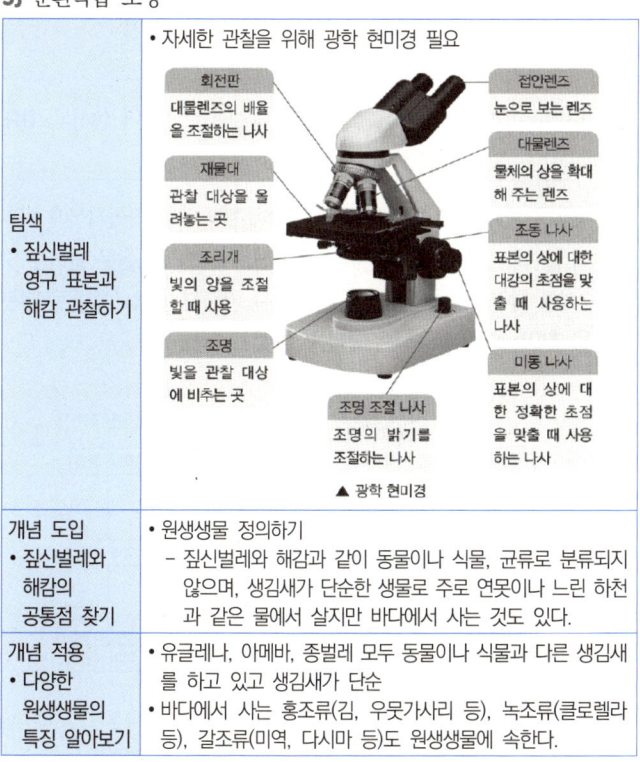

탐색 • 짚신벌레 영구 표본과 해캄 관찰하기	• 자세한 관찰을 위해 광학 현미경 필요 ▲ 광학 현미경
개념 도입 • 짚신벌레와 해캄의 공통점 찾기	• 원생생물 정의하기 - 짚신벌레와 해캄과 같이 동물이나 식물, 균류로 분류되지 않으며, 생김새가 단순한 생물로 주로 연못이나 느린 하천과 같은 물에서 살지만 바다에서 사는 것도 있다.
개념 적용 • 다양한 원생생물의 특징 알아보기	• 유글레나, 아메바, 종벌레 모두 동물이나 식물과 다른 생김새를 하고 있고 생김새가 단순 • 바다에서 사는 홍조류(김, 우뭇가사리 등), 녹조류(클로렐라 등), 갈조류(미역, 다시마 등)도 원생생물에 속한다.

03
2019-A-4

(가)는 생물의 생활에 영향을 주는 환경 요인을 알아보기 위해 민수가 수행한 실험과정이고, (나)는 실험을 마친 후 민수가 김 교사와 나눈 대화의 일부이다. 물음에 답하시오. [5점]

(가)

(1) 페트병 4개를 각각 중간 부분을 잘라 입구를 거꾸로 하여 탈지면을 깔고, 각각에 비슷한 길이의 콩나물을 같은 양으로 담는다. 잘라 낸 페트병의 나머지 부분은 물 받침대로 사용한다.
(2) 페트병 2개는 햇빛이 잘 드는 곳에 두고, 그중 하나에만 물을 자주 준다.
(3) 나머지 페트병 2개는 어둠상자로 덮어 햇빛을 가린 다음에 그중 하나에만 물을 자주 준다.
(4) 콩나물이 자라는 모습을 관찰한다.

(나)

민 수: 우리가 먹는 콩나물은 떡잎이 노란색이고 떡잎 아래 몸통이 곧고 길쭉한 것으로 보아 (㉠) 조건에서 키운 것이네요.
김 교사: 그렇죠. 이처럼 환경 요인은 생물의 생활에 영향을 줍니다. 그럼 지금까지 배운 생태계에 대한 개념도를 그려볼까요? 4학년 때 배운 식물의 씨앗이 싹 트는 데 필요한 조건을 포함하여 개념도를 그려봅시다.

1) (가)에서 독립 변인 2개를 쓰시오. [1점]

• _____

2) (나)의 ㉠에 들어갈 조건을 (가)의 실험에 근거하여 쓰시오. [1점]

• _____

3) 다음은 민수가 그린 개념도이다. 생태계에 대한 과학지식에 비추어 볼 때, ① 이 개념도에서 ▢의 개념들 중 잘못 들어간 것 2개를 찾아 쓰고, ② 음영으로 표시된 연결선 ⓐ에서 잘못된 부분을 찾아 옳게 수정하는 방법을 쓰시오. [3점]

• ① : _____

• ② : _____

정답

1) 햇빛, 물

2) 햇빛이 없고 물을 준

3) ① 생태 피라미드, 버섯
② 씨앗이 싹트는 데 필요한 조건은 물과 온도이므로, 씨앗과 햇빛이 연결된 선을 지우고 씨앗과 온도를 연결한다.

정답이유

1) 실험이나 조사 과정에서 의도적으로 변화시키는 변인을 독립 변인 또는 조작 변인이라고 한다. (가)에서 민수는 실험 과정에서 의도적으로 페트병 4개 중 2개는 햇빛이 잘 드는 곳에, 2개는 햇빛을 가렸고, 2개의 페트병들 중 하나에만 물을 자주 주었으므로, 독립 변인은 햇빛, 물 2가지이다.

2) 햇빛이 잘 드는 곳에서 물을 자주 주는 조건의 콩나물이 가장 튼튼하게 잘 자라지만 이 경우에는 떡잎이 초록색이고 몸통이 햇빛 쪽으로 굽어 자란다. 햇빛을 가린 다음에 물을 자주 주는 조건에서 자란 콩나물의 경우 떡잎이 노란색이고 떡잎 아래 몸통이 곧고 길쭉하다.

3)
① 생태계의 구성 요소는 햇빛, 물, 공기, 온도, 흙 등의 비생물적 환경 요인과 생산자, 소비자, 분해자로 구성된 생물 요소의 2가지가 있다. 생태 피라미드는 먹이 사슬에 따라 생물의 수나 양등을 표시하면 단계가 위로 갈수록 줄어드는 피라미드 모양으로 생태계의 구성 요소가 아니며 버섯은 곰팡이, 세균처럼 분해자에 해당된다.
• 버섯을 생산자로 잘못 알고 있는 학생이 많다. 버섯은 엽록체가 없어 광합성을 하지 못하므로 스스로 양분을 만들지 못한다. 버섯은 식물체의 주성분인 셀룰로스와 리그닌을 분해하거나 식물체 속의 당이나 녹말을 이용하여 양분을 얻으므로 분해자에 해당한다.
② 식물의 씨가 싹이 터서 자라기 위한 조건에는 온도, 습도, 토양, 공기 등이 해당된다. 일반적으로 식물의 씨에서 싹이 크는 데는 빛이 필요하지 않다.

04
2017-A-10

(가)는 '생물과 우리 생활' 단원에서 예비 교사 A가 설계한 '효모를 이용한 밀가루 반죽 부풀리기' 수업안이고, (나)는 예비 교사들이 이에 대해 나눈 대화이다. 물음에 답하시오. [4점]

(가)

단계	활동 내용
탐색 및 문제 파악	• 어떻게 하면 밀가루 반죽을 더 크게 부풀릴 수 있을까?
가설 설정	• (㉠)
실험 설계	• 다르게 해야 할 조건과 측정해야 할 조건 등을 고려하여 실험 계획을 세운다.
실험	• 실험 계획에 따라 실험을 실시한다. 1. 큰 그릇에 밀가루, 설탕, 효모를 넣고 따뜻한 물로 반죽한다. 2. 반죽한 밀가루 덩어리를 같은 무게로 나누어 비커 3개에 각각 눌러 담은 후, 비닐 랩을 덮고 이쑤시개로 구멍을 뚫는다. 3. 비커를 5℃, 20℃, 40℃의 물이 담긴 수조에 각각 넣는다. 4. 30분 후 비커에 있는 반죽한 밀가루 덩어리의 높이를 측정한다.
가설 검증	• 실험 결과를 정리하여 가설을 검증한다.
적용 및 새로운 문제 발견	• 효모를 넣지 않고 반죽하면 어떻게 될까? • 효모와 같은 작용을 하는 것은 없을까?

(나)

예비 교사 A :	효모를 이용한 밀가루 반죽 부풀리기 수업을 설계해 보았습니다.
예비 교사 B :	밀가루 반죽을 부풀리는데 왜 효모를 이용하는 것인가요?
예비 교사 A :	㉡ 효모가 만들어내는 기체가 밀가루 반죽을 부풀리기 때문입니다.
예비 교사 B :	효모와 베이킹파우더는 같은 것인가요?
예비 교사 A :	아니요. 베이킹파우더는 화학 팽창제이지만, ㉢ 효모는 생물이며 세균의 한 종류입니다. 햇빛, 물 등 조건이 갖추어져도 ㉣ 효모는 광합성을 할 수 없습니다.
예비 교사 C :	제가 알기로 ㉤ 효모는 따뜻하고 습도가 높으면 더 활발하게 활동합니다.
예비 교사 A :	그래서 저는 온도에 따른 효모의 활성 정도를 알아보려고 ㉥ '발견 학습 모형'을 적용한 수업을 계획했습니다.

1) (가)의 ㉠에 포함되어야 할 ① 독립 변인과 ② 종속 변인을 쓰시오. [1점]

- ① : _____
- ② : _____

2) (나)의 ㉡에 해당하는 기체의 명칭을 쓰시오. [1점]

- _____

3) (나)의 ㉢~㉥ 중에서 틀린 것을 2가지 찾아 기호를 쓰고, 각각 바르게 고쳐 쓰시오. [2점]

- ① : _____
- ② : _____

정답

1) ① 수조에 담긴 물의 온도
   ② 밀가루 반죽 덩어리의 높이

2) 이산화 탄소

3) ① ㉢, 효모는 생물이며, 균류에 속한다.
   ② ㉥, 탐구 학습 모형을 적용한 수업을 계획하였다.

정답이유

1)
① 독립 변인
- '실험' 단계의 활동 내용을 보면 '비커를 5℃, 20℃, 40℃의 물이 담긴 수조에 각각 넣는다'가 제시되어 있으므로, 의도적으로 변화시키는 변인인 독립 변인은 수조에 담긴 물의 온도이다.

② 종속 변인
- 실험 단계의 '30분 후 비커에 있는 반죽한 밀가루 덩어리의 높이를 측정한다.'를 토대로 보면, 독립 변인으로 인해 변화가 일어나는 변인인 종속 변인은 밀가루 반죽 덩어리의 높이이다.

2) 효모는 무기 호흡을 하여 산소의 공급 없이도 포도당을 분해하여 에너지를 얻을 수 있는데, 이 과정에서 알코올과 이산화 탄소를 배출한다. 이렇게 발생한 탄산가스(기체 상태의 이산화 탄소)가 빵 반죽을 부풀게 한다.

3)
㉢ 효모는 생물이며, 균류의 한 종류이다.
- 세균과 균류를 구분하는 가장 큰 차이는 핵과 핵막의 유무이다.
- 세균은 핵과 핵막이 없는 원핵생물이고, 균류는 핵과 핵막이 있는 진핵생물로 다음과 같은 차이가 있다.

구분	원핵 생물	진핵생물
크기	매우 작다. (0.1~5마이크로미터)	상대적으로 크다. (10~100마이크로미터)
핵	핵과 핵막이 없다.	핵과 핵막이 있다.
염색체	원 모양의 DNA	이중 나선 모양의 DNA
세포 소기관	없다.	미토콘드리아, 엽록체 등이 있다.
대표 생물	세균	식물, 동물, 균류(버섯, 곰팡이, 효모)

㉣ 균류는 엽록체가 없어 광합성을 하지 못한다.
㉤ 효모는 따뜻하고 습도가 높으면 더 활발하게 활동한다. 그러므로 효모를 사용하여 빵을 만들 때에는 30℃ 내외의 따뜻한 온도에서 충분히 숙성시켜야 한다.
㉥ 발견 학습 모형의 단계는 탐색 및 문제 파악 → 자료 제시 및 관찰 탐색 → 추가 자료 제시 및 관찰 탐색 → 규칙성 발견 및 개념 정리 → 적용 및 응용이며, 예비 교사 A가 적용한 것은 탐구 학습 모형이다.

05

2017-특수-B-4

다음은 경험학습 수업모형을 적용하여 계획한 과학과 3~4학년 '식물이 사는 곳' 교수·학습 과정안이다. 물음에 답하시오. [4점]

단원	7. 식물의 생활	소단원	2) 식물이 사는 곳
제재	땅과 물에 사는 식물	차시	6~8/14
장소	학교 주변에 있는 산, 들, 강가		
교수·학습 자료	사진기, 필기도구, 돋보기, 수첩, 식물도감, 채점기준표(루브릭)		
학습 목표	• 식물의 모습을 여러 가지 방법으로 살펴볼 수 있다. • 식물의 모습을 비교하여 공통점과 차이점을 찾을 수 있다. • 식물을 사는 곳에 따라 분류할 수 있다.		

단계		교수·학습 활동 (○ : 교사 활동, • : 학생 활동)	자료(㉯) 및 유의점(㉤)
도입		○ 학습 목표와 학습 활동 안내하기 ○ ⓒ 채점기준표(루브릭) 안내하기	㉤ (ⓒ)
전개	자유 탐색	○ 자유롭게 탐색하게 하기 • 식물에 대해 자유롭게 이야기 나누기 • 식물의 모습을 여러 가지 방법으로 살펴보기	㉯ 사진기, 필기도구, 돋보기, 수첩
	탐색 결과 발표	○ 탐색 경험 발표하게 하기 • 숲·들·강가에 사는 식물을 살펴본 내용 발표하기 • 친구들의 발표 내용 듣기	㉤ ㉣ 식물 그림 카드를 제공한다.
	㉠ 교사 인도에 따른 탐색	○ 교사의 인도에 따라 탐색하게 하기 • 여러 가지 식물의 모습을 자세히 살펴보고 공통점과 차이점 찾기 • 여러 가지 식물을 사는 곳에 따라 분류하기	㉯ 식물도감, 돋보기
정리 및 평가		○ 학습 결과 정리하게 하기 • 친구들과 학습 결과를 공유하고 발표하기	㉯ 채점기준표 (루브릭)

1) '자유 탐색' 단계에서 손으로 여러 가지 식물을 만져 보는 활동을 통해 습득할 수 있는 기초탐구기능이 무엇인지 쓰시오. [1점]

• _____

2) ㉠ 단계에서 교사가 해야 할 역할 1가지를 쓰시오. [1점]

• _____

3) ① ⓒ을 했을 때 학생 측면에서의 이점을 1가지 쓰고, ② 2009 개정 과학과 교육과정 '실험·실습 지도'에 근거하여 ⓒ에 들어갈 유의점 1가지를 쓰시오. [2점]

• ① : _____

• ② : _____

정답

1) 관찰

2) 새로운 방향이나 관점을 학생들에게 암시하거나 제시하여 새롭게 탐색할 수 있는 기회를 제공한다.

3) ① 평가를 예고함으로써 학습자로 하여금 평가와 관련된 준비를 하도록 할 수 있다.
② 생물을 다룰 때에는 생명을 아끼고 존중하는 태도를 가지게 한다.

정답이유

1) 기초 탐구 기능—관찰

• 손으로 여러 가지 식물을 만져 보는 활동은 감각기관을 사용하여 식물의 성질을 탐색하는 것이므로 '관찰'에 해당한다.

2) '교사의 안내에 따른 탐색' 단계의 교사 역할

• 교사가 학생들의 관찰 결과에 대하여 다양한 유형의 질문을 통하여 관찰이 미흡하였거나 관찰 과정에서 미처 생각하지 못한 점을 학생들이 깨닫게 한다.
• 교사는 새로운 방향이나 관점을 학생들에게 암시하거나 제시하여 새롭게 탐색할 수 있는 기회를 제공한다.
• 학생들이 분류한 내용의 기준이 비과학적이라면 더 과학적인 기준에 접근하도록 안내한다.

3)

1. 과학 학습 평가의 기능—과학 학습 동기의 강화
• 평가 자체는 행위에 대한 동기를 부여한다. 즉, 평가를 예고함으로써 학습자로 하여금 평가와 관련된 준비를 하도록 할 수 있으며, 평가 결과를 알림으로써 학습자의 자신의 학습 역량을 확인하고, 이를 통하여 자신의 결점을 보충하고 좋은 성적을 올리려는 동기가 유발될 수 있다.

2. '실험·실습 지도'(2015 개정)
① 교사 중심의 실험보다 학생 중심의 탐구 실험이 되도록 한다.
② 실험 기구의 사용 방법과 화약 약품을 다룰 때 주의할 점과 안전 사항을 사전에 지도하여 사고가 발생하지 않도록 유의한다.
③ 실험 기구나 재료는 충분히 준비하되, 환경 보존을 고려하여 필요 이상으로 사용하지 않도록 유의하며 실험에 필요한 기자재는 수업 이전에 미리 점검한다.
④ 야외 탐구 활동 및 현장 학습 시에는 사전 답사를 실시하거나 관련 자료를 조사하여 안전한 활동이 되도록 한다.
⑤ 실험 후 발생하는 폐기물을 수거 처리하여 환경을 오염시키지 않도록 유의한다.
⑥ 생물을 다룰 때에는 생명을 아끼고 존중하는 태도를 가질 수 있도록 지도한다.

06 2013-A-9

(가)는 김 교사가 계획한 수업의 개요이고, (나)는 수업 시간에 교사와 학생들이 나눈 대화의 일부이다. 물음에 답하시오. [4점]

(가)

학습 목표	우리 주변에 사는 작은 생물의 생김새를 관찰하고 특징을 안다.
활 동	1. 주변에 사는 작은 생물을 눈으로 관찰하기 2. 관찰 결과 발표하기 3. 돋보기나 루페를 사용하여 관찰하기 4. 관찰 결과 기록하기

(나)

교사 : 개구리밥을 관찰하고 특징을 서로 이야기해 봅시다.
은하 : 개구리밥은 녹색이야. 잎이 물 위에 떠 있고 뿌리는 물속에 있어. 그런데 줄기는 어디에 있지?
민수 : 이 부분 아닐까? 여기가 뿌리, 여기가 줄기, 그리고 여기가 잎.
은하 : 글쎄, 내가 볼 때는 잎과 흰 뿌리만 있는데.
(중략)
민수 : 이제 보고서에 관찰 결과를 기록하자.
은하 : 파리는 ㉠날개가 1쌍이고, 다리는 3쌍이다.
민수 : 거미는 ㉡몸이 3부분으로 되어 있고, ㉢다리가 4쌍이다.
은하 : 개미는?
민수 : 개미는 몸이 3부분으로 되어 있고, ㉣다리가 3쌍이다.
은하 : 그런데 날개가 없네. 곤충은 날개가 있어야 되는데?
민수 : 맞아. ㉤날개가 없으니까 개미는 곤충이 아닐 거야. '곤충이 아니다.'라고 쓰자.

1) 이 수업에 적합한 과학 교수·학습 모형을 제시하고, 그 이유를 쓰시오. [1점]
   • _____

2) (나)에서 개구리밥에 대한 은하와 민수의 관찰 결과가 서로 다른 이유를 현대 과학철학의 인식론적 관점에서 설명하시오. [1점]
   • _____

3) ㉠~㉣ 중 과학적으로 오류가 있는 것을 찾아 기호를 쓰고 틀린 부분을 수정하시오. [1점]
   • _____

4) ㉤을 바탕으로 김 교사는 민수의 탐구능력에 대해 다음과 같이 평가하였다. A와 B에 해당하는 용어를 쓰시오. [1점]

민수는 탐구 기능 중 (A)와(과) (B)을(를) 정확히 구별하지 못하고 있다. '(B)은(는) (A)한 것을 해석하고 설명하는 과정'이므로, 명확한 사고를 위해서는 2가지 탐구 기능을 구별할 수 있어야 한다.

   • A : _____
   • B : _____

정답

1) 경험 학습 모형, 작은 생물에 대한 기본적인 정보를 수집하는 활동을 하기 때문
2) 관찰은 관찰자의 배경 지식이나 신념 등의 영향을 받기 때문
3) ㉡, 거미는 몸이 머리·가슴과 배의 두 부분으로 되어 있다.
4) A 관찰
   B 추리

정답이유

1) 평소 학생들이 관찰하기 어려운 작은 생물에 대한 이해를 위해서는 우선 친숙해지는 활동이 선행되어야 한다. 이 차시에서는 작은 생물에 대한 기본적인 정보를 수집하는 활동을 수행하기 위해 경험 학습 모형을 선정하였다.

2) 관찰은 우리의 사전 지식이나 경험과 무관하게 객관적으로 이루어지기보다는 지식의 틀로부터 발생한다. 이를 소위 '관찰의 이론 의존성'이라고 한다. 이처럼 관찰은 개인이 가지고 있는 관련 지식에 의해 많은 영향을 받는데, 개인이 가지고 있는 지식과 경험이 다르기 때문에 동일한 자연 현상이나 사물을 관찰하더라도 관찰 결과는 개인마다 다를 수가 있다.

3) 곤충
① 곤충은 머리, 가슴, 배의 세 부분으로 구분되며, 머리에는 홑눈과 겹눈, 한 쌍의 더듬이가 있다. 가슴에는 3쌍의 다리, 2쌍의 날개가 있고 배는 마디로 되어 있다.

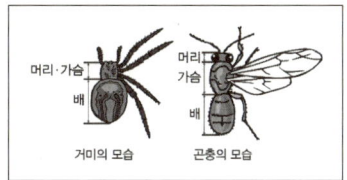
거미의 모습 / 곤충의 모습

② 다음 동물들은 모두 절지동물로 곤충과 비슷하지만 머리, 가슴, 배 세 부분으로 구분되지 않으며, 다리의 수가 3쌍이 아니므로 곤충이 아니다.
• 거미, 진드기, 쥐며느리, 게, 전갈 등

4) 민수는 ㉤에서 '개미는 곤충이 아니다'를 관찰 결과에 기록하려 하고 있다. 하지만 이는 관찰 결과가 아닌 '모든 곤충은 날개가 2쌍이 있다'라는 사실에서 얻을 수 있는 추리 결과이다.

정답개념

1. 거미
① 거미와 곤충은 같은 절지동물에 속하지만, 거미는 곤충이 아니다.
② 거미는 머리·가슴, 배 두 부분으로 나뉘고, 곤충은 머리, 가슴, 배 세 부분으로 나뉜다.
③ 거미는 다리가 4쌍이며 날개가 없지만, 곤충은 다리가 3쌍이며 날개가 2쌍이다.

2. 초파리와 개미
① 곤충은 날개가 2쌍이라고 한다. 그런데 초파리는 날개가 1쌍뿐이고 개미는 날개가 없는데도 곤충이라고 부르는 이유는 오랫동안 쓰지 않아서 날개가 퇴화된 경우이다.
② 예를 들어 개미의 경우 짝짓기를 해야 하는 여왕개미나 수개미는 날개가 있지만 짝짓기를 하지 않는 일개미는 날개가 없다. 일개미는 날개를 쓸 일이 없기 때문이다. 또 초파리의 한 쌍의 날개 밑에는 아주 조그만 것이 붙어 있다. 이것은 날개가 퇴화된 것인데, 나는데 이용하기보다는 균형을 잡아 주는 정도의 역할을 한다.

07

2013 특수 추가-A-8

다음은 4학년 과학 수업의 사례이다. 물음에 답하시오. [5점]

수업 (가)의 교수·학습 활동	
대단원 : 식물의 한살이	주제 : 씨앗이 싹트는 데 필요한 조건

〈무엇이 필요할까요?〉
페트리 접시, 강낭콩, 탈지면, 물, 냉장고, 은박지 접시 등

〈어떻게 할까요?〉
• 1단계 : 탐색 및 문제 파악
  - 씨앗이 싹트는 데 필요한 조건이 무엇인지 이야기하여 봅시다.
• 2단계 : 자료 제시 및 관찰 탐색
  - 페트리 접시 두 개에 각각 탈지면을 깔고 강낭콩을 올려놓습니다.
  - ㉠페트리 접시 하나에는 탈지면이 젖을 정도로 물을 붓고, 다른 하나에는 물을 넣지 않고 그대로 두어 강낭콩의 변화를 관찰한 후 기록합니다.

······ (중략) ······

• 3단계 : (㉡)
  - 빛이 없는 곳에서도 강낭콩 싹이 틀지 이야기하여 봅시다.
  - 페트리 접시 두 개에 물을 적신 탈지면을 깔고 접시 각각에 강낭콩을 올려놓습니다. 하나는 은박지 접시로 덮고, 다른 하나는 그대로 두어 강낭콩의 변화를 관찰한 후 기록합니다.
• 4단계 : 규칙성 발견 및 개념 정리
  - 물, 온도, 빛 중에서 강낭콩 씨앗이 싹트는 데 필요한 조건은 무엇입니까?
• 5단계 : 적용 및 응용
  - 물과 온도가 각각 어느 정도일 때 강낭콩이 더 잘 싹틀까요?

수업 (나)의 교수·학습 활동	
대단원 : 모습을 바꾸는 물	주제 : 물이 끓을 때의 변화

〈무엇이 필요할까요?〉
비커, 삼발이, 쇠그물, 알코올램프, 점화기, 유성펜, 물, 보안경

〈어떻게 할까요?〉
• 1단계 : 예상
  - 물이 끓으면 물의 모습이 어떻게 달라질까요? 비커에 담긴 물이 끓을 때의 변화를 예상하여 봅시다.
• 2단계 : 관찰
  - 비커에 물의 높이를 표시한 다음, 가열하면서 물의 변화를 관찰하여 봅시다.
• 3단계 : 설명
  - ㉢사라진 물은 어떻게 되었나요? 물이 끓으면서 높이가 변한 이유를 설명하여 봅시다.

〈생각해 볼까요?〉
㉣물의 끓음이 앞 차시에서 배운 물의 증발과 어떻게 다른지 설명하여 볼까요?

1) 수업 (가)의 ㉠과 같이 다른 조건들을 동일하게 유지하면서 한 조건을 변화시킬 때 사용하는 통합 탐구 과정을 쓰고, 이 수업에서 사용한 교수·학습 모형과 ㉡에 해당하는 단계를 쓰시오. [2점]

• 탐구 과정 : _____
• 모형 : _____
• 단계 : _____

2) 수업 (나)의 ㉢에서 사용한 기초 탐구 과정을 쓰고, ㉣에서 질문한 '증발과 끓음의 차이'를 〈보기〉의 조건에 맞추어 ①~④에 쓰시오. [3점]

보기

조건 현상	1기압에서 물의 온도	물에서 변화가 일어나는 곳
증 발	①	②
끓 음	③	④

• 탐구 과정 : _____
• ① : _____
• ② : _____
• ③ : _____
• ④ : _____

정답

1) 변인 통제, 발견 학습 모형, 추가 자료 제시 및 관찰 탐색

2)

탐구 과정	추리
①	물의 온도와 무관
②	물의 표면
③	특정 온도인 끓는 점(100℃)
④	물의 표면과 내부

정답이유

2) 증발 vs 끓음

증 발	끓 음
① 액체의 표면에서 기화가 일어나는 현상 ② 액체의 표면에서 액체 상태의 분자가 기체 상태로 변하는 현상으로 온도와 상관없이 일어난다. ③ 물 분자 중 활발하게 움직이는 물 분자 사이의 인력을 뿌리치고 공기 중으로 날아가 버리는 현상을 증발이라고 한다. 따라서 온도가 높을수록(에너지를 많이 가지고 있으므로), 표면적이 넓을수록(물 분자가 빠져나갈 수 있는 범위가 넓으므로) 물의 표면에서 증발이 잘 일어나게 된다.	① 액체의 표면과 내부에서 기화가 일어나는 현상 ② 물은 일정한 압력(1기압)일 때 특정 온도인 끓는점(100℃)에서 액체 표면의 증발 외에 액체 내부에서도 물방울이 생기면서 기체로 변하기 시작하는데, 물이 내부에서 강렬하게 기체 상태로 변하는 현상을 끓음이라 한다. ③ 끓음 현상이 일어날 때에도 증발 현상은 계속 일어난다.
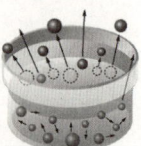	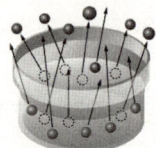

5절 지구와 우주

01
2022-B-8

(가)는 '지진이 발생하는 까닭은 무엇일까요?' 수업에 대해, (나)는 '현무암과 화강암은 어떤 특징이 있을까요?' 수업에 대해 예비 교사와 지도 교사가 나눈 대화의 일부이다. 물음에 답하시오. [4점]

(가)

예비 교사 : 저는 이번에 ㉠ '지진이 발생하는 까닭은 무엇일까요?' 수업에서 학생들이 우드록을 양손으로 미는 모형실험을 하려고 합니다. 이 모형실험에서 우드록은 땅에, 양손으로 미는 힘은 (㉡)에, 우드록이 끊어질 때의 떨림은 지진에 대응시켜 설명하고자 합니다.

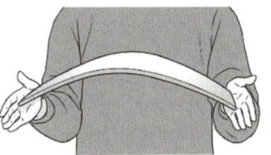

지도 교사 : 네, 이 모형실험을 활용하면 지진이 발생하는 원인에 대해서 비유적으로 설명할 수 있습니다. 그리고 우드록을 이용한 모형실험과 실제 지진 현상을 비교해서 설명하는 것도 중요합니다.

(나)

예비 교사 : 저는 ㉢ '현무암과 화강암은 어떤 특징이 있을까요?' 수업에서 현무암과 화강암을 관찰하는 활동을 하고, 녹인 양초를 찬 물과 따뜻한 물에 붓는 모형실험을 하였습니다.

지도 교사 : 네, 학생들이 ㉣ 찬 물에서 군은 양초와 따뜻한 물에서 군은 양초의 알갱이 크기를 비교하여 관찰하면 현무암의 알갱이 크기가 작고, 화강암의 알갱이 크기가 큰 것을 이해할 수 있습니다.

예비 교사 : 그런데 이 모형실험을 마친 후, ㉤ "현무암과 화강암의 색깔이 다른 것도 마그마나 용암이 식는 속도 때문이에요."라고 말하는 학생들이 있었습니다. 이러한 경우, 모형실험 지도 시 어떠한 측면에 유의하면 좋을까요?

지도 교사 : 좋은 질문이에요. 녹인 양초를 활용한 모형실험은 동일한 양초를 사용하였기 때문에 현무암과 화강암이 생성되는 조건과 알갱이 크기만 관련되도록 지도해야 합니다.

1) 지진이 발생하는 원인과 관련하여 (가)의 ㉡에 해당하는 것을 쓰시오. [1점]

• _____

2) ① (나)에서 모형실험의 ㉣에 대응되는 암석의 이름을 쓰고, ② (나)의 ㉤에서 드러난 학생의 오개념을 바르게 지도하기 위해 교사가 알아야 할 과학 개념을 쓰시오. [2점]

• ① : _____
• ② : _____

3) (가)의 ㉠과 (나)의 ㉢ 수업에서 모형실험을 실시하는 이유 1가지를 쓰시오. [1점]

• _____

정답

1) 지구 내부에서 작용하는 힘
2) ① 현무암
   ② 현무암과 화강암의 색깔이 다른 것은 구성 광물(광물의 조성)이 서로 다르기 때문이다.
3) 직접 관찰하기 어렵기 때문

정답이유

1) 지각은 탄성을 가지고 있지만 지구 내부의 힘을 견디다 더 이상 버티지 못하면 순간적으로 끊어지게 되는데 이때 땅이 흔들리며 지진이 발생한다. 모형실험에서 우드락을 양손으로 미는 힘은 지구 내부의 힘에 해당한다.

2)
① 찬물에서 빠르게 식어서 굳어진 양초는 알갱이의 크기가 작으며, 이는 알갱이가 작은 현무암과 비교할 수 있다.
② 현무암과 화강암의 색깔이 서로 다른 까닭은 구성 광물이 서로 다르며, 화강암에는 석영이나 장석 등 밝은색의 광물이 많이 포함되어 있기 때문이다.

3) 화산 활동과 지진은 직접 관찰하기 어렵기 때문에 모형실험으로 실제 현상과 비교해 보고, 화산 활동이나 지진과 관련된 동영상을 활용한다.

정답개념

1. 지진 발생 모형실험 vs 실제 자연 현상

지진 발생 모형 실험	실제 자연 현상
우드록	땅
양손으로 미는 힘	지구 내부에서 작용하는 힘
우드록이 끊어질 때의 떨림	지진

※ 지진 발생 모형실험은 실제 자연 현상에서 발생하는 지진에 비해 짧은 시간에 인위적으로 보여 주는 것임을 인식하게 한다.

2. 화성암 생성 모형실험

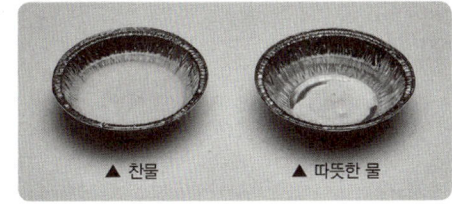

▲ 찬물   ▲ 따뜻한 물

① 찬물에서 빠르게 식어서 굳어진 양초는 알갱이의 크기가 작고, 따뜻한 물에서 천천히 식어서 굳어진 양초는 알갱이의 크기가 큰 것을 관찰할 수 있다.
② 양초를 이용한 화성암 결정 생성 모형실험을 통해 현무암과 화강암의 생성 과정과 장소에 따라 알갱이의 크기가 달라지는 까닭을 이해할 수 있다.

02

다음은 '계절에 따라 태양의 남중고도가 어떻게 달라질까요?'를 주제로 진행할 수업을 순환학습 모형의 단계별로 나타낸 것이다. 물음에 답하시오. [4점]

1단계 (탐색) 교사는 한국천문연구원 자료를 검색하여 우리나라 A, B, C 3개 지역의 월별 태양의 남중고도 자료를 학생들에게 제공한다. 학생들은 제공된 자료를 그래프로 나타낸 후, 월별 태양의 남중고도 변화 경향성을 파악하여 인과적 의문을 생성한다. 그리고 ㉠ <u>그 의문에 대한 잠정적인 답을 만들고, 잠정적인 답이 우리나라 다른 지역 또는 우리나라와 비슷한 위도에 위치한 다른 나라의 태양의 남중고도 변화 경향성을 설명할 수 있는지 토의한다.</u>

다음 그래프는 A, B, C 3개 지역의 월별 태양의 남중고도 변화를 나타낸 것이다.

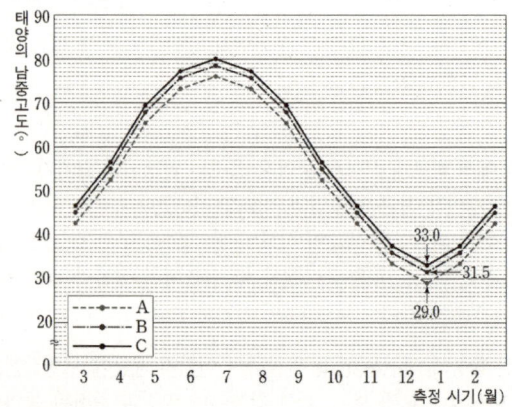

2단계 (개념 도입) 학생들은 자신의 언어로 계절별 태양의 남중고도가 어떻게 달라지는지에 대해 발표한다. 교사는 계절별 태양의 남중고도 및 계절에 따른 기온과 낮의 길이 변화 등과 같은 과학적 개념을 도입하고, 그림을 활용하여 관련 개념을 설명한다. [그림]은 A지역의 동짓날 태양의 남중고도를 나타낸 것이다.

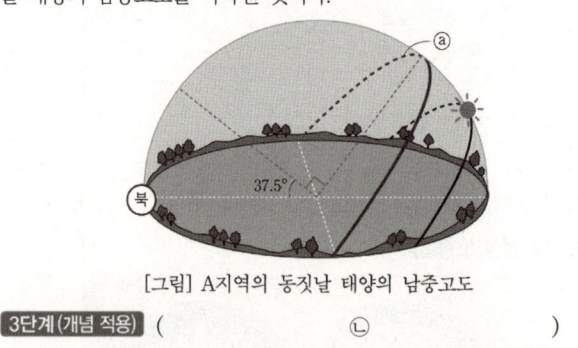

[그림] A지역의 동짓날 태양의 남중고도

3단계 (개념 적용) (㉡)

1) 이 수업에서 교사가 의도한 잠정적인 답(㉠)을 쓰시오. [1점]

2) ① [그림]에서 ⓐ에 해당하는 용어를 쓰고, ② 그래프에 제시된 남중고도 값과 [그림]을 활용하여 C지역의 위도 값을 구하시오. [2점]

- ① : _____
- ② : _____

3) 이 수업의 3단계(개념 적용)에 적합한 교수·학습 활동(㉡)을 구체적인 상황을 포함하여 제시하시오. [1점]

정답

1) 지구의 자전축이 공전 궤도면에 수직 방향으로 23.5° 기울어진 채로 태양 주위를 공전하기 때문에 계절마다 태양의 남중고도가 달라질 것이다.

2) ① 천구의 적도
   ② 북위 33.5°

3) 남반구에 위치한 나라(뉴질랜드)와 우리나라의 계절별 태양의 남중(북중)고도 및 계절에 따른 기온과 낮의 길이 변화 비교하기

정답이유

1) 인과적 의문에 대한 잠정적인 답은 가설이다. 즉, <u>지구는 자전축이 기울어진 채, 공전하기 때문에 계절마다 태양의 남중 고도가 달라진다.</u> 는 내용이 적합하다.

2)
① 천구는 지구를 둘러싸고 있는 반지름이 무한대인 가상적인 구이고, 천구의 적도는 지구의 적도를 연장하여 천구와 만나는 원이다.
② <u>남중고도 계산식(남중고도 = 90 - 위도 - 태양의 적위)</u>
- 동짓날 태양의 적위는 23.5, 태양의 남중고도 변화 그래프에서 C 지역의 동짓날 태양의 남중고도는 33.0°이다. 그러므로 33=90-위도 -23.5이므로, C 지역의 위도값은 33.5°이다.

3) **개념 적용 단계에 적합한 교수·학습 활동**
① 태양의 남중 고도가 높을 때 기온이 높은 까닭은 무엇인가?
- 태양의 남중 고도가 높아지면 일정한 면적의 지표면에 도달하는 태양 에너지양이 많아지기 때문이다.
② 남반구에 있는 뉴질랜드에서는 태양의 남중(북중) 고도가 6월에 가장 낮고, 12월에 가장 높다. 우리나라에서 기온이 높은 계절에 뉴질랜드의 기온은 어떠한가?
- 우리나라에서 기온이 높은 계절에 뉴질랜드에서는 낮다.

정답개념

1. **태양의 남중 고도 구하기**
- <u>지구는 자전축이 기울어진 채, 공전하기 때문에 계절마다 태양의 남중 고도가 달라진다. 태양의 남중 고도는 태양의 적위와 관측 지점의 위도에 따라 변한다.</u> 관측 지점의 위도를 φ, 태양의 적위를 δ라 하면, 태양의 남중 고도는 h = 90° - (φ - δ)가 된다.

> 〈태양의 남중 고도 = 90° - 그 지방의 위도 + 적위〉
> - 적위는 춘분과 추분일 때 0°, 하지 때는 +23.5°, 동지 때는 -23.5°이다.
> - 예를 들어 서울의 위도가 37.5°라고 한다면, 하지 때의 남중 고도는 h=90°-37.5°+23.5°=76°, 동지 때의 남중 고도는 h=90°-37.5°-23.5°=29°가 된다.

① 남중 고도는 태양이 남쪽 하늘에 있을 때의 고도를 말하는 것으로, 이때 태양의 고도는 가장 높고 그 지역의 위도에 따라 달라지게 된다.
② <u>적위란 태양이 지구의 적도면과 이루는 각을 말하는 것으로 춘분과 추분에서는 0°, 하지에는 +23.5°, 동지에는 -23.5°이다.</u> 따라서 태양의 남중 고도와 태양 복사 에너지는 하지일 때 가장 높으며, 동지일 때 가장 낮다.
③ 태양은 적도면에 대해 23.5°만큼 기울어져 이동하는 것처럼 보인다. 따라서 태양의 적위는 +23.5° ~ -23.5° 범위에서 변한다.

03
2016-A-10

(가)는 과학 개념을 이용한 글쓰기 수업에서 제시한 〈쓰기 과제〉와 〈학생의 글〉이고, (나)는 〈학생의 글〉에 대하여 지도 교사와 예비교사가 협의한 내용이다. 물음에 답하시오. [5점]

(가) 과학 글쓰기

〈쓰기 과제〉
내가 바다의 물이라고 생각하고, 바다에서 출발하여 하늘의 구름이 되고 다시 바다로 돌아오기까지 물이 거치는 과정을 재미있는 글로 써 봅시다.

〈학생의 글〉

나는 바다에 사는 물이에요. 바다에는 바닥을 기어가는 전복 친구도 있고, ㉠ 아가미로 물을 걸러 마시고 있는 고등어 친구도 있어요. 따사로운 햇볕과 살랑살랑 불어오는 바람이 나를 감싸면, 나는 수증기가 되어 하늘로 여행을 떠나요. ㉡ 하늘로 올라가서 다른 물 친구를 만나면 구름이 된답니다. 그 친구는 초록 잎 속에 살았대요. 그 친구는 초록빛 세상 이야기로, 나는 짠 바다 이야기로, 시간 가는 줄 모르고 이야기를 나눠요. 물 친구들이 더 많이 모여요. 우리는 덩치가 점점 커지다가 갑자기 아래로 떨어졌어요. 우와! 내가 다시 바다로 돌아왔어요.

(나) 협의 내용

지도교사 : 학생들이 쓴 글을 통하여 교사는 학생들이 개념을 이해하는 데 어떤 어려움이 있는지 파악할 수 있습니다. 그리고 학생들의 글에 들어 있는 개념과 관련지어 이후의 수업을 계획할 수도 있습니다.

예비교사 : 학생의 글에서 초록 잎 속에 살던 친구가 하늘로 올라가는 것은 증산 작용을 표현한 것으로 보입니다. ㉢ 증산 작용은 공변세포 두 개 사이의 구멍인 기공을 통하여 물 분자가 빠져 나가는 현상인데, 현미경으로 기공을 직접 관찰할 수 있습니다. 교수·학습 과정안을 작성하기 전에 대략적인 수업 과정을 다음과 같이 정리해 보았습니다. 선생님께서 검토해 주시겠습니까?

[수업 과정]
① 교과서에 있는 공변세포와 기공의 모양을 학생들에게 설명한다.
② 설명이 끝난 후, 실험 순서를 소개한다.
③ 제시한 실험 순서에 따라 닭의장풀 잎의 영구 표본을 현미경으로 관찰하도록 한다.
④ 관찰한 공변세포와 기공의 모양이 교과서와 같은지 확인하도록 한다.

1) (가)의 ㉠에 표현된 내용에서 과학적 오류가 무엇인지 쓰고, ㉡에서 바다 표면의 수증기가 하늘 위로 올라가서 구름이 되는 과정을 과학적으로 설명하시오. [2점]

- ㉠ : _____
- ㉡ : _____

2) (나)의 ㉢에서 ⓐ 주위 표피 세포와 달리 공변세포에만 있는 세포 소기관이 무엇인지 쓰고, ⓑ 여름의 숲 속이 증산 작용에 의하여 시원하게 느껴지는 이유를 물의 상태 변화와 관련하여 설명하시오. [2점]

- ⓐ : _____
- ⓑ : _____

3) (나)의 [수업 과정]에서 실험이 사용된 방식은 학생의 능동적인 과학 지식 구성에 적합하지 않다. 그 이유를 설명하시오. [1점]

- _____

정답

1) ㉠ 아가미로 물을 마시는 것이 아니라 숨을 쉬는 호흡기관이다.
   ㉡ 공기 중의 수증기는 기온이 높아지면 위로 올라간다. 위로 올라가면서 공기의 온도가 이슬점 이하로 낮아지면 수증기가 응결하여 구름이 만들어진다.

2) ⓐ 엽록체
   ⓑ 식물체 내의 물이 수증기 형태로 변하여 빠져 나가면서 기화열에 의하여 공기 중의 온도가 낮아지기 때문

3) 학생 중심의 탐구 실험이 아닌 교사 중심의 확인 실험이기 때문

정답이유

1) 구름의 생성 과정
- 공기 상승 → 단열 팽창(부피 팽창) → 기온 하강 → 이슬점 도달 → 수증기 응결 → 구름 생성
① 구름은 바다, 호수, 강, 습지와 식물에서 증발한 수증기가 응결하여 만들어진다.
② 공기 중의 수증기는 기온이 높아지면 위로 올라간다. 위로 올라가면서 공기의 온도가 이슬점 이하로 낮아지면 수증기가 응결하여 구름이 만들어진다. 이 지점을 응결 고도라고 한다.

2)
ⓐ 표피 세포에는 엽록체가 없지만, 공변세포에는 엽록체가 있다.

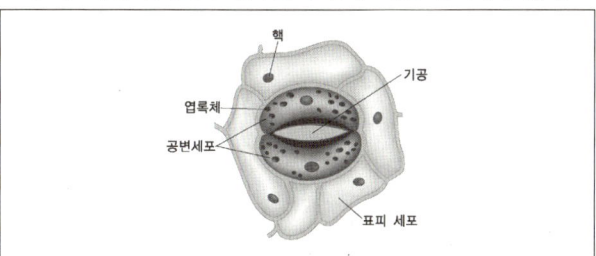

ⓑ 증산 작용으로 식물체 내부의 물이 수증기로, 즉 액체 상태에서 기체 상태로 변할 때 열에너지(기화열)를 흡수하여 주위의 온도가 낮아진다.

04

평가원 예시문항(2012.8.23.)

다음은 6학년 '날씨의 변화' 단원의 일부 차시 수업의 개관을 나타낸 것이다. 물음에 답하시오.

[수업 A]

단계	주요 활동 및 유의점
〈가〉	• 차가운 얼음물이 담긴 둥근 플라스크를 뜨거운 물이 담긴 비커 위에 올려놓은 상황 제시하기 • 비커 안, 플라스크 겉면, 플라스크 아랫면에는 각각 어떤 변화가 생길지 예상하기
〈나〉	• 검은색 도화지를 대고 비커 안, 플라스크 겉면, 플라스크 아랫면에는 각각 어떤 변화가 생기는지 관찰하기 ※ 비커 안의 변화가 잘 나타나지 않을 때에는 향 연기를 조금 넣어준다.

[수업 B]

단계	주요 활동 및 유의점
〈가〉	• 대류 상자 속 한 쪽에는 뜨거운 모래, 반대 편 한 쪽에는 차가운 얼음을 놓고, 가운데에서 향을 피우는 상황 제시하기 • 대류 상자 속에서 향 연기의 움직임 예상하기
〈나〉	• 대류 상자 속에서 향 연기의 움직임 관찰하기

1) 위의 두 수업은 모두 특정한 과학 교수·학습 모형을 사용한 수업이다. 〈가〉, 〈나〉에 들어갈 교수·학습 모형의 단계를 쓰시오.

• 〈가〉 : _____
• 〈나〉 : _____

2) 다음 문장의 괄호 안의 ⊙과 ⓒ에 들어갈 적절한 단어를 쓰시오.

> 위 수업 A에서 '비커 안에서 관찰하고자 하는 것에 대응되는 자연 현상은 (⊙)이다. 이때, 비커 안의 변화가 잘 나타나지 않을 때에 향 연기를 조금 넣어주면 변화가 좀 더 잘 나타나는데, 이는 향 연기 입자가 (ⓒ)의 역할을 하기 때문이다.

• ⊙ : _____
• ⓒ : _____

3) 위의 두 수업은 모두 자연 현상에 대한 모형을 사용하여 실험을 하고 있다. 모형을 사용하여 자연을 탐구할 때에 주의할 점과 그 까닭에 대해 쓰시오.

• _____

정답

1) 〈가〉 예상 〈나〉 관찰
2) ⊙ 안개, 구름 ⓒ 응결핵
3) • 실제 자연 현상과의 차이점에 대해서 인식할 수 있도록 한다.
• 모형은 단순화나 도식화의 과정에서 이론의 본성과 의미가 잘못 전달될 수도 있어 이론과 모형의 관계 및 모형의 한계가 반드시 제시되어야 한다.

정답이유

1) P.O.E 모형—절차

① 예상(Prediction) : 결과를 예상, 자신의 생각을 글로 표현
② 관찰(Observation) : 관찰, 관찰 내용을 기록
③ 설명(Explanation) : 관찰과 예상 사이의 모순 해결, 토론

2)
⊙ 실험

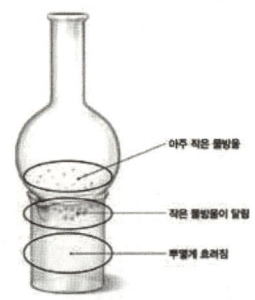

관찰한 부분	변화가 나타난 까닭	관련된 자연 현상
비커 안	비커 속의 따뜻한 공기와 비커 위의 찬 공기가 만나서 작은 물방울을 형성하여 떠 있기 때문이다.	안개, 구름
플라스크의 겉면	플라스크의 바깥 공기가 차가워진 플라스크의 겉면에 닿아 작은 물방울을 형성하기 때문이다.	이슬
플라스크의 아랫면	비커 속의 따뜻한 공기가 위로 올라가 플라스크의 아랫면에 붙어 물방울을 형성하기 때문이다.	비

ⓒ 비커 안의 변화가 잘 나타나지 않을 때에는 향 연기를 조금 피우면 쉽게 변화를 볼 수 있다. 향 연기가 응결핵 역할을 하기 때문이다. 공기 중에 떠 있는 수증기가 물방울이 되기 위해서 필요한 아주 작은 크기의 물질. 이것이 핵이 되어 작은 물방울을 만들게 된다.

〈단열 팽창과 구름 생성〉
• 외부와 열 교환이 없는 상태에서 기체의 부피가 팽창하면 기체가 가지고 있던 열에너지가 소모되어 온도가 낮아진다. 이렇게 외부의 열 교환이 없이 기체의 부피가 팽창하는 것을 단열 팽창이라고 하며, 그 결과 기체의 온도가 낮아진다. 공기가 단열 팽창하면 온도가 낮아지므로 공기 중의 수증기가 응결하여 구름이 만들어진다.

3) 모형

1. 2015 개정—교수·학습 방향
• 학생의 이해를 돕고 흥미를 유발하며 구체적 조작 경험과 활동을 제공하기 위해 모형등을 사용하는데 이 경우 모형과 실제 자연 현상 사이에 차이가 있음을 이해시킨다.

2. 과학적 지식 中 '모형'
① 모형은 우리가 볼 수 없는 과학 지식에 대한 표상이다. 과학 지식은 추상적인 속성을 가지고 있는 경우가 많기 때문에 보다 쉬운 이해를 돕기 위하여 과학에서는 모형을 종종 사용한다.
② 모형은 과학자들이 이해하고 설명하고자 하는 아이디어나 이론의 가장 두드러진 특징들을 포함하고 있으며, 우리가 직접 지각할 수 없는 현상들을 구체적으로 표상한 것이다. 모형을 사용하면 복잡한 과학 이론도 보다 친숙하고 쉽게 표현할 수 있다.
③ 그러나 단순화나 도식화의 과정에서 이론의 본성과 의미가 잘못 전달될 수도 있어 이론과 모형의 관계 및 모형의 한계가 반드시 제시되어야 한다.

6절 논술형

2012 실전 (2011.12.10 시행)

01

(가)는 수증기의 응결을 지도하기 위하여 순환학습 모형을 바탕으로 실시한 수업의 개요이고, (나)와 (다)는 수업 과정에서 이루어진 대화의 일부이다.

(가)

탐색	• 얼음물이 담긴 유리컵 표면에 액체 방울이 맺힌 사진 보여주기 • 액체 방울이 무엇인지, 그리고 왜 생성되었는지 질문하기 • 실험 ㉠: 식용색소를 녹인 얼음물을 유리컵에 담고, 유리컵 표면에 맺힌 액체 방울의 색깔 관찰하기 • 실험 ㉡: 추가 실험 실시하기
개념 도입	• 수증기의 응결 설명하기 • 우리 주변에서 볼 수 있는 수증기 응결의 예 소개하기 • 실험보고서 작성하기
적용	• 실험 ㉢: 이슬 만들기

(나) 〈실험 ㉠을 실시한 후〉
교사: 처음에 사진에서 본 액체 방울을 무엇이라고 대답했나요?
수진: 유리컵 안에서 빠져 나온 물방울이요.
교사: 그런데 이번 실험(실험 ㉠)에서 유리컵 표면에 맺힌 액체 방울에 색깔이 있나요?
수진: 없어요.
교사: 이유가 무엇일까요?
수진: 유리컵 안으로부터 색소는 빠져 나오지 않고 물만 빠져 나왔기 때문이에요.
교사: 그래요? 음... 그러면 이 실험(실험 ㉡)을 추가로 해 볼까요?

(다) 〈실험 ㉡에 대한 실험보고서를 작성하면서〉
영준: 실험 후에 전체 무게가 190.3 g으로 나왔지?
수진: 그래, 맞아.
영준: 그런데 실험보고서에는 왜 190.2 g이라고 적었어?
수진: 유리컵 표면에 맺힌 물방울은 유리컵 안에서 나온 것이 아니니까, 실험 전과 후에 전체 무게가 같아야지.
영준: 그렇지. 유리컵 표면의 물방울은 공기 중의 수증기가 응결된 것이고, 우리가 그 물방울을 모두 닦아냈으니까.
수진: 맞아. 처음에 전체 무게가 190.2 g 이었으니까, 실험 후에도 무게가 190.2 g이 나와야지.
영준: 그런데 왜 무게가 190.3 g이 나왔을까? 분명히 실험은 제대로 했는데.
수진: 글쎄... 그래도 과학책이나 선생님 설명이 틀릴 리가 없잖아.
영준: 그래. 나도 그렇게 생각해. 190.2 g이라고 쓰는 게 맞겠다.

1) 대화 (나)를 바탕으로, '물방울이 왜 생성되었는지'에 대해 수진이가 실험 ㉠의 전(개념 A)과 후(개념 B)에 지녔던 개념을 추론하여 쓰고, 개념 A가 개념 B로 되는 과정을 '동화' 또는 '조절' 개념을 활용하여 논하시오.

$$\boxed{개념\ A} \xrightarrow{실험\ ㉠} \boxed{개념\ B}$$

2) 대화 (나), (다)로부터 추가 실험(실험 ㉡)의 내용을 추론하고, 과학지식의 본성에 대한 수진의 입장을 현대 과학철학적 관점에서 비판적으로 논하시오. 3) 〈보기〉의 기구와 재료를 모두 이용하여 실험 ㉢을 설계하고, 실험장치의 어느 부분에서 이슬을 관찰할 수 있는지 쓰시오.

〈보 기〉
둥근 바닥 플라스크, 비커, 뜨거운 물, 얼음물

정답

1)

개념	A	• 유리컵 표면에 맺힌 액체 방울은 유리컵 안에서 빠져 나온 것이다.
	B	• 유리컵 안에서 색소는 빠져나오지 않고 물만 빠져나와서 유리컵 표면에 물방울이 맺힌다.
과정		• 실험 ㉠의 결과에 대해 자신의 기존 인지 구조에 동화되어 여전히 물방울이 빠져나온 것으로 설명을 하고 있다.

2)

㉡	• 먼저 얼음물을 넣은 유리컵의 무게를 측정하고, 이후 유리컵 표면에 물방울이 생겼을 때, 이를 닦아내고 유리컵의 무게를 다시 측정하여 실험 전과 후의 무게를 비교하는 실험을 했을 것이다.
비판	• 수진이에게는 실험 결과를 객관적으로 관찰하지 않고 자신의 사전 지식이나 신념의 영향을 받고 있으므로, 관찰의 이론 의존성이 나타난다.

3)

㉢	• 비커에 뜨거운 물을 담고, 얼음물을 넣은 둥근 바닥 플라스크를 그 위에 올려놓는다.
이슬	• 둥근 바닥 플라스크의 겉면

2011 실전 (2010.12.11 시행)

02

교육실습에서 예비교사 A가 '물이 기화할 때의 무게 변화'를 주제로 개념변화학습모형을 활용한 수업을 실시하였는데, 실험 설계를 제대로 했음에도 불구하고 예기치 못한 결과가 발생하였다. 다음은 수업 후에 예비교사 A와 예비교사 B가 나눈 대화의 일부이다.

> 예비교사 A: 조금 전 수업에서 실험할 때, 시험관 가열 전과 후에 전체 무게는 차이가 없어야 되는데 실제 실험 결과에서는 무게가 약간 감소해서 난처했어요. 실험 장치를 제대로 설치했는데도 말이죠.
> 예비교사 B: 참관하던 저도 당황했어요. 그런데, 그때 선생님이 학생들에게, "실험이 잘 안 되었네요. 원래 이렇게 실험하면 무게가 변하지 않아야 되는데, 저울이 고장났나 봅니다. 여러분은 그냥 가열 전과 후에 전체 무게는 차이가 없다고 알고 있으면 돼요."라고 하셨잖아요. 제 생각에는 그렇게 수업을 진행하면 바람직하지 않은 것 같아요.
> 예비교사 A: 왜 그렇게 생각하세요?
> 예비교사 B: 교과서에 제시된 과학지식이 틀릴 리는 없다고 생각합니다. 하지만 그 과학지식을 확인하기 위한 실험이 실패했을 때, 확실치 않은 실패 원인을 교사가 일방적으로 말하고 넘어가 버리면 학생들에게 실험을 시키는 의미가 약해지잖아요. 학생들에게 기회를 주는 것이 좋지 않을까요?
> 예비교사 A: 저는 생각이 조금 달라요. 학생들은 ㉠물이 기화하면 부피가 늘어나므로 무게도 늘어난다고 생각하거나 ㉡물이 증발하면 완전히 사라진다고 생각하는 경향이 있다고 해서 그 실험을 준비했어요. 그런데, 실험 결과에서는 무게가 줄어들어서 오히려 역효과가 나타날 것 같았어요. 그래서 저는 교과서에 제시된 결론을 명확하게 말해 주는 게 지식 전달에 더 효과적이라고 생각해서 그렇게 했던 거예요.

―<보 기>―
단순 인과적 사고, 미분화된 개념, 변화 중심적 사고, 상황 의존적 사고, 현상 중심적 사고

1) <보기>에 제시된 오개념의 주요 특징 중 ㉠과 ㉡에 가장 적합한 것을 1개씩 고르고, 그렇게 고른 이유를 각각 논하시오.
2) 예비교사 A가 ㉠, ㉡과 같은 오개념을 과학적 개념으로 변화시키기 위해 개념변화학습모형에 따라 진행한 수업 중 '상충된 상황에 노출' 단계에서 활용한 실험을 구체적으로 제시하고, '새로운 생각의 구성' 단계에서 교사가 제시해야 할 과학적 개념을 추론하여 쓰시오. 그리고 3) 대화에 나타난 두 예비교사의 입장을 '수업에서 학습자의 역할'과 '과학지식의 잠정성'이라는 두 가지 측면에서 각각 논하고, 구성주의 관점에서 이 두 가지 측면을 함께 고려한 지도방안을 대화의 실험 수업 상황에 적용하여 논하시오.

정답

1)

	특징	미분화된 개념
㉠	이유	무게에 대한 개념을 부피의 개념과 복합된 의미로 사용하였기 때문에
㉡	특징	현상 중심적 사고
	이유	물이 증발하면 눈에 보이지 않게 되는 피상적인 측면에만 근거하여 생각했기 때문에

2)

상충된 상황에 노출	실험	시험관에 물을 넣고 시험관 입구에 풍선을 씌운 후 무게를 측정하고, 가열한 후의 무게와 비교하여 부피가 늘어나도 무게가 늘어나지 않는다는 점, 물이 증발하면 완전히 사라지는 것이 아니라는 점을 지도함
새로운 생각의 구성	과학적 개념	• 물질은 그 상태가 변화하더라도 총량은 변하지 않음 • 물질은 상태가 변해도 분자의 갯수(총량)가 변하지 않으므로 물질의 질량은 변하지 않는다.

3)

A	역할	학습자를 지식의 수동적 수용자로 보고 있음
	잠정성	과학지식이 반증될 수 있다는 가능성을 고려하지 않고 교과서에 제시된 결론을 전달하려 함
B	역할	학습자를 창의적인 능력의 소유자로서, 적극적 안내자인 교사의 역할에 따라서 능동적이며 새로운 아이디어의 창의자로 보고 있음
	잠정성	과학지식의 잠정성은 인정하지 않고 있지만, 학생들에게 직접 실험을 해볼 기회를 주려고 함
	지도방안	과학 지식은 실험을 통해 반증이 가능하다는 것을 고려하여 학생 스스로 과학지식을 발견하도록 유도하고, 실험이 실패한 이유를 스스로 찾아보도록 지도

2010 실전 (2009.11.29 시행)

03

다음은 학생들이 5학년 「기온과 바람」 단원에서 '바람이 부는 까닭'을 3학년 「액체와 기체」, 4학년 「무게」 및 「열전달」 단원에서 배운 관련 개념들과 연관시키면서 대류 개념을 확장해가는 과정을 보여주는 대화이다.

> 학생 A: 선생님은 바닷가 근처에서 낮과 밤에 바람의 방향이 달라지는 것이 대류 때문이라고 하셨어. ㉠ 지난 시간에 실험할 때 대류상자 안에서 공기가 이동하는 모습을 정말로 볼 수 있었거든.
> 학생 B: 그런데 따뜻해진 공기가 왜 위로 올라가는 거야?
> 학생 A: 그거야 가벼우니까 그렇지.
> 학생 B: 내 말은, 가벼우면 왜 위로 올라가느냐고. 그리고 차가우면 왜 내려가는 거야?
> 학생 A: ㉡ 그건 원래 무거운 것은 낮은 곳에 있으려고 하고, 가벼운 것은 높은 곳으로 가려는 성질을 처음부터 가지고 있기 때문일 거야.
> 학생 C: ㉢ 아니야, 무겁거나 가볍다는 것은 무게가 있다는 거고, 그래서 공기도 무게가 있다는 것을 실험한 적이 있어. 그때 선생님이, 더워진 공기는 팽창하기 때문에 같은 부피의 찬 공기보다 가볍다고 하셨어. 그리고 언젠가 물체의 무게와 용수철에 작용하는 힘을 배울 때, (㉣   )(이)라는 것을 알게 되었어. 그러니까 그게 다 지구가 잡아당기는 힘인 중력 때문이야.
> 학생 A: 그래? 난 믿을 수 없어.
> 학생 C: 우리가 배운 것이 맞다면 내 생각은 틀림없어.
> 학생 A: 내가 말한 게 맞는지, 아니면 네가 말한 게 맞는지 어떻게 알 수 있을까?
> 학생 C: (㉤   )
> 학생 A: 그거 그럴 듯하네. 그런데 어떻게 실험해보지?
> 학생 C: 아, 우리나라의 첫 번째 우주인이었던 이소연 언니한테 물어보면 알 수 있지 않을까?
> 학생 B: 소연 누나? 그래 좋아, 나도 한번 만나보고 싶었어.

1) ㉠에서 보듯이 대류 현상을 설명하기 위해 수업에서 대류상자 모형을 사용하였다. 이처럼 과학수업에서 모형을 사용하는 이유와, 교사가 모형을 사용하여 수업할 때 유의해야 할 점을 논하시오. 2) 창의성의 구성요소 중 '재구성력'이란 다양한 내용들을 종합하여 새로운 생각이나 산물을 만들어내는 능력을 말한다. ㉡과 ㉢에서 나타난 대류에 대한 두 학생의 사고 특징을 이 관점에서 비교·분석하고, ㉡에 나타난 학생 A의 '운동' 개념이 올바른 과학개념과 어떻게 다른지 비판하시오. 3) 아래 <보기>는 대류 현상을 과학적으로 이해하기 위한 학생 C의 개념 전개 과정을 추적한 것이다. ㉣에 들어가야 할 진술문을 포함하여 학생 C의 개념 전개 과정을 논하고, 학생 A와 학생 C의 두 주장 중 어느 것이 옳은지 확증할 수 있는 결정적인 실험 ㉤을 논하시오.

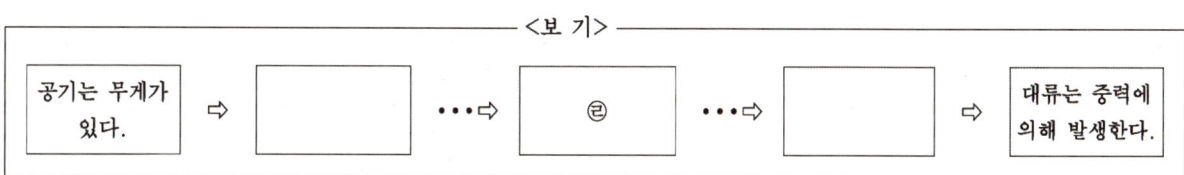

<보 기>

공기는 무게가 있다. ⇨ ☐ ⋯⇨ ㉣ ⋯⇨ ☐ ⇨ 대류는 중력에 의해 발생한다.

정답

1)

이유	• 비가시적인 것을 가시적으로 변화시켜 학생의 이해를 돕거나 흥미를 유발하기 위해서 • 실제 자연현상을 단순화하여 보여줄 수 있다. • 교실에서 재현하기 어려운 현상을 보여줄 수 있다.
유의점	학생들에게 모형과 실제 현상은 차이가 있을 수 있음을 지도해야 한다.

2)

특징	㉡	학생 A는 공기가 이동하는 이유를 기존 경험에 비추어 추측하고 있다.
	㉢	학생 C는 ㉢에서 기존에 경험한 공기의 무게 실험과 교사의 설명을 응용하여 무게의 원인이 중력 때문이라는 새로운 생각을 만들어 냈으므로 학생 A보다 재구성력이 뛰어나다고 볼 수 있다.
비판		학생 A는 물체의 운동이 물체 자체의 성질 때문에 발생한다고 생각하고 있으나, 운동은 외부의 힘이 작용했을 때 발생하는 것이다.

3)

㉣	무게는 외부의 힘인 중력에 의해 발생한다.
학생 C	더운 공기는 팽창하기 때문에 찬 공기보다 가볍다. → ㉣ 무게는 외부의 힘인 중력에 의해 발생한다. → 가벼운 공기는 중력의 힘을 적게 받아 올라가고, 무거운 공기는 중력의 힘을 많이 받아 내려온다. → 대류는 중력에 의해 발생한다.
㉤	무중력 상태에서 대류 상자 실험을 해본다.

2009 실전 (2008.11.30 시행)

04

5학년 「용해와 용액」 단원을 지도할 때 최 교사는 <학생들의 대화>에서 드러난 오개념을 과학적 개념으로 바꾸기 위해 다음과 같은 <수업 계획>을 세웠다.

<학생들의 대화>

영 진 : 야외에 놓여 있는 대리석 조각상은 오랜 시간이 지나면 산성비 때문에 녹아서 작아지지.

수 진 : 그래. 녹아서 작아졌구나. 그러니까 **(가)** 아세톤 200g에 녹는 가루 10g을 넣으면 전체 무게는 210g보다 작아지고, 녹지 않는 가루 10g을 넣으면 전체 무게는 210g이 되므로, 녹는 가루를 넣은 경우의 전체 무게가 더 작을 거야.

➡

<수업 계획>

㉠ 대리석 조각을 묽은 염산이 든 비커에 넣고 한참 동안 놓아둔 후, 대리석 조각을 집게로 건져서 그 무게를 측정하고, 넣기 전 대리석 조각의 무게와 비교하게 한다.

㉡ 다음 실험을 계속하여 진행한다.

㉢

㉣ 자신의 생각이 실험 과정을 거치면서 어떻게 변화하였는지에 대한 과학 일지를 작성하게 한다.

1) <학생들의 대화>에서 드러난 수진의 오개념을 설명하고, 이를 과학적 개념으로 바꾸어 주기 위한 최 교사의 <수업 계획> 중 ㉠의 효과를 '개념 변화 학습'의 관점에서 근거를 들어 평가하시오. 그리고, 2) ㉢에서 (가)를 검증하는 실험을 하려고 할 때, 독립변인과 종속변인을 명시한 후 이 실험의 가설을 제시하고, 제시한 가설을 검증하는 실험을 <보기>에서 필요한 재료를 선택하여 구체적으로 제안하시오. (단, 필요한 실험 기구는 사용할 수 있다.)

<보 기>

아세톤, 나프탈렌 가루, 시트르산, 탄산칼슘

정답

1)

오개념		용질을 용매에 녹이면 녹은 물질이 사라져 전체 무게는 줄어든다.
㉠	근거	개념 변화가 일어나기 위해서는 학생의 기존 오개념을 설명할 수 없는 상황을 경험하여 인지적 갈등이 발생해야 한다.
	효과	㉠은 녹기 전후의 대리석 조각만의 무게를 측정하여 녹은 물질의 무게가 사라진다는 오개념에 대한 인지적 갈등을 일으키기에는 적합하지 않다.

2)

㉢	독립 변인	용질의 종류
	종속 변인	가루를 넣은 후의 전체 무게
	가설	아세톤에 녹는 가루를 녹이면 녹인 후의 전체 무게는 녹기 전보다 가벼울 것이다.
	실험	녹이기 전에 아세톤과 녹일 물질의 무게를 각각 측정하고, 아세톤이 담긴 두 개의 비커에 녹는 가루인 시트르산 혹은 나프탈렌 가루와 녹지 않는 가루인 탄산칼슘을 각각 넣고 전체 무게의 변화를 측정한다.

05

다음은 5학년 「용액의 성질」 단원의 '지시약으로 용액(산성/염기성) 분류하기' 주제에 대한 수업 계획이다.

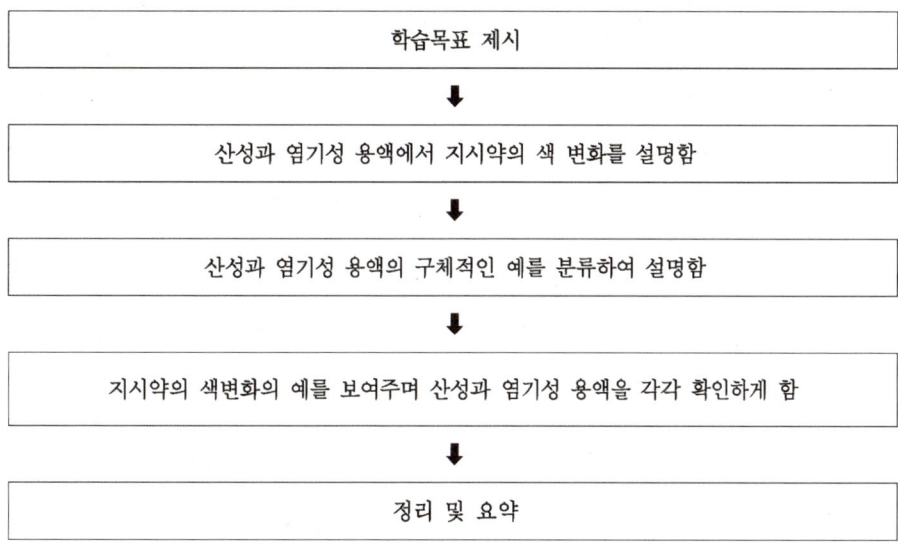

'과학은 탐구의 과정 및 그 결과로 얻어지는 산물이고, 학습은 학생들이 스스로 지식을 구성하는 것이다.' 라는 관점을 가진 박 교사는 위 수업 계획에 문제점이 있다고 생각하고, 이를 '순환학습 모형: 1단계→2단계→3단계(개념적용 단계)'에 따라 재구성하려고 한다.

1) 박 교사의 관점에 비추어 위 수업 계획의 문제점 2가지를 수업 내용과 관련지어 쓰시오.

2) 순환학습 모형에 따라 위 수업 주제에 대해 한 차시 수업을 계획할 때 다음 <실험 재료>를 모두 활용하고, 지시약의 색변화를 포함하여 1단계와 2단계에 적합한 수업 활동을 각각 쓰시오.

― <실험 재료> ―
푸른색 리트머스 종이, 페놀프탈레인 용액, 암모니아수, 식초, 묽은 염산, 묽은 수산화나트륨 용액

정답

1) 구성주의적 관점에 따른 문제점
① 지시약의 색 변화를 관찰하는 실험 대신에 결과를 설명함에 따라 학생들의 탐구 기회를 빼앗고 있다.
② 산성과 염기성 용액을 학생들 스스로 분류해 보도록 하지 않고, 교사가 분류하고 설명함에 따라 학생들이 스스로 지식을 구성할 기회를 빼앗고 있다.

2) 1단계(탐색)
• 푸른색 리트머스 종이와 페놀프탈레인 용액을 활용하여 암모니아수, 식초, 묽은 염산, 묽은 수산화나트륨 용액의 색 변화를 관찰하고 분류해보도록 한다.

2단계(개념도입)
• 실험 결과를 바탕으로 분류 결과를 비교하여 규칙성을 찾아내도록 하고, 푸른색 리트머스 종이를 붉게 변화시키는 용액은 '산성'이고, 페놀프탈레인 용액을 붉게 변화시키는 것은 '염기성'이라는 용어를 도입하도록 한다.

6장 | 실과

1절 15개년 기출의 진화
2절 서답형

1절 15개년 기출의 진화

<서답형 기출>

	가정생활	기술의 세계	
23	1. 비빔밥 재료에 없는 식품군 • 우유·유제품류 2. 평가 중점 • 학습한 내용을 실생활에 적용해 보려는 실천적 태도	〈블록 기반 프로그래밍〉 1. 엔트리봇 명령어 작성	

22	1. '생활 속 동·식물'
	  (1) 동물 등록제
	  (2) 교과 역량
	   • 실천적 문제해결 능력
		1. '발명과 문제 해결'
		 • 발명 기법의 의미와 명칭
		  (1) 자연물 본뜨기
		  (2) 반대로 하기	

21	〈균형 잡힌 식생활〉
	1. 식품구성 자전거
	 • 곡류 : 가장 넓은 면적 차지
		1. '생활 속 친환경 농업' 단원
		 • 내용 체계 : 핵심 개념(지속 가능)
		2. '발명과 문제 해결' 단원
		 • 기술적 문제해결 중심 교수·학습 과정
		  ① 문제 해결 방안 비교·평가하기
		  ② 실현하기 : 마름질 → 가공하기 → 조립하기	

20	〈생활 소품 만들기〉 1. 대바늘뜨기 기본 조직 2. 실습 중심 교수·학습 방법	〈로봇의 구조와 기능〉 1. 블록 기반 언플러그드 활동 수업 • 로봇 청소기 작동 원리 2. 명령어 작성	
19	1. 교과 역량 • 생활 자립 능력 2. 안전한 식품 선택과 조리 • 교차 오염	〈생활 속 식물 분류〉 1. 식물 분류 2. 협동 학습 모형 • 집단 구성 방법	
18	〈건강 간식 만들기〉 1. 문제 해결 교수·학습 방법	1. 평가 중점	
17		〈채소 가꾸기〉 1. 교수·학습 계획 2. 프로젝트 수업	〈창의적 제품 만들기〉 1. 발명 기법 2. 가공하기

16	⟨십자수 놓기⟩ 1. 마무리 방법 2. 성취 기준	⟨범퍼카 체험 활동⟩ 1. 접촉 센서 2. 전류의 방향과 모터 회전 방향
15	⟨나의 영양과 식사⟩ 1. 에너지(열량) 영양소 2. 식품 구성 자전거의 식품군	⟨창의적 제품 만들기⟩ 1. 발명 아이디어 기법 2. 스케치
14	1. 개정 중점 2. 평가 중점	
13		⟨목제품 만들기⟩ 1. 프로젝트 수업(구안법) 2. 내용 체계 3. 마름질

⟨논술형 기출⟩

12	1. 전문가 협력 학습
11	⟨피튜니아 가꾸기⟩ 1. 재배일지를 통해 확인할 수 있는 정의적 측면의 학습목표 2. 식물 관리 방법(빛, 토양 수분, 습도)에서 동양란과 비교하기 3. 진로 탐색 제공 기회 제공 이유 - 교수·학습 방법
10	1. '용돈 기입장 적기' - 용돈 관리 과정 2. 실과 교육의 성격 3. 용돈 관리 지도 내용

09	1. '목제품 만들기'
	• 평가 중점 사항
	2. '코바늘뜨기로 생활용품 만들기' 수업 강조점
	   (1) 다양한 자료를 활용한 관련 지식이나 기법의 활용
	   (2) 창의적인 사고 과정의 경험

2절 서답형

01 [2023-A-11]

(가)는 '한 그릇 음식 만들기' 수업에서 ○○ 모둠이 작성한 실습 일지의 일부이고, (나)는 수업 협의회 대화의 일부이다. 물음에 답하시오. [4점]

(가)

○○ 모둠의 실습 일지
- 음식명: 비빔밥
- 재료: 밥 4공기, 쇠고기 150g, 애호박 $\frac{1}{2}$개, 당근 $\frac{1}{2}$개, 사과 1개, 달걀 4개, 소금 약간, 설탕 약간, 식용유 2큰술, 간장 1작은술, 참기름 1작은술, 다진 마늘 1작은술, 고추장 4큰술
- 조리 기구: 식품 저울, 계량스푼, 큰 그릇, 도마, 칼, 프라이팬, 조리용 젓가락
- 주의할 점: 손을 깨끗이 씻고 뜨거운 조리 기구 조심하기
… (하략) …

(나)

수석 교사: 두 선생님께서 진행한 공개 수업에 대해 이야기해 봅시다. 박 선생님의 '한 그릇 음식 만들기' 수업부터 얘기해 주시겠어요?

박 교사: 우리 반은 밥을 이용해 한 그릇 음식을 만들었어요. 지난 차시에 모둠별로 비빔밥, 주먹밥, 볶음밥 등 만들 음식을 정해 재료와 기구를 준비했습니다. 이번 수업에서는 그 음식을 모둠이 함께 직접 만들고, 상을 차려 식사를 한 후 뒷정리까지 해 보았습니다.

수석 교사: 음식 만들기와 같은 실습 활동에서는 만든 음식의 맛이나 모양 등 실습 결과물에만 주목하여 평가하기도 하던데, 평가는 어떻게 하셨나요?

박 교사: ㉠'2015 개정 실과 교육과정의 평가 방향'에서 강조하는 4가지 중점에 따른 평가 기준을 미리 제시하고 그에 따라 평가를 진행했습니다.

수석 교사: 김 선생님의 수업에 대해서도 이야기해 보자면, '기초 프로그래밍'과 '손바느질'을 접목한 점이 좋았습니다. ㉡'블록 기반 프로그래밍을 활용한 숫자 도안 제작하기'였죠?

김 교사: 네, 저는 학생들이 자기가 배운 프로그래밍을 바느질 등 다른 단원 공부에도 적용해 보면 좋겠다고 생각했어요.
… (하략) …

1) 6가지 식품군 중 (가)의 비빔밥 재료에 들어 있지 <u>않은</u> 식품군의 명칭을 쓰시오. [1점]

2) 다음은 (나)의 ㉠과 관련하여 박 교사가 제시한 평가 기준표이다. 평가 내용을 고려하여 [A]에 해당하는 평가 중점을 쓰시오. [1점]

평가 중점	평가 내용
기초 지식과 배경 지식의 이해 능력	• 밥의 영양소를 말할 수 있나요? • 6가지 식품군과 영양소를 알고 있나요?
의사결정능력, 창의력 등을 활용한 실천적 문제해결능력	• 밥에 부족한 영양소를 보충할 식품을 선택할 수 있나요? • 조리법을 창의적으로 구안할 수 있나요?
실험·실습 방법과 과정에 따른 실천적 수행 능력	• 조리법에 따라 음식을 만들었나요? • 조리한 음식을 그릇에 담아 상을 차릴 수 있나요?
[A]	• 가정에서도 한 그릇 음식을 만들어 보려고 노력하나요? • 생활 속에서 식품 위생을 실천하나요?

3) 다음 [B-1], [B-2]는 (나)의 ㉡ 과제를 해결하기 위한 프로그램이다. 엔트리봇의 초기 설정값과 [B-1]을 참고하여, [B-2]의 실행 결과가 나오도록 ⓐ, ⓑ에 들어갈 명령어를 각각 쓰시오. (단, 각도는 0°~360°만 사용할 것.) [2점]

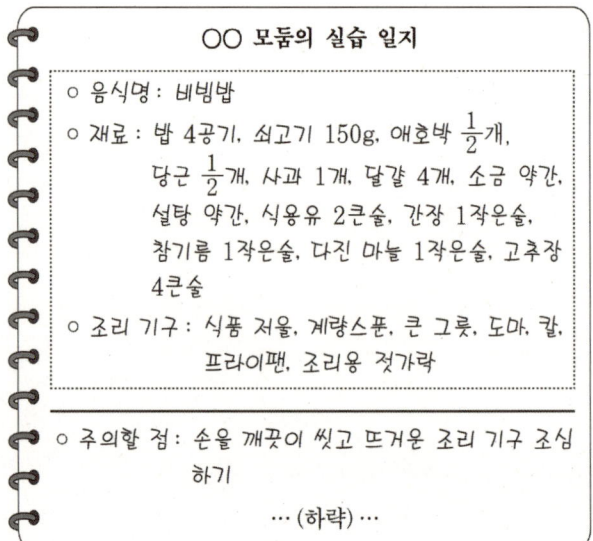

ⓐ _____
ⓑ _____

정답

1) 우유·유제품류
2) 학습 내용을 실생활에 적극적으로 적용해 보려는 실천적 태도
3) ⓐ 이동 방향을 90°(180°)로 정하기
   ⓑ 이동 방향을 90°(270°)만큼 회전하기

정답이유

1) 재료에 들어간 식품군은 다음과 같다.

비빔밥 재료	식품군
밥 4공기	곡류
쇠고기 150g, 달걀 4개	고기·생선·달걀·콩류
애호박 1/2개, 당근 1/2개, 다진 마늘 1작은술	채소류
사과 1개	과일류
	우유·유제품류
식용유 2큰술, 참기름 1작은술	유지·당류

→ (가)에서 ○○ 모둠이 만들고자 하는 비빔밥에는 '우유, 치즈, 요구르트 등'이 포함되는 우유·유제품류는 없다.

2) 15 개정 : 평가 중점 4가지
- 기본적인 개념이나 원리, 사실 등의 기초 지식과 배경 지식의 이해 능력
- 비판적 사고 능력, 의사결정능력, 창의력 등을 활용한 실천적문제해결 능력
- 실험·실습 방법과 과정에 따른 실천적 수행 능력
- 학습 내용을 실생활에 적극적으로 적용해 보려는 실천적 태도

3) 엔트리봇의 초기 설정값 / [B-1]의 명령어, 실행 결과를 참고해 볼 때, [B-1]의 경우 아래 그림의 ①~⑥ 순서대로 움직임이 나타난다.

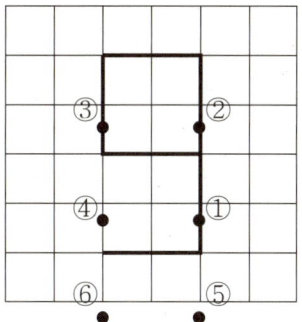

'이동 방향을 0°(↑ 방향)으로 정해서 100만큼 움직이고 이동 방향을 270°(시계 방향으로 270° 회전 ↶)만큼 회전하면 ①~④와 같이 상단의 네모 모양이 만들어지고, 이후 이동 방향을 180°(↓ 방향)으로 정해서 100만큼 움직이고 이동 방향을 90°(시계 방향으로 90° 회전)만큼 회전하면 ⑤에서 ⑥ 방향으로 이동 방향이 설정되며, 여기서 100만큼 이동하면 ⑤에서 ⑥으로 이동하게 된다.

이를 참고하여 [B-2]의 실행 결과를 나오게 하려면,

⟨1⟩

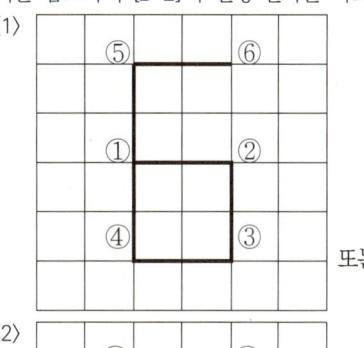

또는

⟨2⟩

과 같이 움직임이 나타날 수 있다.

⟨1⟩에서 이동 방향은 90°(→ 방향), 이동 방향을 90°(시계 방향으로 90° 회전)만큼 회전하기로 설정하면 ⟨1⟩의 ①~④와 같이 네모 모양이 만들어 지고, 이후 이동 방향은 0°, 이동 방향을 90°만큼 회전하면 ⑤~⑥처럼 ⌐ 모양으로 이동한다.

⟨2⟩에서 이동 방향은 180°(↓ 방향), 이동 방향을 270°(시계 방향으로) 만큼 회전하기로 설정하면 ⟨2⟩의 ①~④와 같은 순서로 네모 모양이 만들어 지고, 이후 이동 방향은 0°, 이동 방향을 90°만큼 회전하면 ⑤~⑥처럼 ⌐ 모양으로 이동한다.

02

(가)는 '생활 속 동·식물' 단원의 공개 수업 계획 협의회의 일부이고, (나)는 '발명과 문제 해결' 소단원에서 발명 기법에 관한 교수·학습 활동의 일부이다. 물음에 답하시오. [4점]

(가)

지도 교사 : 실과 공개 수업 계획 협의회를 시작하겠습니다. '생활 속 동·식물' 단원의 '반려동물'과 '경제동물' 중에서 관심 있는 수업 주제에 대해 자유롭게 의견 주시기 바랍니다.
예비 교사 A : 우리 반 학생들이 반려동물에 관심이 많고, 최근 유기견 문제가 사회적 이슈가 되고 있어 반려동물 돌보기를 주제로 수업을 계획하고자 합니다.
예비 교사 B : 대부분의 학생들이 고기반찬을 좋아하므로 경제동물과 식품 관련 내용을 중심으로 수업을 하고 싶습니다.
지도 교사 : 모두 좋은 주제를 선정했군요. 반려동물 수업 주제와 관련된 제도에 대해 알아본 게 있나요?
예비 교사 A : 네, 반려동물 돌보기 수업과 관련된 제도를 알아보았습니다. ㉠ 이 제도는 반려동물을 잃어버렸을 때 쉽게 찾을 수 있도록 도와주고 유기 동물이 늘어나는 것을 막기 위해 시행하고 있습니다.
지도 교사 : 반려동물 돌보기와 관련해서 아주 중요한 제도인 것 같습니다. 경제동물 수업 주제와 관련된 제도도 있나요?
예비 교사 B : 네, 경제동물 기르기 수업과 관련해서는 동물 복지 인증 제도가 있습니다. 이 제도는 농장에서 기르는 경제동물에게 본래의 습성을 유지할 수 있는 환경을 제공하고 스트레스와 고통을 줄여 주는 사육 방법을 인증하는 것입니다. '가정생활과 식품 안전' 단원의 식품 품질 인증 표지에도 동물 복지 인증 표지가 제시되어 있습니다.
지도 교사 : 학생들은 관행적인 축산에 의해 생산된 축산물과 동물 복지 인증 제도로 생산된 축산물에 대한 배경을 이해할 필요가 있겠군요. 그리고 미래 소비자인 학생들은 ㉡ 이러한 배경 이해에 기초하여 식품 소비 문제를 해결하기 위한 대안을 탐색한 후, 가치 판단에 따라 결정된 의사를 실행할 수 있는 능력이 필요하겠지요.
… (하략) …

(나)

교 사 : 생활 속 물건에 적용된 발명 기법을 찾아보면 발명 아이디어를 더 쉽게 찾을 수 있습니다. 그러면 모둠별로 발명 사례를 찾아보고 물건에 적용된 발명 기법을 조사하는 활동을 해봅시다.
학생들 : 네, 알겠습니다.
… (중략) …

모둠명	조사한 발명 사례	주요 교수·학습 활동
① 장영실	• 프린터, 복사기, 스캐너 기능이 결합된 가정용 복합기	• ㉢ 하나의 물건에 다른 물건이나 기능을 더하여 새로운 물건을 만드는 '더하기 기법'이다.
② 정약용	• 벨크로(velcro) 테이프 • 가시 철조망	• (㉣)
③ 다빈치	• 트레드밀(treadmill) • 거꾸로 세운 화장품 용기	• (㉤)

교 사 : 지금부터 모둠별로 조사한 결과를 발표해 봅시다. 1모둠부터 발표해 주세요.
학생 A : 장영실 모둠에서 발표하겠습니다. 우리 모둠에서는 가정용 복합기 사례를 조사했습니다. 이 발명 사례에는 하나의 물건에 다른 물건이나 기능을 더하여 새로운 물건을 만드는 '더하기 기법'이 적용되었습니다.
교 사 : 발명 사례와 기법을 잘 조사하여 발표했네요. 다음으로 2모둠에서 발표해 주세요.
… (하략) …

1) (가)의 ㉠에 해당하는 제도를 쓰시오. [1점]

•

2) (가)의 ㉡에 해당하는 실과 교과 역량을 2015 개정 실과 교육과정에 제시된 용어로 쓰시오. [1점]

•

3) (나)의 ㉢과 같이 ① ㉣과 ② ㉤에 들어갈 발명 기법의 의미와 명칭을 서술하시오. [2점]

• ① :
• ② :

정답

1) 동물 등록제
2) 실천적 문제해결 능력
3) ① 자연환경의 동식물을 세밀히 살펴서 이용하는 '자연물 본뜨기' 기법이다.
   ② 기존 물건의 방향, 배열, 위치 등을 반대로 하여 새로운 물건을 만드는 '반대로 하기' 기법이다.

정답개념

1. 발명기법 11가지

(1) 더하기		① 라디오 시계 ② 초콜릿 우유 ③ 스팀 청소기
(2) 빼기		① 무가당 주스 ② 씨 없는 수박, 좌식 의자
(3) 모양 바꾸기		① 엠보싱 화장지 ② 립스틱 모양 볼펜
(4) 크게 하기		① 운동장 전광판 ② 풍차 (바람개비의 확대)
(5) 작게 하기		① 접는 우산 ② 꼬마 전구 ③ 미니 토마토 ④ 접는 자전거
(6) 재료 바꾸기		① 종이 팩 ② 비닐 장갑 ③ 연탄재 벽돌 ④ 고무장갑, 가죽 장갑, 나일론 장갑, 면장갑
(7) 반대로 생각하기		① 발가락 양말 (← 장갑) ② 밑에서 뽑아 쓰는 화장지 통
(8) 용도 바꾸기		① 체온계 ② 전구의 열을 이용한 병아리 부화기 ③ 플래카드 천을 이용한 가방

(9) 남의 아이디어 빌리기		① 쥐 잡는 끈끈이 (← 바퀴벌레 잡는 끈끈이) ② 커터 칼 (← 초콜릿)
(10) 폐품 활용하기		① 페트병 식품 보관 통 ② 폐타이어 화분
(11) 자연물 본뜨기		① 기능성 전신 수영복(← 상어 미세 돌기) ② 철갑 탱크(← 전복 껍데기) ③ 효율을 높인 태양 전지(← 모기 눈)

2. 실과 교과 역량

(1) 가정생활 분야

실천적 문제 해결 능력	일상생활 속에서 발생될 수 있는 다양한 문제에 대하여 그 배경을 이해하고 문제 해결의 대안을 탐색한 후, 비판적 사고를 통한 추론과 가치 판단에 따른 의사 결정으로 실행할 수 있는 능력이다.
생활 자립 능력	삶의 주체로서 자신의 발달 과정에서 자아 정체감을 형성하여 일상생활의 문제를 스스로 판단·수행할 수 있으며, 주도적인 관점에서 자기 관리 및 생애를 설계할 수 있는 능력이다.
관계 형성 능력	대상과의 관계를 소중히 여기고, 존중과 공감, 배려와 돌봄을 통해 공동체 감수성을 함양하여 자신과 가족, 친구, 지역 사회, 자원, 환경과의 건강한 상호 작용과 관계를 형성, 유지할 수 있는 능력이다.

(2) 기술의 세계 분야

기술적 문제 해결 능력	기술과 관련된 문제를 이해하고 다양한 해결책을 탐색하여 창의적인 아이디어를 구현한 해결책을 평가하고 개선할 수 있는 능력이다.
기술 시스템 설계 능력	다양한 자원을 활용하여 생산·수송·통신 기술의 투입, 과정, 산출, 되먹임의 흐름이 효율적으로 이루어지도록 필요한 기술을 개발하거나 설계하는 능력이다.
기술 활용 능력	생산·수송·통신 기술의 개발, 혁신, 적용, 융합을 통해 지속 가능한 발전을 위한 발명과 표준화가 효율적으로 이루어지도록 촉진하는 능력이다.

03
2022-특수-B-5

다음은 2015 개정 특수교육 교육과정 중 기본 교육과정 실과 5~6학년군 '건강한 식생활' 단원 지도 계획의 일부이다. 물음에 답하시오. [4점]

단원	2. 건강한 식생활
단원 목표	◦ 건강과 성장을 위해 올바른 식생활 습관을 실천할 수 있다. - 건강에 이롭고 안전한 식품을 선택한다. - 골고루 먹는 식습관을 실천한다.
학습 목표	건강에 이로운 음식으로 균형 잡힌 밥상을 차릴 수 있다.
활동 지도 계획	◦ 도입(주의 집중) - 교사가 모델이 된 동영상 보여주기 • 균형 잡힌 밥상을 차리는 모습 • 건강에 이로운 음식을 먹는 모습 ◦ 활동 1 : 건강에 이로운 음식 알기 - 교사가 도입 동영상에 나온 이로운 음식 설명하기 - 도입의 동영상을 보고 학생이 어제 먹은 음식과 교사가 먹은 음식에서 이로운 음식 찾기 - 제시된 그림에서 학생이 이로운 음식 찾아 붙임딱지 붙이며 범주화하기 - 학생이 새롭게 배운 이로운 음식을 기억할 수 있도록 시연하고 노랫말 만들어 부르기  [A] ◦ 활동 2 : 골고루 먹는 균형 잡힌 밥상 차리기 - 건강에 이로운 음식으로 식단 짜기 - 균형 잡힌 밥상 차리기 • 접시에 반찬을 골고루 담기 • 반찬을 담은 접시를 밥상 위에 놓기 • 숟가락과 젓가락을 밥상 위에 놓기 • 밥과 국을 밥상 위에 놓기

1) ① [A]에 적용된 반두라(A. Bandura)의 관찰학습 하위 과정(단계)의 명칭을 쓰고, ② [A]에 제시된 그림을 보고 '6대 영양소' 중 4가지 이상을 쓰시오. [2점]

- ① : _____
- ② : _____

정답
1) ① 파지
② 탄수화물, 지방, 단백질, 무기질, 물

정답개념
1. 반두라 사회학습이론
(1) 개념
  • 환경요인이 인간의 행동에 일방향적인 영향을 미친다는 행동주의에 반대하며 환경과 행동의 상호성을 강조하였다.
(2) 사회적 학습 3가지 유형
  ① 모방학습
    • 다른 사람의 행동을 그대로 따라하는 것으로 가장 단순한 형태로서 인지적 요인의 개입 없이 자동적으로 이루어지는 경향이 있다.
  ② 대리학습
    • 다른 사람이 새로운 행동을 시도할 때 어떤 결과가 나타나는지를 관찰함으로써 자신이 그런 행동을 했을 경우 초래될 결과를 예상하는 학습
  ③ 관찰학습
    • 사회적 상황에서 다른 사람의 행동을 관찰해 두었다가 유사한 상황에서 학습한 행동을 표현하는 학습
(3) 관찰학습 단계

① 주의 (attentional processes)	★ 학습자가 모델이 하는 행동을 보고 주의를 기울이는 단계를 이야기하며 일반적으로 자신보다 지위가 높은 사람이나 유능한 사람 그리고 매력적인 모델에 주의를 기울이게 된다. • 영희는 유튜브광고에 등장한 여성출연자의 헤어스타일을 유심히 보고 따라하고 싶다는 생각이 들었다.
② 파지 (retentional processes)	★ <u>모델이 어떤 행동을 학습자의 기억 속에 저장을 하는 단계이며 이때 학습자는 모델이 했던 행동을 기억하게 되고 그 행동을 다시 할 수 있게 된다.</u> • 영희는 자신이 그 여성출연자의 헤어스타일을 하면 어떻게 될지 상상해 보았다.
③ 행동 산출 (behavioral production processes)	★ 학습자가 관찰을 해 파지한 행동을 실제로 연습을 하고 이 행동에 대한 피드백과 지도를 받게 되는 단계 • 영희는 드라이기와 고데기를 이용해서 여성출연자의 헤어스타일을 따라할 수 있도록 연습해보았다.
④ 동기 (motivational processes)	★ 학습자가 모델링을 한 행동을 재생해 강화를 받는 것을 기대함으로 동기를 부여하는 단계 • 영희는 다음날 여성출연자의 헤어스타일과 비슷하게 연출한 후 친구를 만났는데, 친구가 무척 칭찬했다.

2. 영양소의 종류와 기능

종류	기능	식품
탄수화물	열량 영양소	밥, 빵, 떡, 국수 등
지방	열량 영양소	버터, 비계, 참기름 등
단백질	열량 영양소, 구성 영양소	생선, 소고기, 콩 등
무기질	조절 영양소, 구성 영양소	우유, 치즈, 멸치 등
비타민	조절 영양소	당근, 버섯, 사과 등
물	구성 영양소, 조절 영양소	물

3. 영양소의 세부 기능

열량 영양소	• 체내에서 서서히 연소하여 열을 발생하며 대부분 활동 에너지와 체온 유지를 위한 열에너지로 사용됨. • 탄수화물(4kcal/g), 지방(9kcal/g), 단백질(4kcal/g)
구성 영양소	• 우리 몸을 이루는 골격, 근육, 기관, 혈관 등의 신체 조직과 체액 구성 성분으로서 사람의 성장, 생명 유지에 필수적인 영양소임. • 단백질(근육, 피부, 혈관 등 구성), 무기질(골격, 혈액 등 구성), 물(체액 등 구성)
조절 영양소	• 체내 대사 과정, 수분 균형, 체액의 pH, 체온 유지, 혈액 응고 등 생리 기능의 조절 작용을 함. • 무기질(산·염기의 균형, 수분 균형 작용), 비타민(호르몬, 효소 등의 기능), 물(체액의 pH, 체온 조절 등)

04   2021-A-11

(가)는 실과 연구 수업 계획 협의회의 일부이고, (나)는 '발명과 문제 해결' 단원의 교수·학습 과정안 일부이다. 물음에 답하시오. [4점]

(가)

수석 교사 : 이번에 예정된 실과 연구 수업 내용을 협의하고자 합니다. 계획하신 내용에 대해서 말씀해 주세요.

김 교사 : 저는 이번 연구 수업에서는 생활 속 친환경 농업 단원에서 친환경 농업 홍보물 제작하기 활동을 할 예정입니다.

수석 교사 : 그렇군요. 이 단원의 내용 요소는 친환경 미래 농업 외에 생활 속 농업 체험이 있지요. 생활 속 농업 체험 수업 활동으로는 어떤 것들이 이루어지나요?   [A]

김 교사 : 재활용품으로 실내 화분 만들기나 지렁이를 이용한 친환경 퇴비 만들기 등과 같은 활동을 합니다.

수석 교사 : 시사성 있는 단원 내용인 것 같습니다. 이 선생님은 무슨 수업을 계획하고 있나요?

이 교사 : 저는 '가정생활' 분야에서 균형 잡힌 식생활 단원의 식품구성자전거를 활용한 수업을 계획하고 있습니다.

수석 교사 : 자전거라는 소재가 학생들에게 익숙하여 학습 동기를 유발하는 데도 좋을 것 같습니다. 식품구성 자전거에 대해서 간단하게 말씀해 주세요.

이 교사 : 식품구성자전거는 하루에 섭취해야 하는 식품군의 종류와 횟수 등을 그림으로 나타낸 것입니다.

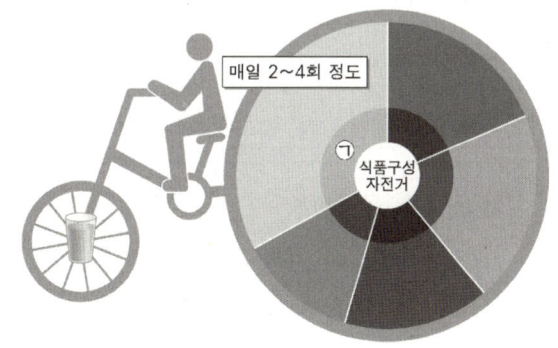

수석 교사 : 식품구성자전거의 내용 구성을 이해하면 균형 잡힌 식생활을 하는 데 많은 도움이 될 것 같습니다. 박 선생님은 무슨 수업을 계획하고 있나요?

박 교사 : 저는 '기술의 세계' 분야에서 발명과 문제 해결 단원 수업을 계획하고 있습니다.

수석 교사 : 2015 개정 실과 교육과정에서는 학생들이 기술적 문제 해결 과정을 경험할 수 있도록 하는 내용이 교수·학습 방법 및 유의 사항에 제시되어 있지요?

박 교사 : 그렇습니다. 그래서 (나)와 같이 기술적 문제 해결 과정 중심의 교수·학습 과정안을 작성해 보았습니다.

(나)

단원명	발명과 문제 해결		
학습 목표	여러 가지 재료를 활용하여 창의적인 제품을 만들 수 있다.		
단계	교수·학습 활동		
문제의 이해	• 문제를 제시한다. 　[여러 가지 재료를 활용한 창의적인 제품 만들기] • 문제를 정의한다.		
연구와 개발	• 정보를 수집한다. • 다양한 아이디어를 구상한다. 　- 1안 : 목재 탁상 달력 만들기 　- 2안 : 페트병 우산 꽂이 만들기 　- 3안 : 아크릴 필통 만들기 • (　　　ⓒ　　　)		
	1안	2안	3안
	목재 탁상 달력	페트병 우산 꽂이	아크릴 필통
	장·단점, 실행 가능성, 기타	장·단점, 실행 가능성, 기타	장·단점, 실행 가능성, 기타
	• 최선의 안을 선정한다.		
실현하기	• 최선의 안을 적용하기 위한 계획을 수립한다. • 수립된 계획을 바탕으로 마름질, (ⓒ), 조립하여 제작한다.		

1) (가)의 [A]에 해당하는 2015 개정 실과 교육과정에서의 핵심 개념을 쓰시오. [1점]

2) (가)의 그림에서 뒷바퀴 배분 면적을 고려하여 ㉠에 해당하는 식품군 용어를 쓰시오. [1점]

3) (나)의 ① ⓒ에 들어갈 활동과 ② ⓒ에 들어갈 용어를 쓰시오. [2점]
  • ① : _____
  • ② : _____

정답

1) 지속 가능

2) 곡류

3) ① 문제 해결 방안 비교·평가하기 ② 가공하기

정답이유

1) '생활 속 친환경 농업' 단원의 내용 요소는 ① 친환경 미래 농업, ② 생활 속의 농업체험이다. 이는 '지속 가능'이라는 핵심 개념에 해당된다.

2) 가장 넓은 면적을 차지하는 식품군은 곡류이다.

3)
① ⓒ 표는 '각 아이디어 장·단점, 실행 가능성 효과 분석하기'이므로 이는 문제 해결 방안 비교·평가하기가 적합하다.
② 창의적 제품 만드는 순서는 스케치하기 → 구상도 그리기 → 제작도 그리기 → 재료와 공구 준비하기 → 마름질하기 → 가공하기 → 조립하기 → 마무리 및 평가하기이다.

05

2020-A-4

다음은 '생활 소품 만들기'와 '로봇의 기능과 구조' 단원 수업에 대한 수석 교사와 김 교사의 대화이다. 물음에 답하시오. [4점]

수석 교사 : 이번 주 '생활 소품 만들기' 단원 수업에 대해 이야기해 볼까요? 교육과정을 보니 다양한 바느질 도구를 활용하도록 되어 있더군요.

김 교사 : 네, 저희 반은 대바늘뜨기를 선택하여 소품 뜨기를 하고 있어요. 이번 수업에서는 ㉠ 소매 끝, 목둘레 부분 등 가로로 신축성이 필요한 부분을 떠야 해요. 그래서 대바늘뜨기 기본 조직 중 하나인 겉뜨기와 안뜨기를 1코씩 규칙적으로 반복하여 뜨는 조직을 지도하려 합니다. 실습 중심 교수·학습 방법을 적용 하려고 하는데, 전반적인 수업의 흐름을 어떻게 구성하면 좋을까요?

수석 교사 : 먼저 실습할 활동과 생활의 연계성, 실습 목적, 새로운 개념이나 기능을 제시합니다. 그 후 실습 과정, 방법, 유의점을 구두로 설명하고 시각적 자료를 제공하죠. 그 다음 단계에서는 선생님이 (㉡)을/를 하고 학생에게 관찰 관점을 제공하며 학생이 잘 이해하고 있는지 점검해야 해요.

김 교사 : 그 다음 단계에서는 학생이 연습할 수 있도록 하고 저는 학생의 연습을 관찰하며 즉각적 피드백을 제공하면 되겠군요. 마지막으로 지식, 기능, 태도 등을 평가하고요.

수석 교사 : 그럼 '로봇의 기능과 구조' 단원은 어떻게 지도할 계획인가요?

김 교사 : 로봇 작동 원리의 이해를 위한 수업을 하고 싶은 데……. 감이 잘 안 오네요.

수석 교사 : 지난달 지도한 소프트웨어 학습 내용을 로봇과 연계해 볼까요? 제가 만든 블록기반 언플러그드 활동으로 로봇 작동 원리 수업을 해 보면 어때요?

김 교사 : 아! 참 좋은 생각이네요. ㉢ 선생님께서 만든 언플 러그드 활동을 이용하여 로봇청소기의 움직임을 구현해 보는 문제를 제시해야겠어요.

1) ㉠에 해당하는 대바늘뜨기 편성물 조직도의 첫째 단 첫 코가 [그림]의 기호와 같을 때, 둘째 단의 첫 코부터 다섯 째 코까지를 기호로 나타내시오. [1점]

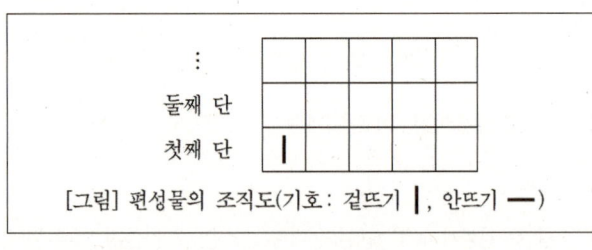

[그림] 편성물의 조직도(기호: 겉뜨기 |, 안뜨기 —)

• _____

2) ㉡에 들어갈 교수 활동을 김 교사가 선택한 학습 내용을 포함하여 쓰시오. [1점]

• _____

3) 다음은 ㉢의 '문제'와 그 문제를 성공적으로 해결한 '학생의 문제 해결 결과'이다. ⓐ와 ⓑ에 들어갈 명령어를 '로봇 작동 명령어 꾸러미'에서 각각 1개씩 찾아 쓰시오.(단, 문제에 주어진 것 이외의 조건은 고려하지 않으며, 명령어에 □가 있을 경우 □ 안에 적합한 수를 넣어 명령어를 완성할 것) [2점]

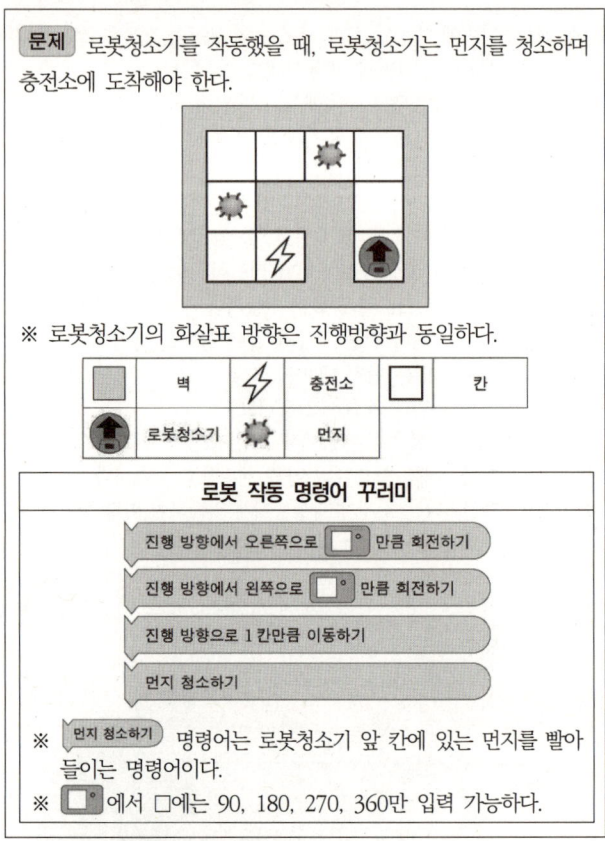

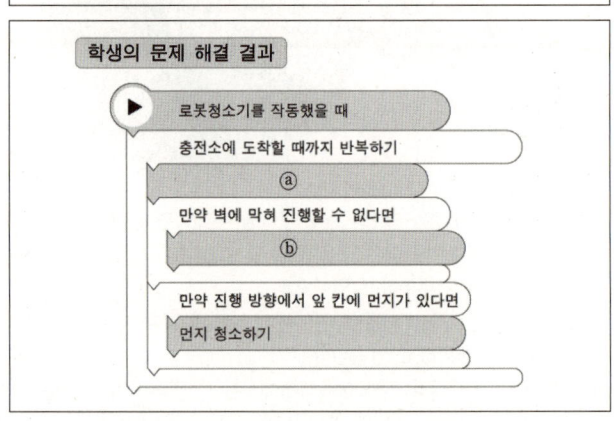

• ⓐ : _____

• ⓑ : _____

정답

1) | − | − |

2) 겉뜨기와 안뜨기의 기본 기능 시범

3) ⓐ 진행 방향으로 1칸만큼 이동하기
ⓑ 진행 방향에서 왼쪽으로 90°만큼 회전하기

정답이유

1) ㉠에 대바늘뜨기 기본 조직 중 하나인 겉뜨기와 안뜨기를 1코씩 규칙적으로 반복하여 뜬다는 내용이 제시(고무 편, 고무뜨기)되어 있고 [그림]의 조직도 기호에 겉뜨기, 안뜨기 기호가 제시되어 있으며, 대바늘뜨기의 기본 조직 중 고무 편은 각 단마다 겉뜨기와 안뜨기 모양이 규칙적으로 배열되므로, 첫째 단 첫 코가 겉뜨기로 제시되어 있는 것으로 보아 둘째 단의 조직도는 | − | − |와 같이 나타낼 수 있다.

2) 실습 중심 교수·학습 방법은 실습 활동의 목적 및 관련 지식 이해 → 실습 과정의 제시 → 기본 기능 시범 관찰 → 실습 과제 수행 과정에서의 기본 기능 습득 → 자기 평가 및 교사 평가의 순서로 진행되며, '수석 교사'의 대화 내용에서 '실습 활동의 목적 및 관련 지식 이해 → 실습 과정의 제시'가 나타나므로 ㉡에 들어갈 교수 활동은 교사의 '기본 기능 시범 관찰'이며, 김 교사가 선택한 학습 내용은 대바늘뜨기로 소품 뜨기이므로 '겉뜨기', '안뜨기' 시범 내용이 들어가면 된다.

3) 문제에서 출발점으로부터 충전소까지 먼지를 청소하며 도착함에 있어서 필요한 로봇 작동 명령어는 '진행 방향으로 이동', '왼쪽으로 회전', '먼지 청소하기' 3가지이다.
① 충전소에 도착할 때까지 반복하기에 알맞은 로봇 작동 명령어는 '진행 방향으로 1칸만큼 이동하기'이다.
② 벽에 막혀 진행할 수 없는 경우에 필요한 로봇 작동 명령어는 '진행 방향에서 왼쪽으로 90°만큼 회전하기'이다.
③ 진행 방향에서 앞 칸에 먼지가 있을 경우에 필요한 로봇 작동 명령어는 '먼지 청소하기'이다.

정답개념

1. 대바늘뜨기의 기본 조직

대바늘뜨기의 기본 조직	
1. 평편 (메리야스뜨기, plain stitch)	① 겉뜨기와 안뜨기를 한 단씩 교대로 떴을 때 만들어지며, 가장자리가 말리는 특징이 있다. ② 평편뜨기를 할 때에는 표면에 드러나는 코를 일정하고 고르게 하기 위해 실을 당기는 힘을 일정하게 유지하며 떠야 한다. ③ 평편은 표면과 이면의 모양이 달라서 겉과 안이 분명한 스웨터, 모자, 양말을 뜰 때 주로 사용한다.
2. 고무 편 (고무뜨기, rib stitch)	① 겉뜨기와 안뜨기를 코 단위로 교대로 뜨는 방법으로, 세로 줄무늬가 나타나고 가로 방향으로 신축성이 좋다. ② 스웨터나 카디건의 네크라인, 소매, 허리 부분이나 목도리를 뜰 때 사용된다. ③ 1코(1×1) 고무뜨기, 2코(2×2) 고무뜨기 등 다양한 형태로 뜰 수 있다. ④ 1코 고무뜨기는 겉뜨기와 안뜨기를 1코씩 교대로 뜨고, 2코 고무뜨기는 겉뜨기와 안뜨기를 2코씩 교대로 뜬다.
3. 펄편 (가터뜨기, purl stitch)	① 모든 단을 겉뜨기 또는 안뜨기로 떴을 때 만들어지는 조직으로, 표면과 이면의 모양이 동일하여 겉과 안의 구별이 없다. ② 끝이 말리지 않아 목도리나 스웨터, 모자의 끝 부분에 고무 편을 대신하여 사용되기도 한다.

2. 기능 학습 모형 vs 실습 중심 교수·학습 방법

기능 학습 모형	Fitts의 기능 학습 단계	실습 중심 교수·학습 방법
① 목표 및 관련 지식 ② 기능의 시범 및 관찰	인지	① 실습 활동의 목적 및 관련 지식 이해 ② 실습 과정의 제시 ③ 기본 기능 시범 관찰
③ 기능의 습득 (실습 지시-순서 익히기-자기 평가) ④ 기능의 평가 (미달자는 다시 ③단계로)	고정	④ 실습 과제 수행 과정에서의 기본 기능 습득 ⑤ 자기 평가 및 교사 평가
−	자동화	−

06
2019-A-6

(가)는 학교 현장 교육 실습 협의회 내용의 일부이고, (나)는 예비 교사 A가 작성한 교수·학습 과정안의 일부이다. 물음에 답하시오. [4점]

(가)

지도 교사 : 안녕하세요. 이번 협의회 시간에는 2015 개정 실과 교육과정에 대해 알아보고, 다음 주 공개 수업에 대해 상의하고자 합니다. 2015 개정 실과 교육과정에 대해 여러분들이 알고 있는 내용을 말해 볼까요?

예비 교사 A : 예, 2015 개정 실과 교육과정에서는 교과 역량이 강화되었다고 알고 있습니다. 실과 교육과정에 제시된 교과 역량은 6가지로 가정생활 분야에서 3가지, 기술의 세계 분야에서 3가지가 제시되어 있습니다. 그중에서 (㉠)은/는 삶의 주체로서 자신의 발달 과정에서 자아 정체감을 형성하여 일상생활의 문제를 스스로 판단·수행할 수 있으며, 주도적인 관점에서 자기 관리 및 생애를 설계할 수 있는 능력입니다.

지도 교사 : 예, 그렇군요. 저도 실과는 스스로 살아갈 수 있는 힘을 키우는 것을 목적으로 하는 교과라고 생각하고 있어요. 실과 교수·학습 방법에 대해서도 알고 있나요?

예비 교사 B : 2015 개정 실과 교육과정에서는 관련 내용에 따라서 다양한 교수법을 활용하도록 제시하고 있다고 알고 있습니다.

지도 교사 : 구체적인 내용도 알고 있나요?

예비 교사 A : 예를 들면, 프로젝트법, 실험·실습법, 협동 학습, 문제 중심 수업 등 다양한 방법을 활용하되, 특히 활동이나 실제 사례에 초점을 두도록 하고 있습니다.

지도 교사 : 네, 잘 알고 있네요. 다음 주 실과 공개 수업은 잘 준비하고 있나요?

예비 교사 A : 네, 저는 공개 수업을 위해 협동 학습의 직소(Jigsaw) 모형을 적용하여 교수·학습 과정안을 만들어 보았습니다.

예비 교사 B : 저는 '밥을 이용한 한 그릇 음식을 위생적이고 안전하게 준비·조리하여 평가한다.'라는 성취기준과 관련된 수업을 준비하고 있습니다. 이를 위해 실과 실습실을 점검하고 준비물을 확인하고 있습니다.

… (하략) …

(나)

단원	생활 속 식물 분류와 가꾸기
성취기준	[6실04-02] 생활 속 식물을 활용 목적에 따라 분류하고, 가꾸기 활동을 실행한다.
학습 목표	작물을 활용 목적에 따라 분류하고 구체적인 종류를 알 수 있다.

단계		교수·학습 활동
Ⅰ	모둠 구성	5명이 한 모둠을 구성한다.
Ⅱ	과제 제시 및 선택	• 학습 목표를 확인한다. • 작물을 활용 목적에 따라 분류한다. - 과제 1 : 식량 작물 - 과제 2 : 원예 작물 - 과제 3 : (㉡) 작물 - 과제 4 : 사료 작물 - 과제 5 : 녹비 작물 ■ 모둠원들은 중복되지 않게 각각 1가지 과제를 선택하여 맡는다.
Ⅲ	(㉢) 집단 활동	과제에 대한 정보 탐색과 모집단에서의 발표 준비를 한다.
Ⅳ	모집단 활동	과제에 대해 모집단에서 발표한다.

1) (가)의 ㉠에 들어갈 교과 역량을 쓰시오. [1점]

• _____

2) (나)의 ① ㉡에 들어갈 용어를 쓰고, ② ㉢에 들어갈 용어를 포함하여 Ⅲ단계에서 집단을 구성하는 방법을 쓰시오. [2점]

• ① : _____

• ② : _____

3) 다음은 예비 교사 B가 실과 실습실을 점검하고 준비물을 확인한 내용의 일부이다. ⓐ에 공통으로 들어갈 용어를 쓰시오. [1점]

예비 교사 B는 조리 실습 전 손을 씻을 수 있는 세정제를 준비하는 한편, 실과 실습실에 있는 모든 조리 도구를 깨끗이 세척하고 소독하였다. 특히, 도마는 채소나 육류 등 식재료별로 각기 다른 것을 사용할 수 있도록 색깔별로 준비하였다. 예비 교사 B가 이렇게 하는 이유는 (ⓐ)을/를 염려했기 때문이다. 예비 교사 B가 염려하는 (ⓐ)은/는 조리 과정이나 조리 후 식품이, 오염된 다른 식품이나 사람의 손, 조리 도구를 통해 오염되는 것을 말한다.

• _____

정답

1) 생활자립능력

2) ① 공예 또는 약용
② 각 모집단에서 같은 과제를 맡은 전문가들끼리 모인다.

3) 교차 오염

정답이유

2) 식물 이용 목적에 따른 6가지 분류

식용	사람들의 먹을거리 예 벼, 콩, 감자, 옥수수
원예	부식, 간식, 양념 등 먹을거리로 이용하거나 관상용으로 이용 예 각종 과수와 채소, 화초, 거실에 있는 공기 정화 식물
공예	가공 과정을 거쳐 섬유, 기름, 설탕 등의 특별한 용도로 쓰임 예 설탕을 만드는 사탕수수, 기름을 만드는 깨
사료	가축의 사료 예 옥수수, 귀리
녹비	잎과 줄기가 비료로 사용됨 예 논밭에 무성하게 자란 자운영을 갈아엎어 비료로 사용
약용	약으로 쓰임 예 인삼, 상황버섯

07

2017-B-4

(가)는 '생활 속의 동·식물 이용' 단원의 수업과 관련하여 교사들이 나눈 대화의 일부이고, (나)는 '창의적인 제품 만들기' 활동에 참여한 학생 다솜이의 실습 일지이다. 물음에 답하시오. [4점]

(가)

김 교사 : '생활 속의 동·식물 이용' 단원 수업이 끝났습니다. 이 단원의 '생활 속의 식물 가꾸기'는 꽃이나 채소 등의 식물을 선택하여 지도할 수 있는데, 선생님들께서는 이 단원의 수업을 어떻게 구현했는지 이야기를 나누어 봅시다.

이 교사 : 저는 교과서에 있는 상추 가꾸기 대신 토마토 가꾸기를 했습니다. 학교 주변의 지역 특산물이 토마토이기 때문입니다. 이것은 '교과 내용이 실생활과의 관련성이 높으므로 학생, 학교, 지역 사회의 여건 등을 고려하여 학습 내용의 순서나 비중, (㉠) 등을 달리하여 지도한다.'라는 교육과정의 교수·학습 계획에 근거한 것입니다. 실생활과 친숙한 활동이라 그런지 학생들이 가꾸기 활동을 잘 수행했어요.

박 교사 : 우리 반은 고추 가꾸기를 했습니다. 그런데 이 수업을 실험·실습, 협동 학습 등의 활동 중심으로 운영하다 보니, 활동량이 많은 날에는 충실히 진행하기 어려웠습니다. 그래서 교육과정의 교수·학습 계획 부분에 제시된 '필요에 따라 학습의 실효성을 거둘 수 있도록 (㉡)할 수 있다.'라는 내용에 근거해 수업을 조절해서 진행했습니다. 그 결과 실습을 충실히 할 수 있었습니다.

정 교사 : 저는 채소 가꾸기를 프로젝트 수업으로 진행했습니다. 먼저 학생들은 가꾸고 싶은 채소를 자유롭게 선정했고 재배 방법, 재배에 필요한 재료와 준비물 등을 조사하여 재배 계획서를 작성했습니다. 그리고 채소를 심고 잘 관리하여 수확도 많이 했습니다. 학생들은 이 모든 과정을 재배 일지에 기록했고, 마지막으로 평가 단계에서 (㉢)을/를 하였습니다.

(나)

나는 '창의적인 제품 만들기' 수업에서 내 연필꽂이의 불편한 점을 발명 과정을 통해 개선한 새 연필꽂이 만들기 활동을 했다.

내 연필꽂이는 나무로 되어 있어서 연필이 짧으면 잘 보이지 않고, 연필꽂이가 넓어서 연필이 쓰러지고 뒤섞이는 문제가 있다는 것을 알았다.

이 문제들을 해결하기 위해 짧은 연필이 잘 보이도록 [그림]의 A와 같이 투명한 아크릴을 이용하는 것으로 하였고, 연필이 쓰러지지 않고 뒤섞이지 않도록 [그림]의 B와 같이 칸을 만들기로 했다.

새로 만들 연필꽂이에 대한 나의 아이디어를 스케치, 구상도, 제작도 순서로 그렸는데, 정확하게 표현했다고 선생님께서 칭찬하셨다.

그러나 연필꽂이를 만들고 나니 생각한 만큼 깔끔하게 만들어지지 않아서 속상했다. 선생님께서는 (㉣)을/를 하지 않고 그대로 조립했기 때문에 자른 면과 모서리가 날카롭다고 말씀하셨다. 나는 이 활동을 통해 제품을 만드는 모든 과정이 중요하다는 것을 깨달았다.

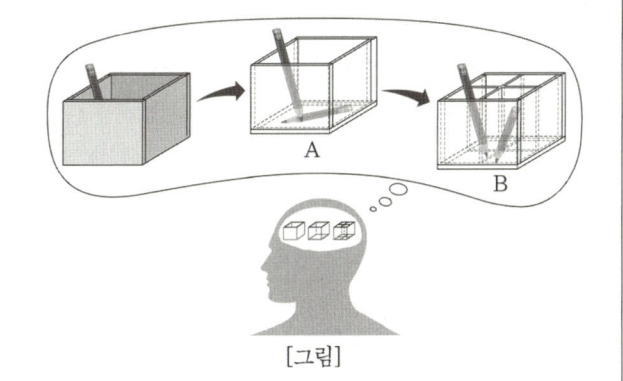

[그림]

1) (가)의 ㉠, ㉡에 들어갈 말을 2009 개정 실과 교육과정의 교수·학습 계획에 근거해서 쓰시오. [1점]

- ㉠ : _____
- ㉡ : _____

2) (가)의 ㉢에 들어갈 학생 활동을 쓰시오. [1점]

- _____

3) (나)의 [그림]에서 ① A와 ② B에 각각 적용된 발명 기법을 쓰시오. [1점]

- ① : _____
- ② : _____

4) (나)의 ① ㉣에 들어갈 활동명을 쓰고, ② ㉣ 과정에서 다솜이가 했어야 할 활동 내용을 구체적으로 쓰시오. [1점]

- ① : _____
- ② : _____

정답

1) ㉠ 학습 과제의 선택
   ㉡ 수업 시간을 연속적으로 편성·운영
2) 재배 보고서 작성하고 발표하기
3) ① 재료 바꾸기
   ② 모양 바꾸기
4) ① 가공하기
   ② 사포질하여 아크릴의 절단면을 매끄럽게 만들어 준다.

정답이유

3) A는 연필꽂이를 제작할 때 나무에서 투명한 아크릴로 재료를 변경한 것이므로 발명 기법 중 '재료 바꾸기'에 해당하며, B는 넓어서 연필이 쓰러지고 뒤섞이지 않도록 칸을 만들어서 모양을 변경한 것이므로 발명 기법 중 '모양 바꾸기'에 해당한다.

08

초등 5~6학년군 실과 수업에서 (가)는 범퍼카 로봇 체험 활동에 대하여, (나)는 다양한 바느질 도구를 활용한 생활 용품 만들기 수업 계획에 대하여 지도교사와 예비교사들이 나눈 대화의 일부이다. 물음에 답하시오. [4점]

(가)

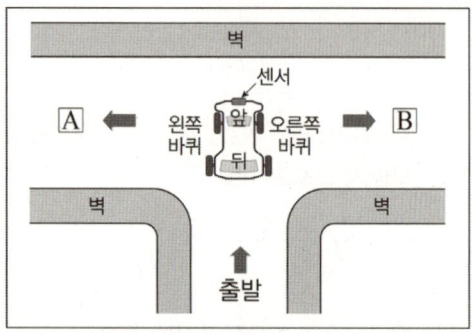

[그림]

지도교사 : 범퍼카 로봇은 벽에 부딪히면 진행 방향과 반대 방향으로 약간 물러난 뒤, 왼쪽 방향으로 회전하여 진행하도록 프로그램되어 있습니다. [그림]의 범퍼카 로봇은 앞쪽 벽에 부딪힌 후 A 방향으로 가야 하는데 B 방향으로 갔습니다. 이렇게 될 가능성이 있는 여러 가지 원인을 각자 이야기해 봅시다.

예비교사 A : ㉠ 로봇은 신호를 감지 장치에서 제어 장치로 전달하고, 제어 장치가 신호를 판단하여 구동(동작) 장치로 전달하는 과정을 거쳐 작동합니다. 신호를 바르게 전달하는지 점검해야 할 것 같습니다.

예비교사 B : ㉡ 범퍼카 로봇이 벽에 부딪힌 것을 감지하기 위해서는 황화카드뮴(CdS) 센서가 필요합니다. 센서의 종류가 올바른지 확인해야 할 것 같습니다.

예비교사 C : 범퍼카 로봇에는 직류모터를 사용하는데, ㉢ 직류모터는 전원의 극성을 바꾸면 반대 방향으로 회전합니다. 제어 장치가 바퀴의 회전을 변경하도록 바르게 작동하는지 확인해야 할 것 같습니다.

예비교사 D : 범퍼카 로봇은 앞바퀴로 방향을 바꿉니다. 이 로봇이 뒤로 물러난 후, A 방향으로 가기 위해서는 ㉣ 로봇의 오른쪽 앞바퀴는 정지하고, 왼쪽 앞바퀴는 앞으로 회전해야 합니다. 바퀴를 회전시키는 모터가 바르게 작동하는지 점검해야 할 것 같습니다.

(나)

지도교사 : 앞 시간에는 손바느질로 간단한 헝겊 용품을 만들어 보았습니다. 이번 시간에는 십자수 바늘, 대바늘, 코바늘 등 바느질 도구를 선택하여 생활 용품을 만드는 수업을 계획해 봅시다.

예비교사 A : 저는 십자수 놓기로 친구에게 선물할 열쇠고리를 만들도록 지도하고 싶습니다.

지도교사 : 십자수 놓기는 십자수용 천에 십자 형태로 실을 수놓는 것입니다.

예비교사 A : 십자수의 바느질법도 헝겊 용품 만들 때의 손바느질법과 같습니까?

지도교사 : 아닙니다. 헝겊 용품 만들기에서는 손바느질을 마무리할 때 매듭을 지었지만, ㉤ 십자수 놓기를 마무리할 때는 매듭을 짓지 않고 다른 방법을 사용합니다. 이 점을 학생들에게 강조해야 됩니다.

예비교사 B : 선생님, 저는 대바늘뜨기로 아프리카의 신생아들에게 보낼 아기 모자 만들기를 지도하고 싶습니다.

예비교사 C : 저는 코바늘뜨기로 아동 복지 시설에 기증할 인형을 만들도록 지도하고 싶습니다.

지도교사 : 여러분의 수업 계획은 바느질 도구 사용법도 가르칠 수 있고 생활 용품의 활용이라는 목적에도 적절하네요.

1) (가)의 ㉠~㉣ 중 잘못된 것 2가지를 찾아 기호를 쓰고, 각각 바르게 고치시오. [2점]

- ① : _____
- ② : _____

2) (나)의 ㉤에 해당하는 십자수 놓기의 마무리 방법을 쓰시오. [1점]

- _____

3) 다음은 2009 개정 실과 교육과정의 '창의적인 의생활의 실천' 단원의 성취기준이다. (나)에서 예비교사들이 의도한 지도 목적 중 생활 용품의 활용이라는 측면에서 ( )에 해당하는 말을 쓰시오. [1점]

> 손바느질의 기초를 익혀 간단한 헝겊 용품을 만들 수 있으며, 십자수, 뜨개질 등 바느질 도구를 이용하여 생활 용품을 창의적으로 만들어 씀으로써 환경을 생각하고 ( )하는 의생활을 영위한다.

- _____

정답

1) ① ㉡, 벽에 부딪힌 것을 감지하기 위해서는 접촉 센서가 필요하다.
② ㉣, 로봇의 왼쪽 앞바퀴는 정지하고, 오른쪽 앞바퀴는 앞으로 회전해야 한다.

2) • 천의 뒷면에 ㅣ자 모양의 수 밑으로 바늘을 넣어 몇 땀 지나게 한 후, 남은 실을 잘라낸다.
• 실을 뒷면으로 빼내고 놓여져 있는 스티치 사이로 2~3cm 정도 실을 통과시킨 다음 실을 자른다.

3) 나눔을 실천

정답이유

1) 오답분석

㉡ 황화카드뮴(CdS) 센서는 빛 센서로서 밝고 어두운 정도를 감지한다. 벽에 부딪힌 것을 감지하기 위해서는 접촉 센서가 필요하며, 접촉 센서는 다른 물체에 닿는 것을 감지한다.

㉣ 그림에서 로봇의 오른쪽 앞바퀴는 정지하고, 왼쪽 앞바퀴가 앞으로 회전하면 범퍼카 로봇은 오른쪽으로 회전하므로 B 방향으로 가게 된다. A 방향으로 가기 위해서는 로봇의 왼쪽 앞바퀴는 정지하고, 오른쪽 앞바퀴가 앞으로 회전해야 한다.

정답해설

㉠ 로봇은 먼저 여러 가지 센서 장치를 통하여 외부의 환경 정보를 감지하고, 센서로부터 받은 신호에 따라 제어 장치가 프로그램에 따라 어떤 반응을 보일지 판단하고 그 결과를 명령 신호로 바꾸어 구동 장치로 전달하게 되면 구동 장치가 제어 장치의 명령에 따라 작동한다.

㉢ 건전지를 모터에 연결하면 모터가 회전을 하게 되는데, 이때 모터가 회전하는 방향은 다음 그림과 같이 건전지의 (+), (-) 극의 연결 방향에 따라 달라진다.

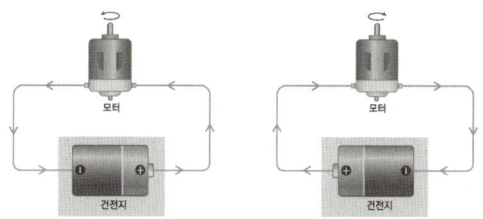

▲ 전류의 방향에 따른 모터의 회전 방향

2) 십자수 놓기에서 시작과 마무리 할 때에 매듭을 지으면 매듭 때문에 수놓은 앞면이 고르지 않으므로 손바느질과 달리 매듭을 짓지 않고, 천의 뒷면에 ㅣ자 모양의 수 밑으로 바늘을 넣어 몇 땀 지나게 한 후, 남은 실을 잘라낸다.

정답개념

1. 직류와 교류

① 직류

전지를 전원으로 사용하는 회로에서는 전류가 항상 시간에 관계없이 (+)극에서 (-)극으로만 흐른다. 이러한 전류나 전압을 '직류'(DC: Direct Current)라고 한다. 검류계를 사용하여 직류를 측정하면, 검류계의 바늘이 일정한 값을 가리키므로 오실로스코프로 관측된 파형은 항상 직선 형태이다.

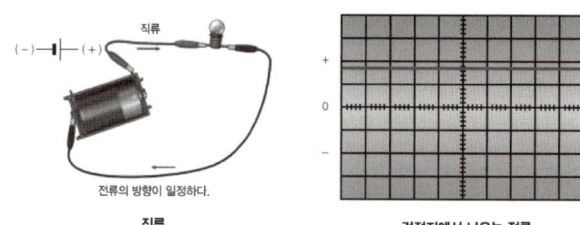

직류 / 건전지에서 나오는 전류

② 교류

가정에 들어오는 전기는 전류의 방향이 일정한 시간마다 주기적으로 변하면서 흐른다. 이러한 전류나 전압을 '교류'(AC: Alternative Current)라고 한다. 검류계를 사용하여 교류를 측정하면, 검류계의 바늘이 0을 중심으로 진동하므로 오실로스코프로 관측된 파형은 (+)와 (-)를 주기적으로 되풀이한다. 이때, 전류와 전압의 크기가 끊임없이 변하여 그 값이 0이 되는 순간도 있다.

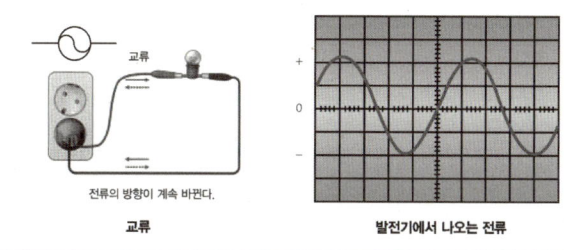

교류 / 발전기에서 나오는 전류

2. 십자수

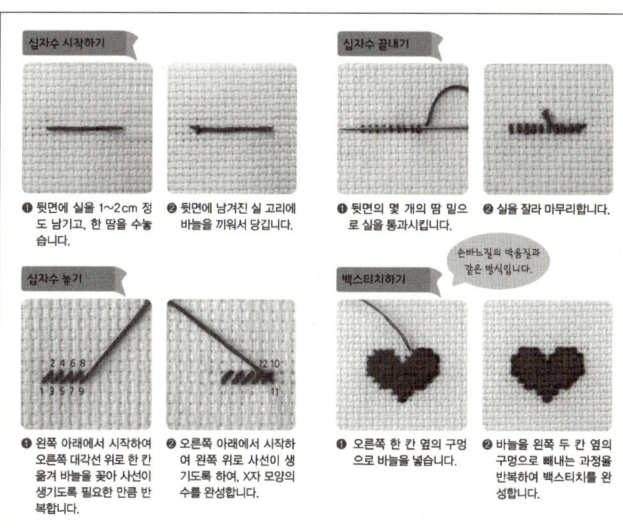

09　　2015-B-4

(가)는 2009 개정 실과 교육과정에 따른 수업에서 한 학생이 작성한 노트의 일부이고, (나)는 실과 수업을 앞둔 예비교사들이 이 노트를 보면서 나눈 대화의 일부이다. 물음에 답하시오. [4점]

(가) 학생의 노트

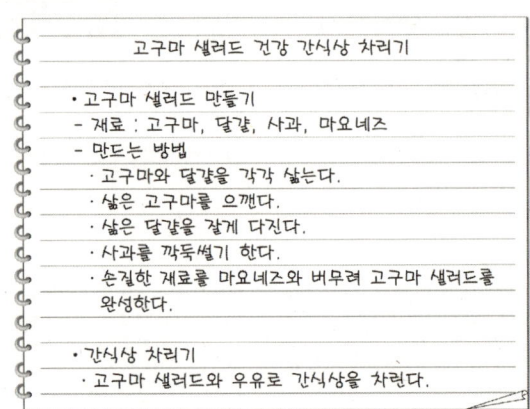

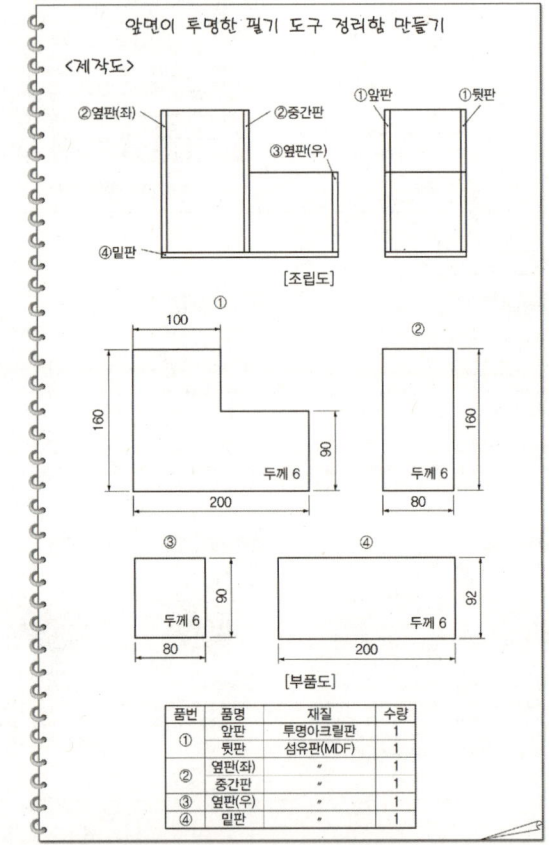

(나) 예비교사들의 대화

예비교사 A : 다음 주에 실과 수업이 있는데 참고할 자료가 없을까요?
예비교사 B : 옆 반에는 예비교사가 이미 실과 수업을 했네요. 여기 한 학생의 노트가 있어요. 이 노트를 보면서 이야기해 볼까요?
예비교사 A : 그래요. 노트 첫 페이지는 '건강 간식 만들기' 소단원의 내용이네요. 학생이 고구마 샐러드와 우유로 간식상을 차렸군요. 앞에서 배운 '나의 영양과 식사' 소단원의 내용을 적용하여 ㉠이 학생이 차린 간식상에 영양소와 식품군이 골고루 들어있는지 스스로 평가해 보는 활동을 하면 좋을 것 같아요. 왜냐하면 영양소의 기능과 식품군을 이해하고 이를 바탕으로 식생활 관리 능력을 기르는 것이 중요하니까요.
예비교사 B : 노트의 다음 페이지는 '생활과 기술' 단원의 내용이네요. 제작도의 재료를 보면, 학생들은 일반적으로 제품 전체를 한 가지 재료만으로 만드는데 이 학생은 앞판을 투명한 재료로 바꾸었네요. 수업에서 ㉡2009 개정 실과 교육과정 중 '창의적인 제품 만들기' 소단원의 성취기준에 제시된 기법 사용을 강조한 것 같아요. 그런데 ㉢노트에 제작도는 있는데 그 앞 단계인 스케치와 구상도가 없네요.

1) ㉠과 관련하여 ⓐ간식상에 포함된 '에너지(열량) 영양소'의 종류를 모두 쓰고, ⓑ'식품 구성 자전거'의 식품군 중 간식상에서 빠져있는 식품군을 쓰시오. [2점]

　• ⓐ : _____
　• ⓑ : _____

2) ㉡에 해당하는 기법을 쓰시오. [1점]

　• _____

3) ㉢과 관련하여 (가)의 제작도에 해당하는 필기 도구정리함의 모양을 입체적으로 나타내는 스케치를 그리시오. (단, 투명한 면, 두께, 치수는 나타내지 않아도 됨.) [1점]

정답

1) ⓐ 탄수화물, 지방, 단백질
　 ⓑ 채소류
2) 발명 아이디어 기법
3) 스케치

정답이유

1)
ⓐ 고구마에는 탄수화물, 달걀에는 단백질과 무기질, 사과에는 무기질과 비타민, 마요네즈에는 지방, 우유에는 무기질 등의 영양소가 함유되어 있다.
ⓑ '에너지(열량) 영양소'
　• 체내에서 서서히 연소하여 열을 발생하며 신체의 활동 에너지와 체온 유지를 위한 열에너지로 사용된다.
　　예 탄수화물(4kcal/g), 지방(9kcal/g), 단백질(4kcal/g)
3) 부품도를 보면 앞판과 뒷판이 'ㄴ'자 모양으로 하나로 이어져 있고, 옆판(좌)와 중간판은 크기가 같고, 옆판(우)는 크기가 작으므로 정답과 같은 스케치 안이 나온다.

10
2013-B-2

다음은 김 교사가 작성한 수업 일지의 일부이다. 물음에 답하시오. [4점]

> 쾌적한 주거 환경 단원과 생활 속의 목제품 단원을 통합하여 동료 교사가 추천해 준 교수·학습 모형을 적용한 수업을 실시하였다. ㉠<u>이 교수·학습 모형</u>에 따라 먼저 학생들과 논의하여 주제를 '깨끗한 주변 환경 만들기'로 정하였다. 이어서 학생들은 모둠별로 소주제를 선정한 후, 활동내용과 방법을 결정하였다.
>
> 영희네 모둠은 '집안 정리정돈하기와 정리함 만들기'를 활동 주제로 정한 후, 집을 깨끗하게 관리하는 친구 엄마를 면담하여 보고서를 작성하고, 물건을 정리할 수 있는 목재 정리함을 만들었다.
>
> 정수네 모둠은 '교실 정리정돈하기와 모둠 정리함 만들기'를 활동 주제로 정한 후, 면담과 조사활동을 통해 수집한 자료를 바탕으로 홍보물을 만들고, ㉡<u>버려진 목재로 모둠 정리함을 만들었다</u>. 수업의 마무리 단계에서 학생들은 결과물을 발표하고 전시하였다.

1) 김 교사가 적용한 ㉠의 모형을 구성하는 4가지 단계를 순서대로 쓰시오. [1점]

   • _____

2) ㉡은 2009 개정 실과 교육과정의 '쾌적한 주거와 생활 자원 관리' 영역에 제시된 내용 요소 중 무엇에 해당하는지 쓰시오. [1점]

   • _____

3) 다음은 영희네 모둠이 만든 정리함의 구상도이다.
   이 구상도에 따라 제작도를 그릴 때 부품 (A)에 해당하는 치수를 괄호 안에 쓰고, 판재에 모든 부품의 마름선을 그을 때 유의할 점을 쓰시오
   (단, 사용한 판재의 두께는 일정하다). [2점]

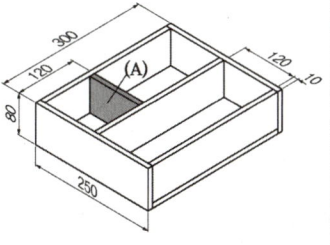

• 부품 (A)의 치수 :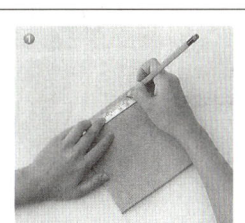

• 유의할 점 : _____

정답

1) 목적, 계획, 실행, 평가
2) 주거 공간과 생활 자원 관리
3) • 치수 : 높이 70, 너비 100, 두께 10
   • 유의점 : 톱질에 의해 깎여 나갈 부분을 고려하여 2~3mm 여유를 두고 그린다.

정답이유

1) 킬패트릭의 구안법

목적의 단계	계획의 단계	실행(수행)의 단계	비판(평가)의 단계
• 학습 문제 선택 • 학습 목표 확인 • 흥미 환기	• 학습 계획 • 자료 수집 • 설계	• 안전에 유의 • 창의력 발휘 • 격려	• 자기반성 평가 • 전시 보고 • 상호 평가

3) ㉠을 참고하면 사용한 판재의 두께는 10이고, (A)의 가로 방향 치수는 전체 250에서 130을 제외한 것에서 (A)의 양쪽에 있는 판재의 두께 10씩 총 20을 제외한 100이며, (A)의 세로 방향 치수는 전체 80에서 (A)의 밑에 있는 판재의 두께인 10을 뺀 70이 된다.

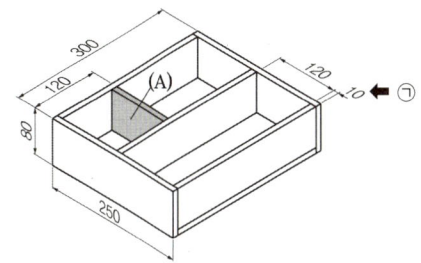

① 너비 : 250－(120+10+10+10)=100
② 높이 : 80－10=70
③ 두께 : 단서에서 사용한 판재의 두께는 일정하다고 했으므로 10

〈마름질하기〉

• 판재 위에 계획된 치수에 맞게 연필로 선을 긋고 자르는 작업이다. 목재의 한쪽 면을 기준으로 잡고 곱자를 사용하여 연필로 선을 긋는다. 이때 <u>톱날의 두께(2~3mm)</u> 만큼 바깥쪽으로 선을 그어야 한다.
• 톱질을 할 때에는 먼저 자를 곳에 톱 길을 만든 후에 톱질을 한다.

 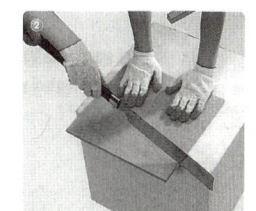

❶ 목재 위에 곱자를 이용하여 선을 긋습니다. 이때 톱질에 의해 깎여 나갈 부분을 고려하여 2~3mm 여유를 두고 그립니다.

❷ 톱 길을 내고 톱날이 일직선이 되도록 하여 자릅니다. 톱밥이 선을 가릴 경우에는 톱밥을 없애고 톱질을 합니다. 톱질이 거의 끝날 무렵에는 마구리가 떨어져 나가지 않도록 주의하며 천천히 톱질을 합니다.

7장 | 체육

1절	15개년 기출의 진화
2절	건강
3절	도전
4절	경쟁
5절	표현
6절	안전
7절	논술형

1절 15개년 기출의 진화

<서답형 기출>

	건강, 안전, 표현	도전	경쟁
23		〈제자리멀리뛰기〉 1. 순발력 2. 안전 3. 수행 점검 4. 모둠 편성 문제점 해결방안	〈배구형〉 1. 과제 내 발달(변형) 2. 동료 교수 전략 3. 수비 전략
22		〈플라잉디스크〉 1. 상규적 약속 2. 학습과제 단계화 3. 포핸드 던지기 4. 백핸드 던지기	〈축구형〉 1. 심판 역할하기 2. 경기 수행 능력 3. 책임감 수업 모형
21		〈매트 위에서 앞 구르기〉 1. 분석하기 2. 직접 교수 모형 장점 3. 몸 둥글게 유지 설명	〈축구형〉 1. 시범 위치 2. 공 찰 때 디딤발 위치 3. 학습자 관리와 안전 고려
20		1. TAI 2. TGT 3. 선택권을 주며 가르치기 4. 과제 내 변형	〈배구형〉 1. 전인적 발달을 위한 통합적 교수·학습 2. 준비운동 3. 평가는 수업 목표 및 교수·학습 활동과 일관되어야 한다.
19	1. PAPS 2. 개별성의 원리 3. BMI 4. 안전 영역 목적 5. RICE 요법 6. 신체활동 선택 방법	〈높이뛰기 수업〉 1. 포괄형 교수 스타일 2. 시범 보이기 방법	
18	1. 정과 외 체육 활동과 연계한 교수·학습 2. 영역의 특성과 학습 주제 3. 교수·학습 방법 및 유의사항		〈발야구〉 1. 공 던지고 받는 방법 2. 동료 교수 모형 3. 경쟁의 기초

17	〈민속 표현〉
	1. 다양성
	2. 조작 움직임
	3. 표현 요소
	  • 관계, 신체
	4. 움직임 방향 용어
	  • CW
			〈티볼〉
			1. 적용형 과제
			2. 개인차를 고려한 수준별 수업
			3. 안전 지도

16	1. 심폐소생술		〈하키형 게임〉 1. 피드백 보완점 2. 게임전략
15	〈자전거 타기〉 1. 기본기능과 안전수칙 2. 심폐지구력 3. 포트폴리오		〈축구형〉 1. 인사이드 패스 2. TGT 장점 3. 통합적 교수·학습 활동
14		〈다리 모아 앞구르기〉 1. 협응성 2. 세부 동작과 경구 사용	〈농구형〉 1. 게임 변형 주된 이유 2. 게임 변형 내용
13	1. 래프팅 안전 수칙	〈씨름〉 1. 학습 내용 영역의 통합 2. 밭다리걸기 3. 품새	1. 배드민턴 서비스 위치와 순서 2. 학습자 관리와 안전 고려

〈논술형 기출〉

12	〈발야구, 티볼〉
	1. 내용요소에 근거하여 목표 진술
	2. 과제 수준을 변형한 수준별 활동
	3. 규칙을 변형한 간이 발야구 게임
	4. 평가의 방향
	   (1) 실기 평가의 타당성
	   (2) 질적 평가 방법

11	〈이어달리기〉 1. 맨손 체조 원리 2. 교수·학습 방향 3. 수업 전략
10	〈이해 중심 게임 수업 모형〉 1. 인지적 측면의 2가지 특징 2. 강조 배경과 재구성 방안
09	1. 뜀틀 다리 벌려 넘기 2. 높이뛰기

2절 건강

01 2019-A-8

(가)는 2015 개정 체육과 교육과정 5~6학년군 건강 영역의 수업 장면이고, (나)는 해당 수업을 바탕으로 학생들이 수립한 운동 계획의 일부이다. 물음에 답하시오. [4점]

(가)

| 최 교사 : 지난주에 학생건강체력평가(PAPS)를 실시했습니다. 오늘은 실시 결과에 따라 건강 체력 향상을 위한 운동 계획을 세워 보겠습니다. 먼저 자신의 결과표를 보면서 가장 낮은 등급의 종목을 찾아볼까요?
남학생 A : 선생님, 저는 (㉠) 결과가 '낮음(4등급)'입니다.
남학생 B : 저는 윗몸 말아 올리기 기록이 16회밖에 안 됩니다.
최 교사 : 친구들마다 낮은 등급을 받은 종목이 각각 다르죠? 운동 계획을 세울 때는 자신에게 부족한 점을 향상할 수 있는 체력 운동을 선택하는 것이 중요합니다.
여학생 C : 저도 윗몸 말아 올리기 기록이 '낮음(4등급)'이니까 남학생 B와 똑같은 운동 계획을 세우면 되는 건가요?
최 교사 : 꼭 그런 건 아니에요. 친구와 동일한 체력 운동이 필요하다고 해도 ㉡ 자신의 건강 상태 및 체력 수준 등을 고려하여 운동 계획을 세우고 실천하는 것이 중요합니다. 이것을 체력 운동의 원리 중 (㉢)(이)라고 합니다.
여학생 D : 그런데 선생님, 비만에 체질량 지수(BMI)가 나와 있는데 이것은 무엇을 의미하는 건가요?
최 교사 : 체질량 지수는 키와 몸무게의 관계를 나타내는 수치인데, 이를 활용하면 자신의 키에 비해 몸무게가 적당한지를 알 수 있어요.
여학생 D : 선생님, 그러면 체질량 지수는 측정 기계가 있어야만 알 수 있나요?
최 교사 : 아니에요. 체질량 지수는 키와 몸무게를 알면 여학생 D가 직접 계산해 볼 수도 있어요. |

(나)

| ◦ 남학생 A 운동 계획
• 필요한 체력 운동 : 심폐 지구력 향상 운동
• 운동 종목 : 자전거 타기, 줄넘기
• 운동 빈도 및 시간 : 월, 수, 금요일에는 자전거 타기 30분, 화, 목, 토요일에는 줄넘기 20분
• 운동 강도 : 땀이 나고 약간 숨이 찰 정도로
… (하략) …

◦ 남학생 B 운동 계획
• 필요한 체력 운동 : 근력 및 근지구력 향상 운동
• 운동 종목 : 팔 굽혀 펴기, 윗몸 일으키기
• 운동 방법
 (1) 처음에는 각 종목을 10회씩 3번(세트) 반복한다.
 (2) 차츰 적응하여 익숙해지면 실행 횟수를 늘려 나간다.
 (3) 4개월 이상 주당 4회 규칙적으로 실시한다.
… (하략) …

◦ 여학생 C 운동 계획
• 필요한 체력 운동 : 근력 및 근지구력 향상 운동
• 운동 종목 : 무릎 대고 팔 굽혀 펴기, 윗몸 일으키기
• 운동 방법
 (1) 처음에는 각 종목을 5회씩 4번(세트) 반복한다.
 (2) 차츰 적응하여 익숙해지면 방법을 바꾸거나 실행 횟수를 늘려 나간다.
 (3) 3개월 이상 매일 규칙적으로 실시한다.
… (하략) … |

1) (가)의 ㉠에 들어갈 측정 종목을 (나)의 '남학생 A 운동 계획'을 고려하여 1가지만 쓰시오. (단, 학생건강체력평가(PAPS)에 제시된 정확한 종목 명을 쓰시오.) [1점]

• _____

2) (가)의 ㉡ 및 (나)의 '남학생 B와 여학생 C 운동 계획의 차이점'을 고려하여, (가)의 ㉢에 들어갈 알맞은 말을 쓰시오. [1점]

• _____

3) ① (가)의 여학생 D 몸무게가 45 kg이고 키는 150 cm일 때 체질량 지수(BMI)는 얼마인지 그 수치를 구하고, ② 다음 평가 기준표를 참고하여 비만도 판정 결과를 쓰시오. [2점]

학년 (성별)	마름	정상	과체중	경도비만	고도비만
초5(여자)	14.2 이하	14.3 ~20.6	20.7 ~23.0	23.1 ~29.9	30.0 이상

• ① _____

• ② _____

정답

1) 왕복 오래달리기, 오래 달리기·걷기, 스텝 검사
2) 개별성
3) ① 20
   ② 정상

정답이유

1) (나)에서 남학생 A 운동 계획을 보면 필요한 체력 운동으로 심폐지구력 향상 운동을 꼽고 있으므로, 문제 조건에서 제시한 학생건강체력평가(PAPS)에 제시된 심폐 지구력 측정 종목인 왕복 오래달리기(오래 달리기-걷기, 스텝 검사)가 정답이 된다.

2) 남학생 B와 여학생 C는 모두 근력·근지구력이 부족하지만 이에 대한 운동 계획에는 운동 종목과 운동 방법에는 차이가 있다. 여기에는 성별, 체력 등의 차이에 따라 종목, 강도를 다르게 정하여 운동해야 한다는 '개별성의 원리'가 적용되었다.

3) 체질량 지수=몸무게(kg)/키(m)²이므로 여학생 D의 경우 몸무게가 45kg이고, 키가 150cm이므로 45(kg)/1.5(m)²을 계산하면 BMI는 45/2.25=20이며, 비만도 판정 결과는 14.3~20.6안에 포함되므로 '정상'이다.

정답개념

1. 학생건강·체력평가(PAPS)

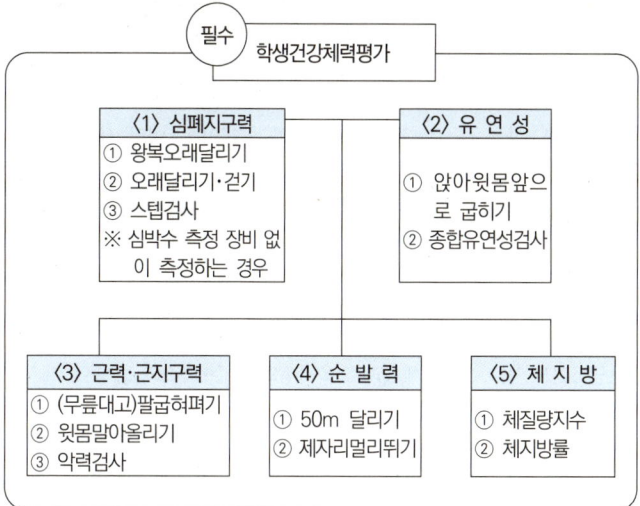

2. 체력 운동 원리

⟨1⟩ 점진성	• 운동 강도를 점차 서서히 높여야 한다.
⟨2⟩ 개별성	• 개인의 나이, 성별, 체력, 건강 상태에 따라 운동 종목, 강도를 다르게 정해 운동해야 한다.
⟨3⟩ 과부하	• 운동 중 인체 각 기관이 느끼는 힘든 정도는 일상생활 중에 느끼는 것보다 조금 더 높아야 한다.
⟨4⟩ 반복성	• 운동은 일정한 기간 규칙적이고 반복적으로 꾸준히 실천해야 효과를 얻을 수 있다.
⟨5⟩ 특수성	• 각자의 운동 목적에 맞는 종목과 운동 방법을 선택하여 실시해야 한다.

02

2018-A-8

다음은 2015 개정 체육과 교육과정에 대한 수석 교사와 초임 교사의 대화 내용이다. 물음에 답하시오. [4점]

> 수석 교사 : 선생님, 다음 주 수업 주제는 무엇인가요?
> 초임 교사 : 다음 주 주제는 '건강한 여가 생활'인데, 어떤 신체활동을 선정하는 것이 좋을지 모르겠어요.
> 수석 교사 : 먼저 학생들의 일상생활 속 실천 경험들을 조사해 본 후 그것들을 체육 수업의 소재로 삼는 것이 좋을 것 같아요. 그리고 체육 수업 시간이 끝난 후에는 자신이 배운 신체활동을 일상생활 속에서 실천해 볼 수 있도록 안내해 주는 것도 중요하고요.
> 초임 교사 : 아! 그것이 체육과 교육과정의 '교수·학습의 방향'에 제시된 '(㉠)'이군요.
> 수석 교사 : 맞아요. 체육 수업 시간에 배운 내용을 기반으로 생활 속에서 지속적으로 신체활동에 참여하며 체육과 역량을 발휘할 수 있도록 자율성과 실천력을 학생들에게 길러 줄 필요가 있죠.
> 초임 교사 : 또 한 가지 궁금한 점은 ㉡ 3~4학년군 신체활동 예시를 보면 건강 영역의 '전력달리기'와 도전 영역의 '단거리달리기'는 같은 활동 같은데 아닌가요?
> 수석 교사 : 그 문제는 체육과 교육과정의 교수·학습의 계획 중 '교수·학습 운영 계획'에 잘 제시되어 있어요. ㉢ 동일한 달리기를 할지라도 수업의 의도에 따라 다른 결과가 나타날 수 있기 때문에 교사는 교수·학습 계획 수립 시 영역의 특성과 학습 주제를 명확히 인식해야 해요.
> 초임 교사 : 그러면 선생님, 제가 초등학교 3~4학년군 건강 영역을 지도할 때에는 어떤 점들을 유의해야 할까요?
> 수석 교사 : 체육과 교육과정의 성취기준 내에 제시된 '교수·학습 방법 및 유의 사항'을 근거로 4가지 정도를 말씀드릴 수 있을 것 같아요.
>   첫째, 건강한 생활 습관을 지도하기 위한 ㉣ 소재는 생활 전반에서 보편적이고 지속적으로 요구되는 기본 생활 습관을 중심으로 선정해야 하죠.
>   둘째, 학생들의 연령별 특성, 흥미 등을 고려하여 ㉤ 놀이, 게임보다는 스포츠를 중심으로 구성하고요.
>   셋째, 여가에 대한 특정한 실천 방법을 강조하기보다는 ㉥ 다양한 여가 활동을 통해 신체적, 정신적, 정서적으로 건강해짐을 학생들이 인식할 수 있도록 지도해야 하죠.
>   마지막으로, 자신의 수준에 적합한 운동 수준을 지도할 때에는 ㉦ 학생들의 수준에서 적용 가능한 방법을 쉽게 이해할 수 있는 표현을 사용해야 하겠죠.
> 초임 교사 : 여러 가지 조언을 주셔서 감사합니다.

1) ㉠에 들어갈 내용을 쓰시오. [1점]
 • _____

2) 밑줄 친 ㉡, ㉢을 참고하여 다음 ⓐ, ⓑ에 들어갈 내용을 쓰시오. [2점]

영역	신체활동 예시	수업의 목적
건강	여가와 운동 방법	전력달리기	(ⓐ)
도전	(ⓑ)	단거리달리기	기록의 단축

 • ⓐ : _____
 • ⓑ : _____

3) 밑줄 친 ㉣~㉦ 중 잘못된 내용 1가지를 찾아 기호를 쓰고, 바르게 고쳐 쓰시오. [1점]
 • _____

정답

1) 정과 외 체육 활동과 연계한 교수·학습
2) ⓐ 기초 체력 증진
  ⓑ 속도 도전
3) ㉤, 건강을 유지 및 증진하기에 적합한 놀이, 게임 등을 중심으로 구성한다.

정답이유

1) 체육 활동은 '체육 수업'과 '정과 외 체육'으로 나뉜다. 교사는 체육 수업이 끝난 후 학교스포츠클럽 활동에 참여하는 등 일상생활에서 지속적으로 신체활동을 실천할 수 있는 다양한 방법들을 체육 수업을 통해 안내하거나 생활 속 신체활동의 실천 경험들을 체육 수업의 소재로 삼는 것이 필요하다.

2)
ⓐ 2015 개정 체육과 교육과정 3~4학년 건강 영역의 신체활동 예시를 보면 '기초체력 측정 및 증진 활동(스트레칭, 팔굽혀펴기, 왕복달리기, 전력달리기 등)'이 제시되어 있다.
ⓑ 단거리달리기 신체활동을 포함하는 영역은 속도 도전이다.
〈영역의 특성과 학습 주제 고려〉
• 동일한 신체활동을 수행할지라도 수업 의도에 따라 다른 결과가 나타날 수 있기 때문에 교수·학습 계획 수립 시 영역의 특성과 학습 주제를 명확히 인식해야 한다. 특히, 영역별 학습을 통해 습득하고자 하는 역량이 무엇인지 판단하고 이를 위해 강조해야 하는 학습 중점을 선정하고 학습 과정을 조직한다. 예를 들어, 신체 수련을 강조하는 도전 영역의 수업에서 이루어지는 달리기는 건강을 위한 달리기와는 달리 속도기록을 단축시키기 위한 목적으로 다양한 연습과 시도를 하게 되므로 이에 도전을 위한 시도와 분석, 수련과 반성의 과정이 보다 강조되어야 한다.

3)

오답분석

• 2015 개정 체육과 교육과정 3~4학년 건강 영역 '교수·학습 방법 및 유의 사항' 내용을 그대로 활용하여 ㉣~㉦ 지문을 구성하였다.
㉤ 놀이, 게임 등을 중심으로 구성한다.

정답해설

㉣ 소재는 수행 가능한 구체적인 활동으로 구성한다.
㉥ 여가에 대한 특정한 실천 방법을 강조하기보다는 다양한 여가 활동을 통해 신체적, 정신적, 정서적으로 건강해짐을 학생들이 인식할 수 있도록 지도한다.
㉦ '옆 사람과 대화가 약간 힘들 정도로 30분간 뛰기' 등과 같이 쉽게 이해할 수 있는 표현을 사용해야 한다.

3절 도전

01
<small>2023-B-11</small>

다음은 5~6학년군 도전 영역의 '제자리멀리뛰기' 수업 후 교사 협의회에서 나눈 대화의 일부이다. 물음에 답하시오. [4점]

> 이 교사: 오늘 수업 활동은 모래장에서 하는 '제자리멀리뛰기'와 매트에서 하는 '이어 멀리뛰기 게임'으로 구성하였습니다.
> 최 교사: 선생님, ㉠'제자리멀리뛰기'의 운동 원리와 방법에 관한 설명이 정확하게 제공되었어요.
> 김 교사: 운동 기술 향상 측면의 정보를 제공하는 설명도 중요하지만, 해당 차시의 수업과 관련된 시간, 공간, 인원, 규칙, 용구, 역할, 안전 등에 관한 ㉡수업 관리 측면의 설명이 동시에 이루어져야 해요. 예를 들면, 한 학생이 3회씩 뛴 기록 중 가장 좋은 기록을 제출한다든지, 발 구르기 판정, 기록 측정, 기록관의 역할은 누가 한다든지 등이 있습니다.
> 정 교사: ㉢학생들이 교사의 설명을 잘 이해하고 있는지를 즉시 확인하는 것도 중요합니다.
>
> … (중략) …
>
> 최 교사: 선생님, '이어 멀리뛰기 게임'을 할 때 모둠을 어떻게 편성하였죠?
> 이 교사: 출석번호를 기준으로 홀수와 짝수 두 모둠으로 나누었습니다.
> 최 교사: 저는 모둠이 정해지자마자 모둠원들의 표정에서 이미 게임 결과를 예측했어요. 총 3번의 게임에서 홀수 모둠이 월등한 기록 차이로 짝수 모둠을 모두 이겼어요.   [A]
> 이 교사: 게임 결과를 보니 ㉣모둠 편성에 문제가 있었던 것 같아요.

1) ① ㉠과 관련된 운동체력 요소 중 '순발력'에 해당하는 수행 동작을 1가지 쓰고, ② ㉡과 관련하여 '제자리멀리뛰기'에서 '안전'에 해당하는 설명을 1가지 쓰시오. [2점]

   ① _____
   ② _____

2) 다음은 ㉢과 관련된 이해 점검 방식의 일부를 나타낸 것이다. 수업 활동과 관련하여 ⓐ에 들어갈 예시 발문을 1가지 쓰시오. [1점]

방식	예시 발문
인지 점검	착지할 때 뒤로 넘어지지 않기 위한 방법을 아는 사람은 손을 들어 볼까요?
수행 점검	(ⓐ)

3) [A] 상황과 관련하여 ㉣을 해결하기 위한 방안을 1가지 쓰시오. [1점]

정답

1) ① 발 구르기
② 푹신한 안전 매트를 사용한다.

2) 착지할 때 뒤로 넘어지지 않기 위해 상체를 숙이고 무릎을 당길 수 있는지 직접 해볼까요?

3) • 학습자 특성을 고려한 수준별 수업을 실시한다.
• 운동 기능 수준이 비슷한 학생들로 모둠을 구성한다.

정답이유

1)
① 제자리멀리뛰기의 동작은 발 구르기 → 공중 동작 → 착지이고, 이 중 단시간 내에 발휘되는 근력의 최대한의 힘인 순발력은 발 구르기 단계와 관련되며, 무엇보다도 다리의 순발력이 필요하다.
② 부상 예방 안전 지도
• 멀리뛰기 경기장은 운동장에 있으므로 돌멩이나 날카로운 물건 등이 떨어져 있을 가능성이 크다. 따라서 멀리뛰기를 실시하기 전에 위험한 물건을 미리 치워 부상을 예방할 수 있도록 한다.
• 모래가 너무 적거나 오랜 기간 사용하지 않으면 모래장의 표면이 딱딱해질 수 있다. 모래의 양이 적으면 모래를 충분히 뿌려 주고, 모래장의 표면이 딱딱해지지 않도록 모래를 솎아 주어 부상을 예방할 수 있도록 한다.
• 학생들이 모래 위에 떨어지는 것을 두려워하면 푹신한 안전 매트를 이용할 수도 있다.

2) 제자리멀리뛰기 동작

발 구르기	• 무릎을 구부려 자세를 낮추고, 팔을 뒤로 젖힌다.
공중동작	• 팔을 앞으로 들어 올리며 허리를 젖힌다.
착지	• 젖힌 허리의 반동을 이용하여 몸을 웅크리며 착지한다. • 공중 동작 후 허리 반동으로 팔과 무릎을 앞으로 당기면서 신체 균형을 유지하며 무릎을 적당히 굽혀 착지한다.

3) 학습자 특성을 고려한 수준별 수업
• 학생들은 신체활동에 대한 흥미, 운동 기능, 체력, 성차, 학습 유형이 다르기 때문에 학습 활동의 방식에 따라 성취 결과가 다르게 나타날 수 있다.

정답개념

이해 점검 기법

인지 점검	① 동작에 대한 시범을 보이고 학생들에게 손을 들게 하거나, 엄지를 올리게 하는 등의 형태로 이해 정도를 표현하게 한다. ② 예를 들면, "공을 던지기 전에 팔꿈치를 어깨 높이로 했으면 엄지손가락을 올리고, 어깨 높이보다 낮으면 엄지손가락을 내려라."라고 하는 것이다.
수행 점검	• 학생들이 이해하게 된 것을 실행해 보도록 하는 것으로 "던지기를 할 때 반대 발을 어떻게 딛는지 해 봐."는 수행 점검 사례이다.

02

다음은 5~6학년군 도전 영역의 플라잉 디스크 수업 후 초임 교사와 수석 교사가 나눈 대화 내용이다. 물음에 답하시오. [4점]

초임 교사 : 오늘 수업에 대해 조언을 부탁드립니다.
수석 교사 : 선생님, 다른 수업과 마찬가지로 플라잉 디스크 수업에서도 규칙과 (㉠)을/를 개발하여 활용하였으면 좋았을 것입니다.
초임 교사 : 수업에서 규칙을 개발하여 활용한다는 것은 알겠는데, (㉠)은/는 잘 모르겠습니다. 자세한 설명을 부탁드립니다.
수석 교사 : 저는 ㉡ 수업 시작, 주의 집중, 모둠 편성, 장소 지정, 수업 종료 등에서 그것을 활용하고 있습니다. 학생들이 어디에 어떻게 모이는지, 준비 운동과 정리 운동의 장소는 어디인지, 연습 장소에서 어떻게 연습하는지, 수업 종료는 어떻게 하는지 등 수업에서 반복적으로 일어나는 행동에 대해 사전에 학생들과 약속하고 있습니다.
초임 교사 : 이제 이해가 되었습니다. 저도 그것을 수업에서 개발하여 활용해 보겠습니다.
수석 교사 : 한 가지 더 말씀드리면 학생들이 기본 운동 기능을 잘 수행할 수 있도록 학습 과제를 단계화하여 제시하였으면 좋았을 것입니다.
초임 교사 : 선생님, 그게 무슨 뜻이죠?
수석 교사 : 그것은 학생들이 신체활동의 기본 운동 기능을 숙달할 수 있도록 다음과 같은 과제를 순차적으로 제시할 수 있다는 의미입니다. 먼저, 시작(전달) 과제는 학생들에게 제시하는 가장 기초적인 과제이고, [과제 Ⅰ]은 학습 경험을 간단한 과제에서 복잡한 과제로 또는 쉬운 과제에서 어려운 과제로 발전시키는 것입니다. [과제 Ⅱ]는 운동 기능과 수행의 질적 향상 측면에 초점을 맞춘 과제입니다. 특히, [과제 Ⅲ]은 실제 상황에 기능과 전략을 활용하도록 만든 과제입니다.
초임 교사 : 선생님, 그럼 실제 수업 운영에서 학습 과제를 어떻게 단계별로 제시하는지도 알려주시면 감사하겠습니다.
수석 교사 : 먼저, 학습 과제를 전달하는 방법을 한 가지 말씀드리겠습니다. 예를 들어, 교사가 학생들에게 시작 과제로 ㉢ '플라잉 디스크를 목표물에 던져 넣기'라고 제시한다면 [과제 Ⅲ]은 '3m 거리의 플라잉 디스크 퍼팅 게임에서 5회 도전하여 넣은 개수를 기록하기' 등으로 만들 수 있습니다.

1) ㉡이 수업 운영 측면에서 효과적일 수 있는 이유를 ㉠에 들어갈 용어를 포함하여 쓰시오. [1점]

• _____

2) ㉢을 시작 과제로 활용하여 ① '목표물'을 중심으로 [과제 Ⅰ]을 쓰고, ② '손동작'을 중심으로 [과제 Ⅱ]를 쓰시오. [2점]

• ① : _____
• ② : _____

3) 다음은 플라잉 디스크를 목표물을 향해 던지는 방법이다. ⓐ와 ⓑ에 들어갈 명칭을 각각 쓰시오. [1점]

> 오른손잡이인 학생이 정면을 바라본 상황에서 앞쪽 장애물을 피해 의도적으로 플라잉 디스크를 휘어지게 던지려고 한다. 이때, 어깨를 기준으로 팔이 몸통 바깥쪽에서 안쪽(오른쪽에서 왼쪽)으로 향하게 던지는 방법은 (ⓐ)이고, 반대로 어깨를 기준으로 팔이 몸통 안쪽에서 바깥쪽(왼쪽에서 오른쪽)으로 멀어지게 던지는 방법은 (ⓑ)이다.

• _____

정답

1) 상규적 약속을 통해 관리 시간을 줄이고 실제 학습 시간을 늘릴 수 있기 때문이다.

2) ① • 플라잉 디스크를 움직이는 목표물에 던져 넣기
   • 플라잉 디스크를 장애물을 피해 목표물에 던져 넣기
   ② • 손목의 스냅을 활용하여 지정된 목표물에 플라잉 디스크 많이 넣기
   • 플라잉 디스크를 손목의 스냅을 이용하여 원하는 목표물에 던져 넣기

3) ⓐ 포핸드 던지기
   ⓑ 백핸드 던지기

정답이유

1)
1. 상규적 활동
• 체육 수업 중에 일상적으로 발생되는 교수·학습의 과정적 활동을 뜻하는 것으로 예를 들어 줄서기, 용·기구 운반 및 설치, 교사의 과제 설명 등이 될 수 있다.

2. 좋은 체육 수업의 조건 : 관리와 전환 시간의 최소화
• 교사는 인원 점검, 줄 세우기, 모둠이나 팀 구성, 도구 분배 등과 같은 관리 시간과 하나의 활동이나 과제에서 다른 활동이나 과제로 전환하는 운영시간을 최소화함으로써 실제 학습시간을 극대화해야 한다.

2) 학습과제의 단계화
• 일반적으로 운동기능의 학습에 있어서 학습과제의 난이도는 4가지 수준으로 분류된다.

시작형 과제	어떤 학습활동을 가장 기초적인 수준에서 학생이 학습할 수 있도록 개발한 과제이다.
확장형 과제	난이도와 복잡성이 덧붙여진 형태의 과제이다.
세련형 과제	폼이나 느낌과 같이 운동기능의 질적 측면에 초점이 맞추어진 과제이다.
적용형 과제	배운 기능을 실제 상황에서 다양하게 활용하도록 만든 과제이다.

3) 던지기 종류

포핸드 던지기	백핸드 던지기
- 시선은 정면을 향하고 원반을 수직으로 세워 뒤로 뺀다. - 팔꿈치를 잡아당긴다는 느낌으로 원반을 앞으로 당겨 본다. - 원반이 한쪽으로 기울지 않도록 손목의 스냅을 이용하여 던진다.	- 원반을 수평으로 잡고 몸의 중심을 뒤쪽에 둔다. - 팔을 가슴 앞으로 당기면서 원반을 최대한 몸 쪽으로 붙여 이동시킨다. - 무게 중심을 앞쪽으로 옮기고 팔꿈치를 펴면서 원반을 던진다.

정답개념

1. 체육 수업 관련 용어

(1) 상규적 활동
① 체육 수업 중에 일상적으로 발생되는 교수·학습의 과정적 활동을 뜻하는 것으로 예를 들어 줄서기, 용·기구 운반 및 설치, 교사의 과제 설명 등이 될 수 있다.
② 체육 수업 중에 반복적으로 일어나는 활동으로 출석점검, 수업준비 상태 확인, 화장실 출입등이다.
③ 상규적 활동의 증가는 실제 학습자의 과제 참여 시간을 감소시키므로, 이러한 과정을 효율적으로 관리하면 학습자들의 실제 학습 시간을 증가시킨다.

(2) 관리 시간
① 학생들이 교과내용을 배울 수 있는 기회가 없는 시간, 또는 교과내용을 배우는 것과 관련이 없는 시간이다.
② 구체적으로는 출석부르기, 용기구 준비, 과제시작 전 기다리기, 팀짜기, 한 곳에서 다른 곳으로 움직이기 등에 소비한 시간을 의미한다.

(3) 과제 참여 시간
- 해당 체육 수업의 과제 달성에 직접적으로 관련이 있는 활동 시간을 뜻하는 말로, 전체 체육 시간에서 줄서기, 용·기구 운반 등과 같은 '상규적 활동'시간을 제외한 나머지 시간

(4) 실제 학습시간(ALT-PE)
- 학습자가 과제에 참여한 시간 중 성공한 시간

2. 깔대기 효과(funneling effect)
- 체육 수업에 할당된 시간에서 실제 학습시간에 이르기까지 학습시간이 점차 감소하는 경향

```
        명시적인 체육수업 시간(AT)

        운동 참여 시간(MET)
        과제 참여 시간(TOT)

           실제 학습 시간(ALT)
```

- 할당 시간(AT) : 공식적으로 체육 수업에 할당된 시간
- TOT : 학습자가 학습 과제에 실제로 투입에 영향을 미치는 변인
- ALT-PE : 학습 과제에 성공적으로 참여한 시간

3. 운동 기능 학습 과제 단계화 (Rink)

1. 시작형 과제 (information task)	① 어떠한 활동을 가장 기초적인 단계에서 학생들이 학습할 수 있도록 개발한 과제이다. ② 예를 들어, 티볼의 치기 기능을 지도할 때 배트를 잡는 방법과 배트로 공을 치는 기본적인 방법을 익히는 활동이 여기에 해당한다.
2. 확장형(확대형) 과제 (extention task)	① 난이도와 복잡성이 덧붙여진 형태의 과제이다. 따라서 교사는 복잡성과 난이도를 더할 수 있는 요인들을 조절하며 과제를 발전시킬 수 있어야 한다. ② 예를 들어, 티볼의 치기 기능을 지도할 때 배트를 짧게 잡고 공을 치는 활동, 길게 잡고 공을 치는 활동이 여기에 해당한다. • 가까운 거리에서 체스트 패스 연습을 한 후, 익숙해지면 점차 패스 거리를 늘려 나간다. • 제자리에 서서 체스트 패스 연습을 한 후, 익숙해지면 움직이면서 혹은 달려가면서 연습한다. • 볼 스피드에 상관없이 체스트 패스 연습을 한 후, 익숙해지면 볼의 스피드를 늘려 나간다.
3. 세련형(숙련형) 과제 (refinement task)	① 폼이나 느낌과 같이 운동 기능의 질적 측면에 초점이 맞추어진 과제이다. ② 예를 들어, 티볼의 치기 기능을 지도할 때 팔 힘뿐만 아니라 허리 회전을 이용하여 공을 정확하게 치는 활동이 여기에 해당한다. ③ 농구 드리블의 예에서 드리블 학습의 초기단계에서는 "손가락으로 공을 튀긴다.", "고개를 들고 드리블을 한다." 등과 같은 동작의 질적 측면에 관한 단서를 주로 제공하지만 기능이 향상되면 방어 선수의 움직임에 반응하는 것이 더욱 중요하므로 어떻게 반응하거나 움직여야 하는지에 관한 단서를 제공한다. • 체스트 패스를 할 때, 손목의 스냅을 최대한 부드럽게 이용한다. • 손목의 스냅을 이용하여 체스트 패스를 한 다음에는 양 손바닥이 체육관 바닥을 향하게 한다.
4. 적용형(응용형) 과제 (application task)	① 적용형 과제는 학생들이 확장형 과제와 세련형 과제를 통하여 학습한 기능을 실제로 활용하거나 평가하는 것과 관련된 과제이다 ② 예를 들어, 티볼의 치기 기능을 지도할 때 실제 게임 상황에서 여러 가지 배트 잡는 방법과 허리 회전을 활용하여 수비가 없는 곳으로 공을 쳐서 보내는 활동이 여기에 해당한다.

03 2021-B-11

(가)는 3~4학년군 도전 영역 '매트 위에서 앞 구르기'에 관한 교수·학습 과정안이고, (나)는 수석 교사와 초임 교사의 대화 내용이다. 물음에 답하시오. [4점]

(가)

학습 단계	교수·학습 활동	자료 및 유의점
도입	• 동기 유발 • 활동과 관련 있는 관절과 근육을 풀어 준다.	• 교과서
전시 학습	• 매트 위에서 구르기 연습	• 매트
과제 제시	• 학습 목표 제시 - 앞 구르기 순서와 방법을 알고, 구를 수 있다. • 설명 및 시범 - 앞 구르기에 대한 교사의 설명과 시범	• 주의할 점 안내
초기 과제	• 흔들의자 놀이 • 앞 구르기 연습	
피드백 및 교정	• 과제 확인 및 피드백 제공 - 앞 구르기를 할 때 몸을 끝까지 둥글게 유지하도록 해야 한다. • 앞 구르기 개인별/모둠별 연습 - 운동 수행 변화 과정을 ㉠ 휴대 전화로 촬영하여 반성할 수 있는 기회를 제공한다.	• 휴대 전화
독자 연습	• 앞 구르기 복습	
정리	• 정리 운동 - 본 차시에서 사용한 주요 관절 풀기 • 학습 내용 정리 - 앞 구르기를 잘할 수 있는 방법에 대해 발표하기 • 평가하기	• 자기 평가지

(나)

수석 교사: 동작 도전인 '매트 위에서 앞 구르기' 활동을 준비하셨군요.
초임 교사: 네, 그렇습니다. 학생들이 매트 위에서 앞 구르기 활동을 통해 자신의 동작에 대해 도전해 보는 내용입니다.
수석 교사: 그래서 ㉡ (가)에 적용된 수업모형을 활용하셨군요.
초임 교사: 네, 맞습니다.
… (중략) …
초임 교사: 그런데 이 수업을 하려면 앞 구르기를 잘해야 하는데 어떻게 해야 하나요?
수석 교사: 네, 제가 시범을 보여 드릴게요. 먼저, 양손 → 뒷머리 → 어깨 → 등 → 허리 → 엉덩이 → 발 순서로 매트에 닿아야 합니다.
초임 교사: 앞 구르기를 하면서 몸을 둥글게 하려면 어떻게 해야 하나요? 저는 몸이 둥글게 유지되지 않아서 일어나기가 아주 힘이 들어요.
수석 교사: 그렇군요. ㉢ 앞 구르기를 하면서 몸을 끝까지 둥글게 유지해야 하는데, 신체 부위에 특히 신경을 써야 합니다.
초임 교사: 그렇군요.

---

1) 2015 개정 체육과 교육과정 내용 체계에 제시된 관련 기능 중에서 (가)의 ㉠에 해당하는 기능을 쓰시오. [1점]

• _____

2) (가)의 교수·학습 과정안과 (나)의 ㉡에 해당하는 수업모형의 특징 중 학생 측면에서의 장점을 쓰시오. [1점]

• _____

3) (나)의 ㉢에서 앞 구르기를 할 때 몸을 둥글게 유지하도록 하기 위해 교사가 해야 할 설명을 구체적으로 쓰시오. [2점]

• _____

정답

1) 분석하기
2) 연습 과제와 기능 연습에 높은 비율로 참여할 수 있다.
3) • 턱과 무릎을 가슴 쪽으로 끌어당긴다.
   • 무릎을 굽히고 머리를 숙여 턱이 가슴에 닿을 정도로 당겨 준다.

정답이유

1) ㉠ 운동 수행 과정을 촬영하여 문제점을 파악하고 반성하는 활동이므로 '도전 영역'의 기능 중 '분석하기'와 관련된다.
• 도전 영역 기능 항목 4개
  ① 시도하기 ② 분석하기 ③ 수련하기 ④ 극복하기

2) 직접 교수 모형
① 직접 교수 모형은 교사 중심의 의사 결정과 교사 주도적 참여 형태를 특징으로 한다.
② 목적은 학생이 연습 과제와 기능 연습에 높은 비율로 참여하도록 수업 시간과 자원을 가장 효율적으로 이용하는 데 있다.
③ 핵심은 학생이 교사의 관리 하에 가능한 한 연습을 많이 하고, 교사는 학생이 연습하는 것을 관찰하고 학생에게 높은 비율의 긍정적이고 교정적인 피드백을 제공하는 것이다.

3) 몸을 둥글게 유지하기 위해서는 턱과 무릎을 가슴 쪽으로 최대한 모아야 한다.

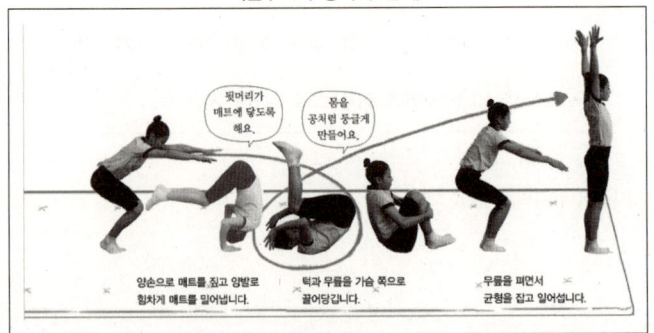

〈앞구르기 동작의 원리〉

04 2020-B-8

(가)는 2015 개정 체육과 교육과정에 기초하여 6학년 담임인 박 교사가 작성한 수업 지도 계획서의 일부이고, (나)는 해당 수업을 마친 후, 박 교사와 수석 교사가 체육 수업 모형 및 동기 유발 기법에 대해 나눈 대화이다. 물음에 답하시오. [4점]

(가)

- 영역명 : 도전(표적/투기 도전)
- 학습 목표 : 씨름의 기본 기술을 익혀 경기 상황에 적용할 수 있다.
- 학습 과제 : 팀별로 손 기술, 다리 기술, 허리 기술 익히기
- 수업 모형 : 협동 학습 모형 중 (㉠) 교수 전략
- ※ 교수 전략의 학습 단계 및 활동 내용

학습 단계	학습 활동
팀 편성	학습 성공에 대한 동등한 기회가 보장되도록 이질적인 능력을 가진 학생들로 팀 편성
수행 기준 및 과제 제시	씨름 기본 기술과 관련된 수행 기준과 팀별 학습 과제 목록의 제시
팀별 과제 수행	학생들은 혼자 또는 같은 팀원들의 도움을 받으면서 각자의 수준에 맞는 과제 연습
과제 완수 점검 및 다음 과제 수행	학생들이 과제를 완수하면 같은 팀원이 과제 수행 여부를 점검한 후, 수행 기준을 충족하면 다음 과제로 이동
평가	팀별로 수행한 과제의 수를 점수로 환산하여 팀 점수 계산

[A]

… (하략) …

(나)

박 교사 : 선생님, 오늘은 제가 협동 학습 모형 중에서 개별화 수업의 장점을 결합시킨 교수 전략을 활용하여 씨름 수업을 해보았는데 준비해야 할 것들도 많고, 학생들의 반응도 신통치 않아 너무 힘들었어요. 이유가 뭘까요?

수석 교사 : 선생님이 활용한 교수 전략은 협동 학습에 학생들이 개인의 능력에 따라 학습 과제를 수준별로 수행해 나가는 개별화 학습의 장점을 결합시켜 학습 효과를 높이려는 의도에서 개발되었죠. 하지만 교사가 학생들의 흥미나 능력을 고려하지 않고 획일적이고 단순한 학습 과제를 제시하면 학생들은 금방 흥미를 잃고 지루해 하죠. 그 대안으로 TGT 교수 전략을 한번 활용해 보는 것도 좋을 것 같네요. [B]

박 교사 : TGT 교수 전략은 어떤 장점이 있죠?

수석 교사 : 각 팀별로 할당된 과제를 연습하고 기능 평가를 통해 팀원들의 순위를 정한 후, 각 팀의 같은 등수의 팀원들끼리 (㉡)을/를 통해 얻은 승점 (상점)을 합산하여 전체 팀 순위를 결정하기 때문에 운동 기능 수준에 상관없이 모든 학생들이 자기 팀의 성공에 기여할 수 있다는 장점을 가진 교수 전략이죠.

박 교사 : 학생들 입장에서 흥미로울 수 있겠네요. 한번 사용해 봐야겠어요. 한 가지만 더요! 그렇다면 이렇게 씨름의 기본 기술을 익히는 활동처럼 개인차가 드러나는 학습 과제에 학생들을 참여시킬 때, 참여율을 높일수 있는 동기 유발 기법에는 어떤 것들이 있을까요?

수석 교사 : 가장 대표적인 기법으로는 '선택권을 주며 가르치기 (teaching by invitation)'와 '과제 내 변형 (intratask variation)'이 있어요. 이런 기법들을 체육 수업에 사용하게 되면 학생들의 기능 수준별로 과제를 조정할 수 있고, 모든 학생들이 똑같은 과제를 수행 하지 않아도 되므로 과제 연습에 대한 지루함을 최소화 시킬 수 있어요. [C]

박 교사 : 아! 그런 장점을 공통적으로 가지고 있군요. 그렇다면, 이 두 기법의 차이점은 뭐죠?

수석 교사 : 수업 중 ㉢ 학습 과제의 선택 혹은 결정 방법에 차이가 있죠.

1) (가)의 [A]와 (나)의 [B]를 참고하여 ㉠과 ㉡에 들어갈 내용을 쓰시오. [2점]

- ㉠ _____   - ㉡ _____

2) (나)의 [C]를 참고하여 ㉢의 내용을 과제 선택(혹은 결정) 권한의 주체를 중심으로 쓰시오. [2점]

- _____

정답

1) ㉠ 팀 보조 수업   ㉡ 점수 비교
2) 선택권을 주며 가르치기는 과제 결정의 권한이 학생에게 있고, 과제 내 변형은 과제 결정의 권한이 교사에게 있다.

정답이유

1) ㉠ 팀 보조 수업(Team Assisted Instruction : TAI)
- 협동 학습과 개별화 학습의 결합 방식으로 팀원 혼자 또는 팀원의 도움을 받아 과제 수행 기준에 따라 과제를 완수한다.
㉡ 팀 게임 토너먼트(Team Games Tournament : TGT)

학습 단계	학습 단계별 내용 및 특징
학습 과제 제시	팀별 및 개인별로 할당된 과제 연습
1차 평가	팀별로 평가를 본 후 각 팀의 1등부터 등위를 가림.
점수 비교	각 팀의 같은 등수끼리 점수를 비교하여 비교 우위 상점 부여
새로운 학습 과제 제시	상호 협력을 강조하여 과제 연습
2차 평가	팀별로 평가를 본 후 각 팀의 1등부터 등위를 가림.
점수 비교	각 팀의 같은 등수끼리 점수를 비교하여 비교 우위 상점 부여

2) ① 선택권을 주며 가르치기(teaching by invitation)
- 교사가 두 가지 이상의 과제를 제시하고 학생들이 그들의 능력에 가장 적합한 과제를 선택하도록 한다. 수준별 수업 유사
② 과제 내 변형(Intratask Variation)
- 특정한 반이나 특정한 수업에서 적용할 수 있는 기법으로 학생의 능력과 흥미에 따라 과제를 더 쉽거나 어렵게 변형하는 결정을 교사가 내린다는 점에서 선택권을 주며 가르치기와는 다르다.
③ 공통적인 장점 : 학생들의 기능 수준에 따라 과제를 조정함으로서 차이를 인정하는 한편, 모든 학생들이 똑같은 과제를 수행하지 않아도 되므로 좌절감이나 지루함을 최소화할 수 있다.

05

(가)는 예비교사의 5~6학년군 '도전 활동' 영역 중 높이뛰기 교수·학습 계획이고, (나)는 지도교사가 관찰한 예비교사의 수업 장면 중 일부이다. 물음에 답하시오. [4점]

(가)

수업 배경

높이뛰기 수업에서 학생들의 성취감과 도전의식을 키워 줄 생각이다. 그래서 ㉠ '포괄형 교수 스타일'을 적용하고자 한다.

수업 주제

가위뛰기의 기본 동작을 익히고 목표 기록에 도전한다.

교수·학습 활동 흐름

- 학습 활동 안내 : 학습 활동 안내 및 학습 과제 제시하기
- 준비 운동 : 본시 학습과 관련 있는 관절 운동과 스트레칭하기
- 학습 활동 1 : 가위뛰기 연습하기
- 학습 활동 2 : 자신의 기록에 도전하기
- ㉡ 평가하기 : 가위뛰기 기록 측정하기
- 정리 운동 : 많이 사용한 신체 부위를 중심으로 스트레칭하기
- 학습 활동 정리 : 활동 내용 및 결과를 공책에 정리하기

(나)

- 가위뛰기 방법에 대한 시범은 ㉢ 시청각 자료를 활용하였다.
- 준비 운동은 스트레칭 중심으로 이루어졌다.
- 다음과 같이 용·기구 설치와 모둠 구성을 하였다.

👦 : 남학생   👧 : 여학생

1) (가)의 ㉠의 관점으로 볼 때, (나)의 용·기구 설치와 모둠 구성에 나타나는 문제점을 찾아 개선 방안을 각각 1가지씩 쓰시오. [2점]

- ① 용·기구 설치 : _____
- ② 모둠 구성 : _____

2) 다음은 (가)의 ㉡에 대해 수업 계획 과정에서 지도교사와 예비교사가 주고받은 대화의 일부이다. ( )에 들어갈 말을 쓰시오. [1점]

> 예비교사 : 이 수업에서는 학생들이 가위뛰기를 연습하여 목표한 기록에 도달하는 것이 중요하다고 생각합니다. 그래서 저는 수업의 마무리 단계에서 학생 개인의 기록을 정확하게 측정하려고 합니다.
>
> 지도교사 : 선생님의 생각도 좋습니다만, 이런 방법은 어떨까요? 연습 시작 단계에서 학생들의 동작을 촬영해 줍니다. 학생들은 영상을 보며 자신의 모습을 관찰하고 기록을 확인한 다음, 교사의 피드백을 바탕으로 연습을 합니다. 그리고 수업의 마무리 단계에서 교사는 학생의 동작을 다시 촬영한 후 이전의 영상과 비교하며 평가합니다. 이렇게 평가하면 학생의 ( )을/를 확인할 수 있는 이점이 있습니다.

- _____

3) (나)의 ㉢ 이외의 시범 보이는 방법을 2가지 쓰시오. [1점]

- ① : _____
- ② : _____

정답

1) ① 과제의 난이도 및 유형을 보다 세분화하여 여러 형태로 제공한다.
② 모둠을 성차가 아닌 학생의 운동 기능 수준에 따라 구성한다.

2) 성장과 변화

3) ① 교사의 직접 시범
② 숙련된 학생을 통한 시범

정답이유

1) 포괄형 교수 스타일의 핵심은 '하나의 과제가 서로 다른 수준의 난이도를 가진 여러 형태로 제공되는 것'이므로 용·기구의 설치를 남학생 모둠과 여학생 모둠 각각 높이를 동일하게 설치하기보다는 높이를 더욱 세분화하여 설치하는 것이 필요하며, 모둠 구성도 일괄적으로 남학생 모둠과 여학생 모둠으로 나누지 말고 학생의 운동 기능 수준에 따라 다양하게 구성하는 것이 필요하다.

2) <u>학생의 성장과 변화를 확인하기 위해서는 학습을 시작할 시점의 학생 수준과 학습 후 학생이 성취한 수준 사이의 정도를 비교해서 변화의 정도를 평가하는 것이 필요하며, 이를 위해 반드시 주기적인</u> 평가가 이루어져야 한다. 주기적인 평가에는 학습한 내용의 양적 평가와 질적 평가가 모두 포함될 수 있다.

3) 성공적인 시범을 위해 요구되는 요소 : 전체와 부분
① 일반적으로 첫째 번 시범은 전체적인 동작이어야 한다. 만일 지도하려는 기술이 발차기라면 <u>교사 또는 숙련된 학생</u>은 실제로 전체적인 발차기 동작을 보여 주면 된다.
② 그 다음은 발차기의 부분적인 동작을 하나하나 나누어 시범을 보이면 되는데, 학생들이 기술의 완전한 심상을 형성할 수 있도록 하기 위하여 <u>시범의 처음에는 전체적 기술을 보게 하는 것이 중요하다는 것을 명심해야 한다.</u>

06
2014-B-6

(가)는 박 교사가 계획한 6학년 도전 활동 영역의 수업 개요이고, (나)는 박 교사의 수업 장면의 일부이다. 물음에 답하시오. [4점]

(가)

제재	다리 모아 앞구르기
학습 목표	다리 모아 앞구르기 동작의 방법을 알고, 자신감을 가지고 매트 위에서 정확한 동작으로 다리 모아 앞구르기를 할 수 있다.
교수·학습 활동	• 다리 모아 앞구르기 동작의 방법 알아보기 - 다리 모아 앞구르기 방법을 설명하고 시범을 보인다. • 다리 모아 앞구르기 동작 연습하기 - 모둠별로 다리 모아 앞구르기를 연습한다. • 보조·보강 운동 - 정확한 동작 수행을 위한 보조·보강 운동으로 체력 운동을 실시한다.

(나)

(학생들은 4개의 모둠으로 나뉘어 매트 위에서 다리 모아 앞구르기를 연습하고 있다.)

교 사 : '나는 잘 안 돼요.'하는 친구 손 들어볼까요?
학 생 : (절반 가량의 학생들이 손을 든다.)
교 사 : 그럼 손을 든 친구들이 어떤 어려움이 있어서 그런지 살펴볼 테니까 앞으로 나와서 앞구르기를 해 볼까요?
학 생 : (손을 들었던 학생들이 나와서 한 사람씩 앞구르기를 한다.)
교 사 : 아! 왜 그런지 알겠어요. 일단, 수준별로 모둠을 새로 구성해 볼게요.
(학생들을 수준에 따라 세 모둠으로 만들고 모둠별로 수행할 과제를 간략히 안내한다.)
앞구르기가 잘 되는 경윤이네 모둠은 저쪽으로 이동해서 한 단계 수준을 높여 '연속하여 앞구르기'를 연습하세요. 효근이네 모둠은 ㉠'손수건을 턱에 끼우고 앞구르기'를 연습하고, 유경이네 모둠은 ㉡'경사진 매트에서 앞구르기'를 해 보세요.
학 생 : (모둠별로 이동해서 연습을 시작한다.)
(중략)
교 사 : (매트 위를 구르고 있는 현일이를 보며) 현일아! ㉢무릎!(매트에서 일어서는 현일이를 보며) 선생님이 아까 뭐라고 했지, 잘 구르려면? (현일이의 대답을 듣고) 그래 좋았어!

1) 다음은 박 교사가 (가)의 수업을 위하여 교재 내용을 분석한 것의 일부이다. ( )에 들어갈 말을 쓰시오. [1점]

> 앞구르기는 손 → 뒷머리 → 어깨 → 등 → 엉덩이 → 발 순으로 매트에 몸이 닿게 하여 몸을 앞으로 구르도록 해야 한다. 그런데 앞구르기를 잘하려면 체력이 뒷받침되어야 한다. 예컨대, 앞구르기 동작을 할 때에는 머리, 손, 발 등 몸의 모든 부위를 조화롭게 움직일 수 있는 능력이 필요한데, 이것은 운동체력 요소 중 (   )(이)라고 부른다.

• _____

2) 앞구르기를 잘하도록 하기 위해 박 교사가 ㉠과 ㉡을 시키는 의도를 앞구르기의 세부 동작과 관련하여 쓰시오. [2점]

• ㉠ : _____
• ㉡ : _____

3) 경구 ㉢을 사용하여 박 교사가 제공하려는 구체적인 정보를 1가지 쓰시오. [1점]

• _____

정답

1) 협응성
2) ㉠ 턱을 최대한 당겨 몸을 둥글게 하고 머리 뒷부분이 매트에 닿도록 하기 위해서
   ㉡ 몸의 무게 중심을 이동 방향의 앞쪽에 두어 회전력을 증가시키기 위해서
3) 앞구르기 후 일어날 때에는 무릎을 감싸면서 일어선다.

정답이유

1) 협응성이란 운동 체력 중 하나로, 아동이 운동을 효율적으로 수행하기 위하여 운동과 감각기관을 통합할 수 있는 능력을 말한다. 즉, <u>신체 기관이 서로 협력하여 동작을 이루는 능력을 의미한다.</u>

2) ㉠의 경우 손수건을 턱에 끼게 되면 턱과 무릎을 가깝게 하여 몸을 둥글게 할 수 있어서 쉽게 구를 수 있도록 지도한 것이고, ㉡의 경우 회전력이 없어서 앞구르기가 원활하지 않은 학생들에게 회전력을 높일 수 있도록 지도한 것이다.

3) **앞구르기 세부 동작과 경구 사용**

① 경구의 활용은 아이들이 정보를 더 쉽게 생각나게 하는 데 도움을 주기 위해, 쉽게 기억할 수 있는 '심상(mind picture)'을 제공하는 것이다.
② 예를 들면 학생이 라켓으로 공을 칠 때 교사가 "옆구리!"하고 외쳐, 초보자에게 필요한 단서를 준다. 이로써 학생에게 공을 칠 시점을 알려 주는 것이다. 경구로서 '옆구리(side)'란 말은 이러한 개념을 기억하게 도와주는 중요 요소이다.
③ <u>앞 구르기 시 몸을 동그랗게 말아서 구르도록 하기 위해 '이마를 무릎에' 라는 단서, 일어날 때는 '발목이나 무릎'이라는 단서를 제공한다.</u>

07

2013-B-5

다음은 4학년 '투기 도전 활동 수업'을 위한 단원 전개 계획의 일부이다. 물음에 답하시오. [4점]

차시	학습 주제	학습 내용 및 활동	지도상의 유의점
1	투기 도전 활동의 이해	• 도전 활동 역사 이해하기 • 투기 도전 활동의 주요 활동 파악하기 • 투기 도전 활동 특성 이해하기	㉠ 투기 도전 활동은 우리 고유의 무예로, 신체문화유산으로 강조되어 온 영역임을 이해시킨다.
2~3	태권도의 기본 기능	• 공격 기술 익히기 • 방어 기술 익히기 • 품새 익히기	㉡ 품새는 공격과 방어의 연결 동작으로 혼자서 익힐 수 없기 때문에 짝을 이루어 익히게 한다.
4~5	간이 태권도 교본 만들기	• 모둠별로 협동하여 계획 세우기 • 모둠별 협동학습으로 간이 교본 만들기 • 모둠별로 교본 발표하기	㉢ 교본을 작성할 때 각자의 능력에 맞는 과제와 역할을 수행하도록 한다.
6~7	태권도 대회 개최	• 경기 방법 및 규칙 이해하기 • 학급 태권도 왕 선발 대회 • 겨루기를 통해 예절 익히기	㉣ 남녀별, 체격별, 기능 수준별 특성을 고려하여 경기를 진행하고, 예절을 강조한다.
8~9	씨름의 기본 기능	• 샅바 고리를 만들고 상대방의 샅바 잡아 보기 • 발 기술 익히기 • 공격과 방어 역할 바꾸어 연습하기	㉤ 샅바 매는 방법을 가르칠 때에는 샅바 대신 리본이나 신발끈 등으로 대체할 수 있다.

1) (가)는 2007 개정 체육과 교육과정에 제시된 내용 체계의 구성 방향이고, (나)는 4학년 '도전 활동' 내용 체계표이다. 위의 단원 전개 계획을 참고하여 A, B에 들어갈 알맞은 말을 쓰시오. [2점]

(가)
• 학습량의 적정화
• 교육 내용의 균형과 조화
• (A)

→

(나)

영역	표적/투기 도전
도전 활동	◦ 표적/투기 도전 • 의미와 특성 • 기본 기능 • (B)

• A : _____ • B : _____

2) 다음은 8~9차시 씨름 수업을 한 후 교사와 학생이 나눈 대화이다. C에 들어갈 발 기술을 쓰시오. [1점]

> 학생 : 선생님, 아까 민수와의 시합에서 제가 넘어간 이유를 잘 모르겠어요. 제가 어떤 기술에 넘어갔나요?
> 교사 : 너의 오른쪽 다리가 민수의 몸 가까이에 갔을 때 민수가 (C) 기술을 시도했단다. 이 기술은 오른쪽 다리로 상대의 오른쪽 무릎을 감고, 오른팔로 상대의 몸을 뒤로 젖혀 주면서 중심을 무너뜨리는 기술이지.

• C : _____

3) 지도상의 유의점 ㉠~㉤ 중 적절하지 않은 것을 1개 골라 바르게 수정하시오. [1점]

• _____

정답

1) A 학습 내용 영역의 통합(인지적·심동적·정의적 영역의 통합)
   B 겸손
2) 밭다리걸기
3) 품새는 공격과 방어의 연결 동작으로서, 혼자서도 기본 동작을 수련할 수 있도록 만들어져 있다.

정답이유

1) A : 내용 요소 중 의미와 특성은 인지적 영역, 기본 기능은 심동적 영역, (B)는 정의적 영역에 해당된다.
   B : 2015 개정 표적/투기 도전 내용 요소
   • 의미, 기본 기능, 방법, 겸손

2) 씨름의 발 기술에는 밭다리걸기(상대방의 오른 다리가 자기의 몸 가까이에 왔을 때), 안다리걸기(상대방의 왼다리가 자기의 오른 다리 가까이에 있을 때)가 있다.

3) 태권도 품새란, 전후좌우에 상대방(적)이 있다는 가정하에 만들어진 공격과 방어의 연결 동작으로서, <u>혼자서도 방어와 공격의 기본 동작을 수련할 수 있도록 만들어진 태권도 기술 체계이다.</u>

정답개념

1. **체육 교과를 '기능 교과'로 인식시킨 교육적 한계를 극복**
• 체육과 교육의 내용 체계에서는 인지적 영역, 심동적 영역, 정의적 영역이 통합된 형태로 제시되고 있다.
① 이는 학습자들이 어떤 신체 활동을 수행할 때(심동적 영역), 해당 신체 활동에 관한 이론 또는 지식(인지적 영역)과 태도(정의적 영역)를 함께 배우도록 한 의도에서 비롯된 것이다.
② 내용 요소에 심동적 영역뿐만 아니라, 인지적 영역과 정의적 영역을 함께 제시하여, 그동안 체육과에서 인지적 영역을 온전히 교육하지 못하고 정의적 영역을 공식적인 교육 내용으로 인정하지 않음으로써 인해 체육 교과를 '기능 교과'로 인식시킨 교육적 한계를 극복할 수 있는 계기를 마련하였다.

4절 경쟁

01   2023-B-10

(가)는 예비 교사가 작성한 '배구형 게임'의 교수·학습 과정안의 일부이고, (나)는 수업 후 예비 교사와 멘토 교사의 대화 내용이다. 물음에 답하시오. [4점]

(가)

학습목표	배구형 게임의 기본 기능을 익히고 전략을 사용하여 변형 게임을 할 수 있다.
단계	교수·학습 활동

전개	• <활동 1> 게임하기
	  - 배구형 게임의 특성 이해하기
	  - 공을 넘기고 받으며 게임하기
	• <활동 2> 기능 연습 및 전략 탐색하기
	  - ㉠공 넘기기 연습하기
	  - 공 받기 연습하기
	  - 공격과 수비 전략 수립하기
	• <활동 3> 변형 게임하기
	  - 변형 게임 만들기
	  - 기본 기능과 전략을 사용하여 변형 게임하기

(나)

예비 교사 : 학생들의 운동 기능을 향상시키기 위해서는 어떻게 지도해야 할까요?
멘토 교사 : <활동 2>에서 학생들의 운동 기능을 향상시키기 위해서 ㉡과제 내 발달(변형)과 과제 간 발달(변형)을 활용할 수 있습니다.
예비 교사 : 그런데, 공 넘기기, 공 받기, 전략 수립하기의 3가지 과제를 교사 혼자 지도하다 보니 어려움이 있었어요.
멘토 교사 : 이런 경우에는 ㉢동료 교수(peer teaching) 전략을 활용하는 것이 좋습니다. 학생들이 공격과 수비 전략을 잘 사용하였나요?
예비 교사 : 학생들의 수행을 관찰해 보니, ㉣공을 받을 때 학생들이 서로 부딪치는 경우가 많이 발생했어요.

1) (가)의 ㉠과 관련하여, (나)의 ㉡에 해당하는 구체적인 방법을 2가지 쓰시오. [2점]

2) (나)의 ㉢을 실행하는 방법을 쓰시오. [1점]

3) (나)의 ㉣과 관련하여, 예비 교사가 지도할 수 있는 수비 전략을 1가지 쓰시오. [1점]

정답

1) ① 네트 높이를 다양하게 한다.
   ② 공의 종류를 다양하게 한다.
2) 학생들이 동료교사와 학습자 역할을 번갈아 수행하면서 서로 가르치고 학습한다.
3) • 역할을 유기적으로 나누기
   • 공을 누가 받을지 사전에 약속하고 신호를 먼저 보낸 사람이 공을 받는다.

정답이유

1) 과제 내 변형(Intratask Variation)
• 과제 내 변형은 개별적 학생들을 위해 과제를 다른 종류의 크기와 공을 사용하게 하거나 기능이 낮은 학생을 위해 움직이는 공이 아니라 정지된 공을 차게 하는 것과 같이 과제를 더 쉽게 만들 수 있다. 기능이 높은 학생에게는 드리블을 하다가 차거나 패스한 공을 이동하는 팀원에게 패스하는 것처럼 과제를 더 어렵게 바꾸는 데에도 사용한다.

2) 동료 교수 모형
① 한 학생 또는 소집단의 학생들이 교사 역할과 학습자의 역할을 번갈아 맡아 협력하여 정해진 학습을 해 나가는 것으로 교사 중심의 강의식, 주입식 일변도의 학습지도 방법을 탈피하여 학생들끼리 협력하는 원리를 학습 활동에 도입하는 학습지도 방법이다.
② 동료교사와 학습자가 중요한 역할을 담당하지만 전반적인 책임은 동료교사에게 있다.
③ 학생들이 동료교사와 학습자 역할을 번갈아 수행하면서 서로 가르치고 학습하게 된다. 즉 "나는 너를 가르치고 너는 나를 가르친다."는 입장에서 서로 상호 보완과 협력을 해 가며 교사로부터 주어진 학습 과제를 완수해 나간다.

3) 배구형 게임 지도
〈수비전략〉
① 역할을 유기적으로 나누기
② 공을 누가 받을지 약속하고 신호를 먼저 보낸 사람이 공 받기
〈공격전략〉
① 공을 받아 넘기기 어려운 지역으로 공 보내기
② 수시로 의사소통하여 역할 분명히 하기
〈안전지도〉
• 공을 받겠다는 신호를 만들어 사용하기

02

2022-B-11

(가)는 책임감 수준을 높이기 위한 축구형 게임 교수·학습 과정안이고, (나)는 교사가 수업에서 관찰한 책임감 수준을 정리한 자료이다. 물음에 답하시오. [4점]

(가)

단계	학습흐름	교수·학습 활동	자료(•) 및 유의점(※)
인식	학습목표 책임감 수준 안내 준비 운동	▶ 축구형 게임을 통한 책임감 기르기 ▶ 책임감 수준 안내하기 ▶ 준비 운동하기	
활동	게임 규칙 인지 게임하기	▶ 게임 규칙 알아보기 - 득점 인정 규칙 알아보기 - 게임 진행 방법 알아보기 ▶ 게임하기 [A] - 팀 내 역할을 정하고 전략 수립하기 - 정해진 규칙과 방법에 따라 게임하기 - 팀 간 합의를 통해 게임 규칙 수정하기	• 규칙 안내서 • 게임 작전판 ㉠ ※ 학생들을 3개 팀으로 나누되, 모든 팀이 수업에 참여하도록 한다.
모임	정리 운동 대화하기	▶ 정리 운동하기 ▶ 수업 내용 및 팀원 간 책임감 수준 상호평가하기	• 책임감 수준 평가지 1
반성	반성·평가하기 차기 예고 및 정리	▶ 자신의 책임감 수준 평가하기 ▶ 차시 예고 및 사용 기구 정리하기	• 책임감 수준 평가지 2

(나)

다음은 지도 교사가 축구형 게임 수업에서 나타난 학생들의 모습을 헬리슨(D. Hellison)의 '책임감 수준 틀'에 따라 정리한 것이다.

책임감 수준	관찰 내용
수준 0 (무책임)	• 수업에 참여하지 않으며 친구들이 실수할 때 야유를 보냄
수준 1 (타인 권리·감정 존중)	• 게임에 소극적으로 참여하지만 게임 중 실수를 한 친구에게 화를 내거나 비난하지 않음
수준 2 (참여와 노력)	• 게임에 열심히 참여하고 전략 회의에서 적극적으로 의견을 제시함
수준 3 (자기 책임)	• 게임 중 자신에게 부족한 운동 기능을 파악하고 스스로 연습하는 모습을 보임
수준 4 (㉡)	• 운동 기능이 부족한 친구가 게임에서 자신감을 갖도록 격려하고 도와줌
수준 5 (수업 밖으로 전이)	- 추후 기록 예정 -

1) (가)의 ㉠을 참고하여 수업 중에 두 팀이 게임을 할 때, 나머지 한 팀이 게임 규칙과 진행 방법을 체득할 수 있는 직접 체험 활동을 1가지 쓰시오. [1점]

• _____

2) (가)의 [A]와 관련된 것으로 다음 (   )에 들어갈 2015 개정 체육과 교육과정의 교과 역량을 쓰시오. [1점]

> '(   ) 능력'은 게임, 스포츠 등 유희적 본능을 바탕으로 이루어지는 경쟁 상황에서 적합한 전략과 기능을 발휘하여 개인 혹은 공동의 목표 달성을 위해 상호작용을 할 수 있는 능력이다. 이 능력에는 신체 움직임 능력, 문제 해결력, 상황 판단력이 포함된다.

• _____

3) (나)에서 ① ㉡에 들어갈 용어를 쓰고, ② '책임감 수준 0'에 해당하는 학생들을 '책임감 수준 1'로 향상시킬 수 있는 효과적인 지도 방법 1가지를 쓰시오. [2점]

• ① : _____
• ② : _____

정답

1) 두 팀이 게임을 하는 동안 나머지 한 팀은 심판의 역할을 맡는다.

2) 경기 수행

3) ① 돌봄과 배려
② 학생과 대화, 상담을 통해 타인을 존중하는 것이 책임감 있는 행동임을 지도한다.

정답이유

1) 학생들을 3개 팀으로 나누되, 모든 팀이 수업에 참여하도록 한다고 되어 있고, 두 팀이 게임을 진행하고 있으므로, 나머지 한 팀이 게임 규칙과 진행 방법을 체득할 수 있는 적절한 직접 체험 활동은 심판으로 참여하여 게임 규칙을 적용해 보는 것이다.

2) '경기 수행 능력'은 게임, 스포츠 등 유희적 본능을 바탕으로 이루어지는 경쟁 상황에서 적합한 전략과 기능을 발휘하여 개인 혹은 공동의 목표 달성을 위해 상호 작용할 수 있는 능력이다.

3) 책임감 모형의 대표적 전략은 대화 또는 상담이다. 교사는 학생과 상담을 통해 체육 수업 내용과 참여 기간을 결정하고 수업에 참여하도록 한다.

정답개념

책임감(TPSR) 수업 모형

① 개인적·사회적 책임감 지도 모형은 헬리슨(Hellison)의 5단계 '책임감 발달 수준'을 바탕으로 학생 개개인을 위한 체육 프로그램을 구성하여 개인적·사회적으로 책임감 있는 행동을 촉진하는 것을 목적으로 한다.

② 개인적·사회적 책임감 지도 모형은 낮은 책임감 수준의 학생들에게 일련의 계열화된 체육 활동에 참여하게 하여 교사 및 동료 학생들과 다양한 상호 작용을 하게 함으로써 개인적·사회적인 책임감을 함양시키고자 한다.

③ 이 모형에서는 수업을 진행해 나가는 동안 교사와 학생들 간, 그리고 학생들 간에 목적의식을 가진 대화와 상호 작용이 많이 발생한다.

03   2021-B-10

(가)는 예비 교사의 3~4학년군 경쟁 영역 '축구형 게임' 수업을 지도 교사가 관찰한 내용의 일부이고, (나)는 예비 교사와 지도 교사가 수업 후 나눈 대화의 일부이다. 물음에 답하시오. [4점]

(가)

> ⓐ 햇빛이 밝게 비치는 오후다. 예비 교사는 학생들의 건강 상태를 확인하고 준비 운동을 실시한 후, 학습 과제를 설명과 ⓑ 시범으로 제시했다.
> 첫 번째 과제는 학생들이 짝과 함께 공을 차며 주고받는 활동이고, 두 번째 과제는 학생들이 모둠별로 간이 골대에 공을 차서 골을 넣는 활동이다.
> 민지는 뒤에서 달려와 공을 찼으나 헛발질을 했다. 예비 교사는 당황하는 민지를 다독이며 격려를 했으나 민지는 두 번 더 헛발질을 했다. [A]
> 동호는 왼발을 강하게 디디며 오른 발로 공을 찼는데 골대 왼쪽으로 나갔다. 예비 교사가 힘을 빼고 차라는 조언을 했으나 동호가 찬 나머지 두 번도 공이 골대를 빗나갔고 동호의 표정은 굳어졌다. [B]
> 세 번째 과제는 골대 앞에 놓인 공을 두 팀이 번갈아 가며 차는 활동이었는데 예비 교사는 사고 방지를 위해 학생들이 지나치게 승부에 집착하지 않도록 강조했다. [C]

(나)

지도 교사 : 민지와 동호는 오늘 두 번째와 세 번째 과제 활동 모두에서 한 골도 넣지 못했죠?
예비 교사 : 네, 민지가 자신감을 잃은 것 같아 걱정입니다. 그리고 동호는 운동 기능이 나쁘지 않은데 오늘 골을 넣지 못한 것은 의외였습니다.
지도 교사 : 학생들의 상황과 특성을 꼼꼼하게 잘 파악하셨네요. 제가 관찰한 바로는 ⓒ 두 학생 모두 디딤 발이 적절하지 않았습니다. 그런데 세부 원인은 다르니 구분해서 지도해야 합니다.
예비 교사 : 네, 고맙습니다. 그러면 교수·학습 활동을 계획할 때 고려해야 할 점은 무엇이 있을까요?
지도 교사 : 우선, 수업 규칙을 잘 마련해야 하고, 학생 들의 부상 방지를 위한 노력도 중요합니다.
예비 교사 : 그러니까 학기 초에 수업 규칙을 만들어 안내하고, 수업 교구 및 시설에 대한 점검도 철저히 해야겠군요. [D]
지도 교사 : 그래서 ⓓ 2015 개정 체육과 교육과정 '교수· 학습 활동 계획'에서 네 가지 항목 중 하나로 그 부분을 강조하고 있습니다.

1) (가)의 ⓐ을 고려하여 ⓑ을 운동장에서 수행할 때 교사가 지켜야 할 점을 1가지 쓰시오. [1점]

• _____

2) (가)의 [A], [B]와 (나)의 ⓒ을 참고하여 민지와 동호의 문제점 및 지도를 위한 구체적 피드백을 각각 쓰시오. [2점]

• ① 민지 : _____
• ② 동호 : _____

3) (가)의 [C]와 (나)의 [D]를 토대로 ⓓ에 해당하는 것을 쓰시오. [1점]

• _____

정답

1) 태양이 정면으로 비치지 않는 곳에 학생들을 위치시켜야 한다.
2) ① 민지 : 디딤발의 위치가 공과 먼 것이 문제이므로 디딤발과 공의 간격이 주먹 하나 정도가 되도록 한다.
   ② 동호 : 디딤발의 방향이 잘못된 것이 문제이므로 디딤발의 방향을 공을 보내는 방향과 일치하도록 한다.
3) 학습자 관리와 안전 고려

정답이유

1) 성공적인 시범을 위해 요구되는 요소

★ 시범의 위치	① 다분히 상식적인 것으로 모든 학생들이 쉽게 볼 수 있는 위치에 서는 것이다. ② 교사가 실외 수업을 한다면 태양이 정면으로 비치지 않는 곳에 학생들을 위치시켜야 한다. 이것은 매우 기본적인 사항이지만, 때때로 잊혀지고 있는 것이다.

2) 공을 찰 때 디딤 발의 위치

① 디딤 발의 방향은 공을 보내는 방향과 일치시킨다.
② 공의 중심과 디딤 발의 중앙이 일직선이 되도록 한다.
③ 디딤 발과 공의 간격은 주먹 하나 정도로 한다.

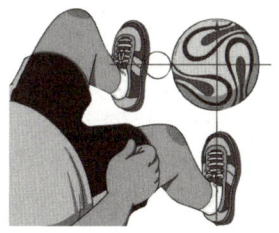

④ 공을 차는 유형에 따라 디딤 발의 위치가 다르다.
  • 인사이드 킥 : 공 바로 옆에 위치
  • 인스텝 킥 : 공 약간 뒤에 위치

3) 교수·학습 활동 계획

★ 학습자 관리와 안전 고려	① 학년 또는 학기 초에 수업 규칙을 수립하고 일관성 있게 적용함으로써 학생들을 효율적으로 관리하고 학생들의 부적절한 행동을 예방하거나 최소화하도록 한다. ② 또한, 학생들의 안전사고를 예방하기 위해 안전 수칙과 절차를 마련하고 이를 학생들에게 공지하여 준다. ③ 특히, 선택한 신체활동의 특성을 고려한 준비 운동 및 정리 운동을 실시하여 활동 및 학습에서 안전한 조건을 갖추도록 지도하며, 수업 전·후 체육 시설 및 장비에 대한 점검을 통해 안전 사고의 발생을 사전에 예방할 수 있도록 한다. ④ 또한, 도전 또는 경기 상황 등에서 과도한 목표 성취 욕구와 지나친 경쟁심으로 운동 손상 사고가 발생할 수 있으므로 이에 대한 안내를 충분히 실시한다.

04

2020-B-9

(가)는 2015 개정 체육과 교육과정 5~6학년군 경쟁 영역 '배구형 게임'에 관한 교수·학습 과정안이고, (나)는 해당 수업을 실시한 김 교사의 수업 성찰 일지이다. 물음에 답하시오. [4점]

(가)

수업 단계	교수·학습 활동	지도상 유의점
도입	• 학습 목표 : ㉠ 배구형 게임의 기본 운동 기능의 원리를 알고, 친구들과 협력하면서 익힐 수 있다. • ㉡ 준비운동 : 운동장 2바퀴 돌기	학습자의 건강 상태를 확인하고 조치한다.
전개	• 기본 운동 기능 연습 　활동 1 공 받고 이어주기 : 원리 및 기능 학습 　활동 2 공 넘기기 : 원리 및 기능 학습	기본 운동 기능 연습 시 친구들과 협력하면서 할 수 있도록 지도한다.
정리	• 정리운동 : 스트레칭 • 학습 내용 정리 • 평가	

(나)

　오늘 배구형 게임 수업에서 준비운동으로 운동장 돌기를 하였다. ㉢ 매번 똑같은 준비운동이라서 그런지 흥미를 잃고, 형식적으로 참여하는 아이들이 많았다.
　또한 수업 참여에 소극적이었던 학생들을 제대로 도와주지 못했던 것 같다. 앞으로는 이러한 학생들이 적극적으로 수업에 참여할 수 있도록 ㉣ 기본 운동 기능을 수준별로 제시하고, 배구 관련 영화 감상, 배구 관련 글 읽고 쓰기, 배구의 역사 조사하기 등과 같은 활동을 통해 흥미를 갖고 수업에 참여할 수 있도록 해야겠다.

1) (가)의 ㉠과 (나)의 ㉣과 관련 있는 2015 개정 체육과 교육과정의 '교수·학습의 방향'을 다음과 같이 제시할 때, ( ) 안에 들어갈 내용을 각각 쓰시오. [1점]

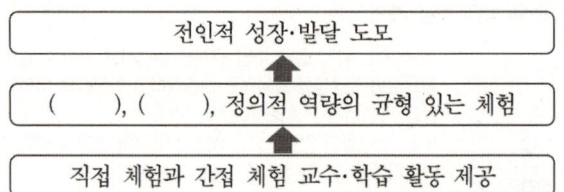

• _____

2) (가)의 ㉡과 (나)의 ㉢을 참고하여 김 교사가 시행해 온 준비 운동의 문제점을 해결할 수 있는 방법을 다음과 같이 정리할 때, ( ) 안에 공통으로 들어갈 내용을 쓰시오. [1점]

> 준비운동은 ( )을/를 원활하게 수행하기 위해 이루어 지는 것으로서 ( )와/과 관련된 흥미로운 내용으로 실시해야 한다.

• _____

3) (가)의 교수·학습 과정안이 구현된 수업에서 평가는 어떻게 이루어져야 하는지 2015 개정 체육과 교육과정의 '평가의 방향' 중 '교육과정과의 연계성'에 근거하여 쓰시오. [2점]

• _____

정답

1) 인지적, 심동적

2) 주운동

3) 평가는 수업 목표 및 교수·학습 활동과 일관되어야 한다.

정답이유

1) '교수·학습 방향' : 전인적 발달을 위한 통합적 교수·학습

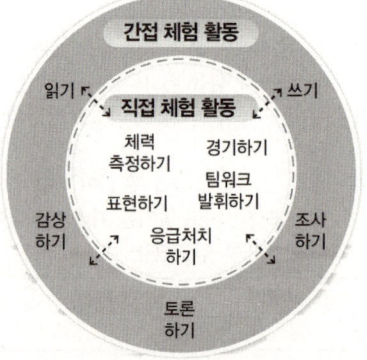

① 체육 교과의 학습은 학습자가 신체활동에 포함된 <u>심동적, 정의적, 인지적 역량</u>을 균형 있게 체험하여 전인적으로 성장·발달할 수 있도록 다양한 활동을 통합적으로 제공한다.
② 이를 위해 신체활동을 직접 체험하는 학습 활동뿐만 아니라 다양한 간접 체험 활동(예 읽기, 쓰기, 감상하기, 조사하기, 토론하기 등)을 포함하여 통합적으로 지도한다.

2) 운동의 단계

준비 운동	주운동을 하기 전에 몸을 부드럽게 풀어 주기 위한 신체 활동
주 운동	원래 하려고 정하였거나 가장 많은 시간을 들여서 하는 신체 활동
정리 운동	운동을 마치면서 하는 신체 활동으로서, 운동 중에 생긴 피로를 풀어 주기 위한 것으로 주 운동에서 주로 사용한 신체 부위를 풀어 준다는 느낌으로 해 준다.

3) '평가의 방향' – 교육과정과의 연계성

① 평가는 교육과정과 연계되어야 한다. 즉, 국가 및 지역 수준의 체육과 교육과정에서 추구하는 목적과 목표를 파악하고, 이를 근거로 단위 학교의 체육과 교육과정을 계획·실천하여 의도한 교육적 효과가 어느 정도 성취되었는지 평가하는 일련의 과정이 연계성 있게 진행되어야 한다.
② <u>평가는 수업 목표 및 교수·학습 활동과 일관되어야 한다. 즉, 수업 목표 달성을 위해 지도된 교수·학습 활동과 평가 내용이 서로 다르지 않도록 일관성을 유지하여야 한다.</u>

05   2018-A-9

(가)는 예비 교사가 작성한 교수·학습 과정안의 일부이고, (나)는 이 교수·학습 과정안에 대해 지도 교수와 예비 교사가 나눈 대화의 일부이다. 물음에 답하시오. [4점]

(가)

영역	경쟁 활동 (필드형 경쟁)	신체 활동	발야구형 게임	수업 모형	동료 교수 모형
학습 주제	공 던지고 받기	차시	3/8	대상	5학년
학습 목표	여러 가지 방법으로 공을 던지고 받을 수 있다.					
준비물	발야구 공				

학습 단계	학습 과정	교수·학습 활동	시간(분)	자료(■) 및 유의점(※)
도입	준비 운동 및 학습 문제 확인	• 준비 운동 하기 • 동기 유발 • 학습 문제 확인하기	8	※ 학생들의 건강 상태를 확인한다.
전개	기본 기능 이해하기	• 공 던지고 받기 알아보기 - 교사는 기본 자세와 방법을 시범 보이며 설명한다.	4	■ 발야구 공
	짝 정하기 및 역할 배정하기	• 공 던지고 받기 알아보기 - 신체 조건이 비슷한 친구끼리 짝을 짓는다. - '동료 교사' 역할과 '학습자' 역할을 정한다.	2	※ '동료 교사' 역할 학생에게 피드백 목록을 제공한다.
	과제 제시 및 동료 교수·학습	• 공 던지기 익히기 - '동료 교사' 역할 학생은 '학습자' 역할 학생에게 여러 가지 공 던지기 방법을 가르친다. • 공 받기 익히기 - '동료 교사' 역할 학생은 '학습자' 역할 학생에게 여러 가지 공 받기 방법을 가르친다.	20	■ 발야구 공 ※ ㉠ '동료 교사' 역할 학생은 교사가 제시한 내용을 토대로 '학습자' 역할 학생에게 적절한 피드백을 준다.
정리	정리 운동	• 정리 운동 하기	3	

(나)

지도 교수 : 이 교수·학습 과정안은 동료 교수 모형이 적용됐군요. 수업 모형을 적용할 경우에는 그 모형의 특징이 학습 과정에 잘 드러나야 합니다. 함께 살펴봅시다. 먼저 동료 교수 모형의 특징을 한 마디로 표현한다면 뭐라고 할 수 있을까요?

예비 교사 : '나는 너를 가르치고 너는 나를 가르친다'입니다.

지도 교수 : 그렇지요! 그런데 이 교수·학습 과정안을 보면 처음 정했던 역할대로만 '동료 교사' 역할 학생이 '학습자' 역할 학생을 가르치게 되어 있네요. 뭔가 더 추가해야 하지 않을까요? [A]

예비 교사 : 아! 그렇네요. 전개 단계에서 '과제 제시 및 동료 교수·학습' 다음에 '학습 과정'과 ㉡ 그것에 해당하는 '교수·학습 활동'을 추가해야겠어요.

지도 교수 : 맞습니다. 그래야 동료 교수 모형의 적용이 완성됩니다.

… (중략) …

지도 교수 : 그런데 이런 필드형 게임은 꼭 5~6학년군에서만 지도되어야 할까요?

예비 교사 : 필드형 게임은 당연히 5~6학년군에서 지도하는 게 맞지 않나요?

지도 교수 : 2015 개정 체육과 교육과정을 보면 반드시 그래야 하는 건 아닙니다. 필드형 게임을 3~4학년군에서도 지도할 수 있어요.

예비 교사 : 그래요? 3~4학년군에서는 피하기형 경쟁과 영역형 경쟁을 지도해야 하는 거 아닌가요?

지도 교수 : 새로 개정된 교육과정을 보면 다양한 유형의 기본 게임, 즉 기초적인 수준의 영역형/필드형/네트형 게임 등을 지도할 수 있도록 '(㉢)'이/가 새롭게 제시되었답니다.

… (하략) …

1) 다음은 (가)의 밑줄 친 ㉠과 관련하여 '동료 교사' 역할 학생이 '학습자' 역할 학생에게 제공하려는 피드백의 내용이다. ⓐ, ⓑ에 들어갈 내용을 쓰시오. [2점]

• 먼 거리로 공을 빠르게 던질 때에는 어깨 위에서 던지고, 가까운 거리로 공을 안전하고 정확하게 던질 때에는 (ⓐ) 던진다.
• 뜬공을 안전하게 받을 때는 공을 향해 두 팔을 뻗었다가 (ⓑ) 받는다.

• ⓐ : _____
• ⓑ : _____

2) (나)의 [A]를 근거로 밑줄 친 ㉡의 구체적인 내용을 쓰시오. [1점]

• _____

3) (나)의 ㉢에 들어갈 내용을 쓰시오. [1점]

• _____

정답

1) ⓐ 팔을 어깨 아래에서 위로 올리면서
   ⓑ 공을 몸쪽으로 끌어 당기면서
2) 동료 교사, 학습자 역할을 교대하여 공 던지기, 공 받기를 익힌다.
3) 경쟁의 기초

06 2017-B-5

다음은 김 교사와 박 교사의 필드형 경쟁 활동 수업에 대한 협의 내용이다. 물음에 답하시오. [4점]

> 박 교사: 우리 반은 오늘 티볼 마지막 시간이었는데 학생들이 재미있는지 계속하자고 하네요. 김 선생님 반은 무엇을 했나요?
> 김 교사: 우리 반은 진도가 좀 늦어서 주먹 야구를 하고 있습니다. 다음 주부터 티볼을 할 수 있을 것 같은데 수업을 할 때 어떤 점에 유의해야 할까요?
> 박 교사: 티볼이 지금까지 했던 주먹 야구와 유사해서 지루해 할 학생들도 있고, 또 반대로 어렵다고 느끼는 학생들도 있을 수 있어요. 그렇게 되면 학생들이 과제에서 이탈하거나 과제와 관련 없는 행동을 하게 됩니다.
> 김 교사: 그럴 경우에는 어떻게 하죠?
> 박 교사: 학생들의 능력과 흥미에 맞게 과제를 단계화하는 방법 ⌐
> 이 있습니다. 일반적으로 시작형 과제는 가장 기초적인
> 단계에서 학생들이 학습할 수 있는 과제이고, 확장형 과
> 제는 난도와 복잡성을 높인 과제입니다. 그리고 세련형 [A]
> 과제는 기능의 질적 측면에 초점이 맞추어진 과제이며,
> 적용형 과제는 실제 상황에 활용하도록 만든 과제를 의
> 미합니다.   ⌐
> 김 교사: 그럼 학습 과제를 단계화하고 그에 따라 지도하면 문제가 해결되겠군요.
> 박 교사: 그리고 한 가지 더, 이미 티볼 경험이 있거나 잘하는 학 ⌐
> 생이 있을 수 있기 때문에 모든 학생들에게 동일한 과제 [B]
> 를 고집해서는 안 됩니다.   ⌐
> 김 교사: 그런 학생이 있을 때는 수업을 어떻게 운영해야 할까요?
> 박 교사: (㉠)
> 김 교사: 그러면 더 많은 학생들이 적극적으로 참여하고 만족하는 수업이 될 수 있겠네요. 고맙습니다.

1) 다음은 김 교사가 학생들에게 티볼의 치기 기능을 지도하기 위해 학습 과제를 단계화한 것이다. [A]를 참고하여 ⓐ에 들어갈 '학습 과제 내용'을 쓰시오. [1점]

유형	학습 과제 내용
시작형 과제	배트를 잡는 방법과 배트로 공을 치는 기본적인 방법을 익히는 활동
확장형 과제	배트를 짧게 잡고 공을 치는 활동, 길게 잡고 공을 치는 활동
세련형 과제	팔 힘뿐만 아니라 허리 회전을 이용하여 공을 정확하게 치는 활동
적용형 과제	(ⓐ)

• _____

2) 2009 개정 체육과 교육과정의 '교수·학습의 방향' 중 [B]와 관련성이 가장 높은 1가지가 드러나도록 ㉠에 들어갈 내용을 쓰시오. [1점]

• _____

3) 다음은 티볼 경기장의 모습이다. 안전의 관점에서 ⓐ, ⓑ의 설치 목적을 각각 쓰시오. [2점]

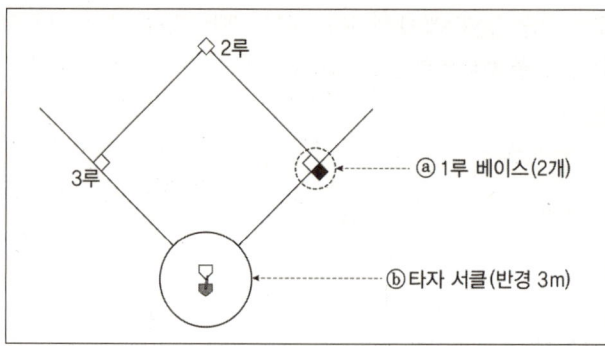

• ⓐ : _____

• ⓑ : _____

정답

1) 실제 게임 상황에서 여러 가지 배트 잡는 방법과 공을 치는 방법을 활용하는 활동

2) 개인차를 고려하여 과제 유형과 난이도를 달리한 교수·학습 활동을 조직하고 재구성하거나 동일 과제에 대한 목표 수준을 달리 적용한다.

3) ⓐ 공을 친 타자와 1루 수비수의 충돌을 방지한다.
ⓑ 배트로 공을 칠 때 주변의 학생이 다치지 않도록 한다.

정답이유

1) 과제 내용의 수정
• 교사는 관찰과 피드백을 통하여 과제 연습 도중 학생들 각자에 좀더 적합한 형태로 과제를 바꿔 주거나 수정해 주어야 한다.
① 확장형 과제로 수정해 준다.
  - 학생들의 운동 기능에 맞도록 과제 수행 조건을 바꾸어 준다.
② 적용형 과제로 수정해 준다.
  - 배운 운동 기능을 실제 게임이나 시합 상황에 적용하고 활용하도록 게임이나 시합 상황을 만들어 준다.
③ 세련형 과제로 바꾸어 준다.
  - 원래 과제의 질적 측면을 보다 강조하여 학습하도록 하는 과제로 바꾸어 준다.
④ 과제를 완전히 바꾸어 준다.
  - 확장형이나 적용형으로 수정해 주는 대신, 완전히 다른 종류의 과제로 바꾸어 준다.

2) 개인차를 고려한 수준별 수업
• 과제 유형과 난이도를 달리한 교수·학습 활동을 조직하고 재구성하거나 동일 과제에 대한 목표 수준을 달리 적용하여 학습 활동에서 소외되는 학생들이 없도록 한다.

3) 티볼 안전 지도
ⓐ 안전을 위해 1루는 공격수용과 수비수용으로 2개를 놓을 수도 있다.
ⓑ 공을 친 뒤 방망이를 던지지 않기, 대기 선수는 타자와 멀리 떨어져 있기, 방망이를 들고 있는 사람 주변에 가지 않기, 방망이를 휘두르기 전에 주변을 살피기 등

07

2016-B-6

(가)는 3~4학년군 '경쟁 활동' 영역 중 하키형 게임 수업 장면의 일부이고, (나)는 수업 후 김 교사가 자신의 수업을 반성하며 쓴 글이다. 물음에 답하시오. [4점]

(가)

> 김 교사 : 오늘 하키형 게임 수업은 모둠원들과 함께 협동하면서 게임하는 거예요. 상대방의 잘못을 탓하지 말고 서로를 격려하면서 수업에 참여하도록 해요.
> 나영 : 예, 알겠습니다.
> 김 교사 : 몇 가지 연습을 하고 나서 게임을 하도록 할게요. 누가 먼저 기본자세를 취해 볼까요?
> 민지 : 선생님, 다리를 이렇게 하고 하키채를 잡으면 되나요?
> 김 교사 : ㉠ 그게 아니지. 다음 사람 해 볼까?
> 나영 : 선생님, 하키채로 공을 패스하는 기본자세가 어떤지 봐 주세요. (나영이가 기본자세를 취한다.) 이렇게 해도 되나요?
> 김 교사 : ㉡ 좋았어.

(나)

> 오늘 하키형 게임 수업에서는 교육과정에서 추구하는 목표를 충실히 구현하지 못하였다. 학생들은 패스와 드리블 등의 기본 기능을 익히는 데 열심히 참여하였지만, 모둠원들과 패스를 통한 공간 이동, 팀플레이, 득점에 효과적인 협력 공격, 협력 수비 등 (㉢)의 이해와 창의적 적용 그리고 협동심이 부족하였다. 다음 수업에서는 이러한 부분들을 고려하여 (㉢)와/과 협동의 중요성을 알고 게임에 참여하도록 해야겠다. 한편 체육 시간에는 오늘처럼 안전사고가 발생할 수 있으므로 학생들이 응급 상황에 잘 대처할 수 있도록 지도해야겠다.

1) (가)의 ㉠과 ㉡의 피드백에서 공통적으로 보완해야 할 점을 쓰시오. [1점]

• _____

2) (나)의 ㉢에 들어갈 말을 쓰시오. [1점]

• _____

3) 다음은 하키형 게임 수업을 하고 나서 나영이가 쓴 체육 수업 일기이다. ⓐ, ⓑ, ⓒ에 들어갈 말을 쓰시오. [2점]

> 오늘 경윤이가 하키형 게임 수업에서 공격을 하다가 상대 수비수의 몸에 부딪쳐 넘어졌다. 경윤이는 잠시 의식을 잃었으나 곧바로 회복하여 다행히 큰 문제는 발생하지 않았다. 선생님께서는 수업 내용을 정리하시면서 안전사고가 발생했을 때 어떻게 해야 하는지를 말씀해 주셨다. 그리고 사람이 의식을 잃고 심장이 멈추었을 때, (ⓐ)(이)라는 응급 처치를 해야 한다고 설명해 주셨다. 나는 이 방법을 좀 더 자세히 알아보고 싶어서 자료를 찾아 내용을 정리해 보았다.
>
> (ⓐ) 과정
> ○ 환자의 의식을 확인한다.
> ○ 주위에 있는 사람에게 119에 연락할 것을 부탁한다.
> ○ (ⓑ)을/를 30회 실시한다.
> ○ 환자의 머리를 뒤로 젖히고, 턱을 들어 기도를 확보한다.
> ○ (ⓒ)을/를 2회 실시한다.
> ○ 119 구조대가 도착할 때까지 (ⓑ)와/과 (ⓒ)을/를 반복하여 실시한다.

• ⓐ : _____ • ⓑ : _____ • ⓒ : _____

정답

1) 잘못되거나 제대로 수행된 것에 대한 구체적인 정보를 제공한다.

2) 게임 전략

3) ⓐ 심폐 소생술
ⓑ 가슴 압박
ⓒ 인공 호흡

정답이유

1) ㉠은 교정적 피드백이고, ㉡은 일반적·긍정적 피드백이다.
㉠ : 교정적 피드백은 잘못된 수행에 관해 이를 수정하기 위한 구체적인 정보를 제공하는 것을 목적으로 한다.
㉡ : 일반적·긍정적 피드백은 제대로 수행된 것에 대한 구체적인 정보를 제공하는 '구체적 긍정적 피드백'으로 보완해야 한다.

2) 영역형 게임의 전략

• 영역형 게임의 목표는 득점하기 위해 상대편의 영역으로 이동하는 것에 초점을 둔다. 이를 위해 공격수는 공을 계속해서 점유하고 공간을 만들고 사용할 수 있어야 하며 득점할 줄 알아야 한다. 수비수 또한 공간을 방어하고 골문을 지키는 방법도 알아야 한다. 특히 이 유형의 게임은 균형을 유지하면서 빠르게 몸을 피하거나 방향을 전환하는 것이 필수이다.
① 유리한 여건을 조성할 수 있도록 위치 변화를 통하여 공간을 만든다.
② 공간을 방어하기 위하여 수비수는 수비하기에 유리한 위치로 옮긴다.
③ 상대방이 마음대로 움직이거나 물체를 조작하지 못하도록 방어한다.
④ 특정 지역에 도달하거나 득점을 획득할 수 있도록 공을 더욱 유리한 공간으로 이동시킨다.
⑤ 팀 동료와 효율적으로 상호 협력한다.

3) 심폐 소생술 구성

> 심폐 소생술 = 흉부 압박 + 인공호흡
> 흉부 압박 : 인공호흡 = 30 : 2

• 환자가 움직일 때까지 또는 119가 도착할 때까지 반복 실시

08
2015-B-5

다음은 3~4학년군의 '경쟁 활동' 영역에서 '축구형 게임의 기본 기능' 익히기 활동을 지도한 초임 교사와 멘토 교사의 대화 내용이다. 물음에 답하시오. [4점]

> 멘토 교사 : 선생님, 오늘 '축구형 게임' 수업은 어떻게 하셨어요?
> 초임 교사 : 학생들에게 축구 패스 방법을 가르치고 짝과 함께 가까운 거리에서 공을 패스하는 연습을 하게 했어요. 그런데 한 학생이 발끝으로만 공을 차고 정확하게 패스하지 못하더라고요. 이 학생이 발의 정확한 부위를 사용하여 공을 패스하도록 하려면 어떻게 지도해야 할까요? [A]
> 멘토 교사 : 간이 배구 수업에서 제가 썼던 방법을 말씀드릴게요. 오버 토스 동작을 배우는 한 학생이 공을 받을 때마다 언더 토스로 받았어요. 그래서 높은 공을 받을 때 '머리 위'라고 말해주었어요. 그랬더니 오버 토스를 정확하게 하더라고요. [B]
> 초임 교사 : 아, 그렇게도 할 수 있군요. 저도 선생님의 방법을 사용해 볼게요.
> 멘토 교사 : 제가 흥미로운 지도 방법을 한 가지 더 소개해 드릴게요. 축구 슈팅 기능을 배우는 시간에 1점부터 6점까지 점수를 부여한 여러 개의 목표물을 골대에 매달아 놓았어요. 그리고 학생들이 슈팅을 5분 정도 연습한 후, 모둠별로 게임을 해서 각 모둠의 1등은 1등끼리, 2등은 2등끼리, … 등수가 낮은 학생은 등수가 낮은 학생들끼리 점수를 비교했어요. 이렇게 비교하여 해당 등수에서 높은 점수를 받은 학생이 자신의 모둠에 기여하도록 했어요. [C]
> 초임 교사 : 정말 좋은 방법이네요. 한 가지 더 궁금한 것이 있는데요. 기본 운동 기능은 갖추고 있으나 게임 전략 등을 적절하게 사용하지 못하는 학생들이 의외로 많았어요. 이러한 학생들을 위해 어떻게 수업을 운영하면 될까요?
> 멘토 교사 : 그러면 이 방법을 한 번 고려해 보세요. 간이 축구형 게임 수업이라면 ㉠<u>모둠별로 학생들이 패스 연습을 하고, 축구 관련 서적을 읽으며 축구에 관한 지식을 얻도록 해 보세요. 또 경기장에서 축구 경기를 관람하거나, 동영상을 보면서 규칙과 방법을 공부하게 할 수도 있어요. 게임 상황에서 득점을 잘 하기 위해 친구들과 전략을 토론하는 방법도 사용해 보세요.</u>
> 초임 교사 : 여러 가지 조언을 주셔서 감사합니다.

1) [A]의 상황에서 [B]의 지도 방안을 참고하여, 가까운 거리의 패스를 정확하게 하도록 지도하기 위한 언어적 교수 단서를 발의 부위를 포함하여 쓰시오. [1점]

 • _____

2) [C]의 내용에 해당하는 수업 모형에 속하는 ⓐ<u>과제 구조의 명칭</u>을 쓰고, ⓑ<u>그 과제 구조의 장점</u>을 멘토 교사의 조언에 근거하여 서술하시오. [2점]

 • ⓐ : _____
 • ⓑ : _____

3) 2009 개정 체육과 교육과정의 '교수·학습 방향'에 제시된 ㉠과 같은 교수·학습 운영 방식이 무엇인지 쓰시오. [1점]

 • _____

정답

1) 패스할 때 '발의 안쪽'이라고 말해 준다.
2) ⓐ 팀 게임 토너먼트
 ⓑ 운동 기능 수준이 낮은 학생도 자기 팀을 위해 무엇인가 공헌할 수 있다는 자신감을 갖게 할 수 있다.
3) 통합적 교수·학습 활동

정답이유

1) [A]에 제시된 문제 상황은 '한 학생이 발끝으로만 공을 차고 정확하게 패스하지 못하는 상황'이다. 인사이드 킥은 발 안쪽으로 공을 차서 정확하게 이어주는 패스로 가장 큰 장점은 정확성이다. 공을 정확하게 연결하기 위해 발 안쪽으로 차는 것이 중요하다.

〈필요한 기능〉
① 패스 : 공을 가진 학생이 공을 받기 편한 위치에 있는 모둠원에게 연결해 주는 것이다. 이때 <u>차는 발의 안쪽을 활용하는 것이 가장 일반적이고 안전한 방법</u>이다.
② 공 받기 : 자신에게 연결된 공을 발의 안쪽이나 발바닥 등으로 안전하게 자신의 것으로 만드는 것이다. 공이 자신과 최대한 가까이 있을 수 있도록 가볍게 받아야 한다.
③ 드리블 : 혼자 공을 몰며 이동하는 것이다. 패스를 하다 보면 드리블이 반드시 필요할 때가 있으므로 공을 톡톡 미는 느낌으로 차야 한다.

2) **팀 게임 토너먼트(Team Games Tournament : TGT)**
• 각 모둠의 같은 등수끼리 점수를 비교하여 비교 우위에 있는 학생에게 상점을 부여하는 협동 학습의 과제 구조에 따른 교수 전략으로 각 모둠의 <u>같은 등수끼리의 점수를 비교하여 높은 점수를 받은 경우 자신의 모둠에 기여</u>할 수 있으므로, 운동 기능이 낮은 학생도 자기 팀을 위해 무엇인가 공헌할 수 있다는 자신감을 갖게 할 수 있다.

09
2014-B-5

다음은 4학년 농구형 게임 수업에서 김 교사가 관찰한 내용과 게임 변형 과정을 기록한 내용의 일부이다. 물음에 답하시오. **[4점]**

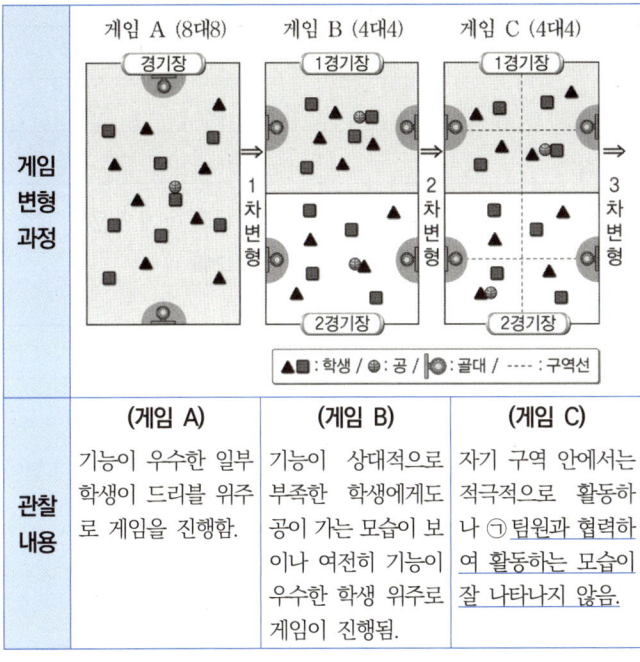

	(게임 A)	(게임 B)	(게임 C)
관찰 내용	기능이 우수한 일부 학생이 드리블 위주로 게임을 진행함.	기능이 상대적으로 부족한 학생에게도 공이 가는 모습이 보이나 여전히 기능이 우수한 학생 위주로 게임이 진행됨.	자기 구역 안에서는 적극적으로 활동하나 ㉠ 팀원과 협력하여 활동하는 모습이 잘 나타나지 않음.

1) 김 교사가 게임을 변형한 주된 이유를 간략하게 쓰시오. **[1점]**
- _____

2) 1차 변형과 2차 변형에 나타난 게임 변형 내용을 1가지씩 서술하시오.(단, 경기장의 크기와 관련된 변형 내용은 제외할 것) **[2점]**
- 1차 : _____
- 2차 : _____

3) ㉠의 문제를 해결하기 위하여 김 교사는 3차 게임 변형을 시도하고자 한다. 시도할 수 있는 변형 내용을 1가지 서술하시오.(단, 농구형 게임의 기본 기능을 하나 이상 포함할 것) **[1점]**
- _____

정답

1)
- 기능 수준이 낮은 학생을 게임에 적극적으로 참여시켜 평등한 학습 기회를 제공하기 위해
- 학습 활동에서 소외되는 학생들이 없도록 하기 위해서

2) 1차 : 게임 참여 인원(팀당 인원수를 줄임)
2차 : 구역 설정(각자의 구역 설정)

3)
- 모든 구역에 패스한 후 슛을 시도한다. 또는 3번 이상 패스를 하고 슛을 시도한다. 등
- 모든 팀원이 한 번 이상 패스를 주고받은 후에 슛을 쏠 수 있도록 한다.

정답이유

1) (게임 A), (게임 B)의 관찰 내용을 보면 공통적으로 기능이 우수한 일부 학생 위주로 게임이 진행되는 현상이 나타나므로 게임 변형의 주된 이유로 기능이 낮은 학생에게 게임 참여 기회를 넓히도록 한다는 내용이 들어가면 적절하다.

2)
- 1차 변형과 2차 변형에 나타난 게임 변형 내용에서 '경기장의 크기와 관련된 변형 내용을 제외할 것'이라는 단서가 제시되어 있으므로, 경기장의 크기 변화에 따라 자연스럽게 증가하는 골대의 양의 증가보다는 1차 변형으로는 게임 인원 수, 2차 변형으로는 구역 설정이 변형 내용으로 제시되는 것이 적절하다.
- 1차 변형에서는 경기장에 선을 가로로 그어 두 개의 경기장을 만들었고, 이러한 결과로 한 팀당 인원수가 줄었으며, 상대적으로 공을 잡을 수 있는 기회가 늘었다. 2차 변형에서는 게임 규칙을 바꿨다. 선을 그어 각자의 구역을 정하고 자기 구역 안에서만 활동하도록 하였다. 이 결과로 맡은 구역을 각자가 책임지게 되어 각자의 역할 비중이 커졌다.

3)
- 팀원과 협력하는 활동하는 모습이 잘 나타나지 않는 문제를 해결하기 위하여 게임 변형을 하고자 하는 것이므로 농구형 게임에서 <u>팀원간 협력이 필요한 기본 기능인 패스나 드리블이 들어간 형태의 규칙 변형</u> 내용이 들어가는 것이 적절하다.
- 게임 변형은 본 게임의 목적을 훼손하지 않는 범위 내에서 허용된다. 농구형 게임에서 팀원끼리 협력하도록 방안으로는 모든 팀원이 농구공을 서로 한 번 이상 주고받은 후 슛을 쏠 수 있도록 하는 것이 적절하다.

정답개념

1. 변형 게임을 제시할 때 교사가 고려할 원리

대표성의 원리	① 변형 게임이 나중에 학생이 해야 할 정식 게임(original game)에 참여할 때 만나는 실제 상황을 포함해야 한다는 원리이다. ② 예를 들어 축구 게임을 할 때 11명이 아니라 3명을 한 팀으로 구성하거나, 축구공 대신 짐 볼을 활용하는 경우가 있다.
과장성의 원리	① 전술 문제를 확대하여 제시하기 위해 게임의 부차적인 규칙을 바꾸어야 한다는 원리이다. ② 예를 들어 농구 게임에서 드리블 금지 규칙을 설정하여 학생에게 패스를 강조하는 경우가 있다. ③ 또한 교사는 게임 전술을 학생들에게 지도할 때 일방적으로 설명하기보다는, 질의응답의 과정으로 학생들에게 전술 문제와 그 해결 방법의 단서를 제공해야 한다.

2. 게임 재구성에 영향을 미치는 요소
① 경지장의 크기 및 형태　② 도구 및 장비의 종류와 수
③ 사용 기술의 형태　　　　④ 규칙
⑤ 참가 인원과 참가자 구성

10
2013-B-6

(가)는 6학년 체육과 연간 지도 계획서의 일부이고, (나)는 박 교사가 작성한 수업 일지이다. 물음에 답하시오. [4점]

(가)

대영역	소영역	신체 활동	지도 내용 요소
여가 활동	㉠ 여가와 자연환경	• 캠핑, 래프팅 • 스키	• 여가의 가치와 유형 • 자연 체험형 여가 활동 • 자연 사랑
경쟁 활동	네트형 경쟁	• 배구형 게임 • 족구형 게임 • ㉡ 배드민턴형 게임	• 의미와 특성 • 기본 기능 • 운동 예절

(나)

배드민턴 게임 수업을 하였다. 먼저 PPT와 동영상으로 반 전체 학생들에게 게임 규칙과 전략 등을 설명하였다. 그리고 ㉢ 학생들의 운동 능력 수준을 고려하여 총 12팀(2명 1팀)을 구성하였다. 예선은 4개 조로 나누어 리그전을 하고, 본선은 토너먼트 방식으로 게임을 진행하였다. 게임 전에 게임을 하지 않는 학생들에게 교대로 심판, 기록자, 보조자 등의 역할을 주어 상규적 활동으로 인한 수업 시간의 낭비를 줄였다. 수업 중에 학생들의 문제 해결 능력과 상황 판단 능력을 보기 위하여 게임 수행 능력을 평가하였다. 수업에서 무엇보다 주의를 기울인 것은 ㉣ 학기 초에 마련한 수업 규칙과 안전 수칙을 지키도록 하는 것이었다. 특히 라켓을 함부로 휘두르거나 라켓으로 장난치는 행동이 위험하다는 것을 강조하였다. 오늘 수업에서 학생들이 경쟁의 참다운 의미를 이해하고 또 그 속에서 운동 예절의 가치를 배웠으면 좋겠다.

1) ㉠ 영역에 대한 설명으로 옳지 않은 것을 1개 찾아 바르게 수정하시오. [1점]

- 래프팅 중 배가 뒤집혔을 경우 배를 잡고 구조를 기다린다.
- 배낭을 꾸릴 때는 침낭 등 부피가 크고 가벼운 것부터 넣는다.
- 텐트를 칠 경우 바람이 센 곳이나 계곡은 피하고, 큰 나무 밑에 텐트를 치지 않는다.
- 스키를 신고 앞으로 오르기(V자 형태)는 경사도가 낮고 거리가 짧은 경우에 사용한다.

• _____

2) 다음은 ㉡ 활동에서 발생한 경기 상황의 일부를 순서대로 제시한 것이다. ①~④에 들어갈 내용을 쓰시오. [1점]

〈경기 방식 : 랠리포인트제 복식 경기〉

첫째, 처음 경기를 시작할 때 선수의 위치는 그림과 같다.

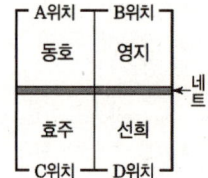

둘째, 선희의 서비스로 경기가 시작되었다.
셋째, 효주·선희 팀이 점수를 획득하여 1 : 0이 되었다.

넷째, 효주·선희 팀이 점수를 실점하여 1 : 1 동점이 되었다.
다섯째, 다음 순서로 (①)가 (②)위치에서 서비스를 하고, (③)가 (④)위치에서 리시브를 하였다.

• ① : _____
• ② : _____
• ③ : _____
• ④ : _____

3) 2007 개정 체육과 교육과정에 근거하여 ㉢과 ㉣에 적용된 '교수·학습 활동 계획'의 요소를 각각 쓰시오. [2점]

• ㉢에 적용된 요소 : _____
• ㉣에 적용된 요소 : _____

정답

1) 배가 뒤집혔을 경우 배 밑으로 들어갈 수 있으므로 배에서 멀리 떨어진다.

2) ① 영지 ② B ③ 선희 ④ C

3) ㉢ 효율적인 학습조직 및 수업 시간 운영
㉣ 학습자 관리와 안전 고려

정답이유

1) 래프팅 안전 수칙

• 배가 뒤집어졌을 경우 배 밑으로 들어갈 수 있으므로 배에서 멀리 떨어진다.

2) 배드민턴 서비스의 위치와 순서

• 단식과 복식 경기에서 모두 서버의 점수가 0 또는 짝수이면 오른쪽 서비스 코트에서, 홀수이면 왼쪽 서비스 코트에서 서비스한다. 이때 리시버는 서버의 대각선 위치의 코트에서 서비스를 받는다.
• 복식 경기에서는 아래와 같은 순서에 의해서 서버와 리시버가 결정된다.

점수	AB	0	득점	1		1	득점	2
	XY	0		0	득점	1		1	득점
서비스 방향		X Y B A		X Y A B		X Y A B		X Y A B

3)
㉢ '수업 시간의 낭비를 줄였다.' → 효율적인 수업 시간 운영
㉣ '수업 규칙과 안전 수칙 준수, 위험한 행동 유형의 강조'
→ 학습자 관리, 안전 고려

〈2015 개정 교수·학습 활동 계획 요소〉
① 학습 활동의 재구성
② 평등한 학습 기회 제공
③ 통합적인 학습 활동 구성
④ 학습자 관리와 안전 고려

배재민+합격생 TIP   중등 체육교육론 기출문항

다음은 표적/투기 도전 활동의 '플라잉디스크 골프' 단원 지도 계획서이다. 괄호 안의 ㉠, ㉡에 해당하는 말을 차례대로 쓰시오. 그리고 이 단원 지도 계획서에 적용된 체육수업모형에 대해서 슬라빈(R. Slavin)이 제시한 3가지 개념 중 그 개념이 교수·학습 활동에 잘못 적용된 1가지를 찾아 그 이유와 함께 서술하시오. [5점]

대영역	도전 활동	중영역	표적/투기 도전	학년	2
신체활동	플라잉디스크 골프		전체 시수		12

차시	학습 내용	교수·학습 활동	교수 전략 (과제 구조)
1~2	○ 플라잉디스크 골프의 이해	○ 플라잉디스크 골프의 개념, 역사의 이해 ○ 플라잉디스크 골프의 경기 기능 및 방법의 이해 ○ 출석번호 순으로 5개 모둠으로 편성	
3~4	○ 플라잉디스크 골프의 기초 기능 실천 - 플라잉디스크 골프의 기초 기능 연습 및 실천	○ 기초 기능 연습 1 - 플라잉디스크 던지고 받기 연습 - 교사는 모둠별로 플라잉디스크 과제를 다르게 제시 - 모둠원은 각 모둠에 할당된 과제를 익힌 후 다른 모둠으로 가서 교수자가 되어 지도 ○ 기초 기능 연습 2 - 각 모둠의 동일 과제를 학습한 학생들끼리 모여 전문가 집단을 구성하여 연습 - 전문가 집단 모임 후 자신의 모둠으로 돌아가 학습한 내용을 모둠원에게 지도	(㉠)
5~7	○ 플라잉디스크 골프의 과학적 원리와 적용 - 플라잉디스크 골프의 과학적 원리 이해 및 운동 수행 적용	○ 플라잉디스크 골프의 과학적 원리 적용 - 플라잉디스크 비행의 과학적 원리 이해와 적용을 세부 학습 과제로 나누어 제시 - 모둠에서 학습 과제를 선정하고 모둠원들은 학습 과제의 탐구 계획 수립과 역할 분담 및 학습 조사 - 단체 프로젝트 형식으로 모둠별 조사 내용을 발표 - 각 모둠에게 사전에 성취 수준 점수를 제시한 후 평가	집단연구 (GI)
8	○ 플라잉디스크 골프 변형 경기 1 - 플라잉디스크 골프 퍼팅 경기	○ 플라잉디스크 골프 퍼팅 경기 - 플라잉디스크 골프 퍼팅 연습 후 모둠별 경기 - 플라잉디스크 골프 퍼팅 경기 결과를 각 모둠의 같은 등위끼리 즉, 1등은 1등끼리, 2등은 2등끼리 점수를 비교 - 같은 등위에서 높은 점수를 얻은 학생에게 일정한 상점 부여 - 플라잉디스크 골프 퍼팅 경기 모둠 등위 판정	(㉡)
9~11	○ 플라잉디스크 골프의 경기 기능 이해 및 실천	… (생략) …	
12	○ 플라잉디스크 골프 변형 경기 2	… (생략) …	

♣ 정답

㉠ 직소(Jigsaw) → 팀원이 전문가 집단을 구성하여 각각 다른 플라잉 디스크에 대한 학습내용을 익히고 난 후 자신의 팀으로 돌아가 다른 팀원들을 가르친다.
㉡ 팀 게임 토너먼트(TGT) → 플라잉 디스크 골프 퍼팅결과를 통해 1등은 1등끼리, 2등은 2등끼리 점수를 비교한다.
슬라빈(R. Slavin)이 제시한 협동학습의 3가지 기초개념 중 교수·학습 활동에 잘못 적용된 1가지는 학습 성공에 대한 평등한 기회 제공이다.
1-2차시의 교수·학습 활동에서 출석번호 순으로 5개의 모둠으로 편성한 것이 잘못되었다. 따라서 모둠 구성을 할 때에는 진단 평가 결과를 토대로 집단 내 이질적, 집단 간 동질적으로 구성될 수 있도록 해야 한다.

5절 표현

01 [2017-B-6]

(가)는 최 교사의 5~6학년군 '표현 활동' 영역 수업 계획의 일부이고, (나)는 민속 무용의 기본 동작을 설명한 내용의 일부이다. 물음에 답하시오. [4점]

(가)

> 우리나라 민속 무용으로는 '소고춤'을, 외국의 민속 무용으로는 '패티 케이크 폴카'를 지도하고자 한다. 그 이유는 2009 개정 체육과 교육과정의 학습 내용 성취기준에서 '민속 표현 활동에 담긴 여러 민족의 문화적 특성을 인식하는 (㉠)의 개념을 이해하고 이를 적용한다.'라고 제시하고 있기 때문이다.
> 한편, 3~4학년군 표현 활동 영역에서 다룬 '표현 요소'인 신체 인식, 공간 인식, 노력, 관계와 '움직임 언어'인 이동 움직임, 비이동 움직임, (㉡)을/를 활용하여 여러 가지 민속 무용의 공통점과 차이점을 파악해 보고자 한다.

(나)

민속 무용	기본 동작
소고춤	• 소고를 치며 앞으로 천천히 걷는다. • 오른발을 왼쪽으로 디디며 ㉢ 소고를 친다.
패티 케이크 폴카	• 각자 두 손으로 자신의 ㉣ 무릎을 가볍게 친다. • 짝과 오른팔을 끼고 스키핑을 하며 (㉤)

1) (가)의 ㉠, ㉡에 들어갈 내용을 쓰시오. [2점]

• ㉠ : _____
• ㉡ : _____

2) (가)의 '표현 요소'를 활용하여 ① (나)의 ㉢, ㉣의 차이점을 쓰고, ② 외국의 민속 무용에서 움직임 방향 용어인 CW의 의미가 드러나도록 ㉤에 들어갈 내용을 쓰시오. [2점]

• ① : _____
• ② : _____

정답

1) ㉠ 다양성
㉡ 조작 움직임

2) ① ㉢은 도구를 활용한 동작이므로 '관계'와 관련되며, ㉣은 신체를 활용한 동작이므로 '신체'와 관련된다.
② 시계 방향으로 돈다.

정답이유

1)
㉠ 2015 개정 - '표현' 영역 내용 체계

	3학년	4학년	5학년	6학년
	움직임 표현	리듬 표현	민속 표현	주제 표현
내용 요소	• 움직임 표현의 의미 • 움직임 표현의 기본 동작 • 움직임 표현의 구성 방법 • 신체 인식	• 리듬 표현의 의미 • 리듬 표현의 기본 동작 • 리듬 표현의 구성 방법 • 민감성	• 민속 표현의 의미 • 민속 표현의 기본 동작 • 민속 표현의 구성 방법 • 개방성	• 주제 표현의 의미 • 주제 표현의 기본 동작 • 주제 표현의 구성 방법 • 독창성
신체 활동	• 움직임 언어(이동 움직임, 비이동 움직임, 조작 움직임)를 활용한 표현 활동, 표현 요소(신체, 노력, 공간, 관계 등)를 활용한 표현 활동 등	• 공 체조, 리본 체조, 후프 체조, 음악 줄넘기, 율동 등	• 우리나라의 민속 무용(강강술래, 탈춤 등) • 외국의 민속 무용(티니클링, 구스타프 스콜, 마임 등)	• 창작무용, 창작체조, 실용 무용 등

㉡ 조작 움직임은 다양한 신체 부위를 활용하여 도구를 조작하는 것이다.

2)
① 라반의 움직임(표현)요소는 신체, 공간, 관계, 노력의 4가지이다. ㉢은 도구를 활용한 동작이므로 '관계'와 관련되며, ㉣은 신체를 활용한 동작이므로 '신체'와 관련된다.
② CW는 Clock Wise의 약자로 시계 방향으로 돌기이다.

정답개념

1. 표현(움직임) 요소
1) '신체' 요소

장미꽃 표현하기

(1) 부분과 전체에 대하여 표현한다.
　예 ① 신체의 한 부분 움직여 보기
　　② 여러 부분을 동시에 움직여 보기
　　③ 신체 전체를 움직여 보기
(2) 대칭과 비대칭을 표현한다.
　예 신체의 가운데에 선이 있다고 상상하고 좌우가 대칭되도록 움직이기 등 - 이동 움직임과 비이동 움직임을 표현한다.
　예 이동 움직임: 걷기, 달리기, 구르기, 미끄러지기, 점프하기 등

달리기

　예 비이동 움직임: 흔들기, 비틀기, 돌기, 굽히기 등

2) '공간' 요소
(1) 신체가 움직일 수 있는 방향을 표현한다.
　예 앞, 뒤, 좌, 우로 움직이기

여러 방향 걷기

(2) 신체가 움직일 수 있는 높이를 표현한다.
　예 높게 움직이기, 중간으로 움직이기, 낮게 움직이기 등

높은 산 표현

(3) 신체가 움직이는 길(경로)에 대하여 표현한다.
　예 곡선으로 움직이기, 지그재그로 움직이기 등

3) '관계' 요소
(1) 물체와의 직접적인 또는 간접적인 관계를 표현한다.

예		
직접적인 관계	우산 잡고 돌리기, 의자 위에 올라가거나 앉기 등	
간접적인 관계	우산 놓고 위로 넘어가기, 의자를 점프해서 넘기 등	

(2) 사람들 사이의 관계를 표현한다.
　예 인원수에 따른 관계: 혼자, 짝, 여러 사람과 함께 움직이기 등

친구와의 관계 표현

4) '노력' 요소
- 강하게 또는 약하게 움직이는 무게에 대하여 표현한다.

예	
강한 움직임	곰, 폭풍우, 화산 폭발 등
약한 움직임	나비, 아기, 잔잔한 바람 등

약한 움직임　　강한 움직임

예	
빠른 움직임	독수리, 기차, 치타 등
느린 움직임	달팽이, 거북, 애벌레 등

2. 춤의 방향

(1) LOD(Line of Dance, Line of Direction)
- 전체적인 춤의 진행 방향으로, 시곗바늘이 돌아가는 반대 방향으로 향하는 것을 의미한다.
(2) RLOD(Reverse Line of Dance)
- LOD의 반대 방향으로, 시곗바늘이 돌아가는 방향으로 향하는 것을 의미한다.
(3) CW(Clock Wise)
- 2명 이상이 시곗바늘 돌아가는 방향으로 도는 것을 의미한다.
(4) CCW(Count Clock Wise)
- 2명 이상이 시곗바늘 돌아가는 반대 방향으로 도는 것

6절 안전

01   2019-A-9

(가)는 2015 개정 체육과 교육과정 5~6학년군 안전 영역과 관련된 수석 교사와 초임 교사의 대화 내용이고, (나)는 (가)의 대화 내용을 참고하여 초임 교사가 작성한 교수·학습 계획이다. 물음에 답하시오. [4점]

(가)

초임 교사 : 선생님, 이번 학기부터 5~6학년 체육 전담 교사를 맡는데요, 신설된 안전 영역을 지도할 때는 무엇에 중점을 두어야 할까요?
수석 교사 : 안전은 건강한 생활을 위한 출발점이죠. 따라서 실생활에서 자주 발생할 수 있는 안전사고에 대처하는 내용을 중심으로 지도하는 것이 필요합니다.
초임 교사 : 아, 그렇다면 방법적인 면에서는 '체험 중심의 활동'을 선정하는 것이 좋겠네요!
수석 교사 : 네, 맞아요! 위급한 상황에서 실제로 대처할 수 있는 능력이 중요하니까요. 더 나아가 이러한 응급 대처 방법을 지속적으로 반복 연습하는 것도 중요하지요.
초임 교사 : 그렇다면 안전 영역은 안전한 삶과 생활을 영위하기 위해 필요한 지식을 습득하여 (㉠)을/를 목적으로 해야겠네요.
수석 교사 : 그렇습니다. 말씀하신 내용은 2015 개정 체육과 교육과정 성취기준 내에 제시된 안전 영역의 목적에도 분명하게 제시되어 있어요. 또한 ㉡ 안전 영역의 신체활동을 선택할 때는 교육과정에 제시된 '신체활동 예시'를 잘 살펴보고 참고하면 좋아요.

(나)

[학습 주제] 응급 상황 발생 시 대처 방법 알기
[학습 목표] 응급 상황(염좌 및 타박상 등) 발생 시 올바른 방법으로 대처한다.
[학습 내용]
◦ 염좌 및 타박상 발생 시 올바른 대처 방법
  ▪ RICE 요법에 따라 처치한다.

절차	처치 방법
(1) Rest (휴식)	환부를 움직이지 않게 하고 환자를 편한 자세로 안정시킨다.
(2) Icing (얼음찜질)	출혈과 부종을 방지하기 위해 얼음찜질을 한다.
(3) Compression (압박)	압박 붕대로 감아 환부를 보호한다.
(4) Elevation (환부 올리기)	부종을 감소시키고 원활한 혈액 순환을 위해 환부를 (㉢)보다 높게 한다.

1) (가)의 대화 내용을 참고하여 ㉠에 들어갈 내용을 쓰시오. [2점]
   • _____

2) (나)의 ㉢에 들어갈 알맞은 말을 쓰시오. [1점]
   • _____

3) 다음은 (가)의 ㉡과 관련된 2015 개정 초등학교 체육과 교육과정 신체활동 예시에 제시된 신체활동 선택 방법에 관한 설명이다. ⓐ~ⓓ 중 잘못된 내용 1가지를 찾아 기호를 쓰고, 바르게 고쳐 쓰시오. [1점]

> 신체활동은 ⓐ 교육과정의 목적에 근거하여 선택한다. 또한 학교의 교육 여건을 고려하여 ⓑ 다른 영역의 신체활동 예시도 선택할 수 있으나, ⓒ 새로운 신체활동 선택은 지양한다. 신체 활동의 선택과 관련된 사항은 ⓓ 단위 학교의 학년 협의회를 통해 결정한다.

   • _____

정답
1) 실생활에 적용하는 것
2) 심장
3) ⓒ, 새로운 신체활동을 선택할 수 있다.

정답이유
2) 라이스(RICE) 처치 방법

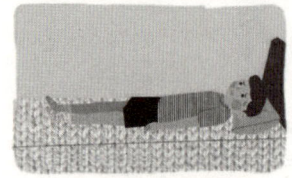
1단계: 그늘이나 실내로 이동하여 안정을 취한다.

2단계: 얼음팩을 이용하여 상해 부위를 얼음찜질한다.

3단계: 상해 부위가 움직이지 않도록 붕대로 압박한다.

4단계: 모포나 베개를 이용하여 상해 부위를 심장보다 높게 한다.

3) 신체활동은 교육과정의 목적에 근거하여 선택하되, 학교의 교육 여건을 고려하여 다른 영역의 신체활동 예시나 새로운 신체활동을 선택할 수 있다. 단, 단위 학교의 학년 협의회를 통해 결정한다.

02
2015-B-6

(가)는 2009 개정 체육과 교육과정의 여가 활동 내용 체계이고, (나)는 교수·학습 과정안이다. 물음에 답하시오. [4점]

(가)

영역	3~4학년군
여가 활동	• 가족과 여가 　- 의미와 특성 　- 여가 활동의 창의적 계획 　- 나와 가족의 여가 활동 체험 　- (㉠)

(나)

학습 목표	• 자전거 타기의 기본 기능을 익히고 안전 수칙을 이해할 수 있다. • (㉡)
단계	교수·학습 활동
도입	• 동기 유발 • 준비운동
전개	• 활동 1 : 자전거 타기의 기본 기능 및 안전 수칙 익히기 　─[A]─ 　- 내리막길에서는 브레이크를 급하게 잡지 않는다. 　- 오르막길에서 상체를 숙이고 무게 중심을 앞으로 둔다. 　- 주행 중 균형을 잃었을 때 핸들을 넘어지는 반대쪽으로 돌린다. 　- 야간에는 반드시 점등을 하고 복장, 페달 등에 발광체를 부착하여 쉽게 눈에 띄도록 한다. 　- 방향을 전환하거나 정지할 때 수신호를 사용한다. • 활동 2 : 자전거 타기 　- 운동장에 표시된 선을 따라서 자전거 타기 • 활동 3 : 가족과 함께 자전거 여행 계획 세우기 　- 여행지에서 할 수 있는 가족 게임 구상하기
정리	• 정리하기 및 차시 안내 • 수행 평가 및 과제물 안내 　- 가족 여가 활동 체험 학습 보고서 발표하기

1) (가)에 제시된 ㉠의 내용 요소를 포함하여 (나)의 ㉡에 해당하는 학습 목표를 제시하시오. [1점]

　• _____

2) (나)의 교수·학습 과정안에 있는 [A]의 내용 중 적절하지 않은 1가지를 찾아 바르게 고쳐 쓰시오. [1점]

　• _____

3) 다음은 성수가 작성한 가족 여가 활동 체험 학습 보고서이다. ㉢에 알맞은 ⓐ 건강 체력의 요소를 쓰고, ㉣과 같이 준비한 자료들을 활용하여 평가하는 ⓑ 수행 평가 방식을 쓰시오. [2점]

체험 학습 보고서
3학년 1반 김성수

날짜	2011년 11월 ○○일	체험 장소	경춘 자전거 전용 도로
		함께 한 사람	엄마, 아빠, 동생, 나

• 활동 주제 : 가족과 함께 자전거 여행
• 활동 목적 : 자전거 여행을 통해 가족 유대감 쌓기

학교에서 자전거 수업을 듣고, 엄마, 아빠, 동생과 자전거로 가족 여행을 하기로 했다. 어제 우리 가족은 서울에서 자전거 전용 도로를 따라 양평까지 갔다. 나는 자전거 여행을 위해 주말마다 가족들과 한강에서 자전거 타기 연습을 했다. 처음 몇 주는 자전거를 조금만 타도 숨이 차고 다리가 아팠다. 그때마다 선생님께서 체육 시간에 말씀하셨던 체력의 중요성이 떠올랐다. 그래서 나는 자전거 타기 연습을 계속 했고, 이제는 오랫동안 자전거를 타도 숨이 차지 않고 다리도 아프지 않다. 지난주에 학교에서 체력 측정을 했는데 자전거 타기를 처음 배울 때보다 (㉢)이/가 많이 향상되었고 나의 근력과 근지구력도 좋아졌다고 선생님께서 칭찬해 주셨다.

(중략)

선생님께서 얼마 후에 수행 평가가 있다고 하셨다. 그래서 ㉣이번에 찍은 우리 가족 자전거 여행 사진을 자료철에 모아 여행에 대한 추억을 정리하였다. 또한 얼마 전부터 모으기 시작한 자전거 여행에 관한 신문 기사를 분류하여 추가하였다. 그리고 지난 주말에 엄마와 동생이랑 함께 본 '자전거로 세계 여행'이라는 영화에 대한 소감문도 작성하였다. 이번 자전거 가족 여행은 힘들기는 했지만, 가족들과 함께 해서 정말 즐거웠다.

• ⓐ : _____
• ⓑ : _____

7절 논술형

2012 실전 (2011.12.10 시행)

01

다음은 5학년 '필드형 경쟁' 단원 지도 계획안의 일부이다. 1) 2007년 개정 체육과 교육과정의 5학년 '필드형 경쟁' 내용요소에 근거하여 단원목표 ㉠을 쓰시오. 2) 4차시에 적용할 '과제 수준을 변형한' 수준별 활동의 예를 기본 기능별로 제시하고, 6차시에 적절한 '규칙을 변형한' 간이 발야구 게임을 제안하시오. 3) 2007년 개정 체육과 교육과정의 '평가의 방향' 중 '실기평가의 타당성' 제고 방안 2가지를 제시하고, 7차시의 학습 내용 및 활동에 부합하는 질적 평가 방법 2가지를 논하시오.

<단원 지도 계획안>

대영역	경쟁 활동	중영역	필드형 경쟁	소영역	필드형 경쟁
신체활동	야구형 게임 : 발야구, 티볼				
단원목표	○ 필드형 경쟁의 의미와 특성을 이해한다. ○ 필드형 경쟁 활동의 기본 기능과 게임 전략을 습득하고 필드형 게임에 적용한다. ○ ㉠ _____				

차시	학습 주제	학습 내용 및 활동	장소/자료	평가 방법
1	필드형 경쟁 활동의 이해	- 필드형 경쟁의 의미 이해하기 - 발야구, 티볼, 야구 등의 특성 이해하기	교실/교과서, ppt, 동영상	지필검사
2	야구형 게임의 이해	- 야구형 게임의 규칙 이해하기 - 다양한 야구형 게임 감상하기	교실/교과서, ppt, 동영상	지필검사
3	발야구 기본 기능의 이해와 습득	- '공 던지고 받기' 방법 이해 및 개인별 연습하기 - '공차기' 방법 이해 및 개인별 연습하기	운동장/ 교과서, 배구공	운동 기능 검사
4	발야구 기본 기능의 수준별 연습	- ( ) - ( )	운동장/ 교과서, 배구공	운동 기능 검사
5	발야구의 공격과 수비 역할 이해 및 연습	- 공격수 역할 이해 및 연습하기 - 수비수 역할 이해 및 연습하기	운동장/ 교과서, 배구공	체크리스트
6	간이 발야구 게임	- ( )	운동장/ 교과서, 배구공	체크리스트
7	정식 발야구 게임	- 모둠별 전략 구성과 선수 포지션 정하기 - 자신이 맡은 역할(선수, 심판, 관객) 이해하기 - 경기 참여를 통한 올바른 역할 수행 및 반성하기	운동장/ 교과서, 배구공	경기 결과 기록지 ( ) ( )

정답

1) 필드형 게임에 참여하면서 자기 책임감의 개념을 이해하고 실천한다.

2)

수준별 활동	• 공을 주고받는 거리를 달리하여 던지고 받는 활동을 한다. • 공차기 - 서 있는 공차기 - 굴러오는 공차기 - 원하는 방향(거리)으로 공차기
간이 발야구 게임	• 아웃카운트를 늘리고 한 번 바운드해서 잡은 공도 아웃되는 것으로 규칙을 변형한다. • 남학생들은 주로 사용하지 않는 발로 차고, 여학생들이 공을 찼을 경우 3초를 센 후 수비를 하기 시작하도록 한다.

3)

제고 방안	• 양적 평가와 질적 평가를 병행하여 실시한다. • 실제성과 종합 능력 등을 중시하는 '수행 평가의 의미를 가진 실기 평가'를 비중 있게 실시한다.
질적 평가 방법	• 자기 평가 • 상호 평가

2011 실전 (2010.12.11 시행)

02

(가)는 김 교사가 실시한 3학년 모둠별 이어달리기 수업에 대한 동료 교사의 관찰 일지이고, (나)는 수업 평가 협의회에서 교사들이 나눈 대화의 일부이다. 1) ㉠과 ㉡에 적용된 맨손 체조의 기본적인 원리를 각각 논하고, 2) 2007년 개정 체육과 교육과정의 '교수·학습의 방향'에 근거하여 ㉢, ㉣, ㉤에 적용된 교수·학습 방법의 기본 방향을 각각 논하시오. 그리고 3) '체육과 수업 전략'의 관점에서 (나)에 제시된 교사들의 대화 내용 중 부적절한 것 3가지를 찾아 비판하시오.

(가) 수업 관찰 일지

관찰 일지					
학년 반	3학년 2반	일 자	2010년 ○월 ○일	장 소	운동장
제 재	모둠별 이어달리기	수업 교사	김○○	관 찰 자	○○○
수업 목표	배턴을 전달할 수 있는 전략과 전술을 이해하고 기능을 익혀, 적극적으로 게임에 참여하려는 태도를 가진다.				
단 계	관찰 내용				
도 입	○ 준비 운동으로 맨손 체조를 실시하였다. - ㉠발목 운동부터 무릎 운동, 허리 운동, 목 운동 순으로 하였다. - ㉡어깨 운동은 작게 돌리기 동작을 한 후 크게 돌리기 동작을 하였다.				
전 개	○ 학생들은 교사의 배턴 주고받기 설명과 시범을 본 후 두 줄로 늘어서서 연습을 하였다. ○ 모둠(8명)을 구성하고 운동장 전체로 흩어져서 모둠별로 배턴을 주고받으면서 이어달리기를 연습하였다. - ㉢거리가 다양하게 표시된 곧은 길에서 각자의 능력에 따라 거리를 선택하여 연습하였다. - ㉣여러 가지 모양의 길에서 이어달리기를 연습하고, 배턴 대신 깃발, 공, 풍선 등을 활용하여 이어달리기 게임을 하였다. - ㉤이어달리기에 대한 각자의 경험을 발표하고, 잘할 수 있는 방법을 토의하였다. ○ 모둠별 이어달리기 기록을 측정하고 비교하였다.				

(나) 수업 평가 협의회

최 교사: 전체 학생에게 배턴 주고받기를 처음 가르칠 때, 김 교사가 부분적인 동작을 먼저 보여준 후 전체적인 동작을 보여준 것이 적절했다고 생각합니다.

정 교사: 모둠별 이어달리기 연습을 할 때, 달리지 않고 걷는 학생을 보고도 수업에 특별히 방해가 되지 않아서 김 교사가 지적하지 않았는데, 이것은 선별적 무시라고 생각합니다.

박 교사: 모둠별로 흩어져서 이어달리기 연습을 할 때, 김 교사가 학습에 방해가 되지 않도록 운동장의 가장자리나 수업 장소 경계 지역에서 전체 학생들을 관찰한 것은 밀착 통제 전략에 해당한다고 생각합니다.

이 교사: 모둠별로 여러 가지 길에서 이어달리기를 할 때, 김 교사가 지그재그 길 - 곧은 길 - 굽은 길의 순서로 구성한 것은 과제의 계열성 측면에서 좋았다고 생각합니다.

강 교사: 모둠 간 게임이 끝나고 순위에 관계없이 기록이 향상된 학생들을 칭찬한 김 교사의 행동은 학생들의 동기 유발에 도움이 될 거라고 생각합니다.

정답

1)

㉠	심장에서 먼 부위부터 가까운 부위 순서로 하기
㉡	작은 동작부터 큰 동작 순서로 하기

2)

㉢	학생들의 흥미, 운동 기능, 체력 등의 개인차를 고려한 개별성이 적용된 활동이다.
㉣	효율적 지도를 위한 수업 기법이나 다양한 교육 기자재 등을 선정하여 활용한 창의성이 적용된 활동이다.
㉤	신체 활동을 총체적으로 이해하고 수행할 수 있도록 발표와 토론의 학습 활동을 함께 제공한 통합성이 적용된 활동이다.

3)

최 교사	전체적인 동작에서 부분적인 동작 순서로 보여야 하는데 부분적인 동작을 먼저 보여준 것은 부적절하다.
박 교사	수업 장소 경계 지역에 서 있는 것은 밀착 통제 전략이 아닌 벽 등지기 전략에 해당한다.
이 교사	과제의 난이도를 고려하여 '곧은길 → 굽은 길 → 지그재그'의 순으로 구성해야 하는데 과제의 계열성이 부적절하다.

2010 실전 (2009.11.29 시행)

03

다음은 '축구형 게임'을 지도하기 위하여 작성한 교수·학습 과정안의 일부이다. 1) ㉠의 학습 목표를 달성하는 데 효과적인 수업 모형을 제시하고, 이 수업 모형의 특징을 인지적인 측면에서 2가지 설명하시오. 2) 제7차 체육과 교육과정에서 이 수업 모형을 강조하게 된 배경을 '활동 1'의 한계점에 비추어 논하고, 이 수업 모형에 적합하도록 ㉡의 전개 방식과 ㉢, ㉣을 재구성하는 방안을 논하시오.

단 원	게임 활동		학 급	5학년 1반
제 재	간이 축구하기		교수·학습 자료	축구공, 콘, 모둠조끼, 줄긋기 기구 등
학습 목표	○ 간이 축구를 할 수 있다. ○ ㉠ 간이 축구에서 승리하기 위한 전략을 세울 줄 안다. ○ 최선을 다해 참여하는 태도를 가진다.			
	교수·학습 활동			㉣ 시간
㉡ 전개	활동 1 : 공차기·공몰기 연습 - 교사의 시범을 보고 반복적으로 연습하여 정확한 동작을 익히도록 한다. - 실제 게임에 적용하기 위하여 기능 연습을 충분히 하게 한다.			20′
	활동 2 : ㉢ 족구 게임하기 - 네트를 사이에 두고 두 모둠으로 나누어 족구 게임을 하게 한다. - 상대편이 받기 어려운 지역으로 공을 차게 한다.			5′
	활동 3 : 간이 축구하기 - 3명씩 한 모둠을 이루고 전략을 세워 간이 축구 게임을 하게 한다. - 공격과 수비의 역할을 정하고 서로 협력하며 게임을 하게 한다.			5′

정답

1)

수업 모형	이해 중심 게임 수업 모형
인지적 특징	실제 게임을 강조하여 학생들이 배우는 종목의 특성을 보다 잘 체험하고 이해하게 함
	구조가 유사한 활동들을 묶는 범주화 방식으로 기능이나 전술 학습의 전이가 촉진됨

2)

배경	이해 중심 게임 수업 모형은 기존 수업에서 학생들이 대부분을 운동 기능 연습에 쏟고 게임은 거의 하지 못하는 단점을 극복하고자 한다.
㉡ 전개	게임(변형된 게임)―기능―게임(완성된 형태)으로 재구성
㉢ 재구성	족구는 네트형 게임이므로 영역 침범형인 게임으로 재구성 (짝 축구, 칸 축구 등)
㉣ 재구성	㉣은 기능 위주로 시간이 배당 실제 게임 활동 중심으로 시간이 재구성되어야 함

2009 실전 (2008.11.30 시행)

04

다음은 김 교사가 '높이뛰기(등 쪽으로 넘기)' 수업을 위해 작성한 교수·학습 과정안을 간략하게 제시한 것이다. 1) 수업의 '전개' 세 단계 중 '탐색' 단계에 나타난 김 교사의 지도 방식을 움직임 교육의 관점에서 2가지 비판하고, 2) '실천' 단계의 동작 지도 내용에 나타난 3가지 문제점을 설명하고, 그에 대한 수정안을 각각 제시하시오.

단계	활동	교수·학습 활동
전개	탐색	• 교사가 높이뛰기의 단계별 동작에 대한 설명과 시범을 보인 후 학생들에게 따라하도록 지시하고, 학생들은 일사불란하게 교사의 동작을 따라함.
	실천	• 기록 향상을 위한 단계별 동작을 지도함. - 도움닫기 ① : 왼발로 발구름하는 학생은 가로대 쪽을 향하여 왼쪽에서 도움닫기를 하게 한다. - 도움닫기 ② : 발구름 위치가 맞지 않을 경우, 도움닫기 가속 질주의 패턴은 일정하게 유지하도록 지도한 후 출발 지점을 조절하며 연습하게 한다. - 발 구 름 : 높이 점프하기 위해 발목의 탄력을 이용하여 발끝으로 발구름을 하게 한다. - 공중동작 ① : 발구름과 동시에 상체를 충분히 뒤로 젖혀 배를 내밀게 한다. - 공중동작 ② : 공중자세에서 몸의 모양이 V자가 되지 않게 한다. - 착 지 : 좋은 기록과 부상방지를 위해 엉덩이 부분으로 떨어지도록 지도한다.
	발전·정착	• 학습 목표 달성을 위한 반복 연습 및 정착 활동을 함.

정답

1) 움직임 교육 관점에서 비판
- 교사는 어떻게 움직이는가를 학생에게 설명하고 시범보이기 보다는 학생의 참여를 이끌어내는 질문을 통해 학생들이 움직임으로 대답하도록 유도해야 한다.
- 교사의 동작을 따라하도록 지시하는 것은 부적절하고, 학생들이 움직임에 대하여 다양한 형태와 깊이로 생각하고 움직이도록 해야 한다.

2) 문제점과 수정안

문제점	수정안
도움닫기 ①에서 왼발로 발구름하는 학생의 도움닫기 방향이 부적절하다.	왼발로 발구름하는 학생은 가로대 쪽을 향하여 오른쪽에서 도움닫기 하도록 지도해야 한다.
발구름 할 때 발끝으로 발구름을 하도록 한 점이 부적절하다.	발바닥 전체로 발구름하도록 지도해야 한다.
착지 동작시 엉덩이 부분으로 떨어지도록 지도한 점이 잘못되었다.	착지시 부상 방지를 위하여 등 전체로 떨어지도록 지도해야 한다.

2009 모의평가 (2008. 7. 5 시행)

05

다음은 김 교사가 작성한 교수·학습 과정안을 간략하게 제시한 것이다. 1) '도입'에 제시된 준비 운동의 의미를 학습 목표와 관련하여 설명하고, 2) '도입'의 본시 활동 제시에 나타난 뜀틀 다리 벌려 넘기의 구체적인 방법을 단계에 따라 설명한 후, 3) '전개'의 교수·학습 활동에 나타난 문제점을 서술하시오.

단원	2. 기계 체조	지도 대상	6학년 1반 33명
수업 주제	뜀틀 다리 벌려 넘기		
학습 목표	• 뜀틀에 손 짚고 다리 벌려 넘을 수 있다. • 뜀틀을 넘을 때 손을 짚는 위치와 손짚기의 역할을 안다. • 안전에 유의하는 태도를 가진다.	시간	40분
		교수·학습 자료	뜀틀 3대, 매트, 발구름판 3대

	교수·학습 활동	시간

도입	• 준비 운동
	  - 스트레칭
	  - 친구의 등을 손 짚고 뛰어 넘기
	• 본시 활동 제시
		7분

전개	• 활동 1: 뜀틀 다리 벌려 넘기
	• 활동 2: 뜀틀에 걸터앉기
	  - 뜀틀의 가까운 쪽에서 점차적으로 먼 쪽에 걸터 앉도록 유도
	• 활동 3: 모둠별 뜀틀 다리 벌려 넘기
	  - 수준별 모둠 편성 운영
	• 활동 4: 모둠별 게임
	  - 모둠별로 뜀틀 다리 벌려 빨리 뛰어 넘기 게임
		30분

정리	• 정리 운동 • 차시 예고	3분

정답

1) 안전에 유의하기 위하여 본시 활동에서 주로 사용될 관절이나 근육을 유연하게 풀어 주는 활동이다.

2) 단계별 동작

도움닫기	전력질주를 하도록 한다.
발 구르기	구름판의 2/3 지점을 힘껏 구르도록 해야 한다
손 짚기	뜀틀의 앞에서 1/3 지점을 양 팔이 11자가 되도록 하여 짚는다.
공중 동작	상체를 반듯이 하고 양 다리는 곧게 뻗어 V자 형태가 되도록 한다.
착 지	다리의 충격을 완화시키기 위해 무릎을 굽히면서 안정적인 자세를 취한다.

3)
• 난이도를 고려하여 활동 1과 활동 2의 순서를 바꾸어 지도해야 하며, 활동 4는 다음 차시에 실시하도록 해야 한다.
• 모둠별 게임 시에 빨리 뛰어 넘기는 경쟁심 유발과 안전상의 문제가 있으므로 정확한 동작 중심으로 게임을 지도해야 한다.

최 교사는 라반(Laban)의 개념 틀을 활용하여 다음과 같이 농구 단원을 설계하고자 한다.

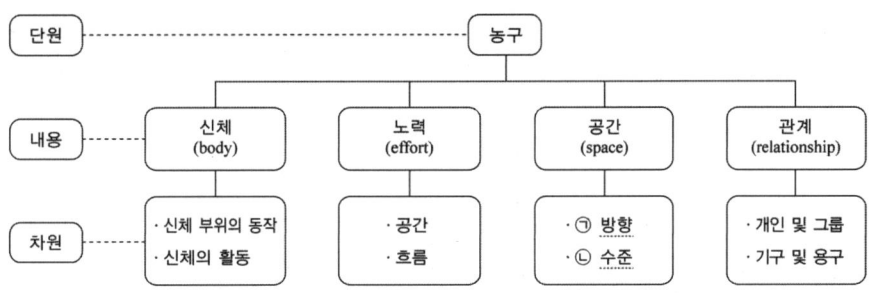

최 교사가 이 단원에서 활용하고자 하는 체육 교육과정의 모형 및 가치 정향을 각각 쓰고, 농구의 드리블을 소재로 ㉠ 방향(direction)과 ㉡ 수준(level) 차원의 개념이 적용된 학습 목표를 각각 1가지씩 쓰시오. [4점]

- 체육 교육과정의 모형 : _____
- 체육 교육과정의 가치 정향 : _____
- ㉠ 방향 차원의 목표 : _____
- ㉡ 수준 차원의 목표 : _____

✤ 정답

최 교사가 활용하고자하는 체육교육과정의 모형은 움직임 분석모형이다.
움직임 분석모형의 가치정향은 학습과정 가치정향이다.
㉠ 방향(direction) 차원의 목표 : 농구의 드리블을 양손을 이용하여 전, 후, 좌, 우로 이동할 수 있다
㉡ 수준(level) 차원의 목표 : 농구의 드리블을 높고 낮게 하며 이동할 수 있다.

8장 음악

배재민
15개년
기출분석집

1절　15개년 기출의 진화
2절　서답형
3절　논술형

1절 15개년 기출의 진화

<서답형 기출>

	전통음악	서양음악
23	1. 긴자진형식의 한배의 변화 • 칭칭이 소리 : 굿거리장단 • 자진칭칭이 소리 : 자진모리장단 2. 메나리토리 • 하행 진행을 할 때만 사용하는 계이름	1. aba형식 2. 주요 3화음 3. 실기평가
22	1. 장구 타법 구음 • 도라지타령 : 세마치장단 • 늴리리야 : 굿거리장단 2. 단소 운지와 입김 세기 정도	1. (8)의 뜻 2. 임시표 3. 멜로디언 건반 번호
21	1. 천년만세 2. 탸령 장단	1. 소리의 어울림 2. 사장조 딸림화음의 고정도법 계이름 3. 슈베르트 '송어' 악기 편성
20	〈평시조 초장〉 1. 제4,6,8박의 공통된 장단 치는 방법 2. 5박 장단에 붙여서 부를 노랫말	1. 가락선 그리기와 음의 높고 낮음 2. 계이름 3. 음표 이름과 음길이
19	〈새야 새야〉 - 소금 연주 1. 율명 : 南(남), 淋(고) 2. 남(浺)은 높은 음으로 센 입김으로 분다	1. 가단조 딸림화음 음이름 2. AB형식 - aa'ba' 3. 리코더 운지법 - 서밍 4. 내용 영역별 공통 평가 중점
18	1. 〈고사리 꺾자〉 : 자진모리 장단 구음 2. 남도 민요 시김새	1. 사장조 계이름 이동도법으로 쓰기 2. 사장조 딸림 화음 3. 가락선 4. 차례가기 가락 진행
17	1. 종묘 제례악 2. 아리랑 단소 악보 - 숨표	1. 〈피터와 늑대〉 가락 연주 악기 2. 스타카토 3. 이음줄과 붙임줄 4. 당김음 리듬
16	1. 〈늴리리야〉 • 경토리, 굿거리 장단, 메기고받는 형식	1. 오스티나토 2. 트레몰로 주법
15	1. 기본박 • 대취타 : 12박 • 삼채장단 : 4박 2. 타악기 연주법 기보 방식 • 구음, 기호	1. 바그너 〈결혼 행진곡〉 2. 8분 쉼표 3. 뛰어가기 가락

14	1. 정간보 : 쉼표 2. 굿거리 장단	1. 바장조 • 음이름, 계이름 • 리코더 연주시 음이름 사용 장점
13	1. 육자배기 토리 • 개고리 개골청 : 자진모리 장단 • 둥당애 타령 : 중중모리 장단 2. 시김새	1. 계이름 2. 붙임줄 3. 음 길이에 의한 당김음 4. 사장조 딸림화음과 건반 번호

<논술형 기출>

12	〈시냇물〉: 소프라노 리코더, 2박자 지휘 〈씨름〉: 서도 민요('라'는 떠는 소리), 중중모리 장단 〈대취타〉: 관악기와 타악기 사용, 악대를 이끄는 사람은 지휘자 역할 〈행진용 라데츠키 행진곡〉: ABA형식
11	〈도라지〉: 단소 운지와 입김의 세기 〈초록 바다〉: 변박자, 2부 합창, '태도' 평가
10	〈강릉, 모심는 소리〉: 엇모리 장단 〈휠휠이〉: 일노래(노동요), 메기고 받으며 부르기 〈아를의 여인, 종〉: 오스트나토 가락 연주, 2박자 지휘 〈이슬〉: aba형식
09	〈섬마을〉: 2박 계통, 구성음(솔라도레미), 독일식 리코더 운지 〈도움소〉: 말붙임새, 메나리토리, 단소 운지

01 2023-A-6

(가)는 2015 개정 음악과 교육과정 5~6학년군의 제재곡과 제재곡의 일부이다. (나)는 음악 수업을 준비하는 과정에서 지도 교사와 예비 교사들이 나눈 대화이다. 물음에 답하시오. [5점]

(가)

(나)

지도 교사 : 학생들이 음악의 형식을 학습하면 악곡 전체를 이해하는 데 도움이 됩니다. 그런데 교사가 음악의 형식을 말로만 설명하면 학생들이 어려워할 수 있으니 활동 중심으로 수업을 설계해 주세요. 예비 교사 1 : <제재곡 1>과 <제재곡 2>의 가락을 계명창으로 익힌 후 ㉠같은 가락과 다른 가락을 구별함으로써 형식을 이해하게 하려고 합니다. 또 ㉡모둠을 둘로 나누어 두 곡을 동시에 리코더로 연주하면서 소리의 어울림을 느끼는 활동을 할 계획입니다. 예비 교사 2 : 저는 ㉢<제재곡 3>과 <제재곡 4>를 긴자진 형식으로 부를 때 나타나는 한배의 변화를 노래와 신체로 표현하게 할 계획입니다. 그리고 메나리토리의 특징을 살려 가락 만들기 활동을 하려고 합니다. 지도 교사 : ㉣<제재곡 3>과 <제재곡 4>의 메나리토리는 하행 진행을 할 때만 사용하는 음이 있으니 이를 구별할 수 있도록 지도해 주세요. 예비 교사 1 : 수업 후에 평가는 어떻게 해야 할까요? 지도 교사 : 활동 중심으로 수업을 했으니 2015 개정 음악과 교육과정에서 제시하는 수행 평가의 방법을 적용하면 좋겠네요. ㉤예비 교사 1은 가락의 흐름을 구별하며 리코더 연주하기를, 예비 교사 2는 한배의 차이를 살려 노래 부르기를 평가할 수 있어요.

1) ① (나)의 ㉠을 활용하여 파악할 수 있는 (가)의 <제재곡 1>과 <제재곡 2>의 공통된 형식을 쓰고, ② (나)의 ㉡을 위해 두 곡이 필수적으로 갖추어야 할 조건을 음악 요소를 포함하여 쓰시오. [2점]

  ① _____
  ② _____

2) ① (나)의 ㉢에 근거하여 (가)의 <제재곡 3>과 <제재곡 4> 중 먼저 불러야 하는 곡과 그 이유를 쓰고, ② (나)의 ㉣에 해당하는 음을 계이름으로 쓰시오. [2점]

  ① _____
  ② _____

3) (나)의 ㉤에서 지도 교사가 두 예비 교사에게 공통적으로 제안한 평가 방법을 쓰시오. [1점]

> 정답

1) ① aba
   ② 두 악곡의 각 마디에 어울리는 주요 3화음이 같아야 한다.
2) ① 〈제재곡4〉는 한배가 긴(느린) 굿거리장단에 어울리는 곡으로, 한배가 빠른(짧은) 자진모리장단의 〈제재곡3〉보다 먼저 불러야 한다.
   ② 솔
3) 실기평가

> 정답이유

1)
① 제재곡 1, 2 모두 처음 4마디와 마지막 4마디의 가락이 같고 중간 4마디가 다르므로 aba 형식이다.
- aba형식 : 작은악절(4마디)3개, 작은 세도막 형식이라고도 한다.

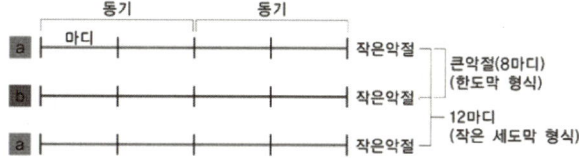

② 소리의 어울림을 느끼는 활동과 관련된 5~6학년 음악 요소는 '주요 3화음'이다. 화음(chord)이란 두 음 또는 세 음 이상의 다른 높이의 음들이 동시에 울리는 것이고, 음계를 구성하는 7개의 음에 각각 3도씩 위로 두 개의 음을 쌓으면 7개의 3화음이 만들어지는데, 그 중 으뜸화음(I), 버금딸림화음(IV), 딸림화음(V)을 주요 3화음이라고 한다.
- 3~4학년 : 소리의 어울림
- 5~6학년 : 주요 3화음, 다양한 소리의 어울림

2)
① 〈긴자진형식〉 : 한배에 따른 형식의 하나로, 느린 곡과 빠른 곡이 짝이 되거나 느린 곡부터 점점 빨라지는 곡으로 구성됨
- 한배 : 원래는 화살을 쏘아 화살이 떨어진 가는 거리를 뜻하나 음악에서는 박이나 장단의 느리고 빠른 정도를 의미한다.

- 긴 : 한배가 '느리다, 길다' / 자진 : 한배가 '빠르다 또는 짧다'
- 굿거리장단은 자진모리장단보다 느리다.
- 중중모리 장단도 자진모리장단보다 느리다.
② 〈메나리토리〉
- 경상도, 강원도, 함경도 지역의 민요를 동부 민요라고 하며, 그 음악적 특징을 '메나리토리'라고 한다.

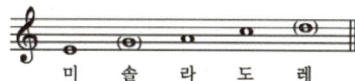

- 가락의 골격음은 '미·라·도'의 3음으로 '레'는 '도'의 장식음처럼 쓰이고, '솔'은 '라'에서 '미'로 하행할 때 경과음처럼 쓰이는 경우가 많으며 '레·도·라', '라·솔·미'는 메나리토리의 특징적인 가락이다.

3) 실기평가
- 실기 평가는 노래 부르기, 악기 연주하기, 신체 표현하기 등을 보거나 들으면서 질적·양적 판단을 하는 것으로 실제 수행 자체를 평가한다는 면에서 직접 평가의 의미가 있어 타당성이 높다.

> 정답개념

〈제재곡 1〉 봄바람

〈제재곡 2〉 작은 별

〈제재곡 3〉 자진칭칭이 소리

〈제재곡 4〉 칭칭이 소리

02

2022-A-6

(가)와 (나)는 2015 개정 음악과 교육과정 5~6학년군 수업을 위해 최 교사가 재구성한 제재곡의 일부와 활동 내용이다. 물음에 답하시오. [5점]

(가)

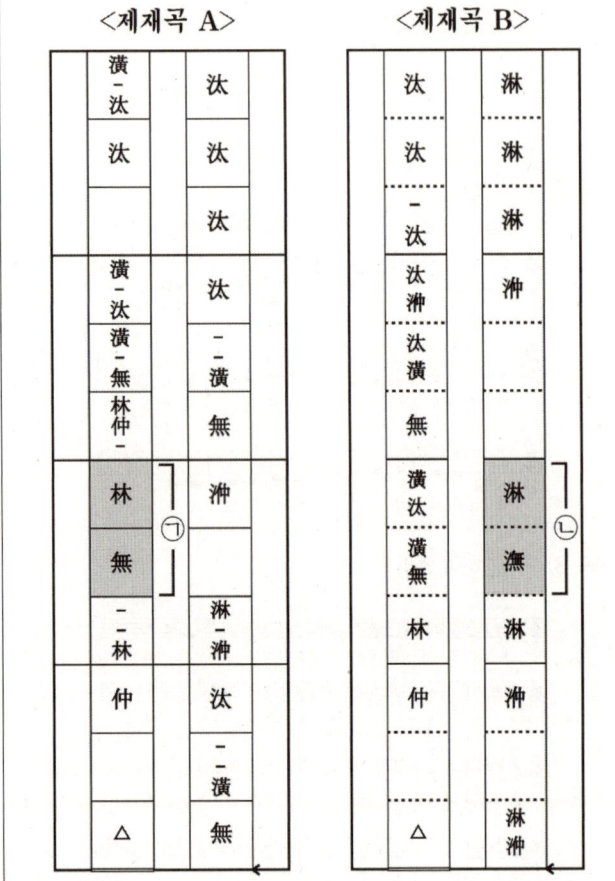

〈활동 내용〉
• 장구 장단을 치며 악곡의 장단감을 익힌다.
• 입김 세기에 주의하며 바른 자세와 주법으로 단소를 연주한다.

(나)

〈제재곡〉

〈교수·학습 내용〉
• 리코더와 멜로디언의 바른 주법을 익힌다.
• 2성부일 때, 위의 성부는 리코더로 아래의 성부는 멜로디언으로 연주하며 소리의 어울림을 감지한다.

1) 2015 개정 음악과 교육과정 내용 체계의 '기능' 중 (가)와 (나)의 활동 내용에 해당하는 것을 쓰시오. [1점]

• _____

2) (가)의 ① 〈제재곡 A〉와 〈제재곡 B〉의 기본 장단을 비교하여 〈제재곡 B〉에만 나오는 장구 타법의 구음을 2가지 쓰고, ② ㉠과 ㉡을 연주할 때 단소의 운지와 입김의 세기 정도를 각각 비교하여 쓰시오. [2점]

• ① : _____

• ② : _____

3) (나)의 ① ㉢의 뜻을 쓰고, ② 〈활동 내용〉에 근거하여 ㉣에 해당하는 멜로디언의 건반을 〈보기〉에서 찾아 순서대로 쓰시오. [2점]

보기

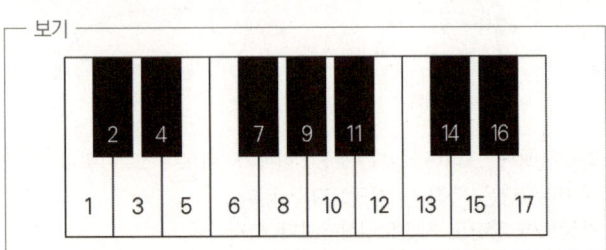

• ① : _____

• ② : _____

정답

1) 악기로 연주하기
2) ① 기덕, 더러러러
   ② ㉠과 ㉡의 운지는 동일하나, ㉡을 연주할 때 조금 더 센 입김으로 분다.
3) ① 노래를 부를 때는 악보의 음높이대로 소리가 나고, 리코더로 연주할 때는 악보보다 한 옥타브 높은 소리가 난다.
   ② 7, 8, 10, 8, 7, 6

정답이유

1) 표현 영역의 기능은 노래 부르기, 악기로 연주하기, 신체 표현하기, 만들기, 표현하기이다. 이 중 (가)는 장구와 단소 주법 (나)는 리코더와 멜로디언의 주법 익히기이므로 공통적인 것은 악기로 연주하기이다.

2)
① (가)의 〈제재곡 A〉(도라지타령)는 세마치장단, 〈제재곡 B〉(늴리리야)는 굿거리장단이다. 세마치장단의 장구 구음은 '덩덩덕쿵덕', 굿거리장단의 장구 구음은 '덩기덕쿵더러러러 쿵기덕쿵더러러러'이다. 따라서 덩, 쿵은 공통적이며, 〈제재곡 B〉에만 나오는 장구 타법의 구음은 기덕, 더러러러의 2가지이다.

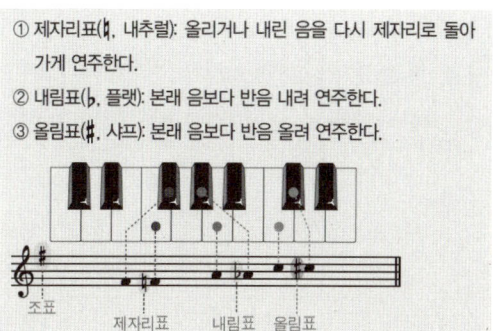

② ㉡(청성 淋, 潕)은 ㉠(중성 林, 無)과 운지는 같으나 입술을 옆으로 펴면서 입꼬리에 살짝 힘을 주어 조금 더 센 입김으로 분다.

3)
- 악보 공간 상 한 옥타브 위의 음표를 표기하기 어려울 때 (8)로 나타낸다.
- (나) 제재곡, 나무의 노래, 리코더와 멜로디언의 2중주를 위한 악보로, 멜로디언으로 연주할 때는 악보와 동일한 소리가 나고, 리코더로 연주할 때는 한 옥타브 높은 소리가 난다.
② ㉣의 맨 앞 '파'는 같은 마디에 있는 임시표의 영향을 받아 '파#'이 되고, ㉣의 맨 뒤 '파'는 앞에 제자리표가 있으므로, '파'로 연주한다. 따라서 ㉣의 계이름은 '파#솔라솔파#파'이고, 이를 〈보기〉의 건반에 나타내면, 7, 8, 10, 8, 7, 6이다.
- 임시표란 본래 음을 임시로 반음 올리거나 반음 내릴 때 또는 변화시킨 음을 본래 음으로 다시 되돌릴 때 사용하는 기호로, 같은 마디에서만 효력이 있다.

정답개념

1. 다양한 장단과 구음
① 세마치 장단(9/8박자)

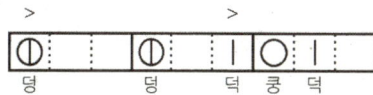

② 자진모리 장단(12/8박자)

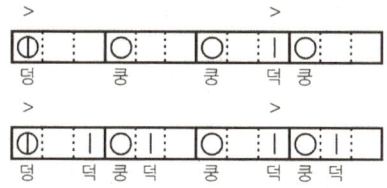

③ 굿거리 장단(12/8박자)

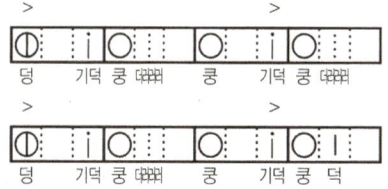

④ 중중모리 장단(12/8박자)

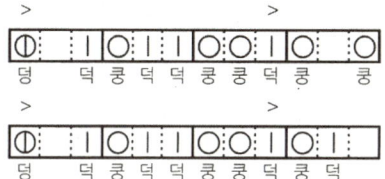

⑤ 타령장단

2. 단소 운지법
① 단소에서는 주로 '중려(仲呂)', '임종(林鍾)', '무역(無射)', '황종(黃鍾)', '태주(太簇)'의 5음을 많이 사용하며, 정간보에는 뒷글자는 빼고 앞글자만 쓴다.
② 율명의 왼쪽에 '삼수변(氵)'이 하나 붙으면 한 옥타브 위의 음이 되고, '사람인변(亻)'이 하나 붙으면 한 옥타브 아래 음이 된다.
③ 낮은 음역은 약하게 입김을 불어 넣어 소리 내고, 높은 음역은 강하게 입김을 불어 넣어 소리 낸다.

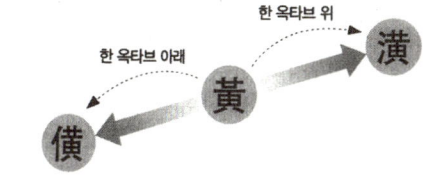

	율명	仲	林	無	潢	汰
기본음	연주	입김의 세기를 약하게 한다.				
높은음	율명	㳞	淋	潕	潢	汰
	연주	입김의 세기를 세게 한다.				

03   2021-A-6

(가)는 2015 개정 음악과 교육과정 5~6학년군 '감상' 영역을 수업하기 위한 지도 교사와 예비 교사들의 대화이고, (나)와 (다)는 〈활동 자료〉와 〈교수·학습 내용〉이다. 물음에 답하시오. [5점]

(가)

지도 교사 : 감상 영역의 교수·학습 방법 및 유의 사항에 대해서 이야기해 봅시다.
예비 교사 A : 실음을 통해 음악 요소와 개념을 구별할 수 있도록 지도합니다.
예비 교사 B : 음원, 그림, 영상 등의 자료를 활용하여 악곡의 특징을 파악하도록 지도합니다.
지도 교사 : 네, 잘 알고 있네요. 음악 감상을 통해 학생들이 음악에 대한 미적 체험을 할 수 있도록 영역별 연계성을 고려하여 다양한 교수·학습 방법을 활용하면 됩니다.
그럼 각자의 수업 계획에 대해서 이야기해 볼까요?
예비 교사 A : 저는 슈베르트의 실내악곡인 피아노 5중주 제4악장 '송어'를 감상하고, 주제를 편곡한 악보로 멜로디언 반주에 맞추어 노래 부르기 활동을 병행해 다양한 (　　)을/를 지도하려고 합니다. 또한 악곡의 특징을 이해하여 성부 간 (　　)도 느끼게 할 계획입니다.
예비 교사 B : 저는 줄풍류 음악을 통해 악곡의 시대적 배경과, 관악기·현악기의 음색 구분 및 다양한 (　　)을/를 지도하고자 합니다. 그리고 가락선 악보를 제시하고, 장단의 변화를 지도하여 악곡의 이해를 높이고자 합니다.
지도 교사 : 좋습니다. 좋은 수업 기대하겠습니다.

(나)

〈활동 자료〉
(1) 피아노 5중주 제4악장 '송어' 주제 가락 악보 일부

(2) '멜로디언 반주에 맞추어 노래 부르기' 악보 일부

〈교수·학습 내용〉
ⓐ 음악을 감상하고, 떠오르는 느낌을 이야기해 본다.
ⓑ 슈베르트의 피아노 5중주 제4악장 '송어'에 대해 알아보고 연주에 사용된 악기를 탐색한다.
ⓒ 멜로디언 성부에 들어갈 화음 반주를 알아본다.
ⓓ 멜로디언 소리를 들으며 화음 반주에 맞추어 경쾌하게 노래 부른다.

(다)

(1) 악기 배치도

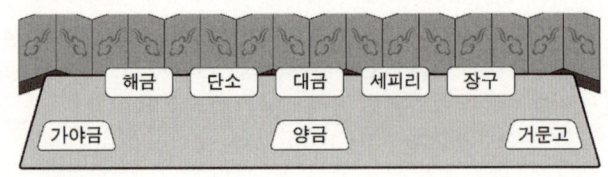

(2) 〈세피리 선율〉

박	1	2	3	4	5	6	7	8	9	10	11	12
無林仲太黃			仲		無	林	仲		仲		黃	太

〈교수·학습 내용〉
ⓐ 조선 시대 선비들이 즐겼던 풍류 음악 중 하나로, 세 곡으로 이루어진 모음곡이다.
ⓑ 현악기 중심의 음악에서 장구는 변죽을 친다.
ⓒ 악곡 선율을 따라 그리면서 감상하고, 악기 음색을 탐색 한다.
ⓓ (㉡) 장단과 양청도드리 장단을 사용하고 있어 한배의 변화를 느낄 수 있다. (㉡) 장단은 '영산회상'에도 사용된다.

1) 2015 개정 음악과 교육과정 5~6학년군의 음악 요소와 개념 중 (가)의 (　　) 안에 공통으로 들어갈 음악 요소를 쓰시오. [1점]
  ·_____

2) (나)의 ① 〈활동 자료〉 중 (2)의 ㉠에 적용할 수 있는 화음의 구성음을 주요 3화음 중에 1가지 골라 고정도법 계이름으로 쓰고, ② 〈교수·학습 내용〉 중 ⓑ와 관련하여 슈베르트의 피아노 5중주 제4악장 '송어'의 악기 편성을 모두 쓰시오. [2점]
  · ① : _____
  · ② : _____

3) (다)의 ① 〈활동 자료〉와 〈교수·학습 내용〉으로 지도할 수 있는 악곡 이름을 쓰고, ② 〈활동 자료〉 (2)의 악보를 참고하여 ㉡에 들어갈 장단 이름을 쓰시오. [2점]
  · ① : _____
  · ② : _____

정답

1) 소리의 어울림

2) ① 레파#라
② 피아노, 바이올린, 비올라, 첼로, 더블베이스

3) ① 천년만세
② 타령

정답이유

1) 2개 이상의 음이 동시에 울리는 것은 화음이고, 화성은 화음과 성부의 결합을 의미한다. 소리의 어울림은 소리와 소리의 조화인 화음으로 2부 합창과 리코더 2중주를 통해 느낄 수 있다.

2)
① (2)에 제시된 악보는 조표(#)이 하나가 붙어 있으므로 사장조이고, 노래 악보의 계이름이 '솔솔레도시라'이므로, ㉠에 적용할 수 있는 화음은 사장조 딸림화음(V)이다. 사장조 딸림화음을 고정도법으로 읽으면, 레파#라이다.
② 슈베르트의 '송어'는 피아노, 바이올린, 비올라, 첼로, 더블베이스(제2 바이올린을 대체)의 변칙적인 악기 편성에도 불구하고 실내악곡으로 널리 애호된다.

3)
① "천년만세"는 천년만년 살기를 기원하는 의미를 담고 있는 풍류 음악의 하나로 '계면가락도드리', '양청도드리', '우조가락도드리'의 세 곡으로 이루어진 모음곡이다.

계면 가락 도드리	흥청거리는 느낌의 타령장단이다.
양청도드리	잰걸음을 걷듯 빠른 한배의 경쾌한 분위기이다.
우조 가락 도드리	'양청도드리'의 변주곡이며 타령장단이다.

② 영산회상과 타령 장단
- 석가여래가 설법하던 '영산회상불보살'을 노래했던 악곡으로 거문고 중심의 〈영산회상〉(줄풍류), 향피리 중심의 〈관악 영산회상〉(대풍류), 영산회상을 4도 낮게 조옮김한 〈평조회상〉등 3가지가 있다.
- 영산회상은 '상영산', '중영산', '세영산', '가락덜이', '삼현 도드리', '하현 도드리', '염불 도드리', '타령', '군악'의 9곡으로 이루어지며, 관악 영산회상과 평조회상은 9곡 중 '하현 도드리'를 빼고 8곡만 연주하고 한배가 점점 빨라지는 모음곡이다.
- 이 중 '춘앵전'의 반주 음악으로 쓰이는 〈평조회상〉 중 '타령'은 삼현육각 편성으로 연주한다.

〈타령장단〉

①	i	l O	i	·
덩	기덕	덕 쿵	기덕	더

※ '더(·)'는 열채 끝으로 채편을 가볍게 찍어서 연주한다.

정답개념

1. 음악 요소와 개념

	리듬	가락	화성	형식	셈여림	빠르기	음색
3~4학년 수준	• 박, 박자 • 장단, 장단의 세 • 음의 길고 짧음 • 간단한 리듬꼴 • 장단꼴 • 말붙임새	• 음의 높고 낮음 • 차례가기와 뛰어가기 • 시김새	• 소리의 어울림	• 메기고 받는 형식 • ab	• 셈여림	• 빠르기/한배	• 목소리, 물체 소리, 타악기의 음색
5~6학년 수준	• 박, 박자 • 장단, 장단의 세 • 여러 가지 리듬꼴 • 장단꼴 • 말붙임새	• 음이름, 계이름, 율명 • 장음계, 단음계 • 여러 지역의 토리 • 시김새	• 주요 3화음 ★다양한 소리의 어울림	• 긴 자진 형식 • 시조 형식 • aba • AB	• 셈여림의 변화	• 빠르기의 변화/한배의 변화	• 관악기, 현악기의 음색

2. 사장조 주요 3화음

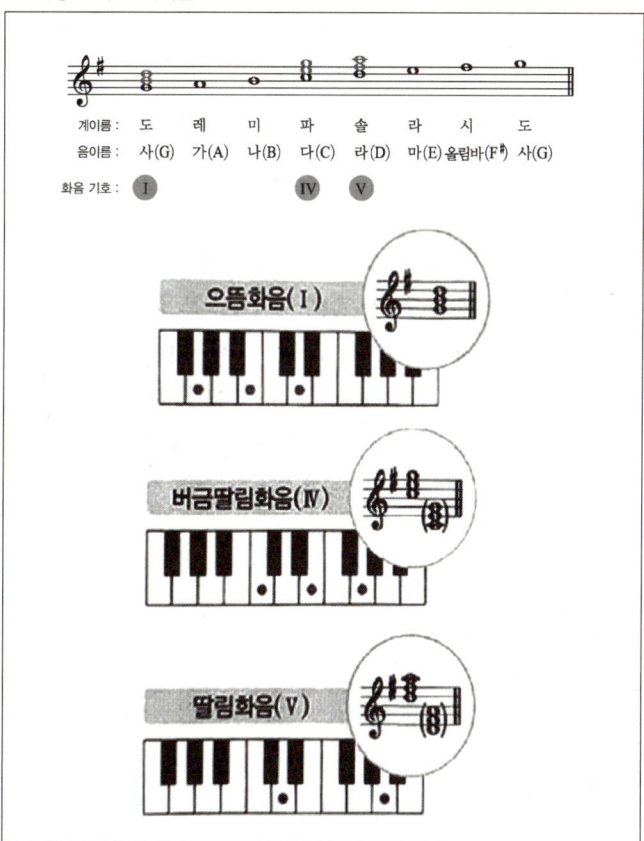

3. 고정도법과 이동도법
- 고정도법: 조표와 관계없이 다장조처럼 읽는 방법으로, 악기를 연주할 때 주로 사용한다.
- 이동도법: 조표에 따라 으뜸음 '도'의 위치를 다르게 읽는 방법으로, 노래를 부를 때 주로 사용한다.

04

2020-A-11

(가)는 음악 수업을 준비하는 과정에서 지도 교사와 예비 교사 들이 나눈 대화이고, (나)와 (다)는 〈활동 자료〉와 〈활동 내용〉이다. 물음에 답하시오. [5점]

(가)

지도 교사 : 〈평시조 부르기〉와 〈제재곡의 일부 가락 바꾸기〉 수업에서 고려해야 할 사항을 이야기해 봅시다.
예비 교사 1 : 자신의 느낌을 음악으로 표현하기 위해서는 음악 요소의 이해와 활동이 함께 이루어져야 할 것같아요.
예비 교사 2 : 평시조 부르기에서는 무릎장단 치기를 통해 장단, 한배 등의 음악 요소를 체득할 수 있어요.
예비 교사 3 : 그리고 율명을 따라 가락선 그리기를 하면서 (　　)의 음악 요소를 이해할 수 있어요.
예비 교사 1 : 그런데 제재곡의 일부 가락 바꾸기는 학생들이 많이 어려워하는 것 같아요.
예비 교사 2 : 그렇지 않아요. 코다이의 말 리듬과 손 기호를 활용하면 이미 학습한 '음의 길고 짧음'과 '(　　)' 등의 음악 요소를 자연스럽게 심화하면서 제재곡의 일부 가락 바꾸기를 쉽게 할 수 있어요.
지도 교사 : 좋습니다. 여러분의 견해를 들으니 좋은 수업이 기대되는군요.

(나)

〈활동 자료〉 평시조의 초장

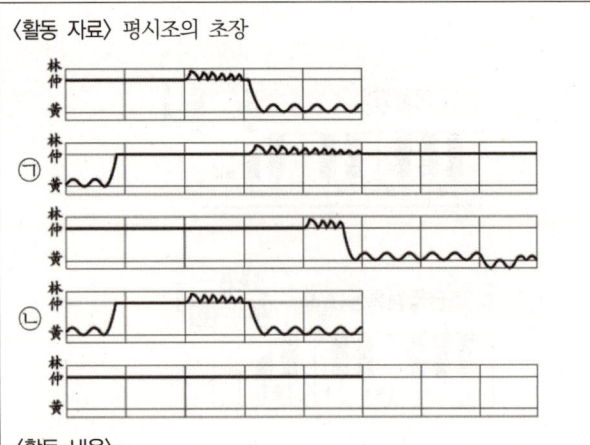

〈활동 내용〉
(1) 5박과 8박의 시조 장단을 익힌다.

(2) 가락선을 따라 시김새를 표현하며 율명을 부른다.
(3) 평시조 초장의 5·8·8·5·8 장단에 맞게 노랫말을 붙여 부른다.

〈시조 초장〉 동창이 밝았느냐 노고지리 우지진다.

(다)

〈활동 자료〉 제재곡의 일부

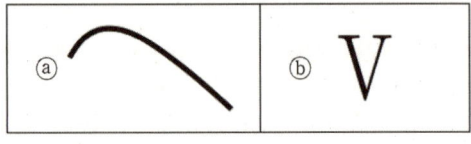

〈활동 내용〉
(1) 리듬을 코다이 말 리듬으로 익히며, 빈 마디에 들어갈 리듬을 '타 타 티 티 티 티'로 한다.
(2) 셋째 마디에서 넷째 마디까지의 가락선은 ⓐ의 차례가기가 되도록 한다.
(3) 빈 마디의 화음 진행은 ⓑ의 화음이 되도록 한다.

ⓐ ⌒	ⓑ V

1) (가)의 (　) 안에 공통으로 들어갈 음악 요소를 쓰시오. [1점]

• _____

2) ① (나)의 〈활동 내용〉 (1)의 그림을 참고하여 ㉠의 제4, 6, 8박에 공통된 장단 치는 방법을 쓰고, ② ㉡의 5박 장단에 붙여서 부를 노랫말을 〈활동 내용〉 (3)에 제시된 시조 초장에서 찾아 쓰시오. [2점]

• ① : _____
• ② : _____

3) ① (다)의 〈활동 내용〉을 조건으로 하여 빈 마디에 들어갈 가락의 계이름을 쓰고, ② 그 가락의 첫 번째 음과 세 번째 음에 해당하는 음표의 이름과 음길이를 쓰시오. [2점]

• ① : _____
• ② : _____

정답

1) 음의 높고 낮음
2) ① 왼손으로 무릎을 친다.
   ② 우지진
3) ① 솔라솔파미레
   ② 첫 번째 음 : 4분 음표, 1박 / 세 번째 음 : 8분 음표, 1/2박

정답이유

1) 〈음악의 3요소〉
① 리듬 : 셈여림이 있는 긴 음과 짧은 음의 흐름
② 가락 : 높고 낮은 음들의 연결
③ 화성 : 2개 이상의 음이 동시에 울리는 것은 화음이고 화음의 연결이 화성이다.

〈율명에 따라 가락선 그리기〉
- 율명은 전통 음악에서 사용하는 열두 개의 음이름이고, 음의 높고 낮음은 가락선으로 그릴 수 있다.

12개의 율명											
①	②	③	④	⑤	⑥	⑦	⑧	⑨	⑩	⑪	⑫
황종	대려	태주	협종	고선	중려	유빈	임종	이칙	남려	무역	응종

〈코다이 말리듬〉
- 음표와 쉼표에 의한 리듬 음가에 따라 읽는 리듬 음절이다.

〈코다이 손 기호〉
- 계명창(이동도법에 의한 계이름 부르기)을 할 때 음높이를 정확하게 부르기 위해 사용한다.

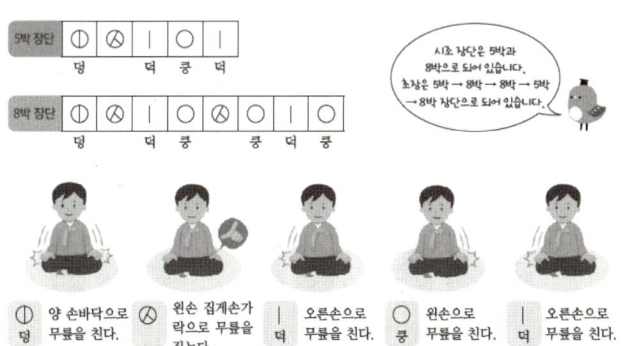

2) 율① (나)의 ㉠은 8박 장단으로 제4, 6, 8박에 공통 구음은 '쿵'이고, '쿵'을 표현하는 무릎장단 동작은 '왼손으로 무릎을 친다.'이다.

〈시조 장단과 무릎장단 치는 방법〉

② (나)의 ㉡의 5박 장단에 붙여서 부를 노랫말은 '우지 지 ㄴ'이다.

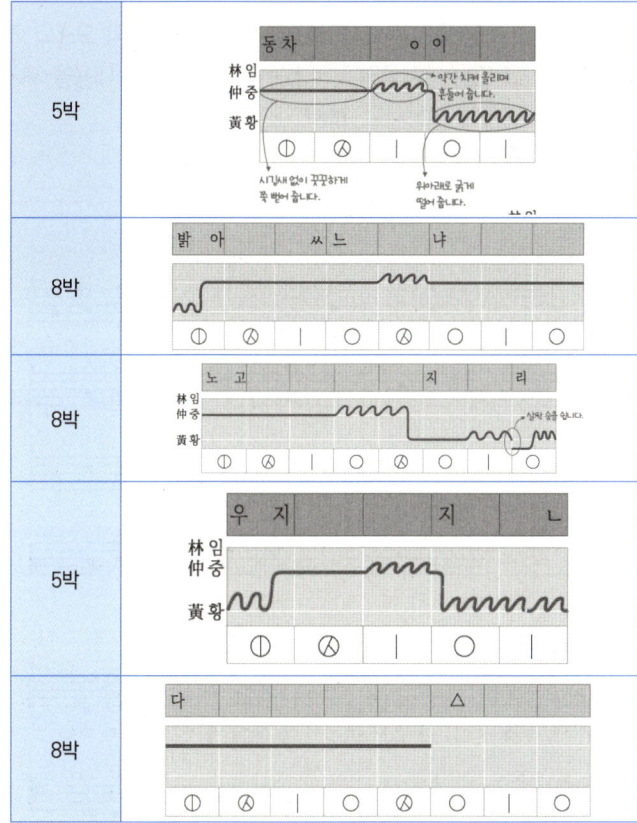

3) 율(다)의 〈활동 내용〉을 조건을 보면 ⓐ의 차례가기 가락선 모양(첫째 마디의 가락선 모양), ⓑ의 V도 화음(솔시레)을 고려할 때, 빈 마디에 들어갈 가락의 계이름은 '솔라솔파미레'가 알맞으며, 〈활동 내용〉 (1)에서 빈 마디에 들어갈 리듬을 '타타티티티티'로 한다고 하였으므로, 첫 번째 음은 코다이 말 리듬의 '타', 세 번째 음은 코다이 말 리듬의 '티'에 해당하므로 각각 4분 음표(1박), 8분 음표(1/2박)이 된다.

05
2019-A-10

(가)는 2015 개정 음악과 교육과정 5~6학년군의 음악 요소와 개념을 포함하고 있는 제재곡이고, (나)는 제재곡의 지도 내용을 제시한 것이다. 물음에 답하시오. [5점]

(가)

(나)

〈제재곡 1〉 지도 내용
(1) 본 제재곡은 '다'음을 으뜸음으로 하는 다장조이다.
(2) 악곡의 구조는 aa'ba'이다.
(3) ㉡을 리코더로 연주할 때는 뒷구멍을 반 정도 막고 조금 세게 분다.

〈제재곡 2〉 지도 내용
(4) 본 제재곡은 3음으로 구성된 악곡이다.
(5) 녹두장군 전봉준의 이야기를 담고 있는 전래 동요이다.
(6) ㉣을 소금으로 연주할 때는 약한 입김으로 분다.

1) ① (가)의 〈제재곡 1〉의 주요 3화음 중 ㉠에 어울리는 화음의 구성음을 음이름으로 쓰고, ② 〈제재곡 2〉를 소금으로 연주할 때 ㉢에 해당하는 율명의 기호를 다음 〈보기〉에서 찾아 순서대로 쓰시오. (단, 첫 음은 '汰(태)'로 하시오.) [2점]

ⓐ	ⓑ	ⓒ	ⓓ	ⓔ
㴌(고)	潢(황)	南(남)	林(임)	湳(남)

• ①
• ②

2) (나)의 〈제재곡 1〉과 〈제재곡 2〉의 지도 내용 (1)~(6) 중 옳지 않은 것 2가지를 찾아 각각 번호를 적고 내용을 바르게 고쳐 쓰시오. [2점]

• ①
• ②

3) 다음은 〈제재곡 1〉과 〈제재곡 2〉를 지도한 후, 이의 평가를 위해 김 교사가 작성한 평가 계획의 일부이다. 영역별 활동 주제 및 평가 기준의 내용을 참고로 할 때, ⓐ에 공통으로 들어갈 말을 쓰시오. [1점]

구분	표현 영역	감상 영역	생활화 영역
활동 주제	제재곡을 리코더와 소금으로 연주하기	여러 나라의 민요 감상하기	'학급 음악회'를 계획하고 열기
평가 기준 (상중하 평가)	• 바른 주법으로 악기를 연주하는가? • 악곡의 특징을 살려 표현하는가? • 음악표현 활동에 적극적으로 참여하는가?	• 여러 나라 민요의 음악적 특징을 구별할 수 있는가? • 다양한 문화권의 음악을 흥미를 갖고 듣는가?	• 음악회 준비를 위한 모임에 정기적으로 참여하는가? • 음악을 즐기는 마음으로 참여하는가?
평가상의 유의점	악기 연주하기 등의 표현 활동은 기능, 표현, (ⓐ) 등을 평가한다.	음악에 관한 포괄적인 이해의 정도와 (ⓐ) 등을 평가한다.	학교 내외의 음악 활동에 참여하는 정도, 음악에 대한 (ⓐ) 등을 평가한다.

정답

1) ① 마, 올림사, 나
② ㉢, ⓐ
2) ① (1) '가'음을 으뜸음으로 하는 '가단조'이다.
② (6) ㉣을 소금으로 연주할 때는 센 입김으로 분다.
3) 태도

정답이유

1)
① 〈제재곡 1〉은 '음이름 가'로 끝나는 '가단조' 곡이고, ㉠에 어울리는 화음은 가단조 딸림화음(V)이다. 계이름으로는 '미솔#시'이고, 이를 음이름으로 읽으면 '마, 올림사, 나'이다.
② ㉢의 가사 '야'에 해당하는 계이름은 '레', 율명은 南(남)이고, 가사 '새'에 해당하는 계이름은 '라', 율명은 㴌(고)이다.

2) (1) 오답 이유
끝나는 음이 계이름 '도'(음이름 '다')가 아니라 계이름 '라'(음이름 '가')이고, 악보에 조표가 없으므로 '가단조'이다. 가단조의 음계는 음이름 '가'가 으뜸음 '라'가 되는 단조이다.

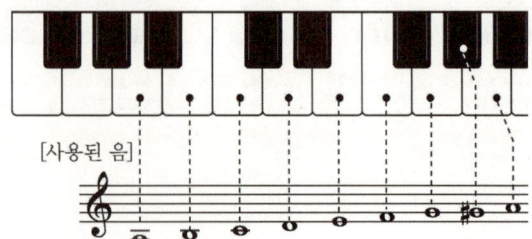

(2) 정답 이유

① 작은악절 2개가 모여 큰악절을 이루고, 각각의 큰악절이 A와 B가 되어 AB 형식이 된다.

큰악절 A		큰악절 B	
작은악절 ⓐ	작은악절 ⓑ	작은악절 ⓒ	작은악절 ⓒ'

② 〈제재곡 1〉의 경우 4개의 작은악절로 구성되어 있으며, 첫 번째 작은악절과 두 번째(네 번째) 작은악절은 비슷하게 구성되어 있어서 첫 번째 작은악절을 a, 두 번째(네 번째) 작은악절을 a'라고 표현할 수 있고, 세 번째 작은악절은 나머지 작은악절과 전혀 다르게 구성되어 있어 b라고 표현할 수 있다. 따라서 〈제재곡 1〉의 구조는 aa'ba'이다.

(3) 정답 이유 • ⓒ 리코더 운지법

서밍(thumbing) : 서밍은 '높은 미' 이상의 음을 소리 낼 때 왼손 엄지손가락을 구부려 뒷구멍의 틈을 아주 작게 하고, 나머지 부분을 잘 막는 주법이다. 입술에 힘을 주어 조금 세고 빠르게 바람을 불어 넣는다.

(4) 정답 이유 • 〈제재곡 2〉는 계이름 레, 솔, 라 3음으로 구성

(5) 정답 이유

• 〈제재곡 2〉 '새야 새야'는 동학 농민 운동이 일어났을 때 일본군에 맞서 용감하게 싸운 녹두 장군 전봉준의 이야기를 담은 노래이다. 파랑새는 일본군을, 녹두밭은 전봉준 장군을, 청포 장수는 우리 백성을 상징한다고 전해진다.

(6) 오답 이유

• ㉣ 남(湳)은 높은 음으로 센 입김으로 분다.

3) 내용 영역별 평가 중점

표현 영역	감상 영역	생활화 영역
• 노래 부르기, 악기 연주하기, 음악 만들기 등의 표현 활동은 기능, 표현, 태도	• 음악에 관한 포괄적 이해의 정도와 태도	• 학교 내외의 음악 활동에 참여하는 정도, 음악에 대한 태도와 생활화의 실천 정도

정답개념

1. 다장조 vs 다단조

• 으뜸화음(I), 버금딸림화음(IV), 딸림화음(V)을 말하며, 가장 많이 쓰이는 화음이다.

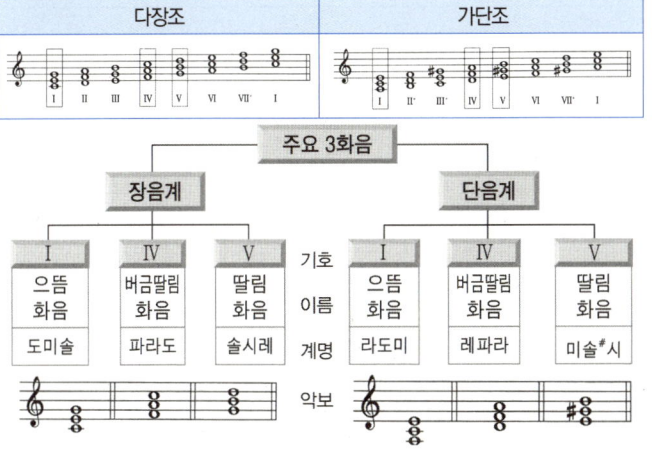

2. 새야 새야 오선악보와 정간보

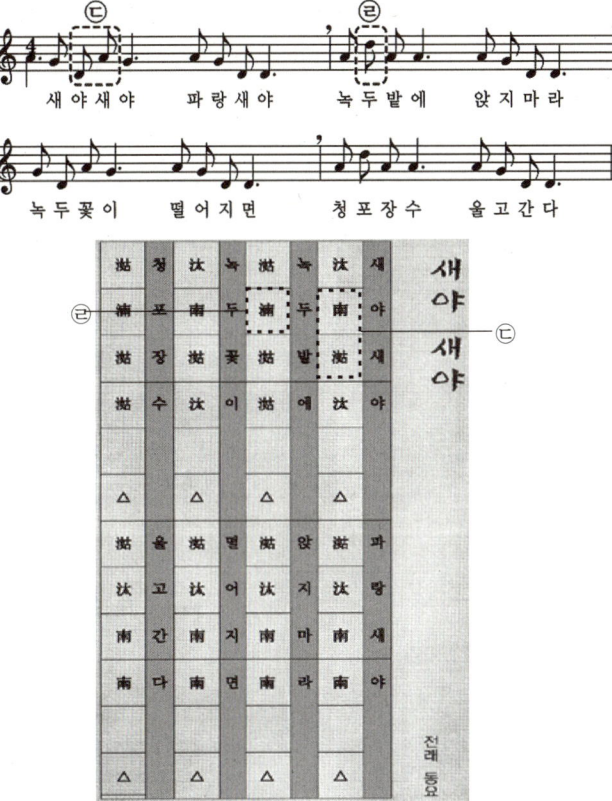

3. 소금 운지법

• 국악에는 12개의 음이 있는데 이를 '12율'이라고 한다. 이 중 '임, 남, 황, 태, 고' 음 등을 소금에서 소리낼 수 있다.

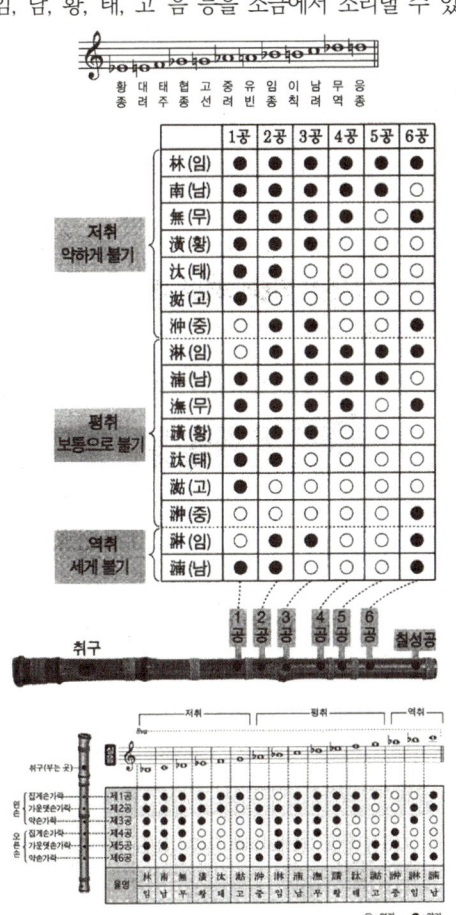

06   2018-A-10

(가)는 2009 개정 음악과 교육과정 5~6학년군 교과서에 제시된 악곡들의 일부이다. (나)는 (가)의 〈제재곡〉에서 지도할 '음악 요소 및 활동'에 대해 예비 교사들이 협의한 내용을 정리한 것이고, (다)는 교수·학습 자료이다. 물음에 답하시오. [5점]

(가)

(나)

〈제재곡 1〉의 협의 내용
(1) ㉡의 가락의 흐름은 차례가기 가락 진행이라고 지도한다.
(2) ㉢의 가락에 어울리는 화음은 주요 3화음 중 버금딸림화음(Ⅳ)이라고 지도한다.
(3) ㉣의 알맞은 음표는 제재곡이 여린내기의 악곡이므로 세 박의 점2분음표(𝅗𝅥.)라고 지도한다.

〈제재곡 2〉의 협의 내용
(4) 〈제재곡 2〉는 남도 민요라고 지도한다.
(5) ㉤에 알맞은 시김새는 흘러내리는 소리로 표현하도록 지도한다.
(6) 〈제재곡 2〉의 노랫말 속에 지역 방언이 들어 있음을 지도한다.

(다)

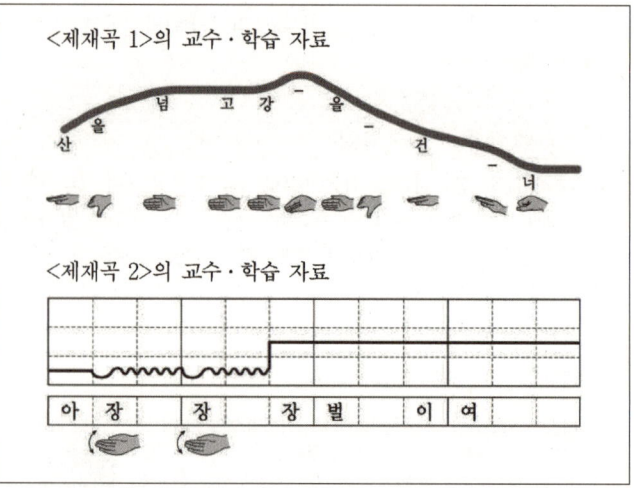

1) ① (가)의 〈제재곡 1〉에서 ㉠ 부분의 계이름을 이동도법으로 쓰고, ② (가)의 〈제재곡 2〉의 기본 장단에 맞는 장구 장단의 구음을 ⓐ~ⓔ까지 차례대로 쓰시오. [2점]

| 덩 | | 덕 | 쿵 | ⓐ | ⓑ | ⓒ | ⓓ | ⓔ |

- ① : _____
- ② : _____

2) (나)의 〈제재곡 1〉과 〈제재곡 2〉의 협의 내용에서 옳지 않은 것을 각각 1가지씩 찾아 번호를 쓰고, 내용을 바르게 고쳐 쓰시오. [2점]

- ① : _____
- ② : _____

3) 다음은 (다)를 활용하여 〈제재곡 1〉과 〈제재곡 2〉를 지도할 때 고려할 수 있는 2009 개정 음악과 교육과정의 '교수·학습 방법' 중 '내용 영역별 지도'를 기술한 것이다. ( ) 안에 알맞은 말을 쓰시오. [1점]

가락, 시김새, 창법을 지도할 때에는 손, ( ) 악보 등을 활용하여 다양하게 표현하도록 한다.

- _____

> **정답**

1) ① 미파솔솔도레미
　　② 덕쿵덕쿵덕

2) ① (2), 주요 3화음 중 딸림화음(V)이라고 지도한다.
　　② (5), 떠는 소리로 표현하도록 지도한다.

3) 가락선

> **정답이유**

1)
① '봄 오는 소리'는 사장조 악곡이므로 계이름을 이동도법으로 읽으면 음이름 '사'가 으뜸음 '도'가 되므로 ㉠ 부분은 '미파솔솔도레미'가 된다.
② 고사리 꺾자는 자진모리장단 악곡이고, 자진모리장단의 기본 장구 장단의 구음은 다음과 같다. ⓓ, ⓔ에도 구음을 요구하고 있으므로 〈다는 형〉 장단의 구음을 적으면 된다.

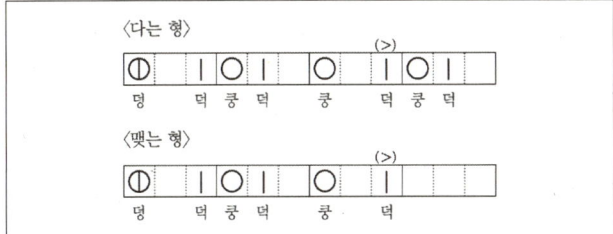

2) **오답분석**
(2) ㉢ 가락을 이동도법으로 읽으면 '시 시 도 레 파 미 레'이다. 강박에 '레' 음이 있고, '시, 레' 음이 많기 때문에 딸림 화음(V)이 더 적합하다.

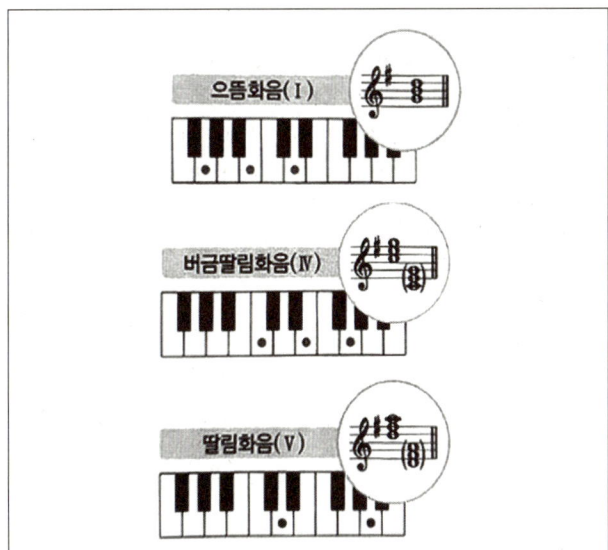

(5) 남도 민요는 '미' 음을 굵게 떠는 것이 특징이다. '미' 음에 해당하는 ㉤은 떠는 소리로 표현한다.

3) 가락선은 음의 높고 낮음을 선으로 표현한 것이다.

> **정답해설**

(1) ㉡ 가락의 계이름은 '미파미레도시라실(솔#)라시도'로 바로 뒤나 아래 음으로 진행하는 차례가기 가락 진행이다.
(3) 〈제재곡 1〉이 4/4박자의 여린내기 악곡이고, 해당 가사가 '리' 하나 뿐이므로 ㉣에는 세 박의 점2분음표가 알맞다.
(4) 〈제재곡 2〉 고사리 꺾자는 전라도 민요로 남도 민요라고도 한다.
(6) 표준어로는 '고사리 꺾자', '아버지'이지만 지역의 방언을 살려 '고사리 껑자', '아배' 등으로 표현하였다.

> **정답개념**

장조와 조이름

1. 올림표
마지막에 붙은 #의 계이름을 '시'로 읽으며, 한 음 위가 장조의 으뜸음 '도'가 된다.

2. 내림표
마지막에 붙은 ♭의 계이름을 '파'로 읽거나, 끝에서 두 번째 ♭자리가 장조의 으뜸음 '도'가 된다.

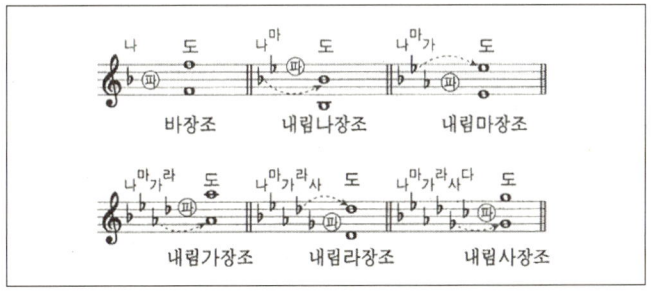

07

(가)는 2009 개정 음악과 교육과정 5~6학년군 '생활화' 영역의 내용을 실천한 학생들과 교사의 대화이고, (나)는 대화 중에 나오는 음악의 악보들이다. 물음에 답하시오. [5점]

(가)

교사 :	오늘은 여러분들이 가족이나 친구들과 음악회에 다녀온 경험에 대해 이야기해 볼까요?
정연 :	저는 지난주에 교향악단 연주회에 다녀왔는데, 그중에서 프로코피예프(S. Prokofiev)의 '피터와 늑대'가 아주 재미있었어요. 등장인물이 바뀔 때마다 다른 악기로 연주했어요. 그중에서 할아버지를 표현한 가락은 할아버지가 낮은 소리로 꾸짖는 것 같았고, 새를 표현한 가락은 새가 날렵하게 높이 날아다니는 것 같았어요.
은서 :	선생님, 저는 동요 발표회에 다녀왔는데 학교에서 배운 노래들을 다시 들을 수 있어서 참 좋았어요. 그중에서 '"넌 할 수 있어"라고 말해 주세요' 노래를 들으니 자신감이 생기는 것 같았어요.
지안 :	선생님, 저는 선생님께서 추천하신 국립 국악원 공연을 보고 왔는데, 종묘 제례악과 '아리랑' 공연이 가장 인상 깊었어요.
교사 :	그래. 종묘 제례악은 노래, 춤, 기악이 함께 어우러지는 종합 예술인데 ㉠ 노래를 악장, 춤을 일무라고도 해요. 그리고 ㉡ 세종이 궁중 잔치용으로 만든 것을 세조 때 일부 고쳐 제례 음악으로 채택하였어요.
다혜 :	그러면 종묘 제례악의 대표 음악은 무엇인가요?
교사 :	조선 역대 왕들의 ㉢ 문덕을 기리는 '보허자'와 무공을 기리는 '정대업'이 있어요. 그런데 '아리랑'이 왜 인상 깊었나요?
지안 :	학교에서 직접 배운 곡이기도 하고, 가끔 집에서 정간보를 보고 단소로 연주하는 곡이거든요.
교사 :	그랬구나. ㉣ 유네스코 인류 무형 문화유산으로 지정된 종묘 제례악과 '아리랑' 공연을 보아 좋았겠군요.
지안 :	네. 이번 국악 공연을 보고 ㉤ 전통음악의 소중함과 우수성을 알게 되었고, 외국인들에게도 꼭 소개하고 싶어요.

(나)

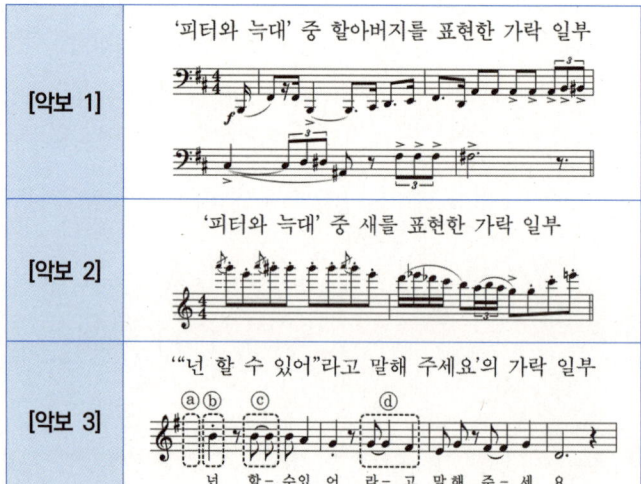

1) '피터와 늑대'의 원곡에서 (나)의 ① [악보 1]과 ② [악보 2]의 가락을 연주하는 악기 이름을 각각 쓰시오. [1점]

• ① : _____
• ② : _____

2) 다음은 (나)의 [악보 3]에 나오는 음악 요소 및 개념에 대한 지도 내용이다. ⓐ~ⓓ 중에서 적절하지 않은 것을 찾아 기호를 쓰고, 바르게 고쳐 쓰시오. [1점]

> ⓐ : 4/4박자의 셈여림을 살려 표현하기
> ⓑ : 악센트가 있는 음을 특히 세게 표현하기
> ⓒ : 붙임줄로 연결된 두 음을 한 음처럼 붙여서 표현하기
> ⓓ : 당김음 리듬을 정확하게 표현하기

• _____

3) ① (가)의 ㉠~㉣ 중에서 잘못 서술된 것을 찾아 기호를 쓴 후 바르게 고쳐 쓰고, ② (나)의 [악보 4]에서 ⓔ의 이름을 쓰시오. [2점]

• ① : _____
• ② : _____

4) 2009 개정 음악과 교육과정 5~6학년군 '생활화' 영역의 내용 체계 중 (나)의 ㉤에 해당하는 것을 쓰시오. [1점]

• _____

> **정답**

1) ① 바순
   ② 플루트
2) ⓑ, 원래 음 길이의 반 정도를 연주하기
3) ① ©, 문덕을 기리는 '보태평'과 무공을 기리는 '정대업'이 있다.
   ② 숨표
4) 우리 음악의 가치 인식하기

> **정답이유**

1) 피터와 늑대

① 러시아의 음악가 프로코피예프가 어린이를 위해 작곡한 곡으로, 자작 동화에 붙여진 아름다운 음악에 의해 악기와 그 특색을 듣는 이에게 이해시켜 나가는 형식으로 되어 있다.
② 곡이 시작되기 전에 해설자가 등장 인물(동물)의 주제와 이를 연주하는 악기를 소개한다. <u>주인공인 피터는 현악4중주가 담당하고, '새'는 플루트, '고양이'는 클라리넷, '오리'는 오보에, '늑대'는 3개의 호른, '할아버지'는 바순(파곳), '사냥꾼들의 총소리'는 팀파니와 큰북이 담당한다.</u>

2) 오답분석

ⓑ는 악센트가 아니라 스타카토로 원래 음 길이의 반 정도를 연주하도록 하는 표시이다.

스타카토 (staccato)	음표의 길이를 반, 혹은 반보다 더 짧게 연주하는 것으로 정확하고 짧게 발음한다.	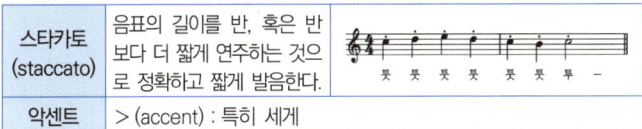
악센트	> (accent) : 특히 세게	

2) 정답해설

ⓐ 한 마디 안에 들어가는 음표의 개수가 4분음표 4개만큼이므로 4/4 박자의 셈여림을 살려 표현하기 활동은 적절하다.
ⓒ 이음줄이 있는 부분은 부드럽게 이어 표현하고, 붙임줄이 있는 부분은 두 음을 연결하여 한 음처럼 표현하므로 적절하다.

붙임줄 (tie)	• 높이가 같은 두 음을 연결하는 줄로 두 음의 길이를 합해서 한 음으로 소리낸다. • 붙임줄이 있는 왼쪽의 가락을 실제로 연주하면 오른쪽과 같다.
이음줄 (slur)	• 높이가 다른 두 개 이상의 음을 연결하는 줄로 부드럽게 이어서 소리낸다. • 이음줄로 연결된 가락을 리코더로 연주할 때 앞의 음만 텅잉을 하고 이어지는 뒤의 음은 텅잉을 하지 않는다.

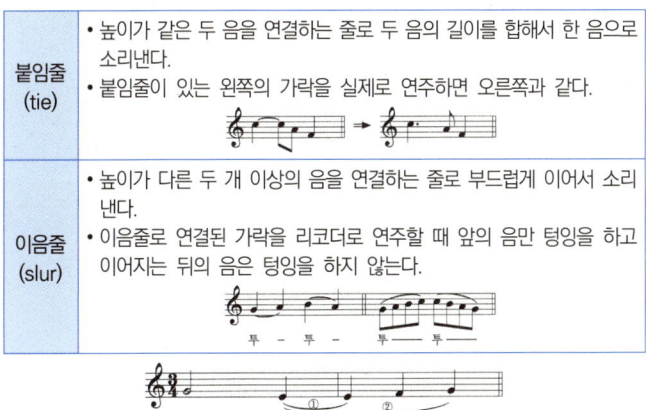

ⓓ 센박의 음길이보다 여린박의 음길이가 더 길어지거나, 쉼표나 기호, 붙임줄 등에 의해 한 마디 안에서 센박과 여린박의 규칙성이 뒤바뀌는 리듬 형태를 '당김음'이라고 하는데, ⓓ의 경우 붙임줄에 의해 당김음이 되므로 적절한 활동이다.

3) 오답분석

© '보허자'는 고려 때 중국에서 들어온 궁중 음악이다.
• 종묘 제례악의 대표 음악은 조선 역대 왕들의 문덕을 기리는 '보태평'과 무공을 기리는 '정대업'이 있다.

악(樂)	• 종묘의 댓돌 위에 편성되는 등가와 댓돌 아래에 편성되는 헌가로 나누어 아악기·당악기·향악기 등으로 번갈아 연주한다.	
가(歌)	• 보태평 – 왕의 문덕 칭송하는 노래	• 정대업 – 왕의 무공 칭송하는 노래
무(舞)	• 문무	• 무무
	일무 : 줄을 맞추어 서서 춘다고 하여 일무라고 하며, 8명씩 8줄로 서서 64명이 춘다. 문덕을 찬양한 문무와 무공을 찬양한 무무로 구분된다.	

3) 정답해설

㉠ 노래를 악장이라고도 하며, 춤은 줄을 맞추어 서서 춘다고 하여 일무라고도 한다.
㉡ 세종 때 궁중 회례연에 사용하기 위해 창작하였으며, 세조 때 제사에 알맞게 고쳐 제례 음악으로 채택하였다.
㉢ 종묘 제례악은 2001년에 유네스코 인류 무형 문화유산에 선정되었고, 아리랑은 2012년 12월 5일 프랑스 파리에서 열린 제7차 인류무형문화유산 위원회에서 등재가 결정되었다.

> **정답개념**

정간보 읽는 방법

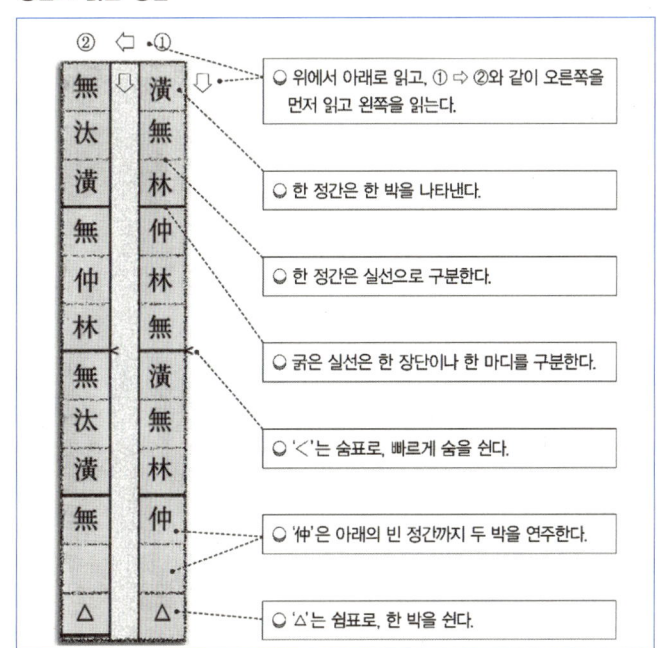

08

(가)의 〈악보 1〉은 2009 개정 음악과 교육과정의 3~4학년군 제재곡이고, 〈악보 2〉는 5~6학년군 제재곡이다. (나)는 〈악보 1〉을 활용한 수업에 대해 교사들이 나눈 대화이고, (다)는 〈악보 2〉를 활용한 예비교사의 교수·학습 활동 계획이다. 물음에 답하시오. [5점]

(가)

(나)

최 교사 : 제 수업은 〈악보 1〉을 활용한 기악 중심 수업이었습니다.
신 교사 : 악보의 첫째 단 둘째 마디의 음을 ㉠ <u>멜로디언의 텅잉(tonguing) 주법으로 바르게 연주하려면 건반을 한 번만 눌러야 하는데, 이것을 선생님께서 직접 보여주셔서 학생들이 잘 따라한 것 같아요.</u>
정 교사 : 탬버린으로 둘째 단 4마디 전체를 반주할 때, 선생님께서 특정한 리듬꼴을 반복하여 연주하라는 뜻의 (㉡) 반주를 활용하신 것도 좋았어요.
신 교사 : 선생님께서 〈리듬 악보〉를 제시하신 것도 효과적인 것 같았어요. 학생들이 〈리듬 악보〉의 음표 기둥에 적힌 표시를 보고 (㉢) 주법으로 바르게 연주하더군요.

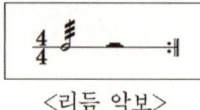

〈리듬 악보〉

(다)

음악 요소	활동
토리	메나리토리의 특징을 이해하며 노래 부르기
장단	굿거리장단을 ㉣ <u>장구의 바른 주법으로 연주하기</u>
장단의 세	장단의 세를 살려 무릎장단 치기
형식	두 모둠으로 나누어 긴자진형식으로 노래 부르기
장단꼴	A의 두 장단꼴을 다는 형과 맺는 형으로 반주하기

1) (나)의 ㉡, ㉢에 알맞은 음악 용어를 각각 쓰시오. [2점]
   • ㉡ : _____
   • ㉢ : _____

2) (다)에서 제재곡의 음악 요소에 맞지 <u>않은</u> 활동 2가지를 찾아 틀린 부분을 각각 바르게 고치시오. [2점]
   • ① : _____
   • ② : _____

3) (나)의 ㉠ 활동과 (다)의 ㉣ 활동을 공통으로 지도할 수 있는 2009 개정 음악과 교육과정 표현 영역의 성취기준 1가지를 쓰시오. [1점]
   • _____

정답

1) ⓒ 오스티나토
   ⓒ 트레몰로
2) ① 경토리의 특징을 이해하며 노래 부르기
   ② 두 모둠으로 나누어 메기고받는 형식으로 노래 부르기
3) 바른 자세와 주법으로 악기를 연주할 수 있다.

정답이유

1)

ⓒ 오스티나토(ostinato)는 한 곡 내에서 한 가지의 리듬 혹은 선율 동기 등을 집요하게 반복하는 것을 말하며, 〈악보 1〉의 둘째 단 4마디는 한 마디가 2분 음표로 구성된 리듬꼴이 반복된다.

ⓒ 트레몰로 주법은 한 음이나 여러 개의 음을 되풀이하여 떨리는 듯이 연주하는 방법이다.
• 탬버린 : 탬버린을 가볍게 쥐고 손목을 돌려 흔들어 연주한다.
• 트라이앵글 : 윗부분의 안쪽을 좌우로 빠르게 두드린다.

2) 오답분석

음악 요소	활동(제시문)	수정
토리	메나리토리의 특징을 이해하며 노래 부르기	〈악보 2〉는 늴리리야로 메나리토리가 아니라 경토리에 해당한다.
형식	두 모둠으로 나누어 긴자진형식으로 노래 부르기	늴리리야는 '쾌지나 칭칭 나네' 등과 같이 느린 한배에서 빠른 한배로 장단이 바뀌는 형식인 긴자진형식이 아니라 메기고받는 형식이다.

2) 정답해설

〈악보 2〉의 늴리리야는 굿거리장단 악곡이며, A에서 앞의 한 마디는 다는 형, 뒤의 한 마디는 맺는 형 장단으로 반주한다.

• 굿거리장단

다는 형	ⓘ i O i O i O i 덩 기덕 쿵 더러러러 쿵 기덕 쿵 더러러러
	※ 다는 형 : 가사의 내용이 뒤에 이어질 때, 가사와 선율이 이어질 때, 4박에 가사와 선율이 채워져 있을 때 '다는 형'으로 연주한다.
맺는 형	ⓘ i O i O (>) i O i 덩 기덕 쿵 더러러러 쿵 기덕 쿵 덕
	※ 맺는 형 : 가사의 내용이 독립적일 때, 가사가 종결형이거나 선율이 단락을 맺을 때, 4박에 한 음의 가사가 같은 음으로 지속될 때 '맺는형'으로 연주한다.

3) 3~4학년군 제재곡인 〈악보 1〉과 5~6학년군 제재곡인 〈악보 2〉의 악기 연주 활동(㉠ 멜로디언의 텅잉(tonguing) 주법으로 바르게 연주, ㉣ 장구의 바른 주법으로 연주하기)과 관련하여 공통적으로 지도할 수 있는 성취기준은 '바른 자세와 주법으로 악기를 연주할 수 있다.'이다.

정답개념

1. 오스티나토는 규칙적으로 반복되는 비교적 짧은 리듬이나 가락을 의미한다.
① '개굴개굴', '칙칙폭폭', '지글지글' 등과 같이 가사의 내용이나 주어진 상황에 적절한 말리듬 오스티나토를 사용함으로써 자연스럽게 리듬감을 익히고, 다양하고 재미있으면서도 음악적 표현 능력을 향상시킬 수 있다.
② 오스티나토(Ostinato)는 이탈리아 말로 '고집스럽다'라는 뜻이다. 어원적으로 고집스럽게 나타나는 동일한 형태의 움직임을 말한다. 음악에서 동일한 형태를 반복하는 반주 형태 또는 리듬, 가락이 악곡 전체나 정리된 악절 전체를 통하여 끊임없이 되풀이되는 것을 '오스티나토'라고 하며 크게 리듬 오스티나토와 가락 오스티나토로 구분할 수 있다.

2. 트레몰로 주법
① 실로폰

○ : 오른손
× : 왼손

② 트라이앵글
손목에 힘을 빼고 ①번 부분을 좌우로 잘게 흔드는 기분으로 두드린다.

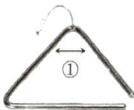

3. 메기고 받는 형식
① 유절 형식으로 된 민요나 반복되는 노동요 등에 많이 나타나는 형식으로, 한 사람 또는 소수의 사람이 메기면, 여러 사람이 받는 부분을 노래하는 것이다.
② 일반적으로 메기는 부분은 사설과 선율이 다양하나 받는 부분, 즉 후렴구는 일정한 것이 특징이다.
③ 메기는 부분은 대개 세 가지로 변화를 주는데, 저음으로부터 시작하는 '숙여내는 소리', 중음으로부터 시작하는 '평으로 내는 소리', 고음으로부터 시작하는 '질러내는 소리' 등이 있다.

4. 긴·자진 형식
① 느린 곡과 빠른 곡이 짝이 되거나 느린 곡부터 점점 빨라지는 곡으로 구성된 형식
② 한배의 변화('강강술래'와 '자진강강술래')

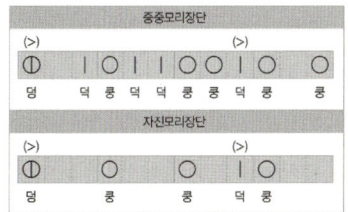

09 2015-B-8

(가)는 2009 개정 음악과 교육과정 3~4학년군 감상 영역의 내용 체계이며, (나)는 3~4학년군 감상 수업을 위한 제재곡의 일부이다. 물음에 답하시오. [5점]

(가) 2009 개정 음악과 교육과정 3~4학년군 감상 영역의 내용 체계

> ⊙ 음악의 요소 및 개념 이해하기
> ⓒ 악곡의 특징을 이해하며 감상하기

(나) 제재곡

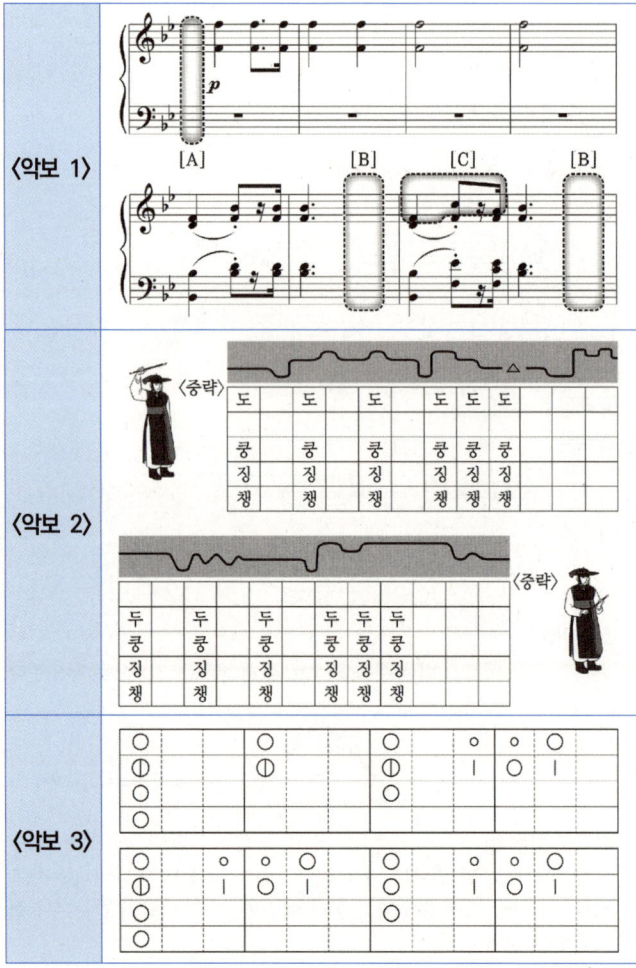

1) 〈악보 1〉의 제재곡을 학생들에게 들려주면서 ⊙과 연계하여 지도할 학습 활동으로 적절하지 않은 것 2가지를 찾아 수정하시오. [2점]

> ① 여리게 시작되는 부분에서 작은 동작으로 박자 젓기
> ② [A]에 들어갈 2박자의 강약에 맞추어 발구르기
> ③ [B]에 들어갈 4분쉼표 부분에서 손 들어 올리기
> ④ 5~6마디와 7~8마디의 반복되는 리듬꼴을 손뼉치기
> ⑤ [C]부분의 차례가기 가락선을 손으로 나타내기

• _____
• _____

2) 〈악보 2〉와 〈악보 3〉에서 한 장단의 기본박이 몇 박인지 각각 쓰고, 두 정간보에 사용된 타악기 연주법의 기보 방식을 각각 쓰시오. [2점]

구 분	〈악보 2〉	〈악보 3〉
기본박	ⓐ____박	ⓑ____박
기보 방식	ⓒ____	ⓓ____

• ⓐ : _____
• ⓑ : _____
• ⓒ : _____
• ⓓ : _____

3) 〈악보 1〉과 〈악보 2〉의 제재곡으로 아래와 같은 학습 활동을 하였을 때, ⓒ에 근거하여 두 곡에서 공통으로 지도할 수 있는 성취기준 1가지를 쓰시오. [1점]

> **학습 활동**
> • 행사 관련 사진이나 동영상 장면을 보면서 악곡명의 의미에 대해 알아보기
> • 생활 주변의 문화 행사에서 연주되는 사례 찾아서 발표하기

• _____

정답

1) ③ [B]에 들어갈 8분쉼표 부분에서 손 들어 올리기
   ⑤ [C] 부분의 뛰어가기 가락선을 손으로 나타내기
2) ⓐ 12 ⓑ 4박 ⓒ 구음 ⓓ 부호
3) 행진곡을 듣고 음악의 쓰임새에 대해 이야기할 수 있다.

> 정답이유

1) 오답분석

③ [B]에 들어갈 8분쉼표 부분에서 손 들어 올리기
- 〈악보 1〉은 결혼 행진곡으로 $\frac{2}{4}$박자 제재곡이다. 한 마디가 4분 음표 2개 분량으로 구성되어야 하는데, [B]의 앞부분 음표가 점4분음표이므로 [B] 부분에 들어가야 할 쉼표는 4분쉼표가 아니라 8분쉼표여야 한다.

⑤ [C] 부분의 뛰어가기 가락선을 손으로 나타내기
- 차례가기는 가락이 차례로 진행하는 것으로 '순차 진행'이라고도 한다. 반면 뛰어가기는 어떤 음이 3도 이상의 폭으로 상하로 진행하는 것을 말하며 '도약 진행'이라고도 한다.
- [C] 부분의 계이름은 '솔-레-시'로 진행되고 있으므로, 차례가기가 아닌 뛰어가기가 나타나고 있다.

차례가기	뛰어가기
• 가락이 차례로 진행하는 것으로 '순차 진행'이라고도 한다.	• 어떤 음이 3도 이상의 폭으로 상하로 진행하는 것을 말하며, '도약 진행'이라고도 한다. • 스케일 노트(음계음)를 제외한 음으로 진행하는 것도 포함된다.

1) 정답해설

① 여리게 시작되는 부분에서 작은 동작으로 박자 젓기
- 〈악보 1〉의 시작 부분에 셈여림표 p(piano)가 제시되어 있으므로, 여리게 시작되고, 여리게 시작되는 부분에서 박자 젓기를 할 때에는 작은 동작으로 한다.

② [A]에 들어갈 2박자의 강약에 맞추어 발구르기
- [A]에 들어갈 박자는 $\frac{2}{4}$이므로, 2박자의 강약에 맞추어 발구르기는 학습 활동으로 적절하다.

④ 5~6마디와 7~8마디의 반복되는 리듬꼴을 손뼉치기
- 5~6마디와 7~8마디는 '4분음표-8분음표-16분쉼표-16분음표/점4분음표-8분쉼표'의 리듬꼴이 반복되고 있다.

2) 대취타 음악 구성은 7개의 장(章)으로 몇 번이고 반복할 수 있게 되어 있으며, 1장단은 12박(拍)으로 이루어져 있다. 규칙적으로 리듬을 짚어주는 타악기군과 위엄 있는 나발과 나각이 어울려 힘찬 느낌이 든다.

> 정답개념

1. 〈악보1〉 바그너의 결혼 행진곡
2. 〈악보2〉 대취타 12장단과 박

악기\박	1	2	3	4	5	6	7	8	9	10	11	12	1	2	3	4	5	6	7	8	9	10	11	12
나발		도		도			도	도	도					도		도			도	도	도			
나각														두		두			두	두	두			
용고	바다	닥	쿵		쿵	쿵	쿵						쿵		쿵		쿵	쿵	쿵					
자바라			쳉		쳉	쳉	쳉						쳉		쳉		쳉	쳉	쳉					
징			징		징	징	징						징		징		징	징	징					

〈첫 번째 장단〉 〈두 번째 장단〉

① 대취타의 12박 장단은 평소 걸음보다 느리다.
② 태평소는 주선율을 담당하고 나발과 나각은 한 장단씩 교대로 연주한다.
③ 태평소를 제외한 나발, 나각, 자바라, 징, 용고는 동시에 연주한다. 단 나각은 둘째 장단부터 연주한다.
④ 1박, 3박, 5박, 7박, 8박, 9박에만 연주하며, 7박과 8박의 소리는 작다.

3. 〈악보3〉 삼채장단
- 풍물놀이에서 다루는 삼채장단은 3소박 4박 장단으로, 가락이 구성지고 흥을 돋우기 때문에 각 지역 풍물놀이에 가장 많이 사용되는 장단이다.

〈삼채장단 1〉

꽹과리	◯갱	◯갱	◯갠	ㅣ지	◯개	◯갱
장구	①덩		①덩	①덩	ㅣ덕	◯쿵	ㅣ덕
북,소고	◯둥			◯둥		
징	◯징					

〈삼채장단 2〉

꽹과리	◯갱	ㅣ지	◯개	◯갠	◯갠	ㅣ지	◯개	◯갠
장구	①덩	ㅣ덕	◯쿵	ㅣ덕	①덩	ㅣ덕	◯쿵	ㅣ덕
북,소고	◯둥				◯둥			
징	◯징							

4. 타악기 연주법 기보 방식

명칭	기호	구음	한자	서양 표기법	치는 방법
합장단	①	덩	쌍(雙)		양손으로 북편과 채편 함께 치기
북	◯	쿵	고(鼓)		왼손(궁채)으로 북편 치기
채	ㅣ	덕	편(鞭)		열채로 채편 치기
채굴림	⋮	더러러러	요(遙)		열채로 채편 가운데를 굴려 치기

10

2014-B-8, 특수-B-8

다음은 박 교사가 2007 개정 음악과 교육과정의 세 영역을 통합하여 재구성한 단원 개관이다. 물음에 답하시오. [5점]

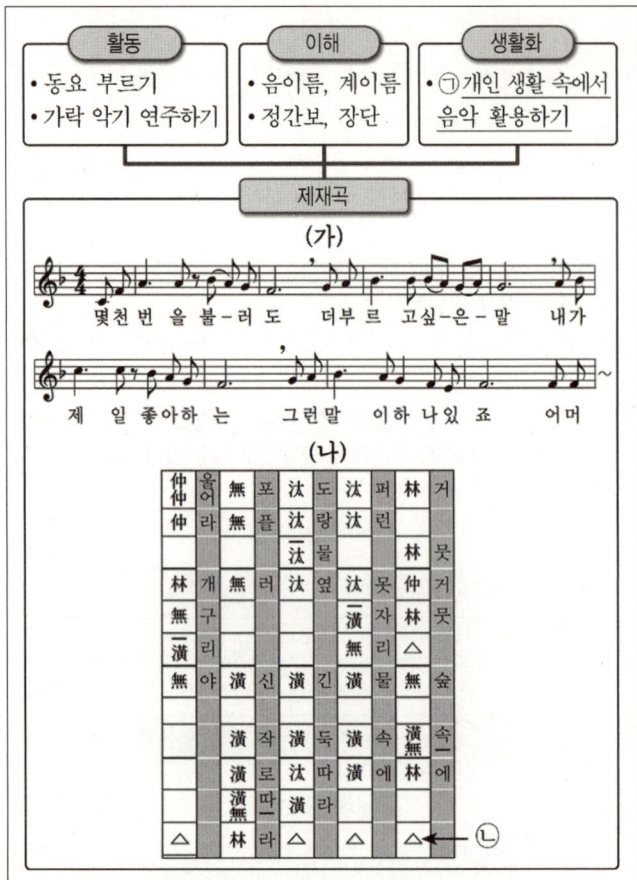

1) 다음은 ㉠에 대하여 박 교사와 예비교사가 나눈 대화이다. ㉢의 방안을 2007 개정 음악과 교육과정에 제시된 생활화 영역의 교수·학습 방법에 근거하여 1가지 쓰시오. [1점]

> 박 교사 : 이 단원의 이전 차시들에서 제재곡 (가)와 (나)를 노래하고, 각각 리코더와 단소로 연주합니다. 마지막 차시에서 음악의 생활화를 위해 홈페이지 꾸미기를 합니다.
> 예비교사 : 그럼, 마지막 차시의 홈페이지 꾸미기에서 어떻게 활동 영역을 ㉢생활화 영역과 연계할 수 있나요?

• _____

2) 다음은 박 교사가 수업에서 활용할 악곡의 일부이다. 음이름과 계이름을 완성하고, 음이름 사용의 장점을 리코더 지도를 예로 들어 설명하시오. [2점]

• 음이름 : 다 바 _____
• 계이름 : 솔 도 _____
• 음이름 사용의 장점 : _____

3) (나) 악보에서 ㉢의 명칭을 쓰고, 이 악곡에 적절한 반주 장단을 부호로 완성하되 세 표시(>)를 넣으시오. [2점]

• ㉢의 명칭 : _____

• 장단 :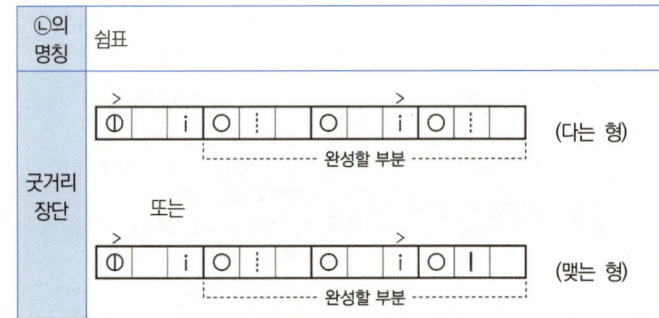

정답

1) 리코더와 단소로 연주한 자신의 연주곡을 녹음하여 홈페이지 배경음악으로 사용한다.

2)
음이름	다 바 가 가 나♭(내림나) 가 사 바
계이름	솔 도 미 미 파 미 레 도
음이름 사용의 장점	• 리코더는 고정도법으로 연주하므로 음이름을 사용하면 리코더를 쉽게 지도할 수 있다. • 음이름은 조가 바뀌어도 명칭이 달라지지 않으므로 조표에 상관없이 리코더를 쉽게 연주할 수 있다.

3)

㉢의 명칭	쉼표
굿거리 장단	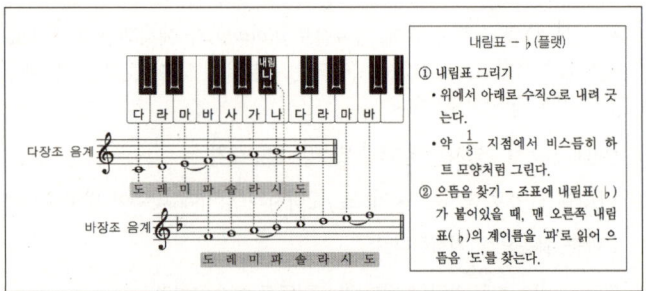

정답이유

2) 바장조 지도

• 악기를 연주할 때에는 고정도법으로 읽고, 노래를 부를 때는 음을 떠올리기 쉽게 하기 위해서 이동도법으로 읽는다.
① 고정도법 : 조표에 상관없이 고정된 '도'(C) 음을 기준으로 읽는다.
② 이동도법 : 조표에 따라 으뜸음(도)의 위치가 달라진다. 위 악보의 '시♭'은 바장조로 읽을 때 '파'가 된다.

3) 정간보 표시 방법
① 음의 높낮이는 정간에 직접 율명을 적는다.
② 음의 길이는 한 정간이 한 박이고, 정간의 길이만큼 소리를 낸다.
③ 쉼표는 무엇으로 표시하는가? (△)
④ 곡을 끝마칠 때에는 정간의 끝을 두 줄로 표시한다.

11
2013-B-8

(가)와 (나)는 '다른 나라 동요 부르기' 활동에 사용하는 제재곡 중 2개 악곡의 일부이고, (다)와 (라)는 우리나라 민요의 일부이다. 물음에 답하시오. [5점]

1) (가)와 (나)의 악곡을 활용한 학습활동으로 적절하지 않은 것을 각각 1개씩 찾아 기호를 쓰고, 틀린 부분을 수정하시오. [2점]

(가)를 활용한 학습활동	(나)를 활용한 학습활동
㉠ 원곡을 듣고 7음 가락 따라 부르기	㉢ 같은 음 반복과 당김음에 유의하여 노래 부르기
㉡ (가)의 출처인 아시아 지역의 생활 모습과 문화 이야기하기	㉣ (나)의 출처인 유럽 음악을 감상한 후 느낀 점 이야기하기

• _____
• _____

2) (나)의 (A)에 어울리는 3화음의 이름과, 이 화음을 연주할 때 사용하는 건반 3개의 번호를 쓰시오. [1점]

   ( )화음
건반 번호 : ( ),( ),( )

3) 2007 개정 음악과 교육과정의 '이해' 영역에 근거하여 (다)와 (라)에 공통되는 '조'의 이름을 쓰고, 두 곡에서 볼 수 있는 공통적인 '시김새'의 특징을 구성음과 관련지어 서술하시오. [2점]

• '조'의 이름 : _____
• '시김새'의 특징 : _____

정답

1)
| ㉠ | 원곡을 듣고 5음 가락 따라 부르기 |
| ㉣ | (나)의 출처인 아프리카 음악을 감상한 후 느낀 점 이야기하기 |

2)
| 3화음 이름 | V도 화음(딸림화음) |
| 건반 번호 | 2, 5, 7(5, 7, 11) |

3)
| '조'의 이름 | 육자배기조 |
| '시김새'의 특징 | • '미' 음은 굵게 떨어내고 '시' 음은 '도'에서 꺾어낸다.
• 떠는소리인 '미'음과 꺾는소리인 '시'음이 주로 사용되었다. |

정답이유

1) 오답분석

㉠ (가)에 사용된 계이름은 '도, 미, 파, 라, 시'의 5음이다.
㉣ (나)는 아프리카 동요인 '잠보'이다.

1) 정답해설

㉡ (가)는 일본 동요인 '벚꽃'이다.
㉢ (나)에는 같은 음의 반복과 붙임줄, 음 길이에 의한 당김음이 나타난다.

2) (나) 악곡은 # 조표가 하나가 붙어 있고, 마지막 종지음이 사장조의 으뜸음으로 끝나고 있으므로 사장조 악곡임을 알 수 있다. 이를 토대로 (A) 부분의 계이름을 보면 '레시시 레레도'이므로 사장조 V도 화음(딸림화음)임을 알 수 있으며, 사장조 V도 화음 '솔시레'를 고정도법을 적용하여 다장조로 읽으면 '레파#라'이므로 화음을 연주할 때 사용하는 건반은 2, 5, 7 또는 5, 7, 11이 된다.

3) (다), (라) 악곡은 공통적으로 육자배기조에 해당하며, '미' 음은 굵게 떨어내고 '시' 음은 '도'에서 꺾어낸다.

정답개념

1. 제재곡 분석

(가) 벚꽃	(나) 잠보	(다) 개고리 개골청	(라) 둥당애타령
일본 동요, 5음(도, 미, 파, 라, 시) 사용	아프리카 동요, 사장조, 부분 2부 합창	육자배기조, 자진모리 장단	육자배기조, 중중모리 장단

2. 당김음
• 센박과 여린박이 일정한 순서에 의하여 반복되는데, 이 순서가 바르게 진행되지 않고 어떤 것에 의하여 여린박 자리에 센박이 오는 불규칙한 리듬의 변화를 말하며, '싱코페이션'이라고도 한다.

3. 육자배기조 시김새

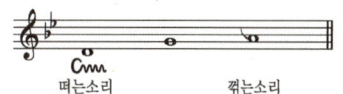

• '미'음은 굵게 떨어 내고 '시'음은 '도'에서 꺾어 낸다.

12

2013-특수 추가-B-4

(가)는 '방울새'의 일부이고, (나)는 '아침 해'의 일부이다. 물음에 답하시오. [4점]

1) (가)의 악곡을 실로폰으로 반주하려 할 때, ㉠가락에 어울리는 화음을 음판 위의 음이름으로 2가지만 쓰시오. [1점]

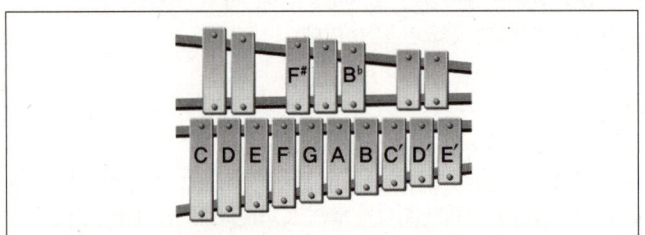

• 음이름 : _____

2) 코다이 손기호를 사용하여 (가)악곡의 높낮이를 지도하려고 한다. ㉡가락에 해당하는 손기호를 <보기>에서 골라 가락의 순서대로 번호를 쓰시오. [1점]

─ 보기 ─

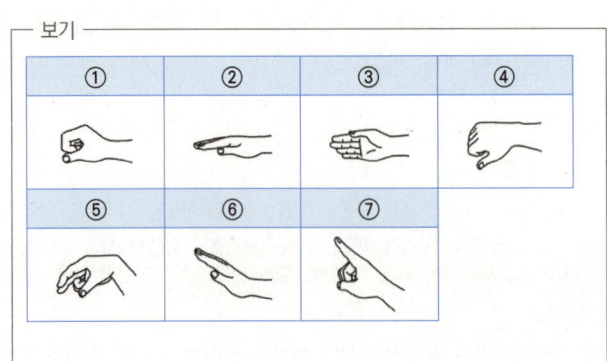

• 번호 : _____, _____,
        _____, _____

3) (나)의 악곡을 장구로 반주하려 할 때, 현행 5학년 음악과 교육과정(2007 개정 교육과정)의 '이해' 영역에 근거하여, (나) 악곡에 적합한 장단의 이름을 쓰시오. [1점]

• _____장단

4) (가)와 (나)의 악곡은 공통적으로 몇 박 지휘를 할 수 있는지 쓰시오. [1점]

• _____박

정답

1) D, G, B
2) ③, ⑤, ①, ②
3) 굿거리
4) 2박

정답이유

1)
1. (가) 악곡은 # 조표가 하나 붙어있는 사장조 악곡이므로 ㉠ 부분의 계이름은 '솔라미미'이고 여기에 어울리는 화음은 사장조의 Ⅰ도 화음(으뜸화음)이다.
2. 실로폰으로 연주할 때에는 고정도법으로 연주해야 하므로, 사장조 Ⅰ도 화음(으뜸화음) '도미솔'은 다장조를 기준으로 하면 '솔시레'에 해당하므로 제시된 음판에서는 음이름 D, G, B가 적절하다.

2) 사장조 곡이므로 ㉡ 계이름은 '솔라도미'에 해당한다.
• 코다이 손기호

①	②	③	④	⑤	⑥	⑦
(도)	(미)	(솔)	(파)	(라)	(레)	(시)

3) (나) '아침 해'는 굿거리장단이 어울리는 창작 국악 동요이다.

4) (가) '방울새'는 $\frac{2}{4}$박자, (나) '아침 해'는 $\frac{6}{8}$박자로 모두 2박 계열의 곡이기 때문에 2박자 지휘가 적합하다.

3절 논술형

2012 실전 (2011.12.10 시행)

01

다음은 5학년과 6학년의 제재곡을 바탕으로 한 창작 수업의 일부로, 각 수업의 제재곡, 학습 목표, 학생들의 작품, 가락 악기 운지표를 제시한 것이다. 1) 학습 목표에 근거하여 학생 작품 ㉠~㉣에서 적절치 않은 부분을 각각 1가지씩 찾아 그 이유를 논하고, 2) 제시된 운지표의 번호를 사용하여 학생 작품 중 ⓐ와 ⓑ 가락의 연주 순서를 나타내시오. 3) 현행 5학년과 6학년 음악과 교육과정의 '활동' 영역에 근거하여 두 수업에 적용할 수 있는 즉흥 표현 지도 방안을 각각 1가지씩 구체적으로 예를 들어 논하시오.

정답

1)

적절치 않은 부분	
㉠	둘째 단 셋째 마디의 박자 구성이 6/8박자에 적절하지 못하다. 또는 2박 계통으로 한 마디가 두 부분으로 나누어져야 하는데 나누어 질 수 없다.
㉡	둘째 마디에서 제재곡의 구성음(솔,라,도,레,미)이 아닌 파가 사용되고 있다.
㉢	한 정간당 8분음표 1개가 들어가도록 말 붙임새를 구성해야 한다. ※ 제재곡의 말 붙임새에 맞게 가사를 구성한 경우 친구 들 / 소리 가 / 나 거 / 들 랑 기 쁨 가득 / 반 / 겨 / 주 세
㉣	메나리조(미솔라도레)인 '도움소'의 구성음이 아닌 '시'음이 사용되고 있다.

2)

ⓐ 가락	④—⑥—⑨
ⓑ 가락	③—④—⑤

3)

지도 방안	'섬마을'	제재곡의 리듬, 가락의 일부를 변형하여 즉흥적으로 연주하도록 한다.
	'도움소'	이미 배운 장단의 일부를 변형하여 제재곡에 어울리는 변형 장단을 만들어 연주하도록 한다.

2011 실전 (2010.12.11 시행)

02

다음은 3학년과 4학년의 감상 수업 지도 계획의 일부로서, 각 수업의 교수·학습 활동, 감상 제재곡, 기습곡(가창곡)을 제시한 것이다. 1) 3학년 감상 수업 중 (가)에서 <훨훨이>를 기습곡으로 선정한 이유를 '음악의 쓰임'과 '가창 방식'을 중심으로 구체적으로 논하고, 4학년 감상 수업 중 (다)에서 <이슬>을 기습곡으로 선정한 이유를 '가락의 구성(또는 형식)'을 중심으로 구체적으로 논하시오. 2) (나), (라), (마)에 나타난 각각의 오류를 감상 제재곡에 근거하여 수정하시오. 그리고 3) 2007년 개정 음악과 교육과정의 '내용 영역별 지도상의 유의점' 중 '활동'에 근거하여, 다음의 3학년과 4학년 감상 수업을 실시할 때 지도상의 유의점을 2가지 제안하시오.

학년 구분	3학년 감상 수업	4학년 감상 수업
교수·학습 활동	○ 감상 제재곡의 특징 알아보기 - (가) 감상 제재곡과 기습곡 <훨훨이>의 '음악의 쓰임'과 '가창 방식'을 비교하면서 살펴보기 - (나) 교사의 중중모리장단 연주와 함께 감상 제재곡 감상하기 ○ 받는소리를 따라 하면서 감상하기 ○ 감상 소감 발표하기	○ 감상 제재곡의 특징 알아보기 - (다) 감상 제재곡의 [중심 부분]과 기습곡 <이슬>의 '가락의 구성(또는 형식)'을 비교하면서 살펴보기 - (라) 감상 제재곡의 전주와 후주에 나타나는 동형 진행 가락을 실로폰으로 쳐 보기 - (마) 감상 제재곡의 전체를 3박자로 지휘하며 감상하기 ○ 감상 제재곡의 전체적인 특징을 파악하며 다시 듣기 ○ 감상 소감 발표하기
감상 제재곡	강릉 <모심는 소리>	<아를의 여인> 제1 모음곡 중에서 제4곡 '종'
기습곡 (가창곡)	<훨훨이>	<이슬>

정답

1)

<가>	음악의 쓰임	일노래(노동요)
	가창 방식	메기고 받으며 부르기
<다>	가락의 구성(형식)	aba형식

2)

(나)	중중모리장단 연주와 함께 감상 제재곡 감상하기 → 강릉 모심는소리는 5/8박자로 느린 4박 장단의 중중모리장단이 아닌 엇모리장단에 어울린다.
(라)	동형 진행 가락을 실로폰으로 쳐 보기 → 아를의 여인의 전주와 후주에는 동일 가락이 반복되고 있으므로 동형 진행 가락이 아닌 오스티나토 가락을 연주해야 한다.
(마)	3박자로 지휘하며 감상하기 → 아를의 여인 중심부분에서 $\frac{6}{8}$ 박자로 변박이 되어 2박자로 지휘해야 하므로, 전체를 3박자로 지휘하며 감상하기는 부적절하다.

3)

유의점	첫째	다양한 악곡을 감상하면서 학생들이 음악의 중요한 요소들을 경험적으로 알 수 있도록 지도한다.
	둘째	국악곡을 감상할 때에는 추임새를 넣는 활동을 통하여 학생들이 적극적으로 참여하면서 감상하도록 한다.

2010 실전 (2009.11.29 시행)

03

제7차 음악과 교육과정에 제시된 기악 활동의 평가 요소는 자세, 주법, 리듬, 음정, 음악적 표현력, 태도 등이고, (가)는 <도라지타령>의 단소 연주를 평가할 때 나타난 학생들의 자세와 주법을 기술한 것이며, (나)는 <초록 바다>에 대한 기악 활동 평가 기준의 일부를 제시한 것이다.

(가) 학생들의 자세와 주법

선영 : 제4공을 오른손 집게손가락으로 막아서 '중' 음을 소리낸다.
동현 : 몸과 악기 사이의 각도를 45° 정도로 한 다음, 입술을 양 옆으로 편 상태에서 입김을 불어 넣는다.
은미 : 혀끝으로 입술을 툭 치거나 손가락으로 한 음 아래의 구멍을 가볍게 쳐서 '태' 음을 반복 연주한다.
철우 : 제3공까지 막고 입김을 세게 불어 넣어 '임' 음을 소리낸다.
정민 : 손가락에 힘을 주지 않은 상태에서 구멍을 모두 막고 '중' 음을 소리낸다.

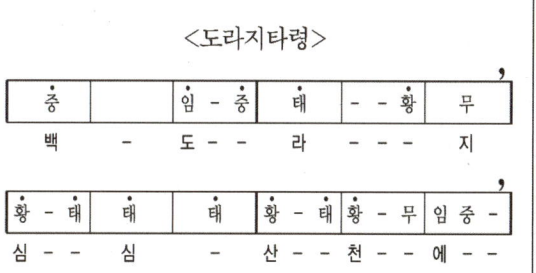

(나) 리듬, 음정, 음악적 표현력에 대한 평가 기준

㉠ 변박자의 흐름을 살려 연주한다.
㉡ 성부의 어울림을 살려 연주한다.
㉢ 라단조 가락 구성의 특징을 살려 표현한다.
㉣ 점점 빠르게 전개되는 악곡의 흐름을 살려 연주한다.

1) (가)에서 자세와 주법이 잘못된 학생을 모두 찾아 각각의 이유를 논하시오. 2) (나)에서 제시된 악곡에 알맞은 평가 기준을 2가지 찾아 각각의 이유를 밝히고, 음악과 교육과정에 제시된 평가의 방향에 비추어 음악적 개념을 기악 활동과 통합하여 평가하는 근거를 논하시오. 3) 기악 활동의 '태도'에 대한 평가 기준을 음악과 교육과정에 제시된 '목표'에 근거하여 1가지 제안하고, 그렇게 제안한 근거를 논하시오.

정답

1)

학생	잘못된 이유
선영	제4공을 오른손 집게손가락이 아니라 가운데 손가락으로 막아서 '중'음을 소리내야 한다.
철우	입김을 세게 불면 높은 임으로 소리가 나기 때문에 입김을 적당히 불도록 해야 한다.
정민	구멍을 모두 막지 말고 제5공은 열어 4공까지만 막아 '중'음을 소리 내도록 한다.

2)

평가기준과 이유	㉠	$\frac{4}{4}$ 박자에서 $\frac{2}{4}$ 박자로 변화하는 변박자의 곡이기 때문이다.
	㉡	2부 합창곡이기 때문이다.(윗성부와 아랫성부의 어울림으로 구성되어 있는 곡임)
근거		이해 영역은 실음 위주로 활동 영역과 관련지어 평가해야 한다.

3)

평가 기준	학교 내외의 기악 활동에 적극적으로 참여하는가?
근 거	음악 목표에서 생활화를 강조하고 있기 때문이다.

2009 실전 (2008.11.30 시행)

04

김 교사는 행진에 사용되는 음악을 제재로 '음악에 어울리는 신체표현하기' 수업을 하려고 한다. 이를 위해 먼저 학생들에게 음악을 감상하게 한 후 감상 학습지를 작성하게 하였다. 1) 감상 학습지 (가)와 (나)에서 영희가 잘못 이해한 내용 3가지를 근거를 들어 제시하고, 2) 감상 학습지 (나)에서 영희가 잘못 이해한 내용 2가지를 바로 잡을 수 있는 신체표현 지도 방안을 각각 근거를 들어 논하시오.

〈감상 학습지〉

6학년 3반 21번 김영희

▶ 감상곡: 〈대취타〉, 〈행진용 라데츠키 행진곡〉

(가) 각 감상곡의 느낌을 음악적 특징과 관련지어 표현해 봅시다.

대취타	보통 속도의 규칙적인 걸음걸이로 행진하기에는 곡의 빠르기가 느린 것 같다.
행진용 라데츠키 행진곡	전체적으로 곡이 서로 다른 세 부분으로 구성되어 있는 것 같은 느낌을 준다.

(나) 위 곡을 감상한 후 연주하며 행진하는 모습을 연상하여 적어 봅시다.

소리와 크기가 큰 아쟁과 팀파니 같은 악기를 사용할 것 같다.
연주 악대는 규칙적인 박자에 발과 줄을 맞추어 행진할 것 같다.
악대를 이끄는 사람은 앞에서 편하게 걸어가기만 할 것 같다.

정답

1)

3가지와 근거	1. 라데츠키 행진곡은 서로 다른 세 부분으로 구성된 곡이 아니라 ABA 형식으로 구성되어 있다.
	2. 대취타에서 행진하는데 어려움을 주는 아쟁과 같은 현악기 대신 주로 관악기와 타악기를 사용하며 행진곡에서는 팀파니와 같은 큰 악기는 사용하지 않는다.
	3. 악대를 이끄는 사람은 앞에서 편하게 걸어가는 것이 아니라 걸어가면서 지휘자로서 역할을 다해야 한다.

2)

지도 방안	악기의 음색을 고려하여 악기 연주 시늉하는 신체 표현을 해보도록 한다.
	행진곡의 형식에 따라 다양한 박자와 빠르기로 제자리에서 행진해 보면 행진곡을 이해하는데 효과적일 것이다.

2009 모의평가 (2008. 7. 5 시행)

05

다음 악보는 6학년 음악 교과서에 실린 제재곡의 일부분이다. 최 교사는 악곡의 특징을 파악하여 제7차 음악과 교육과정에 따라 추출할 수 있는 학습 내용을 선정하여 구체적인 활동을 구상하였다. 최 교사가 구상한 학습 내용 및 활동 ㉠~㉣ 중에서 적절하지 <u>않은</u> 것 4가지를 찾아 각각 그 이유와 해결 방안을 구체적으로 기술하시오.

<제재곡 1>   <제재곡 2>

악곡	학습 내용 및 활동	
	가창	기악
제재곡 1	㉠ 사장조의 계이름으로 노래 부르기 ㉡ 세 번째 단의 주요 가락(아래 성부)을 살려 부분 2부 합창하기 ㉢ 사장조의 주요 3화음을 익히고, Ⅰ-Ⅳ-Ⅴ-Ⅰ의 마침꼴 합창하기	㉣ 소프라노 리코더로 가락 외워 연주하기 ㉤ 3박자 지휘에 맞추어 리듬악기와 가락악기의 기악 합주하기 ㉥ 오스티나토 반주 또는 화음 반주하기
제재곡 2	㉦ 시김새를 살려 노래 부르기 ㉧ 남도 민요의 특징을 살려 '레'를 떠는 소리로 표현하기 ㉨ 가사의 의미와 창법을 이해하여 콧소리 섞어 노래 부르기	㉩ 장단의 다양한 리듬꼴을 이해하고, 구음으로 장단 익히기 ㉪ 장구로 기본 장단과 변형 장단 익히기 ㉫ 자진모리 장단으로 장구 반주하기

정답

〈제재곡1〉 시냇물, 〈제재곡2〉 싸름

㉣ 첫째 단의 둘째 마디와 셋째 마디에 낮은 '시' 음을 소프라노 리코더가 연주할 수 없기 때문에 적합하지 않다.

㉤ 제재곡 1이 빠른 $\frac{6}{8}$박자 곡이기 때문에 3박자 지휘는 적합하지 않다. 2박자의 지휘에 맞추어 합주하도록 지도해야 한다.

㉧ 제재곡 2는 남도 민요가 아니라 서도 민요이기 때문에 서도 민요의 특징을 살려 '라'를 떠는 소리로 표현하는 활동이 이루어져야 한다.

㉫ 제재곡 2는 보통 빠르기 곡으로서 자진모리장단은 민속 장단 중 빠른 장단에 해당하므로 적합하지 않고 중중모리장단으로 장구 반주하기를 지도해야 한다.

9장 | 미술

배재민
15개년
기출분석집

1절   15개년 기출의 진화
2절   서답형
3절   논술형

1절 15개년 기출의 진화

<서답형 기출>

	체험	표현	감상
23	〈시각적 사고 계발〉 1. 다양한 감각	1. 관찰 방법 　• 규칙 찾아보기 2. 조형요소 　• 형태 3. 조형원리 　• 비례	1. 데페이즈망 기법
22		1. '색의 대비와 기능' 　(1) 색상 대비 　(2) 주목성이 높은 색의 특징 　(3) 명시성이 높도록 색을 배색하는 방법 2. 교수·학습 방법 　• 귀납적 사고법	
21		1. 찰흙의 특성 　• 가소성 2. 동물 토우 신체 만드는 방법 　• 로웬펠드 입체 표현 발달 단계 　① 종합적 방법 　　부분 결합 → 전체 　② 분석적 방법 　　전체 → 세부 표현	1. 감상 영역 : 내용 요소 　• 감상 태도
20	1. 교수·학습 방법 　• 타 교과 연계 2. 평가방법 　• 연구보고서법	1. 표현 기법 　• 구륵법 VS 몰골법	1. 미디어 파사드 　• 건물의 외벽에 조명을 설치하거나 빛을 쏘아 영상이 보이도록 하는 예술
19	1. 내용 체계 　• 이미지와 의미 2. 픽토그램 　• 의미를 쉽게 알 수 있게 한 그림문자 3. 평가방법 　• 포트폴리오	1. 교수·학습 방법 　• 창의적 문제 해결법	
18	1. 성취기준과 평가요소 　• 시각적 특징	1. 채도 지도	1. 인상주의 　① 참고작품 : 〈모네, 루앙 성당 연작〉 　② 도식적인 색 사용에서 벗어나도록 지도하는데 적합
17	1. 성취기준 　• 자신에 대한 느낌과 생각을 다양하게 나타낼 수 있다.	1. 인물화 표현 　① 아크릴 물감의 특성과 사용 방법 　② 캐리커처 　③ 조형원리 : 비례 2. 로웬펠드 　• 자기표현 중심 미술교육	

16		1. 판화 　① 직접 교수법 　② 내용 체계 　③ 볼록 판화 기법(양각) 　④ 공판화 특징 　⑤ 투명필름으로 공판화 제작 과정	
15			1. 현대 미술 　① 성취기준 　② 초현실주의 　③ 데페이즈망 2. 귀납적 사고법
14		1. 다양한 표현 　① 분청사기 　② 모빌(움직이는 조각) 2. 내용 체계 3. 표현 방법 지도 　① 로웬펠드 　② 아이스너	
13		1. 창의적 문제 해결법 2. 내용 체계 3. 창의적 사고 기법	1. 상상의 세계 : 비교 감상 　• 〈천마도〉 VS 〈피레네의 성〉

<논술형 기출>

12	1. 〈수묵화〉 표현 효과 2. 〈염색〉 홀치기염, 매염제 역할 3. 〈교사 질문 특성〉 '왜'보다는 '무엇'을 묻는 질문을 한다.
11	〈다양한 인물 표현〉 1. 귀납적 사고법 : '개념 발견' 단계 2. 촬영기법과 효과 3. 평가 관점
10	• 현대 미술 감상 1. 〈나선형의 방파제, 스미스슨〉 : 대지미술 2. 〈셔틀콕, 올덴버그〉 : 팝아트 3. 〈장기주차, 아르망〉 : 앗상블라주, 조형 원리
09	1. 비교 감상 : 조형 요소, 표현 기법, 시점의 측면 　• 〈농촌의 만추, 변관식〉 vs 〈생 빅트아르 산, 세잔〉 2. 우리나라와 다른 나라 미술품 감상 수업의 목적 2가지 3. 〈미델하르니스의 길, 호베마〉 : 원근 표현 방법 4. 〈영통동구, 강세황〉 : 수묵 담채 표현 방법

2절 서답형

01 [2023-A-6]

다음은 초등학교 미술과 수업을 참관한 예비 교사들과 지도 교수가 나눈 대화이다. 물음에 답하시오. [5점]

예비 교사 A : 지난주 참관한 3학년 미술과 수업에서는 <대상을 관찰하여 주제 탐색하기>를 주제로, '관찰하여 그리기' 활동을 했습니다. 그런데 많은 학생들이 대상을 개략적으로 그렸을 뿐, 세부적인 관찰로 나아가지 못하였습니다. 왜 그런 걸까요?

지도 교수 : 시각적 사고를 강조한 아른하임(R. Arnheim)에 따르면, 이 시기의 아동은 지각이 미분화되어 사물의 세부적 특징을 지각하기 어렵기 때문입니다. 시각적 사고는 외부의 시각 정보를 지각하여 처리하는 인지적 과정으로, 이를 함양하기 위해서는 대상이나 현상의 시각적 특징을 탐색해 사고를 확장해 보는 경험이 중요합니다.

예비 교사 A : 아, 그렇군요. 그러면 2015 개정 미술과 교육과정 에는 시각적 사고가 어떻게 반영되어 있나요?

지도 교수 : 2015 개정 미술과 교육과정의 체험, 표현, 감상 세 영역에 시각적 사고 계발을 위한 학습 내용이 두루 반영되어 있다고 볼 수 있어요. 예를 들자면, 체험 영역에서는 '지각'을 핵심 개념으로 설정하고 있고, 3~4학년군 성취기준 '자연물과 인공물을 탐색하는 데 (㉠)을/를 활용할 수 있다.'에도 반영되어 있다고 볼 수 있습니다.

예비 교사 B : 그럼 학생들의 시각적 사고를 함양하기 위해서 어떻게 지도할 수 있을까요?

지도 교수 : 체험, 표현, 감상 영역을 서로 연계하여 지도할 필요가 있어요. 표현 영역과의 연계를 위해 대상을 세심하게 관찰하는 것이 중요해요. 대상을 관찰하는 방법에는 부분을 확대해서 보기, 절단해서 보기, (㉡), 여러 방향에서 보기, 질감 느껴 보기 등이 있어요. [자료 1]은 (㉡) 활동의 예시이고, [자료 2]는 여러 방향에서 보기 활동의 예시입니다.

[자료 1] (㉡)	[자료 2] 여러 방향에서 보기
지도 내용 '줄기로부터 잎자루가 어긋나게 반복해서 붙어 있다'는 것을 발견하도록 지도한다.	지도 내용 '자동차를 여러 방향에서 보니 (㉢)'는 것을 발견하도록 지도한다.

… (중략) …

예비 교사 B : 저는 6학년 미술과 감상 수업을 참관했습니다. 미술 작품 감상을 통해서도 시각적 사고를 함양하도록 지도하는 방법이 있을까요?

지도 교수 : 작품을 충분히 관찰하도록 하고 대화 중심의 수업을 통해 시각적 사고를 함양할 수 있습니다. [작품 1]을 관찰해 봅시다. 무엇이 보이나요?

[작품 1]

마그리트, 〈개인적 가치〉, 1952년

예비 교사 A : 유리잔, 빗, 화장 솔, 성냥개비, 비누 등이 보여요.
지도 교수 : 그 밖에 무엇이 보이나요?
예비 교사 B : 음, 침대와 옷장도 보이는데 뭔가 이상해요.
지도 교수 : 이상한 점이 무엇인가요?
예비 교사 A : 일상적인 방 안 풍경 같은데, 빗과 유리잔 등은 보통 크기보다 훨씬 크게 그려져 있어요.
지도 교수 : 네, 잘 관찰했어요. 작가가 왜 이렇게 표현했을까요? 작가는 조형 원리를 작품에 적용하며 자신의 의도를 표현합니다. [작품 1]에서는 어떤 조형 원리를 찾을 수 있나요?
예비 교사 B : 강조, 대비, 변화, (㉣) 등을 찾을 수 있어요.
지도 교수 : 네, 이 중 가장 두드러지게 사용된 조형 원리는 (㉣)입니다. 마그리트는 이 작품에서 ㉤방 안의 몇몇 사물들은 통상적인 크기로 그리고, 다른 사물들은 그것보다 확연히 크게 그리는 방식으로 ㉥데페이즈망(dépaysement) 기법을 적용했어요. 그럼, 작품의 의미를 탐색해 볼까요?

… (하략) …

1) ㉠에 들어갈 내용을 쓰시오. [1점]

2) ① ㉡에 해당하는 관찰 방법을 쓰고, ② ㉢에 적절한 내용을 관련된 조형 요소를 포함하여 서술하시오. [2점]

① _____
② _____

3) ① ㉤과 관련된 조형 원리인 ㉣을 쓰고, ② ㉤과 ㉥의 표현 효과가 '시각적 사고'에 미치는 영향을 서술하시오. [2점]

① _____
② _____

정답

1) 다양한 감각
2) ① 규칙 찾아보기
   ② 형태가 다르게 보인다.
3) ① 비례
   ② 사물의 크기를 바꾸어 시선을 자극하고 고정관념을 깨뜨린다.

정답이유

1) 3~4학년 '체험' 영역 성취 기준
- 자연물과 인공물을 탐색하는 데 다양한 감각을 활용할 수 있다.

2) 대상 관찰 방법

[자료1] : ⓒ 규칙찾기

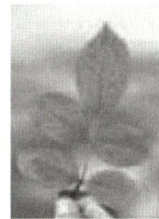

규칙 찾아보기(어긋나기, 마주나기)

[자료2] : 여러 방향에서 보기

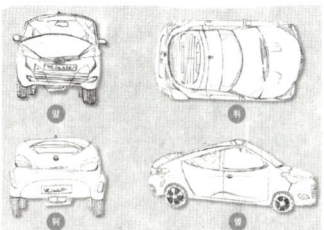

- 대상을 바라보는 방향과 위치에 따라 형태가 달라 보인다.
- 형태 : 점, 선, 면이 모여 원근감과 깊이가 포함된 3차원적 모양

3)
① 비례는 길이, 넓이 등 비율의 부분과 전체와의 관계이다.
② [작품 1]해설
- 데페이즈망은 일종의 전위법으로 모순, 대립되는 요소들을 동일한 화폭에서 결합시키거나, 어떤 오브제를 전혀 엉뚱한 환경에 위치시켜서 시각적 충격과 신비감을 불러일으키는 사물의 배치 방법이자 초현실성을 표현하는 시각적 표현 방법이다.
- [작품 1]에는 우리가 알고 있는 사물의 크기가 전혀 다르게 표현되어 있다. 즉, 의도적으로 각 사물의 상식적 비례관계를 무시했다. 단순히 장난스럽게 크기를 뒤죽박죽 섞어놓은 것이 아니라 크기의 문제를 가치의 문제와 연결시킨 것이다.
- 마그리트가 사물 사이의 상식적 비례관계를 뒤흔든 것은 인간이 인위적 구분을 통해 만들어낸 중요와 부차, 중심과 주변 사이의 고정된 가치판단에 대한 도발이다.

정답개념

1. [작품 1]조형원리
- 강조 : 어느 한 요소의 부각, 시선 집중시키는 상태
- 대비 : 극명하게 서로 다른 요소(형, 색, 명암, 크기 등)가 배치된 상태
- 변화 : 형태, 색채, 크기 등의 다양성
- 비례 : 영역안에서의 크기 관계

2. 데페이즈망 기법의 종류

이미지 중첩	두 사물을 하나의 이미지로 응축하는 것
고립	어떤 사물을 원래 있던 환경에서 떼어 내 엉뚱한 곳에 가져다 놓는 것
변경	사물이 가진 중요한 특징 가운데 하나를 바꾸어 낯설게 하는 것
크기의 변화	사물의 크기를 바꾸어 고정관념을 깨뜨리고 시선을 자극하는 것
무중력 표현	공중에 무게 없이 떠 있는 상태와 같이 표현하는 것
패러독스	양립할 수 없는 두 개의 사물이 한 그림 안에 들어가 있는 것

3. 시각적 사고 : 지각과 사고는 서로 분리되어 작용하는 것이 아니라 인지 과정에서 서로 상호 작용하는 것으로 보아야 한다. 우리는 대상을 지각하면서 개념을 형성하고 사고하며 상상하기 때문이다. 따라서 시지각은 단순한 감각 활동만이 아닌 사고 활동이므로 시각적 사고라 할 수 있다.

〈정답개념〉

1. 관찰 표현의 효과
- 이전의 고정 관념에서 벗어나, 실제 대상을 보고 구체적인 형태를 묘사하는 학습을 통해 대상의 특성이나 느낌, 조형 요소 같은 사실적인 개념을 인식할 수 있다.

2. 관찰 표현의 지도
- 관찰 표현을 지도할 때 교사는 학생들 개인의 지각 능력과 인식 능력에 맞는 표현 대상을 선택하여 표현할 수 있도록 지도한다. 다양한 관찰 방법을 통해 관찰 표현에 자신감을 느끼도록 격려하여 자신의 지각과 표현 사이의 불일치를 극복할 수 있도록 한다.
- 4학년은 도식적인 표현에서 벗어나 세부 표현을 시작하는 시기, 구체적이고 사실적 표현에 관심을 가지며 시각과 지각의 발달로 객관적인 상태에서 대상을 관찰한다.

3. 미적 감수성을 위한 미술 교육
① 미적 감수성 : 외부 세계를 오관으로 감각하여 지각을 하는 성질로, 대상에서 아름다움, 추함, 숭고함 따위의 감성을 느끼게 되는 특성
② 미적 교육 : 지각 능력을 발달시켜 미적감수성과 감식안을 갖도록 해 주는 지각 교육 및 감성 교육
③ 시각적 사고

02

(가)는 5~6학년군 '색의 대비와 기능'에 관한 수업의 일부이고, (나)는 수업을 마친 후 교사가 작성한 성찰 일지이다. 물음에 답하시오. [5점]

(가)

> 서 교사 : 이번 시간에는 색의 대비와 기능을 이해하고 표현해 봅시다. 먼저 색의 대비를 알아보겠습니다. '검은색 몸에 흰색 눈을 한 부엉이'와 '회색 몸에 흰색 눈을 한 부엉이'가 있어요. 어느 부엉이의 눈이 더 밝아 보이나요?
> 제 연 : '검은색 몸에 흰색 눈을 한 부엉이의 눈'이 더 밝아 보여요.
> 서 교사 : 맞습니다. 같은 색이라도 주위 색의 명도가 높으면 어둡게 보이고, 주위 색의 명도가 낮으면 밝게 보이는 색의 대비를 명도 대비라고 합니다.
>
> … (중략) …
>
> 서 교사 : [그림]을 보면 '빨간색 배경에 보라색 새'와 '파란색 배경에 보라색 새'가 그려져 있어요. 같은 보라색이지만 배경색에 따라 다르게 보입니다. 두 보라색 새 중 어떤 새가 더 붉게 보이나요? [A]
>
>
> [그림]
>
> 유 준 : (㉠)
> 서 교사 : 맞습니다. 다음으로 색의 기능적 특성인 주목성과 명시성을 알아볼까요? 주목성은 멀리서도 색의 자극으로 시선을 끄는 것이고 명시성은 멀리서도 명확하게 잘 보이는 것을 말합니다. 주목성과 명시성이 활용되는 예로는 빨간색 소화전이나 소방차, 노란색과 검은색이 배색된 안전 깃발이 있어요. 이제 활동지를 보면서 우리 주위에서 주목성과 명시성을 활용한 사례를 더 찾아봅시다.
>
> … (중략) …
>
> 서 교사 : 오늘 배운 색의 기능적 특성인 주목성과 명시성을 활용해서 표지판을 만들어 보도록 하겠습니다. 표지판을 만들 때는 ㉡ 주목성이 높은 색을 사용하거나 ㉢ 명시성이 높도록 색을 배색해야 합니다. 지금부터 색종이를 활용하여 배색의 아이디어를 구상한 후 표지판을 만들어 봅시다.

(나)

> 오늘 수업에서 학생들에게 주목성과 명시성에 대해 설명하고 표지판을 만들게 했는데, 학생들은 주목성과 명시성을 혼동하며 표지판 배색을 어려워했다. 제연이는 주황과 노랑을 배색한 후 화려하지만 내용이 잘 안 보인다기에 주목성과 명시성의 개념을 다시 설명해 주었다.
> 학생들에게 ㉣ 주목성과 명시성에 관련된 학습 자료를 제공하여 학습 문제를 인식하게 하고, 자료들의 관계를 탐색하도록 지도했어야 했다. 또한 탐색한 사실에 근거하여 주목성과 명시성의 개념을 스스로 발견하고, 표지판 만들기에 개념을 적용하며 정리하도록 지도했어야 했다.

1) ① (가)의 [A]에 해당하는 색의 대비가 무엇인지 쓰고, ② ㉠에 들어갈 알맞은 답변을 쓰시오. [2점]

- ① : _____
- ② : _____

2) 색의 3가지 속성을 이용하여 ① ㉡의 특징과 ② ㉢의 방법을 각각 1가지씩 쓰시오. [2점]

- ① : _____
- ② : _____

3) (나)의 ㉣은 미술과 교수·학습 모형의 단계를 설명한 내용이다. 이 교수·학습 모형의 명칭을 쓰시오. [1점]

- _____

정답

1) ① 색상 대비
   ② 파란색 배경에 보라색 새가 더 붉게 보여요.
2) ① 따뜻한 색이나 명도와 채도가 높은색일수록 주목성이 높다.
   ② 두 가지 이상의 색을 배색할 때, 명도와 색상 차가 크도록 배색한다.
3) 귀납적 사고법

정답이유

1)
① 같은 색이라도 주변 색에 의해 다르게 보이는 것이 색상 대비이다.
② 파란색 배경에 보라색 새가 더 붉게 보인다.

2)
① **주목성** : 색의 자극성이 강하여 한눈에 뜨이는 성질로, 따뜻한 색이나 명도와 채도가 높은 색일수록 주목성이 높다.
② **명시성** : 두 가지 이상의 색을 대비했을때 멀리서도 한눈에 보이는 성질로, 명도와 색상 차가 클수록 명시성이 높아진다.

3) 귀납적 사고법은 체험과 감상 영역의 미적 인식 능력을 기르고자 적용하는 방법으로 지식 전달이 아니라 사고력 계발에 초점을 맞추어 주변의 자연환경과 시각 문화 환경, 미술 작품에서 미적 사고를 형성하고 미적 원리나 특징을 추론한다.

정답개념

1. **색의 대비**

- 앵무새가 다양한 색의 건물 앞을 지나가고 있어요. 그런데 건물 색에 따라 모두 달라 보여요. 명도 대비, 색상 대비, 채도 대비를 알아볼까요?
- 검은색 건물과 회색 건물 앞을 지나고 있는 초록이 중 어느 건물 앞 초록이가 더 밝아 보이나요?
  - 검정 배경 앞의 초록이가 더 밝아 보여요.
- 명도 차가 큰 검정 앞에 있을 때, 명도 차가 적은 회색 앞에 있을 때보다 밝아 보이는 것을 명도 대비라고 해요.
- **빨간색과 파란색 건물 앞을 지나는 보라색 앵무새는 어떻게 보이나요?**
  - **파랑 바탕 위의 보라색 새가 더 붉게 보여요.**
- **같은 색이라도 주변 색에 의해 다르게 보이는 것이 색상 대비에요.**
- 노랑 건물 앞의 주황색 앵무새와 회색 건물 앞의 주황색 앵무새 중 누가 더 선명해 보이나요?
  - 회색 앞의 주황색 새가 더 선명해 보여요.
- 채도가 낮은 회색 앞의 주황색 새가 더 선명하고 산뜻해 보이고, 노랑 앞의 주황색 새가 상대적으로 흐릿하고 탁해 보이는 것을 채도 대비라고 해요.
- ○ **색의 어울림에 따른 느낌 알아보기**
- 색상 차가 크고 채도가 높은 색이 모이니 어떤 느낌이 드나요?
  - 화려하고 명랑한 느낌, 즐거운 느낌이 들어요.
- 명도가 높고 채도가 낮은 색의 창문은 어떤 느낌이 드나요?
  - 부드럽고 따뜻한 느낌이 들어요.
- 명도와 채도가 낮은 색의 창문은 어떤 느낌이 드나요?
  - 차분하고 진지한 느낌, 어른스러운 느낌이에요.
- 다양한 색지와 색종이에서 색을 직접 선택해 느낌을 이야기해 볼까요?

2. **귀납적 사고법**

① 문제 인식 → ② 관계 탐색 → ③ 개념 발견 → ④ 개념 적용 → ⑤ 정리 및 발전

(1) 문제 인식	• 학습 자료를 통하여 문제를 파악하고 탐구한다.
(2) 관계 탐색	① 인식된 문제와 관련하여 제시된 자료를 탐색한다. ② 다양한 관찰과 탐색의 기회를 제공함으로써 학습 주제에 대한 생각을 명확하게 하며, 자신의 의미와 언어를 다른 학생의 것과 대비하여 정교하게 한다.
(3) 개념 발견	① 탐색한 사실을 근거로 상호 관계를 찾아 규칙성을 발견한다. ② 개념은 언어를 통하여 형성되므로 용어의 정의를 통해 추상 개념을 언어화할 수 있도록 한다.
(4) 개념 적용	• 형성된 개념을 다양한 상황에 적용, 확장, 응용하는 단계로 실생활이나 표현 활동에 적용하도록 유도한다.
(5) 정리 및 발전	• 학습 과정의 반성 단계로, 학습한 개념에 대하여 학습자의 이해력을 높이고, 학습자의 삶에 의미 있게 응용하도록 이끈다.

03

(가)는 박 교사가 3~4학년군 미술과의 '표현'과 '감상' 영역을 연계하여 진행한 수업 장면의 일부이고, (나)는 수업 후 박 교사가 자신의 수업을 성찰하며 쓴 글이다. 물음에 답하시오. [5점]

(가)

박 교사 : 오늘은 우리 조상들이 사람이나 동물을 흙으로 빚어 형상화한 토우에 대해 감상해 보겠습니다. [작품 1]은 인물 토우이고 [작품 2]는 토우로 장식한 항아리입니다.
두 작품을 자세히 관찰하고 무엇이 보이는지 이야기해 볼까요?

학생 A : [작품 1]은 사람이 두 손을 앞으로 모으고 입을 동그랗게 벌린 채 무릎을 꿇고 있어요. [작품 2]는 뱀이 개구리의 뒷다리를 물고 있어요.

박 교사 : 그럼, 토우는 어떤 내용을 표현하고 있는 것 같나요?

학생 B : [작품 1]은 노래를 부르고 있는 것 같아요. [작품 2]는 당시 주변에서 볼 수 있었던 동물의 모습을 표현한 것 같아요.

박 교사 : 잘 이야기해 주었습니다. 토우는 토기를 장식하는 용도로 만들어지기도 했고 풍요와 다산을 기원하거나 무덤에 부장하기 위해서도 사용되었어요.

[작품 1]　　　　　[작품 2]

… (중략) …

박 교사 : 여러분, 찰흙으로 무언가 만들어 본 경험이 있나요?
학생 A : 찰흙을 만지면서 놀아 본 적이 있어요.
학생 B : 찰흙으로 우리 가족도 만들고, 우리 집 고양이도 만들어 봤어요.
박 교사 : 찰흙의 특성인 ㉠ 가소성을 잘 이용하면 창의적인 작품을 만들 수 있습니다.
찰흙은 부드럽고 연하여 띠 모양으로 길게 늘일 수도 있고 공 모양, 판 모양 등 ㉡ 다양한 형태를 만들 수도 있어요. 그리고 찰흙으로 작품을 만들어 교실을 장식할 수도 있지요.
학생 A : 우와, 찰흙은 변신의 마법사네요!
박 교사 : 오늘은 찰흙으로 나만의 동물 토우를 만들어 보겠습니다. 조상들이 만든 토우처럼 자신의 느낌과 생각을 담아 동물 토우를 환조로 만들어 봅시다. 다음 주에는 박물관에 가서 토우를 직접 감상하겠습니다. ㉢ 박물관에서는 뛰지 않고 조용히 안내선을 따라가며 작품을 감상합니다. 그리고 사진기로 작품을 찍을 때는 플래시를 터뜨리지 않습니다.

(나)

오늘은 토우를 감상하는 수업을 실시하였다. 먼저 학생들이 토우와 토우 장식 항아리를 관찰하도록 하였다. 그리고 토우에 담긴 내용에 대해서 알아보도록 하였다. 그런데 자신의 관점에서 토우에 대한 느낌과 생각을 발표하는 것을 어려워하였다. 그 원인을 생각한 결과, 토우의 형태, 질감, 양감 등 조형 요소의 분석을 지도하지 않았음을 깨달았다. 감상 후, 이와 연계한 표현 활동으로 '나만의 동물 토우 만들기'를 하였다. 동물 토우의 신체를 ㉣ 종합적 방법을 적용하여 만들도록 지도하였으나 몇몇의 학생들이 ㉤ 분석적 방법으로 만드는 것을 보고 이 방법에 대한 지도가 필요함을 알게 되었다.

1) (가)의 ㉡을 고려하여 ㉠의 특성 2가지를 설명하시오. [2점]

2) 2015 개정 미술과 교육과정의 내용 체계에 제시된 3~4학년군 '감상' 영역의 내용 요소 중 (가)의 ㉢에 해당하는 용어를 쓰시오. [1점]

3) (나)의 ㉣과 ㉤을 적용하여 동물 토우의 신체를 만드는 방법을 각각 쓰시오. [2점]
- ㉣ :
- ㉤ :

정답

1) • 외부에서 힘을 가해도 부서지지 않고 다양한 형태로 자유롭게 변형할 수 있다.
• 외부의 힘을 제거해도 변형된 그대로의 상태를 유지한다.
2) 감상 태도
3) ㉣ 머리, 몸통, 팔, 다리 등을 만들어 놓고 몸통을 중심으로 붙여서 만드는 방법
㉤ 찰흙 덩어리에서 머리, 팔, 다리, 몸통을 빚어 만드는 방법

정답이유

1) ㉡에서는 '다양한 형태를 만들 수 있다', '교실을 장식할 수도 있다'고 되어 있으므로, 이를 고려한 가소성의 특성은 자유롭게 변형할 수 있다는 것과 변형된 그대로의 상태를 유지한다는 것 2가지가 있다.

2) ㉢은 미술관에서 작품을 감상할 때의 올바른 태도를 나타내므로, 2015 개정 미술과 교육과정 3~4학년군 '감상' 영역의 내용 요소 중 '감상 태도'와 관련된다.

3) 로웬펠드는 하나의 덩어리로 대상을 만드는 방법을 분석적 방법(analysis method)이라고 했고, 부분을 접합해서 대상을 만든 방법을 종합적(synthetic method)으로 구분했다.

정답개념

1. 15 개정 내용 체계

영역	핵심 개념	일반화된 지식	학년(군)별 내용 요소 3~4학년	학년(군)별 내용 요소 5~6학년	기능
체험	지각	감각을 통한 인식은 자신과 환경, 세계와의 관계를 깨닫는 바탕이 된다.	자신의 감각 / 대상의 탐색	자신과 대상	① 감각 활용하기 ② 탐색하기 ③ 반응하기 ④ 발견하기 ⑤ 나타내기 ⑥ 관련짓기
체험	소통	이미지는 느낌과 생각을 전달하고 상호 작용하는 도구로서 시각 문화를 형성한다.		이미지와 의미	
체험	연결	미술은 타 학습 영역, 다양한 분야와 연계되어 있고, 삶의 문제 해결에 활용된다.	미술과 생활	미술과 타 교과	
표현	발상	주제를 다양한 방식으로 탐색, 상상, 구상하는 것은 표현의 토대가 된다.	다양한 주제 / 상상과 관찰	소재와 주제 / 발상 방법	① 관찰하기 ② 상상하기 ③ 계획하기 ④ 방법 익히기 ⑤ 발전시키기 ⑥ 구체화하기 ⑦ 표현하기
표현	제작	작품 제작은 주제나 아이디어에 적합한 조형 요소와 원리, 표현 재료와 용구, 방법, 매체 등을 계획하고 표현하며 성찰하는 과정으로 이루어진다.	표현 계획 / 조형 요소 / 표현 재료와 용구	조형 원리 / 표현 방법 / 제작 발표	
감상	이해	미술 작품은 시대와 지역의 배경을 반영하고 있어 미술 작품에 대한 이해는 시대적 변천, 맥락 등을 바탕으로 작품의 특징을 파악하는 활동으로 이루어진다.	작품과 미술가	작품과 배경	① 이해하기 ② 설명하기 ③ 비교하기 ④ 분석하기 ⑤ 존중하기
감상	비평	미술 작품의 가치 판단은 다양한 관점과 방법을 활용한 비평 활동으로 이루어진다.	작품에 대한 느낌과 생각 / ★ 감상 태도	작품의 내용과 형식 / 감상 방법	

2. '찰흙' 지도

반죽 방법	① 흙가래 반죽은 먼저 주물러서 가래떡처럼 길게 늘이고 굴려서 반죽하는 것이다. ② 주무르는 반죽은 양손으로 쥐어질 정도 또는 그 이하의 크기의 찰흙을 주무르듯이 반죽하는 것이다.
보관 방법	① 적당한 습기를 유지하고 공기가 통하지 않도록 하면 장시간 보관이 가능하다. ② 쓰고 남은 찰흙은 습기를 보충하여 반죽하고, 비닐봉지나 랩으로 여러 겹 싸서 둔다.
성질	• 찰흙의 성질에는 가소성, 수축성, 유연성, 접착성 등이 있다. ① 그 가운데에서 특히 가소성 때문에 찰흙은 어린이들에게 입체감을 발달시키는 데 매우 유익한 재료로 활용된다. <u>가소성은 외부의 힘을 가해도 부서지지 않고 여러 가지 형태로 변하며, 그 외부의 힘을 제거해도 변형된 그대로의 상태를 유지하는 성질을 말한다.</u> ② 또, 찰흙은 건조되면서 양이 줄어드는 수축성, 짓이기고 주무르기가 자유로운 유연성, 찰흙끼리 붙일 수 있는 접착성 등의 성질을 가지고 있다.
표현 방법	① <u>분석적인 방법</u> ㉠ <u>전체로부터 하나하나의 세부적인 것을 끌어내는 표현 방법이다.</u> ㉡ 큰 덩어리를 우선 만들고 그 덩어리에서 부분을 잡아당겨 눈, 코, 입, 귀 등을 만들거나, <u>찰흙 덩어리에서 머리, 팔, 다리, 몸통을 빚어 만드는 방법을 말한다.</u>
	② <u>종합적인 방법</u> ㉠ <u>각각의 세부들을 결합함으로써 하나의 종합적인 표현에 도달하는 방법이다.</u> ㉡ 눈, 코, 입 등 작은 부분을 붙여 가면서 만들거나 <u>머리, 몸통, 팔, 다리 등을 만들어 놓고 몸통을 중심으로 붙여서 만드는 방법을 말한다.</u>

3. 로웬펠드 입체 표현 발달 단계

(1) 난화기(2~4세)
   • 시각적 형태와 관계없이 찰흙을 두드리고 치는 행위

(2) 전도식기(4~7세)
   • 사물의 형태를 만들기 시작

(3) 도식기(7~9세)
   ① 종합적인 방법(Synthetic Method)
      • 하나 하나의 세부들을 만들고 종합함으로써 전체를 이룬다.
      • 비시각적(개념적)인 사고(부분적 인상들의 종합)로, 나중에 촉각형으로 연결
   ② 분석적인 방법(Analytic Method)
      • 전체의 큰 형태로부터 구체적 세부를 묘사해 들어가는 방법
      • 시각적인 사고로 나중에 시각형으로 연결

(4) 또래 집단기(9~11세)
   • 자신과 집단의 관계를 발견하는 속에서 대상과 재료의 관계를 발견하고자 한다.
   • 찰흙에 무늬를 새기거나 구멍을 내서 형태와 공간의 가능성을 탐색하기 시작한다.

(5) 의사실기(11~13세)
   • 소조(Modeling)하는 단계에서 조각(Sculpting)하는 단계로 넘어가는 시기로, 시각형과 촉각형으로 나뉘기 시작하는 시기

   ① 시각형
      • 대상의 형태를 유심히 관찰하면서 전체에서 부분으로 들어가는 분석적 방법 사용
   ② 촉각형
      • 대상의 형태보다는 자신의 주관적 경험, 촉각적 인상 등을 강조하며 부분들을 조합하는 종합적 방법을 사용하며 자신의 정서적 가치로 부분의 크기와 중요도를 결정

   • 시각형은 형태를 변화시켜서, 촉각형은 주관적인 경험과 느낌을 자극하여 동기를 부여할 수 있다.

(6) 결정기(13~17세)
   • 시각형과 촉각형·중간형으로 뚜렷하게 구분되는 시기

04

(가)는 6학년 담임인 김 교사가 체험 학습 중 학생들과 나눈 대화이고, (나)는 체험 학습 후 '수업 설계 및 평가 방법'에 대해 동료 교사와 나눈 대화 내용이다. 물음에 답하시오.

(가)

▲신기술로 재현된 〈외규장각 의궤〉 영상
◀위 영상에 활용된 〈외규장각 의궤〉(일부)

학생 A : 우와! 선생님, 저기 좀 보세요. 광화문에서 멋진 영상이 나와요.
김 교사 : 저런 영상 표현 기법을 (㉠)이/라고 하지. 사실 선생님도 말로만 들었지 한 번도 직접 본 적이 없었는데 이렇게 보니 정말 멋지구나!
학생 B : 저희들이 미술 시간에 배웠던 미디어 아트와는 다른 건가요?
김 교사 : (㉠)은/는 미디어 아트를 표현하는 기법 중 하나인데 건물 외벽에 빛을 쏘거나 조명을 설치하여 영상을 보여주는 것이지.
학생 C : 그런데 선생님, 영상에 나오는 저 그림은 우리나라 옛 그림을 응용한 것이 맞나요?
김 교사 : 맞아! 저 영상 속에 활용된 그림은 〈외규장각 의궤〉에 나오는 그림들이야. 〈외규장각 의궤〉는 조선 왕실의 중요한 행사와 건축 등을 그림을 중심으로 상세하게 기록한 것이지. 의궤 속 그림들은 주로 ㉡ 구륵법으로 표현되어 있어.
… (하략) …

(나)

박 교사 : 김 선생님! 지난 주 광화문 체험 학습은 어떠셨어요? 다음 주에 저희 반도 가기로 예정되어 있어요.
김 교사 : 정말 좋았어요. 그런데 우리 반은 유교 문화를 중시했던 조선시대의 궁중의례 행사를 그림으로 기록한 〈외규장각 의궤〉를 신기술을 이용하여 재현한 영상을 감상했는데 사전에 수업 설계가 미흡하여 학습 효과가 떨어졌어요.
박 교사 : 그럼, 어떠한 수업 설계가 필요할까요?
김 교사 : ㉢ 체험 학습 전에 사회과의 '유교 문화가 발달한 조선', 실과의 '전기·전자의 활용' 등과 관련된 내용을 예습한 후, 미술과의 '생활 속 미술 작품 감상하기' 체험 학습을 하면 좋을 것 같아요.
박 교사 : 좋은 생각이네요! 그런데 이러한 수업 활동은 어떤 평가 방법을 활용하면 좋을까요?
김 교사 : 사회, 실과, 미술 교과 내용 중에서 학생들이 특정한 주제를 선택하여 자료를 수집하고 분석·종합하여 그 내용을 작성하는 평가 방법인 (㉣)이/가 좋을 것 같아요.
박 교사 : (㉣)을/를 활용할 때 지도상의 유의점으로는 무엇이 있을까요?
김 교사 : 학생들의 능력과 흥미에 적합한 주제 선정, 내용 및 범위 선정, 자료 수집 방법, 작성 방법 등을 자세하게 안내해 주어야 합니다. [A]
박 교사 : 네. 그렇게 하는 것이 좋겠네요. 그 평가 방법의 결과물을 이번 학기 우리 반에서 제작하고 있는 포트폴리오에 포함시킬 수도 있겠네요. 정말 많은 도움이 되었습니다. 감사합니다.

1) (가)의 ㉠에 들어갈 알맞은 용어를 쓰시오. [1점]

- ㉠ : _____

2) (가) ㉡의 화법과 몰골법의 화법을 비교하여 쓰시오. [2점]

- _____

3) 다음은 (나)의 ㉢과 관련 있는 2015 개정 미술과 교육과정 5~6학년군 '체험' 영역 '교수·학습 방법 및 유의 사항' 내용의 일부이다. ( ) 안에 알맞은 말을 쓰시오. [1점]

영역	교수·학습 방법 및 유의 사항
체험	미술 수업 내용과 관련된 ( )의 내용과 방법을 수업 전에 미리 찾아보도록 지도한다.

- _____

4) (나)의 [A]를 참고하여 ㉣에 해당하는 미술과 평가 방법의 명칭을 쓰시오. [1점]

- _____

정답

1) 미디어 파사드
   - 건축물 내지는 조형물의 외관에 조명을 설치하거나 영상을 쏘아 이미지를 표현하는 것
2) 몰골법은 윤곽선 없이 수묵이나 색을 사용하여 표현하는 기법이고 구륵법은 형태의 윤곽선을 선으로 먼저 그리고 그 안을 먹이나 채색으로 메우는 기법이다.
3) 다른 교과
4) 연구 보고서법

05

(가)는 예비 교사와 지도 교사가 미술과 수업 방안에 대해 나눈 대화이고, (나)는 예비 교사가 수업을 마친 후 작성한 수업 일지이다. 물음에 답하시오. [5점]

(가)

예비 교사 : 생활 속에서 접하는 시각 이미지는 학생들의 가치관이나 사고방식에 큰 영향을 주는 것 같아요.
지도 교사 : 맞아요. 주변에서 볼 수 있는 시각 이미지는 느낌과 생각을 전달하고 상호 작용하는 도구라는 것을 학생들이 이해하는 것이 필요해요. 이와 관련하여 2015 개정 미술과 교육과정의 5~6학년군 체험 영역에서는 '내용 요소'로 (㉠)을/를 제시하고 있어요.
예비 교사 : 그렇다면 마크, 표지판, (㉡), 포스터, 광고 등의 다양한 시각 이미지 중에서 어떤 유형의 이미지를 활용하여 수업을 구성하면 좋을까요?
지도 교사 : 다음 [예시 자료]는 시각 이미지 유형 중에서 (㉡)에 해당하는데, 이를 활용하여 체험 영역과 표현 영역을 연계한 수업을 구성해 보면 어떨까요?
예비 교사 : 네, 그렇게 하면 특징도 알아보고, 직접 제작해 볼 수도 있어서 좋을 것 같아요. 그러면 평가는 어떻게 하면 좋을까요?
지도 교사 : 과정 중심 평가의 하나로, 학생의 산출물과 최종 결과물을 모아둔 작품집을 이용해서 종합적으로 평가하는 (㉢)을/를 활용하면 좋겠어요.
예비 교사 : 네, 학생이 자신의 학습을 점검하고 성찰할 수 있어서 좋을 것 같아요.

[예시자료]

(나)

- 1~2차시의 체험 영역 수업과 연계하여, 오늘은 창의적 문제 해결법 수업 모형의 단계에 따라 '과학실의 안전 수칙을 알리는 시각 이미지'를 제작하는 수업을 했다.
- 먼저 안전 수칙과 관련된 시각 이미지의 사례를 보여 주며 문제를 인식하게 하고, 문제 해결에 필요한 자료를 수집 및 검토하게 했다.
- 모둠별로 브레인스토밍을 하며, 다양한 아이디어를 탐색하고 구상하게 했다.
- (㉣).
- 아이디어 적용을 위해 작품을 제작하게 했다.
- 완성된 작품에 아이디어가 잘 반영되었는지 감상하고 분석하게 한 후, 수업을 마쳤다.
- 모든 모둠이 수업 시간 내에 작품을 완성했으며, 작품의 메시지가 간결하고 상징적인 이미지로 잘 표현되었다.

1) (가)의 ㉠에 들어갈 내용 요소와 ㉢에 들어갈 평가 방법의 명칭을 각각 쓰시오. [2점]

- ㉠ _____
- ㉢ _____

2) 다음은 (가)의 ㉡에 대한 설명이다. ⓐ~ⓔ 중에서 옳지 않은 것 2가지를 찾아 기호를 쓰고, 각각 바르게 고쳐 쓰시오. [2점]

ⓐ 국제 표준으로 채택되어 활용되기도 한다.
ⓑ 문자를 단독으로 사용하여 제작되지 않는다.
ⓒ 색상으로 긴급, 안전, 주의와 같은 안내를 표시할 수 있다.
ⓓ 공공시설이나 공공장소에서 환경을 꾸미는 것을 주된 목적으로 제작된다.
ⓔ 국제적인 행사에서 사용되는 경우, 문화적 특수성을 반영하여 제작되기도 한다.

- _____
- _____

3) 창의적 문제 해결법 수업 모형에 근거하여, (나)의 ㉣에 가장 적절한 학습 활동을 쓰시오. [1점]

- _____

06

(가)는 예비 교사와 교사 A, B의 대화이고, (나)는 (가)의 대화 내용을 반영하여 구상한 주요 학습 활동이다. 물음에 답하시오. [5점]

(가)

예비 교사 : 5학년 학생들 중에는 [작품 1]과 같이 그리는 경우가 있는데, 수업을 어떻게 구성해야 할지 고민입니다.

교사 A : [작품 1]은 [작품 2]에 비해 형태뿐만 아니라, 색채에서도 나뭇잎은 초록색, 하늘은 파란색 등과 같이 도식적 혹은 개념적으로 단순하게 표현되어 있습니다.

교사 B : 이런 문제를 해결하기 위해서는 체험, 표현, 감상 영역의 활동이 유기적으로 잘 연계되도록 수업을 구성할 필요가 있어 보입니다.

예비 교사 : 그러면 체험 활동의 경우, 수업 내용을 어떻게 구성하면 좋을까요?

교사 A : 우선 대상이나 현상에 관심을 가지고 다양한 활동을 통해 (㉠)을/를 발견하도록 수업을 구성해야 합니다. 주의 깊게 관찰하거나 다른 교과의 지식을 활용하여 대상이나 현상의 (㉠)을/를 찾아보는 것이 활동의 예입니다.

예비 교사 : 이러한 체험 활동에서는 무엇을 평가하나요?

교사 B : 미술과 평가는 (㉡), 과정 및 결과를 지속적으로 살펴보며 균형 있게 평가해야 합니다. 따라서 체험 활동 평가에서도 이를 고려하는 것이 필요합니다.

(나)

구분	주요 학습 활동
체험	… (생략) …
표현	• 나무의 특징을 살려 나무의 형태 그려 보기 • 다양한 색으로 나무의 특징 표현하기 　- 명도와 ㉢ 채도를 이해하고 다양한 색 만들어 보기 　- 나무를 다양한 색으로 표현하기
감상	• 서로의 작품 감상하기 • ㉣ [작품 3]의 특징과 작가의 표현 의도 분석하기 [작품 3] 모네, 루앙 성당 연작, 1894년 작

1) 2009 개정 미술과 교육과정에 제시된 5~6학년군의 '영역별 성취 기준'과 '평가 방법'에 근거하여 (가)의 ㉠에 공통으로 들어갈 용어와 ㉡에 들어갈 용어를 각각 쓰시오. [2점]
　• ㉠ _____　• ㉡ _____

2) 다음은 (나)의 밑줄 친 ㉢에 대한 지도 내용이다. 옳지 않은 것 2가지를 찾아 기호를 쓰고, 채도를 바르게 지도하는 내용으로 각각 고쳐 쓰시오. [2점]

> ⓐ 채도는 색의 밝고 어두운 정도를 말한다.
> ⓑ 무채색은 채도가 없다.
> ⓒ 순색에 가까울수록 채도가 낮다.
> ⓓ 채도가 다른 배경 색에 따라 같은 주황색이라도 채도가 달라 보인다.

　• ① _____　• ② _____

3) 교사는 학생이 도식적인 색의 사용에서 벗어나도록 지도하기 위해 (나)의 밑줄 친 ㉣을 선정하였다. ㉣이 이에 적절한 이유를 연작으로 제작한 작가의 의도와 관련하여 쓰시오. [1점]
　• _____

정답

1) ㉠ 시각적 특징　㉡ 학습 태도
2) ① ⓐ, 색의 밝고 어두운 정도를 나타내는 것은 명도이다.
　② ⓒ, 순색에 가까울수록 채도가 높다.
3) 색은 한 가지로 고정된 것이 아니라 빛에 의해 시시각각 변화한다는 것을 보여주는 작품이기 때문

정답이유

1) 대상의 시각적 특징을 찾기 위해서는 먼저 대상을 오랫동안 주의 깊게 관찰하여 대상의 선, 형, 색, 양감, 질감 등의 시각적 구조를 파악해야 한다.
• 시각의 변화 : 예) 낮과 저녁의 자전거
• 대상과의 거리의 변화 : 예) 가까이 보기, 멀리 보기

2) **오답분석**
ⓐ 명도는 색의 밝고 어두운 정도를 나타내는 것이고, 채도는 색의 선명하고 탁한 정도를 말한다.
ⓒ 다른 색과 섞이지 않고 순수할수록 채도가 높아 선명하며, 순색에 다른 색이 섞일수록 채도가 낮아져 흐리거나 탁해진다.

2) **정답해설**
ⓑ 하양, 회색, 검정처럼 색상을 갖지 않고 밝고 어두운 정도만 있는 색을 무채색이라 한다. 무채색은 명도만 있고 색상과 채도가 없다.
ⓓ 어떤 색의 주변에 그보다 선명한 색을 배치하면 그 색의 채도는 낮아 보이며 채도 차이가 클수록 효과도 커진다.

3) 도식적(圖式的)이란 말은 '모든 사물을 일정한 형식이나 틀에 기계적으로 맞추려는 경향이 있는 것'이라는 뜻이다. 즉 [작품 1]은 나뭇잎은 초록색, 하늘은 파란색과 같이 색을 기계적으로 사용하고 있으므로, 교사는 [작품 3]과 같이 시간에 따라 다양하게 색의 변화가 나타나는 작품을 통해 어떤 사물의 색을 고정적으로 표현하는 도식적인 색의 사용에서 벗어나도록 지도하고자 하는 것이다.

07   2017-B-7

(가)는 '인물화 표현' 단원의 수업 결과물이고, (나)는 예비 교사들이 수석 교사에게 받은 컨설팅 내용이다. 물음에 답하시오. [5점]

(가)

[작품 1]
4학년 학생 작품,
『볼이 통통한 나』,
골판지에 아크릴 물감

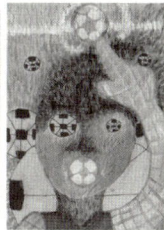
[작품 2]
6학년 학생 작품,
『친구 얼굴』,
연필

[작품 3]
6학년 학생 작품,
『축구 달인』,
사인펜, 수채 물감

(나)

| 예비 교사 A : 저는 4학년 수업에서 그리기 재료로 수채 물감 외에도 아크릴 물감을 써 보도록 했어요. 저도 아크릴 물감에 익숙하지 않아 미리 여러 가지 사용법을 알아야 했어요. |
| 수석 교사 : (㉠) 수업 결과물들을 살펴보니 [작품 1]과 [작품 2]의 얼굴 모두에서 전체적인 조화와 균형, 대칭이 나타나 있지만 세부적인 표현 방식에서는 큰 차이가 있어요. [작품 1]은 눈의 위치가 위로 치우치고 볼을 크게 그리고 볼에 붉은 원을 칠해서 마치 (㉡)와/과 비슷하게 표현되었네요. [작품 2]는 얼굴 전체와 눈, 코, 입 부분 간의 길이와 크기를 고려하여 (㉢)에 맞게 표현되었어요. |
| 예비 교사 B : 설명 중에 언급하신 (㉡)은/는 무엇을 말하나요? |
| 수석 교사 : 인물이나 동물의 특징을 과장하거나 왜곡하여 그린 것으로 익살이나 유머, 풍자 등이 담겨 있는 그림을 말합니다. 만화나 캐릭터, 마스코트와 유사해 보이지요. |
| 예비 교사 C : 제가 수업한 6학년 학생의 [작품 2]와 [작품 3]은 서로 다른 결과를 보여주었어요. [작품 2]는 갸름하고 눈이 큰 얼굴의 특징을 비교적 사실적으로 표현했어요. [작품 3]은 눈과 입을 축구공으로 그렸고, 피부색도 축구장과 같은 초록색으로 칠해서 외모보다는 주관적인 생각을 나타내고 있어요. 그렇다면 [작품 3]과 같은 유형으로 그리는 학생을 어떻게 지도해야 할까요? |
| 수석 교사 : 우선 로웬펠드(V. Lowenfeld)의 이론을 상기해 봅시다. … (하략) … |

1) 다음은 (나)의 ㉠에서 수석 교사가 컨설팅한 아크릴 물감의 특성과 사용 방법을 요약한 것이다. ⓐ~ⓓ 중에서 잘못된 항목을 찾아 기호를 쓰고, 내용을 바르게 고쳐 쓰시오. [1점]

| ⓐ 유채 물감에 비해 건조가 빨라서 덧칠하기가 용이하다고 지도한다. |
| ⓑ 팔레트에 물감을 미리 짜서 굳힌 후 물로 녹여 사용하도록 지도한다. |
| ⓒ 물감에 흰색을 섞으면 밝은 색을 만들 수 있다고 지도한다. |
| ⓓ 물감에 물을 조금만 섞어 사용하면 유채와 유사한 불투명한 효과를 낼 수 있다고 지도한다. |

• _____

2) (나)의 ① ㉡에 공통으로 들어갈 용어를 쓰고, ② ㉢에 해당하는 조형 원리 1가지를 (나)에서 언급하지 않은 것으로 쓰시오. [2점]

• ① : _____
• ② : _____

3) [작품 3]을 그린 학생처럼 주관적 성향이 강한 6학년 일부 학생들을 위해 '자신의 특징 표현하기' 수업을 설계하려고 한다. 이에 적합한 2009 개정 미술과 교육과정의 중영역 '지각'의 성취기준을 쓰시오. [1점]

• _____

4) 다음은 수석 교사가 언급한 로웬펠드(V. Lowenfeld)의 이론에 대한 설명이다. ⓐ에 공통으로 들어갈 용어를 쓰시오. [1점]

| 로웬펠드의 이론은 대상의 모방을 위한 기능 중심 미술 교육에서 벗어나 아동을 중심으로 생각하고, 아동의 내적 성장과 조화로운 발달에 관심을 표명한 창의성 중심 미술 교육의 하나이다. 그는 아동의 자발적이고 자유로운 (ⓐ)을/를 통해 창의성이 형성된다고 보았다. 로웬펠드의 이론에 소개된 (ⓐ)(이)라는 주요 개념은 개개인에게 맞는 미술을 통해 개인의 생각과 감정을 자유롭게 표출하는 것을 의미한다. |

• _____

정답

1) ⓑ, 아크릴 물감은 굳으면 고무처럼 굳어서 재사용할 수 없으니 한꺼번에 짜 두지 말고 조금씩 덜어 쓴다.
2) ① 캐리커처 ② 비례
3) 자신에 대한 느낌과 생각을 다양한 방법으로 나타낼 수 있다.
4) 자기표현

정답이유

1) 오답분석

ⓑ 아크릴 물감은 건조 후 고무처럼 굳어서 재사용할 수 없다. 아크릴 물감은 일회용 접시나 종이 팔레트에 조금씩 덜어 쓴다. 물감이 금세 건조되므로 한꺼번에 짜 두지 말고 조금씩 덜어 쓴다.

1) 정답해설

ⓐ 수채 물감과 유화 물감의 장점을 동시에 가진 재료로서 물에 개어 사용할 수 있으며, 유화처럼 색상이 선명하고 겹쳐 칠할 수 있으나 더 빨리 마른다.
ⓒ 밝은색을 만드는 요령은 본래 대상의 색깔과 가장 유사한 색깔에 하양을 섞으면 된다. 단, 채도를 덜 낮추고 싶으면 하양 대신 유사한 밝은색을 섞는다.
ⓓ 물의 양을 조절하여 수채 물감의 투명한 느낌과 유채 물감의 불투명하고 중후한 느낌을 동시에 나타낼 수 있다.

2)
㉡ 눈의 위치, 볼의 크기나 색 등 얼굴을 과장하여 그려서 캐리커처와 비슷하게 표현되었다.
㉢ 전체와 부분, 부분과 부분 간의 상대적인 크기 등 비례를 고려하여 표현하였다.

4) 학생의 수준에 맞지 않는 표현을 요구하고 의존적인 사고나 억압감, 좌절감을 느끼게 하는 모방의 미술 교육이 아니라, 학생 자신의 수준에 맞는 표현, 독립적인 사고, 정서적인 배출, 자유와 융통성이 부여되는 자기표현의 미술 교육이다.

08

(가)는 미술과 '판화' 수업의 교수·학습 과정안이고, (나)는 판화 기법을 활용한 '무늬 꾸미기' 활동을 위한 참고 작품이다. 물음에 답하시오. [5점]

(가)

단계	교수·학습 활동
문제 인식	• 판화의 특성을 이야기하며 전시 학습 내용 확인하기 - ㉠ 판을 이용한 간접 표현이다. - ㉡ 한 판으로 여러 장을 찍을 수 있다. - ㉢ 판과 찍힌 그림의 좌우가 바뀐다. - ㉣ 판재와 기법에 따라 다른 느낌이 표현된다. - 의도하지 않은 우연의 효과가 있다. - 구상에서 완성까지 치밀한 계획성이 요구된다. • 학습 목표 인식하기 - 조각칼의 사용 방법과 조각칼의 종류에 따른 표현 효과를 안다.
설명 및 시범	• 다양한 종류의 판화 작품을 비교하며 고무 판화의 특성 이해하기 (A) 오윤, 「김장」, 고무 판, 1984 (B) 헤링, 「무제」, 실크 스크린, 1986 • 고무 판화의 재료와 용구 및 사용 방법 알기 - 고무 판화의 재료에 대해 살펴보기 - 조각칼을 올바르게 잡는 방법에 대한 설명을 들으며 시범 장면 살펴보기 - 조각칼의 종류와 표현 효과 살펴보기 • 고무 판화의 제작 방법과 찍는 방법 알기
질의 응답	• 질의응답을 통해 이해한 것을 확인하기 - 참고 작품에서 표현 효과에 따라 어떤 조각칼이 사용되었는지 이야기하기 - 궁금한 점에 대해 질문하기
연습 활동	• 조각칼의 사용 방법 연습하기
작품 제작	• 조각칼의 종류에 따른 표현 효과를 생각하며 제작하기 • 볼록 판화의 특징을 생각하며 제작하기
정리 및 발전	• 새롭게 알게 된 점이나 느낀 점 이야기하기 • 주변 정리하기

(나)

재료: OHP 필름, 수채 물감   재료: OHP 필름, 크레파스

1) ① (가)에 적용된 교수·학습 모형을 쓰고, 2009 개정 미술과 교육과정의 내용 체계에서 ② (가)의 교수·학습 모형이 주로 적용되는 중영역 1가지를 쓰시오. [2점]

• ① _____ • ② _____

2) ① (가)의 (A) 작품과 같이 배경을 파내고 윤곽선을 남기는 볼록 판화의 표현 기법을 쓰고, ② (B) 작품에 사용된 판의 형식과 관련이 없는 내용을 ㉠~㉣ 중에서 찾아 ⓐ 그 기호와 ⓑ 이유를 쓰시오. [2점]

• ① _____ • ② _____

3) (나)의 '무늬 꾸미기' 활동에 적용된 판화 기법의 제작 과정을 쓰시오. [1점]

• _____

정답

1) ① 직접 교수법 ② 표현 방법

2)

①	양각	
②	ⓐ	㉢
	ⓑ	판과 찍힌 그림의 좌우가 같기 때문이다.

3) OHP 필름에 밑그림을 그리고 오려 낼 부분을 표시한 후 오려 낸 다음 도화지 위에 OHP 필름을 얹고, 오려 낸 부분에 물감을 묻혀 색칠한다.

정답이유

1) 직접 교수법은 학습 과제를 수행하는 방법을 설명하거나 시범을 보이며 지도하는 방법이고, 주로 재료나 용구를 처음 접할 때, 그 사용법과 안전상 주의할 점이나 다양한 표현 기법을 지도할 때 사용한다.

2) 정답해설

• 작품 (A)에는 주제 부분이 돌출되도록 바탕 면을 깊게 새겨 표현하는 양각 기법이 활용되었고, 양각 기법은 선을 남기고 배경을 파내므로 찍었을 때 밝은 느낌을 준다.

2) 오답분석

㉢ 작품 (B)에 사용된 판의 형식은 공판화로, 공판화는 구멍으로 물감을 통과시키기 때문에 볼록판화 등 다른 판화와 달리 좌우 방향이 똑같게 찍힌다.

정답개념

오윤, 김장(고무 판, 채색/27.5×35cm/1984년 작)

• 마당에 모여 김장을 함께 담그던 아낙네들의 삶의 모습을 양각으로 조각칼의 느낌과 함께 검은 선으로 강하게 전달하였다.

양각	• 선을 남기고 배경을 파내는 양각은 찍었을 때 밝은 느낌을 준다.
음각	• 선을 파내는 음각은 찍었을 때 어두운 느낌을 준다.

09
2015-B-7

다음은 4학년 '현대 미술 만나기' 감상 수업의 교수·학습 과정안의 일부이다. 물음에 답하시오. [5점]

단계	교수·학습 활동
문제 인식	• 학습 문제 인식하기 - 탐구할 학습 문제를 안내한다.
2단계	• 작품의 다양한 표현 방법 탐색하기 - (가)와 (나) 작품에 적용된 표현 방법을 탐색한다. (가) 심금(1960) (나) 바닷가재 전화기(1936)

3단계	• 규칙성 알아보기
	  - (가)와 (나) 작품의 ㉠공통적 표현 방법을 발견한다.
	• 관련된 미술 용어 이해하기
	  - 공통적 표현 방법에 해당되는 미술 용어를 이해한다.

4단계	• (　　　　　㉡　　　　　)
정리 및 발전	• 서로의 작품 감상 및 내용 정리하기 - 친구들이 제작한 작품을 감상하며, 학습한 내용이 잘 드러나 있는지 살펴본다.

1) 2009 개정 미술과 교육과정에 제시된 3~4학년 '미술 비평'의 성취기준 가운데, 위 수업과 관련된 인지적 측면의 성취기준 A를 쓰시오. [1점]

성취기준	• (　　　　　A　　　　　) • 미술 작품에 대한 자신의 느낌과 생각을 설명할 수 있다.

•_____

2) (가)와 (나) 작품이 공통으로 속한 ⓐ미술 양식을 쓰고, ⓑ㉠의 특징을 쓰시오. [2점]

• ⓐ : _____

• ⓑ : _____

3) 이 수업에 적용된 교수·학습 모형의 '3단계'에 해당하는 ⓐ단계명을 쓰고, '정리 및 발전' 단계의 활동을 고려하여 ⓑ㉡에 들어갈 구체적인 교수·학습 활동을 쓰시오. [2점]

• ⓐ : _____

• ⓑ : _____

정답

1) 미술 용어를 사용하여 미술 작품의 특징을 설명할 수 있다.

2) ⓐ 초현실주의
   ⓑ 본래 위치에서 벗어나 다른 상황 속에 배치함으로써 충격적인 효과를 낸다. 또는 일상적이고 상식적인 맥락을 벗어나 대상 사이에 이상하고 낯선 관계를 설정한다.

3) ⓐ 개념 발견
   ⓑ 데페이즈망 등 초현실주의 표현 기법을 적용하여 작품을 제작한다.

정답이유

2) 초현실주의 다양한 표현 방법

데칼코마니 (décalcomanie)	• 종이 위에 유채 물감을 짜고 그 위에 종이를 올려놓고 가볍게 누르고 난 후 덮은 종이를 가장자리부터 들어 올려서 생긴 무늬를 캔버스에 놓고 눌러주는 방법
자동기술법 (automatism)	• 무의식의 세계에서 솟아나는 이미지를 그대로 기록하는 기법이다. 즉, 습관이나 고정 관념, 이성 등의 영향을 배제하고 손이 움직이는 대로 그리는 방법 할리퀸 카니발(캔버스에 유채/66×93cm/1924~1925) 미로(Miró, Joan/1893~1983/에스파냐)
데페이즈망 (dépaysement)	① 서로 상관이 없는 물체를 같은 공간에 그려 넣음으로써 논리적이지 않은 상황을 표현하는 방법 ② 현실에서는 일어나기 힘든 낮과 밤 또는 별과 해를 같은 공간에 그려 넣음으로써 낯선 상황을 제시한다. ③ 초현실주의 작가 달리, 마그리트, 탕기 등은 주로 꿈이나 상상의 세계를 이런 방법을 이용해서 표현했다. 기억의 고집(캔버스에 유채/24×33cm/1931) 달리(Dali, Salvador/1904~1989/에스파냐→미국)
프로타주 (frottage)	• 나뭇조각이나 나뭇잎, 시멘트 바닥, 기타 요철이 있는 물체에 종이를 대고 색연필, 크레용, 숯 따위로 문질러 베껴지는 무늬나 효과 잎사귀의 관습(종이에 연필/42.7×26cm/1925) 에른스트 (Ernst, Max/1891~1976/독일 → 프랑스)

3) 4단계는 '개념 적용'
• 형성된 개념을 다양한 상황에 적용, 확장, 응용하는 단계이다.
• 실생활이나 표현 활동에 적용시키도록 유도한다.

10

다음은 5학년 '다양한 표현' 단원의 미술 수업 장면이다. 물음에 답하시오. [5점]

학습 목표	전통과 현대 미술 작품에 나타난 표현 방법을 활용하여 조형 작품을 창의적으로 만들 수 있다.
도입	(가) (나) 교 사 : (가)는 우리 민족의 독창성이 발휘된 작품으로 ㉠표면에 백토를 바른 다음 유약을 입혀 만든 조선 시대의 자기입니다. (나)는 콜더(Calder, A.)의 1970년 작품으로 ㉡이전의 조각과 다른 새로운 표현 방법을 도입하였습니다. 오늘 수업에서는 찰흙, 물감, 철사, 색종이를 가지고 위의 두 작품에 나타난 표현 방법을 창의적으로 활용하여 여러분만의 '나비'를 만들어 보겠습니다.
전개	교 사 : 자, 지금부터 작품을 만들어 보세요. 작품을 만든 후, 여러분이 어떤 창의적 표현 방법을 작품에 적용하여 만들었는지 발표하고, 서로의 작품을 평가할 것입니다. (학생들의 작품 제작 활동과 발표가 끝난 후) 교 사 : 이제 다음의 기준을 고려하여 여러분의 작품이 얼마나 창의적인지 평가해봅시다. (다) 주제와 표현 방법에 알맞은 (㉢)(으)로 표현한다.
정리	교 사 : 여러분이 완성한 작품을 보니, ㉣앞서 보여주었던 두 작품의 표현 방법을 거의 그대로 모방했군요. (이하 생략)

1) ㉠에 해당되는 도자기 종류의 명칭을 쓰시오. [1점]

2) ㉡의 특징을 서술하시오. [1점]

3) (다)의 평가 기준에서, ㉢에 해당되는 용어를 2007 개정 미술과 교육과정에 제시된 '내용 체계'의 '표현' 영역에 근거하여 쓰시오. [1점]

4) 이 수업의 학습 목표에 비추어 ㉣의 문제를 해결하고자 할 때, 교사는 어떤 지도 활동을 해야 하는지 로웬펠드(Lowenfeld, V.)와 아이스너(Eisner, E.)의 미술교육이론에 근거하여 각각 서술하시오. [2점]
- 로웬펠드 : _____
- 아이스너 : _____

정답

1) 분청사기
2) 움직이는 조각
3) 조형 요소와 원리
4)

로웬펠드	• 개개인에게 맞는 표현을 통해 개인의 생각과 감정을 자유롭게 표출하도록 한다. • 학습자의 표현 욕구와 수준을 분석하고 자유로운 자기표현을 할 수 있도록 동기를 부여한다.
아이스너	• 다양한 작품 감상을 통해 표현 방법에 대한 이해를 높인다.

정답이유

1) 도자기 변천

토기 (신라)	가야의 상형 토기 영향으로 소망과 주술적 의미를 담은 토우로 장식
청자 (고려)	도자기 표면에 무늬를 음각하고, 다른 색을 집어넣어 장식
분청사기 (조선 초)	유약을 바르기 전에 하얀 흙물을 덧발라 제작
백자 (조선)	순백색 도자기로, 푸른색 안료(청화)나 붉은색 산화철 안료(철화)등으로 무늬 그려넣음

2) 모빌(Mobile)은 콜더(Calder)에 의해 처음 만들어졌고, '움직이는 것'을 뜻하는 용어로 부동의 예술에서 벗어나 움직이는 예술의 시작점이었다. 조각 속에 시간적 요소를 도입하여 시시각각 변하는 외형의 변화와 표현의 무한한 다양성을 보여준다.
- 조각 작품이지만 고정되어 있지 않고 움직임이 있다.
- 작품을 공중에 매달아 표현한다.

4) 〈로웬펠드〉: 창의성 또는 자기 표현 중심 미술 교육
① 로웬펠드는 많은 어린이들의 표현을 분석하여 일정한 발달 단계와 시각형과 촉각형의 표현 유형 확립
② 교사는 어린이의 욕구, 사고, 정서를 이해하고 어린이의 본성과 발달 단계에 맞는 재료, 동기와 주제를 부여하여 아동의 자기표현과 창의성이 발달하도록 해야 한다.
③ 자기 표현은 개개인에게 맞는 미술을 통해 개인의 생각과 감정을 자유롭게 표출하는 것
④ 미술은 본질적으로 자아 표현이며 창조 활동이다. 따라서 표현 기술이나 규범에 구속됨이 없는 아동의 자유로운 표현과 그를 통한 창의성과 정신적인 성장은 여전히 추구하여야 할 가치 있는 사고인 것이다.

〈아이스너〉: 학문 중심 또는 미술 문화 이해 능력 미술 교육
① 미술의 본질적이고 독자적인 특성에 의해 미술 교육이 성립되어야 한다는 사고에 기초
② 미술 교육이 미술의 현상, 그리고 미술과 교육 내용 구성에 기저가 되는 관련 학문과 단절되어 있음을 자각하게 되면서 미술 작품, 작가의 창작 행위와 태도, 이들에 관한 이론 등의 미술 학문과 연계하며 교과 내용의 정체성을 확립하고자 하는 경향의 교육 이론
③ 미술 작품의 감상 교육과 미술관과의 연계 교육을 통해 미술 작품을 보고 읽을 수 있는 능력, 즉 미술 문화적 감수성을 발달을 강조
④ 창의성은 어린이의 자발적인 자아 표현 속에서만이 아닌 미술에 대한 이해, 문화에 대한 이해 등의 지적인 맥락에서도 발달될 수 있도록 고려되었다.

11
2013-B-9, 특수-B-8

다음은 김 교사가 '상상의 세계'를 제재로 실시한 4학년 수업안이다. 물음에 답하시오. [5점]

단계	교수·학습 활동
문제 인식	• 〈작품 1〉, 〈작품 2〉를 비교·감상한다. 〈작품 1〉　〈작품 2〉 • 학습 목표와 과제를 인식한다.
(가)	• '상상의 세계'라는 단어에서 연상되는 아이디어를 생각나는 대로 적는다. • 〈작품 1〉, 〈작품 2〉에 적용된 창의적 발상 기법을 활용하여 그 아이디어를 나타내 본다.
(나) 아이디어 정교화	• ㉠ '상상의 세계'와 관련되는 아이디어를 분석하고, 적절한 표현 재료나 표현 방법을 떠올린다. • ㉡ 다양한 자료를 토대로 독창적인 아이디어를 가능한 한 많이 구상한다. • ㉢ 떠올린 아이디어를 간단히 스케치한다.
아이디어 적용	• 자신의 아이디어를 나타내는 가장 적절한 표현 방법을 선택하여 작품을 제작한다.
종합 및 재검토	• 학생 작품의 창의적인 표현을 평가하고 개선 방안을 제시한다.

1) 다음은 두 작품의 표현 방법을 비교한 것이다. A에 알맞은 말을 쓰시오. [1점]

	제목	표현 방법
〈작품 1〉	천마도	(A)에 채색
〈작품 2〉	피레네의 성	캔버스에 유채

• A : _____

2) (가) 단계의 명칭을 쓰고, 이 단계의 활동은 2007 개정 미술과 교육과정 '표현' 영역의 어느 필수 학습 요소(중영역)에 해당하는지 쓰시오. [2점]

• (가) 단계의 명칭 : _____

• 필수 학습 요소(중영역)명 : _____

3) (나) 단계의 활동 ㉠~㉢ 중 옳지 않은 것을 골라 기호를 쓰고, 바르게 수정하시오. [1점]

• 기호와 수정 내용 : _____

4) 다음 그림은 김 교사의 수업에서 창의적 사고 기법을 적용하여 의자를 그려 본 것이다. ㉣, ㉤에 적용된 기법을 〈보기〉에서 찾아 쓰시오. [1점]

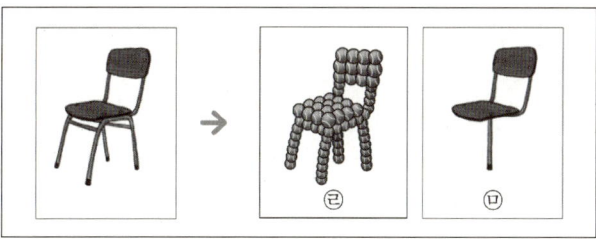

― 보기 ―
빼 보기, 순서 바꾸어 보기, 재료 바꾸어 보기, 작게 해보기

• ㉣ : _____　• ㉤ : _____

정답

1) 자작나무 껍질
2) 아이디어 탐색, 주제 표현
3) ㉡, 여러 가지 아이디어를 대상으로 최선의 선택을 하고 재검토, 보완한다.
4) ㉣ 재료 바꾸어 보기　㉤ 빼 보기

정답개념

창의적 문제 해결법 적용 : 디자인

단계	교수·학습 활동
문제 인식	• 주위에서 생활용품을 조사하고 개선할 점을 이야기한다. – 자신이 갖고 있는 물건 중에서 기능과 형태, 색 등을 어떻게 바꾸는 것이 좋을까? • 재미있는 발상의 생활용품을 조사하고 특징을 이야기한다. – 발상이 재미있는 부분은?
아이디어 탐색	• 제작할 대상을 정한다. – 어떤 물건을 만들까? • 여러 가지 발상 방법을 이용하여 여러 가지 생활용품을 구상한다. (생각 그물을 활용한다.) – 용도를 바꾸면? – 형태를 작거나 크게 해 보면? – 재료를 바꾸면?
아이디어 정교화	• 아이디어를 점검하고 수정한다. – 여러 가지 아이디어 중에서 하나를 정한다면? • 재미있는 생활용품을 스케치한다. • 발표를 통해 스케치를 검토하고 수정한다.
아이디어 적용	• 모둠별로 제작한다. – 토의로 역할 분담을 한 후 제작한다.
종합 및 재검토	• 완성된 작품을 전시하고 감상한다. • 서로의 작품에서 독창적인 점에 대해 이야기하고 평가한다.

3절 논술형

2012 실전 (2011.12.10 시행)

01

(가)는 4학년 수묵화 수업 대화의 일부이고, (나)는 5학년 염색 수업 대화의 일부이다. 1) ㉠과 같은 작품과 관련된 표현 효과 2가지를 제시하고, 2) ㉡에 사용된 염색 기법의 명칭과 원리를 설명하고, 매염제의 역할을 논하시오. 3) 2007년 개정 미술과 교육과정 '표현' 영역 내 '표현 과정'에 근거해서 ⓐ와 ⓑ에 나타난 학생의 문제점을 해결할 수 있는 활동을 각각 1가지씩 논하고, ㉢과 ㉣의 교사 질문 특성을 비교하여 논하시오.

(가)	(나)
교사: 오늘은 화선지와 먹물의 성질을 알아봅시다. (예시 작품을 보여주며) 이 그림은 어떻게 표현한 걸까요?	교사: 오늘은 쓸모와 아름다움을 생각하면서 '나만의 손수건'을 물들여서 만들 거예요.
 ㉠꽃과 나비(학생 작품)	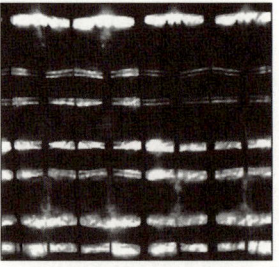 ㉡노을빛 손수건(학생 작품)
교사: 여러분, 제가 그리는 것을 잘 보세요. 이런 표현은 특히 화선지 위에 먹물을 찍고 그 위에 물방울을 얹어서 일어나는 변화를 지켜보면서 잘 나타내야 합니다.	교사: 여러분은 염료와 천, 비닐장갑, 나무젓가락, 유리구슬, 실 또는 고무 밴드, 소금 등을 준비했지요? (예시 작품을 보여주며) 어떻게 하면 ㉡작품과 같은 무늬가 나올까요?
학생: 와, 선생님 그림이 너무 멋져요. 먹물이 점점 번져가는 것이 신기해요!	학생: 천을 무엇으로, 어떻게 묶느냐에 따라 다양한 무늬가 나올 것 같아요.
교사: 정말 신기하죠? 물방울 얹기를 3회 이상 반복하는 것이 중요해요. 뭐 궁금한 건 없나요? 그럼, 여러분도 '꽃과 나비'를 주제로 표현해 봅시다.	교사: 맞아요. 그에 따라 다양한 무늬를 만들 수 있지요. 그러면 모둠별로 무엇으로, 어떻게 천을 묶으면 이런 무늬가 나올지 의논한 후 각자 자신의 손수건을 만들어 보세요.
학생들: (각자의 작품을 만들어 본다.)	학생들: (각자의 작품을 만들어 본다.)
┌ (ⓐ화선지가 찢어져 버린 학생을 지도하면서) │ 교사: 왜 이렇게 되었을까요? │ 학생: 글쎄요. 잘 모르겠어요. ㉢ 교사: 화선지 위에 물을 엎질렀나요? │ 학생: 아니요. │ 교사: 그럼, 붓에 힘을 주어 세게 눌렀나요? └ 학생: 네, 맞아요.	┌ (ⓑ예시 작품과 같은 무늬를 만드는 데 실패한 학생을 지도하면서) │ 교사: 무늬 중 어떤 부분이 원하는 대로 되지 않았나요? │ 학생: 직선 무늬가 제대로 나오지 않았어요. ㉣ 교사: 묶은 재료에 문제가 있었을까요? │ 학생: 친구 것은 잘 나온 걸 보니 그건 아닌 것 같아요. │ 교사: 그럼, 염색한 과정을 다시 생각해 볼까요? └ 학생: 아마도 제가 천을 잘못 접어서 묶은 것 같아요.

정답

1)

표현 효과	• 먹물이 화선지 위에서 번지며 만들어지는 우연의 효과를 체험할 수 있다. • 물을 칠하고 그 위에 먹으로 그리는 표현을 통해 농담의 효과를 체험할 수 있다.

2)

염색 기법	• 명칭: 홀치기염 • 원리: 물들일 천을 물감에 담그기 전에 일부를 홀치거나 묶어서 그 부분에 물감이 배어들지 못하게 하여 다양한 무늬를 만드는 방법이다. • 매염제의 역할: 섬유의 색깔을 고착시키기 위해 섬유에 붙은 염료가 떨어지지 않도록 한다.

3)

지도 방안	ⓐ	• 학생 스스로 표현 계획을 세워 나타내거나 표현에서 유의점 등을 생각해 보는 활동을 통해서 표현 과정에 흥미와 관심을 가지도록 한다. – 예를 들어 '주제를 표현하기 위해 필요한 재료와 용구 생각해 보기' 등을 정리한 작품 계획서를 작성하는 활동을 할 수 있다.
	ⓑ	• 표현 과정을 스스로 점검하면서 표현 활동 전반에 걸친 반성적 사고를 활성화하도록 한다.
질문 특성		• '왜'보다 '무엇'을 묻는 질문을 하도록 한다. 이유나 원인, 목적 등 본질을 묻는 발문은 학습자의 사고를 어렵게 하므로 "왜 이렇게 되었을까?"보다 "무엇이 네 마음대로 되지 않니?"와 같이 본질보다 현상을 중시하여 발문하도록 한다.

02

김 교사는 학생들의 시각 문화 경험과 관련된 수업을 하였다. (가)의 ㉠과 ㉡은 김 교사가 '다양한 인물 표현'을 주제로 진행한 수업에서 활용한 사진 작품이고, ㉢은 같은 주제의 다른 수업에서 학생이 그린 캐릭터 작품이다. (나)는 ㉠과 ㉡을 활용하여 실시한 수업 단계이고, (다)는 수업 참관 후 협의회에서 교사들이 나눈 대화의 일부이다. 1) (나)의 '개념 발견' 단계에서 학생들이 발견해야 하는 개념을 제시하고, ㉡에 적용된 촬영 기법의 명칭과 그 표현 효과를 논하시오. 2) 2007년 개정 미술과 교육과정에 제시된 '표현' 영역의 '필수 학습 요소' 4가지 중 3가지를 평가 관점으로 삼아, ㉢을 평가할 수 있는 평가 내용을 각각 1가지씩 논하시오. 그리고 3) (다)에서 옳지 않은 발언을 한 2명의 교사를 찾아 그 내용을 각각 비판하시오.

(가) 작품

㉠ 표정 1 (사진)

㉡ 표정 2 (사진)

㉢ 성격이 명랑한 나 (크레파스)

(나) 수업 단계

단 계	교수·학습 활동
문제 인식	• 제시된 ㉠과 ㉡을 보고 두 사진이 어떻게 다른지 생각해 본다.
관계 탐색	• ㉠과 ㉡의 사진은 어떻게 찍은 것인지 알아보고, 각 사진에 대한 느낌을 발표한다. …… (이하 생략) ……
개념 발견	• …… (생략) ……
개념 적용	• 개념 발견 단계에서 도출한 개념을 적용하여 다른 사진들도 감상한다.

(다) 수업 협의회

송 교사: 2007년 개정 미술과 교육과정에서 '시각 문화' 개념을 도입한 목적은 시각적 대중 매체에 대한 비판적 안목과 올바른 가치 판단 능력을 길러 자신이 살고 있는 사회·문화 현상을 보다 잘 이해하도록 하는 데 있습니다.
최 교사: 제7차 미술과 교육과정에서는 '미적 체험' 영역의 필수 학습 요소를 자연미와 조형미에 중점을 두어 구성하였는데, 2007년 개정 미술과 교육과정에서는 이 두 요소를 '시각 문화 환경'이라는 하나의 요소로 통합하였습니다.
심 교사: 2007년 개정 미술과 교육과정에서는 '감상' 영역에 '영상 표현'이 새롭게 제시되었습니다.
권 교사: 2007년 개정 미술과 교육과정에서 3, 4학년에서는 시각적 대상이나 현상에 흥미와 관심을 갖게 하고, 5, 6학년에서는 체계적인 탐구 활동을 중심으로 대상의 미적 특징을 이해하며 표현하고 감상할 수 있도록 지도해야 합니다.

정답

1)

개념	사진을 찍는 각도에 따라 피사체의 느낌이 달라짐을 발견한다.
㉡	로 앵글(Low angle)
효과	• 피사체를 힘 있고 강하게 보이고자 할 때 사용 • 당당하고 위대한 느낌이 듦

2)

주제 표현	자신의 특징적인 모습을 살려 캐릭터를 만들었는가?
표현 방법	• 크레파스를 이용하는 것이 캐릭터의 특징을 살리기 위한 적절한 재료 선택이었는가? • 크레파스의 사용 방법을 알고 그 특징을 살려 표현하였는가?
조형 요소와 원리	성격이 명랑한 나를 표현하기 위한 적절한 동세가 표현되었는가?

3)

옳지 않은 발언	최 교사	미적 체험 영역의 필수 학습 요소는 자연환경과 시각 문화 환경으로 구성된다.
	심 교사	영상 표현은 감상 영역이 아닌 표현 영역에 해당한다.

2010 실전 (2009.11.29 시행)

03

(가)는 「현대 미술 감상」 수업에서 제시된 작품들이고, (나)는 각 작품에 대한 학생들의 평이다.

(가) 작품

㉠ 나선형의 방파제(길이 450m)
스미스슨(1938~1973, 미국)

㉡ 셔틀콕(높이 9m)
올덴버그(1929~, 스웨덴→미국)

㉢ 장기주차(높이 18m)
아르망(1928~, 프랑스→미국)

(나) 학생들의 평

학생 A: ㉠은 아이들이 흙과 모래로 만든 조형물과 다르지 않다.
학생 B: ㉡은 우리가 흔히 알고 있는 배드민턴 공을 그대로 나타낸 것일 뿐이다.
학생 C: ㉢은 산업제품인 차를 그대로 사용했다고 하는데 왜 창의적인 것인지 모르겠다.
학생 D: ㉠은 전시 장소가 아닌 바닷가에 전시했기 때문에 이것은 미술품이 아니다.

1) ㉠과 ㉡을 현대 미술의 흐름에 따라 분류하여 제시한 후, 각각의 특징을 논하고, 2) 세 작품에 대한 학생 A~D의 고정관념을 탈피하도록 하기 위한 지도 내용을 각각 제시하되, 전통적인 조소(彫塑) 개념과는 다른 새로운 시도라는 관점에서 논하시오. 그리고 3) ㉢에 나타난 입체 표현 방법을 제시하고, 이 방법을 활용하여 '빈 병'과 '찰흙'으로 표현 활동을 지도할 때 조형 원리의 측면에서 반드시 고려해야 할 사항을 논하시오.

정답

1)

㉠	대지미술	자연물을 소재로 해서 자연과 인공의 관계를 탐구하며 일시적으로 존재하는 경우가 많은 미술이다.
㉡	팝아트	일상적인 사물을 소재로 하여 일반 대중이 친근감을 갖는 미술이다.

2)

	지도 내용
학생 A	㉠은 자연과 조형물의 조화를 고려했다는 것을 지도한다.
학생 B	㉡은 우리가 흔히 알고 있는 배드민턴공의 규모를 확대하여 나타낸 것임을 지도한다.
학생 C	㉢은 사물을 그대로 사용해도 작품으로 제작하면 기존 쓰임새와 다른 의미를 갖게 됨을 지도한다.
학생 D	㉠은 자연을 배경으로 인공적인 표현을 하는 대지미술의 특징을 지도한다.

3)

방법	앗상블라주
조형 원리	빈병과 찰흙으로 표현활동을 지도할 때 균형과 조화를 고려하도록 지도한다.

2009 실전 (2008.11.30 시행)

04

김 교사는 1, 2차시 수업에서 학생들에게 작품 (가), (나)를 비교 감상하게 한 후 '원근을 살려 수묵 담채로 풍경 그리기'를 지도하였다. 수업 후 김 교사는 다음과 같이 수업일지를 작성하였다. 1) 수업일지를 근거로 학생들의 원근 표현과 수묵 담채 표현 방법의 문제점을 각각 2가지씩 제시하고, 2) 다음 차시에서 이러한 문제점을 보완할 수 있는 적절한 지도 내용에 대해 논하시오.

> 미술 시간에 학생들을 데리고 운동장에 나가 가까이 있는 학교 건물과 멀리 있는 나무와 산을 그리게 하였다. 학생들의 그림을 살펴보니, 먹의 농담을 이용해서 나무를 표현한 학생도 있었고, 학교 건물과 나무를 같은 크기로 그린 학생도 있었다. 뒤에 있는 나무를 학교 건물보다 더 진하게 칠하거나, 밑그림을 그린 갱지 위에 바로 색을 칠한 경우도 있었다. 어떤 학생은 선의 굵기나 붓의 속도를 달리하여 그렸고, 채색을 위주로 하여 색을 여러 번 겹쳐서 표현한 그림도 있었다. 다음 차시에는 학생들에게 원근을 살려 수묵 담채로 풍경화를 그리는 방법에 대해 좀 더 구체적으로 지도해야겠다.

(가) 미델하르니스의 길, 호베마(1638~1709, 네덜란드)

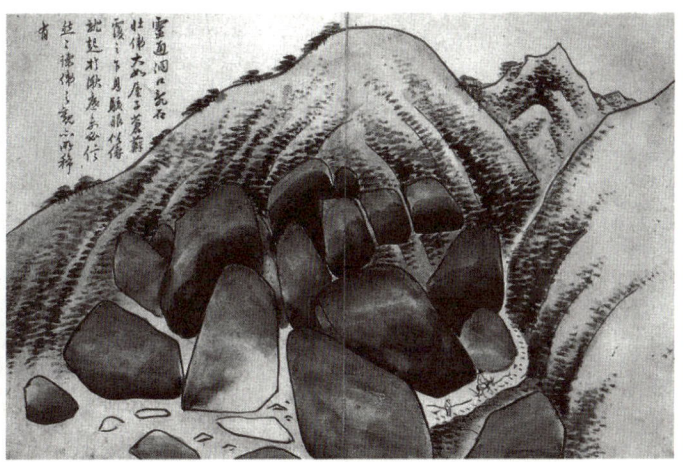

(나) 영통동구, 강세황(1713~1791, 조선 시대)

정답

1)

문제점	원근 표현	원근 표현 측면에서 가까이 있는 물체는 크게, 멀리 있는 물체는 작게 그려야 하는데, 학생들이 학교 건물과 나무를 같은 크기로 그린 점이다.
		채색을 할 때 앞에 있는 물체는 진하게, 뒤에 있는 물체는 연하게 채색해야 하지만, 학생들은 뒤에 있는 물체를 오히려 진하게 채색하고 있는 점이 잘못되었다.
	수묵 담채 표현	도화지에 밑그림을 그리고 화선지를 덮어 씌워 화선지에 채색해야 함에도 불구하고 밑그림을 그린 갱지 위에 바로 채색하는 것은 부적절하다.
		수묵 담채는 수묵화의 방법에 채색을 엷게 해야 하기 때문에 채색을 위주로 하여 여러 번 겹쳐서 표현한 것은 적합하지 않다.

2)

지도 내용	교사는 원근과 수묵 담채 표현 방법이 적용된 다양한 참고 작품들을 제시하여 학생들이 직접 관찰하고, 표현 방법의 특징을 찾을 수 있도록 지도해야 한다.

2009 모의평가 (2008. 7. 5 시행)

05 김 교사는 5학년 「우리나라와 다른 나라 미술」 단원에서 아래의 두 미술품을 비교하여 감상하도록 지도하고자 한다.

(가) 농촌의 만추(수묵담채, 116.5×265cm, 1957), 변관식(1899~1976, 한국)

(나) 생 빅트아르 산(유채, 65×81cm, 1904~1906), 세잔(1839~1906, 프랑스)

다음은 김 교사가 수업을 실시하기 위해 주제 측면에서 두 작품을 비교하고 분석한 내용을 제시한 것이다.

비교 항목	비교·분석 내용
주제	주제 면에서 (가)는 시골의 늦은 가을 풍경을 그린 것으로 가을걷이를 끝낸 들판의 텅 빈 모습과 앙상한 나무, 집으로 귀가하는 노인의 모습을 표현한 것이며, 자연으로의 회귀를 담고 있다. (나)는 세잔의 고향인 생 빅트아르 산을 중심으로 마을과 들판, 수목을 그린 것이며, 대상을 탐구하여 표현한 것이다.

1) 김 교사의 분석 내용을 참조하여 조형 요소, 표현 기법, 시점(視點)의 3가지 측면에서 두 작품을 비교하고 분석하시오.

2) 이와 같이 우리나라와 다른 나라 미술품을 비교하여 감상하는 수업을 통하여 달성하고자 하는 목적 2가지를 쓰시오.

정답

1)

	(가)	(나)
조형 요소	선의 굵기를 달리하여 나무들의 원근감을 표현하였다.	시원한 붓 터치로 면적인 느낌을 강조하고 있다.
표현 기법	적묵법과 갈필법을 사용하여 붓 터치의 느낌을 잘 살려내고 있다.	수목을 세로의 거친 붓 터치로 나타내고 있다.
시점	부감시에 따른 심원의 형식이면서 여러 방향에서 시점을 구사하였다.	눈높이를 화면 중앙에 두고 멀리서 산을 바라보는 평원의 형식으로 나타내었다.

2)

목적	학생들에게 여러 나라의 미술품에 흥미와 관심을 가지고 우리나라와 다른 나라의 미술품을 바르게 이해하며, 미술 감상의 안목을 높여 나가는데 목적이 있다. 우리나라의 미술과 다른 나라의 미술에서 여러 장르의 다양한 미술품을 감상함으로써 여러 나라 미술품의 특징을 이해하고 차이점을 발견함과 아울러 미술품의 아름다움을 느낄 수 있도록 하는데 그 목적이 있다.

배재민+합격생 TIP 중등 미술교육론 기출문항

다음 각 작품에 사용된 기법의 특징을 쓰시오. [3점]

(가) 동굴의 성모 (스푸마토)   (나) 별이 빛나는 밤 (임파스토)   (다) 개인적 가치 (데페이즈망)

· 스푸마토 :
· 임파스토 :
· 데페이즈망 :

✤ 정답
- 스푸마토 : 사물의 외곽을 흐리게 하여 사물 내의 원근의 표현(혹은 입체감)이 잘 드러나게 한다.
- 임파스토 : 나이프나 손가락, 붓 등으로 물감을 두껍게 발라서 그린다.
- 데페이즈망 : 전치, 전이 등의 뜻으로 사물을 서로 상관없는 곳에 놓아 낯선 상황을 연출한다.

다음 두 작품 (가)와 (나)에 나타난 초현실주의 표현 기법을 각각 쓰고 그 특징을 쓰시오. [4점]

(가) 한밤의 여인과 새 / 미로   (나) 우편엽서 / 마그리트

(가) 기법 :
　　특징 :
(나) 기법 :
　　특징 :

✤ 정답
(가) 기법 : 자동기술법 혹은 오토마티즘
　　특징 : 이성과 계획에 의하지 않고 무의식적 상황 속에서 손 가는대로 자유롭게 표현하여 우연성을 드러낸다.
(나) 기법 : 전치 기법 혹은 데페이즈망
　　특징 : 서로 상관 없는 물체를 병치하여 낯선 상황을 연출함으로써 비현실적이고 비합리적인 상황을 드러낸다.

10장 영어

배재민
15개년
기출분석집

1절   15개년 기출의 진화
2절   듣기와 말하기
3절   읽기
4절   쓰기
5절   논술형

1절   15개년 기출의 진화

<서답형 기출>

	듣기·말하기 교육론	읽기 교육론	쓰기 교육론
23	1. input enhancement 2. metalinguistic feedback	1. decodable text 2. onset 3. rhyme 4. Phonics	<과정 중심 쓰기> 1. prewriting / planning 2. 지도 유의점
22	1. modeling 2. guided practice 3. overgeneralization	1. Inferencing 2. pushed output	
21	1. target expression 2. 하향식 처리 과정 3. 오류 지도 방식	1. Discourse 2. 세부 정보	
20	1. negotiation of meaning	1. collocation 2. skimming 3. fluency 4. 상향식 처리과정	1. 알파벳 대소문자를 문장에서 바르게 썼나요?
19	1. schema 2. 사실적 질문 3. 중심 내용 4. 문장 내 강세 5. 개방형 질문 6. word coinage 7. recast		
18	1. TPR 2. 게임		
17	1. rhyme 각운 2. Display question 3. motivated 4. 학습 스타일		
16	1. 최소대립쌍 2. 발음 지도 요소		<쓰기 지도 단계> 1. Controlled writing 2. Guided writing 3. Free writing • 각 단계 중점 차이
15	1. scaffolding 2. imagination	1. 중심 내용 2. reading aloud 3. silent reading	

340 10장 영어

14	1. A.L.M 2. 3P모형	1. chunk 2. 학습자 특성	
13	1. TPR 장점 2. refrain(후렴구) 3. 스토리텔링		

<논술형 기출>

12	1. acquisition (습득) 2. fossilization (화석화) 3. Overgeneralization(과잉일반화) 4. 사회 정의적 전략 : Asking for clarification 5. Elicitaion(유도해내기)
11	1. 국제어 또는 지구어 2. 문화간 화자 3. 교육과정 '소재' 가운데 '문화 관련 내용'
10	1. TEE의 타당성을 뒷받침할 수 있는 언어습득 가설 2. 우리나라 영어교육에서 TEE가 필요한 이유 3. TEE에서의 교사 발화(teacher) 요건들

09	1. 3P모형
	  (1) EFL 환경에 비추어 발화 단계의 중요성
	  (2) 역할놀이가 발화단계에 적합한 활동으로 만들기 위한 교사 유의점
	2. Canale과 Swain의 의사소통능력
	  (1) 문접적 능력, 전략적 능력의 개념
	  (2) 전략적 능력 적용 표현과 사용한 화자의 의도

2절 듣기와 말하기

01 2022-A-5

(가)는 박 교사의 5학년 영어 수업의 일부이고, (나)는 박 교사가 수업을 마친 후에 작성한 성찰 일지의 일부이다. 물음에 답하시오. [4점]

(가)

T : (손 인형을 소개하며) Before doing an activity, I'd like to introduce our friend, Froggie. Everyone, say hello to Froggie!
Ss : Hello, Froggie!
T : Froggie, we are talking about jobs today. What do you want to be? (Froggie 목소리 흉내를 내며) I want to be a singer. (노래하는 시늉을 하며) I like singing.
T : Sounds great! Everyone, ask him what he wants to be. 3-2-1, go!
Ss : What do you want to be?
T : (Froggie 목소리 흉내를 내며) I want to be a singer. (노래하는 시늉을 하며) I like singing. (S1을 가리키며) What do you want to be?
S1 : I want to be a painter. I like painting.
T : (Froggie 흉내를 내며) Well done! (S2를 가리키며) What do you want to be?
S2 : I want a dancer.
T : Oh, I see, you want to be a dancer. Can you tell me why?
S2 : I am like dancing. I can dance very well.
T : Really? I like dancing, too!
… (중략) …
T : Now, we're going to do a line-up activity. You'll ask and answer questions about dream jobs using "What do you want to be?", "I want to be a(n)…." Here is how to play the activity.
Ss : (활동 절차에 대한 자료 화면을 본다.)
T : First, line up in two rows and face each other. Then, ask and answer the question. What is the question?
Ss : What do you want to be?
T : Excellent! When I say "Move" in the middle of your conversation, students in the first row will move one step to the right. Then, do the same thing with a new partner in the second row. Got it? Please let me know whether you understand it by showing your Yes/No cards.
Ss : (일부 학생이 No 카드를 들어 올린다.)
T : OK, I will show you how to play step by step.
… (중략) …
Ss : (학생들이 두 줄로 선다.)
T : Let's start!
S3 : What do you want to be?
S4 : I want to be a cooker. I like cooking. What you want to be?
S3 : ㉠ I want to be a police officer. I want to help people.
T : Move!
Ss : (학생들이 한 칸씩 옆으로 이동하여 활동을 이어 간다.)
… (하략) …

(나)

I used a puppetry to provide language frames to my students. Providing language frames is one of the instructional techniques, called (　　　), to use clear illustrations and examples for learners. For instance, I had a conversation with Froggie to show the communicative task that the students would be asked to engage in later in the class. Thus, they could realize the expected outcomes of the activity as well as the expressions needed for the task.
… (중략) …
Finally, I observed that one of the students made ㉡ a developmental error by overgeneralizing a morphological rule. Next class, I need to check his utterances again to see whether he will make the same error.

1) (나)의 ( ) 안에 들어갈 용어를 'm'으로 시작하는 1단어의 영어로 쓰시오. [1점]

•_____

2) (나)의 ㉡에 해당하는 학습자의 발화 1문장을 (가)에서 찾아 쓰시오. [1점]

•_____

3) 말하기 연습 활동 유형은 교사의 개입 정도에 따라 3가지로 구분할 수 있다. ① 3가지 중 박 교사가 Line-up 활동에서 적용한 연습 활동 유형의 명칭을 쓰고, ② 박 교사가 ①을 어떻게 적용하고 있는지 ㉠을 예로 들어 설명하시오. [2점]

• ① : _____
• ② : _____

정답

1) modeling
2) I want to be a cooker
3) ① 유도 연습, guided practice
   ② 교사가 "I want to be a(n)…"이라는 문형을 안내하고 학생이 'police officer'라는 직업을 스스로 떠올려 말하도록 하고 있다.

정답이유

1) 인형극(puppetry)
- 교사 역할 : 학습 활동 시연자(demonstrator)
- 학습자 : 교사가 시연해 보여주는 것을 보고 배운다(modeling)
- Modeling is what a teacher does to show novice readers how to do something they do not know how to do. As a physical demonstration of how to do a task, modeling is a frequently recommended instructional technique.

2) 직업 뒤에 er을 붙이는 형태학적 규칙을 과잉일반화(Overgeneralization)하여 요리사를 'I want to be a cooker.'라고 잘못 표현하였다.

3) 말하기 연습 활동 유형 3가지
- 통제 연습(controlled practice)
- 유도 연습(guided practice)
- 자유 말하기(발화, free production)

02
2020-A-9

다음은 배 교사의 5학년 영어 수업의 일부이다. 물음에 답하시오. [3점]

T : Today, we're going to describe a place in our town.
S1 : Place?
T : Yes, place like a building. I will show you a picture of a place. (타워 그림을 보여주며) What do you see?
Ss : Tower.
T : Yes, it's a tower. S2, is it a small tower?
S2 : ㉠ No, it's a long tower.
T : Right. It's a tall tower.
S2 : What tower?
T : Tall tower. It is a tall tower. Everyone, repeat after me. It's a tall tower.
Ss : It's a tall tower.
T : Good. (꽃 가게 그림을 보여주며) What do you see?
Ss : Flower shop.
T : Yes. Is it big or small?
Ss : Small.
T : Good job. Repeat after me. It's a small flower shop.
Ss : It's a small flower shop.
… (중략) …
T : Now, it's time for writing. I will show a picture and describe it to you. Write a sentence as you listen. Ready?
Ss : Yes.
T : Great. (타워 그림을 보여주며) It's a tower. It's tall.
Ss : (학생들이 선생님의 발화를 듣고 그림을 묘사하는 글을 쓴다.)

⟨Samples of the students' English writing⟩

S3	S4	S5
It's tower. it's tall.	it's tor its tol	it's a tower. it's tall.

T : Are you done?
Ss : Yes.
T : It's time to wrap up Lesson 7. Look at the checklist. Read the questions and check yourself now.
Ss : (학생들이 체크리스트를 가지고 자기 평가를 한다.)

Checklist	☺	☹
★ 구두로 익힌 문장 바르게 쓰기		
- 철자를 바르게 썼나요?		
- 구두점을 바르게 썼나요?		

1) 다음은 ㉠과 관련하여 수업을 참관한 교사들이 나눈 대화이다. ⓐ에 해당하는 용어를 1단어로 쓰시오. [1점]

교사 A : S2의 ㉠과 같은 오류가 학생들에게 많이 보이는 것 같아요.
교사 B : 맞아요. 학생들이 ⓐ 함께 어울려 사용되는 단어들의 조합을 몰라서 short rain과 같은 어색한 표현을 할 때가 있어요.
교사 A : 그래서 어휘 지도 시 ⓐ을/를 다루는 것이 필요해요.
교사 B : 학생들이 해당 표현을 반복적으로 접하여 익숙한 느낌이 들도록 해야 할 것 같아요.

• _____

2) 다음은 배 교사가 수업을 마친 후 작성한 성찰 일지이다. ① ⓑ에 들어갈 용어를 'n'으로 시작하는 1단어의 영어로 쓰고, ② ⓒ에 들어갈 질문을 2015 개정 영어과 교육과정 5~6학년군 쓰기 성취기준의 학습 요소에 근거하여 쓰시오. [2점]

Observation : Today, my students seemed to be engaged in active listening. They paid attention to what I said and asked questions which led to language modifications.
In fact, there were several instances of (ⓑ). For example, S1 repeated the word 'place' to confirm what I said. S2 noticed the discrepancy between 'long tower' and 'tall tower' and requested clarification, which was followed by my repetition of the word 'tall.'

Things to be improved : I need to revise the checklist I have used. Although the three students (S3, S4, S5) made the same mistake, there was no question to check for it. I will add one more item to the checklist to make the students aware of the mistake as follows :

Checklist	☺	☹
★ 구두로 익힌 문장 바르게 쓰기		
- 철자를 바르게 썼나요?		
- 구두점을 바르게 썼나요?		
(ⓒ)		

• ① : _____
• ② : _____

정답

1) collocation, 연어

2) ① negotiation ② 알파벳 대소문자를 문장에서 바르게 썼나요?

정답이유

1)
• 함께 어울려 사용되는 단어들의 조합은 collocatio(연어)이다.
• 예컨대, 영어에서 'turn off the light'라고는 하지만, '*close the light'라고는 하지 않는다.
• long tower(×), tall tower(○)
• 두 개 이상의 낱말이 함께 규칙적으로 쓰이는 방식이다. 'beautiful' 이라는 형용사는 'woman'이라는 명사와는 어울려 쓰이지만 'man' 과는 같이 쓰이지 않는 경우이다.

2) • ① S1은 'place?', S2는 'What tower?'라는 질문을 통해 교사에게 보다 의미를 명료하게 설명해 줄 것을 요청하고 있으므로, 의미 협상의 사례라고 볼 수 있다. 의미협상(Negotiation of Meaning)은 언어 습득이 입력(input)에 의해서보다는 상호작용에 의해서 이루어진 다고 보는 견해에서 중요한 개념이다. S1은 교사가 말한 'place'를 반복해서 자신의 이해를 확인하고 있는데, 이는 확인 점검 (confirmation checks)이고, S2는 'long tower'와 'tall tower'의 불일치를 구분하기 위해 어떤 tower인지 다시 묻고 있다. 이는 명료화 요구(clarification requests)이다.
② 수업에서 S3, S4, S5가 공통적으로 실수한 것은 문장의 시작에 대문자(It)이 아닌 소문자(it)를 사용한 것이다. 관련 성취기준은 '알파벳 대소문자와 문장부호를 문장에서 바르게 사용할 수 있다.'이다.

03
2021-A-4

다음은 3학년 영어 수업의 일부이다. 물음에 답하시오. [3점]

김 교사	T: We're going to do a survey activity. (활동지를 나누어 주며) First, mark "O" in the worksheet to express what you like. [worksheet table: 나 / 친구1( ) with pizza, burger, bananas, bread images] Ss: (활동지에 자신이 선호하는 음식을 표시한다.) T: Now, walk around the classroom and ask and answer questions about foods by using expressions such as "Do you like … ?", "I like … .", and "I don't like … ." Don't forget to write down the name of the student you meet, and mark "O" under each food in the worksheet. Let's start. Ss: (교실을 돌아다니며 활동을 수행한다.) … (하략) …
박 교사	T: Today, we're going to talk about your favorite food. What's your favorite food? You can speak in Korean. Ss: (자신이 좋아하는 음식을 말한다.) T: Great. (그림 장면을 보여 주며) There are two people in the picture, Jiwoo and Mina. Can you guess what they are talking about? S1: Foods. T: Right. Let's listen to the dialogue. Ss: (CD-ROM의 내용을 듣는다.) T: (그림 카드를 나누어 주며) Listen to my questions and answer them by showing a picture card. Are you ready? Ss: Yes! T: What does Jiwoo like in the dialogue? S2: (그림 카드를 들어올린다.) T: You're right. Anyone else? … (중략) … T: Now, we'll listen to a story about foods. T: (음식 그림이 포함된 활동지를 나누어 주며) Look at the list of food pictures. Circle the foods that you hear. Let's listen. Ss: (듣고 활동지를 완성한다.) … (하략) …
최 교사	T: Today, we're going to learn the expressions "Do you like … ?", "I like … .", and "I don't like … ." OK? Ss: Yes. T: Before doing the first activity, let's think about how you will learn these expressions. Write your plan in the worksheet. Ss: (각자 생각하여 아래 활동지를 완성한다.) [worksheet: 어떻게 학습할 수 있나요? [예시] - 모르는 표현을 선생님께 물어보기 - 오늘 배운 표현을 여러 번 소리내어 말해 보기] T: Now, share your plan with your partner. Ss: (짝과 함께 의견을 나눈다.)

… (중략) …

T: It's time to wrap up this lesson. Look at the checklist. Please check how well you can use the expressions now.

	얼마나 잘 할 수 있나요?	☺	😐	☹
1	좋아하는 음식에 대해 물어볼 수 있어요.	□	□	□
2	좋아하는 음식을 말할 수 있어요.	□	□	□

1) 다음은 김 교사가 수업에 적용한 교수적 접근 방법의 특징을 설명한 것이다. 수업 지문에서 ㉠에 해당하는 말을 찾아 영어로 쓰시오. [1점]

> Mr. Kim employs the approach that emphasizes the language learner's authentic and interactive communication, which ultimately leads to the development of communicative competence. Lessons based on this approach usually focus on language use and function, involving teaching what the learner will be able to do with or through the language. In Mr. Kim's class, for example, the survey activity provides the students with the opportunity to ask about their classmates' personal preferences. While performing this activity, they likely learn the function of ㉠ this target expression.

• _____

2) 다음은 예비 교사 A가 세 수업을 참관하고 기록한 수업 관찰 일지의 일부이다. ① ⓐ~ⓔ 중 수업 내용과 일치하지 않는 것 2가지를 찾아 기호를 쓰고, ② 각각 바르게 고쳐 쓰시오. [2점]

> **예비 교사 A의 수업 관찰 일지**
>
> □ 참관 수업자(날짜): 김○○ 교사(2020. 11. ○○.)
> - 교사는 발화에서 활동에 대한 설명을 제시하여 학생들의 이해도를 높이고 있음.
> - ⓐ <u>선호하는 음식을 주제로 듣기·말하기 활동이 이루어졌음.</u>
> - 설문지에 'O' 표기하는 것도 좋지만 음식 스티커를 활용하면 학생들의 흥미를 높일 수도 있음.
> … (하략) …
>
> □ 참관 수업자(날짜): 박○○ 교사(2020. 11. ○○.) - 전체적인 수업 활동이 학습 목표에 맞게 구성되었음.
> - ⓑ <u>듣기 전 활동에서 하향식 처리 과정을 돕기 위한 지도가 이루어졌음.</u>
> - 학생들의 이해 여부를 시각적 자료를 활용하여 표현하게한 점이 인상적임.
> - ⓒ <u>수업 중 학생과 학생 간 상호작용이 이루어졌음.</u>
> … (하략) …
>
> □ 참관 수업자(날짜): 최○○ 교사(2020. 11. ○○.)
> - ⓓ <u>학생들 스스로 학습에 대한 계획을 세워 볼 수 있도록 지도가 이루어졌음.</u>
> - ⓔ <u>학습 목표에 따라 상호 평가가 이루어졌음.</u>
> - 학생들에게 자기 학습에 대한 학습 일지를 쓰게 하면 좋겠음.
> … (하략) …

• ①: _____

• ②: _____

정답

1) "Do you like …?"
2) ① ⓒ, 수업 중 교사와 학생 간 상호작용이 이루어졌음.
   ② ⓔ, 학습 목표에 따라 자기 평가가 이루어졌음.

정답이유

1) **제시문 번역**

> 김 교사는 언어 학습자의 진정성 있고 상호 작용적인 의사소통을 강조하는 접근 방식을 사용하여 궁극적으로 의사소통 능력을 개발한다. 이 접근 방식을 기반으로 한 수업은 일반적으로 언어 사용 및 기능에 중점을 두며 학습자가 언어로 또는 언어를 통해 무엇을 할 수 있는지 가르치는 것을 포함한다.
> 예를 들어 김 교사 반에서 설문 조사 활동은 학생들에게 반 친구들의 개인적 선호도를 물어볼 수 있는 기회를 제공한다. 이 활동을 수행하는 동안 그들은 이 ㉠ 목표 표현의 기능을 배우게 될 것이다.

정답이유

김 교사 수업에서 나타나는 표현들로는 "Do you like …", "I like …", "I don't like …."가 있다. 그런데 ㉠에서는 this target expression이라고 하여, 하나의 표적 표현을 묻고 있으며, 교수적 접근 방법의 특징 지문 중 In Mr. Kim's class, for example, the survey activity provides the students with <u>the opportunity to ask about their classmates' personal preferences. While performing this activity</u>, they likely learn the function of ㉠ <u>this target expression</u>. 부분에서 밑줄 친 내용을 살펴보면 ㉠이 가리키는 표현은 반 친구들의 음식 선호도를 질문하기 위한 표현이므로, 김 교사의 수업 장면 중 "Do you like …?"라는 표현이 해당된다.

2) **오답분석**

ⓒ 박 교사의 수업 활동에서는 박 교사와 학생 간의 상호작용만 제시되어 있고, 학생 간 상호작용이 이루어지는 장면은 제시되어 있지 않다.
ⓔ 최 교사의 마지막 발화를 보면 체크리스트에 각자 표현들을 얼마나 잘 사용할 수 있는지 체크해 보도록 하고 있으므로, 상호 평가가 아닌 자기 평가가 이루어졌다.

2) **정답이유**

ⓐ 김 교사의 수업에서는 선호하는 음식을 묻고 답하는 활동이 이루어졌다.
ⓑ 듣기 전 활동에서 좋아하는 음식들을 말하고, 그림 장면을 보여주며 <u>듣기 활동에서 다루게 될 내용을 예측하도록 하는 활동이 제시되어 있으므로, 하향식 처리 과정을 돕기 위한 지도가 이루어졌다.</u>
ⓓ 최 교사의 두 번째 발화를 보면, Before doing the first activity, let's think about how you will learn these expressions. Write your plan in the worksheet.(첫 번째 활동을 시작하기 전에 이 표현들을 어떻게 배울 지 생각해 봅시다. 활동지에 계획을 작성하십시오.)라고 되어 있어, 학생들 스스로 학습 계획을 세우도록 지도하고 있다.

정답개념

듣기 처리 과정

⟨1⟩ The bottom-up model 상향식 처리 과정	• 먼저 철자, 기호 등을 익히도록 하고 단어나 관용 어구를 설명하고 문장 단위의 의미를 이해시키는 과정의 순서로 지도한다. According to bottom-up processing, in order for listeners to understand the message, they should start by tackling the sounds, words, and structures. Without linguistic knowledge, he/she can not figure out what is heard.
⟨2⟩ The Top-down model 하향식 처리 과정	• 전체적인 내용의 이해를 돕기 위해 배경 지식을 적극적으로 사용하여 입력을 해석하는 과정 It emphasizes the use of contextual knowledge and background knowledge in processing a message rather than depending upon linguistic knowledge. Even though students do not have sufficient linguistic knowledge for understanding the text, he/she can predict what is heard.
⟨3⟩ The interactive model 상호작용적 처리 과정	• 두 가지 방법을 적절하게 혼합하여 이용 ① 관련된 단어 연상하기 • Listen to a word and associate all the related words that come to mind. ② 친숙한 단어를 인식하고 한 범주에 관련 짓기 • Listen to words from a shopping list and match the words to the store that sells it. ③ 지시에 따르기 • Listen to a description of a route and trace it on a map.

04
2019-B-10

다음은 5학년 영어 듣기 수업의 일부이다. 물음에 답하시오. [3점]

박 교사
T: Today, we're going to listen to a part of a story. Have you ever heard of Snow White?
Ss: 아니요.
T: (성에 살고 있는 백설 공주의 그림을 보여 주며) Look at the picture. Who is she?
Ss: 백설 공주요!
T: Good. She's Snow White. Where does she live?
Ss: 성에 살아요.
T: Great. Let's listen to the story.
(CD-ROM의 내용을 들려준다.)

> Long time ago, there lived a princess, Snow White. She lived with a queen in a castle.
> … (중략) …
> Snow White ran away and met a hunter in the forest.

T: What is the story about?
Ss: 백설 공주가 성에 살았는데, 왕비를 피해서 숲으로 도망가는 이야기에요.
T: Good job, class. Take this worksheet and check how well you understood the story.

- 다음 질문에 답해 봅시다.
1. What is the name of the princess?
   _____
2. Who did the princess meet in the forest?
   _____

김 교사
T: Good morning, class. Today, we're going to listen to a part of a story. Then we'll make a story about what will happen next. Let's listen to the story first. (CD-ROM의 내용을 들려준다.)

> Long time ago, there lived a princess, Snow White. She lived with a queen in a castle.
> … (중략) …
> Snow White ran away and met a hunter in the forest.

T: What is the story about?
Ss: 공주가 왕비를 피해서 도망가는 이야기에요.
T: Good. Now, you're going to make your own story. Imagine what will happen to Snow White. Are you ready?
Ss: Yes.
T: Make groups of three. Let's get started.
Ss: (학생들이 모둠 활동을 수행한다.)

---

1) 다음은 박 교사가 수업에서 적용한 듣기 과정에 대한 설명이다. ㉠에 공통으로 들어갈 용어를 's'로 시작하는 1단어의 영어로 쓰시오. [1점]

> One of the key processes in L2 listening is to use background information that listeners bring to the text. This information, often called (㉠), includes what the listeners know about people, the world, culture, and the universe. In Mr. Park's class, when the students were asked questions about Snow White, they could activate their (㉠) to predict what the story would contain.

- _____

2) 다음은 수업을 참관한 교사들의 대화이다. ⓐ~ⓔ 중에서 수업 내용과 일치하지 않는 것 2가지를 찾아 기호를 쓰고, 각각 바르게 고쳐 쓰시오. [2점]

> ⓐ 교사 A: 박 선생님의 수업에서는 듣기 전 활동에서 시각적 자료를 활용했어요.
> ⓑ 교사 B: 박 선생님이 사용한 활동지는 사실적 이해를 묻는 질문뿐만 아니라 추론적 이해를 묻는 질문을 포함해서 좋았어요.
> ⓒ 교사 C: 김 선생님은 듣기 전 활동을 따로 하지 않고 바로 학생들에게 이야기를 들려줬어요.
> ⓓ 교사 D: 김 선생님은 이야기를 들려준 후, 세부 정보를 파악하는 질문을 했어요.
> ⓔ 교사 E: 김 선생님의 수업에서는 들려준 내용 다음에 이어질 내용을 학생들이 만들어 보도록 한 점이 인상적이었어요.

- _____
- _____

정답

1) schema
2) ⓑ 박 교사가 사용한 활동지는 사실적 이해를 묻는 질문만 나타나 있다.
   ⓓ 김 교사는 이야기를 들려준 후, 중심 내용을 파악하는 질문을 했다.

정답이유

1) 청취자가 텍스트에 배경 지식을 사용하는 것은 제2언어 사용자의 중요한 듣기 과정의 하나이다. 흔히 스키마라고 불리는 이 정보에는 청취자가 사람, 세계, 문화 및 우주에 대해 알고 있는 내용이 포함된다. 박 교사의 수업에서 학생들이 백설 공주에 대한 질문을 받았을 때 이 이야기의 내용을 예측하기 위해 스키마를 활성화시킬 수 있었다.

2)
ⓑ 박 교사가 사용한 활동지에서는 공주의 이름이 무엇인지('What is the name of the princess?'), 공주가 숲 속에서 누구를 만났는지('Who dis the princess meet in the forest?')와 같이 추론적 이해가 아닌 이야기에 나타난 사실을 단순히 확인하는 질문을 하고 있다.
ⓓ 김 교사는 이야기를 들려준 후, 이야기의 세부 정보를 파악하는 질문이 아니라, 'What is the story about?'이라는 질문을 통해 중심 내용인 줄거리를 대략적으로 묻는 질문을 사용하고 있다.

05
2019-B-11

(가)는 최 교사의 4학년 영어 수업의 일부이고, (나)는 최 교사가 수업을 마친 후 작성한 성찰 일지의 일부이다. 물음에 답하시오. [4점]

(가)

T :	Today, we're going to talk about jobs. The key expressions are "Who is she?" and "She's a singer." Are you ready?
Ss :	Yes!
T :	(가수 사진을 보여 주며) Repeat after me. Who is she?
Ss :	Who is she?
T :	She's a singer.
Ss :	She's a singer.
T :	Good job! S1, repeat after me. She's a singer.
S1 :	㉠ She's a singer. (단어마다 강세를 두어 말한다.)
T :	No, you shouldn't put stress on all the words. Listen carefully. She's a singer. (singer에 강세를 두어 말한다.)
S1 :	She's a singer. (singer에 강세를 두어 말한다.)
T :	Perfect.
	… (중략) …
T :	Now, we'll do a survey. First, choose a job you like and draw a picture of the person with the job.
Ss :	(학생들이 각자 그림을 그린다.)
T :	S2, are you drawing a fire fighter?
S2 :	Yes.
T :	Why did you choose it?
S2 :	Because my mom is a fire fighter.
T :	Very good. S3, who is he?
S3 :	He's a pianoboy.
T :	Oh, he's a pianist.
S3 :	Yes, he's a pianist.
T :	Good. Now, move around the class and ask your friends about their drawings.
Ss :	(학생들이 교실을 돌아다니며 조사 활동을 수행한다.)

(나)

- 학생 관찰 : 의사소통 전략 중 하나인 보상 전략을 사용하는 모습이 관찰되었다. 영어 능력이 부족하여 의사소통에 문제가 발생할 수 있었는데, 보상 전략을 사용하여 문제를 해결하려고 노력하는 모습이 인상적이었다. 예를 들어, 어떤 학생은 (㉡).
- 좋았던 점 : 학생들의 발화의 양을 증가시키기 위해 개방형 질문을 사용한 점과 학생들이 스스로 오류를 발견할 수 있도록 간접적으로 피드백을 제시한 점이 좋았다.
- 개선할 점 : 학생들이 학습 과정과 결과에 대해 스스로 점검해 보도록 자기 평가를 활용해야겠다.

1) 다음은 (가)의 ㉠과 관련하여 교사들이 나눈 대화이다. ⓐ에 들어갈 내용을 쓰시오. [1점]

교사 A : S1이 ㉠과 같은 오류를 보인 것은 3~4학년군 말하기 영역의 성취기준인 '영어의 강세, 리듬, 억양에 맞게 따라 말할 수 있다.'와 관련이 있어요.
교사 B : 맞아요. 최 선생님의 반에는 이 성취기준을 달성하지 못하는 학생들이 있었어요.
교사 A : 이 성취기준을 달성하기 위해서는 영어에는 낱말 내에 강세가 있는 소리가 있다는 것을 학생들이 알아야 해요.
교사 B : 네, 또한 (ⓐ)는 것도 알아야 하는데, 이것을 몰라 ㉠과 같은 오류가 나타난 것 같아요.
교사 A : 노래나 찬트를 활용하여 학생들이 자연스럽게 강세, 리듬, 억양에 익숙해지도록 지도하면 좋을 것 같아요.

• _____

2) (나)의 ㉡은 보상 전략을 사용한 학생에 대한 최 교사의 분석 내용이다. (가)의 학생 발화를 활용하여 (나)의 ㉡에 들어갈 내용을 쓰시오. [1점]

• _____

3) (나)에서 최 교사가 수업에 만족한 점으로 질문과 피드백을 언급하였다. (가)의 최 교사의 발화 중에서 ① 개방형 질문에 해당하는 문장과 ② 학생의 발화 오류에 대해 간접적으로 피드백을 제시한 문장을 각각 1가지씩 찾아 쓰시오. [2점]

• ① _____
• ② _____

정답

1) 문장 내에서도 강세가 있는 낱말과 약하게 발음하는 낱말이 있다.
2) 단어 만들기(조어, word coinage) 전략을 사용하여 pianist라는 단어 대신 piano와 boy를 합친 pianoboy라는 새로운 단어로 의사소통을 진행하고자 한다.
3) ① Why did you choose it?
② Oh, he's a pianist.

정답이유

3)
① 최 교사가 (가)에서 활용한 질문은 "Who is She?", "S2, are you drawing a fire fighter?", "Why did you choose it?"인데, 이 중 "Who is She?", "S2, are you drawing a fire fighter?"는 사진을 보고 누구인지 또는 그림을 보고 소방관을 그린 것이 맞는지 정해진 답을 요구하는 질문이다. 최 교사는 "Why did you choose it?"라는 개방형 질문을 통해 소방관 그림을 그린 이유를 물음으로써 다양한 학생 발화가 가능하도록 유도하고 있다.
  • 개방형 질문 : 다양한 답변이 가능한 질문
② 최 교사는 pianoboy라는 잘못된 발화 오류에 대해 발화 오류를 직접적으로 지적하지 않고 pianist라고 고쳐 말하기(Recast) 전략을 활용하여 간접적으로 피드백을 주고 있다.

06 [2018-B-11]

다음은 예비 교사들이 참관한 4학년 영어 'What Are You Doing?' 단원 수업의 일부이다. 물음에 답하시오. [4점]

박 교사	T : We're going to learn new expressions today. I'll say some sentences and act them out. Listen and watch me carefully. OK? Ss : Okay. T : (자전거 타는 모습을 보여 주며) I'm riding a bike. T : (노래하는 모습을 보여 주며) I'm singing. … (중략) … T : Now it's your turn. I'll say a sentence. Just listen and act it out. Are you ready? Ss : Yes. T : I'm riding a bike. Ss : (자전거 타는 모습을 보여 준다.) … (하략) …
민 교사	T : We're going to play a game. I'll act out a sentence slowly as I say. Watch me carefully and ask me, "What are you doing?" Ss : What are you doing? T : (느린 속도로 말하며) I'm riding a bike. Repeat after me slowly and move your body slowly as I do. Ss : I'm riding a bike. (느린 속도로 말하며 동작을 한다.) T : Ask me again, "What are you doing?" Ss : What are you doing? T : (빠른 속도로 말하며) I'm riding a bike. Repeat after me quickly and move your body quickly as I do. Ss : I'm riding a bike. (빠른 속도로 말하며 동작을 한다.) … (중략) … T : Now, I'll change the rule. I'll say a sentence without acting it out. Then you repeat after me and act it out. Any student who makes a mistake sits down. The student who survives to the end wins. … (하략) …
최 교사	T : Make groups of four. I'll give you a set of picture cards and a set of sentence cards. Put the cards face down on the desk in two piles. Do rock-paper-scissors. Ss : (가위바위보를 한다.) T : Who will go first in each group? Raise your hand. Ss : (가위바위보에서 이긴 학생들이 손을 든다.) T : OK. The other students in your group ask him or her, "What are you doing?" The first student in the group will turn over a picture card and a sentence card. If the cards are matched, the student takes them. If not, put them back face down. The student who has the most cards wins. … (하략) …

1) 다음은 박 교사의 수업에 활용된 교수법의 특징을 설명한 것이다. ( )에 들어갈 용어를 1단어의 영어로 쓰시오. [1점]

> • This teaching method is based upon the way children acquire their first language.
> • When learning their first language, they primarily listen to commands and respond only through action before they begin to produce verbal responses.
> • According to the theory linked to this method, it was claimed that memory is increased if it is stimulated through association with ( ) activity

•

2) 민 교사와 최 교사의 수업에서처럼 게임을 영어 수업에 활용할 때 유의할 점을 2015 개정 영어과 교육과정의 '교수·학습 방법 및 유의 사항'에 근거하여 1가지 쓰시오. [1점]

•

3) 다음은 수업을 참관한 예비 교사들의 대화이다. 수업 내용과 일치하지 않는 것 2가지를 찾아 기호를 쓰고, 각각 바르게 고쳐 쓰시오. [2점]

> ⓐ 예비 교사 A : 박 선생님 수업에서는 학생들이 발화하기 전에 먼저 듣고 이해하는 것을 강조하는 이해중심 교수 방법 중 하나가 적용되었어요.
> ⓑ 예비 교사 B : 민 선생님 수업에서는 학생과 학생 간의 영어 말하기를 통한 상호작용이 활발하게 이루어지고 있었어요.
> ⓒ 예비 교사 A : 반복 연습이 지루할 수 있는데, 민 선생님 수업에서는 동작과 발화의 속도를 달리하여 말하기 활동을 진행한 점이 좋았어요.
> ⓓ 예비 교사 C : 최 선생님 수업에서는 말하기 활동과 읽기 활동이 연계된 게임 활동이 인상적이었어요.
> ⓔ 예비 교사 B : 맞아요. 최 선생님 수업에서는 학생들이 문장 따라 읽기 활동을 게임을 통해 할 수 있었어요.

• ① : _____
• ② : _____

정답

1) physical, motor
2) 지나치게 경쟁적인 게임은 오히려 역효과가 날 수 있으므로, 경쟁적인 게임보다는 협동할 수 있는 활동이 되도록 한다.
3) ① ⓑ, 학생 간 영어 말하기를 통한 상호 작용이 없다.
   ② ⓔ, 문장 따라 읽기 활동이 없다.

정답이유

2) 두 교사의 마지막 발화, <u>공통적으로 게임에서의 승리를 강조</u>

3)
ⓐ 전신반응교수법(TPR)은 발화 전에 듣고 이해한 것을 행동으로 나타내도록 하는 것이므로 이해중심 교수 방법의 하나이다.
ⓒ 민 교사 수업에서는 느린 속도의 발화와 동작, 빠른 속도의 발화와 동작이 나타나 있다.
ⓓ 최 교사 수업의 세 번째 교사 발화를 보면 게임 활동에 "What are you doing?"이라는 말하기 활동과 sentence card를 읽는 활동이 연계되어 있다.

07
2017-B-10

다음은 박 교사의 4학년 영어 듣기 수업의 일부이다. 물음에 답하시오. [3점]

> T : Now, it's time for a story. Let's look at the picture in the book. What do you see in the picture?
> Ss : An old lady, a cat, and a pot.
> T : Can you guess what will happen?
> S1 : 고양이가 무슨 일을 저지를 것 같아요.
> T : That's right. I'll read the story. Listen carefully.
>
> > There lived an old lady.
> > She had a cat, a black cat.
> > The cat was fat.
> > The cat sat on the mat.
> > The old lady made some soup for her dinner.
> > She said to the cat, "I must go to my sister.
> > Watch the soup in the pot."
> > The cat said, "Don't worry.
> > I'll watch the soup in the pot."
> > When she went out, the cat ate the soup.
> > The cat ate the pot, too.
>
> T : Did you enjoy the story?
> Ss : Yes.
> T : What happened in the story?
> S2 : The cat... 다 먹어버렸어요.
> T : Right. The cat ate the soup and the pot. Listen to the story one more time.
> (교사는 이야기를 한 번 더 들려준다.)
> T : Now, what words did you hear?
> Ss : Lady, black, cat, soup, pot, ...
> T : Well done. What expressions did you hear?
> Ss : She had a cat, ate the pot, don't worry, ...
> T : You did a good job. I'll give you a worksheet with four pictures about the story. I'll read the story again. Listen carefully and write the numbers under the pictures in the order of the story.
> (교사는 학생들과 함께 결과를 확인한다.)

1) 다음은 위 수업의 이야기에 나타나는 언어적 특성을 설명한 것이다. ⓐ에 들어갈 'R'로 시작하는 단어를 영어로 쓰시오. [1점]

> • (ⓐ) is the use of words that have the same sound(s).
> • (ⓐ) is frequently used in children's songs, poems or stories, especially at the end of lines.
> • In the above story, the words - *cat*, *fat*, *mat*, and *sat* - are its example.
> • _____

2) 다음은 박 교사의 수업에 대한 예비 교사의 참관 일지이다. 수업 내용과 일치하지 않는 것 2가지를 찾아 기호를 쓰고, 그 내용을 각각 바르게 고쳐 쓰시오. [2점]

> 수업자 : 박○○   수업일 : ○○월 ○○일 ○요일
> ⓐ 선생님은 이야기를 들려주기 전에 학생들에게 시각 자료인 그림을 활용하여 이야기의 내용을 추측하게 하였다.
> ⓑ 선생님은 동사의 과거 시제 규칙을 제시하고 이야기를 통해 듣기 자료를 제공하는 방식으로 지도하였다.
> ⓒ 학생들은 이야기의 내용에 맞게 활동지에 있는 그림의 순서를 정하는 듣기 활동을 하였다.
> ⓓ 선생님은 어휘와 어구를 지도한 후에 이야기의 내용을 파악하도록 하였다.

• ① : _____
• ② : _____

정답

1) Rhyme

2) ① ⓑ, 이야기를 통해 듣기 자료를 먼저 제시하고, 동사의 과거 시제 규칙을 자연스럽게 익히도록 이야기를 반복하여 제시
② ⓓ, 이야기를 먼저 들려주고 내용을 먼저 대략적으로 파악하게 한 후, 이야기를 한 번 더 들려주며 들은 어휘와 어구를 말하도록 지도하였다.

정답이유

1) cat, fat, mat, sat 등은 Rhyme 각운을 이루는 낱말이다.

2) **오답분석**

ⓑ 이야기를 듣기 전에 동사의 과거 시제 규칙을 명시적으로 설명하는 내용은 나오지 않으며, 이야기를 통해 듣기 자료를 먼저 제시하고, 이후에 이야기를 반복 제시하여 동사의 과거 시제 규칙을 자연스럽게 익히도록 지도하고 있다.
ⓓ 어휘와 어구를 먼저 지도한 후에 이야기의 내용 파악을 지도한 것이 아니라, 이야기를 먼저 들려주고 내용을 먼저 파악하게 한 후, 이야기를 한 번 더 들려주며 들은 어휘와 어구를 말하도록 지도하였다.

2) **정답해설**

ⓐ 'Let's look at the picture in the book. What do you see in the picture?', 'Can you guess what will happen?'가 해당된다.
ⓒ 'Listen carefully and write the numbers under the pictures in the order of the story.'가 해당된다.

정답개념

1. rhyme 각운
• A rhyme is a repetition of similar sounds (or the same sound) in two or more words, most often in the final syllables of lines in poems and songs.
2. alliteration 두운
3. onset 어두자음군
3. Refrain 후렴구
• a short, simple part of song, which is repeated many times.

08 2017-B-11

(가)는 김 교사의 3학년 영어 수업 목표와 학습 활동이고, (나)는 도입 부분이며, (다)는 전개 부분이다. 물음에 답하시오. [4점]

(가)

수업 목표	• 쉽고 간단한 말을 듣고 행동할 수 있다.
학습 활동	• 지시에 따라 그림 가리키기 • 조건을 듣고 그에 맞게 손뼉 치기

(나)

T : How was your holiday? What did you do?
Sumi : I went to a birthday party.
T : ㉠ What did you do at the party?
Sumi : We played a card game.
T : Did you? Now everybody, think of one question to ask Sumi. (잠시 기다린다.) What do you want to know?
S1 : What did you eat?
Sumi : Pizza and ice cream.
(여러 학생이 다양한 질문을 하고 수미가 대답한다.)

(다)

T : Okay. Look at me. I have five cards. Now listen. Apple … apple … apple.
(사과, 오렌지, 수박, 포도, 딸기 그림 카드를 하나씩 들어 보이면서 세 번씩 말하고 칠판에 붙인다.)
T : (오렌지를 가리키면서) ㉡ What's that?
Ss : Orange.
T : Good. Everybody, point to … orange.
Ss : (오렌지를 가리킨다.)
T : Point to watermelon.
Ss : (수박을 가리킨다.)
(같은 방법으로 지시에 따라 몇 번 더 한다.)
T : Now, I'll write a number beside each fruit. 1, 2, 3, 4, 5. OK, now I'll say a fruit and a number. Listen carefully. Apple … one. Is that true?
Ss : Yes.
T : Grape … five. Is that true?
Ss : No.
T : Very good. Now, close your eyes. If I say a number, please say the fruit. Are you ready? One.
Ss : Apple!
T : Four.
Ss : Grape!
(같은 활동을 3분 정도 진행한다.)
T : Now, open your eyes and watch carefully. If it's true, clap your hands three times. (손뼉을 세 번 친다.) If it's false, clap your hands once. (손뼉을 한 번 친다.) Are you ready? Um … strawberry, five.
… (하략) …

1) 다음은 김 교사의 수업을 참관한 예비 교사들이 나눈 대화이다. ① ⓐ에 들어갈 내용을 쓰고, ② ⓑ에 해당하는 용어를 2단어의 영어로 쓰시오. [2점]

> 예비 교사 A : 수업 목표와 학습 활동은 2009 개정 영어과 교육과정의 3~4학년군 듣기에 해당하는 영역 성취기준 중 '(ⓐ)'을/를 달성하기 위한 것이네요.
> 예비 교사 B : 도입 단계의 대화 도중에 선생님이 질문을 하고 나서 모든 학생에게 잠시 생각할 수 있는 시간을 주는 것은 다인수 학급에 효과적인 것 같아요.
> 예비 교사 C : 그런데 파티에 대해서 묻고 답할 때에는 ㉠과 같이 질문자가 모르는 정보를 요구하는 질문이 많았지만, 과일 카드를 이용한 본 수업에서는 ㉡과 같이 ⓑ 질문자가 미리 답을 알고 있는 질문이 더 많이 사용되고 있어요.
> 예비 교사 D : 맞아요. 교수법에 따라 정도의 차이는 있지만 가르치는 교사의 입장에서는 확인하는 질문을 할 수밖에 없는 것 같아요. 그런데 이 수업에서 특히 좋았던 점은 활동 시간이 3학년 학생들에게 적절하고 활동이 지루하지 않게 연결된 것이에요.

• ① : _____
• ② : _____

2) 다음은 김 교사가 (나)에서 'warm-up' 활동을 한 이유에 대한 설명이다. ⓐ에 들어갈 'm'으로 시작하는 단어를 영어로 쓰시오. [1점]

> • If we meet a friend or have a business appointment, we begin by chatting to establish a friendly atmosphere; it is just as important to do this when an English teacher meets a class or students.
> • It provides an opportunity for real language practice, and creates a desirable classroom atmosphere in which students feel relaxed and (ⓐ) to learn.

• _____

3) 다음은 2009 개정 영어과 교육과정에 따라 (다)의 수업을 위해 교사가 설정한 고려사항과 교수·학습 방법의 선정 방향이다. ⓐ에 들어갈 내용을 쓰시오. [1점]

고려 사항	교수·학습 방법의 선정 방향
다양한 학습 전략	기억 전략, 인지 전략, 사회적 전략 등을 이용한다.
세 가지 감각 선호에 따른 학습 유형	(ⓐ)

• _____

정답

1) ① 과업을 수행한다.
  ② Display question
  • 전시형 질문 : 교사가 자신도 알고 있는 정답을 학생으로부터 이끌어내기 위해 학생에게 하는 질문

2) motivated

3) 시각적, 청각적, 운동감각적 학습 스타일 등 각 학습 스타일에 적절한 학습 자료와 활동들을 제시한다.

09 2016-B-10

다음은 김 교사의 3학년 영어 수업의 일부이다. 물음에 답하시오. [4점]

T : Today, we'll practice the sounds, /f/ and /p/. Look at my mouth and repeat after me. /f, f, f/
Ss : (교사의 입모양을 보며 따라 발음한다.)
T : This time, practice /f/ with your mirror.
Ss : (거울로 자신의 입모양을 보며 /f/ 발음을 연습한다.)
T : (같은 방법으로 /p/ 발음을 지도한다.)
   (입모양과 단어가 나오는 동영상을 보여주며) Watch the video clips. Listen and repeat the words. 'fast, fish, full'
Ss : (화면을 보며 단어를 따라 말한다.)
T : Listen and repeat the words. 'pass, push, pull'
Ss : (화면을 보며 단어를 따라 말한다.)
T : Now, I'll say two words. If the two words sound the same, say 'same'. If the two words sound different, say 'different'. Listen carefully. 'fast, fast'
Ss : Same.
T : Great. 'full, pull'
Ss : Different.
T : Well done. Look at the word on the card. Read the word aloud.
Ss : (카드에 제시된 단어 'full'을 소리 내어 읽는다.)
T : (S1을 가리키며) Did you have lunch?
S1 : Yes.
T : Are you full?
S1 : Yes, I'm ...er... pull.
T : Not 'pull'. Look at my mouth. 'full'
S1 : I'm full.
T : Good. (같은 방법으로 'pull'을 지도한다.)
       … (중략) …
T : Now, listen carefully to the chant.
Ss : (아래의 찬트를 듣는다.)

Chant
Where's the restaurant?
Run fast. Run fast.
Here's the restaurant.
Pull the door. Pull the door.

T : Listen again and repeat the chant line by line. ㉠ When you chant, you clap the strong beats. And chant each line with a falling tone.
Ss : (손뼉을 치며 찬트를 듣고 따라서 한다.)
       … (하략) …

1) 위 수업에서 소리의 차이를 지도하기 위해 김 교사가 활용한 최소 대립쌍을 찾아 쓰시오. [1점]

•

2) 다음은 김 교사의 수업에 대한 예비교사의 관찰일지이다. ⓐ~ⓔ 중 위 수업의 내용과 일치하지 않은 기호를 2가지 찾아 쓰고, 각각 바르게 고쳐 쓰시오. [2점]

> 수업자: 김 ○○   수업일: ○○월 ○○일 월요일
> ⓐ 발음을 읽기와 연계하여 지도하고 있다.
> ⓑ 낱말 카드를 활용하여 발음을 지도하고 있다.
> ⓒ 학생의 발음 오류를 비명시적인 방법으로 지도하고 있다.
> ⓓ 학생들이 소도구를 활용하여 발음을 연습하게 하고 있다.
> ⓔ 발음을 문장 내, 단어 내, 개별 소리의 순으로 지도하고 있다.

• ① : _____
• ② : _____

3) 김 교사가 지도하고자 하는 발음의 요소 중에서 1가지를 밑줄 친 ㉠에 근거하여 쓰시오. [1점]

•

정답

1) full, pull
2) ① ⓒ, 학생의 발음 오류를 명시적인 방법으로 지도하고 있다.
② ⓔ, 발음을 개별 소리, 단어 내, 문장 내의 순으로 지도하고 있다.
3) 강세, 리듬(rhythm), 억양

정답이유

1) 김 교사가 제시한 f로 시작하는 단어는 fast, fish, full이 있고, p로 시작하는 단어는 pass, push, pull이 있다. 이 중 한 곳의 분절음만 다르고, 서로 다른 분절음의 위치가 같은 낱말은 'full'와 'pull'이다.

2) 오답분석
ⓒ : 학생의 Yes, I'm ...er... pull.이라는 발음에 대해 김 교사가 곧바로 Not 'pull'. Look at my mouth. 'full'이라고 발음의 오류를 명확하게 지적하고 규정된 형태를 제공하고 있으므로 명시적인 방법으로 발음 오류를 지도한 것이다.
ⓔ : 처음에는 /f, f, f/, /p, p, p/의 개별 소리의 발음을 연습하고, 그 다음 'fast, fish, full', 'pass, push, pull'의 단어로 발음을 연습하고, 마지막으로 챈트를 통해 문장으로 발음을 연습하고 있다.

2) 정답해설
ⓐ, ⓑ : 수업 장면 중 'T : Look at the word on the card. Read the word aloud.'와 'Ss : (카드에 제시된 단어 'full'을 소리 내어 읽는다.)'를 통해 발음을 읽기와 연계하여 지도하고 있고, 낱말 카드를 활용하여 발음을 지도하고 있음을 알 수 있다.
ⓓ : 수업 장면 중 'T : This time, practice /f/ with your mirror.'와 'Ss : 거울로 자신의 입모양을 보며 /f/ 발음을 연습한다.'를 통해 학생들이 소도구를 활용하여 발음을 연습하게 하고 있음을 알 수 있다.

3) ㉠ (챈트를 할 때, 강한 박자(beats)에 박수를 칩니다. 그리고 각 행을 하강 조(tone)로 챈트합니다.)에서 beats(박자), tone(강세)은 리듬을 만들어 낸다.

10

다음은 Mr. Han이 실행한 4학년 영어 수업의 일부이다. 물음에 답하시오. [3점]

(Mr. Han이 모둠 활동을 준비하고 있는 Chansu에게 질문한다.)
T : Um… What are you doing, Chansu?
S : Well, I'm draw a picture.
T : Oh, I see. You're drawing a picture. It looks very nice. Hmm… Let me see. Are you drawing a cat?
S : No. It's a dog!
T : Really? I'm sorry.
  (잠시 Chansu의 옆에 앉아 그림을 그리며)
  Chansu, I'm drawing a picture, too.
S : (Mr. Han의 그림을 보며) Oh, are you drawing a tiger?
T : Yes, I'm drawing a tiger.
         (이하 생략)

1) 2009 개정 영어과 교육과정에 제시된 '언어 형식' 교수·학습 방법 중 Mr. Han의 수업에 잘 드러난 것 1가지를 쓰시오.(단, '오류 수정'과 관련된 내용은 제외함.) [1점]

• _____

2) 다음은 Mr. Han과 그의 수업을 참관한 Ms. Lee가 수업 후 나누는 대화이다. ( )에 ⓐ 's'로 시작하는 단어를 쓰고, Mr. Han의 교수 방식이 ⓑ 영어교사에게 주는 시사점을 쓰시오. [2점]

Ms. Lee : Mr. Han, I observed that you helped the children very nicely interacting with individual children.
Mr. Han : Right. There were some patterns they had not fully mastered yet. So I used the patterns communicatively at a level that is within their reach. I provided the (s____) necessary for the children to communicate more competently.
Ms. Lee : That's great. You moved around the class giving the children chances to interact with you.
Mr. Han : Yes, I did. I want to expose the children to language that is just beyond what they already know. I use language of this level naturally when I communicate with them.

• ⓐ : _____

• ⓑ : _____

11 〔2014-B-11〕

김 교사는 '과거에 한 일에 대해 묻고 답할 수 있다'라는 학습 목표를 설정하고, 이에 따라 'CD-ROM 타이틀 보며 듣기', '듣고 따라 말하기', '주머니돌리기 놀이하기'의 세 단계로 학습 활동을 구성하였다. 다음은 김 교사가 세 번째 단계에서 놀이 활동 방법을 설명하는 수업 장면이다. 물음에 답하시오. [3점]

> T: Let me show you how to do the activity. You'll listen to a song. When the song starts, pass the bag. Pass the bag to the student next to you. OK?
> Ss: OK.
> T: Good! When the song stops, don't pass the bag. Stop passing the bag when the song stops. Minho, will you pass the bag when the song stops?
> S1: No.
> T: Right. Let me go ahead. The student with the bag takes out a card. Then I'll ask him/her, "What did you do last weekend?" He/She looks at the card and answers. For example, when I ask you, "What did you do last weekend?", you say, "I went camping." Do you see how to do the activity?
> Ss: Yes.
> T: Very good! Now let's start. (이하 생략)

1) 다음은 위와 같은 놀이 활동을 통해 학생들이 언어 형식을 학습하는 과정을 설명한 것이다. ( )에 공통으로 들어갈 낱말을 영어로 쓰고, 이러한 과정으로 초등학생에게 언어 형식을 학습하게 하는 이유 1가지를 학습자의 인지 특성과 관련지어 서술하시오. [2점]

> In the given activity the phrase, 'went camping', is not analysed into component parts or manipulated in any way. No explanation of the past tense is provided. Instead, children may catch the phrase as a ( ) while they participate in the activity. The ( ) may be used as a pre-fabricated expression for some time, but it is available to be broken down and re-used with other words. The breaking down and recombining of a previously learnt ( ) is a process of grammar construction.

- 낱말: _____
- 이유: _____

2) 김 교사가 정한 규칙에 따라 놀이 활동을 할 경우, 이 놀이 활동으로는 설정된 학습 목표를 달성하기 어렵다. 그 이유를 쓰시오. [1점]

- _____

정답

1)
- chunk
- 개별 단어의 의미를 몰라도 말의 의미를 전체적으로 파악하는 능력이 뛰어나다.

2) 카드를 보고 단순히 학생들이 그것을 따라 말하게 하는 것은 학생들에게 선택권이 없는 통제된 활동이기 때문

정답이유

1)
- chunk는 Miller(1956)가 처음으로 만든 용어로서 그 크기가 어떠하든지 간에 하나의 덩어리로 작용하는 전체 언어 또는 둘 이상의 낱말이 결합되어 고정된 의미 단위의 표현이다.

> 주어진 활동에서 'went camping'이라는 '구'는 어떠한 식으로든 구성 요소가 분석되거나 조작되지 않는다. 과거 시제에 대한 설명도 제공되지 않는다. 그 대신 아이들이 활동에 참여하면서 구를 하나의 말뭉치(chunk)로 알아차릴 수 있다. 말뭉치(chunk)는 가끔씩 조립식 문형 표현으로 사용될 수 있으나, 그것은 분해되어 다른 단어와 함께 유용하게 활용될 수 있다. 이미 학습한 말뭉치(chunk)를 분해하고 재조합하는 것은 문법 구성의 과정이다.

- 듣기 지도시에는 개별 어휘보다 말뭉치(chunk)로 듣게 함으로써 영어의 운율적 특성에 익숙해지도록 유의한다.

2) 김 교사가 정한 규칙에 따른 놀이 활동은 연습 단계에 해당되고 설정된 학습 목표(과거에 한 일에 대해 묻고 답할 수 있다.)는 발화 단계에 해당된다. 즉, 학습 목표를 달성하기 위해선 짝 활동으로 지난 주말에 한 일 말해보기를 하는 것이 적합하다.

정답개념

1. 어휘 접근법(Lexical Approach)
① 영어 단어 하나에 우리말 뜻이 하나 결합된 단어 위주의 접근이 아니라, 그 단어를 둘러싼 여러 가지 표현들과 관련된 다른 단어들의 정보까지 함께 제공해 주는 접근이다. 쉽게 말하면, 새로운 단어의 뜻을 익히는 것뿐만 아니라 그 단어의 문맥에서의 쓰임까지 한꺼번에 알려주는 접근법이다.
② 영어 단어들을 단어 하나로 가르치는 것이 아니라 의미 있는 단위인 덩어리(chunk)로 가르치면 효과적이다.
③ 이 교수법을 적용한 언어 수업에서는 어휘를 개별 낱말 중심으로 가르치는 것이 아니라 어군(word group) 또는 연어(collocation)를 익히도록 학습 활동이 구안된다. 따라서, 학습자가 어군을 인지하는 능력을 갖추고, 여러 가지 형태의 어휘 항목에 주의를 기울이며, 이들로부터 규칙성을 찾아내는 것을 중요하게 여긴다.

2. 초등학교 학습자 특성(Halliwell)
① 개별 단어의 의미를 몰라도 말의 의미를 전체적으로 파악하는 능력이 뛰어나다.
② 이미 익힌 제한된 언어 자료를 자신의 목적에 맞게 창의적으로 이용할 줄 안다.
③ 직접적이고 의식적인 학습 상황보다는 간접적이고 무의식적인 상황에서 잘 배운다.
④ 본능적으로 놀이와 재미를 추구한다.
⑤ 풍부한 상상력을 가지고 있다.

12
2014-B-10

다음은 박 교사와 최 교사의 영어 수업 장면의 일부이다. 물음에 답하시오. [4점]

박 교사의 수업	T : It's time for a survey. Let me show you how to do the survey. For the activity, you'll ask your friends about their hobbies, and your friends will answer the questions. Look at me and listen carefully. (손 인형을 가지고 다음과 같이 대화하는 모습을 보여준다.) T : What's your hobby? Puppet: My hobby is swimming. How about you? T : My hobby is riding a bike. 　(조사 결과를 기록한다.) T : Do you understand? OK. Now let's start. 　(교실을 돌아다니며 학생들의 활동을 모니터링한다.) S1 : What's your hobby? S2 : My hobby is skating. How about you? S1 : My hobby is play tennis. T : (S1에게) 'Playing tennis', not 'play tennis'. What's your hobby? S1 : My hobby is playing tennis. Ss : (교실을 돌아다니며 친구들과 취미에 대해 묻고 답한 후 결과를 기록한다.) T : Now go back to your seat. Talk about your survey results with your group members. Ss : (모둠별로 조사 결과를 함께 정리하여 표로 만든다.) T : One person in each group, come up to the front and report the result to the class. 　(이하 생략)
최 교사의 수업	T : Hello! Today we are going to learn the expressions, "What's your hobby?" and "My hobby is...." First, let's listen to the CD-ROM title. Ss : (두 사람이 취미에 대해 서로 묻고 답하는 화면을 보고 듣는다.) T : Good! Repeat after the CD-ROM title. Ss : (화면을 보면서 한 문장씩 따라한다.) T : Now, get into two groups. You are Group A, and you are Group B. Group A, repeat the question part. Group B, repeat the answer part. Ss : (두 모둠으로 나누어 연습한다.) T : Now, let's practice key expressions. Listen and repeat after me. What's your hobby? Ss : What's your hobby? T : My hobby is swimming. Ss : My hobby is swimming. T : What's your hobby? Ss : What's your hobby? T : My hobby is riding a bike. Ss : My hobby is riding a bike. (이하 생략)

1) 박 교사의 발화 중 2009 개정 교육과정에 따른 영어과 교육과정에 제시된 교수·학습 방법에 비추어 적절하지 않은 것을 찾아 쓰고, 그 이유를 제시하시오. [1점]

• 발화와 이유 : _____

2) 최 교사의 수업에 활용된 교수법의 특징을 다음과 같이 기술할 때, (　)에 공통으로 들어갈 낱말을 영어로 쓰시오. [1점]

- In classrooms where the method is adopted learners memorize (　) and perform drills.
- (　) and drills form the basis of classroom practices.
- (　) provide the means of contextualizing key structures and illustrate situations in which structures might be used.
- After (　) have been presented and memorized, sentences containing specific grammatical patterns in the (　) become the focus of various kinds of drill and pattern-practice exercises.

• _____

3) 다음은 두 교사의 수업을 참관한 예비교사 A, B가 나눈 대화이다. ㉠~㉥ 중 적절하지 않은 기호 2개를 쓰고, 그 이유를 각각 제시하시오. [2점]

예비교사 A : ㉠박 선생님 수업에서는 학생들 사이에 상호 작용이 이루어지고 있네요.
㉡이런 활동은 3P모형의 두 번째 단계에 적합할 것 같아요.
예비교사 B : ㉢박 선생님 수업에서 학생들이 조사 결과를 함께 표로 만드는 활동은 2009 개정 교육과정에 따른 영어과 교육과정에서 권장하는 협동 학습에도 부합하는 것 같습니다.
예비교사 A : ㉣최 선생님의 수업은 교사 주도여서 학생들이 수동적인 것 같습니다.
㉤학생들은 동일한 형식의 표현을 반복적으로 따라 하고 있네요.
예비교사 B : ㉥하지만 반복적으로 따라하니까 학생들이 실제 의사소통 상황에서 정확한 영어 표현을 유창하게 사용할 수 있을 것 같아요.

• 기호와 이유 : _____

• 기호와 이유 : _____

정답

1)

발 화	'Playing tennis', not 'play tennis'
이 유	의사소통에 지장을 주지 않는 한 교사의 즉각적인 오류 수정은 피하고, 가급적 학생 스스로 오류를 발견하고 수정할 수 있도록 지도한다.

2) dialogues

3) ⓒ, 친구들의 취미를 알아내기 위한 목적을 가지고, 그 목적 달성을 위해 영어를 실제로 사용하고 있기 때문에 세 번째 단계에 적합하다.
ⓗ, 반복적으로 따라하는 활동은 정확성은 길러주지만 유창성을 길러주지는 않기 때문

정답이유

2) A.L.M 강조점

- Demands more memorization of structure-based dialogues.

> 이 교수법을 채택한 교실에서는 학습자가 (대화(dialogues))를 암기하고 훈련을 한다. (대화(dialogues))와 훈련은 교실 연습의 기초를 형성한다. (대화(dialogues))는 핵심 구조를 문맥화하는 수단을 제공하고 구조들로 활용될 수 있는 상황을 나타내고 있다.
> (대화(dialogues))가 제시되고 기억된 후, (대화(dialogues)) 안의 특정 문법 패턴을 포함하고 있는 문장들은 다양한 종류의 연습과 문형 훈련의 초점이 된다.

- 이 교수법을 채택한 교실에서는 학습자가 대화를 암기하고 훈련을 한다. 대화와 훈련은 교실 연습의 기초를 형성한다. 대화는 핵심 구조를 문맥화하는 수단을 제공하고 구조들로 활용될 수 있는 상황을 나타내고 있다. 대화가 제시되고 기억된 후, 대화 안의 특정 문법 패턴을 포함하고 있는 문장들은 다양한 종류의 연습과 문형 훈련의 초점이 된다.

3) 수업 분석

	박 교사 수업	최 교사 수업
3P 모형	production 단계	practice 단계
교수법	C.L.T	A.L.M

오답분석

ⓒ : 박 교사 수업에서는 친구들의 취미를 알아내기 위한 목적을 가지고, 그 목적 달성을 위하여 영어를 실제로 사용하며 상호 작용이 이루어지고 있으므로, 3P 모형의 두 번째 단계인 practice(연습) 단계가 아닌 세 번째 단계인 production(발화) 단계에 적합한 활동이다.

ⓗ : 최 교사의 수업에는 청화식 교수법이 적용되었으며, 반복적으로 따라 하는 활동은 정확성을 길러줄 수는 있지만 유창성을 길러 줄 수는 없다.

정답해설

㉠ : 박 교사의 수업에서는 학생들이 교실을 돌아다니며 친구들과 취미에 대해 묻고 답하는 상호 작용이 나타나고 있으므로 옳은 내용이다.

ⓒ : 모둠별로 조사 결과를 함께 정리하여 표로 만드는 활동은 협동 학습에 부합하는 활동이므로 옳은 내용이다.

㉣, ㉤ : 최 교사의 수업에서는 학생들이 수동적으로 CD-ROM title을 듣고 따라하거나 최 교사의 말을 반복적으로 따라하고 있으므로 ㉣, ㉤은 옳은 내용이다.

정답개념

1. 3P 모형

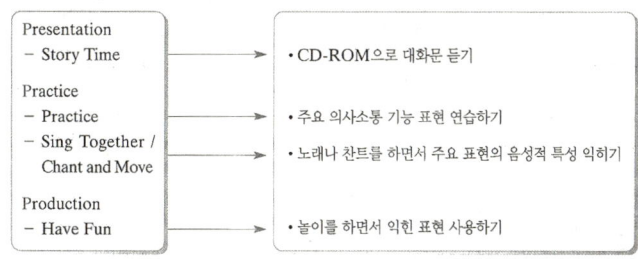

제 시 (presentation)	대화의 상황을 충분히 이해하게 하고, 대화에 필요한 언어 요소를 상황 속에서 그림 등을 이용하여 제시한다.
연 습 (practice)	① 교사의 지도하에 전체 학생들이 함께 교사의 말을 따라 연습하고 교사와 한두 명의 학생이 연습하고 다음으로 학생들이 자신의 짝이나 조별로 연습한다. ② 이 단계에서 학생들의 실수는 명시적으로 교정을 해 주는 것이 필요한데, 교정 시 학생들이 위축되거나 좌절감을 느끼지 않도록 세심함 배려가 필요하다. ③ 이 단계에서 학생들이 연습하는 문장들은 짧고 단순해야 하며, 궁극적으로는 창의적인 의사소통의 기반을 마련해 줄 수 있는 것이어야 한다. ④ 학생들에게 왜 이러한 문장들을 연습하는지를 주지시키고, 실제적으로 사용되는 문장들을 연습시킴으로써 의미 있는 (meaningful) 언어 연습이 되도록 한다.
발 화 (production)	① 학생들이 이미 연습한 요소를 사용하여 자유롭고 창의적으로 의사소통을 하도록 지도한다. ② 교사는 학생들이 교사에 의해서 말하도록 요청받았을 때만 말할 수 있는 것이 아니라는 점을 염두에 두어야 할 필요가 있다. ③ 교사는 학생들이 스스로 대화를 적절히 자연스럽게 시작하고 끝맺고 질문하는 방법 등을 자연스럽게 터득할 수 있도록 지도해야 한다. ④ 학생들이 대화를 할 때, 어법보다는 의미(meaning), 유창성(fluency), 효과적인 상호 작용에 역점을 둘 수 있도록 지도한다.

2. 말하기 연습 활동 유형 3가지

① 통제 연습(controlled practice)
교사의 주도 하에 목표로 하는 언어적 표현을 학생들이 어떤 정해진 상황이나 맥락 속에서 지속적으로 연습하도록 하는 것

② 유도 연습(guided practice)
교사가 학생들이 어떤 언어적 표현을 어떠한 상황과 맥락에서 연습할지 대략의 윤곽을 정하는 등 어느 정도 통제를 하고 안내를 하되, 학생들에게 일정 부분 선택권과 자유를 부여하는 것

③ 자유 말하기(발화, free production)
연습 단계에서 익힌 언어와 그동안 배운 모든 언어적 요소와 지식들을 총동원하여 새로운 상황에서 자신만의 말을 만들어 표현해 보는 것

13
2013-B-10

다음은 4학년 영어과 수업 활동의 일부이다. 물음에 답하시오. [4점]

> 교 사 : Now, I'm going to tell you a short story. This is a "yesterday" story. This is a story from yesterday. And I'm going to act it out as I tell it. Pay attention, please. Are you ready?
> 학생들 : Yes.
> 교 사 : (몸짓으로 표현하면서 이야기한다.) Yesterday, I walked home. I cooked dinner. After dinner, I talked on the phone for a few minutes. I studied English and I watched TV. I brushed my teeth and washed my face. I went to bed. I turned off the light and fell asleep. Are you following me?
> 학생들 : Yes.
> 교 사 : OK. It's time for everybody to act it out together. Everybody, stand up. Are you ready to act?
> 학생들 : Yes!
> 교 사 : All right. Listen carefully and act.(천천히 이야기한다.) Yesterday, I walked home. (이하 생략)

1) 위 수업 활동을 통해 달성하고자 하는 성취 기준을 내용 기준과 수행 기준을 포함하여 쓰시오. [1점]

• _____

2) 위 수업에 활용된 교수법의 특징을 다음과 같이 기술할 때, ㉠에 들어갈 낱말을 영어로 쓰시오. [1점]

> • This teaching method attempts to teach language through physical activity.
> • At first the focus is on comprehension but comprehension is a means to an end.
> • The ultimate aim is to teach basic speaking skills.
> • The difficulty of the input is gradually increased and eventually students take over the teacher's role.
> • Unlike other methods that reflect a grammar—based or structural view of language, this method requires initial attention to (㉠) rather than to the form of items.
> • Grammar is thus taught inductively.

• ㉠ : _____

3) 위 수업에 활용된 교수법은 몸을 움직이기 좋아하는 어린 학습자의 특성에 맞으므로 현장에서 적용하기에 효과적이다. 이 교수법의 장점을 교사와 학생 측면에서 각각 1가지씩 쓰시오. [2점]

• 교사 측면 : _____

• 학생 측면 : _____

정답

1) 지나간 일에 관한 쉽고 간단한 지시, 명령을 듣고 행동한다.

2) meaning

3)
교사 측면	학습자의 이해 여부를 바로 알 수 있다.
학생 측면	긴장을 풀고 학습에 몰두하며 흥미를 느낄 수 있다.

정답이유

2) 전신반응교수법은 언어의 형식보다는 의미를 중시한다.

3) TPR 장점
• 간단한 지시나 명령을 듣고 행동하는 방식으로 이루어지므로 학습자의 이해 여부를 바로 알 수 있고 몸을 움직이기 좋아하는 어린 학습자의 특성에 맞으므로 초등학교 현장에서 적용하기에 알맞은 방법이다.
• 교사가 교실 안에 있는 여러 가지 물건과 맥락을 이용하여 다양한 명령이나 지시를 하고 그에 따라 학습자는 몸을 움직여 반응함으로써 긴장을 풀고 학습에 몰두하며 흥미를 느낄 수 있게 된다.

정답개념

⟨Contrastive terms⟩
1. meaning vs form
• 언어의 3요소 : 형태, 의미, 기능
2. 정확성(accuracy) vs 유창성(fluency)
3. 습득(acquisition) vs 학습(learning)
4. 상향식 처리(bottom-up processing) vs 하향식 처리(top-down processing)
5. 실수(mistake) vs 오류(error)
6. 분절음(segment) vs 초분절음(supra-segment)
7. 음독(reading aloud) vs 묵독(silent reading)
• 음독 : 발음과 억양, 리듬을 익히면서 소리와 문자의 관계를 익히기에 적합한 유형
• 묵독 : 발음에 대한 부담을 가지지 않고 의미 파악에 주력하여 읽는 방법
8. 언어 능력(competence) vs 언어 수행(performance)
9. 사용(use) vs. 용법(usage)
10. 과정(process) vs 결과(product)
11. 외부적 동기(extrinsic motivation) vs 내부적 동기(intrinsic motivation)
12. 행동주의론(behaviorism) vs 생득론(nativists' view)
13. 장독립성(field-independence) vs 장의존성(field-dependence)
14. 정보의 공백(information gap) vs 의견 차이(opinion gap)
15. 대략 조정 투입 자료(roughly-tuned input) vs 엄밀 조정 투입 자료(finely-tuned input)
16. authentic vs artificial
17. 훑어읽기(skimming) vs 찾아읽기(scanning)
18. Display question(전시형 질문) vs Referential question(정보 질문)
19. Linear vs recursive

14

2013-B-11

정 교사는 다음 이야기를 이용하여 스토리텔링 활동을 하였다. 물음에 답하시오. [3점]

> The first little pig builds his house.
> Makes with straws one by one.
> A wolf is coming. Hoo, hoo!
> A wolf is coming. Hoo, hoo!
> Everything is gone.
>
> The second little pig builds his house.
> Makes with logs one by one.
> A wolf is coming. Hoo, hoo!
> A wolf is coming. Hoo, hoo!
> Everything is gone.
>
> The third little pig builds his house.
> Makes with bricks one by one.
> A wolf is coming. Hoo, hoo!
> A wolf is coming. Hoo, hoo!
> Everything is still there.

1) 정 교사가 위 이야기를 이용한 이유는 다음과 같다. 빈 칸에 공통으로 들어갈 낱말을 완성하시오. [1점]

- For young children language should be learnt in a holistic way.
- In the given story the target expression can be taught without being broken into component parts.
- It is picked up easily, because the story contains r_____ which makes it more noticeable.
- Songs, rhymes and stories often use r_____ to make target expressions salient.
- Another strong point of the story is that it has rhythm.
- With rhythm it gets more enjoyable and stimulates children's interest.

• r_____

2) 정 교사는 스토리텔링 활동을 한 후, 후속 활동으로 〈활동 A〉와 〈활동 B〉를 순서대로 실시하였다. 정 교사가 실시한 스토리텔링 활동과 후속 활동의 차이점을 강세박자언어인 영어의 발음 구성 요소 측면에서 쓰고, 정 교사가 〈활동 A〉를 〈활동 B〉보다 먼저 실시한 이유를 쓰시오. [2점]

〈활동 A〉	잘 듣고, 들려주는 낱말의 첫소리가 🐷의 첫소리와 같으면 손을 들어봅시다. (pig, bus, pen, cat, pin을 차례로 들려준다.)
〈활동 B〉	잘 듣고, 밑줄 친 부분에 주의하며 낱말을 큰 소리로 따라 읽어봅시다. 　　　　p<u>ig</u>　　p<u>in</u>　　p<u>en</u>　　p<u>ear</u>

• _____
• _____

3절 읽기

01 2023-A-5

다음은 안 교사의 3학년 영어 수업과 강 교사의 4학년 영어 수업의 일부이다. 물음에 답하시오. [3점]

안 교사
T : Let's listen to the story again. This time, listen for the words with the same sound.

Blue bird, blue bird, what do you see?
I see a big bear playing with a ball.
Big bear, big bear, what do you see?
I see a busy bee flying around a bus.
… (하략) …

T : What words did you hear in the story?
S1: Big, bus.
T : Very good. I'm going to say the two words again. 'Big, bus.' What sound do you hear first?
S2: 버?
T : Good try! Repeat after me. /b/, /b/, big.
Ss: /b/, /b/, big.
T : (낱말 카드를 보여 주며) Then, what letter makes the sound /b/ in 'big'?
S3: 알파벳 'b'요.
T : Excellent. The letter 'b' says /b/ as in 'big.' (어구 카드를 보여 주며) Read aloud the phrase after me. Big bear playing with a ball.
Ss: Big bear playing with a ball.
T : Very good. Let's find some more words with /b/ in the story.
… (하략) …

강 교사
T : We're going to do a sorting activity using the words we know. Make groups of 4, and I'll give each group a set of 8 word cards. (낱말 카드 세트를 나눠 준다.) Do you all have the word cards?
Ss: Yes.
T : All right. I want you to divide the word cards into 2 groups. Look at the spelling of the words and try to find the same patterns.
Ss: Okay. (모둠별로 낱말 카드를 분류한다.)
T : Let's see how you did the activity. Group 1, what words are in the same group with 'cat'?
S1: Bat, hat, mat.

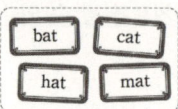 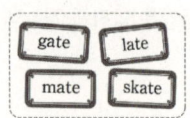

T : Very good. What words are in the other group?
S2: Gate, late, mate, skate.
T : What's the same spelling in 'bat, cat, hat, mat'?
Ss: A-T.
T : (낱말을 칠판에 쓰며) Read after me. 'At, cat.'
Ss: At, cat.
T : Good. The letter 'a' makes the /æ/ sound in these words. Now, I'm going to show a new word. (낱말 카드를 보여 주며) Look at this word. It starts like 'up.' The words 'gate' and 'late' will also help you read it aloud. Can anyone read it?
S3: Update.
T : That's correct. Do you know this word?
S3: No.
T : Then, how did you read it?
… (하략) …

1) 다음은 안 교사가 활용한 이야기 자료에 대한 설명이다. ( )에 공통으로 들어갈 말을 'd'로 시작하는 1단어의 <u>영어</u>로 쓰시오. [1점]

The story has features from two different types of texts frequently used for beginning L2 learners: predictable texts and (   ) texts. Predictable texts often contain the repetition of core structures and chunks, and the repetitive language coupled with illustrations enables young L2 learners to comprehend the content easily. (   ) texts are carefully designed to help beginning readers develop phonics knowledge by using words that display target spelling-sound correspondences repetitively.

2) 다음은 수업을 참관한 동료 교사들이 나눈 대화의 일부이다. ① 안 교사와 강 교사의 낱말 선정 기준을 ⓐ에 근거하여 각각 쓰고(단, 수업에서 활용된 낱말 2개씩을 예시로 들 것.), ② 강 교사가 낱말 분류하기 활동을 실시한 이유를 ⓑ와 관련지어 쓰시오. [2점]

교사 A: 두 분 모두 'bus'나 'cat'과 같이 친숙한 단음절 낱말을 주로 활용하였고, 같은 단음절 낱말이라도 어떤 낱말을 함께 제시할 것인지 많이 고민하신 것 같습니다.
교사 B: ⓐ영어 음절은 'onset'과 'rhyme'으로 이루어집니다. 그 점에서 두 분이 서로 다른 기준으로 낱말을 선정해서 제시하신 것 같습니다.
교사 C: 학년 수준과 파닉스 지도 요소를 고려해서 그렇게 하신 것 같아요.
교사 D: 강 교사가 사용한 낱말 분류하기 활동은 ⓑ<u>새로운 낱말을 읽는 데 도움을 주는 것</u> 같아요.
교사 B: 학생들이 활동을 해 보며 흥미 있게 파닉스를 배우도록 한 점도 좋았습니다.

① _____

② _____

정답

1) decodable

2) ① 안 교사는 bird, big, bear, ball, busy, bee, bus 등 onset을 기준으로, 강 교사는 bat, cat, hat, mat나 gate, late, mate, skate, update 등 rhyme를 기준으로 선정하였다.
② 소리와 철자의 관계를 이해하여 처음 접하는 새로운 낱말을 읽게 하기 위해

정답이유

1) decodable text(해독 교재)
- 초기 읽기 교재의 한 유형으로 phonics와 관련됨

> Decodable text is a type of text used in beginning reading instruction. Decodable texts are carefully sequenced to progressively incorporate words that are consistent with the letter-sound relationships that have been taught to the new reader.

〈파닉스〉
- 상향식 접근(bottom-up approach)에 기반
- 읽기는 문자를 상응하는 음성으로 해독(decoding)하는 과정으로 이에 기반을 둔 것이 음철법
- 글자와 그에 상응하는 음을 연결시킴으로써 단어를 발음으로 해독(번역)하도록 가르치는 읽기 교육 접근법이며 읽기 기법 중 음독에 해당된다.

> An approach to the teaching of reading in which learners are taught to decode words by matching written symbols with their aural equivalents.

〈읽기 기법〉

음독 (reading aloud)	영어의 발음과 억양, 리듬을 익히면서 소리와 문자의 관계를 익히기에 적합한 유형으로 문자를 해독하기 위해 음성으로 바꾸고, 그것을 의미와 연결시키는 것, 음철법이 대표적
묵독 (silent reading)	발음에 대한 부담을 가지지 않고 의미 파악에 주력하여 읽는 방법

〈텍스트 종류〉
① predictable text
- 핵심 구문과 말뭉치의 반복, 삽화와 함께 언어를 반복적으로 제시하여 의미를 돕는다.
② decodable text
- 초보 독자가 파닉스 지식을 향상시키기 위해 철자와 소리의 대응 관계를 보여주는 단어들을 반복적으로 사용한다.

2)
① onset은 어두자음군이고, rhyme은 각운이다.
- onset : beginning sound를 같게 하는 것
  Look before you leap.(펄쩍 뛰기 전에 잘 살펴라)
  '돌다리도 두드리고 건너라'에 해당되는 영어 속담인데, jump라는 쉬운 단어를 두고 굳이 'leap'이라는 단어를 선택한 이유는 'look'과 첫 소리가 같으면서 jump라는 의미를 지닌 단어이기 때문이다.
- Rhyme : ending sound(letter가 아닌 sound)를 같게 하는 것

> the use of words that have the same sound(s). Rhyme is frequently used in children's songs, poems or stories, especially at the end of lines.

② 음철법(Phonics Approach) 장점
- 철자(문자)와 소리(발음)간의 규칙성을 파악하여 처음 접하는 단어도 소리 내어 읽을 수 있다.
- 한국어와 비교할 때 영어는 문자와 소리가 정확히 대응되지 않는 경우가 많지만 문자 배열에 따른 특정 소리가 나는 규칙성은 존재한다. 따라서 이러한 규칙을 이해하고 적용하여 처음 보는 단어도 소리 내어 읽을 수 있게 하는 것이 파닉스의 핵심이다.

정답개념

1. 해독 기법(파닉스를 중심으로)
① 파닉스 기법을 활용하여 문자 해독을 시도할 때는 모음보다는 자음부터 시작하는 것이 좋다.
- 자음은 조음 위치가 비교적 정확하며 몇 가지 예외 경우를 제외하고는 소리와 철자의 일대일 대응이 잘 되지만, 모음은 입안에서 소리 나는 위치가 혀의 높낮이, 입의 모양, 긴장 또는 이완의 정도에 의해서 정해지기 때문에 소리의 정확한 지도가 쉽지 않다. 게다가 하나의 모음은 다양한 음가를 가지고 있어서 소리와 철자의 일대일 대응도 쉽지 않다.
② 따라서 파닉스 기법을 활용하여 문자 해독을 적용할 때는 소리와 철자의 일대일 대응이 비교적 잘 이루어지는 자음부터 시작하여 단어를 각운(rhyme)과 어두 자음군(onset)으로 분석하여 해독하는 통합적 접근을 하여 초등학생들이 보다 쉽게 단어를 읽을 수 있도록 한다.
③ 예를 들면 -all이라는 각운을 알게 되면, 어두에 자음 또는 자음군을 붙여 ball, small, call, fall 등의 단어를 쉽게 읽을 수 있다.

2. 성취 기준
[4영03-02] 소리와 철자의 관계를 이해하여 낱말을 읽을 수 있다.
- 낱말을 구성하고 있는 철자가 낱말 안에서 어떤 음가를 갖고 있는지 이해하고 이를 바탕으로 낱말을 스스로 읽을 수 있는 것을 말한다.
- 학습자들은 여러 낱말들을 접하면서 각 철자가 어떤 소리를 내며, 같은 철자라도 낱말에 따라 달라진다는 것을 인식하게 된다. 처음에는 낱말의 첫 글자를 나타내는 소리만 인식하다가 점차 낱말의 끝 글자를 나타내는 소리도 인식하게 된다.
- 나아가 낱말이 자음과 모음으로 구성된다는 것을 알고 모음의 소리까지도 인식하게 된다. 모음의 소리를 인식하게 되면 낱말의 음절을 구분할 수 있게 되어 소리와 철자와의 규칙을 적용하여 낱말을 스스로 읽을 수 있게 되며, 점차 독자적인 읽기의 기초가 되어 문장이나 글을 읽을 수 있는 수준으로 발전하게 된다.

02   2022-A-4

다음은 최 교사의 4학년 영어 읽기 수업의 일부이다. 물음에 답하시오. [3점]

읽기 중	T : Before we start reading a story, let us think. When you see unfamiliar words while reading a book, what do you do? S1 : 친구나 선생님에게 물어요. S2 : 번역기를 사용해요. T : They are all good ideas. Today, I'll tell you another way. Open your book to page 21. (책을 펼쳐 보이며) I'll read the story. "Hello! My name is Dan Short. I am blind." Does anyone know what the word 'blind' means? Ss : 잘 모르겠어요.  T : That's OK. Let's see together. What do you see in the picture? S3 : 주인공이 지팡이를 가지고 있어요. S4 : 개가 길을 안내해 주고 있어요. T : That's right. Do you think he can see things? Ss : No. T : Right. Then, what's the meaning of the word 'blind'? Ss : 눈이 안 보인다는 뜻이에요. T : Excellent. Yes, he is blind. This time, you're going to read the book on your own. Try to guess the meaning of unfamiliar words while reading. Understood? Ss : Yes. T : Great. Please remember what you did in guessing the meaning of 'blind'. … (하략) …
읽기 후	T : Did you enjoy reading the story? Ss : Yes, I did. T : You understand all the story. It's time to retell the story. ㉠ Get into pairs and tell the story in your words to your partner before presenting it to the class. I'll give you 5 minutes for the pair work. Ss : (활동을 한다.) T : OK, who wants to start? (손을 든 학생들을 둘러보며) S5, will you tell us the story? S5 : Dan Short is blind. But the special dog help … the special dog help he can go to school. T : Very good. S6, do you have anything to add? S6 : He can go to the shopping mall. He can go to airport. T : Great. Who will be the next to tell us about the special dog? … (하략) …

1) ① '읽기 중'에서 학생들이 어휘의 의미를 추측할 수 있도록 최 교사가 활용한 전략을 쓰고, ② '읽기 후'에서 ㉠의 기대 효과를 학습자의 정의적 요인과 관련하여 쓰시오. [2점]

• ① : _____
• ② : _____

2) 다음은 '읽기 후'에서 적용한 언어 습득 이론을 설명한 것이다. ( )에 공통으로 들어갈 용어를 첫 단어가 'p'로 시작하는 2단어의 영어로 쓰시오. [1점]

> Learners can comprehend input without having to look closely at the grammar. However, if they are required to produce the target language, their attention tends to change its direction to linguistic features. It is in this sense that ( ) contribute(s) to L2 development. L2 learners' linguistic processing leading to ( ) generates important language learning opportunities by allowing learners to test their linguistic hypotheses and refine their interlanguage. The post-reading activity guided students into focusing on linguistic structures in order to deliver their intended meanings. Also, it appears that, for S5, the activity likely offered an opportunity to notice linguistic gaps in her interlanguage, which is another beneficial aspect of ( ).

• _____

정답

1) ① 추론(Inferencing)
② 학급 전체를 대상으로 발표를 하기 전에, 짝 활동을 통해 불안감(anxiety)을 낮출 수 있다.

2) pushed output

정답이유

1)
① 추론 : 새로운 요소의 의미를 추측하거나 결과를 예측하거나 빠진 정보를 메우기 위해 이용 가능한 정보를 사용하는 인지적 전략

> Using available information to guess meaning of new items, predict outcomes, or fill in missing information.

② 학습자의 정의적 요인에는 대표적으로 동기, 불안, 위험감수 등이 있다.

2) Output hypothesis 출력가설
• 학습자의 오류에 관해서 교사가 negative feedback을 제공하면서 pushed output을 유발하는 것을 강조한다. 자신이 나름 문장을 구성해서 말했는데 교사의 negative feedback을 받았으므로, 그 이후 학습자는 자신이 의도했던 발화와 자신이 실제로 말했던 발화 사이의 gap을 느끼게 되고, 좀 더 이해 가능한 발화를 말하기 위해서 다른 형태의 발화를 시험해보고, 그 과정에서 언어 습득이 일어난다는 입장이다.
• Pushed output은 의사소통 오류 발생시 목표 언어를 정확하게 발화하도록 강요받았을 때 발생한다.

03
2020-A-10

다음은 강 교사의 6학년 영어 읽기 수업의 일부이다. 물음에 답하시오. [4점]

읽기 전	T: Today, we're going to read a story. (책 표지를 가리키며) Look at the front cover. What's the title? Ss: The Giving Tree. T: Great. Let's go over some words before reading the story. Look at the picture cards and repeat after me. (나뭇가지 그림 카드를 보여주며) Branch. Ss: Branch. … (중략) … T: Good job, class. Look through the text quickly to guess what happens in the story. Ss: (텍스트를 읽어본다.) T: Can you tell me what the story is about? S1: 나무가 소년에게 많은 것을 주는 것 같아요. S2: 소년과 나무의 우정에 관한 이야기에요. T: Well done.
읽기 중	T: I'll read the story line by line, and you read along the text after me. OK? Ss: Yes. 　Once there were a tree and a little boy. One day the little boy came to the tree. "I'm hungry. Can you give me some apples?" asked the boy. 　… (하략) … … (중략) … T: Let's make a story map. (활동지를 나눠주며) Take this worksheet. Does everybody have the worksheet? Ss: Yes. T: Good. Read the story one more time and fill in the blanks with the right sentences. 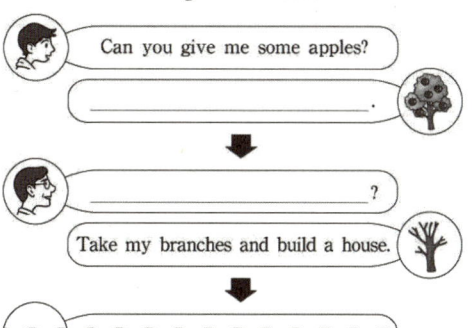
읽기 후	T: Let's do a reading activity with the story. On the backside of your worksheet, there are three different scripts. Can you find them? Ss: Yes. T: Good. Make groups of three and choose a script. Ss: (모둠을 구성하고 대본을 고른다.) T: Now, you're going to take a role in the script. Who do you want to be? Take a role in your group. Ss: (각 모둠에서 Tree, Boy, Narrator 중 하나를 정한다.) T: Practice reading the script aloud with your group members. Try to read your parts like the boy or the tree. Later, you will come up to the front and show your performance.

1) 강 교사의 수업에서는 읽기 전략으로서 학생들이 'skimming'을 활용하도록 하였다. 해당 부분이 나타난 교사의 발화 1문장을 찾아 쓰시오. [1점]

• _____

2) 다음은 강 교사가 읽기 후 단계에서 적용한 활동의 목적을 설명한 것이다. ( ) 안에 들어갈 용어를 'f'로 시작하는 1단어의 영어로 쓰시오. [1점]

> Readers Theatre is a performance of a written script that demands repeated readings. Performing the script provides students with a real purpose for the repetition, and they are able to read it faster with confidence. Because they read from the script during the performance, they are encouraged to read it with appropriate speed and expression to carry the meaning effectively. Therefore, Readers Theatre is an effective and engaging way to develop (　　) in reading.

• _____

3) 다음은 강 교사의 수업을 참관한 후 교사들이 나눈 대화이다. ⓐ~ⓔ 중에서 수업 내용과 일치하지 않는 것 2가지를 찾아 기호를 쓰고, 그 이유를 쓰시오. [2점]

> ⓐ 교사 A: 의미 이해뿐만 아니라 소리내어 읽기를 포함하여 읽기 수업을 구성하였어요.
> ⓑ 교사 B: 읽기 전 단계에서 상향식 처리과정을 돕기 위한 지도가 이루어지지 않았어요.
> ⓒ 교사 C: 읽기 중 단계에서 읽기와 함께 다른 언어 기능을 통합하여 구성하였어요.
> ⓓ 교사 D: 줄거리 요약하기에 대한 스캐폴딩으로 그래픽 조직자를 제공하였어요.
> ⓔ 교사 E: 읽기 후 단계에서 낱말의 소리와 철자 관계를 명시적으로 지도하였어요.

• _____

• _____

정답

1) Look through the text quickly to guess what happens in the story.

2) fluency

3) ⓑ 읽기 전 단계에서 상향식 처리 과정을 돕기 위한 그림 카드의 낱말을 따라 읽도록 지도하였다.
　ⓔ 읽기 후 단계에서 낱말의 소리와 철자 관계를 명시적으로 지도하지 않았고, 스크립트를 크게 읽는 활동을 통해 읽기 유창성을 기르고자 하였다.

정답이유

1) skimming(훑어 읽기)은 자료 전체를 빠른 시간에 훑어보면서 전체적 내용을 개략적으로 읽어 파악하는 전략이다.

2) 'read it faster with confidence.', 'speed and expression to carry the meaning effectively.' 등의 표현을 통해서 읽기 후 활동이 읽기 유창성을 증진하기 위한 활동임을 알 수 있다.

04 2021-A-5

다음은 김 교사의 5학년 영어 읽기 수업 장면의 일부이다. 물음에 답하시오. [4점]

읽기 전	T : Today, we'll read about three camps. S1: Camps? T : Yes. You can meet new friends and do fun activities at a camp. S1: Oh, I see. T : Look at the reading part in your textbook. I'll ask some questions. Listen and quickly search for the answers in the reading part. Who is introducing the first camp? Ss : Minsu. T : Good. Then, who is introducing the second camp? … (하략) …
읽기 중	T : Now, read the first text silently. I'll give you three minutes.  **MUSIC CAMP** Hi! I'm Minsu. What's your plan for this winter vacation? I will join a music camp. On Day 1, I will go to a concert. On Day 2, I will meet my favorite singers. On Day 3, they will teach new songs. I will have a lot of fun. … (중략) … T : Time's up. Is everyone finished? Ss: Yes. T : Now, let me ask some questions. Please answer in a full sentence. What will Minsu do on Day 1? S1: He will go to concerts. T : Will he go to a concert or many concerts? S1: Oh, he will go to a concert. T : Then, who will teach new songs? Ss: They will teach new songs. T : Who are they? Ss: They are … teachers? T : Not quite right. Read again about Day 2 and Day 3. … (하략) …
읽기 후	T : Now, get into pairs. Read the texts again and choose a camp to join together. You may have different opinions, but be nice to each other when you discuss. (교실을 돌아다니며 학생들의 활동을 지도한다.) S1: I want to join the writing camp. What about you? S2: Music camp. I want meet my favorite singer. T : Who is your favorite singer? S2: (자신이 좋아하는 여자 가수에 대해 이야기한다.) S1: Really? I like him, too. T : Him? Are we talking about him or her? S1: Oh, I like her. T : Good. … (하략) …

1) 다음은 김 교사가 작성한 교수·학습 과정안의 일부이다. ① 2015 개정 영어과 교육과정의 내용 체계에 근거하여 ( ) 안에 들어갈 핵심 개념을 쓰고, ② ⓐ~ⓔ 중 수업 내용과 일치하지 않는 것을 찾아 기호를 쓰고 바르게 고쳐 쓰시오. [2점]

학습 목표	캠프에 대한 글을 읽고 ( )을/를 파악할 수 있다.
읽기 전	ⓐ 학생들에게 읽기 topic을 소개한다. ⓑ 교과서를 보며 '찾아 읽기' 활동을 진행한다.
읽기 중	ⓒ 주어진 시간에 묵독을 마쳤는지 확인한다. ⓓ 교사 질문으로 학생들의 읽기 이해도를 점검한다.
읽기 후	ⓔ 언어 기능 중 듣기를 제외한 세 가지 기능을 활용한다. … (하략) …

• ① : _____

• ② : _____

2) 다음은 김 교사가 수업을 마친 후 작성한 성찰 일지이다. ( ) 안에 공통으로 들어갈 용어를 'd'로 시작하는 1단어의 영어로 쓰시오. [1점]

Date : Nov. ○○, 2020.　　　　　　　Class : 5-3
　During the while-reading stage, my students read about three camps. After they finished reading each text, I asked several questions. My students answered most of them quite well, but they had trouble with a few questions which required them to connect forms and meanings at the level of (　　　). For example, after reading the text about a music camp, they could not find who the personal pronoun 'they' refers to. This indicates that my students should learn rules of (　　　) to comprehend stretches of language across sentences.

• _____

3) 김 교사는 학생의 발화 오류가 의미 전달에 지장을 주지 않는 경우 그 오류를 교정하지 않고 의사소통 중심으로 활동을 지도하였다. 이러한 지도 방식이 가장 잘 나타난 김 교사의 발화 1문장을 찾아 쓰시오. [1점]

• _____

정답

1) ① 세부 정보
   ② ⓔ, 언어 기능 중 쓰기를 제외한 세 가지 기능을 활용한다.
2) Discourse
3) Who is your favorite singer?

정답이유

1)
① 내용 체계에 제시된 중심 내용은 줄거리나 목적이고, 세부 정보는 그림, 도표, 일상생활 관련 주제이다. 읽기 중 활동에는 text 내용에 관한 것, 즉 사실적 정보를 묻고 답하고 있어서 세부 정보가 적합하다.
② 읽기 후 활동의 김 교사의 첫 번째 발화를 보면, 짝을 지어서 글을 다시 읽고 참여할 캠프를 선택하고, 토론하는 활동이 제시되어 있으므로, 읽기 후 활동에서는 언어 기능 중 쓰기를 제외한 듣기, 말하기, 읽기 기능을 활용한다.

2) Discourse competence
- mastery of how to combine grammatical forms and meaning to achieve unity of a spoken or written text
- 제시문에서 음악 캠프에 관한 글을 읽은 후 인칭대명사 'they'가 누구를 가리키는지 찾지 못했다는 것은 글을 논리적으로 이해하지 못했다는 것이므로 담화적 능력이 부족하다고 볼 수 있다.

> 읽는 중 단계에서 학생들은 3개의 캠프를 읽었습니다. 그들이 각 글을 다 읽은 후 몇 가지 질문을 했습니다. 학생들은 대부분의 질문에 아주 잘 대답했지만 (담화) 수준에서 형식과 의미를 연결해야 하는 몇 가지 질문에 어려움을 겪었습니다. 예를 들어, 음악 캠프에 대한 글을 읽은 후 인칭 대명사 'they'가 누구를 가리키는지 찾지 못했습니다. 이것은 학생들이 문장들 전반에 걸쳐 다양한 언어를 이해하기 위해 (담화) 규칙을 배워야 함을 나타냅니다.

〈Discourse 담화〉
- (말하기든 쓰기든) 문장 수준을 넘은 언어로서, 의사소통적 맥락에서 문장들의 연결과 상호 관련성을 지배하는 관계와 규칙
- a language(either spoken or written) beyond the sentence level; relationships and rules that govern the connection and interrelationship of sentences within communicative contexts

〈Discourse competence 담화적 능력〉
- 연속된 담화 속에서 문장들을 연결하고, 일련의 발화들로 유의미한 전체를 형성해내는 능력
- the ability to connect sentences in stretches of discourse and to form a meaningful whole out of a series of utterances
- 예를 들어, 'therefore'와 같은 문장 접속 부사 등을 적절히 사용하여 글을 구성하는 능력(응집성, 결합성), 또는 주어진 상황과 담화의 전후 문맥의 올바른 이해를 통하여 표면적으로 관계가 없는 듯이 보이는 발화의 의미 관계를 이해하는 능력(통일성, 일관성)들이 포함된다.

〈Discourse가 갖춰야 할 요소〉
① Cohesion 응집성
- 의사소통에 사용하는 언어의 형태가 구조적으로 호응되거나 대응되는 형태를 띠는 것으로 주로 단어의 반복, 상위 단어, 인칭 대명사, 지시 대명사의 사용 등에 의해 결정됨

> 예 A : Do you like apples?
> B : Yes, I do.
> - 언어 형태상으로 A가 사용한 언어 형태에 대응되도록 B는 대답하고 있다.
> - 이렇게 서로 연결고리를 보여주는 요소가 lexical 혹은 grammatical하게 있는 것을 cohesion이라고 한다.

② Coherence 통일성
- 의사소통에서 사용하는 언어의 형태가 의미상으로 연결성과 통일성이 있어서 의미가 효과적으로 전달되는 현상으로 반드시 언어 형태상으로 호응하거나 대응하지 않더라도 의미 전달이 잘 이루어지는 것이 일반적이다.
- cohesive device(결합 장치)가 없어도 하나의 topic 하에 문장들이 논리적 관계를 이루고 있다면 coherent text가 될 수 있다.

> 예 A : Telephone!
> B : I'm in the bathroom.
> A : OK.
> - 언어 형태상으로 호응되거나 대응하는 것이 없어도 의사소통이 원활하게 이루어지고 있다.
> - 하나의 topic을 중심으로 logical sequence를 갖춘 담화를 바로 coherence를 갖췄다고 한다.

3) 읽기 후 단계의 S2 발화 'I want meet my favorite singer.'에서 want 뒤에 to를 생략하는 문법적 오류가 나타났지만 의미 전달에 지장을 주지 않아 오류 교정 없이 의사소통 중심으로 'Who is your favorite singer?'라고 대화를 이어가고 있으므로, 김 교사의 지도 방식이 가장 잘 드러난 발화라고 할 수 있다.

정답개념

1. 2015 개정 '읽기'
(1) 내용 체계

핵심 개념	일반화된 지식	내용 요소 3~4학년군	내용 요소 5~6학년군	기능
철자	소리와 철자 관계를 이해한다.	① 알파벳 대소문자 ② 낱말의 소리, 철자	① 알파벳 대소문자 ② 낱말의 소리, 철자 ③ 강세, 리듬, 억양	① 식별하기 ② 적용하기
어휘 및 문장	낱말이나 문장을 이해한다.	• 낱말, 어구, 문장	• 낱말, 어구, 문장	• 파악하기
★ 세부 정보	글의 세부 정보를 이해한다.		① 그림, 도표 ② 일상생활 관련 주제	• 파악하기
중심 내용	글의 중심 내용을 이해한다.		• 줄거리, 목적	① 파악하기 ② 추론하기
맥락	글의 논리적 관계를 이해한다.			① 파악하기 ② 추론하기
함축적 의미	글의 행간의 의미를 이해한다.			• 추론하기

(2) 성취기준
① 일상생활 속의 친숙한 주제에 관한 쉽고 짧은 글을 읽고 세부 정보를 파악할 수 있다.

> 글의 수준은 몇 개의 문장으로 구성된 쉽고 짧은 글이며 주제는 학습자가 일상생활 속에서 쉽게 접할 수 있는 것으로 선정한다. 주변에서 쉽게 접할 수 있으며 사실적 정보가 명확한 광고, 안내문, 메모, 감사 카드 등이 제재가 될 수 있다.

② 쉽고 짧은 글을 읽고 줄거리나 목적 등 중심 내용을 파악할 수 있다.

05

(가)는 김 교사가 실행한 5학년 영어 이야기 읽기 수업이고, (나)는 수업 후 작성한 일지이다. 물음에 답하시오. [4점]

(가)

읽기 전	T: Now, we're going to read a story. Look at the picture on page 70. Can you guess what the story is about? Ss: (자신의 생각을 이야기한다.) T: Sounds interesting. Let's watch the video clip and listen to the dialogue. Ss: (화면을 보면서 듣는다.) T: What's the story about? What's the topic? Ss: 미녀와 야수가 사랑하게 되는 이야기요. T: Right. It's about love between a beautiful girl and a wild animal.
읽기 중	T: Let's read the story aloud all together. I'll read first. Listen carefully and read after me. Ss: (교사를 따라 다 함께 읽기를 반복한다.) T: Everyone, read the story aloud by yourself. I'll give you 3 minutes. Ss: (각자 소리 내어 이야기를 읽는다.) T: Who will read the story aloud to the class? Any volunteer? (몇 명의 학생들에게 혼자 일어서서 큰 소리로 읽을 기회를 준다.) T: Excellent! This time, get into pairs. Take a part in the dialogue and read it to your friend. When it's over, switch the roles. Ss: (짝과 역할을 바꿔가며 읽는다.) T: Are you done? Then, look at the three questions of page 72, and answer them. (학생들과 함께 이야기의 세부 내용을 확인한다.)
읽기 후	T: Have you enjoyed reading the story? Ss: Yes. T: Imagine what will happen after the end of the story. Each pair, talk about that with each other and make a short story. A very short story. Ss: (짝과 의견을 나누고 함께 새로운 이야기를 만든다.) T: Now, tell your story to the class. Who wants to tell the story first? Ss: (앞에 나와 발표한다.)

(나)

Mon. Sept. 15, 2014

I employed reading aloud technique at the while-reading stage. It can be effective for learners with low-level literacy skills. First, I read the sentences one by one and the students read after me in chorus. Next, each student did reading aloud individually, and several students read aloud to the class. And then, the whole class got into pairs and did paired reading. The students appeared to participate actively. However, when the check-up questions were given, many of them failed to answer the questions correctly. To solve this problem I need to use the other reading technique in the next class. At the post-reading stage, I tried to help the students develop creativity. For this, I asked them to make use of their (㉠). In addition, I wanted them to practice speaking skill as well, and led them to tell a story.

1) (가)의 읽기 전 단계에 제시된 '듣기 활동'은 2009 개정 영어과 교육과정 5~6학년군 듣기 영역의 어떤 성취기준을 반영하는지 쓰시오. [1점]

• _____

2) (나)의 일지에 근거하여 김 교사가 적용한 ⓐ읽기 기법의 단점 1가지를 간략하게 기술하고, 다음 수업에서 활용할 것으로 예상되는 ⓑ읽기 기법을 한글 혹은 영어로 쓰시오. [2점]

• ⓐ: _____

• ⓑ: _____

3) (가)에 사용된 단어를 활용하여 (나)의 ㉠을 한 단어의 영어로 쓰시오. [1점]

• _____

정답

1) 이야기를 듣고 중심 내용을 이해한다.
2) ⓐ 소리내어 읽기에 집중하여 이야기의 내용 이해를 소홀히 한다.
   ⓑ 묵독(silent reading)
3) imagination

정답이유

1) 읽기 전 활동에 이야기의 영상과 대화를 듣고 난 후 무엇에 관한 내용이고, 주제는 무엇인가라는 교사의 발문에 학생들은 미녀와 야수가 사랑하게 된다는 이야기의 중심 내용(What's the topic?)을 말하고 있다.

2)
1. (나)의 첫 문장에는 '읽기 중' 단계에서 소리내어 읽기 기법을 적용하였다는 것이 나타나 있고, However 이후의 문장에는 많은 학생들이 주어진 질문에 알맞은 답을 하는 것에 실패했다는 내용이 제시되어 있으므로, 소리내어 읽는 활동에만 집중하여 이야기의 내용에 대한 이해가 미흡하였음을 알 수 있다.
2. 소리내어 읽기의 문제점을 해결하기 위해 사용할 다른 읽기 방법이므로, 묵독(silent reading)이 적합하다.

3)
1. (나)의 일지에서 읽기 후 단계에서 학생들의 창의성 발달을 돕기 위해 노력하였다는 부분이 제시되어 있고, 창의성 발달을 위해 학생들에게 그들의 ㉠을 활용하도록 요청하였다는 부분이 제시되어 있다.
2. (가)의 읽기 후 단계에서 'Imagine what will happen after the end of the story'라는 교사 발화가 제시되어 있으므로, creativity 발달을 위해 김 교사가 학생들에게 활용하도록 요청한 것은 imagination이다.

배재민+합격생 TIP 중등 영어교육론 기출문항

1. 2017 기출

Read the passage and follow the directions. 【2 points】

> The following is part of a lesson procedure that aims to facilitate students' comprehension of a text concerning global warming.
>
> Steps:
> 1. Before reading the text, T activates Ss' background knowledge concerning global warming and provides other relevant information to help Ss to have a better comprehension of the text.
> 2. T instructs Ss to read the text quickly in order to grasp the main ideas. In doing so, T tells them not to read every word.
> 3. T asks Ss to reread it quickly for specific information, such as the type of disasters caused by global warming.
> 4. T instructs Ss to read the text again at their own pace.
> 5. T checks Ss' overall comprehension by having them write a brief summary of the text.
> 6. T then checks Ss' understanding of the details by using a cloze activity.
>
> *Note*: T = teacher, S = student

Identify the two kinds of expeditious reading that the teacher instructs students to use in steps 2 and 3 with ONE word, respectively. Write them in the order that they appear.

✤ 정답

Skimming. Scanning

✤ 해설

Skimming, Scanning 둘 다 빠르게 읽는 전략으로, Skimming은 main idea와 같은 overview를, Scanning은 specific information만을 찾기 위해 읽는 전략이다. 항상 'language content' 뿐만 아니라 'learning process'까지도 가르치는 것이 중요한데, 그런 점에서 Reading strategy를 어떠한 읽기 목적을 위해, 어떤 전략을, 어떻게 사용해야 하는지 상세히 지도할 필요가 있다. 그 후 학생들은 conscious하게 Reading Strategy를 연습할 수 있고, 점점 자동화가 되어서 unconscious하게 전략을 사용하게 될 수 있다.('strategy'가 점차 'skill'이 될 수 있다)

> ① skimming : read the text quickly to gain a main idea (overall impression) from a passage,
> ② scanning : read the text quickly for a particular piece of information without necessarily understanding the rest of a text

2. 2014 기출

Below are an excerpt from a reading text and part of a student's think-aloud data generated while reading it. Based on the think-aloud data, identify the reading strategy that the student is using. Use ONE word. 【2 points】

> Computers have the potential to accomplish great things. With the right software, they could help make science tangible or teach neglected topics like art and music. They could help students form a concrete idea of society by displaying on screen a version of the city in which they live.
>   In practice, computers make our worst educational nightmares come true. While we bemoan the decline of literacy, computers discount words in favor of pictures or video. While we fret about the decreasing cogency of public debate, computers dismiss linear argument and promote fast, shallow romps across the information landscape. While we worry about basic skills, we allow into the classroom software that will do a student's arithmetic or correct his spelling.

- Well, nightmares? The author thinks computers do harm to education.
- Hmm ... the author is blaming computer software for a decline in basic skills.

✤ 정답

Inferencing

✤ 해설

본문의 'educational nightmare'라고 쓴 단어를 보면서 작가가 "컴퓨터가 교육에 좋지 않은 영향을 미치고 있다는 의견"을 가지고 있음을 추론하였다. 이는 본문에는 직접 언급된 내용은 아니기 때문에, 추론(Inferencing)을 통해서만 파악 가능하다. (identify ideas that are not explicitly stated)

> Reading strategy : Inferencing
> - identify ideas that are not explicitly stated
> - involves using what you know to learn something new
> - look for the clues in the text and use these clues to guess about the text and about the writer's ideas

4절 쓰기

01 2023-A-4

(가)는 김 교사의 6학년 영어 쓰기 수업의 일부이고, (나)는 수업 성찰 일지의 일부이다. 물음에 답하시오. [4점]

(가)

T : Can you guess what I did during my summer vacation? I would like to share some of my pictures.
S1: 부모님과 함께 영화를 보신 것 같아요.
T : Good guess. I will show you my writing about the summer vacation. Let's read it together.

<My Summer Vacation>
I visited my parents during the vacation.
I saw a movie with them.
I made a cake for my mom's birthday. [A]
We had a good time together!

Ss: (함께 예시문을 읽어 본다.)
T : Today, we're going to write about what we did during the summer vacation, things we did in the past. Please close your eyes and think about your vacation. (잠시 후) What did you do?
S2: I made cookies with my sister.
T : Great! Anyone else?
S3: I went to a mountain.
T : OK, you have some ideas to write about. Shall we move on to the next step?
Ss: Yes.
T : All right. Let's write about our summer vacation. You can use my writing as an example. Also, if you need some help, please ask me or your friends.
Ss: (여름 방학에 경험한 일에 대한 글을 쓰기 시작한다.)
T : (난감한 표정인 S4에게) Are you okay?
S4: 여름 방학에 뭘 했는지 생각이 잘 안 나요.
S5: 선생님, 저는 뭘 써야 할지 모르겠어요. [B]
S6: 저는 식물원에 갔었는데, 식물원이 영어로 뭐예요?
T : Oh, let me help you. (낱말을 S6에게 써 주며) That's 'botanical garden.'
S7: Teacher, I'm done. 그다음에는 뭐 해요?
T : (시계를 보며) Oh, it's time to check your writing with the group members. (체크리스트를 나눠 주며) Please use this checklist and give your thoughts on your friends' writing. Any questions? Ready, go!
S8: Look! 소문자 말고 대문자 'I'를 써야 맞는 거 아니야?
S9: 맞아, 여기를 대문자 'I'로 고칠게.
S10: 'My Fun Day'라는 제목이 좋은 것 같아.
S9: Thank you.
T : (S11의 글을 보며) I like your writing. Did you go to a magic show?
S11: Yes, I did. Look! (사진 여러 장을 보여 주며) I took a picture, too.
T : Wow! You took pictures.
S11: Yes, I took a picture.
T : (사진 여러 장을 가리키며) When you talk about more than one thing, you put 's' at the end of a word. You use a plural word. For example, 'dogs' [C]
is the plural of 'dog.' How do you say the plural of 'picture'?

… (하략) …

(나)

Today, I followed the stages of process writing. First, I asked the students to think briefly about what they did during the vacation and then moved on to the next stage. While the students were writing about their vacation, I found almost half of them had difficulties. I, nevertheless, continued to the next stage in which the students exchanged feedback on their writing, and the final rewriting and sharing process followed. Looking back on my lesson, I think I was obsessed with moving forward along the writing stages in a linear way. ㉠That was my biggest mistake.

1) ① 경험을 표현하는 글의 특성을 고려하여 'input enhancement'를 (가)의 [A]에 어떻게 적용할 것인지 쓰고, ② (가)의 [C]에 해당하는 교정적 피드백 유형의 명칭을 2단어의 <u>영어</u>로 쓰시오. [2점]

① _____

② _____

2) ① (가)의 [B]와 (나)에 근거하여 과정 중심 쓰기의 단계 중 수업에서 개선이 필요한 단계의 명칭을 1단어의 <u>영어</u>로 쓰고, ② (나)의 ㉠을 해결하기 위해 고려해야 하는 과정 중심 쓰기 지도의 유의점을 쓰시오. [2점]

① _____

② _____

정답

1) ① 과거형 동사들에 볼드체, 밑줄 긋기, 색깔을 다르게 한다.
   ② metalinguistic feedback
2) ① planning 또는 prewriting
   ② • 글쓰기 과정은 선조적이 아니라 회귀적이다.
   • 쓰기는 순차적으로만 진행되는 것이 아니라, 학생들의 필요와 상황에 따라 다른 순서와 양상으로 전개될 수 있다.

정답이유

1) ① <u>input enhancement(입력강화)</u>
• Sherwood Smith(1991)에 의해 만들어진 용어, 학습자의 주의를 끌기 위해 L2입력의 특정 자질을 보다 돌출되게 만드는 계획적인 시도

> • Techniques for getting Ss to notice the target grammar item
> - keep Ss' attention on meaning
> - make target items more salient through underlining, boldfacing, italicizing, coloring.

• 학생들은 주어진 text를 의미에 초점을 맞추어서 읽다가 target form('past tense', 경험 표현)에 볼드체나 밑줄이 되어 있는 것을 보고 '여기 왜 밑줄이 있지' 하고 유심히 보게 된다. 계속해서 past tense에 밑줄이 쳐 있는 것을 보고 결국 학생은 그 글이 과거에 일어난 일을 설명하는 것이고 밑줄 된 past tense form이 그러한 의미를 전달하는 역할을 하고 있다는 것을 알게 된다.

〈형태 초점 교수법 focus on form, by Long〉
• <u>의사소통 접근법의 문제점을 보완하기 위한 것으로 학생이 학습 목표에 해당하는 형태를 인식(noticing)하는데 강조점을 둠</u>
• 과거처럼 암기식 문법 학습은 지양하되, 배워야 할 형태에 초점을 두면서 의사소통 활동을 하도록 지도해야 한다.
• 형태에 초점을 두게 만드는 방법
 - 문자언어 : <u>활자체나 글자의 크기, 밑줄, 굵기, 색채 등을 조절하여 형태에 초점을 둔다.</u>
 - 음성언어 : 억양을 높여 큰 소리로 또렷하게 발화하거나, 반복하여 말하거나, 학생의 정확하지 않은 말에 대해 적절하게 피드백을 제공하거나, 이해와 산출의 어려움을 해결하기 위해 의미협상을 하는 등의 방법

1) ② 상위 언어적 피드백
• 문법 용어(metalanguage)를 사용해 올바른 언어 표현에 대한 정보를 제공
• It provides comments, information, or questions related to the well-formedness of the learner utterance (without supplementing the correct form)

> S : We look at the people yesterday.
> T : What's the ending we put on verbs when we talk about the past?

2) 과정 중심(process-oriented) 쓰기
① 개선이 필요한 단계의 명칭
• (가)의 [B] : 뭘 써야 할지 모르겠어요.
→ <u>쓰기 전(계획) 단계에서는 쓸 내용에 대한 생각과 아이디어를 산출하고 수집해야 한다.</u> 그러나 '뭘 써야 하는 줄 모른다.'는 것은 자기의 머릿속에 쓸 내용에 대한 아이디어가 떠오르지 않는다는 것을 의미한다.
• (나) : think briefly ~ next stage~ I found almost half of them had difficulties.
→ 간단히 생각하게 하고 다음 단계로 넘어가서 글을 쓰니 학생들이 쓰기 어려움에 처해 있다는 것은 <u>전 단계(쓰기 전 또는 계획)에서 문제가 있다는 것이다.</u>

〈교수·학습 방법 및 유의 사항〉
• 학습자가 쓰기의 과정을 충분히 즐길 수 있도록 계획 단계, 쓰기 단계, 수정 단계 혹은 쓰기 전 활동, 쓰기 중 활동, 쓰기 후 활동으로 구성하여 단계적으로 지도할 수 있다.

계획(planning) 쓰기 전 (pre-writing)	• 쓰기 전에 주제 선정, 쓸 내용에 대한 브레인스토밍(brainstorming) 및 정보 수집, 개요 작성(outlining) 등 쓸 내용을 계획하고 구상한다. • 교사는 학생들이 글을 쓸 때 필요한 낱말과 언어 형식을 지도하고, 쓰기 소재나 주제와 연관된 사전 경험을 활성화하여 글쓰기에 친숙해지고 동기를 유발한다.
쓰기(drafting) 쓰기 중 (while-writing)	• 계획을 바탕으로 초안을 작성하고 자유롭게 글을 쓴다.
수정(revising) 쓰기 후 (post-writing)	• 초안의 내용이나 표현을 수정한다.

② 과정 중심 쓰기 지도의 유의점
• 지문에 있는 linear(선조적, 단계적)는 결과 중심 쓰기의 특징이다. 이와 대조되는 과정 중심 쓰기의 특징은 recursive(회귀적, 순환적)이다.
• 쓰기는 순차적으로만 진행되는 것이 아니라, 학생들의 필요와 상황에 따라 다른 순서와 양상으로 전개될 수 있다.

02 2018-B-10

다음은 김 교사의 6학년 영어 수업의 일부이다. 물음에 답하시오. [3점]

> T : I have a card from my friend. Can you guess what kind of card it is?
> Ss : Birthday card?
> T : Very close. It's an invitation card. My friend invited me to her birthday party. Look at the screen. (실물 화상기에 카드를 올리며) Let's read the card together.
> Ss : (교사와 함께 카드의 내용을 읽는다.)
> T : Good. We'll make an invitation card, like this. Think of a party you want to have. I'll give you three minutes.
> Ss : (각자 자신이 열고 싶은 파티에 대해 생각한다.)
> T : Now listen carefully. I'll explain how to make an invitation card. I'll put different shapes and colors of cards on the blackboard. And I'll write some model sentences with blanks. Use these model sentences and write your invitation card.
> T : (카드를 나눠 주며) I'll pass the cards around. Please take one card you want.
> Ss : (카드를 한 장씩 골라 갖는다.)
> T : On the card, copy the model sentences. And fill in the blanks with words, like your party name, time, place, and so on. For example, take a look at this sentence, "We will _____ at the party." Write what you will do at your party in the blank. Use the words and phrases that you've learned so far. Do you understand?
> Ss : Yes.
> … (중략) …
> Ss : (모두 각자의 초대장을 완성한다.)
> T : Are you finished? Now, stand up and go around the classroom. Show your card to your friends and invite them.
> Ss : (초대장을 들고, 파티에 초대하는 말을 묻고 대답한다.)
> T : ㉠ (학생들이 활동하는 동안 교실을 돌아다니며 체크리스트에 기록한다.)

1) 다음은 2009 개정 영어과 교육과정의 5~6학년군 성취기준의 일부이다. 김 교사가 이 수업에서 학습 목표로 하는 성취기준을 찾아 기호를 쓰고, 김 교사의 발화 중에서 이것이 가장 잘 나타난 문장을 1개 찾아 쓰시오. [1점]

> ⓐ 자신이나 가족 등에 관해 짧고 간단하게 쓴다.
> ⓑ 문장 안에서 인쇄체 대·소문자를 바르게 쓴다.
> ⓒ 소리와 철자의 관계를 바탕으로 쉬운 낱말을 듣고 쓴다.
> ⓓ 예시문을 참고하여 간단한 초대, 감사, 축하 등의 짧은 글을 쓴다.

● _____

2) 다음은 김 교사가 밑줄 친 ㉠에서 활용한 체크리스트이다. 2009 개정 영어과 교육과정의 '언어 기능 통합 평가의 방법'에 근거하여, 김 교사가 사용한 수행평가의 방법을 쓰시오. [1점]

평가 내용 \ 학생 이름	김○○	이○○	…
활동에 적극적으로 참여하였는가?	○	△	
자신감 있게 발화하였는가?	○	☆	

날짜 : 2017. 11. ○○
* 잘함(○), 보통(△), 노력 요함(☆)

● _____

3) 다음은 김 교사가 수업을 마친 후 작성한 성찰 일지이다. 수업 내용과 일치하지 <u>않는</u> 것 1가지를 찾아 기호를 쓰고, 그 이유를 쓰시오. [1점]

> Nov. ○○, 2017
> ⓐ Today students made invitation cards. I chose this activity because an invitation card is a kind of text the students are likely to encounter in the real world.
> ⓑ Every student participated in this writing activity. It was a way of getting the students to write short meaningful pieces of writing.
> ⓒ I controlled the writing activity, so the students were not allowed to express their own ideas.
> ⓓ Although the writing activity was structured, the students could practice communicating using the model sentences.

● _____

정답

1) ⓓ, Use these model sentences and write your invitation card.

2) 관찰

3) ⓒ, 학생들에게 각자 자신이 열고 싶은 파티에 대해 생각해 보도록 하고 배운 단어나 어구를 활용하여 하고 싶은 파티 내용을 빈 칸에 쓰도록 지도했기 때문이다.

정답이유

1) 제시된 수업 활동 전체가 invitation card를 작성하는 활동과 관련되어 있으므로 학습 목표로 하는 성취기준은 ⓓ이고, '예시문을 참고하여 간단한 초대, 감사, 축하 등의 짧은 글을 쓴다'는 성취기준이 가장 잘 나타난 교사 발화는 'Use these model sentences and write your invitation card.'이다.

2) 오답분석

ⓒ 지문 해석 : 나는 작문 활동을 통제했기 때문에, 학생들은 자신의 생각을 표현할 수 없었다.
→ 김 교사는 6번째 발화에서 "Write what you will do at your party in the blank. Use the words and phrases that you've learned so far."(공란에 파티에서 무엇을 할 것인지 적어보십시오. 지금까지 배운 단어와 구를 사용하십시오.)라고 하여 학생들이 자신의 생각대로 파티 초대장을 완성할 수 있도록 하였으므로, <u>학생들이 자신의 생각을 표현할 수 없었다는 ⓒ의 내용은 수업 내용과 일치하지 않는다</u>.

2) 정답해설

ⓐ 지문 해석 : 오늘 학생들은 초대장을 만들었다. 초대장은 실제 세계에서 학생들이 만날 가능성이 있는 텍스트이기 때문에 이 활동을 선택했다. → ⓐ는 옳은 내용이다.

ⓑ 지문 해석 : 모든 학생들이 이 쓰기 활동에 참여했다. 그것은 학생들에게 짧은 의미 있는 글쓰기를 쓰게 하는 방법이었다.
→ 지문에 '모두 각자의 초대장을 완성한다.'는 내용이 있으므로 모든 학생들이 초대장 쓰기 활동에 참여했음을 알 수 있다.

ⓓ 지문 해석 : 쓰기 활동이 구조화되었지만, 학생들은 예시문을 사용하여 의사소통을 연습 할 수 있었다.
→ 지문에 '초대장을 듣고, 파티에 초대하는 말을 묻고 대답한다.'는 내용이 있으므로 학생들이 의사소통을 연습하였음을 알 수 있다.

정답개념

쓰기 지도 유형

(1) 통제 쓰기	• 알파벳이나 낱말, 문장 베껴 쓰기, 소리와 철자의 관계에 맞게 첫 소리 쓰기, 예시문을 읽고 그림에 맞게 빈 칸에 낱말 채워 쓰기, 그림에 맞게 주어진 낱말을 배열하여 문장 완성하기 등이 있다.	**Activity A** 민수의 일기를 완성해 봅시다. bought, played, went shopping, got up Saturday, July 4 Today, I ( ) at seven. I ( ) basketball with Dad. In the afternoon, I ( ) with Mom. I ( ) a T-shirt. It was a great day.
(2) 유도 쓰기	• 예시문을 읽고 상황에 맞게 학생이 글을 완성하는 활동으로 학생 수준에 맞는 어휘 등을 제공하여 초대장이나 감사 편지 쓰기 등을 할 수 있다.	**Activity B** 일기를 완성해 봅시다. _____, _____ Today, I _____ at _____. I _____ In the afternoon, I _____ I _____ It was a _____ day.
(3) 자유 쓰기	• 학생들의 자유로운 글쓰기를 유도하는 활동으로 의미를 표현하는 데 비중을 두는 일기 쓰기 등이 있다. • Students write about the things that interest them without the teacher's guidance. • Some examples are diaries, invitation, e-mails, and personal notes to name a few.	① 사물이나 사건 등 묘사하기나 일기쓰기 등이 일반적으로 많이 사용되는 자유쓰기의 형태이다. ② 자유쓰기에는 매우 다양한 형태가 있을 수 있다. 미리 글의 주제나 제목을 교사가 정해 줄 수도 있고, 학생들의 의견을 들어서 학생들과 함께 정할 수도 있다. 가급적 학생들의 의견을 들어서 글쓰기의 주제를 정할 것을 권장한다. ③ 통제적 쓰기 연습이나 유도적 쓰기 연습은 주로 의미의 표현보다는 언어의 형태를 바르게 쓰느냐에 그 초점을 두지만, 자유쓰기 연습에서는 의미의 표현에 보다 큰 비중을 둔다. ④ 따라서 학생들이 자유롭게 쓰고 싶은 내용을 쓰도록 하는 것이 실제적인 글쓰기를 통한 의사 소통의 진정한 단면을 반영하는 것이 된다.

03   2016-B-11

다음은 Mr. Jung의 6학년 영어 수업의 일부이다. 물음에 답하시오. [3점]

> T : Look at the pictures in Activity A. What did Minsu do last Saturday?
> Ss : He played basketball. He went shopping and bought a T-shirt.
> T : That's right. In Activity A, fill in the blanks with the words or phrases in the box.
>
> | Activity A | 민수의 일기를 완성해 봅시다. |
> |---|---|
>
> bought, played, went shopping, got up
>
> Saturday, July 4
> Today, I (   ) at seven.
> I (   ) basketball with Dad.
> In the afternoon, I (   ) with Mom.
> I (   ) a T-shirt.
> It was a great day.
>
>
>
> T : (학생들이 바르게 썼는지 확인하며 지도한다.)
> Now, let's move on to Activity B. What did you do yesterday?
> S1 : I cleaned my room.
> S2 : I played with my cat.
> T : Good. Write what you did yesterday.
>
> | Activity B | 일기를 완성해 봅시다. |
> |---|---|
>
> _____, _____
> Today, I _____ at _____.
> I _____.
> In the afternoon, I _____.
> I _____.
> It was a _____ day.
>
> T : Are you done? Read your writing to your partner.
> … (하략) …

1) 다음은 Activity A에 대한 설명이다. (   )에 공통으로 들어갈 단어를 영어로 쓰시오. [1점]

> • Diary writing is an effective way to teach the past tense.
> • In Activity A, the students complete the sentences with the past-tense verbs and verb phrases.
> • They are guided to attend to the language (   ) which they need to express what happened in the past.
> • Through this activity, the students can understand that mastering language (   ) contributes to constructing messages.

• _____

2) 다음은 위 수업에 대한 Mr. Jung과 Ms. Lee의 대화이다. 2009 개정 영어과 교육과정의 '쓰기' 교수·학습 방법에 근거하여 ① (   )에 공통으로 들어갈 단어를 영어로 쓰고, ② 밑줄 친 ㉠에서 Mr. Jung이 중점을 두어 지도해야 할 점을 쓰시오. [2점]

> Mr. Jung : In Activity A, I ask my students to complete Minsu's diary, hoping that they learn about how to write a diary.
> Ms. Lee : I see. Minsu's diary provides guidance and serves as a(n) (   ) for Activity B.
> Mr. Jung : Right. My students can write their diaries better if they use Minsu's diary as a(n) (   ).
> Ms. Lee : Yes. And Activity B provides your students with some chances to express themselves.
> Mr. Jung : I agree, but the chances are limited. So they need ㉠ another activity where they can write freely.

• ① : _____
• ② : _____

정답

1) forms

2) ① example
② 의미를 표현하는 데 비중을 두어 자유롭게 글을 쓰도록 한다.

정답이유

1) Activity A에서는 일기를 완성하는 활동을 통해 과거 시제라는 언어 형태를 학습하고 있으므로 (   )에는 forms가 적합하다. 제시문에 있는 messages는 meaning의 의미이다.

1. 쓰기 지도 단계
• 통제 쓰기(Controlled writing) → 유도 쓰기(Guided writing) → 자유 쓰기(Free writing)
• <Activity A> : 통제 쓰기(예시문을 읽고 그림에 맞게 빈칸에 낱말 채워 쓰기)
• <Activity B> : 유도 쓰기(예시문을 읽고 상황에 맞게 완성하는 활동)
• ㉠ <another Activity> : 자유 쓰기(제시문에 나타난 write freely)

2. 강조점
• 통제적 쓰기 연습이나 유도적 쓰기 연습은 주로 <u>의미의 표현보다는 언어의 형태를 바르게 쓰느냐에 그 초점을 두지만</u>, 자유쓰기 연습에서는 의미의 표현에 보다 큰 비중을 둔다.

2)
① 활동 B의 밑줄 친 부분과 활동 A에 제시된 내용을 비교할 때, 활동 A는 활동 B의 예시 자료로 활용되고 있으므로, (   )에는 공통적으로 example이 적합하다.
② 활동 B는 'Today', 'In the afternoon' 등과 같이 문장의 일부가 미리 제시되어 있고, 나머지를 완성하는 활동인 유도적 쓰기 연습 활동이므로, 주로 의미의 표현보다는 언어 형태에 초점이 있으므로, ㉠의 다른 활동에서는 의미를 표현하는 데 비중을 두어 자유롭게 쓰고 싶은 내용을 쓰도록 하는 것이 필요하다.

5절 논술형

2012 실전 (2011.12.10 시행)

01

(가)는 외국어 학습과 관련된 개념을 설명한 글이고, (나)는 초등학교 6학년 영어 수업의 일부이다. 1) (가)의 ⓐ와 ⓑ를 각각 제시하시오(영문 혹은 국문 모두 가능함). 2) (나)의 ①~⑧ 중에서 오류가 있는 학생 발화의 번호를 적고 이러한 오류 현상의 원인이 무엇인지를 논하고, 이 오류를 바로잡기 위한 학생 발화의 번호를 적고 이 학생이 사용한 학습 전략을 논하시오. 3) (나)의 ①~⑧ 중에서 교사가 학생의 오류에 대응한 발화의 번호를 적고 이 학생의 오류에 대응하는 교사의 교수 방법을 논하시오.

(가)	In foreign language learning, (ⓐ) is the process through which linguistic forms are incorporated and consolidated in a learner's mind and so they can be used without conscious or deliberate processing. However, if the linguistic forms are not consolidated in the learner's mind, the learner may use the language with erroneous forms. When the erroneous forms persist, they become a permanent part of the way the learner speaks or writes the language. The relatively permanent incorporation of incorrect linguistic forms into the learner's foreign language competence has been referred to as (ⓑ).
(나)	(교사는 낱말 카드를 사용하여 학생들에게 형용사의 비교급을 가르치고 있다.) T : ('tall'이 적혀있는 카드를 보여주며) What's the comparative of 'tall'? S1 : 'Taller.' T : Right! ('young'이 적혀 있는 카드를 보여주며) ① What's the comparative of 'young'? S2 : 'Younger.' T : Correct! ('cheap'이 적혀 있는 카드를 보여주며) ② How about this word? S1 : 'Cheaper.' T : Well done. ('expensive'가 적혀 있는 카드를 보여주며) What about 'expensive'? S1 : ③ 'Expensiver.' T : Well … 'more expensive.' ('more'를 강조하며) …… (중략) …… T : ④ Now, let's practice the words doing an activity with picture cards. Get into pairs. (학생들은 교사가 나누어 준 그림 카드를 사용하여 짝 활동을 시작한다.) S2 : (키가 다른 두 남자 아이가 그려져 있는 카드를 보여주며) Who is taller, Kevin or Mike? S1 : Mike. He's taller than Kevin. (가격이 다른 장난감 비행기와 배가 그려져 있는 카드를 보여주며) Which one is 'expensiver'? T : (교실을 순회하다가 S1의 말을 듣고) ⑤ Which one is more … ? S1 : (교사를 바라보며) Um … 'more expensive'? T : Yes. 'More expensive.' S1 : ⑥ Why don't we add 'er' to the end of 'expensive'? T : Good question! Generally, when a word has more than two syllables, we use 'more' rather than attaching 'er' to the end of the word. S1 : Oh! I see. (S2를 바라보며) ⑦ Which one is more expensive, the airplane or the ship? S2 : ⑧ The airplane is more expensive than the ship. T : Good job!

정답

1)

ⓐ	Acquisition refers to an unconscious process that involves the naturalistic development of language proficiency through understanding language and through using language for meaningful communication.
ⓑ	Fossilization refers to a special state of permanent non-target like ultimate attainment that was due to a change in an individual's underlying capacity for SLA.

2)

오류와 원인	• ③ • 과잉일반화, 비교급 변화 규칙은 -er을 추가하지만 3음절 이상의 단어인 expensive는 불규칙변화로 원급 앞에 more를 붙인다.
학습 전략	• ⑥ • 사회 정의적 전략 : 확인 질문(question for clarification) : 교사나 다른 원어민에게 반복, 바꿔 말하기, 설명이나 예를 요청함

3)

발화	• ⑤
방법	• 유도해내기(elicitation) : 학습자 스스로 수정하도록 유도하는 교정 방법

2011 실전 (2010.12.11 시행)

02

2008년 개정 영어과 교육과정에서는 영어에 대한 개념과 문화 관련 내용을 새롭게 제시하고 있다. 우리나라 영어교육 환경의 급격한 변화를 반영하여 영어를 (ⓐ) 개념으로 사용하였으며, 영어교육의 목표도 '원어민(native speaker)'이 아니라 (ⓑ) 개념을 토대로 하여 설정하였다. 1) ⓐ와 ⓑ를 제시하고, 그 의의(意義)를 각각 논하시오. 2) 아래는 개정 교육과정을 반영한 문화교육용 동영상 수업 자료에 나오는 대화의 일부이다. 이 대화를 읽고, ①~⑤ 중에서 개정 교육과정에 제시된 '소재' 가운데 '문화 관련 내용'에 해당하는 2가지를 고르고, 그렇게 고른 이유를 각각 논하시오. 3) 개정 교육과정의 '소재'에 포함된 '문화 관련 내용' 중 아래 대화에 나타나지 않은 것을 1가지 쓰고, 그것의 구체적이고 간단한 예를 대화에서 알 수 있는 정보를 이용하여 제시하시오.

Nick : (손을 높이 들며) Hi, Sumin!
Sumin: Hi, Nick. This is Asako, my new friend. ① She's from Japan.
Nick : Hi, Asako. Nice to meet you. I'm from the United States.
Asako: Hi, Nick. Nice to meet you, too.
Sumin: ② It's already twelve o'clock. It's time for lunch. Do you like Korean food?
Nick : ③ (오른손 엄지와 검지로 동그라미를 만들어 보이며) I like *Bulgogi* here in Korea. How about you, Asako?
Asako: I like *Bibimbab*. I ate it last week.
Sumin: Sounds great! ④ *Bibimbab* and *Bulgogi* are really delicious. Then, how about the Korean restaurant over there?
Nick : Okay. Let's go.
Sumin: (식당에 도착한 후) Yeah, they have *Bibimbab* and *Bulgogi*. There are some tables and rooms here. Do you like a room?
Asako & Nick : (서로 쳐다보며) Yes.
Sumin: ⑤ Okay, take off your shoes and get into the room, please.
Nick : Take off the shoes?

정답

1)

ⓐ	국제어 또는 지구어
의의	영어는 국제적으로 가장 널리 쓰이고 있는 언어로서 각기 다른 모국어를 가진 사람들을 이해하고, 이들의 의사소통과 유대를 가능하게 함
ⓑ	문화 간 화자(intercultural speaker)
의의	국제적으로 문화 교류가 활발한 상황에 맞추어 문화간 의사소통 능력을 향상시킴으로써 우리나라 초등학생들이 세계 시민으로서 성장하도록 할 수 있다.

2)

③	(오른손 엄지와 검지로 동그라미를 만들어 보이며) → 영어 문화권에서 긍정의 대답을 의미하는 비언어적 의사소통 방식에 해당한다.
⑤	Okay, take off your shoes and get into the room, please. → 신발을 벗고 방에 들어가는 모습은 미국과 우리나라의 문화적 차이를 보여줄 수 있다.

3)

도움 되는 내용	한국 음식인 비빔밥과 불고기를 먹을 때 우리 나라의 식생활 양식인 젓가락과 숟가락을 사용하는 방법을 소개하는 내용이 포함될 수 있다.

2010 실전 (2009.11.29 시행)

03

초등 영어교육의 주요 과제 중 하나는 영어로 영어 수업을 진행하는 것(Teaching English in English: TEE)이다. TEE는 학습-습득 가설과 출력 가설 등 여러 가지 언어습득 가설에 의해 그 타당성이 뒷받침될 수 있다. 1) TEE의 타당성을 뒷받침할 수 있는 언어습득 가설 중 앞에서 언급되지 않은 것 2가지를 제시하고, 이 가설들에 근거하여 우리나라 영어교육에서 TEE가 필요한 이유를 논하시오. 2) 아래 두 수업의 교사 발화(teacher talk) 가운데 <수업 B>의 교사 발화가 더 바람직한 근거 2가지를 1)에서 논의된 가설들을 활용하여 논하시오(단, 각 근거에 대하여 구체적인 예를 하나씩 제시하되, 예시할 때는 주어진 문장 번호를 사용하시오). 3) TEE에서의 교사 발화 요건들 중, 아래 자료만으로는 확인할 수 없는 것 3가지를 쓰고, 모국어 습득 과정에서 TEE에서의 교사 발화와 유사한 특성이 구현되는 상황을 논하시오.

<수업 A>	<수업 B>
T : Let's listen to the dialogue. 　(CD-ROM 타이틀로 대화를 들려준다.) T : What's the story about? Ss : It's about three pigs. T : Right. Their names are Grumpy, Sleepy and Smily. I like the story. (중략) T : Now, open your book to p. 65. 　There are three sentences. 　But some words are missing. 　Find out the missing words and fill in the blanks. Can you do it? Ss : No, I can't. T : Can you see a picture over the blank? 　The picture is the clue. (이하 생략)	T : ① Let's listen to the dialogue. 　(CD-ROM 타이틀로 대화를 들려준다.) T : What's the story about? Ss : It's about three pigs. T : Right. ② Can you tell me their names? S1 : Grumpy, Sleepy, uhm, Smily. T : Excellent. Their names are Grumpy, Sleepy and Smily. 　③ Do you like the story? Ss : Yes, I do. T : I like the story, too. (중략) T : ④ Now, open your book to p. 65. ⑤ Page 65. 　⑥ There are three sentences. ⑦ But some words are missing. 　⑧ Find out the missing words and fill in the blanks. Can you do it? Ss : No, I can't. T : ⑨ Can you see a picture over the blank? ⑩ A picture over the blank. The picture is the clue. (이하 생략)

정답

1)

TEE의 타당성을 뒷받침할 수 있는 언어습득 가설	① Krashen의 입력 가설 ② Long의 상호작용 가설
우리나라 영어교육에서 TEE가 필요한 이유	① Krashen의 입력 가설은 학생들에게 이해 가능한 수준의 입력 자료를 제공하는 언어적 환경을 교실에 조성함으로써 자연스러운 언어 습득이 가능하다고 본다. ② Long은 언어 습득의 과정에서 학생들과 교사의 상호작용을 통해 의미가 협상되고 메시지가 정확히 전달됨으로써 보다 효과적인 언어 습득이 가능하다고 본다.

2)

<수업 B>의 교사 발화가 바람직한 근거	②번과 같이 수업 B의 교사는 수업 A의 교사보다 질문을 많이 하여 학생들의 이해를 확인하고, 학생들의 경험과 흥미를 고려하여 자연스러운 발화를 유도함으로써 의미있는 상호작용 환경을 만들고 있다. ⑤번은 수업 A의 교사보다 수업 B의 교사가 반복적으로 발화하여 학생들의 이해에 도움을 줌으로써 충분한 이해가능한 입력을 제공하고 있다.

3)

TEE에서의 교사 발화 요건들 중, 아래 자료만으로 확인할 수 없는 것	① 교사의 표정과 손짓과 같은 비언어적 표현 ② 학생의 이해와 참여 ③ 교실 분위기
모국어 습득 과정에서 TEE에서의 교사 발화와 유사한 특성	가정에서 보호자는 아이와의 대화에서 쉽고 간단한 표현을 사용하여 모국어로 대화를 하고, 손짓과 표정과 같은 비언어적인 표현을 통해 이해를 용이하게 한다는 점에서 TEE에서 교사의 발화와 유사점을 갖는다.

2009 실전 (2008.11.30 시행)

04

다음은 김 교사가 수업 시간에 행한 역할놀이 활동의 일부이다. 1) Canale과 Swain(1980)이 언급한 4가지 의사 소통 능력 중 문법적 능력과 전략적 능력의 개념에 대해 정의하고, 2) 두 활동에서 행인 1, 2의 발화 내용을 문법적 능력과 전략적 능력의 관점에서 예를 들어 각각 비교 분석하시오. 그리고 3) <활동 2>의 세 사람의 대화에서 전략적 능력이 적용되었다고 볼 수 있는 2가지 예를 찾아 그 표현을 사용한 화자의 의도에 대해 각각 논하시오.

─────────── 〈활동 1〉 ───────────

민 수 : Nami, what day is it today?
나 미 : It's Wednesday. We have English class today.
민 수 : That's good. I like English very much.
행인 1 : (민수와 나미 옆으로 다가와) Where is ABC Bank?
나 미 : Pardon?
행인 1 : Where is ABC Bank?
민 수 : Oh, go this way and turn left at the bus stop.
행인 1 : Thank you very much. Is the bank near the post office?
나 미 : Yes, it is. It's behind the post office.
행인 1 : Thanks again.
민수, 나미 : You're welcome.

─────────── 〈활동 2〉 ───────────

진 호 : How are you, Mina?
미 나 : Not so good. I have a cold.
진 호 : That's too bad.
행인 2 : (진호와 미나 옆으로 다가와) Excuse me. Can you help me?
진호, 미나 : Sure.
행인 2 : I want buy some books for my son. Where is Kim's Bookstore?
진 호 : (손으로 가리키며) It's over there. Go straight and turn right at the corner. You can't miss it.
미 나 : It's between the bank and the school.
행인 2 : Thanks a lot.
진호, 미나 : No problem.

정답

1)

문법적 능력	영어의 어휘, 음운 및 문법 체계에 관한 지식을 사용하여 의사소통을 하는 능력을 의미한다.
전략적 능력	효과적인 의사소통을 위하여 언어적, 비언어적인 전략을 사용할 수 있는 능력을 의미한다.

2)

	문법적 능력	전략적 능력
행인1	양호	낯선 사람에게 말을 걸때 'Excuse me. Can you help me?' 등의 표현을 하지 않는 것으로 보아 전략적 능력이 미숙하다.
행인2	I want buy에서 to를 누락한 것으로 보아 문법적 능력이 미숙하다.	낯선 사람에게 'Excuse me'를 이용하여 상대의 동의를 구하고 질문한다는 측면에서 전략적 능력이 우수하다.

3)

전략적 능력이 적용된 예와 화자의 의도	예 1	행인2가 Excuse me의 관용 표현을 사용한 전략
	화자의 의도	상대방에게 동의를 구하고 준비를 하게 하여 대화를 원활하게 진행하고자 하는 것이다.
	예 2	진호가 손으로 가리키며 길을 안내하는 전략
	화자의 의도	상대방에게 정보를 전달할 때 보다 효과적으로 전달하고자 하는 것이다.

2009 모의평가 (2008. 7. 5 시행)

05

초등학교 영어 말하기 지도는 새로운 목표언어를 인지하는 '제시(Presentation) 단계'와, 제시 단계에서 인지한 목표언어의 정확성을 높이는 '연습(Practice) 단계'를 거쳐, 최종적으로는 '발화(Production) 단계'로 진행된다. 다음은 각 단계에서 활용할 수 있는 활동의 예이다.

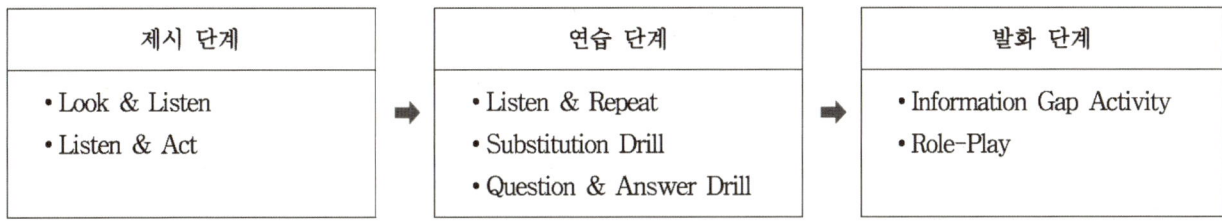

1) 초등학교 영어 말하기 지도에서 발화 단계의 중요성을 우리나라와 같은 EFL(English as a Foreign Language) 환경에 비추어서 설명하시오.

2) 발화 단계에서 역할놀이(Role-Play)를 활용하려고 할 때, 역할놀이를 단순한 연습이 아니라 발화 단계에 적합한 활동으로 만들기 위해 교사가 유의해야 할 점 3가지를 구체적으로 쓰시오.

정답

1)

발화 단계의 중요성	우리나라와 같이 외국어로 영어를 배우는 경우에는 실제 상황에서 적용해 볼 수 있는 기회가 매우 제한적이라는 단점이 있다. 이러한 문제점을 보완하기 위한 것이 발화 단계의 설정이다. 발화 단계에서는 이전 단계에서 배운 영어를 실제 상황과 유사한 상황에서 적용해 볼 수 있는 기회를 제공하고, 학습자들은 이러한 과정을 통해 영어에 흥미와 자신감을 가지고 무의식적으로 영어를 습득할 수 있게 된다.

2)

발화 단계에서 역할놀이 시 유의할 점	학습자의 언어 능력으로 해결이 가능한 수준의 상황과 역할이 주어져야 한다.
	학생들이 역할놀이의 전체적인 맥락과 상황을 이해한 후 참여할 수 있도록 지도해야 한다.
	교사는 역할놀이에 대한 보다 전문적인 이해와 적용 기술을 익혀 효율적이고 효과적인 활동이 이루어지도록 해야 한다.

배재민 15개년 기출분석집 ISBN 979-11-92590-62-2

발행일 · 2022년 1월 17일 초 판 1쇄
       2023년 2월 10일 개정판 1쇄
저 자 · 배재민 | 발행인 · 이용중
발행처 · 도서출판 배움 | 주소 · 서울시 영등포구 영등포로 400 신성빌딩 2층 (신길동)
주문 및 배본처 | Tel · 02) 813-5334 | Fax · 02) 814-5334

저자와의
협의하에
인지생략

본서의 無斷轉載·複製를 禁함. 본서의 무단 전재·복제행위는 저작권법 제136조에 의거 5년 이하의 징역 또는 5,000만 원 이하의 벌금에 처하거나 이를 병과할 수 있습니다. 파본은 구입처에서 교환하시기 바랍니다.

정가 33,000원